吐蕃王国成立史研究

上

吐蕃王国成立史研究

上

山 口 瑞 鳳 著

岩 波 書 店

序

本書は、昭和五二年九月東京大学に提出した学位請求論文『吐蕃王国成立史の考証的研究』を部分的に削除し、それに伴って字句の一部を変え、記述の体裁もやや改めて示したものである。従って、本書の原稿作成の直前も含めその後に公表された関係論文に対しての議論は含まれていない。ただ、本論文内容中の相互に齟齬する点は部分的に改めた。

本書の内容に関して読者の御理解を頂くために、著者の私事にわたるので恐縮であるが、本書成立の由来を略記しておきたい。

著者は昭和二八年に東京大学文学部を卒業した。在学中は辻直四郎先生、中村元先生を指導教官として、梵語をチベット語に翻訳した場合のチベット語の文法的特徴を研究して卒業論文とした。卒業以後は専らチベット語学を攻め、昭和三二年秋、中村元先生のお奨めを頂いてフランスに留学し、ロルフ・アルフレッド・スタン Rolf Alfred Stein 先生とマルセル・ラルウ Marcelle Lalou 先生とについてそれぞれから中世チベット語と古代(敦煌)チベット語を学んだ。

チベット語の学習に当ってスタン先生から二つの仕事を勧められた。一つはチベット人の書いた各種の史書から人名、地名、寺院名を拾録する仕事であり、他は摂政サンゲー・ギャムツォ sde srid Sangs rgyas rgya mtsho の著作『ダライ・ラマ六世伝』を読んで梗概を示すことであった。これらの仕事にとりかかって間もない頃、チベットの暦学研究の重要性を教えられ、好奇心にかられるまま、これにも手を染めた。これらの仕事は各種の文体に慣れるためであったが、暦学理論の解明や歴代ダライ・ラマ伝の研究に次第に興味が移り、特に、ダライ・ラマ政権の成立史に強い関心をもつに至った。

ダライ・ラマ政権は中世チベット史における唯一の全き意味での統一権力であった。これと比較できる統一権力は七世紀から九世紀にかけての吐蕃王国にしかなかった。特にダライ・ラマ政権の成立の直後の歴史を見ているうちに、ダライ・ラマ五世の遺志を継いだ摂政サンゲー・ギャムツォが青海地方と河套の蒙古人を掌握するのに腐心し、これに失敗してその結果チベットが清朝の支配下に入ったのを知った。この情勢と比較できる対照的な関係がかつて唐と吐蕃との間にあったように著者には思われた。しかし、この問題に関する限り、検討に耐えられるほど詳細な古代チベット史の研究成果は当時見当らなかった。今日もなお存在しないように思われる。換言すれば、著者はダライ・ラマ政権の成立史をよりよく理解するために吐蕃王国の成立史に関心をもたざるをえなくなり、本論の主題に手を染めたのである。

既に述べたように、著者はチベット語学の研究からたまたまこの道に踏みこんだものであり、この種の学問的成果を世に示すだけの基礎的な訓練を受けていない。このことが論述の内容に不覚にも悪い影響をもたらすのではないかと怖れている。著者の方法は常識的な立場で史実を再構成するものである。従って、再構成に至るまでの手順に主題があると言っても過言でないかも知れない。本書中には著者の知らない多くの欠陥が蔵せられているに違いないが、その点は読者の御指摘をまって今後幾重にも考えなおしてみたい。

拙い本論を書き上げるまでに多くの人々の恩恵を受けた。直接関係の深い方に限っていうならば、大学時代以来の恩師東京大学名誉教授中村元先生、コレージュ・ド・フランス教授R・A・スタン先生、今は亡きパリ大学高等学術研修院(E. P. H. E.)教授M・ラルウ先生に衷心の謝意を捧げたい。

また、フランスにおける多年の研究生活を保障して頂いたパリ大学高等学術研修院第六学部史学研究センター

École Pratique des Hautes Études, Centre de Recherches Historiques、フランス国立科学研究所 Centre National de la Recherche Scientifique、ロックフェラー財団 the Rockefeller Foundation の三者に対してこの機会に謝意を表明したい。

本論文中の少なからぬ部分は、留学から帰国した後の不安定な時期に東洋文庫研究員としての地位を提供して自由な研究を許して下さった東京大学名誉教授・東洋文庫長榎一雄先生の賜物であり、厚く御礼申し上げたい。また、著者の研究生活に長年多大の励ましを寄せて下さったパリ大学高等学術研修院M・スワミエ Soymié 教授と東京外語大学、アジア・アフリカ言語文化研究所長北村甫教授、東京女子大学山根幸夫教授の御厚意は忘れない。

怠惰な著者が曲りなりにもこのような形に論考をまとめあげられたのは、東京大学文学部印度哲学科の歴代主任教授中村元、平川彰、玉城康四郎三先生の督励によるお蔭である。上梓に当って中村元先生の御推薦を頂いた。幸甚これに過ぎるものはない。

本書の公刊を快くお引き受け下さった岩波書店と、担当の労をとって下さった同書店の岡本磐男、井上一夫両氏、校正に当って頂いた迎田英男氏、それに索引の作成に協力して下さった東京大学助手西岡祖秀氏、英文要約をまとめて下さったロルフ・ギーブル氏に、紙上を借りて御礼を申し上げげたい。

本書は文部省の昭和五七年度出版助成金を得て出版することが出来た。

略　号　表

表記方式

下記文献表も含めてチベット字と転写ローマ字の対応は以下のように示され，または改められている．

ཀ་	ka	ཁ་	kha	ག་	ga	ང་	nga	ཅ་	ca	ཆ་	cha	ཇ་	ja
ཉ་	nya	ཏ་	ta	ཐ་	tha	ད་	da	ན་	na	པ་	pa	ཕ་	pha
བ་	ba	མ་	ma	ཙ་	tsa	ཚ་	tsha	ཛ་	dza	ཝ་	wa	ཞ་	zha
ཟ་	za	འ་	'a	ཡ་	ya	ར་	ra	ལ་	la	ཤ་	sha	ས་	sa
ཧ་	ha	ཨ་	a										

カタカナ表記では nga をガと示し，zi, si のみスィと示し，shi, zhi はシに，有声の dzi はジと示した．

略号は三字表記を主とする．欧字本の場合は，書名・雑誌名はイタリック体で示し，研究論文は普通字体で区別して示す．チベット文史料はゴチック体で表示する．碑文・文献史料を含む論文と書名は略号のみを便宜上ゴチック体で示す．ただし，本文中の略号はいずれも普通字体で示される．

和・漢字本の場合，書名・雑誌名は『　』内に示し，研究論文題名は「　」中に示す．漢文史料は特別の場合以外は出典を略記するにとどめた．

チベット文史料およびその他の参考文献略号表

なお，チベット文献に関する表示方法は一般的には略号，（原題略称），著者，表題，著作年，版名（刻版年）または写本所属，葉数，本書に用いた名称，訳書（一般著作の表示形式に従う）等参考記事の順に示す．

ACB＝**A mdo chos 'byung**（略称），

——, I＝Brag dgon zhabs drung dKon mchog bstan pa dar rgyas: **Yul mdo smad kyi ljongs su thub bstan rin po che ji ltar dar ba'i tshul gsal bar brjod pa deb ther rgya mtsho**, 1833, Ed. bKra shis dkyil, 412 fols,『アムド仏教史』

——, III＝Brag dgon zhabs drung dKon mchog bstan pa dar rgyas: **Deb ther rgya mtsho las/Kha gya tsho drug nas rGyal mo tsha ba rong gi bar gyi dgon sgrub sde phal cher ba'i dkar chag tho tsam bkod pa**, 1849, Ed. bKra shis dkyil, 272 fols.,『アムド仏教史』

AFL＝F.W. Thomas: *Ancient folk-literature from north-eastern Tibet*, Berlin, 1957.

AHE＝H.E. Richardson: *Ancient historical edicts at Lhasa*, London, 1952（シュル Zhol 碑文および唐蕃会盟碑文）．

AIT＝A.H. Francke: *Antiquities of Indian Tibet*, part II, Calcutta, 1926, *La dvags rgyal rabs*,『ラダック王統史』．

AMR＝J.F. Rock: *The Amnye Ma-chhen range and adjacent regions*, Roma, 1956.

ANP＝D.R. Regmi: *Ancient Nepal*, Calcutta, 1969.

BA＝G.N. Roerich: *The Blue Annals*, 2 vols, Calcutta, 1949, 1953 (*Deb ther sngon po*『青冊史』訳書).

BDL＝作者未詳 **Bon chos dar nub gi lo rgyus**, ms., Oslo Univ., No. 32465, 95 fols. (TGS, p. 194 によると *bsGrags-byang*, 即ち *'Phrul ngag bon gyi bsgrags byang* に擬せられる．しかし，LRD, f. 136b における *bsGrags byang* よりの引用文と，BDL, f. 32a-33a の相応箇所は一致しない)，『ポン教興亡史』

BDT＝B. Laufer: Bird divination among the Tibetan, *TP*, 1914, pp. 1-110.

BKT＝**bLon po bka 'i thang yig** (*bka' thang sde lnga*, vol. Ca) (埋蔵本) Ed. Zhol (1889), 77 fols.,『ルンポ・カータン』

BSS＝作者未詳: **sBa bzhed, btsan po khri srong lde btsan dang mkhan po slob dpon padma 'i dus mdo sngags so sor mdzad pa 'i sba bzhed zhabs btags ma**, ms., 92 pp.,『バシェー』，CAS 参照．

BTD＝Brag g-yab hu thug thu bLo ldan shes rab: *Bod brda 'i tshig mdzod, Tibetan dictionary*, Dharmsala, 1966.

CAS＝R. A. Stein: *Une chronique ancienne de bSam-yas*: **sBa-bžed**, (テキストおよび要約), Paris, 1961,『バシェー』

Ch. Dic.＝dge bshes Chos kyi grags pa: *brDa dag ming tshig gsal ba*, 法尊，張克強等訳『格西曲札蔵文辞典』北京，1957，『曲札辞典』.

CIN＝L. Petech: The chronology of the early inscriptions of Nepal, *East and West*, 12, 1961, pp. 227-232.

CJG＝Sa skya pa bSod nams rtse mo: **Chos la 'jug pa 'i sgo zhes bya ba 'i bstan bcos**, Ed. sDe dge, 55 fols; *Sa skya bka' 'bum*, Vol. Nga, ff. 263-317a (SKK, Vol. 2, p. 318-3, ～p. 345-3-l. 6).

CL＝P. Demiéville: *Le Concile de Lhasa*, Paris, 1952.

CPO＝G. Uray: On a chronological problem in the *Old Tibetan Chronicle*, *AOH*, XXI, 1968, pp. 289-299.

CPT＝M. Lalou: Catalogue des principautés du Tibet ancien, *JA*, 1965, pp. 190-215,「王国のカタログ」.

CRS＝'Phags pa bLo gros rgyal mtshan: **Shes bya rab tu gsal ba**, Ed. sDe dge, 35 fols, *Sa skya bka' 'bum*, Vol. Pa, ff. 1-35a (*Sa skya pa 'i bka' 'bum*, Vol. 6, p. 1-1～p. 18-1)

CSC＝P. Pelliot: Le cycle sexagénaire dans la chronologie tibetaine, *JA*, 1913, pp. 633-667.

CT＝R. A. Stein: *La civilisation tibétaine*, Paris, 1962.

CTC＝Z. Yamaguchi: *Catalogue of the Toyo Bunko collection of Tibetan works on history*, Tokyo, 1970.

CTT＝B. Laufer: Chinese transcription of Tibetan names, *TP*, XVI, 1915, pp. 420-

424.

CYN＝Don dam smra ba 'i seng ge: **bShad mdzod yid bzhin nor bu**, ff. 28a–32b (YLD, pp. 407—414), (CYNC 参照),『シェーズー』.

CYNC＝Don dam smra ba 'i seng ge: **bShad mdzod yid bzhin nor bu**, Ed. Çata-piṭaka, 265 fols., New Delhi, 1969,『シェーズー』.

D. Dic.＝A. Desgodins: *Dictionnaire Thibétain-Latin-Français*, Hongkong, 1899.

DGS＝'Jam dpal chos kyi bstan 'dzin 'phrin las: **'Dzam gling chen po 'i rgyas bshad snod bcud kun gsal me long**, 146 fols, 1820(チベットの部, f. 58a 以下の校訂本は, GTD, pp. 1–51 に含まれる),『ザムリン・ゲーシェー』, (pp. 84–85, 注 16, 参照).

DJM＝W.W. Rockhill: *Diary of a journey through Mongolia and Tibet in 1891 and 1892*, Washington, 1894.

DMS＝bSod nams grags pa: **rGyal rabs 'phrul gyi lde mig, Deb ther dmar po 'i deb gsar ma**, 1538, ms. (デンサパ氏蔵), 80 fols.,『新赤冊史』.

DMST＝bSod nams grags pa: **rGyal rabs 'phrul gyi lde mig, Deb ther dmar po, Deb gsar ma**, 1538, ms., 103 fols, G. Tucci: *Deb t'er dmar po gsar ma*, Roma, 1971, pp. 1–104 収載,『新赤冊史』.

DNH＝R.A. Stein: Deux notules d'histoire ancien du Tibet, *JA*, 1963, pp. 327–335.

DSG＝Ngag dbang blo bzang rgya mtsho: **Gangs can yul gyi sa la spyod pa 'i mtho ris kyi rgyal blon gtso bor brjod pa 'i deb ther//rdzogs ldan gzhon nu 'i dga' ston dpyid kyi rgyal mo 'i glu dbyangs**, 1643, Ed. Zhol, 113 fols., ダライ・ラマ『五世年代記』,(『東北目』5664).

DSN＝〔作者未詳〕: **rDzogs pa chen po zhang zhung snyan rgyud kyi bon ma nub pa 'i gtan tshigs**, 5 fols; **rDzogs pa chen po zhang zhung snyan rgyud**, Chap. Pa, (*History and doctrine of Bon po niṣpanna-yoga*, Çatapiṭaka, New-Delhi, 1968).

DTG＝Tshe gtan zhabs drung: *Dag yig thon mi 'i dgongs rgyan*, Vol. I, 辞書; Vol. II, 難語釈,『蔵漢詞彙』, 青海, 1957.

DTH＝J. Bacot; F.W. Thomas; Ch. Toussaint: *Documents de Touen-houang relatifs à l'histoire du Tibet*, Paris, 1946, Pelliot tib. 1288(旧 252), Poussin, 750(Stein, Ch. 79, VIII, 7), British Museum(Library)Or. 8212(187)から構成される『編年紀』部分と, Pelliot tib. 1286, 1287 から構成される『小王国表』『王統表』『宰相記』『年代記』を含む.

DTK＝dGe 'dun chos 'phel: *Bod chen po 'i srid lugs dang 'brel ba 'i rgyal rabs deb ther dkar po*, 1946, 46 fols.,『白冊史』, 敦煌文献『年代記』と漢文史料をはじめて併用したチベット人の著作.

DTN＝'Gos lo tsā ba gzhon nu dpal: **dPyod ldan skal bzang yongs kyi mgrin gyi rgyan deb ther sngon po**, 1478, Ed. Kun bde gling, 486 fols.,『青冊史』BA 参照.

DTO＝E. Chavannes: *Les Tou-kiue*〔*Turcs*〕*occidentaux*, Paris, 1900.

EBG＝H.E. Richardson: Early burial grounds in Tibet and Tibetan decorative art of the VIIIth and IXth centuries, *CAJ*, 8, 1963, pp. 73–92.

FFT＝H.E. Richardson: Further fragments from Tun-huang, *Bulletin of Tibetology*, VI, 1, 1969, pp. 5–13.

FHT＝G. Uray: The Four Horns of Tibet according to the Royal Annals, *AOH*, X, 1960, pp. 31–57.

FNM＝P. Pelliot: Femeles (Island of Women), *Notes on Marco Polo*, Paris, 1959, pp. 671–725.

FPG＝M. Lalou: Fiefs, poisons et guérisseurs, *JA*, 1958, pp. 159–201.

FTH＝H.E. Richardson: A fragment from Tun huang, *Bulletin of Tibetology*, II, 3, 1965, pp. 33–38.

GAT: L. Petech: Glosse agli *Annali* di Tun-Huang, *RSO*, XLII, 1967, pp. 241–279.

GBN＝Khri lde srong btsan(欽定): **sGra sbyor bam po gnyis pa(Madya vyutpata bye brag tu rtogs byed 'bring po)**『二巻本訳語釈』,『東北目』4347,『北京目』5833.

GBY＝Crī bhūti bhadra: **rGya Bod yig tshang mkhas pa dga' byed chen mo,** 1434, ms.(gDan sa pa 氏蔵), 290 fols., PLG 参照.

GGG＝Grags pa rgyal mtshan: **Bod kyi rgyal rabs,** Ed. sDe dge, 5 fols, *Sa skya bka' 'bum,* Vol. Ta, ff. 196b–200a(SKK, Vol. 4, p. 295–1–6～p. 296–4–2),『王統記』.

GKT＝**rGyal po bka 'i thang yig**(*bKa' thang sde lnga,* Vol. Kha)(埋蔵本), Ed. Zhol (1889), 95 fols.,『ゲルポ・カータン』.

GLS＝Z. Yamaguchi: Geographical location of Sum yul, *Acta Asiatica*, 29, 1975, pp. 20–42.

GMG＝青海蔵文研究社編: gSar bsgrigs rgya bod ming gi rgya mtsho『蔵漢辞典』, 2 vols. 青海, 1932(＝蒙蔵委員会『蔵漢小辞典』1 vol. 1959).

GSM＝bla ma dam pa bSod nams rgyal mtshan: **rGyal rabs rnams kyi 'byung tshul gsal ba 'i me long chos 'byung,** 1368, Ed. sDe dge, 104 fols.; B. I. Kuznetsov: *rGyal rabs gsal ba 'i me long*(校訂本), Leiden, 1966,『王統明示鏡』.

GSR＝B. Karlgren: **Grammata Serica Recensa,** Stockholm, 1957, (reprinted, 1964).

GTD＝T.V. Wylie: *The geography of Tibet according to the 'Dzam-gling-rgyas-bshad,* Roma, 1962, DGS の訳注つき校訂本.

HAT＝P. Pelliot, *Histoire ancienne du Tibet*, Paris, 1961(両唐書「吐蕃伝」訳注).

HKT＝**lHa 'dre bka 'i thang yig**(*bKa' thang sde lnga,* Vol. Ka)(埋蔵本), Ed. Zhol (1889), 53 fols.,『ランデ・カータン』.

HLD＝Tshal pa Kun dga' rdo rje, **Hu lan deb ther**(*Deb ther dmar po*), 1346, Ed. Namgyal Institute of Tibetology, 40 fols., Gangtok, 1961,『赤冊史』.

HNP＝S. Lévi: *Le Népal*, II, *étude historique d'un royaume hindou*, Paris, 1905.

HOS＝H.E. Richardson: How old was Srong brtsan sgam po, *Bulletin of Tibetology*, II, 1, 1965, pp. 5–8.

IMT＝M. Lalou: *Inventaire des manuscrits tibétains de Touen-huang conservés à la*

Bibliothèque Nationale, 3 vols., I, no 1–849; II, no 850–1282; III, 1283–2216, Paris 1939, 1950, 1961.

IST＝Li Fang-kuei: The inscription of the Sino-Tibetan treaty of 821–822, *TP*, XLIV, 1956, pp. 1–99.

ITT＝E. Haarh: The identity of Tsu-chih-chien, the Tibetan "king" who died in 804 AD, *Acta Orientalia*, XXV, 1960, pp. 121–170.

J. Dic.＝H.A. Jäschke: *A Tibetan-English dictionary*, London, 1881, 改訂版 1949.

KCI＝H.E. Richardson: The sKar-cung inscription, *JRAS*, 1973, pp. 12–20.

KGG＝dPa' bo gtsug lag 'phreng ba: **Chos 'byung mkhas pa 'i dga' ston**, Vol. Ja. **Bod kyi rgyal rabs**, 1545, Ed. lHo brag gNas, 155 fols.(Çatapiṭaka, New-Delhi, 1962),『学者の宴』.

KNT＝A.H. Francke: The kingdom of gNya khri btsan po, the first king of Tibet, *JASB*, 1910, pp. 93–99.

KPI＝H.H. Richardson: The Rkoṅ po inscription, *JRAS*, 1972, pp. 30–39.

KTG＝A. Ferrari: *mKhyen brtse's guide to the holy places of Central Tibet*, Roma, 1958, UNT の訳注つき校訂本.

LBE＝W.W. Rockhill: *The life of the Buddha and the early history of his order*, London, 1884(1907).

LKT＝**Lo paṇ bka 'i thang yig**(*bKa' thang sde lnga*, Vol. Nga)(埋蔵本), Ed. Zhol (1889), 81 fols.,『ロペン・カータン』.

LPS＝(作者未詳)**rLangs po ti bse ru**, *rLangs kyi gdung rgyud po ti bse ru*, pp. 1–51a; *rLangs lha gzigs kyi gdung rabs dri lan nyer gcig pa 'i skor dang/Hor dud kyi rtsi lugs grangs tshig sogs kyi bshad pa 'phran rtsegs*, pp. 51b–56a; (相続系譜と Grags pa rgyal mtshan dpal bzang po〔1374–1434 年〕による奥書き), pp. 56b–57b; (Grags pa 'byung gnas〔1175—1255 年〕の年譜と同時代諸事件年表), pp. 58b–61a, ms.(デンサパ氏蔵)『ポティセル』, SHE 参照.

LPT＝A. Macdonald: Une lecture des Pelliot tibétain 1286, 1287, 1038, 1047, et 1290, *Études tibétaines*, Paris, 1971, pp. 190–391.

LRD＝Grub dbang bKra shis rgyal mtshan dri med snying po: *Legs bshad rin po che 'i mdzod dpyad ldan dga' ba 'i char*, 1922, 265 fols., ff. 115b–265b(TGS, pp. 201–348 に収載).

LSH＝kLong rdol bla ma Ngag dbang blo bzang: **bsTan pa 'i sbyin bdag byung tshul gyi ming gi grangs**, Ed. Kun bde gling, 20 fols., *kLong rdol bla ma 'i gsung 'bum*, Ch. 'A.

LSM＝kLong rdol bla ma Ngag dbang blo bzang: **bZo dang gso ba skar rtsis rnams las byung ba 'i ming gi grangs**, Ed. Kun bde gling, 25 fols., *kLong rdol bla ma 'i gsung 'bum*, Ch. Ma.

LSZ＝kLong rdol bla ma Ngag dbang blo bzang: **bsTan 'dzin gyi skyes bu rgya bod du byon pa 'i ming gi grangs**, Ed. Kun bde gling, 33 fols., *kLong rdol bla* *ma 'i gsung 'bum*, Ch. Za.

LTR=G. Uray: Die Lehnfürstentümer des Tibetischen Reiches im VII–IX. Jahrhundert, *Trudy Dvadcatj pjatogo Meždunarodnogo kongressa vostokovedov* V, Moscow, 1963, pp. 205–210.

LTC: F.W. Thomas: Law of theft in Chinese Kan-su: A IXth–X^th^ century Fragment from Tun-huang, *Zeitschrift für vergleichende Rechtswissenschaft*, 1936, pp. 275–287.

MBT=G. Tucci: *Minor Buddhist texts* part II, Roma, 1958.

MCR=J. Bacot: Le marriage chinois du roi tibétain Sroṅ bcan sgam po, *Mélange chinois et bouddhiques*, III, Paris, 1935, pp. 1–60)*Ma ṇi bka' 'bum*, Vol. E, f. 203b, l. 4–f. 215b, l. 5 の本文，訳文，論考).

MKB=**Chos skyong ba 'i rgyal po Srong btsan sgam po 'i mdzad pa rnam thar** (*Ma ṇi bka' 'bum*, Vol. E)(埋蔵本)Ed. 'Bras spungs, ff. 185a–247b, 『マニ・カムブム』.

MSD=Chos rnam rgyal: **bsTan po dang bstan 'dzin gyi lo rgyus yongs 'du 'i me tog gsar ba 'i do shal**(17 世紀初頭), Ed. sDe dge, 91 fols.

MVP=Khri lde srong btsan(欽定): **Mahāvyutpotti, Bye brag tu rtogs par byed pa chen po,** 『東北目』4346, 『北京目』5832, 『梵蔵漢和四訳対校・飜訳名義大集』, 同梵語索引，京都，大正 5 年，同蔵語索引，昭和 11 年(『梵蔵漢和四訳対校・飜訳名義大集』，梵語・蔵語索引合冊，2 vols. 復刻版，東京，昭和 37 年).

NBN=Ngag dbang blo bzang rgya mtsho: **rTsis skar nag las brtsam pa 'i dris lan nyin byed dbang po 'i snang ba,** Ed. Zhol, 56 fols., 『東北目録』5670.

NGT: L. Petech: Nugae Tibeticae, *RSO*, 31, 1956, pp. 291–293.

NIK=H.E. Richardson: A new inscription of Khri srong lde btsan, *JRAS*, 1964, pp. 1–13.

NIR=H.E. Richardson: A ninth century inscription from Rkoṅ-po, *JRAS*, 1954, pp. 157–173.

NKT=P. Pelliot: Note à propos d'un catalogue du Kanjur, *JA*, 1914, pp. 111–150.

NLO=G. Uray: The narrative of Legislation and organization of the mKhas-pa 'i dga'-ston, *AOH*, XXVI, 1, 1972, pp. 11–68.

NLS=L. Ligeti: Notes sur le lexique sino-tibetain de Touen-houang en écriture tibétaine, *AOH*, XXI, 1968, pp. 265–288.

NTE=H.E. Richardson: Names and titles in the early Tibetan records, *Bulletin of Tibetology*, IV, 1, 1967, pp. 5–20.

NTM=G. Uray: Notes on a Tibetan military document from Tun-huang, *AOH*, XVII, 1964, pp. 223–230.

NTS=P. Pelliot: Note sur le T'ou-yu-houen et les Sou-p 'i, *TP*, 1921, pp. 323–331.

NTT=P. Pelliot: Les noms tibétains des T'u-yu-houen et des Ouighours, *JA*, 1912, pp. 520–523.

OBN=G. Uray: Tho offices of the *brung pa*s and great *mngan*s and the territorial division of Central Tibet in the early 8th century, *AOH*, XV, 1962, pp. 353-360.

OMII=G. Tucci: *Opera Minora*, part II, Roma, 1971, SCK, VTH, WSG も再録.

OPI=T. Wylie: 'O-lde-spu-rgyal and the introduction of Bon to Tibet, *CAJ*, 1963, pp. 93-103.

OTD=G. Uray: Old Tibetan *dra-ma drangs*, *AOH*, XIV, 1962, pp. 219-230.

OTV=G. Uray: The Old Tibetan verb *bon*, *AOH*, XVII, 1964, pp. 323-334.

OZZ=Chang Kung: On Zhang-zhung, *Studies presented to Tung Tso-pin*, 董作賓 *on his sixty-fifth birthday*, Tai pei, 1960, pp. 137-154.

PLG=A. Macdonald: Préambule à la lecture d'un rGya-Bod yig-tshang, *JA*, 1963, pp. 53-159.

PGN=→TPG

PKS=lHun grub rgya mtsho: **Legs par bshad pa padma dkar po 'i zhal gyi lung**, 1447, Ed. Zhol ?, 245 fols.

PRN=G. Tucci: *Preliminary report on two scientific expeditions in Nepal*, Roma, 1956.

PSJ=Sum pa mkhan po Ye çes dpal 'byor: **'Phags yul rgya nag chen po bod dang sog yul du dam pa 'i chos 'byung tshul**, 1748, Ed. 五召当廟, 317 fols., *Re 'u mig*, ff. 273a-284b (Sarat Ch. Das: *Pag sam jon zang*, part I. Calcutta, 1908. は f. 1-f. 271, l. 5[Re 'u mig までの間に 1 fol. と 3 ll. を載せず] を収録.), Re 'u mig の後に諸説の年代批判(ff. 285a-287b)を挙げ, 中国・蒙古史略説を示す.『パクサム・ジュンサン』.

QSS=G. Uray: Queen *Sad-mar-kar*'s song in the old Tibetan chronicle, *AOH*, XXV, 1972, pp. 5-38.

QTC=P. Pelliot: Quelques transcriptions chinoises de noms tibétains, *TP*, 1915, pp. 1-26.

RDP=Si tu paṇ chen Chos kyi 'byung gnas, 'Be lo Tshe dbang kun khyab: **bsgrub rgyud Karma kaṁ tshang brgyud pa rin po che 'i rnam par thar pa rab 'byams nor bu zla ba chu shel gyi phreng ba**, Vol. Da, 341 fols.; Vol. Na, 350 fols., *Si tu paṇ chen gyi gsung 'bum*, Ed. D. Gyaltsan & Kesang Legshay, New-Delhi, 1972.

REB=R.A. Stein: *Recherches sur l'epopée et le barde au Tibet*, Paris, 1959.

RFT=M. Lalou: Revendications des fonctionnaires du Grand Tibet, *JA*, 1955, pp. 171-212.

RPT=L. Bazin: Recherches sur les parlers T'o-pa, *TP*, XXXIX, 1950, pp. 228-329.

SCK=G. Tucci: The secret characters of the kings of Ancient Tibet, *East and West*, Roma, 1955, pp. 197—205=The sacral character of the kings of ancient Tibet, OMII, pp. 569-583=「古代チベット王の神秘的性格」(『古代学』 V, 3・4 号).

SCL=L. Petech: *A study of the chronicles of Ladakh*, Calcutta, 1939.

SHE=R. A. Stein: Une source ancienne pour l'histoire de l'épopée tibétaine, le

Rlangs Po ti bse ru, *JA*, 1962, pp. 77–106.

SKK=――*Sa skya pa 'i bka' 'bum*, facsimil, 15 vols., Tokyo 1968; *Sa skya bka' 'bum+ Ngor chen Kun dgaḥ bzang po 'i bka' 'bum+Go bo rab 'byams pa bSod nams seng ge 'i bka' 'bum* etc., Ed. sDe dge.

SMT=L. Petech: La struttura del Ms. Tib. Pelliot 1287, *RSO*, XLIII, 1969, pp. 253—256.

SRD=Bu ston Rin chen grub: **bDe bar gshegs pa 'i bstan pa 'i gsal byed chos kyi 'byung gnas gsung rab rin po che 'i mdzod**, 1322, Ed. sDe dge, 203 fols., (チベット仏教史部分. f. 117b, l. 5 以下), E. Obermiller: *History of Buddhism*, Heidelberg, 1932, 『プトゥン仏教史』.

SST=Si tu Chos kyi 'byung gnas: **Si tu 'i sum rtags**, 88 pages, S. Ch. Das: *An introduction to the grammar of the Tibetan language*, Darjeeling, 1915.

STl=A. Róna Tas: Social terms in the list of grants of the Tibetan Tun-huang chronicle. *AOH*, V, 1955, pp. 249–270.

TAC=Bell's maps, Tibet and adjacent countries, 2500000分の1, Dehra Dun, 1938, Ch. Bell: *Grammar of colloquial Tibetan*, Alipare, 1939, 附録.

TAM=R. A. Stein: *Les tribus anciennes des marches sino-tibétaines*, légendes, classifications et histoire. Paris, 1958.

TCE=E. Teichman: *Travels of a consular officer in Eastern Tibet*, Cambridge, 1922.

TCK=P. K. Benedict: Tibetan and Chinese kinship terms, *HJAS*, VI, 1941, pp. 313–337.

TGB=B. Laufer: Über ein tibetisches Geschichtswerk der Bon po, *TP*, 1901, pp. 24–44.

TGG=dKon mchog lhum grub: **Dam pa 'i chos kyi 'byung tshul bstan pa 'i rgya mtshor 'jug pa 'i gru chen**, Ed. sDe dge, ff. 1–129a, 増補 Sangs rgyas phun tshogs: *Legs bshad nor bu 'i bang mdzod*, ff. 129a–227b. 『ゴルパ仏教史』.

TGS=Samten G. Karmay: *The treasury of good sayings: A Tibetan history of Bon*. London, 1972, LRDの解説および訳注づき校訂本.

TGT=R. A. Miller: Thon mi Sam bhota and his grammatical treatises, *JAOS*, 1963, pp. 485–502.

THB=→TGS

THL=A. I. Vostrikov: *Tibetan historical literature*, tr. by Harsha C. Gupta, Calcutta, 1970. *Tibetskaja istoričeskaja literatura*, Moscow, 1962, 『チベット歴史文献』.

TIS=H. E. Richardson: Tibetan inscription at Žva-ḥi Lha Khaṅ, part I, *JRAS*, 1952, pp. 133–154; part II, *JRAS*, 1953, pp. 1–12.

TLB=G. Uray: On the Tibetan letters *Ba* and *Wa*, contribution to the origin and history of the Tibetan alphabet, *AOH*, V, 1955, pp. 101–122.

TLT, II=F. W. Thomas: *Tibetan literary texts and documents concerning Chinese Turkestan*, part II, documents, London, 1951.

TND＝sPa 'i btsun pa bsTan rgyal bzang po: **bsTan pa 'i rnam bshad dar rgyas gsal ba 'i sgron ma**, 137 fols., *Sources for a history of Bon*, Dolanji, 1972, col. 498–769.

TNF＝G. Molè: *The T'u-yü-hun from the Northern Wei to the time of the Five Dynasties*, Roma, 1970.

TPG＝Padma dkar po: **Chos 'byung bstan pa 'i padma rgyes pa 'i nyin byed**, Ed. sPungs thang, 189 fols., チベット仏教史, f. 97a, l. 1 以下.

TPS＝G. Tucci: *Tibetan painted scrolls*, 3 vols, Roma, 1949.

TQF＝P. Pelliot: La theorie des Quatre Fils du ciel: *TP*, XXII, 1923, pp. 97–125.

TTG＝g-Yo ru rdzogs chen pa Rang byung rdo rje: **gTam gyi tshogs theg pa 'i rgya mtsho**, Ed. sDe dge, 271 fols., *'Jigs med gling pa 'i gsung 'bum*, Vol. Nga, 『史話集』.

TTK＝G. Tucci: *The tombs of the Tibetan kings*, Roma, 1950.

TVK＝Sangs rgyas rgya mtsho: **Phug lugs rtsis kyi legs bshad mkhas pa 'i mgul rgyan Bai ḍūra dkar po 'i do shal dpyod ldan snying nor**, 1683, Ed. Zhol(1909), 633 fols., 『白瑠璃瓔珞』.

UNT＝'Jam dbyangs mkhyen rtse 'i dbang po: **dBus gtsang gi gnas rten rags rim gyi mtshan mdor bsdus dad pa 'i sa bon**, Ed. sDe dge, 29 fols., 『聖地案内』. 校訂本は KTG, pp. 1–33 に含まれる.

UTM＝P. Matthias Hermanns: Überlieferungen der Tibeter, nach einem Manuskript aus dem Anfang des 13. Jahrh. N. Chr. *Monumenta Serica*, XIII, 1948, pp. 161–208.

VSM＝Sangs rgyas rgya mtsho: **dPal mnyam med ri bo dga' ldan pa 'i bstan pa zhva ser cod pan 'chang ba 'i ring lugs chos thams cad kyi rtsa ba gsal bar byed pa Bai ḍūra Ser po 'i me long**, 1692–1698, Ed. Zhol. 419 fols., 『黄瑠璃鏡(仏教)史』.

VTH＝G. Tucci: The validity of Tibetan historical tradition, *India Antiqua in honour J. Ph. Vogel*, Leiden, 1947, pp. 309–322＝*OMII*, pp. 453–466.

WSG＝G. Tucci: The wives of Sroṅ btsan-sgam-po, *OMII*, pp. 605–611＝*Oriens Extremus*, IX, 1962, pp. 121–126.

YBG＝**g-Yung drung bon gyi rgyud 'bum**, (*sGrags pa rin chen gling grags bya ba bon gyi bka' 'bum dang po*)(埋蔵本), 24 fols, *Sources for a history of Bon*, Dolanji, 1972, col. 1–46.

YLD＝E. Haarh: *The Yar lung Dynasty*, København, 1969.

DV, I＝Ngag dbang blo bzang rgya mtsho: **Za hor gyi ban de ngag dbang blo bzang rgya mtsho 'i 'di snang 'khrul pa 'i rol rtsed rtogs brjod kyi tshul du bkod pa du kū la 'i gos bzang**, Ed. Zhol, 364 fols., Vol. Ka, *Thams cad mkhyen pa lnga pa chen po 'i gsung 'bum*, Vol. Ca, 『東北目』5588.

DVII=lCang skya rol pa 'i rdo rje: **rGyal ba 'i dbang po thams cad mkhyen gzigs rdo rje 'chang blo bzang bskal bzang rgya mtsho dpal bzang po 'i zhal snga nas kyi rnam par thar pa mdo tsam brjod pa dPag bsam rin po che 'i snye ma**, 1759, Ed. Zhol(?), 558 fols., *lCang skya rol pa 'i rdo rje gsung 'bum*, Vol. Ka(?), 『東北目』5824.

PI=Paṇ chen bLo bzang chos kyi rgyal mtshan: **Chos smra ba 'i dge slong blo bzang chos kyi rgyal mtshan gyi spyod tshul gsal bar ston pa nor bu 'i phreng ba**, 1660, Ed. bKra shis lhun po, 225 fols., *Paṇ chen bLo bzang chos kyi rgyal mtshan gyi gsung 'bum*, Vol. Ka, 『東北目』5877.

PIII='Jam dbyangs bzhad pa dkon mchog 'jigs med dbang po: **rJe bla ma srid shi 'i gtsug rgyan paṇ chen thams cad mkhyen pa blo bzang dpal ldan ye shes dpal bzang po 'i zhal snga nas kyi rnam par thar pa nyi ma 'i 'od zer**, 1786, Ed. bKra shis lhun po, 2 vols., 375 fols., 305 fols.

雑誌略号

AOH=Acta Orientaria, Hungaricae

CAJ=Central Asiatic Journal

JA=Journal Asiatique

JASB=Journal of the Asiatic Society of Bengal

JRAS=Journal of the Royal Asiatic Society

RSO=Rivista degli Studi Orientali

TP=T'oung-Pao

和漢文史料，論文，DTH 部分略号

「烏白住」=白鳥芳郎「烏蛮白蛮の住地と白子国及び南詔六詔との関係」『民族学研究』17-2, 1953年, 27-46頁.

『慧伝釈』=藤田豊八『慧超往五天竺国伝箋証』, 1911年.

『王統表』=DTH, p. 81, l. 7-p. 82, l. 35 (Pelliot tib. 1286).

『河歴地』=前田正名『河西の歴史地理学的研究』, 東京, 1964年.

『宰相記』=DTH, p. 100, l. 8-p. 102, l. 21 (Pelliot tib. 1287).

『小王表』=DTH, p. 80, l. 1-p. 81, l. 6 (Pelliot tib. 1286).

『玉土調』=周希武『玉樹(土司)調査記』上海, 民国9(1920)年.

「高仙事」=諏訪義譲「高麗出身高仙芝事蹟攷」『大谷大学研究年報』第1輯, 昭和17(1942)年, pp. 173-236.

『五清鑑』=田村実造・今西春秋・佐藤長編『五体清文鑑訳解』2 vols., 京都, 1966年.

『古チ研』=佐藤長『古代チベット史研究』2 vols., 京都, 昭和33・34(1958・59)年.

『新吐箋』=王忠『新唐書吐蕃伝箋証』上海, 1958年.

「隋吐経」=王民信「隋唐対於吐谷渾之経営」(上)『大陸雑誌』18-6, 1959年, pp. 179-185; 同(下)『大陸雑誌』18-7, pp. 219-222.

略 号 表

『西同志』=『欽定西域同文志』4 vols., 東京. (テキスト)昭和 36-38(1961-63)年, (研究篇)昭和 39(1964)年.

「蘇毗領」=山口瑞鳳「蘇毗の領界」『東洋学報』50-4, 昭和 43(1968)年, pp. 1-69.

『チ古文』=稲葉正就『チベット語古典文法学』京都, 昭和 29(1954)年, (改訂版)昭和 41(1966)年.

『中民地』=張其昀編『中華民国地図集』Vol. II, Vol. IV, 台湾, 1964 年.

「唐吐余」=王民信「唐代吐谷渾餘緒攷」(上)『大陸雑誌』16-7, pp. 211-215; 同(下)『大陸雑誌』16-8, pp. 249-251.

「吐支敦」=藤枝晃「吐蕃支配期の敦煌」『東方学報』31, 1961 年, pp. 199-292.

「吐仏年」=山口瑞鳳「吐蕃王国仏教史年代考」『成田山仏教研究所紀要』3, 昭和 53 年, pp. 171-222.

「東女白」=山口瑞鳳「東女国と白蘭」『東洋学報』54-3, 昭和 46(1971)年, pp. 1-56.

「南大住」=白鳥芳郎「南詔・大理の住民と爨・僰・羅羅: 民家族との関係」『民族学研究』17-3・4, 1953 年, pp. 45-72.

『寧海紀』=周希武『寧海紀行』上海, 民国 9(1920)年,『玉土調』附録.

『年代記』=DTH, pp. 97-100, l. 7; p. 102, l. 23-p. 122(Pelliot tib. 1287).

「白 SL」=山口瑞鳳「白蘭と Sum pa の rLaṅs 氏」『東洋学報』52-1, 昭和 44(1969)年, pp. 1-61.

「武吐墓」=夏鼐「武威唐代吐谷渾慕容氏墓誌」『国立中央研究院歴史語言研究所集刊』20(上), pp. 313-342.

『フゥラン』=稲葉正就・佐藤長『フゥラン・テプテル』京都, 昭和 39(1964)年, *Hu lan deb ther* の訳注本.

『編年紀』=DTH, pp. 13-27; pp. 55-61(Pelliot tib. 1288; Poussin, 750; Or. 8212).

チベット文献目録

『東大目』=『東京大学所蔵チベット文献目録』東京, 1965 年.

『東北目』=『西蔵大蔵経総目録』2 vols. (目録・索引), 仙台, 1934 年, no. 1-4569.『西蔵撰述仏典目録』仙台, 1953 年, no. 5001-7083.

『北京目』=『西蔵大蔵経・甘殊爾勘同目録』3 vols., 京都, 1930-32;『北京版西蔵大蔵経・総目録』東京, 昭和 37(1962)年.

漢文史料については以下の諸本に依った.

『西域記』,『釈迦方志』

大正大蔵経, Vol. 51, no. 2081『大唐西域記』, no. 2082『釈迦方志』.

『冊府元亀』 明刻初印本(影印).

『通典』 殿本.

『通鑑』 新校標点『資治通鑑』.

両唐書等 「二十五史」藝文印書舘.

本文中に略号によらず利用した文献は上記表中に示さず，その都度注記した．

本文中の引用箇所は単に——頁と示し，注記に関しては——頁注(——)と示し，同じ章にある注記は単に注(——)と示した．それが頁数表示の直後に来る場合は——頁，注(——)と示した．他の書物よりの引用の場合は洋書の場合は略号のあとに p.——，pp.——と示し，注記は頁数に続けて n.——と示し，洋書以外は——頁，注——と示した．

目　次

目　次

下巻目次

まえがき

チベットに関する研究も他の多くの学問のようにヨーロッパ人によって手がけられた。今日チベットと言えばラマ教という呼称で知られる仏教国であるが、初めてこれにしかるべき形で言及したのは、ロックヒル W. W. Rockhill の示しているように[1]、一二五三年にコンスタンチノープルを出発して一二五五年に帰国した修道士ギヨム・ドゥ・リュブリュキ Guillaum de Rubruquis であろう。カラコルムにモンケを訪ねたこの修道士は、活仏、即ち、転生ラマに関説し、両親の頭蓋骨を盃とする彼等の奇習なるものに言及したのである。その宗教がキリスト教に似た儀軌をもっているというので、アクバル帝のインドに留まっていたジェズイット派の伝道士によって、以来あくことのない探索が始められた。かの地に、伝承でいうカタイ Cathay のキリスト王国の跡が求められた[2]のである。やがて一六二四年、アントニオ・デ・アンドラダ Antonio de Andrada とマニュエル・マルク Manuel Marques によって初めてチベット入りが成功した。カタイの跡は見出されなかったが、布教の足がかりが得られ、中央チベット(ウー・ツァン dBus g'Tsang)の存在も知られた[3]。この後もなおキリスト教徒によるカタイの探索が続き、チベットとの接触が保たれたのである。

一七五八年クライヴ Robert Clive がベンガルの知事になると、チベットの鉱物資源に注目し、イギリス商品の市場としての期待からもその領域を北に伸ばそうとした。その頃グルカがネパールを制圧したので、ベンガル政庁の期待は容易に実現されなくなった。折しもグルカに後押しされたブータン軍がクチュ・ビハールを侵したので、ベンガル総督ヘースティングズ Warren Hastings が兵を繰り出してブータン軍を逐った。ブータンはパンチェン・ラマ三世に講和の仲介を依頼して、その結果一七七四年にブータンとベンガルの間に通商条約が成立した。ヘースティングズはこの機会をとらえて、ボーグル George Bogle をパンチェン・ラマのいるタシルンポ寺に派遣した。(4) これがイギリスとチベットとの初めての接触であった。その後約一世紀を経ると、イギリスのインド政庁とチベットとの間に、シッキム、ブータンをめぐる紛争が始まり、やがて、清朝とイギリス、ロシアの間にチベットを挟んで国際的な対立が起った。このようにしてヒマラヤの奥にあった未知の国が国際的に世間一般から注目されはじめたのである。

この間の一八二二年から二四年までラダックのレー sLes やザンスカル Zangs dkar 方面に留まったハンガリーのチョーマ・ド・ケレス Alexander Csoma de Körös (Kőrösi Csoma Sándor) によってチベットに対する研究が始められていた。一八三四年彼はイギリス・インド政庁の援助によって *A grammar of the Tibetan language* と *A dictionary of the Tibetan language* とをカルカッタで上梓した。

チョーマの関心も当然のことのように、チベットにおける仏教学に向けられ、一八三六年以後 *Asiatic Researches* XX に律、仏伝、経、論に関する紹介論文 (pp. 41–93, 285–317, 393–552, 553–585) を掲載した。このさきがけの事実によって象徴されるように、以来学者の目は仏教学の宝庫ともいうべきチベット語大蔵経に向けられた。

チベットでは八世紀末から九世紀中葉にかけて、当時入手できた梵文のあらゆる経論を訳出し、欠けたものは中国語その他の仏典から訳し補い、八一四年には訳語の統一 (skad gsar bcad) まで行っていた。それらの成果は、遅くとも一四世紀前半には現形に近い律、経から成るカンギュル bKa' 'gyur 甘殊爾と、論に当るテンギュル bsTan 'gyur 丹殊爾とに区分され、これに一〇世紀以後に訳されたタントラ仏教系経典、論部の補足を併せたものが印刷されて今に伝えられている。チベット大蔵経はその訳法が殆んど逐語訳に類し、しばしば原梵語仏典の復原を許すほどであるために漢訳仏典とは異なった価値が認められ、梵語仏典の欠を補足する用に珍重された。この点からインド仏教の研究または仏典一般の研究に補助的な手段を提供するものとして歓迎されたのである。

これらとは別に、やや遅れて二〇世紀になってからであるが、ソ連でオルデンブルグ S. F. Ol'denburg が、更に遅れてその門下のシチェルバツスキー F. I. Shcherbatskii、オーベルミラー E. E. Obermiller、ヴァストリコフ A. I. Vostrikov などがチベット仏教そのものの研究によって仏教学を見直し始めた。このような傾向は、いうまでもなく、プルジェワルスキー N. M. Przhevalskii の探険によって代表される帝政ロシヤの、チベットを含めた中央アジヤへの深い関心に由来していた。

チベット仏教への関心はチベット仏教史の研究を促した。オーベルミラーによるプトゥン Bu ston『仏教史』の翻訳 *History of Buddhism*(一九三一年)から、ルーリック George N. Roerich による『青冊史』*Deb ther sngon po* の翻訳 *The Blue Annals* の公刊(一九四九、五三年)へと発展した。

翻ってチベット史そのものの研究についていうなら、まず、チベット仏教の史的展開をその社会的背景の中で把えるためには是非とも必要と考えられ、不可欠と主張されてよいであろう。しかし、著者がここで扱う歴史は仏教がチベットの社会に大きい影響力をもつ以前の段階に関わるものであり、右のような意味は薄い。では、この段階のチベット史の研究には一体どのような意義が認められるのであろうか。

かつてのチベットは東アジヤの一小国であり、中国の政治・文化の強烈な影響下に置かれていた国の一つである。今、中国の歴史を見る時、この国が周辺の諸国に与えた影響もさることながら、それらの国々から逆に受けた拘束も見逃すことは出来ない。中国が強大であればあっただけ、その時の中国の動きはこれらの近隣諸国と歴史的により深く関わり合っていたのである。

中国がチベットと深い関わりをもった最初は隋唐時代に見出される。その頃チベット高原に吐蕃王国が出現した。(5) そこで最初にもたれる疑念は、隋唐の動きが吐蕃王国の出現そのものに関わりをもたなかったかということである。関わりがあったとすれば、どのような経過をもったのであろうか。著者ならずとも、誰しも抱く関心事に違いない。

この問題は確かに吐蕃王国に限られた主題ではないかも知れない。この時代の周辺諸国一般に関して漢文史料はかなり詳細な情報を残している。ただ、それらは中国側で見たり、聞いたりしたところを中国側の見地で整理統一して示したものである。従って、こればかりでは記述の信憑性を確認する手段に欠ける。最も願わしいことは、報告されている当該国側にも史料があって対応する情報が供給されることである。

チベットの場合、一二世紀以後の古典史料は僅かに吐蕃時代の事情を伝えている。ただ、いずれも仏教徒の史家が仏教による平安を古代王国の上に仮託してこれを謳歌するのに終始したものであるから、そこに見られる記事によって漢文史料の伝えるところを確認することは殆んど出来ない。彼等は七世紀前半には既に固有のチベット文字をもっていたが、彼等の宗教的心情と永い歳月によって伝承は歪曲され、その原形はもはや容易に推測出来ないのである。従って、これだけの史料であったならば著者は到底本論の主題に取り組むことは出来なかったであろう。

しかし、七世紀前半に成立していたチベット文字は、八世紀末から九世紀はじめにかけてつくられた石碑文に変らぬ記述を残していてくれた。その上に、まことに稀有なことというべきであろうが、有名な敦煌で発掘された写本中に、このチベット文字で書かれた九世紀以前のチベット史に関する『年代記』『編年紀』などの諸史料が含まれていたのである。これらは中国側の史書の記述に当否の判断を下す規準にもなり、チベットの後代の史書が片鱗しか伝えなかった事柄を原初的な体裁で遥かに詳しく伝えているのである。しかも、一〇世紀以上の間後代の人々の手が加えられなかったという保証さえついている。この当時の歴史を知るのに、このように確実な手段を提供されている例は他にないと言っても過言ではない。ここに本論がその主題を追究するに至った理由があり、また、追究する意義が示されている。

われわれが外国の歴史を研究する場合、明確な形で示す示さないにかかわらず、そこにわが国の歴史との関連、もしくは、それとの比較が常に意識される。われわれが現在いる位置からものを見ている限りそのようになるのが当然であり、避けられることではない。勿論、チベットと日本では、直接の関連はもとより、同じ事情もあるべくもない。しかし、両国は隋唐時代において中国の影響を、或いは海を隔て、或いは山を隔てて受けながら共に国家制度を整えたのである。例を挙げるならば、吐蕃は官位十二階の制を六二一年以後の早い時期に採用して統一国家としての体裁をととのえている。他方、『日本書紀』によれば、わが国における冠位十二階の成立は六〇三年にあったとされ、『隋書』には六〇八年における裴世清の日本訪問に関して「小徳」「大礼」などの位階に言及があるのでそれ以前の成立と認められる。(6) ほぼ同時代に類似の制度が両国に発足したことになる。

また、他方では、しばしば聖徳太子の「憲法十七条」に比較して、ソンツェン・ガムポ王 Srong btsan sgam po(五八一―六四九年)の「十六清浄人法」の存在が言及される。しかし、この方は残念ながら全くの虚構であった。(7) これらの事実がチベット史の上で考証された場合、十二階の冠位と官位については共通の由来が考えられてもよいという立場が提供され、憲法十七条に関しては、共通の起源を考えうるとする説を顧慮する必要が全くなくなるのである。

敦煌のチベット語文献中、吐蕃王国の歴史を述べるものは、この王国の全盛期に書かれたらしく、王国の権威に対してはこれを讃えることに細心の注意が払われている。この意味で、そこに客観的な記述を期待することは出来ない。彼等は自らの祖先を悠久の過去に遡らせて讃え、ソンツェン・ガムポ王以前に二五代の王を数えた。或る一本では他本で明らかに城名であるものを一王名として示す。このように腐心して王の世代数を増加したものの、これに対応する宰相の世代数を増補するまでには徹底しなかったのを見る。これらを整理すると、ソンツェン・ガムポ王以前には『唐書』吐蕃伝に示された六代以上の王の存在は認め難くなる。これなどもわが国の古代史に見える事情と危うく思い違うほど似通ったものを見るのである。その点から言えば、吐蕃王国の成立史は日本の古代国家を見る場合の小さな鏡の役に比べられてよいかも知れない。

著者はこの吐蕃王国の成立史を三部に分けて考察したいと思う。

第一篇では、先ず従来の諸説の主なるものを概括したのちに著者自身の考証的方法を述べる。その上で吐蕃王家の世系と起源に関する伝承を分析し、その虚構を除くことによって本来の姿に近づけてみたい。そこに著者による方法の実例を示すと共に、吐蕃王家の前身たるヤルルン王家がその祖を意外に近い過去にもっていたことを確認するであろう。ヤルルンに住する前に彼等はカム Khams 地方に一時勢力をふるい、後代スムパ Sum pa 族中のラン rLangs 氏と結びついて勢力を得るダン sBrang 氏、即ち、(四川の)東女国の主と当時通婚していたことまで見たい。その上さらに遡って、ヤルルン王家の祖は元来ピャー族と呼ばれ、西方のツァンメード rTsang smad mdo と称する地にあって、同じく西方のシャンシュン Zhang zhung に拠ったム dMu 族と通婚して彼等の宗教ポン教を奉ずるものとなったことも探りたい。この間に見られる諸氏族とその関連する地域も勘考して、ヤルルン王家の西方起源を窺い、吐蕃の名称の由来も併せて考察するであろう。

第二篇においては敦煌文献の記述を中心にしてソンツェン・ガムポ王の祖父の時代以来の歴史をたどる。そこに見られるのはチベット古典史書の全く与り知らない遥かに歴史的な世界の展開である。祖父の時代に中央チベット北部の勢力均衡が破れ、不満を抱いたその地方の諸氏族が、南部にあったヤルルン王家を盟主に推戴しようとしたが成らず、その計画はソンツェン・ガムポ王の父ティ・ルンツェンの時に至って漸く実を結ぶ。その結果、ティ・ルンツェンは中央チベット全土を掌握してチベット高原最強の部族長となる。中央チベットの氏族はティ・ルンツェンの腹心となり、後に吐蕃王国が建設されると、その経営の中核となる。この王の時代に東西チベットの統合がすすみ、吐蕃王国の前段階が準備されるが、なお、部族国の集合体でしかなかった。ティ・ルンツェン王の歿後、諸氏族の離反が相継ぎ、ヤルルン王家が以前の姿に戻ろうとする時、新しい腹心ニャン Myang 氏が東方のスムパ族を交渉によって統合し、ティ・ルンツェン王時代の版図を回復する。この後に吐蕃王国がその国家体制を整えはじめるのである。スムパ族統合の意味からソンツェン・ガムポ王一代の足跡までを見ながら、その間に治世を輔けた諸氏族の役割も検討するであろう。

第三篇では、第二篇で確認された事実関係に基づきながら、ソンツェン・ガムポ王の唐、吐谷渾、ネパールに対する外交、その国家を支えた法律、制度、特にその歿後に成立した軍事行政組織も含めて検討する。これらの問題は敦煌文献のみでは明らかにならないので、漢文史料、後代の伝承、近代の研究成果を併せ用いて細かく考証される。

これらの記述を通じて、「吐蕃」と呼ばれたチベット民族の最初の統一国家がどのようにして成立していったかを見るのである。ただ、古代史研究の常と言えるかも知れないが、これらの問題を論ずるに当って充分な史料にめぐまれないところから、その突破口を求めて些細な事柄に議論の集中することが多く、記述内容が不均等になることを予めことわっておかねばならない。殊に著者の場合は、このような考証そのものに主眼があったことを今一度繰り返しておきたい。

（1） W. W. Rockhill: *The Journey of William of Rubruck to the Eastern Part of the World, 1253–55*, London, 1900.
（2） *op. cit.*, p. 199; John MacGregor: *Tibet, A chronicle of exploration*, London, 1970, pp. 29ff.
（3） *op. cit.*, pp. 33–39; SCL, pp. 139–140.
（4） H. E. Richardson: *Tibet and its history*, London, 1962, pp. 63–66.
（5）『通典』一九〇、辺防六、吐蕃伝には開皇中にティ・ルンツェン論贊とティ・ソンツェン弄贊（＝ソンツェン・ガムポ）の名が伝えられたとある。
（6） 井上光貞『日本古代国家の研究』東京、昭和四〇年、二九九頁参照。
（7） 本論七八三—七九九頁参照。

第一篇　「吐蕃」前史時代の考証的研究

第一章 「吐蕃」史研究略史

ヨーロッパの学界で古代チベット史に関するチベット史料が紹介されたのは、おそらく、エミール・シュラギントワイト Emil v. Schlagintweit による『ラダック王統史』*La dags rgyal rabs* の翻訳、

Die Könige von Tibet, von der Entstehung königlicher Macht in Yarlung bis zum Erlöschen in Ladakh, Abhandlgn. d. K. bayer. Ak. d. Wiss., Bd. X, Abh. III, München, 1866.

が最初であったと思われる。このテキストのもとになった写本は、一八五六年にラダックのレー sLes を訪れたヘルマン・シュラギントワイト Hermann v. Schlagintweit によってもたらされたものである。

これより先の一八二二年から一八二四年にわたって、西チベットのザンスカル Zangs dkar 方面にいたチョーマ・ド・ケレス Alexander Csoma de Körös が、レーにその書のあることを知りながら入手する機会を得なかったとも伝えられている(AIT, p. 1)。

チョーマ・ド・ケレスは、周知のようにチベット学一般の文字通りの「草分け」的存在であり、一八三四年に公刊した、

A grammar of the Tibetan language in English, Calcutta.

の附録に、有名な暦学書『白瑠璃瓔珞』*Baiḍūra dkar po'i do shal* の一章にあたる仏教史年表 bstan rtsis を訳出して、[1] "chronological table" として示した(*op. cit.*, pp. 181-198)。この表に示された西暦への換算は二年の誤差を含んでいたので、後に問題となったが、[2] それにもかかわらず、歴史的な価値をもつ業績と評価される。

二年後の一八三六年に、同じものがプリンセプ J. Prinsep の編集した *JASB* の附録としての、

Useful tables, part II, Table LIV, Buddhist chronology of Tibet, pp. 129–131.

に再録され、その他に『青冊史』*Deb ther sngon po* に基づいて、同じくチョーマ・ド・ケレスが配列した、

Table LV, King of Tibet, to the subdivision of the country in the tenth century, pp. 131–132.

も加えられた。

更に二年後、チョーマ・ド・ケレスは、

Enumeration of historical and grammatical works to be met with in Tibet, *JASB*, Vol. VII, pp. 147–152.

を示した。もっとも、この中に見られるチベット史文献の主なるものは、先述の *A grammar of the Tibetan language in English* の中に示されており、『諸王統史明示鏡』*rGyal rabs gsal ba'i me long* に基づいて書かれた。このことは、ヴァストリコフ A. I. Vostrikov が名著『チベット歴史文献』*Tibetan historical literature* (pp. 11–12, n. 19) のうちに指摘しているとおりである。

この有名な『諸王統史明示鏡』(『王統明示鏡』または『明示鏡』とも示す)の方は、更に古く、一八二九年に、シュミット I. J. Schmidt が、

Geschichte der Ost-Mongolien und ihres Fürstenhauses, St. Petersburg.

のうちに『蒙古源流』の訳を示した際、その注記に *Bodhimor* の訳文と称して[3]加えたものがあり、以来広く利用された。シュミットの注が『王統明示鏡』の何処に対応するかについてもヴァストリコフは右記著作中に調べ上げ (THL, pp. 70–71, n. 206)、その後E・シュラギントワイト、ケッペン Köppen、ロックヒル Rockhill、ラウフェル Laufer、フランケ Francke 等がそれを利用したことも明らかにしている (*op. cit.*, p. 27, n. 208–212)。

しばらく間を置いて一八八一年には、ダス Sarat Chandra Das によって、

Contributions on the religion and history of Tibet, part III, A., The early history of Tibet, *JASB*, vol. L, pp. 187–251.

が発表され、『青冊史』やプトゥン Bu ston の『仏教史』がそこに利用された。

ダスはこの後『パクサム・ジュンサン』*dPag bsam ljon bzang* の「年表」re'u mig を、

The Tibetan chronological table, *JASB*, 1889, vol. LVIII, pt. I, pp. 37–84.

として発表し、同書の本文を、

Pag Sam Jon Sang, History of the rise, progress and downfall of Buddhism in India, pt. I; *History of Tibet from early times to 1745 A. D. by Sum pa khan-po Yesé Pal Jor*, pt. II, Calcutta, 1908.

として内容の要約をそえて公刊した(略号表 PSJ 参照)。ダスの示した「年表」も、チョーマのそれにならい、西暦への換算では大体一年の誤り(4)を導入している。『パクサム・ジュンサン』のテキストも校正の不充分なものではあるが、「年表」と共に当時の学界に対して頗る大きな寄与をしたものであった。

これらに先立って、

S. W. Bushell: The early history of Tibet, from Chinese sources, *JRAS*, 1880, pp. 435–541.

が『旧唐書』吐蕃伝の訳を示し、『唐書』吐蕃伝のみの示す部分も別に添えて明らかにした。これによって、欧米の学者には古代チベット史に関する漢文史料とチベット史料の比較が可能になった。

比較の試みは一九〇七年ミュラー Herbert Müller によって実現した。即ち、

Tibet in seiner geschichtlichen Entwicklung, *Zeitschrift für vergleichende Rechtswissenschaft*, Bd. XX, pp. 279–344.

である。

同じ一九〇七年に、

W. W. Rockhill: *The life of the Buddha and the early history of his order*, London.

が発表され、その第七章に、

The early history of Bod-yul (Tibet), pp. 203-229.

が論じられた。ロックヒルの一文が新たに加えたものは殆んどなく、それまでに知られていた事柄を総合して、そこに彼自身の見解をまとめたものであった。素材には先述のシュミットによる *Bodhimor* の訳とブッシェル Bushell による吐蕃伝の訳が用いられ、それらをつき合せ、隙間を埋めるのにシフナー Schifner やダスの記述、E・シュラギントワイトの『ラダック王統史』の訳が用いられている。今日から見れば受け容れられない議論もあるが、これも古代チベット史をはじめて論述したものとしての意義が認められる。

同じ頃、古代チベット史ではないが、チベット仏教、またはダライ・ラマに関する研究が多く見られた。古いところでE・シュラギントワイトからW・W・ロックヒル、ワッデル L. A. Waddell、シューレマン G. Schulemann などによる出版が続いた。

このうちのロックヒルは、清朝とダライ・ラマ政権の関係を調べて優れた論文を示しているが[(5)]、その基本的研究の一つとして『衛藏圖識』の訳注、

Tibet, a geographical, ethnographical and historical sketch, derived from Chinese sources, *JRAS*, 1891.

を発表した、原文には大招寺 'Phrul snang に対する説明があり、唐蕃会盟碑に言及するが、これが徳宗時代の条約碑であると誤り説かれているため、訳者もこれに従って誤りを踏襲している。

二〇世紀にはいると、この唐蕃会盟碑等の研究が始まり、ほぼ同時にL・A・ワッデルとA・フランケの論文が発

表された。

L. A. Waddell: Ancient historical edicts at Lhasa, *JRAS*, 1909-1911.

ワッデルはシュル Zhol の石柱碑と唐蕃会盟碑とを、ロックヒルに従って共に徳宗時代の碑文であるとした。(6)

しかし、Ａ・フランケの場合は、唐蕃会盟碑のみを扱ったのであるが、下に示した論題からはっきり見られるように会盟そのものの年次を明示している点に大きな進歩が見られる。

A. H. Francke: Tibetan inscription on the stone monument in front of the Ta-chao-ssu temple in Lhasa, 822 A. D., *Epigraphia Indica*, vol. X, 1909/10, pt. IV, pp. 89-93.

フランケは続いて、小論文、

List of minister's names found in the Tibetan inscription in front of the Ta-chao-ssu temple in Lhasa, 822 A. D., *Epigraphia Indica*, vol. XI, 1912, pt. VI.

も発表している。しかし、フランケは研究の中心が西チベットにあったので、これらと同じ頃の一九一〇年に書いた、

The kingdom of gNya khri btsan po, the first king of Tibet, *JASB*, vol. VI.

には、今日では誰も疑うことのない中央チベット、ヤルルン Yar lung 地方のチンバ・タクツェ Phying ba sTag rtse 等の所在を求めて、それらをラダック地区に比定している。その後、フランケによる『ラダック王統史』の校訂本と、その訳注を含めた出版が、

A. H. Francke: *Antiquities of Indian Tibet*, part II. *The chronicles of Ladakh and minor chronicles*, Calcutta, 1926.

の形で実現した。この中でもフランケは同じ主張を繰り返し、Phying ba stag rtse を Phyi dbang stag rtse とする形から、それをラダック地方のレーの近くに求めて譲らなかった。

この間にＰ・ペリオとＢ・ラウフェルによりチョーマ・ド・ケレスなどのチベット紀年換算の誤りを衝く論述[7]が行われた。その後ラウフェルは古代チベット史に関連した記述を多く収めた長大な論文、

Bird divination among the Tibetans, *TP*, 1914, pp. 1-110.

を発表した。以来、ペリオとの間に論争が交され[8]、古代チベット史の個々の具体的な問題が取り上げられるようになった。

中央アジヤ、敦煌出土チベット語文献に関して、この頃はじめて報告が行われた。

A. Francke: Notes on sir Aurel Stein's collection of Tibetan documents from Chinese Turkestan, *JRAS*, 1914, pp. 37–59.

がそれである。この論文の成立の事情とその意義は *Serindia* (pp. 467–471) 中に示されている。やや遅れて、

F. W. Thomas: Note on the Tibetan collections of the India Office Library, *JASB*, New series, vol. XVIII, 1922 (cf. THL, p. 249).

があるとされるが、該当する本文は見当らない。

この種のチベット語文献に関する研究は、先ず、フランケが、ついでトーマスが手がけた。前者が *Sitzungsberichte der Preussischen Akademie der Wissenschaften*, Philos-hist. Kl. に発表したものを見ると、トルファン文献が扱われ、

Tibetische Handschriftenkunde aus Turfan, 1924, III, pp. 5–20.
Weitere Tibetische Handschriftenkunde von Turfan, 1924, XVII, pp. 110–118.
Ein Dokument aus Turfan in Tibetischer Schrift, aber unbekannter Sprache, 1927, XII, pp. 124–130.
Drei weitere Blätter des tibetischen Losbuches von Turfan, 1928, VIII, pp. 110–118.
Königsnamen von Khotan (A・Ma・Ca) auf Tibetischen documenten, 1928, XXXI, pp. 3–8.

と題して示された。これに対してＦ・Ｗ・トーマスは、

　Tibetan documents concerning Chinese Turkestan

を*JRAS*(1927–1934)に連載し、別に、

　Tibetan literary texts and documents concerning Chinese Turkestan, London, 1935.

を示し、これをpart Iとし、前者をまとめてpart IIとした。この他に、

　Law of theft in Chinese Kan-su: a IXth–Xth century fragment from Tun-huang, *Zeitschrift für vergleichende Rechtswissenschaft*, Bd. L, 1936.

を発表している[9]。この間の一九三一年に、チャールス・ベル Charles Bell: *The religion of Tibet* がロンドンで発刊された。一般的な書物であったが、『青冊史』の訳文を利用してあったので関心を呼んだ。

一九三九年、ペテック Luciano Petech 氏による本格的な古代チベット史研究が発表された。即ち、

　A study on the chronicles of Ladakh, Calcutta, first part, pp. 1–95.

である。本書の論説は、後に著者によって改められたところもあるが、今日なお参照すべきものを含み、古代チベット史の劃期的研究であったというべきであろう。フランケの示した『ラダック王統史』の内容を『プトゥン仏教史』『王統明示鏡』『青冊史』『ダライ・ラマ五世年代記』等を用いて、比較吟味したものであった。この内容については後段でも言及する筈である。

同年、故ラルー Marcelle Lalou 女史によってペリオ蒐集の敦煌チベット語文献のカタログの第一冊が上梓された。

　Inventaire des manuscrits tibétains de Touen-houang conservés à la Bibliothèque Nationale (Fonds Pelliot tibétain) Nos 1–849, I, Paris, 1939.

これは、翌年から手がけられたバコー J. Bacot、トーマス F. W. Thomas、トゥサン Ch. Toussaint の三人による、

Documents de Touen-houang relatifs à l'histoire du Tibet, Paris, 1946.

と共に、新しい古代チベット史研究の出発を合図するものであった。ペテック氏の前掲の研究は優れたものであったが、これらの新史料を利用できなかった点で、むしろ古い型の研究に分類される。

ペリオ文献目録は第二巻が一九五〇年(Nos 850–1282)に、第三巻が一九六一年(Nos 1283–2216)に出版された。

スタイン M. A. Stein 蒐集の敦煌チベット文献についてはドゥ・ラ・ヴァレ・プサン Louis de la Vallée Poussin の手になるものが出来たが、生前出版されず、戦後トムプスン A.F. Thompson 女史の努力で出版されるに至った。これには榎一雄氏による漢文文献のカタログが附加されている。

Catalogue of the Tibetan manuscripts from Tun-huang in the India Office Library, with an appendix on the Chinese manuscripts, Oxford, 1962.

但し、スタイン卿による第二次探険(一九〇六—一九〇八年)で将来され、India Office Library に属するものに限られ、その他は含まれていない。また、トーマスの "Tibetan documents concerning Chinese Turkestan" に引用されたものには右のカタログに収録されていないものもある。他の二探険のチベット文書については前掲のA・フランケの報告または *Serindia* (pp. 1475–1502)、*Innermost Asia* (pp. 1091–1117) の参照以外の便宜がないので惜しまれる。

一九四〇年代前半は第二次大戦のため一般的に研究の中断があった。これより以前の一九三二年以来、西チベットの研究を主として *Indo-Tibetica* I-III を示してきたG・トゥッチ氏が、そのⅣを一九四一年に出版したのに留まる。戦後の一九四七年にはいち早く古代チベット史の分野にこのトゥッチ氏が登場して、

The validity of Tibetan historical tradition, *India Antiqua*, in honour J. Ph. Vogel, Leiden, pp. 309–322 (*Opera Minora*, pp. 453–466).

を示した。この論文では既に、*Sa skya bka' 'bum* に含まれるタクパ・ゲルツェン Grags pa rgyal mtshan(一一四七—

一二一六年)とパクパ 'Phags pa bLo gros rgyal mtshan(一二三五―一二八〇年)による二つの「王統記」*rgyal rabs* の内容が紹介されている。同じ年には、

L. Petech: Alcuni nomi geografici nel "*La dvags rgyal rabs*", *RSO*, XXII, 1947, pp. 82-91.

が発表されている。

トゥッチ氏は一九四九年に名著、

Tibetan painted scrolls, 3 voll. Roma.

を出版した。ここでは古代史に関する記述は僅かな部分を占めるが、別に翌年、

The tombs of the Tibetan kings, Roma, 1950.

にまとめてこの方面の所説が示された。

上記著述では、ランチュン・ドルジェ rDzogs chen pa Rang 'byung rdo rje、即ち、ジクメーリンパ 'Jig med gling pa(一七二九―一七九八年)による『史話集』*gTam gyi tshogs theg pa 'i rgya mtsho*(CTCT, no. 19-566)が用いられてヤルルンのチョンゲー 'Phyong rgyas にある吐蕃王歴代の墓の所在と諸王についての年代論が扱われている。史料としてはパボ・ツクラク・テンバ dPa' o gtsug lag 'phreng ba(一五〇四―一五六六年)による『学者の宴』*mKhas pa 'i dga' ston* のうちの Ja の章が初めて用いられた。その他にも、『王統明示鏡』と『ダライ・ラマ五世年代記』*gZhon nu 'i dga' ston* が併用されている。ただ、『王統明示鏡』をサキャパ Sa skya pa のペルデン・ラマ dPal ldan bla ma の『仏教史』(TTK, p. 19)としながら、これを *Tibetan painted scrolls*(p. 141)に示したように一五〇八年の作としている(TTK, p. 79, n. 47)が、別に詳説した[10]ように誤りである。この書物には、巻末に五つの碑文と『学者の宴』Ja 章から引用した三つの勅語が示されている点で、史料集としても重要である。古代チベット史に関する重要な諸問題に触れているので、本論文中にしばしば論及されることになる。

碑文に関しては、この前年、佐藤長氏によって、

「唐蕃会盟碑の研究」、『東洋史研究』一〇―四、一九四九年。

が発表された。これは後年、『古代チベット史研究』に補正再録されている（『古チ研』八七四―九三五頁）。後者には唐蕃会盟碑に関する研究史、特に我が国と中国のそれが明らかにされている。佐藤氏はこれより先の昭和一七年に既に、

「女国と蘇毗」、『東洋史研究』六―六、一九四二年。

を発表している(11)。

一九四九年にはリチャードスン H.E. Richardson 氏による一連の碑文研究の第一作が示された。以後のものと共に連記すると次のようになる。

1 Three ancient inscriptions from Tibet, *JASB*, 1949, pp. 54-64.

2 *Ancient historical edicts at Lhasa and the Mu tsung/Khri gtsug lde brtsan treaty of A.D. 821-822 from the inscription at Lhasa*, London, 1952.

3 Tibetan inscriptions of Shvaḥi Lha-khaṅ, pt. I, *JRAS*, 1952, pp. 133-154; pt. II, *JRAS*, 1953, pp. 1-12.

4 A ninth century inscription from Rkong-po, *JRAS*, 1954, pp. 157-173.

5 A new inscription of Khri srong lde brtsan, *JRAS*, 1964, pp. 1-13.

なお、リチャードスン氏の碑文研究は近年も続いていて(12)、次のような作がある。

6 The inscription at the tomb of Khri lde srong brtsan, *JRAS*, 1969, pp. 29-38.

7 The rKong-po inscription, *JRAS*, 1972, pp. 30-39.

8 The sKar-cung inscription, *JRAS*, 1973, pp. 12-20.

9 The Sino-Tibetan treaty inscription of A. D. 821/823 at Lhasa, *JRAS*, 1978, pp. 137-162.

これらのうち2は特に重要[13]である。その後半部は唐蕃会盟碑の研究であり、9に繰り返されている。その点では、

Li Fang-kuei: The inscription of Sino-Tibetan treaty of 821–822, *TP*, 1956, pp. 1–99.

も重要である。李方桂氏の他の論文では、

Notes on Tibetan Sog, *CAJ*, 1957, vol. 3, pp. 139–142.

Tibetan glo ba 'dring, *Studia Serica Karlgren dictata*, Copenhagen, 1959, pp. 55–59.

などの古代チベット史に関連して注目される論文がある。

一九五〇年代のはじめに左記のようにルーリック George N. Roerich によって『青冊史』*Deb ther sngon po* の完訳が公刊された。経・論・人名の梵語索引、チベット語の書名・人名索引を含むもので、学界に対する貢献は量り知れないものがあった。

The Blue Annals, 2 vols., Calcutta, 1949, 1953.

これに欠けていた地名索引もワィリ Turrell V. Wylie 氏により、

Place name index to George N. Roerich's translation of the Blue Annals, Roma, 1957.

として公刊された。

『青冊史』の訳書が現れるより遥か前の戦前にオーベルミラー E. E. Obermiller によって『プトゥン仏教史』が二部に分けて示されている。

History of Buddhism, pt. II. *The history of Buddhism in India and Tibet*, Heidelberg, 1932.

これらよりかなり遅れ、一九六〇年代に入ってからであるが、古代チベット史に関する重要なテキストの出版・複製刊行があった。先ず、ツェルパ 'Tshal pa Kun dga' rdo rje の『赤冊史』*Hu lan deb ther* が出版された。

Deb ther dmar po, *The Red Annals*, pt. I. Gangtok, 1961.

また、『王統明示鏡』の研究と部分的な翻訳がクズネツォフ B. I. Kuznetsov 氏により、

Tibetskaya letopis' "*Svetloe zertsaloe tsarskikh rodoslomykh*", Leningrad, 1961.

として出版され、ついで、ラサ版を底本とした『王統明示鏡』の校訂本が研究序文と共に出版された。

Rgyal rabs gsal ba'i me long, Ed. B. I. Kuznetsov, Leiden, 1966.

これより先に『バシェー』*sBa bzhed* の解説と内容要約を附した校訂注のあるテキストがR・A・スタン氏によって示されている。

Une chronique ancienne de bSam-yas: sBa bžed, Paris, 1961.

次に、全くの写真複製本であるが、パボ・ツクラク・テンバの『学者の宴』Ja 章、古代史部分が Śatapiṭaka のシリーズで出版された。

mKhas pa'i dga' ston, part 4, New Delhi, 1962.

このようにして、古代チベット史研究の基本的テキストが殆んど揃うことになった。

一九五〇年代に戻るが、古代チベット史一般に関して漢文資料を豊富に盛り込んだドゥミエヴィル P. Demiéville 氏の、

Le concile de Lhasa, I, Paris, 1952.

と、これにチベット側資料を供給したトゥッチ氏の、

Minor Buddhist texts, II, Roma, 1958.

がティソン・デツェン Khri srong lde brtsan 王(七四二—七九七年)時代のチベット史を、先の『バシェー』と共に一挙に明るみに出した。トゥッチ氏の古代史論文のこれに先立って示されたものとしては、

The secret characters of the kings of ancient Tibet, *East and West*, VI, pp. 197-205.

Preliminary report on two scientific expeditions in Nepal, Roma, 1956, pp. 70-109.
がある。また、一九六二年になるが、

The wives of Srong btsan sgam po, *Oriens Extremus*, IX, pp. 121-126.
の発表もあった。[14] これも本論中に検討されるであろう。

一九五九年にR・A・スタン氏の示した、

Recherches sur l' epopée et le barde au Tibet, Paris, 1959.
は、古代チベット史を直接扱うものではないが、それまでのチベット学の成果を遍く活用した名著である。同時に公刊された、

Les tribus anciennes des marches sino-tibétaines, légendes, classifications et histoire, Paris, 1959.
は古代チベット王国を構成した諸部族についてはじめて綜合的な検討を加えたものであり、この方面の研究には不可欠の書物である。

この年とその前年に我が国では佐藤長氏による大作、

『古代チベット史研究』上下二巻、京都、一九五八、一九五九年。
が発表された。古代チベット史一般を、吐蕃の祖からラン・ダルマ gLang Dar ma 王の破仏までにわたって漢文史料、チベット史料、敦煌史料、碑文を用いて研究したものであり、両唐書吐蕃伝の記述の大部分にわたる時代を対象とした劃期的な大著である。方法的に柱となっているのは漢文史料である場合が多く、これが特色をなしている。

これにやや先立つことになるが、敦煌文献の研究が目立つようになった。列挙すると、

1　A. Róna Tas: Social terms in the list of grants of the Tibetan Tun-huang chronicle, *AOH*. 1955, pp. 249-270.

2　L. Petech: Nugae tibeticae, *RSO*, 31, 1956, pp. 291-294.

3　Marcelle Lalou: Revendications des fonctionnaires du Grand Tibet au VIIIe siècle, *JA*, 1955, pp. 171-212.

4　M. Lalou: Fiefs, poisons et guérisseurs, *JA*, 1958, pp. 157-201.

5　F. W. Thomas: *Ancient folk-literature from north-eastern Tibet*, Berlin, 1957.

となる。

古代チベット史そのものの研究ではないが、関説する部分の少なからぬものとして、

R. A. Stein: Récentes études tibétaines, *JA*, 1952, pp. 79-106.

がある。また、この他に現れた、

Alfonsa Ferrari: *mKhyen brtse's guide to the holy places of central Tibet*,[15] Roma, 1958.

は、原著者の歿後、Ｌ・ペテック氏がＨ・Ｅ・リチャードスン氏の協力を得て注を補足したものである。チベットの地名考証のためには、

Turrell V. Wylie: *The geography of Tibet according to the 'Dzam-gling-rgyas-bshad*,[16] Roma, 1962.

と共に不可欠の書である。

一九五〇年代の有用な著述として、

王忠『新唐書吐蕃伝箋証』北京、一九五八年。

を加えておきたい。王忠氏は『唐書』吐蕃伝のまわりに、対応する漢文史料を併記して見せた。敦煌文献にも触れるが、その効用は併記した漢文史料にあると言えよう。

一九六一年、Ｐ・ペリオによる両唐書吐蕃伝の仏訳遺稿が出版された。即ち、

Histoire ancienne du Tibet, Paris.

である。

翌年、J・バコーによる、

Introduction à l'histoire du Tibet, Paris, 1962.

が示され、古代史部分を敦煌文献によって述べる試みが見られた。

Acta Orientalia Hung. における古代チベット史の研究は一九六〇年代に目ざましいものを見せるが、一九五〇年代にも前掲ロナ・タスA. Róna-Tas氏の論文以外に同氏による注目すべき書評が示されている。

Acta Orient. Hung. VII, 1957, pp. 320-325.

Acta Orient. Hung. VIII, 1958, pp. 321-327.

前者はF・W・トーマスの *Ancient folk-literature from North-eastern Tibet* に対するものであり、後者はG・シューレマンの *Geschichte der Dalai-Lamas*, Leipzig, 1958(改訂版)に向けられたものである。いずれも敦煌文献を用いて意見の展開を見せている。

一九六〇年代の *Acta Orient. Hung.* で活躍するのはウライ Géza Uray 氏である。五〇年代の論文、書評はチベット語学に関するものに限られたが、六〇年代に入ると、次第に古代チベット史を論ずるようになっている。

1　The four horns of Tibet according to the royal annals, *AOH*, X, 1960, pp. 31-57.

2　Old Tibetan *dra-ma drangs*, *AOH*, XIV, 1962, pp. 219-230.

3　The offices of the *brung pa*s and great *mngan*s and the territorial division of central Tibet in the early 8th century, *AOH*, XV, 1962, pp. 353-360.

4　Die Lehnfürstentümer des tibetischen Reiches im VII-IX. Jahrhundert, *Trudy Dvadcatj pjatogo Mež-*

dunarodnogo kongressa vostokovedov V, Moscow, 1963, pp. 205–210.

5 The old Tibetan *bon*, *AOH*, XVII, 1964, pp. 323–334.

6 *'Greng*, the alleged old Tibetan equivalent of the ethnic name *Ch'iang*, *AOH*, XIX, 1966, pp. 245–256.

7 Notes on the chronological problem in the *Old Tibetan Chronicle*, *AOH*, XXI, 1968, pp. 289–299.

8 Queen Sad-mar-kar's songs in the Old Tibetan Chronicle, *AOH*, XXV, 1972, pp. 5–38.

9 The narrative of legislation and organisation of the *Mkhas-pa'i dga'-ston*, *AOH*, XXVI, 1972, pp. 11–68.

一九七〇年代に入っても、

と精力的に書かれているのが見られる。いずれも手堅い方法で論議されているが、歴史的な事件の考証には筆者の意見と対立するものもあり、本論中で批判の対象としたものが少なくない。

L・ペテック氏の場合、次の、

The chronology of the early inscriptions of Nepal, *East and West*, 1961, pp. 227–232.

のうちで古代チベット史に関説する他に、

Glosse agli *Annali* di Tun-Huang, *RSO*, XLII, 1967, pp. 241–279.

によって敦煌の『編年紀』全般にわたって地名、人名、用語の解説を試みている。

La struturra del Ms. Tib. Pelliot 1287, *RSO*, XLIII, pp. 253–256.

は敦煌の『年代記』の構成を説明したものである。

R. A. Stein: Deux notules d' histoires ancienne du Tibet, *JA*, 1963, pp. 327–335.

は吐蕃の国家制度の "rgod, g-yung" の説明と氏族名ガル mGar を写した「薛禄」についての考証である。

M. Lalou: Catalogue des principautés du Tibet ancien, *JA*, 1965, pp. 190-215.

は、吐蕃王国成立以前の小王国について敦煌文献の伝えるところを整理して示したものであり、利用価値が高い。

先に碑文の研究についてリチャードスン氏の論文を列挙したが、敦煌文献の解釈を含め、古代史のクロノロジーを取り上げた論文も少なくない。ただ、そのクロノロジーには根拠が示されず、独断に終始する観もあるのでその点は本論中に言及するが、作品は次のとおりである。

1 Early burial grounds in Tibet and Tibetan decorative art of the VIIIth and IXth centuries, *CAJ*, 8, 1963, pp. 73-92.
2 How old was Srong brtsan sgam po?, *Bulletin of Tibetology*, II-1, 1965, pp. 5-8.
3 A fragment from Tun Huang, *Bulletin of Tibetology*, II-3, 1965, pp. 33-38.
4 Names and titles in early Tibetan records, *Bulletin of Tibetology*, IV-1, 1967, pp. 5-20.
5 Further fragments from Tun Huang, *Bulletin of Tibetology*, VI-1, 1969, pp. 5-13.
6 Tibetan *chis* and *tshis*, *Asia Major*, XIV-2, 1969, pp. 254-256.

これらはいずれも短篇であるが、次に見るハール Erik Haarh 氏の、

The Yar-lung dynasty, Kopenhagen, 1969.

は吐蕃王家のヤルルン時代を論じた大冊である。敦煌の『年代記』やボン教史料、後代の伝承を整理した議論である。本書では第二章で同書の問題点を細かく検討する筈である。

T. Wylie: 'O-lde-spu-rgyal and the introduction of Bon to Tibet, *CAJ*, 8, 1963, pp. 93-103.

は同じような主題をめぐる短篇論文である。

Études tibétaines dédiées à la mémoire de Marcelle Lalou, Paris, 1971.

はマクドナルド A. Macdonald 夫人の編纂したチベット学大論文集である。このうち古代チベット史関係のものは四篇にのぼる。ポン教関係のものも関説するところが少なくないが、ここでは示さない。(17) 問題の四篇は下記のとおりである。

1　A. Macdonald: Une lecture des P. T. 1286, 1287, 1038, 1047 et 1290, Essai sur la formation et l'emploi des mythes politiques dans la religion royale de Srong-btsan sgam-po, pp. 190-391.

2　H.E. Richardson: Who was Yum brtan ?, pp. 433-439.

3　G. Tucci: Himalayan Cina, pp. 548-552.

4　G. Uray: A propos du tibétain *rgod-g-yung*, pp. 553-556.

以上のうちで本書の記述と関連の深い研究は１と４であり、特にマクドナルド夫人の論文には本論中で何回も言及する。掲げられた副題は、"gtsug lag" の一つの解釈を示すのに当って敦煌文献の『年代記』等を細かく引用注解したので、その点を意義づけたものになっている。また、敦煌文献の読み方は一般に正確であるが、しばしば穿ち過ぎたものになっている。今後の古代チベット史研究は、この記述をどのように把えるかということで必ず触れねばならないことであろう。その点で、先に挙げたペテック氏の論文、ウライ氏の一連の論文と共に最も重要な位置におかねばならない。

著者の本論における議論も、当然のことであるが、上記三氏の研究を批判し、或いは依用する意図のもとで行われている。また、三氏の他にも、トゥッチ、リチャードスン、佐藤長の諸氏による研究を或いは批判し、或いは依用する予定である。

著者自身の研究は一九六六年以後に発表されているが、その所説のあるものは各論のうちに部分的に略説または反復される場合もあり、発展した形で再説される場合もあると思われるので、略号表に関係論文の名をあげるに留めた。

古代チベット史の研究そのものではないが、チベット史研究のための文献に関して論じた名著の英訳本、

A. I. Vostrikov: *Tibetan historical literature*, Calcutta, 1970.

が出版された。原本は、ヴァストリコフの歿した一九三七年より約二五年後の一九六二年に、モスクワで *Tibetskaya istoritcheskaya literatura* として出版されたものであるが、漸く広く利用される途が開けた。これを見ると、或る種の問題ではヴァストリコフが既に言及していたという事実が少なくないのを知る。

以上本論の主題と関係の多いチベット古代史の著作と論文について簡単に紹介した。これによって本論の主題が研究史の流れのいかなる位置にあるかを読者に理解して貰えるものと思う。

(1) "bstan rtsis"は「仏教史年表」の意味、チベットの暦学書に必ず含まれる一章。毎年発行の暦(le'u tho)にも簡単な「仏教史年表」がつけられる。摂政ロサン・ゲルツェン bLo bzang rgyal mtshan(一九〇四—一九〇九年在位)の下で一九〇九年に新しく版をおこした『白瑠璃瓔珞』ではこの「年表」は f. 18a–22b におさめられている。

(2) P・ペリオによって、この西紀比定の誤が指摘され、ついで B. Laufer: "The application of the Tibetan sexagenary cycle", *TP*, 1913, pp. 569–596. により、この誤の来歴が報告された。

(3) *Bodhimor* という称は *Byang chub lam rim* の蒙古語訳語であり、元来はツォンカパ bTson kha pa bLo bzang grags pa'i dpal(一三五七—一四一九年)の有名な仏教学の著作を示す。この点についてヴァストリコフの指摘がある(THL, pp. 71–72, n. 207)。

(4) R. A. Stein: "Chronique bibliographique", *JA*, 1952, pp. 91–92; THL, p. 64, n. 185; REB, p. 34. にその指摘がある。ダスはその著 *An introduction to the grammar of the Tibetan language*, Darjeeling, 1915, pp. XV–XVI にもこの誤を繰り返している。

(5) W. W. Rockhill: "The Dalai Lamas of Lhasa and their relation with the Manchu Emperors of China, 1644–1908", *TP*, 1910, pp. 1–104.

(6) これらの問題については佐藤長氏による解説がある(『古チ研』八七六—八八一頁)。

(7) 注(2)参照。酒井紫朗「西蔵暦考」(『密教研究』六五、昭和一三年、六〇—七〇頁)は一〇二七年を「火のと卯」me-yos と正しく示し(六八頁b)た後、ダスの示した計算四例を繰り返し、その第三例の誤も匡している(七〇頁a)が、ラブ・ジュン

暦循環表として示したものはすべて一年早く示されている(六九頁a)。

(8) P. Pelliot: "Quelques transcriptions chinoises de noms tibétains"(QTC)は、ラウフェルによる漢字音写とチベット名との対応についての説明を取り上げて批判した。ペリオの解釈はより綿密に音写の分析をしたものであり、多くは今日も有効である。これに対して、B. Laufer: "Chinese transcriptions of Tibetan names"(CTT)では、ペリオに敬意を示しながら試みた反論が見えている。

(9) 本文に後述するドゥ・ラ・ヴァレ・プサン Louis de la Vallée Poussin による Catalogue no. 753 を扱ったものである(本論八〇六―八〇七頁参照)。

(10) 『東洋学報』六〇―一・二、一―一八頁。

(11) これも改訂して『古チ研』各論Ⅰ・Ⅱにおさめられている。

(12) 本論と直接関係がないものであるが、"A Tibetan inscription from rGyal lha khang and a note on Tibetan chronology from A. D. 841 to A. D. 1042", *JRAS*, 1957, pp. 57–78. がある。

(13) 2の前半にゲンラム・タクダ・ルコン Ngan lam sTag sgra klu khong の顕彰碑文が研究されている。この碑文は今日知られるチベット語碑文中最も古い。そのような理由でチベット語の正書法の問題を解明する場合の目安にもなる。また、吐蕃軍の長安攻撃にも言及し、当時の事情の一部を明らかにしている。

(14) これらの短篇諸論文は *Opera minora*, part II, Roma, 1971 中に再録されている。

(15) 原文のチベット文表題は略号表 UNT 参照。訳して示すと、「ウー dBus とツァン gTsang の聖地寺院大部分の名称記録をまとめた『信心の種子』」。著者は 'Jam dbyangs mkhyen rtse 'i dbang po Kun dga' bstan pa'i rgyal mtshan dpal bzang po (1808―1892)、著作年は不明である。

(16) 原題は略号表 DGS 参照。訳して言えば、「大瞻部洲の広説『場所と人のすべてを明らかにする鏡』」、著者は Hor smin grol gling chos kyi rgyal po Ngag dbang 'phrin las lhun grub(1622–1699)を初代として四代目に相当する活仏、'Jam dpal chos kyi bstan 'dzin 'phrin las(1789–1838)。

(17) ポン教関係の史料は、その成立について未だ不明の点が多く、直接史料として扱うには危険が大きい。従って、論証のないまま問題のある記述を用いることは出来ない。この種の問題は従来あまり起っていない。

第二章　前史時代に対する従来の研究

古代チベット史の研究方法に関して、従前に示されたものに論評すべき点がないかどうかを見るために、吐蕃の前史時代を扱った代表的三氏の所説を参照してみたい。

第一節　L・ペテック氏と佐藤長氏の研究

L・ペテック氏は *A study on the chronicles of Ladakh* の第二章 The twenty-seven mythical kings のうちで、先ず、ニャーティ・ツェンポ gNya' khri btsan po とオデ・プゲル 'O lde spu rgyal の問題を取り上げている(SCL, pp. 19-21)。同氏によると、後代のチベット文献は吐蕃の祖先としてニャーティ・ツェンポの名のみを伝えるが、吐蕃時代ではオデ・プゲルの名のみが伝えられていたのではないかという。この議論は、勿論、当時えられた史料の範囲内で述べられている。

ペテック氏の指摘は、唐蕃会盟碑に見えたオデ・プゲルの名と、F・W・トーマスの示した敦煌文献 De ga g-yu tshal gtshigs kyi gtsug lag khang の願文(TLT, II, p. 93)に見えるそれと、(1)『唐書』吐蕃伝に見える鶻提勃悉野とを取り上げたもので、漢文史料に関してはP・ペリオの考証に拠り、ペリオが sBu rgyal としたものを sPu rgyal と訂正して用いている。(2)

この問題については後年、佐藤長氏が『古代チベット史研究』のうちで、コンポ rKong po の碑文にニャキ・ツェンポ Nya khyi btsan po として示されるもの、敦煌文献の『王統表』[3](DTH, p. 81, l. 10, 28)にティ・ニャクティ・ツェンポ Khri nyag khri btsan po と示されるものがあるから、吐蕃期にこの称がなかったと言えない旨を指摘した(『古チ研』一七〇—一七三頁)ので成立しなくなった。これは、ペテック氏の優れた観察にもかかわらず、敦煌文献、碑文の利用がなければこの種の研究が充分でないことをはからずも明らかにしたものである。

ペテック氏と佐藤氏の発表の中間にあったトゥッチ氏の *Tibetan painted scrolls* (p. 733a) では 'Od lde spu rgyal の名は『青冊史』(DTN, Nya, f. 108a)に、'O de spur rgyal の形は『ゲルポ・カータン』(GKT, f. 18b)に示されていることが言及され、ダライ・ラマ五世がこれを gNya' khri btsan po と同義であるとしている旨も述べられている。ダライ・ラマ五世のいうところを見ると(DSG, f. 11a, l. 6)、「『青冊史』に Khri btsan po 'od lde とあるのと同義である」とし、他方、『青冊史』では唐蕃会盟碑に拠って 'Od lde spu rgyal に言及し、「gNya' khri btsan po 'od lde から Ral pa can に至るまで四二王……」としているのが見られる。

いずれにせよ「オデ・プゲル」の名が後代の史料に見出せないとは言えない[4]。ただ、トゥッチ氏は 'O de spur rgyal と 'O de gung rgyal の称を混同しているが誤りである[5]。

ペテック氏はフランケの主張を容れて sPu rgyal Bod の sPu rgyal を sPu de gung rgyal と同一視した(SCL, p. 24)が、これも正しくない。つまり、敦煌文献の『小王表』の末尾に示されるオデ・プゲル(DTH, p. 81, l. 4)は、「プー」Bod 統一者の資格を示す称号であり、同『王統表』によれば、プデ・グンゲル sPu de gung rgyal はティグム・ツェンポ Dri gum btsan po の王子シャキ Sha khyi の取った称号である(*op. cit.*, p. 81, l. 38)[6]。同じ趣旨はティグム・ツェンポの『年代記』(*ibid.*, p. 100, l. 5)にも示されている。

ペテック氏はニャーティ・ツェンポ以下二七代の王名を "Khri bdun" "sTeng gnyis" "Legs drug" "lDe brgyad" "bTsan gsum" という伝承的分類に従ってそれぞれに対する説明を試みる。

先ず、“Khri bdun”「(天の)七座」を簡単に「神」とみなしてしまう。しかし、敦煌の『王統表』では神の世界から Bod ka g-yag drug の王となった[7]ものとしているので、神とみなすこと(SCL, p. 23)には少なからぬ疑念が残る。次の“sTeng gnyis”「(中空の／上の)二上」を問題とする場合も、先ず、ティグム・ツェンポ関係の伝承をもって、その名を説明するための説話とみなし、プデ・グンゲルの称をプゲル sPu rgyal 即ち、オデ・プゲルからつくりなおして、後代の史家が重ねてここに挿入したものとする。[8]

この説は敦煌文献のティグム・ツェンポ『年代記』における極めて具体的な記述に接するならば、到底採用することが出来なくなる。これを《the Buddhist historians》の挿入(SCL, p. 24)とは殆ど言えない。[9] 勿論、プデ・グンゲルとプゲルの混同によってプゲルとニャーティ・ツェンポをそれぞれ歴史的なもの神話的な名称とみなす説を立てること(*op. cit.*, p. 25)も許されないであろう。

佐藤長氏は、オデ・プゲルの名が、プデ・グンゲルの名から抽象化してつくられ、コン・カルポ rKong dkar po とシャキの共通の祖であるニャティ・ツェンポより上位の祖とされ、吐蕃王家の権威を支える役に供されたのではないかとする(『古チ研』一七六―一七七頁)。しかし、その考えを支える筈のものとして引用された『ゲルポ・カータン』の訳文は正しくない[10]と思われる。そこでは、'O de spur rgyal を説明してニャーティ gNya' khri に言及しているのであって、両者を別のものとはしていないからである。これらは敦煌『王統表』を併せて読まなかったための誤解であると言えよう。

ペテック氏の“Legs drug”「(地の／中空の)六レク」に対する注釈は、それらの名の伝承に相異があることと、『王統明示鏡』がこれを「中空の六レク」としている(GSM, f. 26b, l. 1)点で他と異なる旨を述べるのみであり(SCL, p. 26)、それ以上に検討するところはない。

次に、“lDe brgyad”「(地の)八デ」についてペテック氏は『ラダック王統史』と他の後代所伝との相違を指摘する

(*op. cit.*, p. 27)他、“De brgyad”はポン教の神群の中にもその名がある[11](*ibid.*, p. 22)としている。

“bTsan gsum”「三ツェン」に関しては、『ラダック王統史』『王統明示鏡』『青冊史』『ダライ・ラマ五世年代記』からの引用を並べ、『王統明示鏡』以外で Tho tho ri long btsan または、To ri long btsan として示されるものを、次に見るラ・トトリ・ニェンシェル lHa tho tho ri snyan bshal の繰り返しであると見ている(*ibid.*, p. 28)が、これは注目されるべき[12]であろう。

二七王全体について、これを二七星宿に合せたものとする意見が述べられるが、根拠は別に示されていない。また、これらを天地人に配するのは中国の影響とするロックヒルの見解も紹介されている。一般的に二七王全体を架空のものとする見解に傾いているのは、敦煌の『年代記』を見ていない場合の穏当な結論[13]と言えるかも知れない。

佐藤長氏の場合も上と殆んど同じ見解であり(『古チ研』一八〇頁)、この後に説明される王名のみを現実的なものと見ている(SCL, p. 30,『古チ研』一八五頁)。

ペテック氏はラ・トトリ・ニェンシェル lHa tho tho ri snyan bshal 以下四人の王名を掲げ、漸く現実的なものと認め、漢文史料で西羌と呼ばれたものの一つの系統とする。ただ、漢人が(SCL, p. 31)、

《During their six centuries of acquaintance with the Tibetans, they never became aware ef existence of a Tibetan kingdom》

とすることで、いわゆる吐蕃王国が古くから存在していたとするチベット人の主張を否定する。その点で抗う余地のないものであるが、これによって敦煌の『王統表』前文でいうような Bod ka g-yag drug を従えた吐蕃王国の前身が、時代を繰り下げてもありえないとまですることは出来ない。ペテック氏にはこれに関する言及はない。

ペテック氏はこれら四人の王について的確な表現をしている(*op. cit.*, p. 32)。

《Thus I feel myself justified in suggesting that the title of “chiefs of Yarlung” should be applied to the above-mentioned four rulers, as they cannot be entitled to the designation of king. They were but the headmen of a more or less important tribe, dwelling in a small valley on the northern slope of the Himala-yas—petty local rulers among the numerous ones existing in Tibet during the 5th and 6th centuries》

しかしながら、上記の表現は、本論の第二篇第一章で取り上げる敦煌文献『年代記』の記述をまってはじめて臆測以上のものになるのである。

ペテック氏はラ・トトリ・ニェンシェル以下四人以外に gNam ri srong btsan 王の前に挙げられる名があるかどうかは知らないと言って『唐書』吐蕃伝に示される七王中最初の五人を列挙し、中間の三人についてのみ相当するチベット名を指定している(p. 34)[14]。また、『通典』の「論贊率弄贊」を「論贊索論贊」の形に改めて示した『文献通考』三三四の誤りに気付かなかったため、『唐書』吐蕃伝中の一節を「生《ジ》二(索)論贊《ヲ》一、索論贊生《ズ》二棄宗弄贊《ヲ》一」と読めないまま終っている(p. 35)。

これら七王の名については佐藤長氏がすぐれた解明を試み、第一と第五を除いて殆んど完全な説明が出来ている。第六の論贊索についても『唐書』吐蕃伝中の前記「詎素若生論贊、索論贊生棄宗弄贊」とある文を「索論贊生《ズ》二棄宗弄贊《ヲ》一」と正しく読んで“sLon brtsan”に対応する「索論贊」の形が元来のものであったことを明らかにしている。ただ、続く部分で『通典』一九〇を引用して誤り解しているが、「弄贊」は Srong btsan (sgam po) しか写さないことを憶い出さねばならない。これらについては後段で再説する[15]。

ペテック氏の記述は、すぐれた観察にもかかわらず、敦煌文献、特に『王統表』『年代記』を参照しえなかったため、洞察力をもった所論が却って根拠を欠いたものにもなっている。また、漢文史料を利用する場合も敦煌史料を手にしていなかったため、充分な活用がなされなかったのを見ることが出来る。

佐藤長氏は後代のチベット史料、『プトゥン仏教史』『青冊史』に見られる祖先説話を示した後に、新旧両唐書吐蕃伝から吐蕃の祖先に関する所説を紹介して、『唐書』吐蕃伝に「発羌」としているものを“Bod”の対音とする鄭天挺氏の説を採用している[16]。しかし、チベットが国名を「プー」“Bod”と呼んだのは、後段で見るとおり早くとも吐蕃王国成立以後であり、ごく古い頃の「プー」はカム地方のみを指した筈[17]であり、適当ではない。

析支 *siek-tśie*[18] を黄河の上流に近く求める鄭天挺氏の説を採用して、「析支の地はバルゴンゴミを中心とする地域」ともいうが、バルゴンゴミは今日のゴメ sGo me であり、当時はなおベル 'Bal または吐谷渾の地であった。そこに流れ出る河はチャプチャル Chab char 河であり、チャプチャル河の西にはフユン Huyuyung 河、即ち、唐代の赤水 *ts'iäk-św̌i*[19] がある。析支について佐藤氏は『水経注』を引用するが、具体的に何を指すかは述べず、F・W・トーマスの説く sKyi 王国に一致するとする(『古チ研』一六四―一六五頁)のに留まる。

F・W・トーマスのいう sKyi は中央チベットの sKyid/sKyi を誤り解したものであることは、ロナ・タス A. Róna-Tas 氏が考証した(*AOH*, VII, 1957, pp. 320–325)とおりであり、析支の西と析支の地を混同したトーマスの説はとるべきものではない。

オデ・プゲルとニャーティ・ツェンポの関係について、佐藤氏はペテック氏を批判するが、同時にこの説にならい、欠を敦煌文献や碑文などで補足修正して、既に紹介したような説明を試みている(『古チ研』一六九―一七九頁)。佐藤氏は、碑文、敦煌文献の解釈に関して、既存のそれとは異なった解釈をとる場合も少なくないが、それらの新解釈について一般に根拠を示すことが全くない[20]。また、多くの場合、それらを従前の説の補正に用いるのみに留めている。

二七王については『プトゥン仏教史』『青冊史』『王統明示鏡』にいうところを三段に並べて配列し、三本の差異については、いずれに従うべきか定め難いとした後、別に敦煌文献の『王統表』を用いて二六王表と、lHa tho do snya brtsan 以下 sLon btsan rlung nam までの名を示す(同、一八〇―一八八頁)。

終末部の王名と『唐書』吐蕃伝の示す王名との照合を試みて、ペテック氏の説明し得なかった分についても解明に成功している。その点は既に触れたとおりである。

また、『通典』一九〇辺防六　吐蕃の項に「牂牱西疋播城」と示されるものについて、疋播 *p'ıĕt-puâ*[21] を Phying ba に比定し、牂牱を牂牁蛮の牂牁と同じと見た(『古チ研』一九一頁)。牂牱に関してはドゥミエヴィル氏が牂河 (gTsang po) ではないかとした (CL, p. 200, n. 1; p. 287, n. 5) のを却けている。もし、「牂牱南疋播城」とあったものと見れば、ドゥミエヴィル氏に従うべきであろう。また、牂牁蛮と結びつける説も必ずしも説得力のあるものではない[22]。

佐藤氏の研究は漢文史料の活用に優れた価値がある。チベット史料に関する利用法は消極的であり、敦煌チベット史料や碑文を用いても、その積極的な利用によって従前の研究成果に再検討を要求するというものではない。どちらかと言えば、従前の研究成果に従いながら補足し、よりよい説明に至ろうとする慎重なものである。

第二節　*The Yar-lung Dynasty* の紹介と批判

E・ハール氏の *The Yar-lung dynasty* は、その副題に *A study with particular regard to the contribution by myths and legends to the history of ancient Tibet and the origin and nature of its kings* と示す大冊の研究である。その内容は、筆者が第一篇中で検討する諸問題と深く関わりあっている。全体は十六章に分けられているが、直接関係する部分は、そのうちの前部十一章である。更に言えば、第九章までに歴史に関する考証が行われている。これらに関して一口で評価を下すことは勿論出来ないので、長くなるが以下にその所論の一々を紹介して批評し、最後に問題とすべき点を述べる。

E・ハール氏は、七世紀以前のチベット、即ち漢人の文化や仏教との接触のなかった時代について、従来研究は少ないが、多くの未開拓史料があるとして、ヤルルン王家に関する神話伝説の研究を提唱し、そこに前記副題のような

「諸王の死と墓に関する伝承の研究」という表現も加えている。まず、序論を見ると、簡単な研究史と史料についての説明があり、蒙古史料を用いたのは第二義的なものであると断っている(pp. 13–16)。しかし、本文中、ハール氏は蒙古史料を用いて論文の量をあげ、しばしば自説肯定の効果を増すのに努めている。蒙古史料は後代(一六世紀以降)のチベット史料の翻訳以上の何ものでもないので、このような記述態度は問題の焦点を曖昧にするのみであり、一利もないというべきであろう。

ハール氏の研究は、予め与えられた観念に見合うように素材を拾い、殊更ある方向に解釈を導いている。これを序論部分で総括するが、本論の中で殆んど実証されることがない。つまり、ハール氏にはすべてに先立つ予見がある。これを以下に紹介しておきたい。

ハール氏は『シェーズー』*sPu ti bshad mdzod yid bzhin nor bu*(CYN)という書物の中で言われるチベット古代王統の三種の伝承を取り上げる。三種の名を列記すると、

一、gSang ba chos lugs(仏教系秘密伝承)

二、Grags pa Bon lugs(ポン教系周知伝承)

三、Yang gsang The'u rang lugs(テウラン流極秘伝承)

となる。第一のものはニャーティ・ツェンポの出自をインドとするものでインド系・仏教系伝承、第二のものは通俗的なポン教系伝承である。第三はポン教以前の伝承と説明されている。ハール氏によると、第二のものは天、地、地下の《a tripartite cosmos》の観念に基づいているとされる。また、これらの三部の世界は「鳥」"bya",「肉食者」"sha zan",「魚」"nya"[(23)]の住地であり、そこの代表者がそれぞれ"lHa"「神」、"bTsan"《principal divine powers upon Earth》、"kLu"[(24)]「竜」と"mTshun"「死者」であると示される。それ故に、王は"lha sras"「神の御子」、"btsan po"「激しい者」、"sPu-rgyal"「死者の王」[(25)]と呼ばれるとハール氏はいう。更に、それぞれの世界に対し後代の所伝でい

うティグム・ツェンポの三子チャティ Bya khri, シャティ Sha khri, ニャティ Nya khri を配し、ティグム・ツェンポの祖、ニャーティ・ツェンポ gNya' khri btsan po とティグム・ツェンポの子ニャティ Nya khri を本来同一起源のものとみなす。

これらの対応関係のうち、ティグム・ツェンポの三子の名は別として、"sha zan" を含む三つの名の用例典拠は本論部分にも示されていない。常識的に言っても、"sha zan" は "sha" と同一でありえない。また、lHa, btsan, klu/mtshun の称を並べる場合の典拠も大冊中のどこにも示されていない。地上の "btsan" を特に「神」と「竜」との中間に配置するという実例は見えず、地下の「死者」たる "mtshun" を水中の「竜」に代えている例も他に知られず示されてもいない。王を lha sras, btsan po ともいうのに対応させる場合には別の称として "mtshun-" とでも言えるならともかく、"sPu-rgyal" の形をもってきたのでは説明の用をなさない。まして、"spu" には「死者」の意味どころか、"spur" にある「屍」の意味もないからこの主張は全く成立しない。

第三種の「テウラン流」の伝承については、本論部分では「惜しむらくは意味するところが充分につかみかねる」(p. 218) としながらも、それが《a dual cosmos》の観念に基づくとハール氏は述べる (p. 17)。ここでも "the'u rang" を《the world of the dead or the spirit of the dead》と理解し、生存者としての "mi"「人」と勝手に対立させた上、この二つをそれぞれ上述の「魚」と「肉」に対応するものとみなす。この主張の根拠として、『シェーズー』第三四章 (YLD, p. 411-412) にある「テウラン流」の説明を挙げる。しかし、そこには次のように述べられているだけである。

ポボ sPo bo の国にいたモチャツゥン Mo bya btsun と呼ばれるものにテダン The brang 九兄弟が生れ、その末子マウベラ Ma u be ra の子にニャーティ・ツェンポ (を称するもの) が現れ、ポボよりプー Bod に至った。

これに対して『ルンポ・カータン』(BKT, f. 7a, l. 3-f. 7b, l. 2) には、プ国 sPu yul のモツゥン・グンゲル Mo btsun gung rgyal に (生れた) テウダン The'u brang 九兄弟の末子、ウ(26)

ペラ U pe ra の末裔に当るが、ティゲルワ Khri rgyal ba とティム・ティツェン Dri mu tri btsan の子としてニャーテイ・ツェンポが生れた。

とあって、その後に続けて、『シェーズー』中の第二のポン教系伝承とされるものと同じ趣旨の話が述べられている(YLD, p. 410, V-n 以下)。この点から見ると『ルンポ・カータン』の話の方が崩れた形と思われるが、この方には『シェーズー』のポボがプユル sPu yul となっている。[27] ハール氏はその一点をとらえてニャーティ・ツェンポが「死者の国」より至ったとし、The/The'u brang を「死者の世界」と解釈している。The/The'u brang の意味について、他に王名として見えるものを示す(p. 218)以外有効な説明はなく、それを「死者の世界」とする解釈も前記以外に別の根拠は何処にも示されない。

このような予見を立場として後代の伝承に極めて自由な解釈を加え、ヤルルン王家の系統について大胆な推測を述べる。特に、ポン教がティグム・ツェンポ歿後に導入されたとの解釈(pp. 110 ff.)をとって次のようにいう。いわゆる「天の七座」gNam gyi khri bdun で表わされる王統は「鳥」Bya 族の立てるところであり、これが滅んだ後にコンポ rKong po の王家が代って立ち、ヤルルン王家となった。ニャティ Nya khri は元来コンポの支配者の名である。そのニャティをもって「天の七座」の冒頭にあった筈のチャティ Bya khri に代え、ニャーティ・ツェンポ gNya' khri btsan po とした。[28] つまり、元来「死者の国」プユルから至ったのはチャティであった。言いかえると、ヤルルンの地に「鳥」族、即ちポン教以前のム Mu の母系制の支配が先ず発生し、その後コンポの支配者が代って現れ、「鳥」族を娶ってポン教と父系制を導入した。これがプデ・グンゲル sPu de gung rgyal を祖とするヤルルン王家であり、コンポの支配者とは「楚尼」とその子孫であったとする。

しかしながら、まず「鳥」族[29]というものの存在は全く知られていない。これはプ sPu 氏の部族名「ピャ」Phyva[30] と結びつけられているのでもない。敦煌文献によれば、ティグム・ツェンポの二子のうちコンポの王となったのはニャキNya khyiであるが、[31] これとニャーティ・ツェンポgNya' (Nya/Nyag) khri btsan poを結びつけるものは冒頭の音が通ずる以外に何もない。ニャーティ・ツェンポの名がチャティにとって代ったとする根拠に至ってはどこにもなく示されてもいない。また、幻の「鳥」族が母系制社会であったり、ポン教以前のものであったという根拠は全くない。更に不都合なことは、ムdMu族の宗教がポン教であることを暗示する敦煌文献(Pelliot tib. 126 裏)の記述とハール氏の設定とが矛盾することである。コンポの支配者を五世紀半の「樊尼」そのものとすることは漢文史料のどこにもない説である。

『通典』は六世紀半に「樊尼の子孫」がプゲルを称したとはするが、[32] 他方でソンツェン・ガムポの父ティ・ルンツェンの登場を隋の開皇年間(五八一―六〇〇年)より半世紀前であるとも述べているので、「樊尼の子孫」をヤルルン王家に結びつけることは別途の考証なしに成立しない。

ハール氏は総項目二二九に及ぶ依用文献表を示し、そこに、敦煌文献、碑文、埋蔵本、史書という分類を示している(pp. 20–25)。しかし、この分類に従って史料を評価しながら用いているのではない。極端な言い方をすれば、敦煌文献も近代の学童用教科書の記述も殆んど等価に扱われている。また、「埋蔵本」"gter kha"に対しては、チベットで伝えられるとおりの説明を鵜呑みにして、吐蕃時代の文献をそのまま後代に出版したものと取っている。この点は問題であり、むしろ、ヴァストリコフの「埋蔵本」に対する意見[33]に従うべきであろう。

次に章別に見ると、先ず、第一章においては七種類の王統表が示される(pp. 33–38)。そこに*Bodhimor*からの例を『王統明示鏡』からの引用と共に示す。前者は後者の蒙古訳であるから併記の意味は全くない。[34] また、各種の王統表を三種に区別し、多くの史料を用いたことを矜る(p. 44)が、A類とするものでは『青冊史』が『赤冊史』の記述を受けたことは明らかであり、[35]『学者の宴』も当該記述を『赤冊史』によったと自ら示す。[36] ダライ・ラマ五世もこれらを用いているからいずれも同じ結果になるのは当然である。意味のある比較をするとすれば系統の異なった伝承を取り上げるべきであろう。その意味では、サキャ全書に収められているサキャ派のタクパ・ゲルツェン Grags pa rgyal mtshan の『王統記』[37]による王統表を併記すべきであった。これを用いることによって、敦煌文献の『王統表』と後代の「二テン」sTeng gnyis を設ける王統表との間が明らかになって、「天の七座」がティ(Khri/Gri/Dri)グム・ツェンポを含むものから含まぬものに変り、プデ・グンゲルのみを「一デン」lDeng gcig とするものからそれにティグム・ツェンポも加えて「二テン」と呼ぶ型に移行したことが観察され、ハール氏のA、B、Cの分類が用をなさないことを知りうるからである。

第二章では王、妃、王子の名をティ・ルンツェン王以前とソンツェン・ガムポ以後に分けて、綴字の相違に従って配列し、出典を列記している。ただ、出典範囲に評価がなく、ダライ・ラマ亡命政権下の学童用教科書までそこに含めている(pp. 45–60)。ここに名称の種類を分けて《original name》《regal name》《honorific name》としているが、場合によっては全く根拠のない区別も示されている。

漢字による王名の表記も取り上げ、『唐書』吐蕃伝に見える「瘕悉董摩」以下の諸名も示すが、その対応関係の分析は佐藤長氏の先に見た試み[38]に遠く及ばない。

「王族の名称の意義」と題する項でハール氏は、《original name》と《regal name》の区別を論ずる。その場合、敦煌文献の『年代記』中にある sLon mtshan (DTH, p. 105, ll. 6, 30)/gNam ri slon mtshan (*ibid*., p. 106, ll. 2–3)；Khri srong brtsan sgam po (*ibid*., ll. 23–24)；Khri 'dus srong (*ibid*., p. 112, l. 24)/bLa dags 'phrul gyi rgyal po (*ibid*., l. 24)；rGyal gtsug ru/Khri lde gtsug rtsan (*ibid*., p. 21, l. 1) の対応を論ずべきである。これらの名に対し敦煌の『王統表』では sLon btsan rlung nam, Srong lde brtsan, 'Dus srong mang po rje, Khri lde gtsug brtsan の名をそれぞれ与えている(*ibid*., p. 82)。最後の例の rGyal gtsug ru から Khri lde gtsug brtsan への移行は単に改名である[39](btsan po 'i mtshan…las…gsol)が、『年代記』の他の例は明らかに尊称として献じられ

たものである。[40]

Khri srong brtsan についても、単に Srong brtsan と呼ぶ場合がある(FTH, p. 35. Pelliot tib. 1288, l. 7)。敦煌文献の『王統表』では "khri" を附して呼ばれているのは Khri lde gtsug brtsan, Khri srong lde brtsan, Khri gtsug lde brtsan の三人である。[41] このうち Khri srong lde brtsan のみ『編年紀』には "khri" を含まずに btsan po Srong lde brtsan とも記録され(DTH, p. 26, 742年)ている。この場合も、"khri" を含まぬ称が "khri" を含む称に改められたのか、それとは全く別の名があったのか(*op. cit.*, p. 56, 756年)必ずしも明らかではない。つまり、"khri" を冠するのは "btsan po" を冠するのと同じ意義であったのが、吐蕃の後期では常習化して、名に "khri" を冠するのが普通[42]となり、重ねて btsan po も加えて呼ぶに至ったのかとも考えられる。例えば、British Museum のスタイン本 Or. 8212 の『編年紀』に見える btsan po Khri gtsug legs btsan[43] の名は、その位置からするとティソン・デツェン王の尊称に類すると思われる。従って "khri" を冠するか否かは上記のように解した方がむしろ穏当な解釈のようにみえる。

今、ハール氏の例示(p. 66)を評して言うなら、ソンツェン・ガムポの実名は、むしろ『王統表』の Srong lde brtsan で、その省略形の Srong brtsan に "khri" を冠して通称としたものと見られる。ハール氏の示す《regal name》Khri-(lde-)srong btsan などという形は敦煌文献には存在しない。Mang slon mang rtsan (DTH, p. 82, l. 26) に "khri" を冠して普通に呼び(*ibid.*, p. 13, 650年)、略して Khri mang slon (*ibid.*, p. 15, 676年)と呼んだ例も見られる。

rGyal gtsug ru の場合は、幼名がたまたま残った少数の例と考えるべきであろう。尊称の場合は、誰にでもあるわけではなく、先述の Khri gtsug legs btsan も入れるならば、gNam ri slon mtshan, Srong btsan sgam po, bLa dags 'phrul gyi rgyal po 等がそれと認められる。

E・ハール氏は、メー・アクツォム Mes ag tshoms やジンユン・セーナレク mJing yon sad na legs を《honorific names》(YLD, pp. 55, 58)とするが、メー・アクツォムは「髯のある祖父」の意味であり、ジンユンは「斜頸[44]」という意味であって尊称ではありえない。セーナレクは「試みならよい」という意味で、兄ムルク・ツェンポ Mu rug btsan po が追放になっていて帰国するまでの間、この王が仮にムティク・ツェンポ Mu tig btsan po の後を継いだもので、王位に就くため帰途についた中兄が、途中でナナム sNa nam 氏に殺された段階で正式に王となり、ティデ・ソンツェン Khri lde srong brtsan を称したのである。[45]『ゲルポ・カータン』中の説明は字形が異なって“bshad na legs”になり(YLD, p. 70)、通用しない。[46] 勿論、これらの名はチベットの仏教史家の物語的発想から与えられたものであって、実際に用いられた名称または称号とは考えられない。[47]

第三章では王朝の系譜をいくつかの群に分けて議論している(pp. 72–91)。先ず、ラ・トトリ・ニエンツェン lHa tho tho ri gnyan btsan(ペテック氏のいうラ・トトリ・ニェンシェルに当る)以後を《the Buddhist part》の王朝として、それ以前と区別する。これはチベット後代史家の説に則っている。《the pre-Buddhist part》については「七座」「二テン」「六レク」「八デ」「五ツェン」と分けたものを第一群から第五群に配する。ハール氏は各群の王名を観察しながら第三、第四群の王名にある順の不同には注意を払わず、王の数のみを追究する。ただ、第五群の王名が先行の四群のそれらと異なる点に注目している(p. 76)のは正しい。しかしながら、既に述べたようにサキャ派系の王統記を用いなかったので、そこに「四ツェン」「三ツェン」とする別の分類があってラ・トトリ・ニエンツェンを数えず、「三ツェン」の中に rGyal to ri long btsan の名が含まれないことなどを問題として取り上げていない。[48] 各群についての呼称を取り上げる場合も(pp. 78–79)、『ゲルポ・カータン』にいう“sil ma bdun[49](GKT, f. 19a, l. 4)以外は問題とするに当らないように思われる。

ハール氏は別のところで(p. 118)指摘しているが、第三群、第四群の諸王名のような明らかに異なった系統のものがヤルルン王家の系譜のうちに組みこまれ、王朝の祖を遠い昔に遡らせて国の権威を高めるのに利用されている。このようなことは仏教導入以前の吐蕃王国初期に既に必要であった筈だという。或いはそうであるかも知れない。それならば、そのような系譜が今日の形を成したのは必ずしも仏教徒の手による(p. 80)とする根拠にはならない。例えば、敦煌文献の『王統表』は今日伝わる後代の王統表と殆んど同じ王名を連ねるが、そこに特に仏教的特色を保証するものがないからである。[50]

ハール氏は、今日に伝わる系譜の作成が仏教徒の手になるとした後、どのような王統譜を対象としているかを明示せず、王統譜の成立階程に三つの時期があると主張する。最も古い成立はおそらくティソン・デツェン王時代に生存したシェーラプ・ゴチャ Shes rab go cha に由来するであろうとし、第二のものはデンマ・ツェマン lDan ma rtse mang に、第三のものは後期仏教伝播期の仏教徒に由来するとする(pp. 80–81)。第二のデンマ・ツェマンの名は『ゲルポ・カータン』にその記録者として見える(f. 94b–95a)から、第二段階とは『ゲルポ・カータン』に見える王統譜を指すのであろう。『ゲルポ・カータン』を額面どおりに受けとればムティク・ツェンポ Mu tig btsan po(在位七九七—八一五年)時代の成立となる。[51]従って第一段階の王統譜はそれ以前であろうから敦煌文献の『王統表』以外は対象にならないであろう。これがシェーラプ・ゴチャに結びつけられるのは「後代の著者達が一般に権威として彼に関説する」(p. 80)からだと示されている。たしかに後代の仏教系の著者達は、チベット人の祖はインドからヒマラヤに逃げこんだルーパティ Rūpati の末裔であると言い、典拠としてプトゥンなどはシェーラプ・ゴチャの著作、*lHa las phul du byung bar bstod pa'i rgya cher 'grel ba*(『東北目』一一一三番、『北京目』二〇〇五番)をあげている(SRD, f. 117b, l. 6–f. 118a, l. 1)。しかしながら、敦煌文献の『年代記』類にこの説は全く登場しない。しかも、このシェーラプ・ゴチャ、即ち Prajñāvarman はインドの学僧[52]であっても、ハール氏のいうように、ティソン・デツェン王時代にあって仏典のチベット訳に従事した(p. 177)とは全く知られていない。ハール氏はその点を証明しているわけでもない。上記のシェーラプ・ゴチャによる注釈書は、後期仏教伝播期のはじめに大訳経僧リンチェン・サンポ Rin chen bzang po(九五八—一〇五五年)によって訳出された。従って、ルーパティの名も仏教再興期以後にしかチベットに知られなかった可能性が強い。

第二段階とされる『ゲルポ・カータン』中の王統譜も、『ゲルポ・カータン』の第一九章にウースン 'Od srung やユムテン Yum brtan の名があったり(GKT, f. 82a, l. 3)、リンチェンペル Phag mo gru pa Rin chen dpal[53](一一四三—一二一七年)の名も見える(*ibid.*, 82b, ll. 2-3)ので明らかな偽書である。従って、これを規準として時代は定められない。因みに、ハール氏は『ルンポ・カータン』の成立もセーナレク Sad na legs(ムティク・ツェンポ王)時代とするが、これにもウースン、ユムテン(BKT, f. 57a, ll. 1, 3)への言及があり、リンチェンペルに対する予言(*ibid.*, f. 59a, l. 6)も含まれるので、『ゲルポ・カータン』と同様の成立としなければならない。王統譜に関する内容は『ゲルポ・カータン』とは異なるが、ハール氏はこの点を無視している。ここでは一般の伝承と同様に「八〔人の〕デ」と言って(BKT, f. 7a, l. 1)、「ゲルポ・カータン」にしか見えない Sil ma bdun には言及しない。

第四章では、はじめに述べたように、取り上げる意味のない蒙古史料が扱われている。

第五章では前史時代の文化と宗教に関して後代史料を扱って示す(pp. 99-125)。特にポン教史に関する記述を集めて見せるが、そこには、先に見たハール氏の主張を支える記述は全くない。ハール氏はポン教をティグム・ツェンポ歿後に導入されたものとして(pp. 111, 112)、プデ・グンゲル以後の変革を主張し、この時、新たに父系制が、従来のム部族の母系制にとって代ったとしている。しかし、そこに示されている諸伝承は、

一、ニャーティ・ツェンポ以来 lha chos(ポン教)、sgrung, lde'u により政事が保たれた(『ゲルポ・カータン』『水晶鏡[54]』)。

二、ポン教はニャーティ・ツェンポの時に拡まり、ティグム・ツェンポの時に衰え、プデ・グンゲルの時に拡まり、ティソン・デツェンの時に衰えた(『王統明示鏡』)。

三、ティグム・ツェンポの父の時に rDol('Jol) Bon が拡まった(『プトゥン仏教史』『水晶鏡』『パクサム・ジュンサン』)。

四、ティグム・ツェンポの時、外国（大食、シャンシュン、ブルシャ）のポン教が拡まった（『ゲルポ・カータン』『学者の宴』『五世年代記』『水晶鏡』）。

五、プデ・グンゲルの時 g-Yung drung Bon (gNam Bon) が拡まった（『王統明示鏡』『五世年代記』『学者の宴』『パクサム・ジュンサン』）。

とあって、第五の場合以外はハール氏説にむしろ否定的である。ポン教は、ム部族の宗教であり、早くにピャー部族にもたらされた。このことは、ポン教の祖シェンラプ・ミボ gShen rab mi bo[55] が、ム部族の祖父、ピャー部族の祖母をもつとされることや、ニャーティ・ツェンポ[56]の母ム氏の出自が『ゲルポ・カータン』(GKT, f. 18b, l. 2) で sKor bon の zhang po「舅」の国とされていることで明示されている。

ハール氏はティグム・ツェンポとプデ・グンゲルの間に断絶があり、親子として連ならないと主張する (p. 110)。そのためいたるところに議論が繰り返されるけれど、それらに根拠は示されない。ただ、その主張を裏づけるための一つとして両者の間に葬礼形式の相違があったとのみいう。

その場合も、ティグム・ツェンポの『年代記』にニャ Nya (khyi) とラ lHa (bu Dar la skyes)[57] とによって「ラ bla を頂とする[58]ギャント Gyang tho 山の尾根[59]」に〔ティグム・ツェンポの〕墓を築いたのである」(DTH, p. 99, l. 22) とあるのを全く無視して、その物語の前の段階でティグム・ツェンポの屍体が戦いの勝利者であるロガム・タジ Lo ngam rta 'dzi によって水中に投じられたとあるのを取り上げ、これを報復行為とせずに水葬とみなした上で、葬礼形式に相違があったというのである。同じ物語の中で屍体が棺 zangs bu rgya に入れられた (*ibid.*, p. 98, l. 1) とされたり、後年ロガムの家来達が自殺する場面でも棺が用いられた[61] (*ibid.*, p. 99, l. 30) とされるのは、むしろ水葬を否定するものであるが、その点には全く気づいていない。

なお、「六レク」「八デ」の墓所について、前者の場合、墓所の所在が示されず、後者については河の中流に造られたので湖に雪の落ちたように所在が不明になったとするのをとらえ、これらの諸王をヤルルンの王統に属するものとみなせないとし、王統を古くに遡らせるために用いられたとする。これは(p. 118)正しい。[62] ただ、「八人のデ」から「ツェン」の時代に移った時に水葬から土葬に変ったとする見解には従えない。「河の中流に造られた」というのも「湖に雪の落ちたように」というのも単に、現実に墓所がないので「行方が知れなくなった」[63]というに過ぎないのである。

第六章には王統譜に見える「天の七座」をはじめとする各群について王統譜全体における意義がまとめられている。すでに言及したように、ティグム・ツェンポとプデ・グンゲル間の断絶、第三、四群の王名の借用ないし混入[64]を述べたのち、「八人のデ」のうちサナム・ジンデ Za nam zin lde とデトゥル・ナムシュンツェン lDe 'phrul gnam gzhung btsan は現実性があるとして、この二名が《belong to an era much closer to historical time than appearing from the general representation of the Dynasty》と述べる。これは結論としては正しい。しかし、サナム・ジンデに関する特別の扱いは『史話集』*gTams gyi tshogs theg pa'i rgya mtsho*[65] の誤訳に基づいている。『史話集』(TTG, f. 124b, l. 1)[66]には「五人のツェン以後墓は里に造られるようになった」と言っているが、その版木には“tsan”を“zin”と誤って刻し、“tsan lnga”を“zin lnga”と示す。しかも、トゥッチ氏はこれを“zing (sic. !) lde”と読みかえた[67](TTK, p. 2)のである。従って「五人のツェン以後」とあるものが「Zin lde 以後」と解釈された。サナム・ジンデは「八人のデ」の一人目であり、その墓は河の中流に造られた」筈であるから里につくられたのでは矛盾する。この点に注意のなかった訳文を、ハール氏は別の意味にとらえて砂上の楼閣に似た議論を重ねるのである(pp. 116-117)。

第七章はヤルルン王朝の始期を問うものであるが、それが不明であることをいうために、また亡命政権の学童用教科書までもち出して(p. 131)展示しているが、意味があるとは思われない。

第八章に宇宙観が取り上げられる。必要な検討は序論部分の紹介に際して述べた。

第九章では伝説を通じてヤルルン王家の起源を探るというのであるが、敦煌文献や碑文をさしおいて、後代に編纂された「埋蔵本」の説を用い[68]、ティグム・ツェンポとプデ・グンゲル間の断絶をいうのに固執する。そのための気ままな解釈は到底従えるものではない。ティグム・ツェンポとその子シャキ Sha khyi、ニャキ Nya khyi およびその傍系一族の子ガルラケー Ngar la skyes(タルラケー Dar la skyes の誤[69])の関係を、ティグム・ツェンポに関する敦煌『年代記』が明らかに示している(DTH, p. 98, ll. 19–22)のにもかかわらず、誤訳と曲解とに基づいてティグム・ツェンポ歿後にその妃が超自然的にガルラケーをもうけたとする説を捏造する[70](pp. 155–156)。これを後代に出来たティグム・ツェンポ三子説と関連させた上で、プデ・グンゲルになったとされるチャティ Bya khri と、このガルラケーとを結びつけようとさえ試みるのである(p. 156)。しかし、三子説でもガルラケーに相当する人物は、敦煌文献『年代記』中でその父とされるルラケー Ru la skyes の名によって別個に示されるので[71]ハール氏の曲解は成立しない。

敦煌文献『年代記』等にいうルラケーの名に影響されたものか、後代史料の『シェーズー』(YLD, p. 408; CYNC, f. 72a)中に、他の場合ルーパティ Rūpati と示されるもの(SRD, f. 118a, l. 1)がルパケー Ru pa skyes と示される。「仏教系秘密伝承」によるとして、このものをニャーティ・ツェンポになったものと述べる。既に見たように、ルーパティの名は一〇・一一世紀以後に大訳経僧リンチェン・サンポの訳を通じて知られ、これによってルーパティがチベット人の祖先に結びつけられ、更に、これがヤルルン王家の祖ニャーティ・ツェンポとも結びつけられた。しかし、他方のルラケーの名の方は九世紀半以前に成立した敦煌写本のうちに既にある。従って、敦煌文献のティグム・ツェンポに関する伝承をたとえインド系とみなしても、ルラケーを間接的にであれニャーティ・ツェンポと結びつけることは出来ない。ルラケーの素姓は明らかに傍系で、ガルラケーの父に当ることはこの『年代記』に明言されている[72](DTH, 98, ll. 20–21, 28)からである。後代の伝承だけが後者を前者ルラケーの名で呼び、出生を超自然的なものとしているの[73]である。誤り伝えられたその出生の不思議を以て血統の「中断」をいうものと説き、ティグム・ツェンポとプデ・グンゲルの断絶に話を導くために、遠祖ニャーティ・ツェンポ＝ルーパティ＝ルパケーの等式を、ルラケー＝ガルラケー＝チャティ＝プデ・グンゲルの誤った等式に連ね、更に、ニャーティ・ツェンポをプデ・グンゲルの投影にすぎないとも主張するのである。

ハール氏の説明は執拗に続けられ、すべてを繋ぎ合せる。ティグム・ツェンポの子であり、シャキとは兄弟のニャキが、いわゆるコンポの碑文によってニャティ・ツェンポ Nya(/Nyag) khri btsan po と区別されているのに対して次のようにいう(74)。後代に至って、ガルラケーからティグム・ツェンポの第三子としてのチャティ Bya khri がつくられた。bya は「鳥」であり、これは「魚」の nya、「肉(食)」の sha(zan) と対応する。「鳥」bya は〔先代〕王朝の部族トテムである。そこからチャティは〔先代〕王朝の祖とされていたに違いない。ところが、チャティは誤ってシャティの代りにプデ・グンゲルの前身とされた。そこで、この混乱を救うために〔先代〕王朝の祖先の位置にチャティに代えてニャティの投影であるニャーティ・ツェンポ gNya' khri btsan po をつくって据え、ヤルルン王家の遠祖とした。ここにおいて混乱はそのまま動かぬものとなった(p. 157)と。

もし上のようならば、誤りを匡して Bya khri btsan po とでもされたならすべては一挙に解決した筈である。また、このような典拠を示さぬ説明が受けいれられるならば、チベットの古代史も無限の想像力の中に低迷して、果てることがなくなるであろう。

第十章は、既に序論部分の紹介で触れたが、後代の伝承の一部でニャーティ・ツェンポの瞼が鳥のように下から閉じるとあるのをとらえて、これが〔先代〕王家のトテムであるとし(pp. 168 ff.)、この説明も兼ね、引用文を連ねて(pp. 197–212)既に紹介したような主張を繰り返し述べる。

第十一章は第十章の続に当る。ハール氏の予見が極めて特異であるところから、引用されるチベット文には、どのように見ても曲解または誤訳と思われるところが少なからず示される。一々取り上げることは紙幅の関係からも不可能であるから、今、そこに引用された敦煌文献のティグム・ツェンポ『年代記』末尾の文(DTH, p. 100, ll. 5–7)を取り上げて参考に供したい。末尾に著者の和訳文を加える。

bshos na ni spu de gung rgyal/
grongs na ni grang mo gnam bse' brtsig//
'greng mgo nag gi rje/
dud rngog chags kyi rkyen du gshegs so'//

When he was born, (he was) sPu de gung rgyal.
When he died, Grang mo gnam bse' was built.
The ruler (rje) of the black-headed 'Greng
Went (to them) because of his affection for the Dud-rdog (YLD, p. 231)

名を改めて sPu de gung rgyal(を称し)
住するに「天の一角館」を築けり。
立てる黒頭(人民)の主(となり)、
軃える鬃あるもの(馬)の保護者としてましませり。

訳文の相異について説明すると、"bshos" は「生む」の他に "'chos"「(新たに)造る」「改める」(Ch. Dic., p. 285b) の過去形がある(類型 'chad「説明する」bshad 参照)。"grongs" は "grong"「居所」(GMG, I, p. 51a) の動詞形。今日では「夫婦が住む」から転じたと思われる "grong pa 'i chos"「住むものの法」、即ち「交媾」の義しかない (Ch. Dic., p. 136b)。"grang mo" は "brang mo"「大館」の異字。"brang bdag"「家主」(*op. cit.*, p. 577a) の "brang"「家」に「大」を意味する接尾辞 "mo"(75) がついたもの。"gnam bse'" は「天の一角」、"bse'" は "bse ru"「犀の角」(GMG, II, p. 132b) をいう。従って、「天空に犀の角のように突出した(館)」を表わす名称であろう。"'greng" は既に議論もあるが(76)、"sgreng"

「樹立する」(Ch.Dic., p. 192b)に対する自動詞形で「立つ」(*ibid.*, p. 165b)[77]であり、“dud 'gro”「俯身而行者」「四足獣」(GMG, I, p. 148a)の前要素“dud”「俯身」「屈身」(*ibid.*, p. 148b)に対立して、それぞれ、「人間」と「馬」を修飾するのに用いられる。“ngo nag”は、シュル Zhol の石柱碑に“Bod mgo nag po”「黒頭チベット人」[78]と見えるものから「人間」のことと理解できる。“rngog chags”の“chags”は「附着している」(GMG, I, p. 92b)意味であるから、今日の“rngog ma can”「鬃をもてるもの」「馬」(Ch. Dic., p. 219a)と同義と知られる。“rkyen”は「依存の相手」をいう。“rje”「主」と一対に用いられる場合、「馬」の依存する「飼い主」「保護者」を指す。今日は消極的な意味「頼られるもの」の方が主となっている。[79] ハール氏は、上記の“'greng”“dud”について、既にG・ウライ氏の所論もあるのを全く無視して、ひたすら牽強附会の説を述べてやまない(YLD, pp. 311-313)。

ハール氏の発想の枠組みの中ではすべて曲解される。例えば、《Dvags po geographically more or less coincides with sPo bo》(YLD, p. 237)というに至っては批評の言葉もない。『ザムリン・ゲーシェー』によれば、タクポ Dvags po の東にニャンポ Nyang po とコンポ Kong po があり(DGS, f. 74b)、タクポそのものはウルカ 'Ol kha の南にある(*ibid.*, f. 73a)。これに対してポボ sPo bo はコンポの更に東にある(*ibid.*, f. 75b)。

ハール氏は不可解な発想に基づいて、チベット人の祖先を「地下」、「死」または「死者」の国に由来させる。これは祖先が今、黄泉の国にいると考えるのではない。ハール氏は、後代のチベット人仏教徒が自らの国を卑下して“yi dvags preta puri”[80]といったのを取り上げ、これについても“yi dvags”を《unsatisfied manifestation of the defunct》と解し、「死者」の意味にのみ傾け、独得の議論をこころみる(YLD, p. 238)。しかし“yi”は“yi ga”「胃」の省略形、“dvags”は「広袤」(GMG, I, p. 145b)の意味であり、「常に飢えて、貪婪なもの」と自らを評して言った称であり、梵語のように「亡者」「死者」とは直接関わりない。

以上ハール氏の所説のうち著者が特に問題とした点に限って論評を試みた。ハール氏は、吐蕃の祖とされるニャーティ・ツェンポとティグム・ツェンポの二子の一人ニャキ Nya khyi、後代の所伝でニャティ Nya khri とされるものの名に同音があるところに着眼して、後者から前者が創作され、ヤルルン王家の遠祖とされたものとみなし、この想定のもとに一切の史料を前後の順、系統の別も無視して、或いは誤訳し、或いは曲解してまで利用するのである。構想を支えるためには典拠も欠いたまま虚構の観念さえ導入する。従って、ハール氏の用いた労力にもかかわらず、説得力をもった解明はこの大冊のうちに見出しがたい。

例えば、"spu" に対して、極く一般的に「毛」の意味が言われる(「宝髻」『冊府元亀』九六一)のにもかかわらず、この意味に触れず、この語が rgyal を伴う場合にしか現れない形の "spur" をとらえ、これに殊更不吉な意味を求め、かつて認められたことのない概念「死者」(81)を盛りこむ。チベット語としては、"spu" に対して明らかな同義異字の "spus"(82)があり、これには《goodness, beauty》(J. Dic., p. 331a)の意味があるのに取り上げない。敦煌文献の『編年紀』の一つ(pp. 1507ff. 参照)にチベット王が夏、冬のはじめに "sku bla"「王の生命の神」の祭りをして長寿を願い、「死」の到来を怖れた姿が見られる。それにもかかわらず、自分達一族の名に「死」の意味をもたせることが求められるであろうか。ハール氏の場合、着想そのものが顚倒しているように思われる。

(1)　F・W・トーマスのこの願文についての解説はP・ドゥミエヴィル氏によって批判されている(CL, pp. 362-364)。「吐支敦」二一一頁参照。
(2)　QTC, pp. 10-13 参照。
(3)　『王統表』という略称は筆者によるものであり、佐藤氏は「吐蕃王統記」と呼ぶ。
(4)　佐藤長氏は、ペテック氏が《none of the later chronicles mentions 'O-lde-spu-rgyal as the ancestor of the Tibetan kings》(SCL, p. 20)とするのに同調して「事実オデ・プギェルの名は吐蕃王朝と同時代的な記録以外には一切現れない」と断言している(『古チ研』一七八頁)。
(5)　TPS, p. 733a. この点は余り問題にされないが、オデ・グンゲル 'O de gung rgyal は、ニャーティ・ツェンポの祖父ヤブラ・ダクドゥク Yab lha bdag drug (DTH, p. 81, ll. 8–10, 26–28) にとって兄弟の関係にある (LPS, p. 48, ll. 8–9; DSG, f. 68 b, l. 4; UTM, p. 203, f. 23a)。

（6） フランケによる『ラダック王統史』関連部分の読み方が実は誤っている。そこには (AIT, p. 76)、《The head of the line (lit. lineal king) is Spu rgyal, the king of Tibet》と訳されているが、原文は "rigs brgyud kyi rgyal po ni spu rgyal bod kyi rgyal po yin" とあり、「一族継承の王は sPu rgyal Bod の王である」の意味であり、"sPu rgyal Bod" とはヤルルン王家が古くに支配したニャーティ・ツェンポ以来七代の国を指したものらしい。その点、トゥッチ氏がこの sPu rgyal をオデ・プゲルに擬している (TPS, p. 733a) のは正しいと思われる。即ち、ニャー (gNya'/Nya) ティ・ツェンポが初めて今日のカム Khams 地方中央部、これを「本来のプー (Bod)」と呼ぶが、それを統一して、その地で「迎え入れた六〔族〕」(kha g-yag drug, おそらく Yab 'bangs drug と同じもの) を従え、オデ・プゲルを称したので、その国を sPu rgyal Bod と呼んだのである。オデ・プゲルの称はニャーティ・ツェンポ以後、「本来のプー」に君臨した王号に用いられ、更に、ヤルルンに落ちついたプデ・グンゲル以後にも用いられて (Pelliot tib. 1285, l. 189) 通称化した。この点は、コンポ rKong po の王を rKong rje dkar po と通称するのに似ている。この旨が『通典』一九〇の吐蕃伝中に「始祖賛普自言《ラヒ》二天神所《ナリト》レ生《スル》、號《スレバ》二鶻提悉補野《ヲ》一以《テ》為《ス》レ姓《ト》」と述べられている。『唐書』吐蕃伝上では、顚倒してはいるが「姓勃窣野」として、単に "sPu rgyal" と通称したことも伝えている。従って、シャキ Sha khyi の称号であるプデ・グンゲルとは同じでない。

マクドナルド夫人はオデ・プゲルとニャクティ・ツェンポ Nyag khri btsan po を全く別の《deux dieux du ciel qui ont joué un rôle analogue》(LPT, p. 199) とする。しかし、この説は漢文史料を援用しなかったため方向が外れた説明であり、名と称号が併存することを考えていない。"don gcig" を《…ont joué un rôle analogue》と訳することは出来ない。「同義異字」の意味であり、同一人物の異なった称もいう。

ワイリ T. Wylie 氏は "'O-lde-spu-rgyal and the introduction of Bon to Tibet" (OPI, pp. 93–103) のうちで、トゥッチ氏の誤りを踏襲して、ニャーティ・ツェンポとオデ・グンゲルとを同一視するため、後者をオデ・プゲルとも同一視している (p. 94)。プデ・グンゲルをニャキ Nya khyi の称号とするワイリー氏の意見は、話し手、書き手が丁寧を表す助動詞 "lags" 「でございます」を用いて挿入句を示していたのに注意しなかったための誤訳 (p. 99) であり、コンポの碑文とティグム・ツェンポ『年代記』の記述に根本的な矛盾は全くない。

（7） 神の世界から人間の世界の王になったとされるのは、一般にニャティ・ツェンポ Nya(g) khri btsan po である (DTH, p. 81, ll. 10–11; ll. 22–23) とされるが、Pelliot tib. 1038, ll. 13–15 のように、ニャティ・ツェンポの父、ティ・パルラ・ドゥンツィク Khri bar la bdun tshig をその地位にもってくるものもある。二つに共通な点は "Bod ka g-yag drug" の主になったとするところである。これは、"Bod"「本来のプー(Bod drang po＝今日のカム地方中央部)」の "ka g-yag"/"kha ya"「迎接するもの」(BTD, p. 59b)"drug"「六人」の国に至ったという意味に解釈されうる。後代の伝承において bTsan thang sgo bzhi で土侯達に迎えられたとするのにも似ている。いずれにせよ、もはや神ではないのである。

(８)　'O lde spu rgyal, 'O lde gung rgyal, sPu de gung rgyal がそれぞれ別であることは注(６)で説明した。ペテック氏のこの考え方は、本文後段で批判されるハール E. Haarh 氏の *The Yar lung dynasty* における考え方に引き継がれている。

(９)　《the Buddhist historians》が、今日の敦煌文献『年代記』等の編集時に固有の伝承を大きく引き曲げるまでに影響力があったとは考えられない。この点ではリチャードスン氏の発言(AHE, p. 48)が正しいと思われる。これらの文献の編纂は、『学者の宴』Ja の章(KGG, f. 112a, ll. 4-5)に述べられているように、仏典の翻訳事業に刺載されて、ティソン・デツェン王時代に行われたとあるが、そのように考えるべきであろう。後代の仏教徒史家のプトゥンがティグム・ツェンポの名を示さないことも(SCL, p. 23)著作または版木の欠点とは言えても、ティグム・ツェンポに関する伝承が元来なかったとか、仏教徒の創作であるというような結論を導き出す根拠にならない。

(10)　『ゲルポ・カータン』(f. 18b, ll. 1-3)の該当する文は、"bod kyi btsan po 'o de spur rgyal de ÷ gnam gyi lha las mi yi rje ru gshegs ÷" 「プーの王たるこのオデ・プーゲルは天の神より人の主となられた」と言い、これを説明する形の文が続き、「ニャーティまで、お生れは Srid pa の神の代々である」として "rje gcig gnya' khri btsan po bya ba de ÷ mgo nag mi dang srog chags rkyen du byon ÷"「主御一人ニャーティ・ツェンポと呼ばれるこの方が黒頭人民と生き物の飼い主としておいでになった」で説明をおえる。つまり、神から人の主になった 'O de spur rgyal とはニャーティ・ツェンポに他ならないことが示されているのである。

(11)　ただ、"sde" とは「集団」の意味でもあり、八の数で構成されているならば、ボン教の神を指しても構わないわけであり、必ずしも関連があるとは言えない。

(12)　ペテック氏のこの見解を重視するが、著者はこれを lHa tho tho ri snyan bshal の繰り返しとはみないで、Khri thog rje thog btsan の繰り返しとして後段で別の意見を示したい(一二四—一二七頁参照)。

(13)　二七王の名には類型的なものが並ぶため、架空のものと疑われるのが当然であり、E・ハール氏も *The Yar lung dynasty* でこの疑惑を追究している。

(14)　三人のうち「陀土度」を "Tho tho ri" に近いとするが、これは佐藤氏の示すように "lHa tho do" にあてるべきである(『古チ研』一九三頁)。「揭利失若」を"Khri snyan bzung btsan"に当るとしているのはよい。ただ、"Khri snya"までしか写されていない。「勃弄若」については"'brong snyan lde ru"を示す。これも敦煌の『王統表』の"'Bro mnyen—"の方がよく合致する。

(15) 一三一—一三二頁。「弄贊」と「論贊」では「弄」"*lung*"(GSR, 1180-a)と「論」"*liuĕn*"(*ibid.*, 470-b)の発音がそれぞれ *srong* と *slon* に対応している。

(16) 佐藤氏はごく最近「吐蕃」の名称に関する新説を発表したので、別稿で特に論評した。「吐蕃の国号と羊同の位置」(『東洋学報』五八—一・二、五五—九六頁)参照。

(17) *pi̯ʷɒt* は"Bod"の音と近い。しかし、プ—Bod は、後段(二〇二—二〇八頁)で見るように古くはカム地方の中央部を指したこともあり、「摸徒」などで写されている。従って、チベット全土を指す国名の対象と簡単にみなせない。

(18) GSR, 857-a, 864-a.「析支」を「賜支」*si̯ę* (*ibid.*, 850-t) -*tśie* と併せ考えて読んでも"skyi"の対音にはならない。従って、佐藤氏の「賜支、析支は完全に skyid に一致し」(『古チ研』一六五頁)という表現は理解できない。

(19) GSR, 393-a, 576-a. 唐代の赤水については別に触れる(六六〇—六六四頁参照)。

(20) 例えば、『古チ研』一七一頁の敦煌『年代記』の一節についてバコー等の訳文の所在も示されるが、佐藤氏の訳文はそれとは同じでない。文中の「兄」「弟」は単なる誤であろうが、「御父の血統を取れり」(sku mtshal gnyer du gshegs)の訳文に対しては、説明が求められよう。同じく、一七二頁の「リラブルンポに九度登り」(ri rab lhun po yang dgu' dud dud)も《le mont Ri-rab s'inclina neuf fois》と同じでないが、この訳文にも説明はない。

(21) GSR, 408-d, 195-p.

(22) 牂牁蛮と結びつけて、その地を比定するのは、いかに蛮地のこととは言え粗雑な記述になりすぎる。しかし、「疋播」を"'Phying ba"に比定すれば、音の一致をいうのに殆んど難色がないように思われる。

(23) 「鳥」"bya"、「肉食者」"sha zan"、「魚」"nya"、これらを「天、地、地下」に配するが、水中の「魚」に何故「地下」を代表させることが出来るのかは用例も示されず、説明もされない。また、何故、地上の「人」をいうのに"mi"を用いないで"sha"「肉」のみを示すのか理由も不明である。ポン教の伝承から引き出された"Mi khri"は、「天の七座」の Mer khri の異字であって(YLD, p. 140)、これらの対応がティグム・ツェンポの三子の名に用いられた例がない。"sha zan"と復原されるもの(*op. cit.*, p. 142)にいたっては Pelliot tib. 1038 の"sha za'i rigs"も用いず、いかなる根拠も示されていない。

(24) lha, btsan, klu が三界に君臨するということもチベットの伝承に見える図式ではない。なるほど"lha""klu"は「天」「地下」を主宰すると言えるであろう。しかし、“btsan”は lha 'dre「魔神」の一種であるが、「地」を代表するものとして知られているわけではない。また、そのような根拠も示されていない。次に、“lha sras”は“btsan po”と共に吐蕃王の称号であるが、前者が「天」に、後者が「地」に対応するわけではない。

(25)　“sPu rgyal”を“spur rgyal”と読みかえても、その意味は「屍体の王」となるばかりで、「地下」の世界を代表するものとはなりえない。しかも“spur rgyal”の形は、熟語の前要素が母音で終る場合、後要素の語頭子音が前要素の語末子音に同化して発音されるという一般的傾向 spu rgyal→spu-rgyal→spur rgyal. に従って生じたものである。従って、“spur”の形にその意味を求めえても元来の語義の説明に役立たない。また、“spur”は「屍体」を意味するが「死者」(gshin po)を意味しない。

(26)　ここに見られる The/The'u は Pelliot tib. 1038 にいう“spu rgyal bon gyi btsan po *lti 'u* rgyal po thod rgyal byung ste”(l. 2-3)中の“lti 'u”の変形かと思われる。IMT, II, p. 42では“lte 'u”と読まれているが、マクドナルド夫人は“lti 'u”と読み直している(LPT, p. 215, n. 97)。“The'u brang”の“brang”は“pho brang”「宮殿」、“mchis brang”「邸」(DTH, p. 109, l. 1)、“mching brang”(*op. cit.*, p. 119, l. 3)、“mchis 'brang”(Ch. Dic., p. 277a)、“brang sa”「住居」(*op. cit.*, p. 577a)、“brang khang”「住居」(*ibid.*, p. 576b)、“brang mtshes”「隣家」(*ibid.*, p. 577a)や、敦煌文献の王号に見える Zing *brang* tsha (CPT, p. 199)、gLing *brang* (/'brang) tshe 'u, gLum *'brang* tshe 'u (*op. cit.*, p. 201)の“brang/'brang”と同じである。王号の場合、“tsha”“tshe 'u”は今日の“rtse”「頂」、“rje”「主」に近い意味と考えられ、“Zing”や“gLing”“gLum”は固有名詞と認められるので、“brang”“'brang”は「住むところ」の意味であるが、動詞“'brang”“brang”「並ぶ」「従う」「服従する」の意味から推測される限りでは、「群り住む」形態の「住い」が“tsha”“tshe 'u”“rje”の膝下にあったのをいうのかと思われる。多分、“The 'u 'brang”という場合も、“Zing brang”や“gLing brang”等と同じ型の言い方であろう。

(27)　TPS, p. 732a, BKT, f. 7a, l. 4、プユル sPu yul というのは'O de spu rgyal の国という意味であり、ポボ sPo bo というのは地域の名である。ただ、敦煌文献にはポボという重要な地名の存在が未だ指摘されたことがない。従って今二種の記述を信用して総合すれば、プゲルを称したニャーティ・ツェンポの出身地はポボであったとも考えられるのである。

(28)　ティグム・ツェンポの子ニャキからの再生像とハール氏がみなすニャーティ・ツェンポについて、『ルンポ・カータン』(f. 7a, l. 4)の「極秘伝承」Yang gsang lugs と言われる説明では、この王が“zla ba nya la skyes”「満月(の日)に生れた」としている。これは“gNya'”(コンポの碑文では“Nya'”、敦煌『王統表』では“Nyag”)の説明として示されている。従って、“nya”を「魚」と解釈する感覚はチベット人にはなかったものとすべきであろう。TPS, p. 732a参照。

(29)　敦煌文献のティグム・ツェンポ『王統記』(DTH, p. 99)に、ティグム・ツェンポの屍体を贖い戻すには、鳥のように瞼が下から閉じる娘が要ると言われ、タルラケー Dar la skyes がそれを探し求め、王の屍体を贖い戻す場面がある。後代の伝承ではニャーティ・ツェンポについてこの特徴を言うようになる(YLD, pp. 201-202)。ハール氏は同じ敦煌文献『年代記』に"cho myi bya 'i bu mo"とある(DTH, p. 99, l. 11)のを取り上げ、《cho is an obsolete term signifying *family* or descent》という(YLD, p. 209)が誤りである。"cho myi"は「必要とされる人」の意味である。例えば"cho yod pa"は dgos pa「必要がある」(Ch. Dic., p. 270b)を意味する。いずれにしても「鳥」が《totem》であるとする根拠はない。また、「鳥」族という称を引き出しうる根拠も知られない。

(30) Phyva' については本論一六六頁以下参照。

(31) DTH, p. 99, l. 24. 敦煌文献やコンポの碑文に見えるニャキ Nya khyi, シャキ Sha khyi は後代の文献ではニャティ Nya khri、シャティ Sha khri と書かれる。

(32) ハール氏は『通典』一九〇、辺防の吐蕃伝に「樊尼率余種、依沮渠蒙遜。其後子孫西魏時、為臨松郡丞。与主簿皆得衆心。因魏末中華擾乱、招撫羣羌、日以強大、遂改姓為窣敎野。」とあるのを用いて、樊尼自身が「プゲル」を称したものと取る(p. 248)。しかし、『通典』でいうのは樊尼の子孫についてであり、その時期は西魏末期の六世紀半頃に当る。

(33) THL, pp. 27-57 参照。

(34) 一二頁、二九頁注(3)参照。

(35) BA, pp. v-viii 参照。

(36) 『学者の宴』(KGG, f. 13a, l. 3)にはソンツェン・ガムポに関する予言として『文殊師利根本タントラ』(『東北目』五四三)を用い、この書を書き終えた後五、六か月を経て『青冊史』を見たところ、同じものが誤って引用されているのを知ったとパボ・ツクラク・テンバは言っている。従って、『学者の宴』中の『赤冊史』系の記述は『青冊史』を経ないで、『赤冊史』から直接引用された(KGG, f. 155a, l. 1)ものである。

(37) GGG, p. 295-2, ll. 3-5 参照。

(38) 『古チ研』一八八—一九三頁、本論三五頁参照。

(39) 佐藤長氏はこの改名を即位とする(『古チ研』三九七頁)が、これが即位であると敦煌文献中に示されているわけではない。

(40) ティデ・ツクツェン Khri lde gtsug brtsan 王の場合だけ『王統表』にある名と同じ形になっている。他の王の場合は、『王統表』中の名の部分を通称的に扱ったのかと思われる名から美称的な名に変っている。

(41) LPT, p. 318, n. 452 に Pelliot tib. 1290 裏の引用文が示される。そこには「キ sKyi のラルン lHa lung には賛普ムチュ、

テン Mu cu brtan からティック・デツェン Khri gtsug lde btsan と御名を奉った時……」とあり、ティック・デツェン王の幼名がムチュテンであったことが知られる。この表現はゲルツクルがティデ・ツクツェン王になった場合(DTH, p. 21, l. 1)と似ている。

(42)『王統表』では、ティック・デツェン王の父をラマガン(sKar chung)の碑文に見える btsan po Khri lde srong brtsan (KCI, p. 13)の形で示さず、khri も省いて、単に lDe srong brtsan (DTH, p. 82, l. 33)としている。従って、khri をつけることは、形式張った場合も含めてかなり自由に使用されたものと考えられる。

(43) DTH, p. 58, n. 2 参照。

(44) "mjing pa"「頸」(GMG, I, p. 103a)、"'jing ba"「頸」(*op. cit.*, I, p. 104a)、"yon po"「不直」「彎曲」(*ibid.*, II, 89b)、複合語にすると二語の接尾辞が共におちて、"mjing yon"「斜頸」となる。"mjing yon"「頸の曲れる意味」(BTD, p. 227b)。

(45)「吐仏年」一八二―一八五頁、二〇九頁注六三参照。

(46) "bshad na" は「説明するならば」の意味であり、"sad na"「試みならば」とでは二つの言葉に字形の相似も語源的類同関係もない。

(47) "sad na legs" という名は、王位につくのが暫定的ならば認めてもよいという条件で選ばれ、後に、本格的に登位したティデ・ソンツェン王に対する別称とされている。しかし、この称も「試みならばよい」の意味であるから、到底現実の呼び名とは言えない。事実用いられたとしても、巷間で囁かれたものに過ぎないであろう。

(48)『王統明示鏡』(f. 26b, l. 3)が Tho ri long btsan 相当の王を示さないのは、ペテック氏がいうように或る王名の繰り返しであったこと(SCL, p. 28)を示唆する。注(12)参照。

(49) 敦煌文献の『王統表』と同数の王名になる。

(50) ハール氏の説(YLD, p. 249)では、リチャードスン氏が敦煌の歴史関係文献に仏教的色彩がまだ織りこまれていないとする(AHE, pp. 47–48)見解を否定するが、誤りである。注(9)参照。

(51) GKT, f. 2a, l. 4–f. 2b, l. 2; ll. 4–6; f. 94b–95a に成立の由来が示されている。

(52) シェーラプ・ゴチャ Prajñāvarman? には他に『東北目』Nos. 1110, 4100 の著作が帰せられている。

(53) Phag mo Rin chen dpal とは Phag mo gru pa rDo rje rgyal po (1110–1170) の弟子で 'Bri gung sKyu ra rin po che とも呼ばれるものに相当する。

(54) Thu'u bkvan bLo bzang chos kyi nyi ma (1737–1802) によるチベット仏教各宗綱要書 *Grub mtha' thams cad kyi khungs*

dang 'dod tshul ston pa legs bshad shel gyi me long は一八〇一年に書かれた。史書としては権威のあるものとは言えない。略して『水晶鏡』と示す。

(55) シェンラプ・ミボ gShen rab mi bo の伝記は *gZer myig* のうちに詳しい。*gZer myig* のテキストは、訳とともにフランケ A. H. Francke によって gZer myig, A book of the Tibetan Bon po として *Asia Major* I(1924), III(1926), IV(1927), V(1928), VI(1930)中に示されている。これによると、シェンラプ・ミボの祖父はム王 dMu' rgyal であってレンギ・テムパケー Lan gyi them pa skas と呼ばれ、祖母はピャ女 Phya bza' ガンダンマ Ngang 'brang ma と呼ばれていた(*Asia Major* I, p. 257)。*gZer myig* のテキストはインド、Dolanji のボン教センターからも一九六五年に出版されている。

(56) 本論一五一頁以下参照。

(57) マクドナルド夫人はこの部分の解釈について《Ce sont bien les deux fils de Dri gum, Nya khyi et Sha khyi…》(LPT, p. 222, n. 132)と示すが、"lha" がシャキ(=Sha khyi)であるという根拠は示されていない。この場合の "lha" は "lha bu" の略であり、ラブ・ルラケー lHa bu Ru la skyes の遺子ガルラケー(Ngar la skyes、正しくはタルラケー Dar la skyes、注(69)参照)を指す。

(58) "bla" は《upper part》では意味を成さない。その敬語形 "sku bla" で知られる「御命の神」「御霊神」をいう。ヤルルン王プ氏の「御霊神」はコンポの碑文に見える "gNyan po" である(KPI, p. 32)。注(74)参照。ラトトリ王が仏像、仏具を "gnyan po gsang ba"「不可思議なニェンポ神」として祀り、長寿を得たと伝えられる(SRD, f. 118b, l. 2)のも仏像、仏具を「御霊神」としたことを意味する。"bla 'bub" の "'bub" は "'bib" の同義異字で、屋根や傘を「支える」(Ch. Dic., p. 600a, b)の意味。従って、「bla を頂に支える」と解される。「ニェンポ」が山の神であることは gNyan chen thang bla の名で知られる。

(59) ギャントは lHa ri gyang tho からも知られるように山の名であり、「遥かに高い」の意味である。"mgur" は「頸に」であり、"g-ya'"「山頂無草の場所」("g-ya' chu" "g-ya' mtshams" "g-ya' ri" Ch. Dic., p. 807a 参照)を擬人的に示したものであり、テントをいうものではない。テントを "gur" とするのは新しい言い方であり、それをいうなら、『通典』、両唐書に「払廬」の称が見える。この対音についてB・ラウフェルが "sbra" を当て(BDT, p. 92, n. 1)、P・ペリオはこれが "'phru" とされるべきことを論じた(QTC, pp. 22–23)。後にラウフェルもこれを受け入れた(CTT, p. 422)。今日 "phru ma"「宮殿」「堡塁」(GMG, II, p. 16a)とするのは「テント群」の意味から生じたかと思われる。

(60) DTH, p. 98, ll. 7–8 には "rtsang chu'i gzhung la btang ngo"「ツァン(ポ)江の中流に打ちやった」とあり、「捨てた」ことを表わしている。少なくとも葬礼ではない。

(61) *op. cit.*, p. 98, l. 7; p. 99, ll. 30–31。"zangs bu rgya" をマクドナルド夫人は《plusieurs cercueil de cuivre》と訳す(LPT, p. 221)。これは上に示した l. 30 の箇所を見て l. 7 を見ていない訳である。即ち、l. 7 ではティグム・ツェンポ一人のための棺一つしか要らないからである。"zangs bu" は「銅製容器」を指すのであろう。"zangs" のみでも「壺、鍋」が意味される(GMG, II, p. 75b)。"rgya" は "sgye"「容器」(GMG, I, p. 70a 参照)の異字としたいが、或いは「大きい」を意味して、併せて「銅製の棺」を指したとも考えられる。DTH, p. 99, ll. 30–31 では棺の蓋を閉じて自殺したことが伝えられる。水葬の場合銅製の棺を用いる必要があるとは思われない。

(62)『ゲルポ・カータン』には「八人のデ」の代りに "rgyal rabs sil ma bdun"「七つの零細な王統」という表現が混入している(GKT, f. 19a, l. 4)。これは rgyal phran sil ma bcu gnyis (TAM, p. 11) を憶わせ、更に、字形を僅かに変えると "rgyal rigs sil ma bdun" となり、他の諸本に見える sNol nam (HLD, p. 16a, ll. 5–6; GSM, f. 26b, l. 2) 等を参考にすると、敦煌文献に見える小王 Drang (/Dang) rje'i rnol nam (CPT, pp. 199, 202) が連想される。

(63)『王統明示鏡』では「三人のツェン」の墓が "Gangs dkar rtse" (白雪山頂)に建てられたものの「雪に湯気のかかったように消えた」(GSM, f. 26b, l. 3)とあり、『史話集』(TTG, f. 123b)ではタルプータン Dar po'i thang における彼等の墓は有無が不明な程ゆるやかな傾斜の岡になっているという。「六人のレク」「八人のデ」「三人ないし五人のツェン」いずれについても墓地の所在が確認出来ないことを、表現を区別して示したのに過ぎない。水葬は河の中(或いは中洲)に墓を建てることではないであろう。

(64) 注(62)参照。

(65)『史話集』(略号表 TTG 参照)の著者ランチュン・ドルジェ Rang byung rdo rje とは、R・A・スタン氏がトゥッチ氏説を訂正している(REB, p. 35)ように、カルマパ Kar ma pa のランチュン・ドルジェ(一二八四―一三三九年)ではなく、ニンマ派の 'Jig med gling pa Rang byung rdo rje (1729–1798) である。

(66)『史話集』中の墓に関する記事は『ガル(mGar)目録』に拠るとされるが、記述内容は新しい。同書では「"chos blon chen po mGar" がお作りの目録には」(TTG, f. 124a, l. 6) としてソンツェン・ガムポの墓について詳説する(*ibid.*, f. 124b, l. 4–f. 125 b, l. 3)。その部分には「墓中に仏殿がある」(*ibid.*, f. 125a, ll. 5 ff.) とする仏教的記述が見られ、敦煌文献がソンツェン・ガムポと仏教を結びつけていない事実と矛盾する。従って、後代の成立と見ざるをえない。

(67)『史話集』中の誤刻をトゥッチ氏が誤訳し、ハール氏がこれを更に曲解する例が他にもある。『史話集』がティグム・ツェンポとプデ・グンゲルの墓所について(TTG, f. 124a, l. 6)、『赤冊史』(HLD, p. 16a, l. 4)や『学者の宴』(KGG, f. 9a, l. 2)と同様に“g-ya’ dang rdza”「山頂無草岩山と泥土質地」とすべきところを“g-yang dar rdza”と誤刻したので、それをトゥッチ氏が《pitcher with lucky scarf》と誤訳した(TTK, p. 20)。その後に、「(墓地造営の)仕事の担当者をルラケーに務めさせた」(las dpon Ru la skyes kyis byas so)と続けられていたものをトゥッチ氏は《As to the inspector of the work he was Las skyes》と訳し、Ru la skyes の Ru を資格を示す助辞に理解した(TTK, p. 2)。ハール氏は《the inspector Las skyes》という形でこれを取り上げ、《pitcher with lucky scarf》と共に他にない伝承として意味ありげに扱う(YLD, p. 115)のである。

(68)　敦煌文献のティグム・ツェンポ『年代記』にも、コンポの碑文にも、ティグム・ツェンポの子は二人で、シャキ Sha khyi、ニャキ Nya khyi とされる(DTH, p. 98. ll. 9, 32, 36; p. 99, l. 6, ll. 23–24; KPI, p. 32、テキスト l. 5)。この二子説から後代の三子説が生じたことについて率直な解釈を避け(YLD, p. 155)、ハール氏が自ら立てた「三部の世界」の天、地、地下の説にあわせて、ポン教系の史料から Bya khri, Myi khri, Nya khri を求めて対応させる。史料として *’Dzam gling gangs ti se ’i dkar chag* (YLD, p. 140)を用いる。そこに「天の七座」に対応する王名として三番目に Myi khri が、五番目に Bya khri が示される。しかし、いずれも敦煌文献と較べるならば崩れた形であることが明白である。しかもハール氏はそこから無原則に三つの名を引き出して見せる。また、So khri の“so”を《underworld》と解釈するために、ハール氏は《as in term like so-kha》(p. 189)とのみ説明する。しかし、“so kha’i mkhar”(Ch. Dic., p. 913a)と“so khang”(BTD, p. 727a)は同義であって、「看視をする(国境の)家」の意味である。つまり、“so”は「看守する」意味であって「地下」の義は何処にも見られないのである。

(69)　トゥッチ氏は『史話集』の訳文中に示した“Las skyes”(注(67)参照)について、これを Ru la skyes とせず敦煌文献の Ngar la skyes であろうとしている(TTK, p. 75, n. 9)。Ru las skyes は Ru la skyes の異字と認められるが、後代においては、敦煌文献『年代記』中のガルラケーの話はほとんどこのルラケーの名で語られる。しかし、ルラケーは本論後段(九七頁以下)で見られるようにガルラケーの父親である。父ラブ・ルラケー lHa bu Ru la skyes はタク bKrags 氏の子としてリャー氏と戦って敗れ、一族は滅びる。その妾の一人が生きのびて里方に逃れ、その時“lto na bu khyer”「腹に子を宿し運んだ」。生れた子がガルラケーである。これも後段で見るが、ガルラケーは別名トン・ロムマチェとも呼ばれ、その称をもつものがタルパの王と共にシャンシュン Zhang zhung の一部を領有したとされる(一〇八頁以下参照)。敦煌文献ではガルとすべきかタルとすべきかしばしば不明である。しかし、タルの地の領有から考えると、ルラケーの妾の里がタルであって、そこに生れた子が「タルに生れたもの」タルラケー Dar la skyes、または「ダルの子」’Da’r kyi bu と呼ばれたと見るべきであろう。従って、ガルラケーではない。上記の“lto na bu khyer”はバコーのテキスト(DTH, p. 98, l. 21)では“lton bu khyer”と誤植されているが、バコーの訳文は《emportant sur son sein l’enfant》とあって正訳になっている。ただ、その主語“chung ba gchig”を

"chung ma gcig" の意味にとらず、《le plus jeune fils》と読んだために意味が通じなくなったのである(*op. cit.*, p. 125)。ハール氏はこれを更に《(He) came carring lton bu》と訳し、意味不明なものにしている。ラブ・ルラケーは、後のラブ・ゴカル lHa bu mGo gar の祖父であり、Ru la skyes はむしろ Rus la skyes「父系血族に生れたる者」の意味である。それ故に彼等一族は "Khu"「父方の叔伯父」氏と後に呼ばれた(KGG, f. 86, l. 2)。タルラケーも sPus kyi bu「プ氏の子」(一〇二頁参照)を冠して呼ばれているから、タク氏はティグム・ツェンポと同父系の親族であったとせざるをえない。彼等が「ラセー」"lha sras" と敬語で呼ばれず、「ラブ」"lha bu" と呼ばれた所以も傍系の同族であることを示しているのであろう。

(70) ハール氏は敦煌文献のティグム・ツェンポ『年代記』中の関係部分の訳を誤り(注(69)参照)、更に、タルラケーがその母から「お前の父はリャー(一族)に殺された。お前の主である(ティグム・)ツェンポはロガム・タジに殺された」と告げられた(DTH, p. 98, ll. 28-29)ところをそのとおり訳していながら(YLD, p. 404)、タルラケーがタクの子であり、父と同様ティグム・ツェンポの家来に当ることを認めないで、《Ngar-la-skyes of the Tun-huang Ms appears as the son of Gri-gum-btsan-po's widow, but the text contains no account of the circumstances connected with his birth》(p. 156)という。これに対しては「捏造」という以外に評しようがないと思われる。

(71) 『赤冊史』では、「タク氏の一人の妾から生れた」の代りに "*khrag* gi gong bu gcig byung ba las skyes pa"「血の玉が一つ生じ、そこから生れた」となってはいるが、ルレーケー Ru las skyes がティグム・ツェンポの三子を援ける(HLD, p. 16a, ll. 1-3)話になっている。『王統明示鏡』でも話は詳細になるが、趣旨は同じである(GSM, f. 25a, l. 6-f. 25b, l. 3)。

(72) 注(69)(70)参照。

(73) 敦煌文献の『年代記』では、ルラケー Ru la skyes はタク bKrags 氏の子(当時の家長)として示され、タルラケー、即ちガルラケーと伝えられるものは、タク即ち、ルラケーの妾 chung ba の子となっている。これらが変形して、注(71)で見るように khrag(←bKrags) の gong bu(←chung ba)から生じたルラケーとなる。母の身分が「血の玉」と変ったため、新たにその素姓を考えねばならなくなって、ティグム・ツェンポの妃としての地位に昇格させられたのである。また、「血の玉」の方は超自然的な出生を表わすのに転用されたのである。

(74) コンポの碑文は難解であるが、それでもハール氏の訳文がいかに当を失しているかはわかる。例えば、碑文の中頃に、

thog ma yas gshegs pa 'i tshe//mched gnyis kyi sku bla gnyan po gsol ba dang// sku bla de mo dang bshos pa 'i lha bdag bgyid kyis kyang

始めに遡った(昔の)時、御兄弟(シャキとニャキ)が(共通の)生命の神 gNyan po を祀り申し上げたので、その生命の神

を(ニャキが)結婚して分祀者にさせていただいた(こと)によっても、

とあるところを、《In the beginning when he descended from above he got the two lha sras with the two sister sku bla gnyan po gsol ba and sku bla de mo》(YLD, p. 154) と訳す。何処を何と訳してあるのかも見定めがたい。"yas gshegs" は「遡る」であり、《descende from above》は反対の訳である。"mched gnyis" はシャキ、ニャキの「二兄弟」であって《two lha sras》とは示されていない。また、これは《got》の目的語にもなれない。ハール氏の《got》は "bdag bgyid" の訳と思われる。ハール氏は "sku bla"「御霊神」の観念に理解がなく、"sku bla" としての「ニェンポ神」も知らないので、"mo" の字が末尾にあったため、女性の名と見た。しかし、実際は、"mo dang bshos pa 'i"「女と結婚しながら(分家しながら)」、"lha bdag bgyid kyis kyang"「祀り主となった(こと)によっても」と言ってコンポ王がヤルルン王家の "sku bla de"「その御霊神」、即ち「ニェンポ神」を分祀させて貰ったことをいうところが全く理解されていない。

(75) "mo" が「大」を表わす接尾辞としては "nya mo"「大魚」(Ch. Dic., p. 303a) の例があり、"che" を伴うものでは "khang mo che"「大家屋」(*op. cit.*, p. 76b) の例がある。"bo" の場合では "kha bo"「大言」(*ibid.*, p. 71b)、"po" では "lam po" (GMG. II, 102b) "lam po che" (Ch. Dic., p. 855b) の例を見る。

(76) G. Uray: "'greng, the alleged old tibetan equivalent of the ethnic name *Ch'iang*" (*AOH*, XIX, 1966, pp. 245-256) 参照。

(77) ゲシェー・チューキ・タクパは "sgreng ba po" に "'greng bar byed pa po" と訳語をつけている (Ch. Dic., p. 192b)。

(78) 南面碑文の一二、一三行目に見える (AHE, p. 16)。

(79) 例えば、"bdag rkyen byed" とは「奨励する」(Ch. Dic., p. 419a) 意味になる。即ち、「後援者の役を買って出る」の意味に由来している。

(80) "Yi dags gling" の原型 "preta puri" が "spu rgyal" の崩れた形 "spur rgyal" からの《une reconstruction scholastique》であるとR・A・スタン氏もいう (*JA*, CCXI, 1952, p.101)。しかし、"spur"「屍体」と "preta"「亡者」、"yi dags"「餓鬼」は意味上で直結しない。"yi dags preta puri bod kyi yul" と『ランデ・カータン』(HKT, f. 21b, l. 4) に見えているが、このように自分の国を卑下しなければならなかったのは次のような理由があった。後期仏教普及 (phyi dar) 期に入ると、「チベットは観音菩薩所化の地」としての観念が固定し、このことを確認する経典が引き合いに出された。それらのうちに *sPyan ras gzigs dbang phyug gi rtsa ba 'i rgyud kyi rgyal ba pad ma dra ba*(『東北目』六八一番、『北京目』三六四番) なる経があって、観音菩薩がどのような仏の出現する時、どのような形で生をとるかが述べられ、釈迦牟尼仏が娑婆世界にお生れの時代には、人間の国のうちでも特にpreta puriに生れる者として、十一面と千の支分(手)をもち御目が千三十ある相を具えた持明呪者の姿をとって現れるであろう。

という(北京版、Vol. Ba, f. 258a, l. 3)この一句に完全に拘束され、自らの国を“Yi dags gling”と呼ばざるを得なくなったのである。しかし、ここでは「亡者」の意味は失われ、生きているチベット人に対する「餓鬼」の意味で用いられている。

(81) “spur”は“ro”「屍体」の敬語であるが“shi ba”「死」、“gshin pa”「死」、“gshin po”「死者」の意味はない。

(82) ru／rus(角／骨)、ngo／ngos(面／表面)、tshe／tshes(時／日時)、rnam／rnams(類／〔複数接尾詞〕)の型に見られるように、spu／spusは(□／goodness, beauty)と考えられ、少なくとも不吉ではない意味があったものと思われる。このspusの形は、タルラケーの異名として用いられている(注(69)参照)。

第三章　各種史料に対する基本的立場

第一節　基本史料と特殊史料

敦煌文献の史料的価値一般については今更いうまでもないが、そのうちのチベット語文献について言えば、敦煌が七八六年に吐蕃に占領され[1]、八四三年にランダルマ gLang Dar ma 王の政権が崩壊する前後までの間に書きとめられ、書き写されたものと、大まかな見地から言うことが出来る。

敦煌文献のうちには二種類のものが区別される。一つは、いわゆる文書であり、同時代の記録である。他は、写本であって、経典、史書、占書のほか文書の写しなど各種のものが含まれる。本論で主として利用するものは、後者に属する史書類であって、吐蕃本土も含めた敦煌以外の土地から敦煌に持ちこまれて、そこで書写されたものである。従って、占領後、ある程度時間を経過した後、吐蕃の支配が安定してから写されたものと考えられる。[2]

しかし、それらの原本の成立は、勿論、これらに先立っている筈であるが、経典に関して言えば、訳経事業の始まった七七九年以後を考えねばならない。一般の諸伝承について、これを「人法」"mi chos" と呼ぶものに当たるとするならば、"lha chos"「宗教」と呼ばれるものの翻訳編纂に刺戟されて、この方面の編纂があったと伝えられる(KGG, f. 112a, ll. 4–5)ので、この「人法」成立の頃に我々の利用する史伝の類も編纂されたと見てもよいかも知れない。

このような仮定に立って見るならば、それらの成立は八世紀末ということになるであろう。事実、我々の扱う『編年紀』に見える年次は八世紀の七六五年頃が最後であり、『年代記』もティソン・デツェン王以後に関するものはない。

ただ、『王統表』や『宰相記』には、最後の王や宰相の名が記載されている。これは、書写の時期に補足されたものと見ることが出来る。

これらの『編年紀』『年代記』『王統表』等は、吐蕃が七六三年に長安に侵入した後の、意気軒昂とした時期を経て、いわば、「大吐蕃」を以て自ら任じていた頃、[3]或いは、その後に編纂されたという事情が忘れられてはならない。そこには、自らの矜りを傷つける記述は押えられていたであろうし、その成功は誇張して示されたであろう。このような実例は、既に、ハール氏論文の批評の際にも見たように、彼等の祖先を悠久の彼方に遡らせ、神に近い存在として述べていたことで知ることが出来る。

他方、これらの史料のあるものは、文字が成立したと考えられるティ・ソンツェン、即ち、ソンツェン・ガムポ王の頃[4]から記録によって保存されていたものをまとめ上げたものと理解できる。『編年紀』の類が記録そのものであるとは言えないまでも、それらを忠実に編纂したものと思われる。例えば、『編年紀』における六四九年以前の記録の体裁(DTH, p.14)と、六五〇年から六七二年までの記述の体裁とそれ以後(*op. cit.*, pp. 13–15)との相違、また、七一六年における記事の欠落(*ibid.*, p. 21)などを観察すると、このような印象が得られる。[5]

見方を変えると、敦煌のこれら史料は、写本であるから、当然、誤写などの問題も起ってよいわけである。例えば、今日、“Ngar la skyes”と伝えられているものが、その字体上の類似から“Dar la skyes”であったということも考えられる。[6]同じように“Nga 'i rta rdzi”が“Da 'i rta rdzi”であったかも知れないのである。[7]更に、意識的な誤写、修正ということも、場合によっては考えられる。このような例として、L・ペテック氏は、文成公主に関する『編年紀』の断片を、金城公主に関する記録の誤りであるという説を示した。[8]これは当然疑われてよいことである。しかし、この説に関しては成立を阻む条件もあるので後段に考証を試みる筈である。

『年代記』を記述した編纂者は、常に吐蕃王家、吐蕃王国の立場に立って「話し手」「書き手」となっている。その点では、今日歴史を書く者が、第三者的な立場に立つような記述の仕方をするのと異なることに注意をしなければならない。例えば本論の後段で、吐蕃王を『年代記』の作者が“lde bu”[9]と書くことのあり得ない点について触れるのは、この観点に注意して分析した結果である。

吐蕃時代における碑文は、本論ではかなり利用される。碑文は、殆ど「文書」的な直接史料としての価値をもつ。従って、敦煌文献などより史料としては評価される。ただ、内容的に特殊な事項が扱われるので、利用される面が限定される。碑文について種類をいうと、ほぼ四種になる。

一、唐蕃会盟碑のような和盟碑文

二、シュル Zhol の石柱碑、コンポの岩面碑文、シェーラカン Zhva'i lha khang 碑文のように、特定の氏族の末裔に特権を保証したもの

三、サムイェーやラマガン(カルチュン)の碑文のように仏教の信奉を誓ったもの

四、ティソン・デツェン王やティデ・ソンツェン王の業績を賞讃した碑文

等である。吐蕃王国時代に成立した史料は、以上のもの以外に存在しない。つまり、古代チベット史を考証する場合の依拠すべきものは、第一に碑文、第二に敦煌文献ということになる。

漢文史料の場合はどのように評価され、理解されねばならないであろうか。

先ず一般的に言えば、それらに見える記述は、大部分漢人による伝聞に基づくものであること、漢人が外国人として吐蕃に至って知り得たことであるという条件がある。そこには漢土と漢人の矜りを傷つける記述[10]が省かれ、自讃毀他の傾向を免れ難いことなどが考えられる。その他、固有名詞の扱い方に独得の省略形式が用いられることにも注意を要する。

本論には、『通典』、両唐書の吐蕃伝その他の列伝、『冊府元亀』『資治通鑑』が主として用いられ、その他の史料は

必要に応じて利用される。

漢文の史料が伝聞にもとづく記述であることは、敦煌文献の記述と比較するとき明瞭になる。一例として、既にハール氏の所説を批判した際に述べたが、樊尼の子孫が(西)魏の末期に統一を完成して鶻堤悉補野を称したというような誤った記事がある。また、「其《ノ》君長……有《ルモ》二小城一而不レ居《セ》、坐《シ》二大氈帳《ニ》一張《レバ》二大払廬《ヲ》一(11)」とあるのは、漢人の使節が吐蕃を訪れる時は冬期を除く時期であるため、チベット人の“dbyar sa”「夏季居住」の様式のみを観察して報告をした結果であるとみなしうる。また、はじめて吐蕃と松州に戦った結果を敗北とは認めなかったり、吐蕃に文字がないと伝えたことなども自讃毀他のあらわれと見てよいであろう。

漢文史料に見える冒頭の年次は、文中のどの事件に関して述べられているのか甚だ不明である場合が多い。これは、外国人の名称の表記方式、省略方式と共に重要で、最も慎重に扱われるべきものと思われる。これらの諸点は、敦煌文献との対照研究である程度明らかになるものと期待している。

漢文史料は勿論、その他の史料の場合もその成立の時期を重視して利用されるが、しばしば後代史料に間接的な情報を求めるということもありうる。それらは、敦煌史料との併用から有効な手段に変りうるからである。文成公主の輿入れの時期等の場合、この方法が重視される筈である。文成公主の再婚についての記述は漢文史料では抹殺されているが、敦煌史料はそれらの経緯を明らかにする手がかりを充分提供している。このような場合もあることを知らねばならない。

“gter ma”「埋蔵本」というのは、一般に、吐蕃王朝の末期、または、その途中でも、聖者達がある種の圧迫、危険を予感して未来のために聖典類を「埋蔵」したものであり、それらを、後代の“gter ston”「発掘者」が、予言、夢兆、予感などに基づいて取り出し、公刊したものとされている。これら「埋蔵本」はショクディル“shog dril”「巻紙」、ショクセル“shog ser”「黄紙」などと呼ばれ、今日の敦煌文献を思わせるが、おそらく、その種のものが古刹トゥルナン'Phrul snang（大招寺）、サムイェー、タンブクKhra 'bug（ヤルルン）などの聖域に発見された場合もあったに違いない。[12]

「発掘者」は概ねニンマパrNying ma pa（古派）に属する聖職者であったことから、吐蕃王国時代に仏教を支えた彼等の祖先が、隠匿・退蔵していたものを、その子孫が取り出し、時代の要請に合せて改作して世に示したとも考えられる。[13]「古派」には属しないが、アティーシャ Atiça も「発掘者」となり、有名な『カクルマ』*Ka bkol ma* を世に示したとされている。『カクルマ』として伝えられるものの内容は、明らかに、仏教をチベットに普及させる目的で書かれ、多くの作為が加えられている。[14]

『ルンポ・カータン』には、有名な中国仏教、印度仏教の論争に関説して、禅宗に関する紹介記事がある。[15]その原本として、敦煌の文献 Pelliot tib. 116（IMT, I, pp. 39–40）と共通のものが推測されるが、両者を比較すると、『ルンポ・カータン』の崩れ方は甚だしい。他方に、「埋蔵本」とは言われないで伝存する「古派」の書、*bSam gtan mig sgron* に同種の、より正確な形の引用が示されているのを見ると、『ルンポ・カータン』における原本の扱い方がいかなる状態であったか推測できる。[16]

同じく『ルンポ・カータン』には、各氏族毎に大臣の名が示されるところがある（BKT, f. 7b, l. 2–f. 8b, l. 2）。これらの名を敦煌文献に示されるものと比較しても、崩れた形が多く、同一を判じうる例は極めて限られる。その点では、それより後代に成立した『学者の宴』Ja章で示されるもの（KGG, f. 9a, ll. 2, 7; f. 9b, ll. 1, 2; f. 11, ll. 3, 7, f. 11b, ll. 5, 7）の方が遥かに多くの一致を見せる。

『ゲルポ・カータン』は『王統明示鏡』より古い成立らしく、後者には前者の名が引用されている（GSM, f. 103b, l. 3）が、既に、ハール氏の著書の批評に際して述べたように（四六頁）、予言の形のうちには後代の人物に言及があり、吐蕃期のものでないことは明らかである。

A・I・ヴァストリコフは『ゲルポ・カータン』等を含む『カータン・デガ』*bKa' thang lde lnga* について、その成立を一三九三年より遡らないとしている[17](THL, p. 50)。それは、五つの *thang yig* 中最後のものと思われる『ロペン・カータン』に予言の年表があって、そのうちに一三九三年に大飢饉があるとしているからだという。また、この二五年前の一三六八年に蒙古順宗の滅亡があったともされているので、ヴァストリコフはこの説をとったわけである。しかし、二五年後の飢饉については、それが現実にあったという確認が行われていないので(*op. cit.*, p. 38)、全体として[18]は一三六八年以前に遡らないとすべきであろう。

『ランデ・カータン』の奥書きには(HKT, f. 52b, l. 6–f. 53a, l. 1)、

「火のえ亥」の年(一三四七年)、オルゲンリンパ O rgyan gling pa がクンガー・ツルティム Kun dga' tshul khrims を同道して、サムイェー大寺のプツェル・セルカンリン Bu tshal gser khang gling で発見した。

とある。これを用いるとすれば、その頃から集めた史料によって『カータン・デガ』が「発掘者」によって編集されたものと見るべきであろう。

『マニ・カムブム』*Ma ni bka' 'bum* についてのヴァストリコフの意見は厳しいもので、これを歴史に関する文献とは認めていない。今、著者がここで取り上げているものはそのうちの *Chos skyong ba'i rgyal po Srong btsan sgam po'i mdzad pa rnam thar* (f. 185 a-f. 222b) のみであるが、従前通りに通称を流用して引用する。この部分については、史料としての信憑性にいささか疑義があろうとも、歴史的伝承を含むものと理解すべきで、《As a historical source, however, it is of absolutely no value and cannot be classed under historical works》という判断は (THL, p. 55) 特に示された理由がなく、過言であろう。

『カクルマ』*bKa' chems ka bkol ma*『柱下に別置されていた(ソンツェン・ガムポの)御遺言』について、ヴァスト

リコフは“bkol”を“khol”に誤訳している[19]が、他の解説は必要事項を尽している。これはアティーシャの「発掘」した「埋蔵本」とされ、三部から成るという。我々は『王統明示鏡』(GSM, f. 24a, ll. 4–5; f. 28a, l. 2; f. 28a, l. 3)や『学者の宴』における(KGG, f. 4a, l. 3, f. 6a, ll. 6, 7; f. 7a, l. 5; f. 9b, l. 7 等)言及や引用で知るのみであるが、ヴァストリコフはソ連アカデミー所属の The Institute of People of Asia に写本として所蔵されているものを、要約本であろうかとしながらも内容別の表を示している(THL, pp. 29–30)。アティーシャによる「発掘」である「埋蔵本」としても、仏教布教を目的としたものであることは引用例の殆んどから察知できる。従って、利用の際、記述と目的との間を充分考慮して観察しなければならない。

「埋蔵本」は原資料をどのように扱っているかによって、一本一本価値が異なり、部分毎に異なった評価が必要となってくる。実際問題としては、敦煌文献のようなものと矛盾しない記述を示す時に大きな価値を示すものとなるのであり、単独では利用法が限られる。

ポン教関係の史料は、まだ研究が充分でないため、積極的に用いることは出来ない。一般的にいうと、敦煌関係のものを除けば、概ね、後期仏教伝播後に確立された仏教系の所伝を基に、変形したものが多い。ただ、近代に著作された歴史書のうち、*bsTan pa'i rnam bshad dar rgyas gsal ba'i sgron ma* と *Legs bshad rin po che'i mdzod dpyod ldan dga' ba'i char* の二本[20]に敦煌本ティグム・ツェンポの『年代記』に近い記述が示されているのを見る。そこから引き出して利用できるものは、仏教やチベット史一般の通説とかなり異なっている。

敦煌文献中のポン教関係の文献もなお研究が進んでいない[21]ので、充分な利用は出来ないが、一部には敦煌文献一般の評価のもとで史料として使用しうるものもある[22]。

筆者は、ポン教関係の後代史料を用いる場合、限られた範囲のものを消極的に利用するのに留めた。いずれの史料も、ごく近代のものを除いて、いわゆる「埋蔵本」とされるものであることと、それらを発見したという人々の生存年代が他の関係史料一般のうちに確認できないので、成立の時代が明確でないという欠点があることによる。

利用した文献のあるものについてサムテン・カルメ Samten G. Karmay 氏が文献発見者の年代を示している場合もある(TGS, pp. 193-196)が、それらの年代換算の根拠となっているものは一九世紀中頃のポン教史家の年表[23]であるため問題が残るように思われる。

ポン教と吐蕃王家の関係がム dMu 部族とピャー Phyva' 部族の婚姻関係から始まっているため、この種の記述を確認する必要があり、他に、女国のダン sBrang 氏とポン教のスムパ族ラン氏 Sum pa gLang (/rLang) に関する情報を求めることもあるため、出来るだけ古いとされる史料と接触するようにつとめるであろう。

それらのうちには、既に、A・H・フランケが訳文まで示した *gZer myig* のテキストも含まれるが、利用価値の高いものとして、ポン教側の史料ではないが、ポン教系の伝承を含む『シェーズー』*bShad mdzod yid bzhin nor bu*[24]と『ラン・ポティセル』*rLangs Po ti bse ru* がある。いずれも、ポン教の伝承で"Sum pa rLang gi Gyim shod"「スムパ族ラン氏の金川」と称して言及されるその同じラン氏の王朝パクモドゥパ Phag mo gru pa による伝承である。その他では、*Bon chos dar nub g(y)i lo rgyus*[25], *g-Yung drung bon gyi rgyud 'bum*[26]を用いた。前者は写本の状態が必ずしもよくないが、*Grags byang* と呼ばれるものに擬せられるので(TGS, p. 194)注意した。

第二節　古典三史料とそれ以前の史料

後期仏教伝播以後の文献と言えば、当然、仏教徒の史家による作品であり、いずれも仏教史の一環として古代史も述べている。具体的に役に立つもので最も古いものと言えばサキャパ・タクパ・ゲルツェン Grags pa rgyal mtshan（一一四七―一二一六年）による『チベット王統記』*Bod kyi rgyal rabs* である。これに次ぐものでは、同じくサキャパ

の有名なパクパ 'Phags pa bLo gros rgyal mtshan（一二三五―一二八〇年）による『チベット王統記』*Bod kyi rgyal rabs* と『彰所知論』原典 *Shes bya rab gsal* もあるが、パクパ著作中の関係箇所は特に短く、利用の範囲も限られる。そのような点では、同派のソーナム・ツェモ bSod nams rtse mo（一一四二―一一八二年）による『仏教入門』*Chos la 'jug pa 'i sgo zhes bya ba 'i bstan bcos* の一部（CJG, f. 50a–54b）は短いが利用価値のあるものと言える。これらはすべて[27]、後に見る『王統明示鏡』と共にサキャパの系統に属する。

次に重要なものというより、利用の中心になる史料は次の三本である。

一、Bu ston Rin chen grub: *bDe bar gshegs pa 'i bstan pa rigs 'byed chos kyi 'byung gnas gsung rab rin po che 'i mdzod* (1322). このうち、デルゲ版の f. 117b–125b[28] までが古代史に関係する。いわゆる『プトゥン仏教史』である。これを *Sha lu ba 'i chos 'byung* と称して引用するのが、次に見る、

二、Tshal pa Kun dgah rdo rje: *Hu lan deb ther*.『フゥラン史』または *Deb ther dmar po*『赤冊史』（一三四六年）である。入手出来るのは新しいガントク版のみで[29]、これを用いる。その p. 8b から *rGya yig tshang* が紹介され、pp. 15a–18b に古代史が扱われる。最も利用されるのがサキャパのラマダムパ bla ma dam pa（一三一二―一三七五年）と呼ばれる人物の著作で、

三、bSod nams rgyal mtshan: *rGyal rabs rnams kyi 'byung tshul gsal ba 'i me long*. 即ち、『王統明示鏡』である。殆んどの場合に参照される。版はデルゲ版を用いる。この書物については問題があるので、多少説明を加えておきたい。

この書物はE・ハール氏によって諸伝承を妥協させた作品と評されたが、むしろ、多くの伝承を未整理のまま投げこんだ感があり、極めて興味深い情報源と考えられる。とくに、著述の行われた場所がティソン・デツェン王時代の政教の中心地サムイェー bSam yas であったということから、用いられた原史料の価値に少なからぬ期待が寄せられ

る。事実、期待を損じない場合が少なくないようである。

この書物には、著作者と著作時期について学者の間で意見の相違がある。従って、その点を不問のまま利用できない。最近、著者はこの問題を別稿で詳説した[30]。そこで、以下にその概要を伝えることにしたい。

著作年次について決定的な影響を与えた記述はトゥッチ氏によって示された(TPS, p. 141)。トゥッチ氏はB・ラウフェルの一三二八年成立説[31]を却け、『明示鏡』には『青冊史』の引用があるから、後者が著作された一四七六年以後の成立になり、『明示鏡』著作年の「土のえ辰」は一五〇八年より遡れないとした。実は、これより先、F・W・トーマスが *Tibetan literary texts* の中(TLT, I, p. 293)で『ダライ・ラマ五世年代記』を『王統明示鏡』と誤り、この判断をしていたのにトゥッチ氏は従ったのである。この誤りは *The tombs of the Tibetan kings*(p. 79, n. 47)中でも繰り返された。

トゥッチ氏の所説はその後少なからぬ数の学者に用いられ、我が国でも佐藤長氏、稲葉正就氏がこれに従った[32]。著者は昭和四一年に「古代チベット史考異[33]」のうちでその誤りを指摘しておいた。マクドナルド夫人もトゥッチ氏に従えないことを述べ(PLG, p. 55)、一三八八年か(*ibid.*, p. 71)、もしくは一四四八年(*ibid.*, p. 157)の成立でないかとした。F・W・トーマスが『ダライ・ラマ五世年代記』を『王統明示鏡』と誤ったことは既にR・A・スタン氏によって一九五九年に指摘されていた(REB, p. 173, n. 50)のであるが、同氏は『王統明示鏡』の成立時期には言及しなかった。

著者より早く一九六二年にヴァストリコフがトゥッチ氏の説を却けていた。しかし、その所説は一九七〇年の英訳版 *Tibetan historical literature* を見るまで著者には確かめられなかった。

ヴァストリコフは、トーマスの誤りによってトゥッチ説を却けたところまで著者と意見を同じくしている。しかし、このうちの誤りの指摘はスタン氏の功に帰する。ヴァストリコフの見解では、『王統明示鏡』の著者はラマダムパ・ソーナム・ゲルツェン bla ma dam pa bSod nams rgyal mtshan ではないという。即ち、「土のえ辰」の年をこの著者の生存年内に求めると、満一六歳の一三二八年になり、著作年として若きに失し、内容上からも一五世紀前半より遡りえないとして、同書が一三六八年に亡んだ元の順宗に言及していることなどを指摘している(THL, p. 73)。

ヴァストリコフは『王統明示鏡』の割注に明朝への移行が伝えられることをいうが、割注の成立時は著作時でない可能性もある。更に、一五世紀初頭に及ぶヤツェ Ya tshe の王統に言及があるという[34](*op. cit.*, p. 74)が、その考証は全く行われていない。

今、ヤツェ王の問題を見ると、『明示鏡』の示すヤツェ王統の記事と全く同様のものが『学者の宴』(KGG, f. 142b, ll. 1-2)中にあって、専らヤルルン・チョボ Yar lung jo bo の『仏教史』[35]に拠ったことが知られる。この『仏教史』はガーダク・タクパ・リンチェン mNga' bdag Grags pa rin chen の第三子ラツゥン・ツルティム・サンポ lHa btsun Tshul khrims bzang po によって書かれた(GSM, f. 103b, l. 1)。二人のうち父の方はパクパ(一二三五—一二八〇年)の随行をして元朝を訪れたとされる(*ibid.*, f. 103a, l. 4)。これによると著者ツルティム・サンポはプトゥン(一二九〇—一三六四年)と同時代またはそれ以前の人物と推定される。『プトゥン仏教史』にはヤルルン・チョボの『仏教史』からの引用はなく、『赤冊史』の割注(HLD, p. 15a, ll. 3-7)にはその引用文がある。これを調べると、ヤルルン・チョボの『仏教史』が一三三六年に書かれたことがわかる[36]。従って、ヤツェ王 Pri ti mal がそれ以前の人物であると知られ、ヴァストリコフがラマタムパ・ソーナム・ゲルツェンを『明示鏡』の著者でないとした重要な根拠が失われる。

ヴァストリコフが『明示鏡』の著者に指定した、シュカンバ・レクペー・シェーラプ gZhu khang ba Legs pa'i shes rab(THL, pp. 74-75)は、同書ラサ版[37]の "par byang" 即ち「出版者奥書き」にあるとおり、"rgyal rabs par du bzhengs pa"「『王統記』の開版」を "(b) sgrubs"「成就した」[38]その人である。ヴァストリコフは『アムド仏教史』(ACB, I, 8a, ll.2-3)が『明示鏡』の著者をラマダムパ・ソーナム・ゲルツェンとし、出版者をレクペー・シェーラプとする事実も紹介しながら(THL, p. 74)、なおかつダライ・ラマ五世の言に従って、レクペー・シェーラプを著者とし[39]、「出版者奥書き」の日付「土のえ戌」を一四七八年に換算した上で、成立の年はそれより僅か前であるとしている(*ibid.*, p. 75)。一九六六年にラサ版『王統明示鏡』を、デルゲ版も併読して校訂出版したクズネツォフ B. I. Kuznetsov 氏は、校訂本の冒頭に附した序論中にさすがにヴァストリコフ説を却けて、一四七八年をレクペー・シェーラプによる校訂の年とし、ラマダムパを著者とした。しかし著作年としての一三二八年の扱いに窮して、"legs par bsgrigs" に《begin to compile》の訳を押しつけ、完成時として一三六八年を別に推定した。[40] しかし、この句は「著述した」ことをいうものであって、クズネツォフ氏の説明は語学的に通用しない。

著者の見解は、成立年の "sa pho 'brug" を "sa pho sprel" の誤写とするものである。[41] その根拠として『明示鏡』が順宗に言及して、

トガンテムル Tho gan the mur が王位を四八年保ってなお王国に君臨しているのであるという。

として現時点を示した後、割注部分に、

この後王位がシナの大明王に奪われたと言われる(GSM, f. 12b, l. 3)。[42]

とするのをまず挙げておく。割注は著者が書いたとしても著作時でないことがわかる。上の四八年は十二支一運誤ったもので三六年である。この考え方に従えば、著作時点は一三六八年になる。

この著作時の年は他の文中にも示されている(GSM, f. 6a, ll. 1-2)。そこには仏滅後既に五〇〇〇年六期分、即ち、三〇〇〇年が過ぎ去り、「教の一五〇〇年」中の五〇〇年と二年も過ぎ、残る九九八年と「印だけを保つ時代の五〇〇〇年」を併せて仏滅後五〇〇〇年全部を尽すまでに一四九八年が残っているとあるので、[43] すべてが明らかになる。

『王統明示鏡』がサキャ派の計算によっていたならば、現時点は 3502－2133＝1369、即ち、一三六九年になるのであるが、[44] 実際はプトゥンの説を用いて仏滅年を紀元前二一三四年に設定しているので、[45] 現時点の計算は一年違いで、3502－2134＝1368 となり、一三六八年ということになる。

これによって"sa pho 'brug"が"sa pho sprel"の誤写であることが確認される。この年は一三七五年に歿したラマダムパ・ソーナム・ゲルツェンの晩年に当り、すべての問題が一挙に解決するのである。

第三節　三史料以外の後代史料

後期仏教伝播以後の史料として『プトゥン仏教史』等三作の他に何が重要かとするなら、成立年代の古さから言えば、グーロツァワ・シュンヌペル 'Gos lo tsa' ba gZhon nu dpal（一三九二―一四八一年）の『青冊史』（一四七六年）[46]を取るべきであろうが、『青冊史』の関係記事は殆んど『赤冊史』、即ち『フゥラン史』に依存し、短い記述を示すに留まる。この点は、前者を翻訳したルーリック G. N. Roerich の *The blue annals* の序文（BA, p. vi）に示されているとおりである。その意味で、本論中でもあまり用いる機会はなかった。

このあとにくるのが、ペンチェン・ソーナム・タクパ Paṇ chen bSod nams grags pa（一四七八―一五五四年）による *Deb dmar gsar ma*『新赤冊史』とも呼ばれる *rGyal rabs 'phrul gyi lde mig* であり[47]、後に見るダライ・ラマ五世の『年代記』の先駆をなす形式で書かれている。ただ、チベットの古代史部分に当るところはかなりの長さ（f. 12a, l. 3–f. 37a, l. 2）に及ぶが、一五三八年に書かれているとは言え、肝要な部分は殆んどプトゥン説に依っている（*op. cit.*, f. 12b, l. 1 参照）ように見える。

これとあまり時を距てるものではないが、有名な史書 *mKhas pa 'i dga' ston*『学者の宴』があり、出版の場所によって『ロダク（lHo brag）仏教史』の名でも知られる。著者パボ・ツクラク・テンバ dPa' bo gTsug lag 'phreng ba（一五〇四―一五六六年）はカルマパ教団で重きをなした学僧であったため[48]、後のダライ・ラマ五世はその著作を評価せず、同じくカーギューパ bKa' brgyud pa 系統に属してもペーマカルポ Padma dkar po を、同郷出身の故か殊更評価しているのが面白い。しかし、ダライ・ラマの評価の依るところは、パボ・ツクラク・テンバが多くの史料を掲げていながら、自ら真実を選択せず、読者を迷わすということにあるらしい。[49] これが今日の研究者にとって貴重なものとされる所以であるが、ダライ・ラマ五世や一般の仏教の史家による評価としては採るところでなかったのかも知れない。

『学者の宴』は一五四五年から一五六五年にわたって書かれ、"Bod kyi rgyal rab"「チベット王統史」とされるJa章を含む最初の三部は、一五四五年に書かれた。この書物に引用された典籍については、その巻末部（KGG, f. 154 b, l. 6以下）に明記され、文中の引用部分も大部分出典を掲げている点に価値がある。勿論、出典不明の部分や本文と釈文の区別が乱れている場合もあるが、そのうちの幾分かは読者の注意によって誤解を免れうるものである。

特に重要な引用はクトゥン Khu ston brTson 'grus g-yung drung（一〇一一—一〇七五年）による『大史』*Lo rgyus chen mo*、別名 *Log non chen mo*[50] とアティーシャの発掘した『カクルマ』*bKa' chems ka bkol ma*、その他に、吐蕃後期に記述が限られるが、『バシェー』*rBa bzhed* の大本、中本、原本、増補版本、[51] 今日の *rGyal po bka' thang* とは別本の *Thang yig chen mo*[52] や、*Srong btsan gyi bka' chems spyi, Mya ngan 'das chung, Gab pa mngon byung* 等、*bKa' chems kyi lo rgyus chen mo* と呼ばれるいわゆる『マニ・カムブム』[53] 中に含まれる文献である。ただ、『マニ・カムブム』と上掲三点の異同に関してはまだ確認が充分でないうらみもある。これら以外の書からの引用もあるが、本論では問題にならなかった。それよりも、出典の明らかでないものに敦煌文献などに由来するかと思われるような引用のある[54]のが注目されるところである。

『学者の宴』Ja章よりはむしろ早くに古代史部分が成立したと思われるのが、俗にいう *Ngor pa chos 'byung*[55]『ゴルパ仏教史』である。正式には *Chos byung bstan pa'i rgya mtshor 'jug pa'i gru chen* と称し、サキャパのクンチョク・ルンドゥプ dKon mchog lhun grub（一四九七—一五五七年）によって世に示されている。これは『王統明示鏡』以後のサキャパにおける伝承を知るために重要である。関係部分は吐蕃王朝時代のみをとれば(TGG, f. 116a, l. 1-f. 125a, l. 6)極めて短い。

カルマパのペーマ・カルポによる *bsTan pa'i pad ma rgyas pa'i nyin byed* は一五八一年に著わされたが、古代史部分はやはり簡略に示されている(f. 97a, l. 1-f. 104, l. 7)。肝要な部分はこれもまたプトゥン説に従っていて、二次的な利用価値しかない。

これより半世紀以上遅れることになるが、ダライ・ラマ五世ガワン・ロサン・ギャムツォ Ngag dbang blo bzang rgya mtsho(一六一七—一六八二年)による『年代記』*rDzogs ldan gzhon nu'i dga' ston dpyid kyi rgyal mo'i glu dbyangs* は一六四三年に著された。数え年二七歳の作品であり、この年はダライ・ラマ政権の成立した一六四二年の翌年に当る。

諸説を集め、自らの批判のもとで選択して綴っている。古代史部分は限られる(f. 1-f. 48b, l. 5)が、後半の各氏族史(56)の冒頭に古代史が再説される趣きもある。全体を通じて従前の諸説に見えなかった記述が挟まれている点に特徴がある。しかし、典拠は殆んど示されない。思うに、このダライ・ラマの出生の地は、古代史の中心地ヤルルンのチョンゲー 'Phyong rgyas であったから古代チベット諸王に対する関心も高く、ある種の古い史料を見る機会にも恵まれていたのかと思われる。

これらのあとに成立した『パクサム・ジュンサン』*dPag bsam ljon bzang*(57)やロントゥル・ラマ全書の *bsTan pa'i sbyin bdag byung tshul gyi ming gi grangs*(58)に見える古代史は、あるいはダライ・ラマ五世説を、あるいは大摂政サンゲー・ギャムツォ Sangs rgyas rgya mtsho(一六五三—一七〇五年)の所論などを取り合せたものであり、古代史研究に役立つ史料を豊富に提供するものではない。

『ラン・ポティセル』*rLang po ti bse ru* は『ダライ・ラマ五世年代記』中にも引用され、R・A・スタン氏の研究紹介[59]もある。これについては、ポン教文献の項でも触れたが、ラン rLang 氏の祖先(その父系系譜に属すると思われるが[60])と吐蕃王家の祖先がヤプラ・ダクドゥク Yab lha bdag drug 以前の段階で共通するという重大な事実があるため、これを重視しなければならない。ポン教史料と共通の記述[61]については、いずれが先行するか不明であるが、しばしば『ポティセル』の方が古く、具体的であるように感じられる。スタン氏は『ポティセル』がチャンチュプ・ゲルツェン Byang chub rgyal mtshan(一三〇二—一三七三年)に関する予言を含むものとみて、その成立を一三四七年または一三五二年[62]以後とした(SHE, p. 100)。また、附録部分にガクキ・ワンチュク Ngag gi dbang phyug(一四三九—一四九一年)とその子までの世系が示されていることから、この部分の成立をガクキ・ワンチュクがテル gDan sa Thel 寺の座首に在位した一四五四年から五七年頃以前としている(*loc. cit.*)。しかし、テル寺の住持として後のチャンガ・タクパ・ジュンネ spyan snga Grags pa 'byung gnas phyi ma の名があげられているので一五二四年以後と改められねばならない[63]。『ダライ・ラマ五世年代記』中の同書からの引用部分は、ダライ・ラマ五世がヤルルンのパクモドゥパの重臣チョンゲーパ 'Phyong rgyas pa 出身であるところから原史料の価値が評価され、貴重である。

『シェーズー』*bShad mdzod yid bzhin nor bu* に関するスミス E. Gene Smith 氏の紹介によると、この著作は一四五七年(もしくは一四六九年)の後しばらくして成立したものと見なされている[64](CYNC, Introduction, p. 9)。著者の名は覆面の仮名らしく、トゥンダム・マーウェー・センゲ Don dam smra ba'i seng ge「勝義を善説する者(語る獅子)」としか示されていない。内容は整合されたものでなく、前後矛盾し、誤記、誤写に類するものも多く、単独で用いて断定の根拠とするには足らない。他に見られない記述が多いだけに惜しまれるが、『ポティセル』のように氏族の伝統を述べるものでないだけに、自由に書かれているように思われる。これもパクモドゥパ系の史料であり、『ポティセル』と併せると利用価値が増すようである。

(1)　吐蕃に占領された時期を、七八一年とする藤枝晃氏説(「沙州帰義軍節度使始末(一)」『東方学報』一二—三、九四頁、注50、

「吐蕃支配期の敦煌」『東方学報』三一、二〇九頁、注7)と、七八七年とするドゥミエヴィル氏説(CL, pp. 167–177)がある。チベット史の立場からは藤枝説は成立しない(山口瑞鳳「ring lugs rBa dPal dbyangs」『平川彰博士還暦記念論集・仏教における法の研究』一九七五年、六五三頁、「吐仏年」九一—一〇頁参照)。

(2) 仏教関係の文献の翻訳は、吐蕃本土ではサムイェー寺大本堂完成時の七七九年から学者の養成が行われた(KGG, f. 103a, ll. 5–6)ので、その後間もなく始まった(*op. cit.*, f. 14b, l. 7–f. 15a, l. 1)のであろう。しかし、ムネ・ツェンポ王の歿後(七九七年以後)には仏教の一時的な停滞があったらしい(KGG, f. 127b, l. 2–f. 128a, l. 6)ので、敦煌の訳経事業が国営のものとしては八世紀中に始まったかどうかは確かでない。この混乱はセーナレク王の即位が、兄ムルク・ツェンポをさしおいて行われたものであったことに由るのかも知れない。「吐仏年」一二—一五頁、三九頁注63参照。

(3) そのような気概を示すものとして「南瞻部洲の三分の二を占領していた」という表現が好んで用いられるが、これは後代のものらしく、『年代記』(DTH, p. 115)では"chab srid mtha' bzhir bskyed"「国権を四方の果てに拡めた」とか、「この王より国権の盛大だったことは、先代までのお仕事にはなかったことである」(*ibid.* ll. 16–17)などとのみ言っている。

(4) 一般的な伝承では、文字はソンツェン・ガムポの時代にトンミ・サンボタ Thon mi sam bhoṭa なるものによって創制されたという。これを別として、敦煌文献『編年紀』六五五年の条(DTH, p. 13)に「宰相(ガル・)トンツェンがゴルティで欽定法律の文字を書いた」とあるので、この時に文字の用いられていたことがわかる。

(5) 『編年紀』の六五〇年から六七二年までの記事には、六七三年以後から記録される「議会」('dun ma)の開催地が全く示されていない。七一六年における記事の欠落は、この年における記録を留めた木簡(byang bu)が失われたためであろう。もし、口伝によるものであれば、このような事態は起らない筈である。

(6) 六二頁注(69)参照。Pelliot tib. 1286 のはじめにある『小王国表』の冒頭について、バコー等の DTH, p. 80 のテキストでは"zhang zhung ngar pa 'i rjo bo"と読んでいるがM・ラルーの CPT, p. 204 では"dar pa 'i rjo bo"と読んでいる。

(7) "da 'i"は、文成公主に関する『編年紀』中に"da re da 'i"という形で高官の称をいうのに頻出する(五八〇、五八五頁参照)。

(8) 五九二—五九五頁参照。

(9) "lde sras"は吐蕃王の称号の一つである。このうちの"sras"は"bu"の敬語であり、"lde bu"という形の語を想定することは出来る。しかし、『年代記』等の作者は、自らの支配者をこのような形で呼ぶ筈がない。事実、このような形が見られたことはない。G・ウライ氏、マクドナルド夫人がこのような形を取り上げて問題としたが、これは、バコー等の DTH, p. 115

のテキストで接尾辞の"lte bu"「〜のごとき(は)」が"lde bu"と誤読されたのに盲従した誤りである(三九七頁参照)。

(10)　吐谷渾王伏允は、世伏に嫁した隋の光化公主を世伏の歿後に妻としたらしく、伏允の長子順を『旧唐書』一九八の吐谷渾伝に至って「隋氏之甥」であると洩している。これなどは、文帝が伏允の行為を赦せないものとしていたので、史書には明示されなかったのであろう。

(11)　『通典』一九〇、辺防の吐蕃伝中にある。両唐書中にも類似の記事を見るが、『唐書』の場合は「聯《ネテ》二毳帳《ヲ》一以居《テリ》、号《ス》二大払廬《ト》一」とあり、"'phru ma"を指していうことが明らかになる。"'phru ma"は「テント群の陣営」を意味するからである。六〇頁注(59)参照。

(12)　吐蕃時代の寺院名はティソン・デツェン王が仏教を国教と宣言して臣下に信奉を誓わせた詔勅(KGG, f. 108b, l. 2-f. 110a, l. 3; TTK, pp. 95-97)やティデ・ソンツェン Khri lde srong btsan 王によるラマガン(いわゆるカルチュン)碑文(TTK, pp. 104-107; KCI, pp. 13-14)に見え、前者では本文中に示した順で名が挙げられている。

(13)　例えば、中国の禅宗系教説をそのまま示すならば、既に、摩訶衍とカマラシーラ Kamalaśīla の対決によって禅宗が異端とみなされたという伝承が確立していたため、「埋蔵本」の説(nye brgyud gter kha と称す)がそのまま示されても排斥されることは明らかであり、何らかの形で印度仏教との会通があることを説明する系譜が必要であった。このようにしてつくられた系譜を"ring brgyud bka' ma"「遠伝金口説」と称した。従って、公けにされた「埋蔵本」が改竄にあっているのは当然のことである。

(14)　『学者の宴』中に引用された『カクルマ』の文によれば、ソンツェン・ガムポ王を観音菩薩の化身とみなしてしまっている(KGG, f. 23b, l. 4-f. 24b, l. 4)。

(15)　BKT, f. 19a, l. 3-f. 27b, l. 6.

(16)　『ルンポ・カータン』の「発掘者」が、「埋蔵本」として Pelliot tib. 116 のようなものを手にしたのか、それとも、*bSam gtan mig sgron* のような形で Pelliot tib. 116 の一部を議論のうちに利用していたものを取り出したのかというと、まだ議論が尽されていないが、後者の場合を考えた方がより自然のように思われる。

(17)　しかし、この説は誤りである。既に見たように『ゲルポ・カータン』は明らかに『王統明示鏡』中で言及されており、『王統明示鏡』の成立は本文に略記し、別に示したように(「『諸王統史明示鏡』の著者と成立年」『東洋学報』六〇―一・二号、一九七八年、一―一八頁)一三六八年になるからである。

(18)　『王統明示鏡』は『ゲルポ・カータン』以外に言及していないので、他のものは一三六八年以後に公刊されたことも考えられる。

(19) "bkol" は動詞 "'gol ba" の過去形であり、未来形は "dgol" となる。イェシュケは "'gol" の自動詞としての形をその過去形 "gol" と共に記録している (J. Dic., p. 96a)。"'gol" を他動詞として「取り分ける」「別置する」の意味で登録している辞書はない。しかし、その過去形は『曲札辞典』(Ch. Dic., p. 29b) に "zur du bkar te bkol ba"「隅に分けて別置した」と示され、未来形は『蔵漢辞典』(GMG, I, p. 55b) に「分散」の訳語のもとで収録されている。

(20) 前者については注(26)参照。後者はサムテン・カルメ氏の訳注と校訂本 (TGS) がある。

(21) 最近ではR・A・スタン氏の "Du récit au rituel dans les manuscrits tibétains de Touen-houang" (*Études tibétaines*, Paris, 1971) が知られる。

(22) F・W・トーマスの AFL の場合は、それほど利用価値は認められないが、M・ラルー、FPG に用いられた Pelliot tib. 1285 の利用価値は高い。

(23) Nyi ma bstan 'dzin: *Sangs rgyas kyi bstan rtsis ngo mtshar nor bu'i 'phreng ba*, 1842 (TGS, p. 194) は、一九六一年に、bsTan 'dzin rnam rgyal によってカリンポンで増補編纂され、一九六五年ニュデリーで出版された。

(24) YLD, pp. 407–414 のテキストと *A 15th century Tibetan compendium of knowledge*, New Delhi, 1965 とによった。

(25) Oslo 32465 のマイクロフィルムによった。

(26) *Scurces for a history of Bon*, Dolanjid, 1972 に収載された一にあたる。同二二には TND を収録する。

(27) いずれのテキストも東洋文庫出版の *Sa skya pa 'i bka' 'bum*, 1968 によった。

(28) 本論ではデルゲ版 (CTCT, 345D–2560) を用い、ラサ版 (Çatapiṭaka 複製本) を参照した。オーベルミラー E. Obermiller による翻訳 *History of Buddhism*, part II, 1932 の中に対応部分が含まれるが、本論では用いなかった。

(29) 稲葉正就・佐藤長『フゥラン・テプテル』(略号表『フゥラン』) がその訳注であるが、本論では独自の訳文を用いた。

(30) 「『諸王統史明示鏡』の著者と成立年」(『東洋学報』六〇—一・二、一九七八年、一—一八頁)。

(31) B. Laufer, "Loan-words in Tibetan", *TP*, 1916, p. 413, n. 1; "Die Bru-za Sprache und die historische Stellung des Padma sambhava", *TP*, 1908, p. 39.

(32) 最近ではE・ハール氏の *The Yar lung Dynasty* でもこのトゥッチ氏説が用いられている (YLD, p. 21, no. 58)。『フゥラン』一三頁参照。

(33) 『東洋学報』四九—三、注七、四九—四、九六頁訂正文。

(34) ヤツェの前王統の Re'u smal の子と、Re'u mal の従兄弟の頃、この系統は断えた(KGG, f. 142a, l. 6–f. 142b, l. 1)が、Re'u mal は印度にも領土を拡げ(*loc. cit.*)「かねのえ戌」の年にラッサ大招寺の本堂屋根を金と銅で覆った。この後に新王統の Punye mal が同じ黄金屋根を拡大した(*op. cit.*, f. 149a, l. 2)と記されている。この Punye mal とは Puṇi mal のことと思われる。また、Pri ti mal とは Pra ti mal と同じである。

(35) ヤルルン・チョボ Yar lung jo bo とその仏教史については、佐藤長「ダルマ王の子孫について」(『東洋学報』四六―四、一九六四年、三四―七四頁)六三―六六頁に関係記事が示されている。

(36) 割注のはじめには順帝が三六年在位して滅んだことが示される。即ち、割注は一三六八年以後の成立となる。問題の引用文はこのあとにくる。そのはじめには順帝登位までの経緯が述べられ、最終部分に至って、

その後、水のと酉(一三三三)年六月八日に登位し、王位に四年まします。

と示され、それに続けて一三六八年の滅亡記事を掲げ、再び繋ぐのである。上記引用は登位した年を第一年として第四年目にあることをいうので、それが一三三六年に書かれたことになる。上記部分のみをヤルルン・チョボの『仏教史』の引用としなければ、何故このような文があるのか不明になる。チベットの史書は著作年代をこのような形で示すことが多い。本文で扱う『王統明示鏡』の場合も一つのよい参考例である。

(37) 『王統明示鏡』のラサ版は[sNel pa] dPal 'byor rgyal po を施主として、大招寺の dkon gnyer をしていた gZhu khang ba Legs pa 'i shes rab により一四七八年に開版された。ラサ版を底本にした校訂本 B. I. Kuznetsov: *Rgyal rabs gsal ba 'i me long* (*The Clear Mirror of Royal Genealogies*), Leiden, 1966. があり、冒頭に解説が示されている。

(38) 『王統明示鏡』ラサ版、f. 101a、クズネツォフ本 *rGyal rabs gsal ba 'i me long*, p. 204 参照。

(39) 著者も *kLong rdol gsung 'bum* (Chapt. Ra, f. 57a) の記述によって gZhu khang ba による *gSal ba 'i me long* の存在を知り、全く別の著作と理解して示したことがある(『東洋学報』四九―三、一九六六年、二九頁注七)。

(40) *Rgyal rabs gsal ba 'i me long* 序論、pp. VIII—IX 参照。

(41) 'brug と sprel はウメ体では e 母音記号と ra 添足字がその上下行の字の一画と誤られると、形が大層近くなる。ウメ体写本段階で起った誤写かと思われる。

(42) クズネツォフ本 *gSal ba'i me long*, p. 22 参照。

(43) 仏滅紀元の問題はマクドナルド夫人の優れた研究があり、サキャパの諸説も含めて示されている(PLG, pp. 67–69)。マクドナルド夫人はサキャパの伝統的な見解をサキャ・ペンチェン Sa skya paṇ chen に拠って示す。仏滅から一二一六年(一三一

六は誤植)まで三三四九年経過したというので、仏滅を紀元前二一三三年とする。この見解がソーナム・ツェモ bSod nams rtse mo 以来のものであり、ヴァストリコフが既にこの点を指摘しているが、その旨も n. 56 (*ibid.*, p. 121) に述べている。しかし、他方では、Sureçamati の報告として仏滅を紀元前五七四年とするラマダムパ dPal ldan bla ma dam pa の説なるものも示している (*ibid.*, p. 69)。但し、何処に由るかは検討されていない。

(44) マクドナルド夫人は一三六九年というサキャ派方式の正しい計算をしているが、『王統明示鏡』ではそのように計算していなかったのである。次注参照。

(45) ソーナム・ツェモは仏滅紀元を西紀前二一三三年としている (CJG, f. 54a, ll. 3-4; 本論七七頁参照)。即ち、唐蕃会盟の八二二年を仏滅紀元二九五五年と数えているからである。『王統明示鏡』はこれと同じ筈の Chos rje Sa skya pa (サキャ・ペンチェン)の説によるとしながら (GSM, f. 5b, l. 6) 帝師クンガ・ロドゥー Kun dga' blo gros がチベットに帰って具足戒を受けた一三二二年を実はプトゥンの計算 (PLG, p. 66; p. 117, n. 53) によって示す。それによると、一三二二年は仏滅後三四五五年を過ぎて三四五六年目であるという。つまり、仏滅第1年は、3456−1322=2134 の計算から紀元前二一三四年になり、ソーナム・ツェモの場合とは一年の誤差をもつに至る。つまり、常に一年多い数を示しているのである。従って、この場合、正しい西暦に換算するには二一三四年を差し引かねばならぬことになる。一般に西紀前における何かの紀元年を見るには、その紀元年数、即ち年序数からその時の西紀年序数を単純に差し引けばよいのである。つまりプトゥンもサキャ派にならうのであれば一三二二年について仏滅後三四五四年を過ぎて、三四五五年目にあると言わねばならなかったのである (SRD, f. 93a, ll. 1-2, ラサ版)。

(46) G・N・ルーリックは *The Blue Annals* の序文 (p. i) に《composed…between 1476 and 1478 AD》としている。しかし、文中には最後の章も含めてしばしば「現在の火のえ申の年(一四七六)まで」と書かれている (Chapt. Nya, f. 140a; Ta, f. 11a; Da, f. 12b; Pha, f. 24b; Ba, f.5a, 10a)。

(47) 本論ではデンサパ氏所蔵写本を用いたが、近年、G. Tucci: *Deb ther dmar po gsar ma, Tibetan chronicles by bSod nams grags pa*, Vol. I, Roma, 1971 が公刊されて、頗る便利になった。著者は、'Bras spungs gzims khang gong ma Paṇ chen bSod nams grags pa であるが、トゥッチ氏の写本でも名を伏せて「釈迦の僧徒にして言説をよくするものが編纂した」とのみある。この著者についてはかつて *Memoirs of the Toyo Bunko*, 27, 1969, p. 166 の略号表の項で指摘しておいたように、『黄瑠璃鏡史』七二頁 (Çatapiṭaka ed. 東洋文庫所蔵本 CTCT, no. 352A-2621, f. 66b, l. 6-f. 67a, l. 1) に明示されている。書かれた時期も文中の記述から一五三八年と知られる (『東洋学報』四九—三、二八頁注七)。

(48)　伝記はベロ・ツェワン・クンキャプ 'Be lo Tshe dbang kun khyab が、師スィトゥ・ペンチェン Si tu paṇ chen Chos kyi 'byung gnas(一七〇〇—一七七四年)の書き残した *sGrub brgyud Kar ma kam tshang brgyud pa rin po che 'i rnam par thar pa rab 'byams nar bu zla ba chu shel gyi 'phreng ba*(Delhi, 1972 複製)に続けた下巻(Vol. Na, f. 28a, l. 2–f. 32a, l. 2)に収録されている。

(49)　ダライ・ラマ五世は DSG, f. 32b 以下に、ティソン・デツェンの若い頃、中国へ使に遣わされたサンシ Sang shi がチベットに帰った時、漢人の和尚を一人連れて来たとした後、サンシの帰国後にバ・セルナン rBa gSal snang がマンユル Mang yul に派遣された(–f. 33a, l. 2)と言い、セルナンがマンユルに出発した後サンシが帰国したとする『バシェー』説が『学者の宴』の中(KGG, f. 75, l. 7–f. 78b, l. 7)に用いられているのを不当だと述べる。著者は前後の矛盾を判断せず乱説をなすものであり、これに較べると、グーロツァワの『青冊史』の方は整理されている(DSG, f. 33a, l. 3–6)とも評して露骨に敵意を示している。ところが、当の『学者の宴』では、この順序に触れないように『バシェー』を引用しているので、ダライ・ラマ五世の非難は当らない。この他にも(DSG, f. 29a, l. 6–f. 29b, l. 1)、ペンチェン・ソーナム・タクパ Paṇ chen bSod nams grags pa がソンツェン・ガムポの時に仏教が始まったとしている(DMS, f. 17b, l. 4)のを取り上げて、研究が足らない作り話であるともいう。また『学者の宴』の中にソンツェン・ガムポの予言が取り上げられ、タクポ・ゴムツル Dvags po sgom pa Tshul khrims snying po(一一一六—一一六九年)をいうものとされた(KGG, f. 60b, l. 3)のに反対して、あれはツォンカパの到来をいうものであると主張し(DSG, f. 29b, l. 2–f. 30a, l. 2)、改竄と罵っている。いかにも著作の前年にツァン王カルマ・テンキョン Karma bsTan skyong dbang po を破ったあとのことらしく、カルマパに対する党派意識が目に見えるようである。

(50)　LPT, p. 203; n. 54; p. 204 参照。

(51)　*rBa bzhed che ba*(KGG, f. 102b, l. 6; f. 103a, l. 3), *rBa bzhed 'bring po*(*ibid*., f. 102b, l. 6). *sBa*(/*rBa*)*bzhed gtsang ma*(「小」に相当すると思われる)と同 *Zhabs rtags ma*(増補版本)については CAS の序論 pp. v–vi 参照。その他、MBT, p. 17, n. 1 参照。

(52)　『タンイク・チェンモ』*Thang yig chen mo* よりの引用文は、KGG, f. 18a, ll. 1–6 にあり、GSM, f. 32a, l. 6–f. 32b, l. 4 には "Thang yig chen mo nas bsdus"、即ち、『タンイク・チェンモ』を要約したものが示されている。このうちの割注は後に補足されたものと考えられる。『学者の宴』Ja 章の方は引用形式を取っている上、韻文となっている。これに対して、成立の古い『王統明示鏡』では要約であると示す割注が入っている。従って、原型は『学者の宴』Ja 章の示すものに近く、この著者は原典を参照したのかと思われる。G・ウライ氏はこの『タンイク・チェンモ』を《*lDan ma rtse mangs rGyal po 'i dkar* chag thaṅ yig chen mo》であろうとする(NLO, p. 56)。しかし、E・ハール氏の指摘するこの書物(ITT, pp. 147–148; YLD, p. 159)は *rGyal po bka' thang* そのものであり、該当部分はこの書物には見出せない。

(53) *bKa' chems kyi lo rgyus chen mo* については、『学者の宴』(KGG, f. 17b, l. 2)中に『マニ・カムブム』Vol. E. の *rGyal po 'i mdzad pa nyi shu rtsa gcig pa* (f. 261b–286a)の内容をもってその名くの言及がある。*Chos rgyal srong btsan gyi bka' chems spyi, Mya ngan 'das chung, Gab pa mngon phyung* は、『学者の宴』(KGG, f. 154b, ll. 6–7)中に、『カクルマ』の前に並べて言及されている。*Gab pa mngon phyung* の方は『マニ・カムブム』、Vol. Waṁ の "sna tshog"「雑」中に編集されている(CTC T, p. 105)。*Mya ngan 'das chung* は同じ場所に見える *rGyal po yab yum thugs kar thim lugs* を指すものと思われるが、確かでない。

(54) 例えば、KGG, f. 4b, l. 6 以下の "rgyal phran"「小王国」表などがそれである。Pelliot tib. 1286 等を思わせる。この点に関してはR・A・スタン氏が既に注意している(TAM, p. 9, n. 25)。

(55) この『仏教史』の f. 129a 以下を補足編集したのはサンゲー・プンツォク Sangs rgyas phun tshogs(一六四九—?)であり、場所はゴル寺 Ngor dgon E waṁ chos ldan、時は一六九二年のことである。

(56) 氏族史の形式はペンチェン・ソーナム・タクパによる『新赤冊史』の構成にならっている。劉立千『続蔵史鑑』成都、一九四九に『年代記』のこの部分が抄訳されている。

(57) スムパ・ケンポ・イェシェー・ペルジョル Sum pa mkhan po Ye shes dpal 'byor(一七〇四—一七八八年)の『パクサム・ジュンサン』*dPag bsam ljon bzang* (PSJ)五召当廟本複製本が一九七五年 Çatapiṭaka 中に出版された。このうち、f. 95a, l. 6 –f. 102b, l. 2 までが古代史部分に相当する。概観するには便利な書物である。

(58) この書物はロントゥル・ラマ kLong rdol bla ma Ngag dbang blo bzang(一七一九—一八〇五年)の *gSung 'bum* 中の Chapter 'A に当るもので、チベット史一般の概説が行われている。Kun bde gling 版で f. 8b, l. 6 までに古代史が述べられている。

(59) 略号表 SHE 参照。

(60) ラン氏は、漢文史料でいう白蘭の系統と考えられるが(山口瑞鳳「白蘭と Sum pa の rLangs 氏」『東洋学報』五二—一、「東女国と白蘭」『東洋学報』五四—三参照)、その母方に〔東女国の〕ダン sBrang 氏があり、ラン氏があった。本文で考証されるように彼等はその父系として吐蕃王家と共通の dMu-Phyva 族を祖先の系図に含めている。

(61) TND, f. 26b (p. 551)は『ラン・ポティセル』p. 4a–b に由来するのであろう。

(62)　チャンチュプ・ゲルツェン Byang chub rgyal mtshan のチベット統一は一三四九年、ツァンを再征したのは一三五四年である。この点はスタン氏も先に正しく示している(SHE, P. 87)ので、一三四七、一三五二年は誤記かと思われる。

(63)『ラン・ポティセル』には附録的な文書が三つついている。一つは二一項の質問とその答え、第二はタクパ・ゲルツェン Grags pa rgyal mtshan がその父シャーキャ・リンチェン Shākya rin chen までの直系系譜を示して願文を寄せたものであり、一般に"gsol 'debs"として「本文」に添えられる形式のものである。第三は、ラン rLangs 氏の系統から始めてパクモドゥパ Phag mo gru pa のテル寺を掌握したチャンガ・タクパ・ジュンネー spyan snga Grags pa 'byung gnas(一一七五―一二五五年)を記念して、その生存年次に合せて示した「仏教史年表」(bstan rtsis)である。この年表には、一一七五年から「只今の木のと亥(一四五五)の年まで二九五年(二八〇年の誤り)すぎた」(LPS, p. 58a, l. 7)とか、一二四〇年の項の後に「それから二一六年目である」(*ibid.*, p. 59b, l. 3)と示されるので、年表が一四五五年の成立であるとわかる。これは上記タクパ・ゲルツェン(一三六四―一四三二年)の歿後になる。二一項の質問を収めた第一の附録文書の成立時期の方はR・A・スタン氏によって《jusqu'à Che gnyis(suivi de deux autres sans nombre d'annees)》とされた(SHE, p. 100)が、実はこの括弧中の二人が問題になる。今、当の附録文書(LPS, p. 54b, ll. 6-7)を見ると、第一三の質問に答え、最終部に「Zhva dmar cod paṇ can と後のチャンガ・タクパ・ジュンネー spyan snga Grags 'byung(が続く)」と示される。これは本山のテル Thel の住持を数え上げたものである。このうち紅帽派法主チュタク・イェシェー Zhva dmar Chos grags ye shes(一四五三―一五二四年)は一四九三年にこのテル寺に住持している(DMS, f. 71b, l. 4; DMST, f. 90a-b; DSG, f. 87a, l. 2; RDP, Vol. D, f. 306b. ll. 4-6)。この後、一五二四年にチュータク・イェシェーが歿して再びラン氏からテル寺の座首が選ばれた。これが「後のチャンガ・タクパ・チュンネー」である(DMS, f. 75a, ll. 2-3; DMST, f. 94b, l. 2; DSG, f. 89a, l. 1; RDP, Vol.D, f. 312a, l. 7)。従って、二一の質問を含む附録部分は一五二四年より後に成立したことにしかならないのである。

(64)　スミス氏は《Ngag-gi-dbang-phyug ascended to the abbacy in 1454 and on the death of Che sa(=Sangs-rgyas-rgyal-mtshan)》(CYNC, Introduction p. 9)という。しかし、その依拠した原文では、チャンチュプ・ゲルツェン Byang chub rgyal mtshan 以後の歴代ネウドンツェ sNe'u gdong rtse に君臨したものを取り上げているので、テル寺の座首《the abbacy》に関説したものではない。当時の事情を見ると、一四四八年にクンガー・レクパ Kun dga' legs pa がネウドンツェに王として登位すると、父のサンゲー・ゲルツェン Che sa Sangs rgyas rgyal mtshan と相談して、一四四五年に歿したタクパ・ジュンネーの子ガクキ・ワンチュク Ngag gi dbang phyug を一四五四年にテル寺の座首にした。しかし、一四五七年サンゲー・ゲルツェンが歿するとリンプンパから圧力がかかり、翌年ガクキ・ワンチュクはテル寺から逐われた。その後、クンガー・レクパの子ドルジェ・リンチェン rDo rje rin chen(Rin chen rdo rje dbang gi rgyal po、一四六七年ツェタン rTse thang 寺に住持)が歿したので一四七三年ガクキ・ワンチュクはテル寺の座首に戻った。一四八一年に至ってクンガー・レクパはグンサル dGon gsar に隠居し、ガクキ・ワンチュクがネウドンツェで王位についた(DMS, f. 67b, l. 2; f. 69a, ll. 4-5; f. 69b, l. 2; f. 68a, l. 5; f. 68 b, l. 4;f. 69b, l. 3;f. 70a, l. 4. DMST, f. 85a, l. 1-f. 88b, l. 2)。これによれば、『シェーズー』p. 176, ll. 1-2 の文(CYNC, Introduction p. 9, n. 13)は「第八代クンガー・ゲルツェン(=クンガー・レクパ)であったが、〔ドルジェ・リンチェンの死によって〕当主クンガー〔・ゲルツェン〕の血統が断えたので、タクパ・ジュンネー・ペルサンポなる方〔の〕弟(実は子)ガワン・タク(=ガクキ・ワンチュク)と呼ばれるもの〔との二人のうちの前者(=クンガー・レクパ)をグンサルに〕隠居させ(Che sar ston nas)、〔後者を〕王に任命した」と読まねばならない。従って、スミス氏のあてた一四五四年は一四八一年と改められ、この書の成立もそれ以後に考えられねばならないのである。

第四章　ヤルルン王家の祖先

チベットの伝承によると、吐蕃王家の祖先は、ソンツェン・ガムポ Srong btsan sgam po 王(五八一—六四九年)を第三一代とするものから第三三代とするものまであって、一世代を三〇年として概算すれば九〇〇年から一〇〇〇年近く遡ることになる。伝承の数えあげる数字は更にそれを上まわる(YLD, p. 132 参照)。つまり、彼等は紀元前五世紀頃からチベットの地に王家としての地位を保ってきたということになる。

このような主張は敦煌文献の『王統表』にも同様に示されている。

彼等は、七世紀の半ばに至って漸く「吐蕃」国の体裁を完成した。その中核をなした一部族にしても、ソンツェン・ガムポの父ティ・ルンツェン Khri slon mtshan 時代に至って、中央チベットの中枢であるキーシュー sKyid shod 地方に漸く進出することが出来た(1)のである。常識的な見解によれば、上記の数字は、彼等が中央チベット南部のヤルルン Yar lung 地方に一王家としての権威を維持し得た期間とするには、とても信じられる長さのものではない。

この点に関して、既に紹介したE・ハール氏の所論もあるが、その基本的な研究方法に疑問があり、当然、その結果にも賛同出来ないので、異なった角度から改めてここに取り上げて見たい。

第一節　『王統表』に見える作為

吐蕃王家の第一祖ニャクティ・ツェンポ Nyag (/Nya/gNya') khri btsan po がラリ・ギャント山 lHa ri gyang do

に降臨して、地上の人の王者となってからティグム・ツェンポ Dri gum btsan po に至るまで七代を数えたというのが、敦煌の『王統表』や比較的古い文献の伝えるところである。彼等の拠ったところは、コンポ rKong po の碑文に従えば、チンバ・タクツェ Phying ba sTag rtse であったという。[(2)] しかし、ティグム・ツェンポを別として、以前の王の墓はその地にない。ハール氏は、これを虚構の世代であったとか、水葬であったものから土葬になったためであると説明していた（四七―四八頁）。しかし、後に見る訳文からも知られるように、ティグム・ツェンポの屍体を銅の棺に入れ、河に流したのは報復のためであったから、水葬とは言えない。また、その頃、ややおくれて、ニャンロ・シャムポ Myang ro sham po の地に宿敵ロガム Lo ngam の家来を襲撃した際、多くの人々が棺に入って窒息自殺をしたというから、当時、水葬があったとは考えられない。

従って、ティグム・ツェンポ以前の六代がヤルルンのチンバ・タクツェにいたという所伝の信憑性は著しく損ねられる。彼等は墓をヤルルン以外の地、例えば、コンポなどにもっていたか、[(3)] 或いは、先の六代は極めて勢力が小さく、墓を残す程ではなかったという解釈も考えられるが、後の理由は成立しがたい。[(4)]

ティグム・ツェンポの子シャキ Sha khyi がプデ・グンゲル sPu de gung rgyal を称し、チンバ・タクツェによったということは、伝承の具体性と墓地があると示される点で事実に類するものと受け容れられる。シャキの時からソンツェン・ガムポ王までのみを現実と数えても、二〇〇年程減るに過ぎないので、なお、『王統表』への信憑性は回復されない。

ヤルルン王家に関する敦煌の文献は、ティグム・ツェンポとプデ・グンゲルの間の事情のみを詳述し、その後はタクウ・ニャシク sTag bu snya gzigs 王[(5)] に至るまで、王をめぐる伝承の類は全く欠如している。伝承の世代数で概算して約六六〇年相当の期間が全然空白のままである。この空白を突如として破り、タクウ・ニャシク王の名が現れ、続いて、ティ・ルンツェン王が「吐蕃」王国建設に向う端緒を摑むことが示されている。

しかし、このようなことがありえようか。チンバ・タクツェを含むヤルルン地方は、チベットとしては自然的環境にめぐまれた土地である。ここに拠った吐蕃王家の祖は、少なくともプデ・グンゲル以来タクウ・ニャシクまで全チベットに君臨した形跡は[6]、敦煌史料による限り全くない。いわば、一地方豪族であったとしか言えない。それがこれほど長期にわたって他部族の侵犯を受けずにこの地で安泰でありえたと考えられる理由がない。

その間の伝承が全くの中ぬけ状態であることを併せ考えるならば、一時代前の我が国の古代史に適用されていた年代論を想い出さずにはいられない。おそらく、似通った要請にもとづいた作為の事情が考えられるであろう。

敦煌出土の『編年紀』『王統表』『宰相記』『年代記』等は、『バシェー』に伝えられるように、ティソン・デツェン王がグー・ティサン・ヤプラク mGos (Khri bzang yab lhag) の進言を容れて、「人法」の編纂事業を行ったというが、その際にまとめられたものであろう。このことは前にも触れた(六六頁)が、その頃の成立であれば、当時の吐蕃は軍事国家として完成した組織をもち、その威信についての関心は通り一遍のものではなかった筈である[7]。

そのような雰囲気の中で王家の祖先を論ずれば、それを悠遠の過去に遡らせ、他の諸氏族の祖先よりも特出した位置に据えたことであろう。これは至極当然の措置であり、事実、この種の操作の跡が『王統表』のうちに歴然と見られるので、その意図の有無を今更詮議する必要はないとさえ思われる。

例えば、Pelliot tib. 1287 のティグム・ツェンポの『年代記』(DTH, p. 100, ll. 4-7)に、

sgyed po 'og gzugs na/zangs rdo bla nas phab ste rje ru gshegso/bshos na ni spu de gung rgyal/*grongs na ni grang mo gnam bse' brtsig*/ greng mgo nag gi rje/dud rngog chags kyi rkyen du gshegso'/

炉が下に据えつけられると、銅鉱石が天より降って来たので王者となったのであった[8]。〔そこで〕名を改めて〔シャキ Sha khyi は〕プデ・グンゲル〔を称し〕、住するに大館「天の一犀角」を築いた。〔このようにして、〕立てる黒頭の人の主〔となり〕、御える有鬃(馬)の飼い主としてましましたのである[9]。

とあり、このうちの第三、第四句が、P. T. 1286 の『王統表』(DTH, pp. 81-82)に混入して、

Dri gum btsan po 'i sras/spu de gung rgyal, [gnam la dri bdun/sa le legs drug] [bshos na]pu de gung rgyal [*grongs na//grang mo gnam gser brtsig//gser brtsig*]gi sras//tho lég btsan po/ (〔 〕は混入を示す)

ティグム・ツェンポの御子息、プデ・グンゲル〔「天の七座」「地の六レク」〕〔名を改めて〕プデ・グンゲル〔住するに大館「天の金("*gse*")「一角」が"*gser*"「金」に変っている)」を築いた。「金を築いた」〕の子はトレク・ツェンポ(10)。

となって、天空に突出した犀の一角のような館の名が変じて人名として扱われ、トレク・ツェンポと称する王の父親として示されている。この継承系譜は後代の伝承には姿を見せていないが、他方、「天の一犀角」という高館を築いたことも全く伝えられていない。いずれにせよ、上述の例は全くの誤入とは言え、王統の世代を一代でも古くしようとした跡であることに一点の疑惑もない(五一頁参照)。

脇道に外れるが、「炉が据えつけられると、銅鉱石が天より降って来たので、王者となった」というのは、銅器の製法を会得したものが王者となったという古い時代の慣習を伝えるものかとも思われる(11)。当時、既に銅の棺が用いられていたことは、次に見る訳文でも明らかであるから、その頃では銅の精錬法を会得したことで王者たることを得たというのではないであろう。しかし、なお王者の力を象徴する事柄と考えられたのであろう。

以上は単に吐蕃の史家によるある種の傾向を示す作為乃至は誤写の類であるが、次には、王統に盛りこまれた作為そのものを具体的に探り出してみよう。

第二節 ティグム・ツェンポとタルラケーの関係

敦煌文献のティグム・ツェンポの『年代記』には、ティグム・ツェンポ歿後、その二子のシャキとニャキとを輔け、前者を王位につけた者として「プー氏の子タルラケー」sPus kyi bu Dar la skyes の活躍が語られる。タルラケーは、ラボ・ルラケー、lHa bo Ru la skyes の遺子として、主ティグム・ツェンポの遺子達を探し出すのである。後代の伝承ではルラケーとタルラケーとが混同され、タルラケーの名残りを伝える場合[12]もこれが Dar から Ngar (sos po) と誤写されている。また、E・ハール氏の論文を批判した場所でも触れたが、後代ではルラケーをティグム・ツェンポの寡婦の子とし、ヤルラ・シャムポ Yar lha sham po から授かった子と伝えるように[13]変っている。更に、ロガム・タジ Lo ngam rta 'dzi を殺して仇を討った功もルラケーその人に帰せられるが[14]、いずれもこの『年代記』の所説とは異なっている。

このラブ・タルラケー lHa ba Dar la skyes は、勿論ルラケーの形で示されてはいるが、『学者の宴』Ja 章の中で、ハール氏も指摘するようにラブ・ムンスン lHa bu sMon gzungs と同一視される (KGG, f. 8b, ll. 1-2)。これらについては後段で詳細に触れるであろう[15]が、後者が最初の宰相であったとする点で後代の伝承は一致している。

今、これらのことを確かめるために、ティグム・ツェンポに関する『年代記』の主要部を示したい。先ず、冒頭の部分の要約を示すと次のようである。

ティグム・ツェンポが小さい時、その名をつけるに当り祖母[16]に意見を求めたところ、祖母の耳が遠くて、家来の答えを聞き違えて "Dri gum btsan po"「汚れが縮まる[17]（同音で「剣で死ぬ」の意味にもなる）王」と名づけさせた。この名がかねてから王の気がかりになっていた。王は普通の人と異なって「デの御子」"lde sras" であったため、天に行くことが出来たり、神威力を具えていたので、その慢心を押えきれず、力を競いたいと思い、父方の家来筋九氏族[18]、母方の家来筋三氏族の人々に相手になるよう求めたが、誰も出来ないと拒んだ。ロガム・タジも出来ない旨を答えたが許されなかった。そこで、やむなく条件づきで応諾した。王が所有する不思議な武器を全部下さるならばというのであった。王はそれら全部をロガムに賜わった。そこでロガム・タジはニャンロ・シャムポ Myang ro sham po の城に帰って王を待ち、王はニャンロ・シャムポに出向き、ニャンロ・テルパツェル Myang ro Thal pa tshal で戦闘が繰り拡げられた。その時、ロガムが更にお願いをした。"dbu' 'breng zang yag"[19]「頭上の限りなく長い綱」を切り、"dbu' skas steng dgu"「頭上の九段の階段」の踏み段を下に向けるようにと。これらも許された。そこでロガムは、牛(DTH, pp. 97/98)一〇〇頭の角に金の槍二〇〇本をくくりつけて、背に灰〔の袋〕を載せ、牛どもを互に争わせ、あたり一面灰かぐらを立てて、その中でツェンポと戦ったのであった。ティグム・ツェンポが〔敗れそうになると、〕デラ・グンゲル lDe bla gung rgyal[20]が王を天に引き上げようとした。ロガムは脇から猿を放って〔妨害した〕ので、デラ・グンゲルはカイラーサーの雪の中に飛んで行った[21]という。それ以下は次のように示されている。

ティグム・ツェンポはここで殺害されたのち、蓋つき銅棺[22]の中に入れられ、ツァンチュ rTsang chu[23]河の中流に投じられたのであった。河の末[24]にある黄金の巣窟にいた竜のオーデ・ペーデリンモ 'Od de Bed de ring mo[25]の腹の中に〔終に〕入ったのであった。王の二子もシャキ Sha khyi とニャキ Nya khyi[26](仇を討つ子の意味)と名づけられてコン rKong の国(＝コンポ)に逐い払われたのであった(DTH, p. 98, ll. 6-10)。

その後、〔ロガム・タジは〕、彼に屈服した(rhul を rtul と読む)リャー Rhya 氏の四人の女を娶った[27]ので、ナナム sNa nam の王(btsan ba)とション Zhong の王の二人[28]が、有の大犬[29]「忍びの高名[30]」と「賢の正吠え[31]」という、賢く('jang を 'dzang と読む)偵察能力のある二匹[32]の犬の毛に毒を塗り、〔それらを連れて、〕険難[33]の岩場の高い尾根を越え、ポラ pho la 神の兆[34]を見たところ、兆がよかったのでニャンロ・シャムポ国の真向いに乗りこんだ。そこで手段を尽くして[35]、毛に毒を塗ってあったその犬[36](da を de と読む)をターイ・タジ Da 'i rta rdzi[37](nga を da と読む)が連れて行った。そのあとで、よい犬をロガムの手が(ロガムが手ずから)愛撫したところ、〔予め〕ターイ・タジが犬の毛に塗っておいた毒が〔手に〕ついて殺されたのであった。〔このようにして〕仇が討たれたのであった(*ibid.*, ll. 6–18)。その後にタク bKrags 氏の子ラブ・ルラケー lHa bu Ru la skyes 一党とリャーの一党[38]とが互に戦ったのであった[39]。リャー氏が〔勝って〕タク氏は一族みなごろしになり、主な家臣も〔リャーに〕服属した[40]のであった。タク氏の一人の妾(後に子を生むから chung ba は chung ma と読む[41])が逃れて里方[42]の国に脱したのであった。腹に子をもって至ったのが生れたのであった(*ibid.*, ll. 18–22)。

(その)息子が膝で立つ[43]ことが出来る程〔になった頃〕から、母に対して「人は何と言われるような人[44]でも主君がいる。ならば、私の主君は誰か。人は何と言われるような人でも父がある。ならば、私の父は誰か」と言ったのであった。「私に教えて下さい」というと、母がいうに「小さいくせに大口をきくなよ。子馬はいななかない[45]ものだ。私は知らない」と答えた。すると、プーキブ・タルラケー sPus kyi bu Dar la skyes(「プー氏の子[46]、タルに生れたもの」)が口を開いて「私に教えてくれないなら死のう」と言った。そこで、母もはじめて明して、「お前の父はリャー氏が殺したのである。お前の主は賛普で、ロガム・タジに殺されて[47]、屍体は蓋をつけた銅の棺に入れられて、ツァンポ rTsang po 江の中流に投げこまれたのである。河の末端にある黄金の巣窟にいた竜のオーデ・リンモ 'O de ring mo の腹の中に入ったのである。御子の二人はシャキ、ニャキと〔それぞれ〕名づけられてコンの国に追い払われたのである」と。そこで、「プー氏の子」タルラケーが口を開いて「自分はいなくなった人の跡をたずね、〔コンポ〕チュラク chu rlag(河の水が地中に吸いこまれる場所[48])の再出口[49]を探しに行こう」と言って、立ち去っていった(*ibid.*, ll. 22–35)。

(そして、)コンの国のテナル Bre snar で御子シャキとニャキとに会った。竜のオーデ・ペーデ・リンモとも会った[50]。〔かのものに向い〕「賛普の屍体を何なりと欲しいものによって贖いたい」というと、「他の何ものもいらない。しかし、その人の目が鳥のようになっていて、〔その瞼が〕下から上に閉じるものが一人欲しい」と言った[51]ので、それからというものは、「プ氏の子」タルラケーは天の(下の)四方の果まで探したが、その目が鳥の目のように下から閉じる人とは遭えなかった。そのあげく、路銀も尽き、靴も孔があいたので、再び母の前に至って〔言った〕。「いなくなった人の跡は辿り得た、水の失せる場所の再出口も探りあてた。御子シャキ、ニャキともお会いした。竜オーデ・リンモと会った時に、〔王の〕屍体の代償に、その目が鳥の目と同じく下から上に閉じる人一人欲しいと言われたが、未だ手に入れていないので、今一度探しに行かねばならない。路銀をもたせて下さい」と、こう言って、〔路銀を貰って〕立ち去ったのであった (*ibid.*, p. 98, l. 36–p. 99, l. 10)。

彼がカンバルトゥン Gang par 'phrung の前に至った時、探し求めていた人間である鳥に似た娘が一人溝を掘っているのに出くわした[52]。その子は器量よしで若く、目は鳥の目と同じで、下から上に〔瞼が〕閉じるものであった。そこで母親に対して、「娘〔を欲しいが、そ〕の代償に何が欲しいか」と尋ねたところ、母親の言うには「他に望むことはないが、未来永劫に〔次のようにして下さればよい。〕王御夫婦の王の方に御不幸があった場合[53]〔に限り〕、その頂髪を編み、顔に朱を塗り、身体はそのままにして塗らず、王の屍体に鞭を打たせ、人々に掠奪をほしいままにさせ、食物は飲み喰いを〔思うままに〕させて下さい[54]。このように出来るかどうか」というので、そのようにしようと誓約して、確かな誓言を契った後、求めていた人である鳥の娘を連れて立ち去った (*ibid.*, ll. 10–20)。

竜オーデ・リンモの腹に王の屍体の代償として〔鳥女を〕入れて送り出したのであった。〔こうして〕ニャキとラブ〔タルラケーとの〕二人が賛普の屍体を手に入れたのであった。〔そして〕キャント Gyang to 山の御霊神 bla を頂に支える頸(の部分＝g-ya')に墓所を築いたのであった。弟のニャキが〔こうして〕父の葬儀を行ったのであった。兄のシャキは父の〔失った〕御血を取り返す(＝仇に報ずる)[55]ために出発したのであった。〔さよう、〕ニャキはコン・カルポ rKong dKar po なのである[56]。〔シャキは〕三三〇〇人の軍勢と共に出発したのであった。〔先ず〕チンバ・タクツェ Phying ba sTag rtse 城に赴いた[57]のであった。〔そこにつくと、〕「国は父たる王がましまさねば、国の外側にある牧畜用の土地は不安でざわざわの地〔となる〕。〔中の〕土地は父たる権威[58]がいなければ、土地は音もなく、[59] 屍体がごろごろ[60]〔する〕」と仰言った(*ibid*., ll. 20–28)。メンパ Men pa の数珠つなぎの峠を越えたのであった。ティン・サプ Ting srab の長い谷を越えたのであった。[61] パチュー・グンタン Ba chos gung dang を行ったのであった。〔こうして〕ニャンロ・シャムポに至ったときにロガムの一〇〇人の男たちは銅棺[62]〔に入り、そ〕の上に蓋をして自殺したのであった。ロガムの一〇〇人の女たちはランガダン sLang nga brang の峠をとびこえて逃げ去ったのであった。ニャンロ・シャムポは陥ちたのであった。立てるもの(人間)は牢に入れ、匍えるもの(家畜)は囲いのうちにとじこめて、[63] パチュー・グンタンに行ったのであった。〔そこで〕この歌を唱った。「命数が尽きて、罪あるものが凋落した。[64] 鳥のむくろの数々に槍の穂先が自ずと鈍り、兎のむくろの数々に靴のつまさきが鈍る。[65]〔屍の〕太腿を打ち、屍体を片づける。[66]〔そこには敵の屍体のみで〕オデ 'Vo de〔の屍体〕もなく、プデ sPu de〔の屍体〕もない[67]」と仰言ったのであった。〔ついで〕再びチンバ・タクツェに行かれたのであった。「国の父たる主になったのである。国はずれの牧地は不安でざわめくとのない地となり、〔中の〕土地に主たる権威があるから、音もない土地でも屍体の転っていない場所となったのである」と、この歌を唱ったのであった(*ibid*., l. 34–p. 100, l. 3)。

とあって、このあとは、前掲の「炉が下に据えられると……」の文が続いた後、この物語が終っている。

上記の梗概と訳文とから次のようなことを言いうるであろう。

ティグム・ツェンポは自らの力を過信して、後に述べるように、西側にある今日のツァン地方東部のニャンロ・シャムポの小王ロガム・タジと争い、その地を攻めて、かえってロガムの策に落ちて生命を失ったのである。その屍体は、銅の棺に入れられて今日も同名のツァンポ江に投じられ、コンポのチュラク chu rlag(「水が地中に消えるところ」)にいた竜王の腹に入った。この意味は、その屍体が、後代の伝承にあるティグム・ツェンポの妃、kLu srin mer lcam または kLu btsan mer lcam[68] の里方コンポに保存されるに至ったことを意味するのであろう。王の二児は、後代では三児に増員されるのであるが、この伝承ではすべてコンの国に逐われている。これも、母の里に身を匿まったというべきであろう。[69] オデ 'O de (/'Vo de/オーデ 'Od de) とプデ sPu de は、オデが母方を、プデが父方を表わすように思われる。即ち、klu (竜) の名がオーデ・ペーデ・リンモであったことと、ニャンロ・シャムポで勝利を得たニャキが転がる屍体の間にいながらオデ (一族) の屍体もなく、プデ (一族) の屍体もないと歌っているからである。

コンポのオーデから父の屍体を受け取る際に、先に、ハール氏が問題にしていたが、「鳥の目をもつ人間」を贖いに贈ったということの意味である。ハール氏は、《totem》とか「鳥族」という言葉を用いているが、これは、シャキ達の一族、即ち、ピャー Phyva' 族の娘を逆にオーデに送りこんで、婚姻を重ねることにより、両者の連合を一層緊密にして、シャキの新しい出発に備えたものであるかと思われる。[70] ピャー Phyva' 族の女性というのが "Bya"「鳥」と写され (phyva'/phyva/phya/bya)、「鳥人」の伝説として成立したとも解釈されうるからである。なお、後に見るようにオーデの名は既にピャー族の間で用いられている。ピャー族については後段で詳述したい。

ロガム・タジの拠った地はニャンロ・シャムポと呼ばれている。単にニャンロ Myang ro というと、後に改めて問題として登場するが、後代のツァン gTsang のルラク Ru lag と「下手シャン・シュン」Zhang zhung smad に跨がる地域を示すのであるが、ニャンロ・シャムポは、上記の事情から察してもわかるように、このニャンロとは異なっているようである。というのは、ヤルルンからその地に赴くのにあたって峠を越え、谷を渡り、パチュー・グンタンを過ぎて、間もなくニャンロ・シャムポに至るが、今日のツァンポ江を渡った形跡はなく、遠隔の地としても描かれていない。従って、ニャンロ・シャムポ (低原のニャンロ) は、後代の所伝でも言われるように、[71] 今日のツァン東部イェール g-Yas ru 「右翼」の地に求められてよいであろう。

イェールのニャンロ・シャムポは、今日のニャンチュ Nyang chu 河流域の Nyang stod, Nyang smad (UNT, f. 17a-b) のうちに考えられ、特にゲルツェ rGyal rtse の南に位するニェロルン Nye ro lung [72] がニャンロ・シャムポのニャンロに由来する名かと思われる。

この物語のうちに Men pa 'phreng ba 'i la, Ting rab rong rings, sLang nga brang la などの峠や谷の名も見えるが、今は求むべくもない。ただ、パチュー・グンタンに似たものとして Pelliot tib. 1285(表、l. 161)にタムシュル・グンタン gTam shul gung dang の地名が示される。後代ではクンタン Gung thang の形でラサ南のツェル・グンタン Tshal gung thang、ツァン地方ルラクのニェラム Nye lam のクンタンなどもあるが、敦煌文献では、パチュー・グンタンの他には、上記のタムシュル・グンタンの名が僅かに見られる。タムシュルのことは、ケンツェの『聖地案内』におけるL・ペテック氏の注(KTG, p. 135, n. 351)で言及されているが、『中華民国地図集』II(E三頁)中に見える大姆蕭爾である。この近くにクンタンの地名があったとすれば、今日のニェロルン方面へヤルルンから赴く際に通過した地点と考えられる。

また、この地域はヤルルンにとって西南の防衛線であったとも見られ、単なる通過点ではなく、双方にとって前進基地としての意味をもっていたため、二回にわたってその名が示されたものと思われる。

ロガム・タジは勝利を収めるとリャー氏を服属させた。リャー氏は元来ティグム・ツェンポに支配されていたのであろう。その変化を憤激したためか、それとも実際は勢をえたロガムにその西側勢力が対立したためか確かでないが、ナナム sNa nams 王(btsan ba)とション Zhong 王(rgyal)の二人が犬を用いて犬好きのロガムを毒殺したので、一応ティグム・ツェンポの仇は討たれたのである。不思議なことに後代の所伝にこの点が全く伝わっていない[73]。ナナム氏は吐蕃時代の末期にティソン・デツェン王の母方となる家であり、ションは、Pelliot tib. 1285(表 ll. 21-22)に見えるが、ナナム氏との関係はうかがわれない。後代の『学者の宴』Ja章には、多分ティソン・デッェン王時代の領域を示したと思われるが、「Brad と Zhong pa はナナム氏の国とされた(KGG, f. 19b, l. 4)と示されている。これを参考にすればションはナナムと境を接していたか、統合されたものであろう。その名は『通典』一九〇に見える「章求抜」を思わせる。

次に、リャー氏は、ティグム・ツェンポ歿後にロガムと結んで事なきを得たのであるが、これを快く思わなかったタク bKrags 氏と互に争う(du 'thabs)のである。タク氏については後代に所伝がない。ただ、ポン教系の伝承で「タク Khrag の子」として、[74]〔ラブ・〕ルラケー〔lHa bu〕Ru la skyes の名が見えている。これは、後代の伝承では一般にその子タルラケー Dar la skyes と混同されている。ここに見える「ラブ」lHa bu「神の子」という呼び方に注意したい。この称は後代の所伝にも見えているが、ヤルルンの王家が自らを「ラセー」lHa sras「神の御子」と称しているのに較べると一つの解釈が生れる。即ち、そこに敬語「セー」sras が用いられていないからヤルルン王家の本家そのものを示すのでない。しかし、同族であって臣籍をもつものと理解される。とすれば、「ルラケー」Ru la skyes の称は、後代の所伝でいうような荒唐無稽な由来[75]によるのでなく、ヤルルン王家と同じ父系血族"ru/rus"の家系に生をうけた[76]という意味の命名であり、後代の『学者の宴』に「王が父方の叔伯父として敬ったので『ク』Khu 氏(rus)と名づけられた」と示される(KGG, f. 8b, l. 2)のはむしろ誤りで、本来"khu bo"「父方叔伯父」であったためにク氏と呼ばれたと見るべきであろう。

このタク氏がリャー氏によって滅ぼされると、ルラケー(「父系血族に生れたもの」)の一人の妾が里方に逃れた。その時、腹に子をもって里に至ったが、それが生れた。この部分をバコーのテキストは"lton bu khyer te"と誤植しているが、訳文では正しく示している(DTH, p. 125, n. 5)。但し、「妾」を「末子」と読んでいるのは誤りである。

生れた子は、勿論「ラブ」(「神の子」)であり、ク氏になる。名づけて"sPus kyi bu"「プー氏の子」と呼んだ。"sPus"は"sPu"の異字であることに問題はない。つまり、ヤルルン王家と同じプ氏である。"Ngar la skyes"というのは、後述のように"Dar la skyes"の誤りであり、母の里方がシャンシュンのタルパ Dar pa、またはタルマ Dar ma であったために、「タルに生れたもの」と俗に呼ばれたのである。後代の僅かな伝承のうちでも"Dar"は"Ngar"として

誤り伝えられている。(77)

八・九世紀の敦煌にあった絲綿部落は、タルペーデ Dar pa'i sde と呼ばれていたが、シャンシュン・タルパとの関係は確認されていない。(78) このシャンシュン・タルパ、または、タルマの主君はリク・ニャシュル Lig sNya shur と号した(DTH, p. 80, l. 4)。タルパはリク・ニャシュルばかりではなく、ヤルルン王家そのものとも深い関連があったらしい。その墳墓の地が、ヤルルンのチンユル Phying yul にあってもタルパタン Dar pa thang と名づけられているることから推測できる。(79) 更に、タルパの王リク・ニャシュルの大臣として示されるキュンポ Khyung po 氏はティ・ルンツェン王以来の大臣キュンポ・プンセー・スツェ Khyung po Pung sad zu tse を出しているばかりでなく、他の一人トン・ロムマツェの sTong Lom ma tse の名も、後に詳述するように他ならぬラブ・タルラケー以来その末裔が唱えた称号と考えられ、これらがヤルルン王家とタルパとの関係を暗示している。

上記の物語から見れば、タルラケーの母を、ティグム・ツェンポの残した妻妾の一人とした上、ヤルラ・シャムポ Yar lha sham po の子を宿したものとしたり、ルラケーとタルラケーの親子の関係を見おとして同一人とみなし、ルラケーによるロガムへの報復殺害をいうのは、すべて後代成立の伝承(80)であり、今一人のチャティ Bya khri という兄弟がいて、プデ・グンゲルになったとする伝承も後代の成立であることがわかる。(81) この点は、続いて見るように、コンポ rKong po 碑文によっても確かめられる。

コンポの碑文については、既に、H・E・リチャードスン氏による二回にわたるテキストの校訂と研究(NIR, 1954; KPI, 1972)がある。今、新しい方のテキスト(KPI, p. 32)により関係部分の訳を以下に示したい(漢数字は行数を示す)。

一、神賛普ティソン・デツェンとデソン御父子の御代において

二、コン・カルポ rKong dKar po に御約束賜わったことは、

三、「〔コン〕カルポ・マンポジェ dKar po mang po rje と〔その〕大臣ラ lHa の二人(82)が奏上していうに『昔、ピ

ャ・ヤプラ・ダクドゥク[83] Phyva Ya bla bdag drug の御子のうちから

四、ニャティ・ツェンポ Nya khri btsan po が人の国の主としてラリギャント山 lha ri gyang do にお下りになって以来ティグム・ツェンポまで御世代七代の間、チンバ・タク

五、ツェ Phying ba sTag rtse に代々お住みになり、ティグム・ツェンポの長子ニャキ Nya khyi と弟シャキ Sha khyi の二人のうちの弟シャキがラ・ツェンポに、兄ニャキが

六、コンの国にお住みになった。即ち、兄〔コン〕カルポは、はじめに遡った時[84]……

このように兄弟の関係は『年代記』の記述と逆転して[85]はいるが、王子は二人であり、一方がヤルルン王に、他方が後にコンポ王になり、コン・カルポを称したのである。その前にこの王子二人を、先述の傍系同族のタルラケーがコンの国まで訪ね、ティグム・ツェンポの屍体を保存していたオデの一族、先に歿した賛普の妃の里方とも、ヤルルン王家の後見者とも思われる一族と共にシャキによる復権を相談し、その全面的な援助を要請したものと解釈される。

ここでハール氏のように父系相続制に移行した（四〇—四一頁）とは言えない。父権相続制のピャ部族が、オデの一族にピャー部族のしかるべき娘を送りこんで、両族の連帯をかため、前者の完全な後援のもとにヤルルンを回復しようとこころみた。即ち、ティグム・ツェンポ敗北以前の権威を復活するために、既に亡きロガムの所領ニャンロ・シャムポを襲い、これを陥れ、実力を示したと解しうるのである。

以上の事業は、いうまでもなく、タルラケーその人の働きによってしかあり得なかった。この物語はまさにそのような含みのもとで述べられているのである。

後代の史料では、タルラケーをその父ルラケー、ルレケー（Ru las skyes）と混同しながらも、ヤルルン王家の最初の宰相とみなす。この点は先にも触れた（四九、九五頁）とおりである。『王統明示鏡』では、

この王が王位につくと、宰相はルラケーがつとめたのである（GSM, f. 25b, l. 4）。

とするに留まるが、『ルンポ・カータン』には、

> 先ず、宰相として最初のものはライ・ムンスク lHa yi smon gzugs であり、〔ヤルラ〕シャムポの御子である。その御子にライ・ウーカル lHa yi 'od dkar〔なる御子〕が現れた(BKT, 7b, ll. 3-4)。

とする。ここでヤルラ・シャムポの〔申し〕子とする身分は、『王統明示鏡』(f. 25a, ll. 5-6)がルラケーについて述べている身分と同じである。

『学者の宴』Ja 章では次のように示す。

> 王〔シャキ〕が〔言った〕「すぐれた男、ルラケーよ、お前が私の父の代りをつとめて〔私を〕王位につけ、〔また我々〕御子の代りをつとめて御父の仇を報じた。大小の別なくすべての人々がお前に願を託している」〔と。〕名も〔それ故〕おじラブ・ムンスン lHa bu sMon gzung[86](「神子願を支えるもの」)と名づけ、大いに恩に報じた。(王が〔父方叔〕伯父として敬ったのでク Khu(父方叔伯父の意味)氏と名づけられたという。) チベットの賢明な七人の不思議の大臣の最初となったのがこのルラケーである(KGG, f. 8b, ll. 1-2)。

また、イショレク I sho legs 王の大臣としてラブ・ゴカル lHa bu mGo dkar に触れ、

> その大臣はラブ・ゴカルと言われる、〔父方の〕おじのルラケーの子がつとめた(KGG, f. 9a, ll. 2-3)。

と示す。『ゲルポ・カータン』は『王統明示鏡』の中に利用されている(GSM, f. 103b, l. 3)わけであるが、そこには、

> 王プデ・グンゲルの御代に、御父、御子の代りをおつとめになったラブ・ムンスム lHa bu sMon gsum の(時)に官職としての zhang blon[87](高級官吏)等が彼から生じた(GKT, f. 19b, ll. 5-6)。

とあるのを見る。"gong mdzad" は "go mdzad"[88] の崩れた形であり、"go bgyi" の敬語であって、「(御父、御子の)代りをする」意味である。同じ趣旨は上記『学者の宴』の引用文中にも見られた。

ルラケーが大臣をはじめてつとめたことは『新赤冊史』(DMS, f. 13a, l. 5; DMST, f. 16a, l. 1)にも見える一方、ダラ

イ・ラマ五世の『年代記』(f. 12a, l. 1)にも、

ルラケーとその御子ラブ・ゴカル lHa bu mGo dkar にしてこの二人の大臣の時

と簡略に示されている。

以上を綜合すると、はじめての大臣は、

Ru la skyes=lHa 'i smon gzugs=Ru las skyes=lHa bu sMon gzung=lHa bu sMon gsum

となり、更に、ルラケー Ru la skyes、ルレーケー Ru las skyes が、ティグム・ツェンポ『年代記』にいうタルラケーその人に相当することから、Dar la skyes=lHa 'i smon gzugs=lHa bu sMon gzung=lHa bu sMon gsum としなければならなくなる。

その子については次のように確認される。

lHa 'i 'od dkar=lHa bu mGo dkar

第三節　プデ・グンゲルとトンタンジェ

敦煌文献のうちに『宰相記』ともいうべきものがあり、A・マクドナルド夫人は "blon rabs" と呼んでいる[89]。この一篇の冒頭に次のように示されている。

王デトゥボ・ナムシュンツェン lDe pru bo gnam gzhung rtsan の御代以後、宰相をつとめた歴代について〔いうと〕、昔、最初にダル 'Da 'r(≒Dar) の子トンタンジェ sTong dang rje がつとめた。賢明にして勇気があったのであり、忠誠心も強かったのであった。その後ゲク rNgegs 氏のドゥーキジェ Dud kyi rje がつとめた。勇にして賢であった。その後、ク Khu 氏のラボ・ゴカル lHa bo mGo gar がつとめた。敵に対しては勇気があり、情を

知り、眼光が鋭かった(DTH, p. 100, ll. 9–15)。

これは、デトゥボ・ナムシュンツェン以後の歴代の大臣の事を述べたもので、まさに“blon rabs”『宰相歴代記』である。その初代にはダルの子トンタンジェが挙げられている。これはまだ知られない名である。しかし、第三代を見ると、ク氏のラボ・ゴカル lHa bo mGo gar の名があり、先に見たラブ・ゴカル lHa bu mGo dkar の名に酷似している。二つの綴りは、まさしく、一方が他方の異体字である。後者を『学者の宴』(KGG, f. 8a, l. 2)ではイショレクの宰相としていたが、イショレクは、同じ『学者の宴』の中では、プデ・グンゲルの次の王であり、デトゥボ・ナムシュンツェンに相当する同書中のトゥル・ナムシュンツェンデ 'Phrul nam gzhung btsan lde の方がイショレクより七代も後になって年代的に逆転してしまう。これは『学者の宴』の引用記事中に誤りがあるからと見るべきであろう。

ク・ラボ・ゴカル Khu lHa bo mGo gar 即ち、ヤルルン王家の父方のおじの家系ク氏のラブ・ゴカル lHa bu mGo dkar その人にとっての父は、『宰相記』に記録されていないのであろうか。そこには lHa bu sMon gzugs, lHa bu sMon gzung, lHa bu sMon gsum の名は見えない。Ru la skyes, Ru las skyes の形ではある筈がないから sPus kyi bu「プー氏の子」、“Dar la skyes”「タルに生れたるもの」の名を求めるべきであろう。『宰相記』では、デトゥボ・ナムシュンツェン時代以後と断わってはあるが、最初に宰相となったのが他ならぬ「ダール 'Da' r (=Dar) の子、トンタンジェ」であるとされる。これは、タルラケー、つまり、「タルに生れたるもの」を別の言い方で示したものであると疑われよう。もし、そのように取れば、ラボ・ゴカルの父として、最初の宰相をつとめたという先に見た指摘と符合する。この点を以下に検討しなければならない。

“Catalogue des principauté du Tibet ancien”(『小王国のカタログ』CPT)は各種敦煌文献中の小王国一覧表を挙げているが、そこには“chab gyi ya bgo”「大河の源」であるシャンシュン Zhang zhung について、Pelliot tib. 1286 (DTH, p. 80, ll. 4–5)と同 1290 を用い、その主として、

Dar pa 'i rjo bo Lig sNya shur (PT, 1286)
Dar ma 'i rje bo Lag sNya shur (PT, 1290)

を示し、その大臣として、

Khyung po Ra sangs rje
sTong Lom ma tse] (PT, 1286)

Khyung po Ra sangs rje
sTong Lam rma rtse] (PT, 1290)

に言及している。このうちのキュンポ Khyung po 氏については後段で詳細にとりあげることにして[90]、他の一つの名称を中心に述べてみたい。

リク・ニャシュル Lig sNya shur の称号は『編年紀』六四三年相当の項に見え、リク・ミリャ Lig Myi rhya との異同が問題になるが、これも後段の処理にまかせ[91]、この王がタルパ Dar pa またはタルマ Dar ma の主君として示されていることに注目したい。

『ザムリン・ゲーシェー』によると(DGS, f. 61a)、「ガリのラダック mNga' ris La dvags の東[92]にはダルパ 'Dar pa という sde(集落)があり、その東にあるクゲ Gu ge の土地に……」としてトディン mTho lding の所在をいう。従って、少なくとも近代では、ラダックとクゲとの間にダルパ 'Dar ba(またはタルパ Dar pa)があったとすべきであろう[93]。タルラケーの母が身を寄せた里もこの辺にあったといえよう。

次に、敦煌文献中にキュンポ氏と共に大臣として言及されるトン・ロムマツェ sTong lom ma tse の名も、勿論、称号であって、個人の名をいうのではないと考えられるが[94]、デトゥボ・ナムシュンツェン以後の最初の宰相、ダール 'Da 'r (='Dar/Dar) の子、トンタンジェ sTong dang rje と同じくトン sTong を冠して呼ばれている。比較される方のトンタンジェの“dang rje”は“drang rje”に由来し、もっと古い形では“brang tshe ’u(/tse ’u)”などとも示され、「大酋」の意味であったと考えられる。[95] トンsTongは後に問題になる部族名であり、sTong dang rjeはその「大酋」の称と言えよう。sTong Lom ma rtse(/tse)の“rtse/tse”も、“brang tshe ’u”の“tshe ’u”の場合と同じく、“rje”と同義であり、[96] 今日では「頂上」の意味を示すのに用いられる。

Lom ma tse(/Lam rma rtse)の場合に、この称号の由来を求めると、意外なところに辿りつく。『小王国のカタログ』の記述を調べてみると、実に、ニャンロ・シャムポの国主が、

Long ma byi brom cha (PT, 1286, 1287)

Long ngam rje tang ngam cha byi brom dkar po (PT, 1060)

の称号で呼ばれているのを知るからである。

ニャンロ・シャムポの主がLong ngam rje[97]と呼ばれることに不思議はない。ニャンロ・シャムポの主がLo ngam rta rdziと称していたのが既に知られているからである。しかし、大切なのは、これら、

Long ma byi brom cha

Long ngam rje

Lo ngam rta rdzi

と、その前にシャンシュンの大臣の称として見た、

Lom ma tse

Lam rma rtse

のそれぞれの前部二語が、形は異なるが、同じものを指すと考えられることである。その型を整理すると、

Long ma /Lom ma /Lam rma

Lo ngam /Long ngam

の二系列の変化が出来る。チベット文字で書くと、

Long ma：ལོང་མ་

Lo ngam：ལོ་ངམ་

は"tsheg"「肩点」の位置によって区別されるのに過ぎない。いずれかの一方から他方に転じたものと考えられるべきであろう。

Long ngam と併記される Tang ngam という形のあることからいうと、Long ngam の形も、Long ma と共に誤記ではなく、

Long ma→*Long m→*Long 'm→*Long am→Lo ngam→Long ngam[98]

と転訛したのかも知れない。他方の変化は、

Long ma→Lom ma

となって、接尾辞の鼻音に前の語の後接字の鼻音が同化したものと理解される。

以上のように考えるなら、sTong の Lom ma tse/Lam rma rtse の称号は、ニャンロ・シャムポの小王号に由来していることがわかる。即ち、「トンの大酋」がニャンロ・シャムポを領有することによってこの称号 sTong Lom ma tseを得たのではないかと推測される[99]のである。

先にティグム・ツェンポの『年代記』のうちにタルラケーがシャキ、ニャキの二兄弟を輔けて、シャキを王位につかせたことと、後代の伝承によって、彼が最初の宰相になったことを見た。タルラケーは、シャキが父の仇を報ずるため、ニャンロ・シャムポを攻め、ロガム・タジの一族を制圧した時、後代の所伝にいうように(一〇五頁参照)おそらく従軍して大功をたてたのであり、そういう含みで『年代記』が書かれているのであろう。いずれにせよ、ニャン

ロ・シャムポを掌握した後、プデ・グンゲルを称したシャキはニャンロ・シャムポの領有をタルラケーに許して、創興の大功に酬いたものと思われる。(100)

このことは、勿論、具体的に記されていない。しかし、タルパの王とともに大臣として挙げられる sTong *Lom ma tse* の称号が、ニャンロ・シャムポの領主のそれと同じであり、しかも、今、ラボ・ゴカルのすぐ二代前の宰相の名が「*'Da'r* の子、*sTong* タンジェ」であると『宰相記』に示されているので、"Dar" と "sTong" との結びつき、及びゴカルの父がダルラケーに当たることを通じて、この第一代宰相は、まずタルラケーに、ついでトン・ロムマツェに結びつく。つまり、次の等式が成立するのである。

'Da'r gyi bu sTong dang rje=sPus kyi bu Dar la skyes=第一代 sTong Lom ma tse.

上の等式に従えば、「ダルの子」トン・タンジェはク氏の lHa bo (/bu) mgo gar (dkar) の父であり、後代の伝承でいうところの lHa 'i smon gzugs, lHa bu sMon gzung, lHa bu sMon gsum のことになる。

『宰相記』がク・ラボ・ゴカルをデトゥボ・ナムシュンツェン以後の宰相として、その第三代に数えていることから、ラブ・ゴカルをイショレクの宰相とする『学者の宴』Ja 章の記述に重大な時代錯誤のあることを既に指摘した。今、プデ・グンゲルの最初の宰相、タルラケー、即ち、「ダルの子」トンタンジェがデトゥボ・ナムシュンツェン以後の、しかも最も初めの宰相だと『宰相記』に明示されていることになるので、ここでも重大な矛盾を見ることになったのである。

結論からいうと、デトゥボ・ナムシュンツェンとはプデ・グンゲルを自ら称したシャキの「美称」、または別称であると解釈しない限り、この問題に解決は齎らされない。「デ lDe の化現せるもの(101)(pru bo/'phrul bo)天の御中の王」という称号は、もはや「デの御子」ではなくなったが、父のあとを再興したプデ・グンゲルをたたえて称するのにはふさわしい名かと思われる。

王　統　表	王　統　記	ゲルポ・カータン
Tho legs	Ngo legs	Sho legs
Sho legs	rGyu legs	Li sho legs
Go ru legs	Sho legs	'Brong bzhi legs
'Brong zhi legs	'Bro zhing legs	Thi sho legs
Thi sho legs	I sho legs	Gu rum legs
I sho legs	Zi gnam zi legs	Za nam legs
プトゥン仏教史	**赤　冊　史**	**明　示　鏡**
A sho legs	I sho legs	A sho legs
I sho legs	De sho legs	De sho legs
De sho legs	Thi sho legs	Thi sho legs
Gu ru legs	Gu ru legs	Gu ru legs
'Brong rje legs	'Brom zhe legs	'Brong zher legs
Tho sho legs	I sho legs	I sho legs
マニ・カムブム	**学者の宴**	**新赤冊史**
I sho legs	I sho legs	A sho legs
Do sho legs	De sho legs	I sho legs
Thi sho legs	Thi sho legs	Do sho legs*
Gu ru legs	Gong ru legs	Gu rub legs
'Brom shor legs	'Brong gzher legs	'Brom rje legs
Sher legs	Sho legs	Tho sho legs**
ゴルパ仏教史	**五世年代記**	**ラダック王統史**
Nges legs	E sho legs	A sho legs
Go rub legs	De sho legs	I sho legs
Sho legs	Thi sho legs	De sho legs
'Brong zhing legs	Gu ru legs	Gu ru legs
I sho legs	'Brong zhi legs	'Brong rje legs
gNam zi legs	I sho legs	Thong sho legs

*=De sho legs(DMST, f. 16a, l. 6),
**=Thong sho legs(*op. cit.*, f. 16a, l. 6).

この結論による限り、プデ・グンゲルと後のデトゥボ・ナムシュンツェンの間に介在する諸王の名は、他から混入したものであると考えねばならない。二つの名の間に、いわゆる「六人のレク」が介在するばかりか「八人のデ」の冒頭に数えこまれたZva gnam zin teも含まれる。この方はやや異なるので別に説明されるべきかと思われる。

「六人のレク」について敦煌文献と後代の基本的な諸伝承を較べる場合、どのような特徴があるかを以下に考察して見よう。なお、「六人のレク」が後代の挿入であると考える点では、E・ハール氏も同様の見解を示すが、著者のように、プデ・グンゲルとデトゥボ・ナムシュンツェンとが同一人であるから、その間に挾まれる「六人のレク」等を混入であるというのではない。E・ハール氏の見解は既に見たようにその五・六章に示されるが、葬礼が水葬であったから別の王名の混入であるとするのである。しかし、水葬の事実は確認されない。

今、「六人のレク」の名の比較表を示すと前頁のようである。(102)

前頁の表を比較して見ると、明らかに一つが他にならったと思われるものがある。また、非常に形の接近しているものもある。後者の例では、『赤冊史』と『王統明示鏡』が挙げられる。この二つの中をとって、第一にI sho legsとA sho legsとあるものをE sho legsにしたのが『ダライ・ラマ五世年代記』である。

『学者の宴』と『マニ・カムブム』が似ている他、『新赤冊史』と『ラダック王統史』がプトゥンに従うのを見る。従って、「六人のレク」の型としては、『王統表』、タクパ・ゲルツェンの『王統記』、『ゲルポ・カータン』『プトゥン仏教史』『赤冊史』『マニ・カムブム』『ゴルパ仏教史』の七つが区別される。それらの相互にある王名は、それぞれ一致するか酷似するのであるが、王名の順序に関して見る限りでは基準がなく、一番古い『王統表』を基にして見ると、元来、順序のない六つの名があって、異なった伝承経路を経た結果、上記の型になったとしか考えられない。

とすれば、これは、ハール氏のいうような他の王統の系譜が混入したのではないと考えられる。王統の系譜に由来する限りでは、いささかであろうとも順序に傾向が確かめられる筈であるが、それがないからである。

「六人のレク」は、ヤルルン王と何らかの関係ありとされたもの[103]から、王家の先祖を古くに遡らせるために、「天の一角館を築く」Grang mo gNam bse' brtsigs とあったものを王名に数えた時のように、既に見たような一王のもつ二つの称号の中間に挿入されたものであろう。ただ、「六人のレク」が何に由来するのか不明である。最も古い敦煌文献『王統表』では、"lDeng gcig" と称してプデ・グンゲルを特に示すことなく、ティグム・ツェンポを「天の七座」に含めて "gnam la dri bdun/sa le legs drug"「天の七座、地の六レク」と称している。このような「天、地」の対応は、常識的にはむしろ、「王・臣」の関係を示す場合と考えられてよいのである。「地の六レク」とは、「地上で天神に服属した六小王」の意味ではなかったかと思われる。確証を挙げることは困難であるが、『王統表』は、ニャクティ・ツェンポ Nyag khri btsan po に服属したものとして "Bod ka g-yag drug" の称を挙げる。これと類似する表現に "Yab 'bangs rus drug"「父方六臣族」というのが[104]、後代の伝承中に見える。或いはこれらとの関連も考えられてよいであろう。

サナム・ジンテ Zva gnam zin te はデトゥボ・ナムシュンツェンの直前に示されて、「六人のレク」には含まれていない。従って、デトゥボ・ナムシュンツェンの父、即ち、プデ・グンゲルの父であるティグム・ツェンポに比定されるべきかとも思われるが、別の考え方もある。

この名はサキャパのタクパ・ゲルツェンの『王統記』、『ゲルポ・カータン』『ゴルパ仏教史』などの中では「六人のレク」の末尾に数えられて "Zi gnam zi legs" "Za gnam legs" "gNam zi legs" と "legs" を伴って示される。しかし、敦煌の『王統表』に見える "Zva gnam zin te" と同じ起源に由来することは明らかである。特に、タクパ・ゲルツェンが最も近い形を示していることも重要である。

この見解をおし進めていうと、『王統表』の "Zva gnam zin te" の最後にくる "te" は「接続辞」の "ste, te, de" の一つであって、文末に加えられて、デトゥボ・ナムシュンツェンを修飾する補助文節を構成したものと考えられる。

これが誤解され、祖先を遡らせるのに利用されたのである。プデ・グンゲルを讃えて、lDe pru bo gnam gzhung rtsan「デの化現者天の御中の王」と呼称するに当り、「天地を掌握して」と修飾したのがその初めであろう。“Zva”は“sa”「地」を示す古字かと思われ、z/s の交替は、例えば、“zla/sla”「月」、“zlog/slog”「返す」の例に残っている。更に va は a となるので“zva”を“sa”の異字と見ることが出来る。従って、“zva gnam”は「天地」である。“zin”は古典時代にもある“’dzin”の異字であり、「保持する」意味である。特に、初代をいうのに際して、この修飾句が常に用いられたため、遂には、誤り解されたか、或いは、簡単に利用されたかのいずれかであろう。

第四節　『宰相記』の世代数と王の世代数

敦煌出土の『王統表』によっても、デトゥボ・ナムシュンツェン(＝プデ・グンゲル)からソンツェン・ガムポ王に至る両者の中間になお一四代の王名が数えられる。ところが、同じ敦煌文献の『宰相記』によると、この間の大臣数は一五人に過ぎない。一五代目にくるティ・ルンツェン王に対し、その宰相だけを取りあげてみても、一五人の宰相のうちの最後の三人が少なくともそのうちに数えられてしまうので、残りの一四人の王に対して、多い場合でも一三人の宰相が割り当てられるに過ぎない。

その後のソンツェン・ガムポについてみても、一代で四人の宰相が入れ替っている。この王は特に長命であったから例外という説をとっても、マンルン・マンツェン Mang slon mang rtsan 王からレルパチェン Ral pa can (Khri gtsug lde brtsan)王までに現れた宰相の数は、問題の『宰相記』によると二〇ないし二一人になるが、王の世代数は、二年に満たぬ治世数の王まで含めても、僅かに七代、実質で言えば六代にとどまる。

とすれば、王一代当りの宰相数は三人強が適当な数となるわけである。一三人の宰相に対して一四人の王が現れた

宰　相　記	ルンポ・カータン	学 者 の 宴
'Da 'r kyi bu sTong dang rje(10)	lHa yi smon gzugs (7b, 3)	sTong 'dar rje (9a, 7)
rNgegs dud kyi rje (12)	gNyags khyim bu bdud kyi rje(8a, 1)	
Khu lha bo mgo gar (13)	lHa yi 'od dkar (7b, 4)	lHa bu mgo dkar (9a, 2)
lHo thang 'bring ya stengs(14)		
rNgegs thang yon thang rje(15)	Thang pa ya thang rje(8a, 1)	gNyags thang pa yar rje(11a, 7)
gNubs smon to re sbung brtsan(17)		sNubs sman da re (9a, 7)
mThon myi 'bring po rgyal mtshan nu (18)	'Bring to re a nu rGyal mtshan snang (8a, 6)	Thon mi 'bring po rgyal(9a, 7)
sNa nams 'bring tog rje(21)		
gNubs khri do re mthong po(22)	Khri do re mthon po(7b, 5)	
gNubs khri dog rje gtsug blon(23)	sKyes to re mang snang(7b, 5)	gNubs skyes thog rje mon btsan (9b, 2)
gNubs mnyen to re ngan snang(24)		
Shud pu rgyal to re nga myi(25)		
Mong khri do re mang tshab(28)		Khri dor snang btsun mong gi bu(11b, 5)
mGar khri sgra 'dzi rmun(34)	Khri sgra zin lung (8a, 2)	mGar sgra dzi mun (9b, 2)
Myang mang po rje shang snang	Myang mang po shang snang(8a, 5)	

というのでは、やはり、王の世代数に未だ信用がおけないということになる。勿論、一概に言えない事情というものもありうる。しかし、この数の宰相に対して、適切な王の世代数は、常識的には四ないし六代と見るべきであろう。ただ、ハール氏が根拠もなくいうところであるが、[105] 宰相の世代数が正しく伝えられていないという場合も考えうることである。しかし、『宰相記』の照合しうる部分については、その種の誤りは見られない。今、念のため、後代の伝承から、これらの点に関して点検できるところを求めて参照して見たい。

『学者の宴』Ja章には、「六人のレク」の第一番イショレク以下について輔弼の宰相名が挙げられている。その対応関係は到底信頼出来るものではないが(KGG, f. 9a, l. 2以下)、名のみを列挙して『宰相記』と比較出来るものを言えば、極めて限られた数しかなく、『宰相記』の不完全をいうどころではない。同じように『ルンポ・カータン』にも、各氏族毎の宰相名が挙げられているが、その崩れた形から『宰相記』列挙のものを推測して並べてみても、質量ともに到底『宰相記』に比肩できるものではない。

前頁『宰相記』の大臣名を列挙し、『ルンポ・カータン』と『学者の宴』Ja章の示す名で、形の近いものを並べて見た。括弧内の数字はそれぞれの所在を示す葉数と行数である。

前記の表中　ロ lHo とシュープ Shud pu とについては、後代の所伝で触れるところがない。また、ナナム sNa nams については Mang gnya'(KGG, f. 11b, l. 5) Mang snya bse btsan (BKT, f. 8a, ll. 3-4)の名は見えるが、『宰相記』と相応しない。『学者の宴』Ja章のあげる sNubs sKyes thog rje mon btsan は、『ルンポ・カータン』の sKyes to re mang snang に似るので、その右側に配した。

トゥンミ mThon mi に関して、『ルンポ・カータン』が Thon mi saṁ bho ṭa を意識して、'Bring to re a nu をつくり、rGyal mtshan snang とに分けた様子が歴然としているので[106] 一桝に入れて示した。

『学者の宴』Ja章はこれらの他に、明らかに後代の宰相である mGar gNya' btsan ldem bu(bTsan snya ldom bu)、mGar Khri 'bring の名や、タクウ・ニャシク sTag bu snya gzigs 以後にしかヤルルン王家に属しないバー dBa's氏[107](sPas と綴っている)の Khri zung mong khong, sNang gzher lha btsan の名を挙げ(KGG, f. 9b, l. 1, 2; f. 11a, l. 3)、また、ナムリ・ソンツェン gNam ri srong btsan、即ち、ティ・ルンツェン王に関しては宰相名を挙げず、後段で触れる筈の、当時創興の功臣名を列挙している。[108]

いずれにしても、二つの文献からそれぞれ、sTong 'dar rje, gNyags(/rNgegs) khyim bu dud kyi rje の名を見ることは出来たが、『宰相記』をこえる詳細な名表でないことは確認しうる。

『宰相記』自体は "blon che bgyi pa 'i *rabs*"「宰相をつとめた歴代」[109]と示している上、後代の宰相名で確認される限りでは、短期間しか在任しなかったと思われるものも記録されているので、この宰相歴代は、一般的に言って、その全部を伝えたものと理解すべきである。

以上のような考え方に立つと、「天地を掌握したデトゥボ・ナムシュンツェン」を含めて「八人のデ」と称していたものが、忽ち六人のまとまりに転落してしまう。では、実質的な「六人のデ」も果して存在したのであろうか。

一般に「八人のデ」の墓は、

chu bo 'i gzhung la btab (HLD, p. 16a, l. 6; GSM, f. 26b, l. 2)/ de 'ang mtsho la kha ba bab pa 'dra (GSM, f. 26b, l. 2)

水の中流に〔墓を〕建てた。〔そのため〕これも、湖に雪の降ったが如く〔跡かたもなく消えたの〕であった。

とあって、墓所が残っていないと伝えられている。E・ハール氏は、これをもって水葬の名残りを表わすものとしたが、それについての批評は既に述べた(四七―四八頁)とおりであり、これは、ヤルルンの王系のうちに挿入されたものの、墓所を明らかに出来なかったという事実を示すのに過ぎない。事実、それ以前のティグム・ツェンポの墓は「キャント山の御霊神を頂に支える尾根」に建てられ、プデ・グンゲルの墓も、父王の場合と同様に、「山頂無草の泥土

王　統　表	王　統　記	ゲルポ・カータン
lDe gol	lTo rman bum	sDe snod sbas
gNam lde rnol nam	lHo snol nam	sDe snod ya
bSe' rnol po	lDe snol po	Sor rno nam
lDe rgyal po	lDe se snol lam	rGyal po so ste
rGyal srin brtsan	lDe se rnol po	sPrin rgyal mtshan
……	lDe rgyal po	……
プトゥン仏教史	**赤　冊　史**	**明　示　鏡**
lDe gnol tsam	Se nol nam lde	Se bsnol nam sde
……	Se snol po lde	……
……	lDe snol nam	lDe bsnol nam
……	lDe snol po	sDe bsnol po
……	lDe rgyal po	lDe rgyal po
……	lDe sprin btsan	lDe sprin btsan
マニ・カムブム	**学者の宴**	**新赤冊史**
Se snol nam lde	Se snol nam lde	Se rnol rnam lde
Se snol po lde	Se snol po lde	Se rnol po lde
lDe snol nam	lDe snol nam	lDe rnol nam
lDe snol po	lDe snol po	lDe rnol po
lDe rgyal po	lDe rgyal po	lDe rgyal po
lDe srin btsan	lDe sprin btsan	lDe sprin btsan
ゴルパ仏教史	**五世年代記**	**ラダック王統史**
lDe dman 'bum	Se snol gnam lde	lDe rgyal po btsan
lDe snol rnam	Se rnol po lde	Se snol lam lde
lDe snol so	lDe snol nam	Se snol po lde
lDe se snol nam	lDe rnol po	lDe〔snol〕lam
lDe se snol bo	lDe rgyal po	lDe snol po
lDe rgyal	lDe sprin btsan	sPrin btsan lde

質のところ」(HLD, p. 16a, l. 4)に造営されたとされている。従って「天地を掌握したデトゥボ・ナムシュンツェン」についてはゝ水中の墓は適用されず、「六人のデ」についてのみ墓が失せてしまったと言っているのである。ティグム・ツェンポとプデ・グンゲル、即ち、デトゥボ・ナムシュンツェンの墓が「山頂無草の泥土質」のところにあり、前者についてはゝ敦煌文献『年代記』や『王統明示鏡』が具体的な場所さえ指摘するのに、その後の六王について墓所が失われたというのは、架空の六王を王統に挿入した結果、付加せざるを得なかった申し開きとしか考えられないのである。

今、諸本によって「六人のデ」の名を並べてみると、(110)「六人のレク」の場合とやや異なった傾向を示すものの、王統表というよりも、諸侯の名を列挙したものと見えるように思われる。

前頁一覧表で「六人のレク」の場合と異なる点は、プトゥンが「六人のデ」を一人しか示さなかったために、『王統明示鏡』が『赤冊史』に従い、『マニ・カムブム』も『赤冊史』と同じであったため、『学者の宴』の表も『赤冊史』『王統明示鏡』のそれと同じになり、プトゥンに従う筈の『新赤冊史』も『赤冊史』にならわざるをえなかったことである。『赤冊史』と『王統明示鏡』を併せ用いる傾向にあった『ダライ・ラマ五世年代記』も、全く同じ名簿を用いた。サキャパのクンチョク・ルンドゥプ dKon mchog lhun grub は、同系のタクパ・ゲルツェンに従い、『ラダック王統史』は『赤冊史』の順序を変えただけの変形を示した。

つまり、型としては、『王統表』、タクパ・ゲルツェン『王統記』『ゲルポ・カータン』『赤冊史』の四種と、『プトゥン仏教史』が他と異なった第一人目を挙げるので、五種になる。諸王の名に関して言えば、『赤冊史』では『王統表』の第二番の王名 gNam lde rnol nam を二分して、Se nol nam lde, lDe snol nam とし、Se と lDe に分けているのが見られる。サキャパのタクパ・ゲルツェンの場合は、lHo (/lto) と lDe に分けているが、敦煌文献『王統表』や『ゲルポ・カータン』にはこの傾向がなく、共に lDe/sDe を冠する名が二つあるに留まる。

後代のものでは、同じ名を繰り返し、Se, lDe の名のみを冠して区別する。既にハール氏が指摘しているように、[111] "Drang rje rnol nam" の名が Sribs yul の主の名として敦煌文献の『小王国表』(DTH, p. 80, l. 17＝Pelliot tib. 1286) その他 (CPT, p. 202; cf. p. 199) に見えているから、諸侯の名として伝えられていたものを列挙し、挿入したのかと疑われる。

『ゲルポ・カータン』では (GKT, f. 19a, l. 4)、「八人のデ」の代りに、デトゥボ・ナムシュンツェン相当のもの一人と sTong ri stong btsan を前後に付して、間の五人と共に "rgyal rabs sil ma bdun"「零細な王統七代」という奇妙な呼称を用いている。最初のデトゥボ・ナムシュンツェンを除いて、残りの六人を、時間的に連ならないものとして見るなら、"rgyal rigs sil ma drug"「零細な六王族」、"rgyal phran sil ma drug"「零細な六小王」などのようなものに由来しているように思われ、"rgyal phran sil ma bcu gnyis" とか "mi 'u gdung drug"、"rus chen drug" または "yab 'bangs drug" などの称との結びつきが充分疑われる。[112]

先述の Drang rje 'i rnol nam が Sribs yul「シブ国」の主であったことをとらえ、Sribs が Se rib と同じかどうかはともかくとして、いわゆる「悉立」をいうものであり、ノルナム rNol nam をナナム sNa nam の異字とみなしうるならば、これらの国とナナムとが関連づけられる。[113] この推測を支持する記述がなお一つある。それは、シブ国の大臣にレー dBrad の名があり (DTH, p. 80, ll. 17–18)、後代の所伝では (KGG, f. 19b, l. 4)、このレーの地がナナム氏の所領とされているからである。これは先に言及した近隣の「章求抜」(一〇一頁) とも考え合せるべきかも知れない。

『王統表』と後代諸伝承の双方に見える名称のセ "Se'/Se" とデ "lDe" は、前者が部族名ともいうべきものであり、"Se, dMu, lDong, sTong" という "rus chen bzhi"「四大部族」の一[114]である。後者は、Pelliot tib. 1286 の冒頭に見えるヤルルン王家の古い四大姻戚の一氏族である。デについてはA・マクドナルド夫人の研究もあるが、多少の問題がある。[115] 特に、『王統表』に見える lDe Nyag khri btsan po という場合の "lDe" は氏族名でなく、"lha sras lde sras"

の "lde sras" をいう称号であったと考えられる。[116] また、デ氏と関連して Pelliot tib. 1286 中のカンバル Gangs bar の名もいうが、この地は、ティグム・ツェンポ『年代記』やポン教史書中に「鳥の目をした女」を見つけた場所とされ、ポン教側の伝承では、ヤルルンと区別され、ヨル g-Yo ru 地域のイエ dBye(/g-Ye)の地とされているのに注意したい。[117]

以上はともかく、実質的に「六人のデ」は、他氏族の小王名がヤルルン王統に混入したものと判断されるべきであり、すべてを除いて考えねばならない。

第五節　ソンツェン・ガムポ直前の六王

以上の諸王のあとに「四人のツェン」「五人のツェン」「三人のツェン」と呼ばれる諸王名が現れる。これらのうち、「五人のツェン」と呼ばれるのは「四人のツェン」と呼ばれるものにラ・トトリ・ニェンツェン lHa tho tho ri snyan btsan を加えたものであり、そこには王統の区切り方の相違[118]のみが見られる。ただ、『ゲルポ・カータン』の場合は、sTong ri stong btsan を前の一群に分類したため、Khri gnyan gzungs btsan までを「五人のツェン」のうちに数えこんでいる。

次に、これまでと同じように各伝承の一覧表[119]をつくってみたい。これらの順序は殆んど一致するが、欠けているものが出てくる点と、重複が疑われるところに問題がある。

次頁一覧表で『王統明示鏡』の著者が、同じサキャパのタクパ・ゲルツェンによって先に示された「四人のツェン」のうちから冒頭の一人を除き、同じく参照している『ゲルポ・カータン』と『赤冊史』などにも従わなかったのは、おそらく、サムイェー寺で手にした史料に拠りこの記述を選んだのであろう。この「三人のツェン」説に従ったのは、'Bras spungs gzims khang gong ma と言われるペンチェン・ソーナム・タクパ Paṇ chen bSod nams grags pa[120] の

王統表	王統記	ゲルポ・カータン
rGyal to re long brtsan	rGyal tho los btsan	sTong ri stong btsan
Khri brtsan nam	Khri btsan nam	Khri nam btsan
Khri sgra sbung brtsan	Khri sgra yungs btsan	Khri sgra dpung btsan
Khri thog brtsan	Khri thog rje thog btsan	Khri thog rje btsan
lHa tho do snya brtsan	Tho tho ri snyan btsan	Tho tho gnyan btsan

プトゥン仏教史	赤冊史	明示鏡
	rGyal to re long btsan	……
	Khri btsan nam	Khri btsan nam
	Khri sgra sbungs btsan	Khri dgra dpung btsan
Khri thog rje thog btsan	Khri thog rje thog btsan	Khri de thog btsan
	lHa tho tho ri snyan btsan	lHa tho tho ri snyan shal

マニ・カムブム	学者の宴	新赤冊史
rgyal po to re long btsan	To re long btsan	……
Khri btsan nam	Khri btsan nam	Khri btsan nam
Khri dgra dpung btsan	Khri sgra spuung btsan	Khri dgra dpung btsan
Khri thog rje thog btsan	Thog rje thog btsan	Khri thog rje thog btsan
lHa tho tho ri gnyan btsan	Tho tho ri gnyan btsan	lHa tho tho ri gnyan btsan

ゴルパ仏教史	五世年代記	ラダック王統史
Tho los btsan	rgyal to ri long btsan	Tho tho ri long btsan
Khri btsan nam	Khri btsan nam	Khri btsan
Khri sgra spungs btsan	Khri sbra dpung btsan	……
Khri rje thog btsan	Khri thog rje btsan	Khri thog rje thog btsan
Tho tho ri gnyan btsan	(Khri rje thog btsan)	lHa tho tho ri snyen bshel

みであり、『ゴルパ仏教史』のサキャパ・クンチュク・ルンドゥプはタクパ・ゲルツェンのいうままを継承している。

先述のように、『宰相表』の宰相数からいうと、プデ・グンゲル、即ち、デトゥボ・ナムシュンツェンからソンツェン・ガムポまでの間にくる王の数は、四人から六人が適当であって、上述の『王統明示鏡』が主張するところの三人も、この数としては、なお検討を要するものである。即ち、ラトド・ニャツェン lHa tho do snya brtsan からティ・ルンツェンまでに既に五人を数えているからである。

最初に見えるゲルトレ・ロ

ンツェン rGyal to re long brtsan について、かつてL・ペテック氏は『ラダック王統史』の綴字から察して《Tho-tho-ri-long-btsan, is evidently a repetition of Lha-tho-tho-ri-snyan-gsal》(SCL, p. 28)としているが、これは、当時の知識によるもので、今は取らない方がよいであろう。

ゲルトレ・ロンツェンについてタクパ・ゲルツェンの『王統記』は、

rGyal tho los btsan　その人以後家来と婚姻して(GGG, f. 5a, ll. 3–4)

と示し、『学者の宴』Ja章のトレ・ロンツェンについての注釈(細字部分)には、

これまで〔ヤルルン王の〕母たちは神女、竜女であった。〔従って〕妃の墓は地上に建てずと言われ、屍体が残されなかったと言われる。それゆえ、〔ヤルルン王達は〕lHa sras lde sras と呼ばれたという。〔しかし、〕家来と婚姻して以来は lde sras〔と呼ぶの〕をやめ、かわりに lha sras btsan po と言った(KGG, f. 9a, l. 7–f. 9b, l. 1)。

という。上の文の読み方については、各種の読み方があるが、チベット語の潜在主語とその補語の関係を誤り解したもの[121]が多い。この点は後段でも触れる筈である。

つまり、この王の母までは神女、竜女であったため、王は「ラセー・デセー」lha sras lde sras(「神の御子、デの御子」)と呼ばれ、その母の墓はない。その後、臣下との婚姻で通力を失ったので「デセー」"lde sras"と呼ぶのはやめ、代りに、「ツェンポ」"btsan po"(「強きもの」)を加え、「ラセー・ツェンポ」"lha sras btsan po"(「神の御子〔たる〕強きもの」)と呼ぶようになったというのである。

既に言及したところであるが、ニャクティ・ツェンポを呼ぶのに『王統表』は"lDe"を冠して示していた。これは氏族名を指すのでなく、今問題としている「デセー」の資格を言ったものと思われる。また、敦煌出土の『年代記』にはティグム・ツェンポをまだ「デセー」と呼ぶが、以後、「デセー」の称で呼ばれる王名は見当らない[122]。これに対し、「ツェンポ」の称がティグム・ツェンポの先代以前の名についても付せられるのは、この称が追贈された称であ

るか、併称されていたかのいずれかによるのであろう。ティグム・ツェンポがニャンロ・シャムポでロガム・タジと戦った折、最後に "lDe bla gung rgyal" がティグム・ツェンポを天にひきあげようとして失敗し、ティグム・ツェンポは屍体を地上に残したので、この王は「デセー」"lde sras" でなくなった。[123]

既に、ティグム・ツェンポ以来、人間としての歴史が始まっている。その子プデ・グンゲルも墓を残した。従って、プデ・グンゲルその人をいうにはもはや「デセー」ではないので「デトゥボ」(lDe pru bo)「lDe の化現者」[124]の称を冠した上で "gnam gzhung brtsan"「天の御中の王」と讃えられているのである。

プデ・グンゲルの父の屍体は "klu"「竜」オーデ・ベーデ・リンモ 'Od de Bed de ring mo のもとに保存されていた。これはティグム・ツェンポ『年代記』のいうところであり、著者はこの「竜」を、ティグム・ツェンポの妃の里方に当るものと理解した。しかし、プデ・グンゲルは、すくなくとも神女、竜女と婚姻せず、『学者の宴』Ja 章には 'Om thang sMan mtsho[125]を娶ったとされている。

以上のように見ると、トレ・ロンツェンから「デセー」でなくなるという記述は、既に始まっている人間の歴史を今更のように半神的なものに遡らせ、「八人のデ」などを挿入したのに調和させた操作であり、その意味でもトレ・ロンツェンは、プデ・グンゲルの影であるとせざるを得ない。

一見大胆な比定と思われるが、その名を見ると、多くの点で納得が得られる。『王統表』にいうゲルトレ・ロンツェン rGyal to re long brtsan という称の最初の要素 "rgyal to re" は、吐蕃時代の称号に見られる形で、元来は "rgyal dog rje" であったと考えられる。他の例では、"btsan to re" "khri do re" "'bring to re" などがあり、後の二例については "khri dog rje" "'bring tog rje" と記したもの (DTH, p. 100, l. 23, 21) が別にある。"do re"、即ち "thog rje/dog rje" は "sa dog"「国土」の「主」を意味する。従って、タクパ・ゲルツェンの示した "rGya to los btsan" は

“re”をおとしたものであろう。なお、この“rje”が“re”になるには rje/rye/re という変化が考えられる[126]。

『ゲルポ・カータン』の“sTong ri”は“dog rje”の転訛[127]と考えられる。即ち、dog rje/*dong rye/do re となる経過のうちの“dong rye”の形に近いものが発音されて、この形に写されたと考えられる。

従って、王の名としては、long brtsan, long btsan, stong btsan, los btsan の形のみを考えればよい。これらの間を結びつけると、“stong”の前後に次のような変化 stong/*ldong/long(btsan)が可能かと思われる。また ldong/long の近いことは、一つの動詞における時制の相違に対応する二つの形として確認される[128]。

今、タクパ・ゲルツェンの示す“los”の方を見ると、“-s”の書写字形から見て、元来、“ldog/log”と写されていたものでないかとも疑われる。従って、一方では、sTong Lom ma tse に代表されるトン sTong 部族の支配者として rGyal thog rje sTong btsan の称も考えられるが、他方では“log”から stog/thog の形も想定しうるので、同じ rGyal to re long btsan から rGyal dog rje thog btsan の原形を辿ることも出来る。後者には「覇者国土の主最初の強者」の意味が現れ、先に見たように「デセー」でなくなったことを表わす。従って、いずれにとっても、プデ・グンゲルを指したものと理解できる。

更に、この形から、二王を間に挟んだ後のティ・トクツェン Khri thog btsan が同じものであることを知りうる。この方の形は、『ゲルポ・カータン』の一例を除けば、Khri rje thog btsan, Khri re(=rje) thog btsan、その誤写の Khri de thog btsan, Khri thog rje(=do re) thog btsan となっている。今、“khri”というのは“rgyal”というのと殆んど同義で、「覇者」を指す。

ティ・トクツェンとゲルトレ・ロンツェンとが全く同じ人物を指すとすれば、サムイェー寺でしかるべき史料に接したラマダムパ・ソーナム・ゲルツェンがその祖先筋のタクパ・ゲルツェンや『赤冊史』の記述を敢えて捨て、王統表中の「四人(または五人)のツェン」の冒頭からこれを削り、「三人のツェン」とした経過を推察することができる。

ティ・トクツェンがプデ・グンゲルその人であるとすれば、その名の意味は “Khri thog ma 'i brtsan”「覇者最初の強者」であったと考えられる。ここに “thog btsan” が “thong btsan” に変り易い原因も見られる。即ち、“thog” の後接字 “-g” が接尾辞 “ma” によって鼻音化され、“Khri *thong ma* 'i brtsan” となるからである。これから “stong ma”, “*ldong ma/long ma” などの異体字が出来たのでヤルルン王統の世代を増すのに利用されたものと考えられる。とすれば、先に見た rGyal to re long btsan も rGyal thog rje thog btsan が本来の形であったとなすべきかも知れない。

なお、ハール氏の示す(YLD, pp. 38, 50)『シェーズー』(CYN, f. 33b)ではティ・トクツェンが Khri sdog rje ldog tsan と示され、上記の説明過程の一部に対応している。ただし、Çatapiṭaka 本では Khri rdog rje rdog btsan[129](CYNC, f. 82a, l. 2)となっている。

次に、ゲルトレ・ロンツェンとティ・トクツェンの間に挟まれた二人についてはどのように考えるべきであろうか。先ず、ティ・ツェンナム Khri brtsan nam であるが、『ラダック王統史』では、ティ・ツェン Khri btsan とのみ記入し、そのあとにティ・ダプンツェン Khri sgra spung brtsan 相当の名を示さない。即ち、“nam” を「或いは」という接続辞にとったことを表わしている。『ラダック王統史』では、二つある名のうち Khri btsan のみを示したわけである。この点で、後代の所伝中最も古いタクパ・ゲルツェンの『王統記』を見ると(f. 5a, l. 4)、ティ・ツェンナムとティ・ダプン(yungs/spungs)ツェンの二つの名で示すが、その妃の名は、ともに全くの同名で sMan bza' kLu rgyal dbang となっている。後代の『学者の宴』Ja 章や『ダライ・ラマ五世年代記』では、それぞれ区別を立てて、sMan za(/bza') Khri dkar (KGG, f. 9b, l. 1; DSG, f. 12b, l. 1), sMan gsum kLu steng (KGG, f. 9b, l. 2), sMan bza' kLu steng (DSG, f. 12b, l. 1) としているが、形の上からも後に立てた区別であることがわかる。つまり、ティツェンとティ・ダプンツェンとは同一人であり、両者の間にある “nam” は「もしくは」を示す 'byed sdud「展開と総括」という働きの接続辞であったことになる。

では、ティツェン、別名、ティ・ダプンツェンが、ティ・トクツェン、即ち、プデ・グンゲル、別名、デトゥボ・ナムシュンツェンにとって何に相当するかというと、その関係が親子で示されるところを用いるならば、当然、前者をティグム・ツェンポに比定しなければならない。

なお、デトゥボ・ナムシュンツェンの母として、『学者の宴』Ja 章や『ダライ・ラマ五世年代記』は mTsho sman Khri dkar の名を挙げている(KGG, f. 9a, ll. 5, 6; DSG, f. 12a, l. 4)が、これは、当然、上述のティツェン妃 sMan bza' Khri dkar の異称と見られる。また、sMan bza' kLu rgyal dbang を仲介にしてティ・ダプンツェン妃 sMan bza' kLu steng とも同一となり、ティ・ダプンツェンとティグム・ツェンポとの同一関係が顕れてくる。

敦煌文献のティグム・ツェンポ『年代記』のうちに、王の屍体が klu「竜」のオーデ・ペーデ・リンモの腹中に収められていたというのを、著者は、ティグム・ツェンポの妃の里方が保存していたものと理解したが、sMan bza' kLu rgyal dbang(メン女竜王)の名をそこに見るのも1つの理由としていたのである。後代の所伝では、ティグム・ツェンポの妃の名が kLu srin Mer lcam(KGG, f. 7a, l. 2) kLu btsan Mer lcam(DSG, f. 11b, l. 2)とされるが、これも sMan bza' kLu rgyal dbang の異なった呼び方に過ぎない。この名は全く架空の De sho legs や Se snol nam lde の妃の名としても、やや形を変えて流用されている[130]のである。

タクパ・ゲルツェンの『王統記』によると、rGyal tho los btsan の妃は La lam sde[131] bza' Khri rgyal na bu(GGG, f. 5a, l. 4)であるという。『学者の宴』Ja 章ではこれを 'O ma lde bza' Khri btsun byang ma(KGG, f. 9b, l. 1)とし、『ダライ・ラマ五世年代記』もこれに近く、'O ma lde bza' 'Bri btsun byang ma としている(DSG, f. 12a, l. 6)。既に見たところでは、プデ・グンゲルの妃を 'Om thang sMan mtsho とするものがあった。しかも、その明らかな異写字として、'O ma ste Mo mtsho(DSG, f. 12a, l. 4)、'O za te Mo mtsho(KGG, f. 9a, l. 4)があるので、'Om thang も、

『宰相記』(DTH, p. 101, l. 36)中に見える 'O ma sde を指す[132]ことに間違いはないと言える。

最後に異写字として見た二例は、Khri thog rje thog btsan の妃 Ru yong za sTong rgyal mo mtsho (KGG, f. 9b, l. 4)を想わせる。タクパ・ゲルツェンの Ru g-yong bza' sTeng rgya mtsho ma (GGG, f. 5a, l. 5)の形は、『王統表』の Ru yong za sTong rgyal mtsho ma (DTH, p. 82, ll. 14–15)に近くなる。ダライ・ラマ五世の示す Ru yong bza' sTong rgyal na mo tsho (DSG, f. 12b, l. 5)は、rGyal tho los btsan 妃としてタクパ・ゲルツェンによって示されたものと幾分似ている。Ru yong と 'O ma lde の関係[133]は不明であるが、いずれにしても、有史時代の氏族名となる。

以上のような「四人のツェン」も含めて、『王統表』の重複関係を整理すると、以下のようになる。(=は同一人物であることを示す)

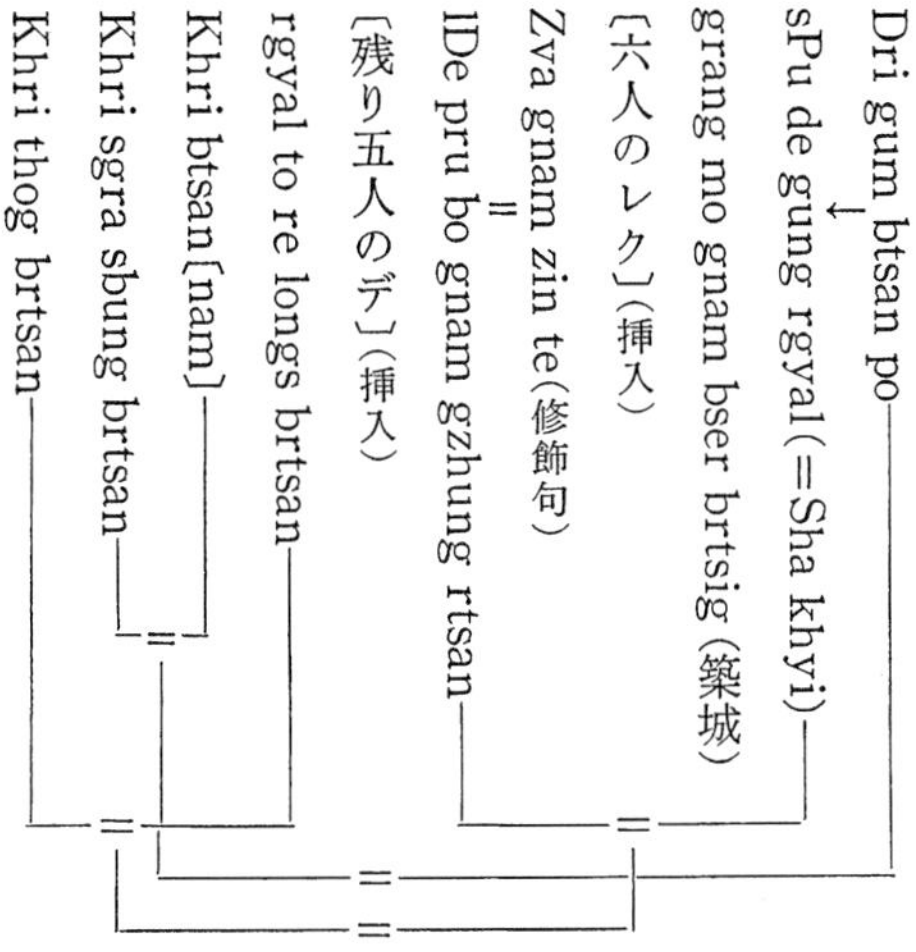

王統表	王統記	ゲルポ・カータン
Khri snya zung brtsan	Khri gnyen bzung btsan	Khri gnyan gzungs btsan
'Bro mnyen lde ru	'Bro gnyen lde ru	'Breng gnyan lde ru
sTag bu snya gzigs	rgyal sTag ri gnyen gzigs	sTag ri gnyan gzigs
sLon btsan rlung nam	gNam ri srong btsan	gNam ri srong btsan
Srong lde brtsan	Srong btsan sgam po	Srong btsan sgam

プトゥン仏教史	赤冊史	明示鏡
Khri gnyan gzungs btsan	Khri gnyan bzung btsan	Khri snyan gzugs btsan
'Bro gnyan lde ru	'Bro gnyan lde 'u	'Brong snyan lde ru
sTag ri gnyan gzigs	sTag ri gnyan gzigs	sTag ri gnyan gzigs
gNam ri srong btsan	gNam ri srong btsan	gNam ri srong btsan
Khri lde srong btsan	Srong btsan sgam po	Srong btsan sgam po

このようにして、「四人のツェン」のうちの各二人がティグム・ツェンポとプデ・グンゲルに当り、デトゥポ・ナムシュンツェンも後者に相当することが確認されるのである。

この後にくるものについては、その順序などに不同はなく、王名の綴り方にのみ相違が見られる。古い所伝のものを上に並記する。(134)

これらの綴字に敦煌文献『王統表』のものと後代所伝一般との二つの型が見られる。勿論、『王統表』に従うのが筋であろう。

これらのうち、特に Khri snya zung brtsan が Khri gnyan (/gnyen) bzung (/gzung/gzugs) と変えられていること、'Bro mnyen lde ru の "mnyen" が "gnyen (/gnyan)" に、sTag bu snya gzigs の "bu snya" が "ri gnyan (/gnyen)" に変えられていることに注意すべきであるが、更に sLon btsan rlung nam を gNam ri srong btsan としている点は特に吟味を要する。敦煌文献『年代記』には、この王の名を gNam ri slon mtshan とする記述がある (DTH, p. 106, ll. 2-3) けれども、その名のうちに "srong" を用いることは決してない。(135)

"Srong" は、次の Srong lde brtsan、もしくは、Khri srong brtsan、または Srong btsan sgam po に用いられる。なお、プトゥンの示したものは、後の Sad na legs 王の正式の名を誤り用いたものである。

以上の諸点に注意をして、ティ・トクツェン以下ソンツェン・ガムポまでを並べて見ると、『唐書』吐蕃伝の与える「其後ノ有リ二君長一」に続く名がよく一致するのを見る。これらの一部は既に佐藤長氏が『古代チベット史研究』（一八八―一九〇頁）の中で明らかにしているが、著者の所見と異なるところも少なくないので、下に改めて対応関係を示す。(136)

一、瑕悉董摩　*kia-siĕt-tung-muâ
Khri stog(/stong) ma 'i brtsan

二、佗土度　t'a-t'uo:-d'uo
lHa tho do snya brtsan

三、掲利失若　g'ịät-lji-śiĕt-ńźiak
Khri snya zung brtsan

四、勃弄若　b'uət-lung-ńźiak
'Bro mnyen lde ru

五、詎素若　g'iwo:-suo-ńźiak
sTag bu snya gzigs

六、索論贊　suo-liuĕn-tsân
sLon mtshan rlung nam

七、棄宗弄贊　K'ji-tsuong-lung-tsân
Khri srong brtsan

以上のように対応するのである。大体、名称の前半を音写するが、全部は示さない。第五の例のように"sTa-"の相当部分をおとしているものもあり、第六の例では「論贊索」と区切って読むのは「詎素若生二索論贊一、索論贊生二棄宗弄贊」とあるべきものの最初の「索」が脱落したものである。もっとも、索論贊は、略して論贊と書かれ、棄宗弄贊は、弄贊、『旧唐書』では弄讚と略記される。両者に“*slon*”《liuen》と、“*srong*”《lung》の明瞭な相違があり、母音や鼻音の区別が歴然としていることを反映している。

このようにして見ると、漢文史料が、sPu de gung rgyal(=Khri thog brtsan)以来の歴史的な王統を明瞭に記録していたことを改めて知ることが出来るのである。また、『宰相記』の宰相数に適当する数の王の世代を確認しえたことになり、ティ・ソンツェン、即ち、ソンツェン・ガムポをプデ・グンゲルから数えて第七代とする結論に到達するのである。

後代の文献、特に、『王統明示鏡』によると(GSM, f. 26b, l. 3)、

三人のツェンの墓がカンガル Gangs dkar の頂に建てられた。

とあるが、『年代記』にはティグム・ツェンポの墓が“Gyang to bla 'bub kyi mgur”「キャント山の御霊神を頂に支える尾根」に建てられたとあり、『赤冊史』に(p. 16a, l. 4)、

(ティグム・ツェンポ父子)二王の墓が山頂無草の粘土質のところに建てられた。

というのがすべて同じことをいうものになる。

“Gangs dkar rtse”「白雪山の頂」と「キャントの御霊神を頂に支える尾根」が同じものをいう異称であって、「山頂無草の粘土質のところ」であるのかも知れない。もっとも、それが『王統明示鏡』(f. 25b, l. 2)のいうようにチンユル・タルタン Phying yul Dar thang にあるとなしうるかどうかは不明である。

いずれにせよ、ラ・トド・ニャツェン以後の墓地はチンユル・タルタン、トゥンカルダー Don mkhar mda' にあると『王統明示鏡』に述べられている(f. 27a, l. 2-b, l. 5)。

E・ハール氏は「六人のレク」と「六人のデ」を排除すべきものとしたが、その他の王名についてはこれらの重複

を考えず、『宰相記』の名表に欠けるところがあるものと想像するのに留めて、諸王名の累代のうちにヤルルン王統を暗に認めていた。それと樊尼を祖とするという説を時代錯誤のまま組み合せようとしたことも、先に批判したとおりである。

以上に再考したソンツェン・ガムポ王以前の世代数は、後出の全く別の伝承によるスムパのラン Sum pa rLangs 氏の系譜中の共通の遠祖(第五章)以来の世代数にほぼ一致することを予め注意しておきたい。

ヤルルン王家はソンツェン・ガムポを第七代とする成立の浅い地方君主の一つであった。そのことを示す表現も後代の文献中に見られる。[137] 従って、その祖ティグム・ツェンポに関する伝承もかなり具体的な表現が保存されえたものであると思われる。一代を三〇年とすれば、ソンツェン・ガムポ王以前に一八〇年が経過していたということになるから、大体のところティグム・ツェンポの活躍は五世紀中頃と考えればよいであろう。

後代、タクウ・ニャシク王の時代に小王国群の力の均衡が崩れた際、諸侯のうちにはこのヤルルン王家を推戴しようという動きが生じた。当時、ヤルルン王家は一〇〇年近く続いた名家であったわけであり、実力もあったのであろう。この王以後は完全な歴史時代に入るのである。

(1) 二七四―二八〇頁参照。
(2) KPI, p. 32, [L. 4-5]
(3) E・ハール氏によるニャーティ・ツェンポ gNya' khri btsan po がコンポの王ニャキ Nya khyi から創作されたと見る解釈は、墓地がない点から考えついたことであろう。まして、ニャーティ・ツェンポの降臨したラリ・ギャント lHa ri gyang tho とはコンポの山と考えられている(YLD, p. 273)場合もあり、更に、ティグム・ツェンポの二子がコンポに逃げたこと、ティグム・ツェンポの屍体が[コンポの]chu rlag(河の水が地中に吸いこまれる所)に保存されていたことなどで、「天の七座」とコンの国(rKong yul)の間には何かあるものと疑われてよい。ラリ・ギャント山が必ずしもコンポに考えられないとするマクドナルド夫人の説(LPT, p. 200)は後代のチベット人の間では支持されている(YLD, p. 182)。

(4) ラリ・ギャント山をおりて Bod ka g-yag drug を従えたという表現は、どうしても、「本来のプー」と言われるカム地方を平定したと見なければ成り立たない。その時には、少なくとも初期には、後段で見るようにニャンポ Myang po、タクポ Dvags po、コンポ rKong po を押えてポボ sPo bo を本拠としていたと考えざるを得ないのである。

(5) 二六九―二七四頁参照。

(6) 古い時代では"Bod"の語は全チベットを意味しない。このことは後段で詳説する(二〇〇―二〇八頁参照)。

(7) 六七頁および、八二頁注(3)参照。

(8) "zangs rdo"は文字通りなら「銅石」。"lcags rdo"「鉄鉱」(GMG, I, p. 89b)、"dngul rdo"「銀鉱石」(Ch. Dic., p. 212a)から「銅鉱石」と推定される。バコーの訳語《les vasques de cuivre》(DTH, p. 128)は当らない。佐藤長氏は、バコーの訳文に従い(『古チ研』一七五頁)、その注(二〇五頁、注67)で、ロガム Lo ngam の国が討伐を受けた時のことを記した『年代記』の一節にもそれがあるとして、別に訳文(二三六頁)も示すが、そこで用いられている語は"zangs bu rgya"「銅の棺」であり、"zangs rdo"ではない。炉を据えて、銅鉱石が天から降れば、銅器を自由に出来たのであり、銅器の使用によって王者の権威が確保されたことをいう名残りの表現かと思われる。

(9) この部分についてハール氏の訳文を取り上げ、論評した際に関係事項を詳説した(五一一―五一二頁参照)。

(10) "bshos na"は「子をもうけて」の意味もあり、"grongs na"は「死んだので」の意味にもなる。そこで、本文は次のようにあえて読みつなぐことも可能である。

ティグム・ツェンポの御子息、プデ・グンゲル〔天の七座、地の六レク〕、〔子を産めば、プデ・グンゲル〕〔死すれば、タンモ・ナムセルツィク Grang mo gnam gser brtsig、セルツィク〕の子、トレクツェン

しかし、「子を産めば」とその前が全く結びつかないのである。

(11) 伝統的な解釈はそのように理解するものではない。『新赤冊史』(f. 13a, l. 5–f. 13b, l. 1; DMST, f. 16a, l. 1-3)には、「この王と大臣の時、世間の人々により畑地に農耕する習慣が拡まり、福徳の力によって銀銅鉄の三つが生じたと言われる」とあり、他方、『ラダック王統史』(AIT, p. 29, ll. 27–29)には「また、木を焼いたあとの芯である木炭を、皮をやわらかくした心臓(袋=ふいご)によって熱くする。鉄鉱石、銅鉱石、銀鉱石の三つを得て後、木炭によって三つの鉱石を熔して、銀銅鉄の三つを取り出した……」とあってすべて精錬法の会得に関説したものとして理解されている(KGG, f. 8b, l. 3)。敦煌文献は銅のみを言い、しかも、即位に関連させている。この点に注目すべきであろう。

(12) 『学者の宴』Ja 章(KGG, f. 7b, l. 6)のみ、別名として"Ngar sos po"と示している。これは"དར་"を"ངར་"と誤写し

たものであり、他に“Dar pa thang”の説明をする際(*ibid.*, f. 8a. ll. 2-3)にも、“Dar”に対して“*Nga ra ra*”という字を用いている。後代の伝承で直接“Ngar(/Dar)la skyes”の称に言及するものは未だ発見されていない。

(13) 『赤冊史』(p. 16a, ll. 1-2)では、ティグム・ツェンポの三人の子の母が、夢に「白人」(mi dkar po)と交って生んだのがルラケーであるとされている。『王統明示鏡』の中では(f. 25a, l. 5-f. 25b, l. 1)同じ趣旨を詳しくして、この「白人」をヤルラ・シャムポ(山神)の化身としている。単にヤルラ・シャムポの子とするものとして『新赤冊史』(DMS, f. 13a, l. 3; DMST, *f.* 15b, ll. 4-5)がある。六三頁注(71)(73)参照。

(14) この点に触れる後代の記述は例外なくルラケーその人によるロガム・タジの殺害を言い、ナナムやションによる報復を言うものは見られない。

(15) 一〇四—一〇六頁参照。

(16) “ma ma”についてゲシェー・チューキ・タクパは「乳母」「継母」の意味しか与えていない(Ch. Dic., p. 626a)が、ここでは耳が遠いことと、命名を依頼することから考えて、“ma mo”「祖母」の誤写と考えた。語の意味はCh. Dic.; GMG, II.; J. Dic. に示されている。

(17) この物語では、祖母が「岩山が壊れ、湖が干上り、野が焼けきった」というように返事を誤り聞いて、それでは、「水が減り、魔も滅ぼされる(chu, sri dgum)のだから、汚れが少なくなる贊普と名づけよ」と言ったのであり、決して悪い意味ではない。ここでは終始“Dri”「汚れ」の字が用いられ、“Gri”「剣」の字は用いられていない。「魔」の拠る岩山、湖、曠野の状態が悪くなって、活動が鈍ることだから、贊普の苦労も減って欲しいという意味で元来名づけたが、その音が近いことから名が祟って“gris dgum”「剣で死ぬ」の意味に思われ、当人に影響を与えたというのである。“dgum”は、動詞“'gum pa”「縮める」の未来形。過去形は“bkum”である。それぞれの形から自動詞として、“'gum(pr.); 'gums, gum(pf.)”「死ぬ」。“bkum(pr.); bkums(pf.)”「殺害行為をする」の形が出来る。“dgum”は「死ぬ」「殺される」の両義に用いられている。“'gum”に対応する自動詞は“'khum(pr.); 'khums, khum(pf.)”「縮む」であり、ゲシェー・チューキ・タクパは“'gums”を“'khum zin”「縮んでしまう」と釈する(Ch. Dic., p. 160a)ほか、“bkums”を“khums su bcug”「縮まらせた」(*op. cit.*, p. 28b)と釈している。

(18) “yab 'bangs rus drug”「父方家来六族」とは異なった表現で、“Yab 'bangs pha dgu”「父方家来九氏」となっている。内容の相違は不明である。あるいは、Khu, gNubs, Shud pu または mThon myi を加えたものかも知れない。

(19) “dbu' 'breng zang yag”は、次の“dbu skas steng dgu”と一対になって『シェーズー』のÇatapiṭaka版 *f.* 77b, l. 5に

“*rmu thags thang g-yag* la phyag *'jug/rmu skas rim dgu* la shabs bstan nas”と示される。ハール氏の用いるものは、単に“sgyu thag”“smu skas”とのみ示されている。ポン教の所伝ではTND, f. 83Bb, l. 3及び、LRD, f. 157bにも保存されていて、“dmu thag (b) zang yag”“dmu skas them dgu”とあるので、形としては敦煌本の『年代記』に近い。いずれによっても、“dbu”がdmuにすりかえられていることと、“'dreng”が“thag”に変っている。そのあとにくる“zang yag”は意味不明のため、“thang g-yag”“bzang yag”となっている。訳語としてサムテン・カルメ氏は《the red cord of dMu》(TGS, p. 69)とするので“'breng”を“'phreng”の意味にとったと思われるが、他の根拠は全く示されていない(*ibid.*, p. 352)。“zang yag”は、DTG, II, p. 288によると、無限に近い数を示すものとされている。また、BTD, p. 597では異字“gzang”の意味に「鋭く尖った頂き」とある。従って、“dbu 'breng zang yag”は「頭上の限りなく長い連なり(綱)」の意味かと思われる。

(20) “lDe bla gung rgyal”は、その名の“lDe bla”から考えて、“lde sras”の父に当る「御霊神」“bla/lha”であるに違いない。“dbu' 'breng zang yag”や“dbu' skas sten dgu”によって“lde sras”が到ることの出来たところは“lDe bla gung rgyal”の許であったと考えられる。この時、“dbu' 'breng”も“dbu' skas”も使えなくなったので“lde bla”が最後の手段として自ら手をさしのべて“lde sras”であるティグム・ツェンポを引き上げようとしたが、「猿」に邪魔をされて逃げ出したというのである。この「猿」のことは今日のチベット学では全く知られていない。

(21) 最後の部分はバコー訳では(DTH, p. 124)《[l'Ancetre]Singe, lequel rejeta lDe bla guṅ rgyal au sein des neiges du Tise》とするが、原文は“lde bla gung rgyal ni”とある上、動詞に“'phang ste gshegs”「飛んでお行きになった」と敬語を用いているので、正訳ではない。

(22) 六一頁注(61)、前掲の注(8)参照。“rgya”は“brgya”「一〇〇」ではない。ティグム・ツェンポ一人に一〇〇の棺は不要である。“zangs bu”だけでは「銅製の容器」にしかならない。『学者の宴』Ja章(KGG, f. 7b, l. 2)では“zangs kyi ga'u”「銅の箱」となっている。これは、“rgya”を“sgye”「容器」(GMG, I, 70a)の意味にとったものである。なお、“kha sprod”は「口が適合する」(Ch. Dic., p. 71a; BTD, p. 57b)の意味から、「蓋のある」ことをいう。TND, f. 83Bb, l. 4; LRD, f. 157bには「蓋つき鍋」(zangs kha sprod)となっている。

(23) 今日のツァンポ江の上源は下手シャンシュンのカイラーサ山近くにあり、シカツェで合流する支流が今問題のツァンチュ河である。注(71)参照。

(24) シャンシュンを“chab gyi ya bgo”「河の上源」(CPT, p. 204)というのに対し、rGya yulを“chab gyi ma gzhug”「河の下手尾端」(*ibid.*, p. 200)とする。rGya yulの位置はrGya rdzong, rGya laを含み、コンポの北に見てよいと思われる。

(25) バコー訳では《la Nāgī》とする(DTH, p. 124)。KGG, f. 7b, l. 3では「竜魔Ho te reの婢女Bye ma lag ring」なるものが拾ったとしている。また、あるポン教史(TND, f. 84b, l. 1)には「竜女(kLu lcam)khod de ring mo」とあり、敦煌文献に近い形を示す。おそらく、コンポのチュラクKong gi chu rlagの中に入ったことをいうのであろう。

(26) 後代の史書は、ほとんど例外なく三子として、ニャンポ、コンポ、ポボへの放逐をいう。ただ、ポン教史の二著(TND, f. 83Bb, l. 4; LRD, f. 157b=TGS, p. 243, ll. 5-6)にはsPu deとNya(TNDはHaと誤写)khriがタク〔ポ〕、コン〔ポ〕に逐われたと見える。

(27) DTH, p. 124では《Rhul bzhi khugs, de Rhya mo》とするが明らかな誤訳である。"bzhi"は「四人」、"khugs"は"'gug(Ch. Dic., p. 160. fut. dgug, pf. bkug)に対応する自動詞、または、"bkug"の代用形(GMG, I, p. 28b; J. Dic., p. 41a)で、「尋覔〔する〕」、《to call》、即ち、「娶られる」意味である。

(28) "gnyis"「二人」をDTH, p. 124では、《Rhya mo rhul bzhi》(注(27)参照)と《bTsan bshong rgyal, de sNa nam》にする。これも誤りである。"btsan"も"rgyal"も「王」の意味であり、bShongとsNa namはともに固有名詞であることは本文後段に示すとおりである。バコー訳では、動詞"khugs"の後にある「条件」の接続辞"dang"を、列挙の接続助辞として《et》の意味に理解したので、「二人」のうちの一人を前文中に求めねばならなくなり、混乱した。なお、この種の解釈はYLD, p. 403; LPT, p. 222, n. 127; p. 224にも行われている。これによる限り、次の一節に見えるリャー氏とタク氏とが敵対して争う理由が失われてしまう。リャー氏とナナム両氏がロガムを討って仇に報じたのであればリャー氏がタク氏に対立することはありえない。新たな対立が生ずれば、特に説明が挿まれる筈であるが、これもないのでその考え方は成立しない。

(29) "srid kyi"「有の」と訳したが、「世にも珍しい」の意味であろうか。ヤルルン王家の祖先をsrid pa lha「姿ある神」という場合と関係があるかとも思われる。

(30) "'on zugs"は「聾者にしか吠えない」意味、"'on (g)seng"「聾者にしかはっきり聞こえない」と同義。敵に気づかれないで調べることをいう。"zug"「吠〔える〕」DTG, I, p. 259. "'on (g)seng"「調査」*ibid.*, p. 267;「看守、偵察」GMG, II, p. 84b;《to spy》J. Dic., p. 503a. "yar grags"は「評判がよい」意味。従って、《appelé 'On-zugs yar》(DTH, p. 124)は誤訳。

(31) "'Jang gi zu le ma"は、その後にくる形容詞(注(32)参照)から"'Dzang gi"と改めた。即ち、「賢の」の意味である。もし、南詔('Jang)が犬で有名であったとすれば、'Jangをそのまま読むべきであろう。"zu le ma"は"zug legs ma"の発音を写した俗字、"zug"は「吠えること」(注(30)参照)。"zug〔par〕legs〔pa〕"「吠えるに誤りなき」、"ma"「もの」の意味。

(32) "'jang dang 'on rku"は"'dzang dang 'on rku"と改めるべきであり、「賢にして忍びの窃《ひそ》か」を意味する修飾句。「忍びの高名」「賢の正吠え」という二頭の名犬を形容する。“'on rku”「聞えぬように窃《ひそ》かな」の意味。バコー訳では《deux autres chiens》とする(DTH, p. 124)のは文の句切りを誤ったものである。

(33) “'phrang po 'i brag g-ya' bo”は固有名詞(DTH, p. 125)ではない。“'phrang”は“g-yang sa 'phrang”「けわしい絶壁」“brag ri g-yang sa gu dog sa”「岩山の通れないような絶壁」(Ch. Dic., p. 548b)を指すが、“'phrang po 'i”は「けわしい」であり、“g-ya' bo”は「草も生えない」こと。“g-ya' ri”(Ch. Dic., p. 807a)参照。

(34) “pho la”は“pho lha”のこと。《son dieu protecteur qui le protégeait intensément et indissolublement (lié à lui)》(REB, p. 81)、その他、*ibid.*, p. 156., p. 312, n. 117参照。“pho”を《chien male》とすることも“la”を助辞にとること(DTH, p. 125)も出来ない。

(35) “thabs kyis bsgyur”「手段をもって〔事態を〕改変する」であり、《〔le chien〕se transforme par ruse》の意味にはならない(DTH, p. 125)。

(36) “khyi 'i spu la dug yod pa da”のままで読めば、「犬の毛に毒を塗ってあったものを今や」となる。この犬は二匹の犬である。

(37) “nga 'i rta rdzi”は、ション王、またはナナムbtsan ba自身をいうのか、もしくは、これら二人が派遣したものを指すかのいずれかである。前者の場合とすれば、“nga 'i”「私の」ではなく、“da 'i”であり、後に文成公主の『編年紀』に見るような、高位の役人に与えられる称号の一部かと思われる(五八〇頁参照)。

(38) “pha tshan”は《son cousin》(DTH, p. 125)でも《nephew》(YLD, p. 403)でもない。「父系親族」(Ch. Dic., 〔p. 518b〕; B-TD, p. 407b)をいう。

(39) “du 'thabs”は“'du 'thabs”「互いに戦い合う」の意味。

(40) “dud sna pho lo”は“dud sna phol lo”であろう。“phol”は“'bol”「服従する」の過去形。“dud sna”は“dud chen”「代表的な家来」の意味と思われる。DTH, p. 125. n. 4は“dud 'gro”を「牡牛」の年のことと考え、ハール氏は、《he subdued the different Dud(-'gro)》(YLD, p. 453, n. 17)とする。即ち“dud 'gro sna tshogs”と読むが、“dud sna”は“mi sna”「代表者」に準じて読まれるべきである。

(41) バコー訳は“chung ba”を《jeune fils》と取り(DTH, p. 125)、「腹に子を運ぶ」の表現と結びつけない。また、“pha ming”「里方」の意味を理解しなかったので、“chung ma”と取らなかったのである。ハール氏は“pha ming”を理解しながら“lto na bu khyer”を“lton bu khyer”と誤植されたまま無理に読んでいる(YLD, p. 402)。六二頁注(69)参照。

(42) "pha ming"「里方」「嫁の親戚」(GMG, II. p. 10a)。

(43) "spus la 'greng nus"「膝で立ちうる」は「四つ這いが出来る」意味。バコー訳《cet enfant excellent》(DTH, p. 125)は"bu spus"と句切ったものであるが、"spus"は形容詞として用いられない。ハール氏は《the son sPus》とする(YLD, p. 404)。ここではプー氏の意味と同時に"spus"を"pus mo"「膝」の意味に兼用したのである。"sPus"は"sPu rgyal"の"sPu"の本来の形を示すものであろう(五三頁参照)。

(44) バコー訳は《tout homme, tout oiseau》(DTH, p. 125)、ハール氏の訳文では《of men as well as of bird》(YLD, p. 404)となっている。"myi gang bya gang"の訳としては、最後の"gang"は"gang zhig"の意味に、中の"gang"は"gang bya"「何といわれる」の意味に取って"myi"「人」の修飾語とすべきである。

(45) "kha drag"は「乱暴な口をきく」(Ch. Dic., p. 70a)であるが、馬については「嘶く」意味と理解される。

(46) "gdod bstan"「はじめて示す」であり、《(elle) lui apprit ce qu'il desirait》(DTH, p. 125)ではない。この用法は敦煌文献『楞伽師資記』中(Ka, f. 23b, l. 3)に確認される。

(47) この一節によって、リャー氏に殺された父とロガム・タジに殺された〔ティグム・〕ツェンポの別人であることが証明されている。

(48)『学者の宴』(KGG, f. 7b, l. 3)では王の屍体はコンポに至ったという。ダライ・ラマ五世の『年代記』では(DSG, f. 11b, l. 5) Kong chu rlag に至ったとされている。LRD, f. 158b (TGS, p. 244)ではコンの国の kLu lcam Khod de ring mo が王の屍体を保存していたという。ツァンポ江の水が地中に吸いこまれるところ、即ち、chu rlag が「竜の腹」に相当する。

(49) "dbres"は"brjes"と同義異字(Ch. Dic., p. 597b)、《restituer》(D. Dic., p. 707a)。「代って水が出る所」をいうものと考えられる。

(50) 一般に「竜女」とされている。注(25)参照。

(51) 王の屍体を贖うのに「鳥人」が必要であるという話の形式は、ポン教系の史書(TND, f. 84b, l. 1以下)に大略同じ趣旨で示されている。ただ一つ特徴をなす点は、その「鳥人」に名があって、"khye'u Ngar la ngar po"「小児ガルラ・ガルポ」となっているところである。これは、『学者の宴』(KGG, f. 7b, l. 6)に Ru la skyes の別名として示される"Ngar sos po"に似ている。いずれも、ガルラケー Ngar la skyes(即ち、タルラケー Dar la skyes)に由来していると思われる。注(12)参照。

(52) TND, f. 84b, l. 3以下に次のように、本文と類似の筋が示される。

ルラケー主従があらゆる方角に求めたけれども〔「鳥人」が〕得られず、ひきかえし、Yar lung Sogs kha のイェ g-Ye' のカンバル Gang bar といわれるところ(注(70)参照)についた。そこでルラケーが地面の上にしばらく休んでいた時、畠の上に女のようなものが灌漑の溝をつくっていた。その側に子供が一人ひいひい泣いていた。その母が洩して「碌でなしを悪魔がもたらしたものよ。縁起でもない〔この〕子は、年も酉年生れ。目は鳥の目のように下から上に閉じる。手も水鳥の水かきのように連なっている。死にたがるわけでなし、殺すことも出来ない。棄てれば人は謗る」と言っているのであった。そこで、その女の傍に行き、「お前に欲しいものを何でもやるからこの子を私にくれよ」と言った。「それならばもって行け」と言われたので、子を連れて〔コンポの〕水際に至り、「ルチャム・コーデ・リンモ kLu lcam Khod de ring mo よ、お前の望みの子ガルラ・ガルポ Ngar la ngar po だぞ。王の屍体を出せ」と言って、子供を水の中に投げ出した。それが水底につくかつかないうちに、〔王の〕屍体が水際に現れ出た。そこで、ヤルルンのタンモ・タンチュン Trang mo trang chung の山頂無草のところに墓を建てた。これが王墓のはじめであって……。

"cho mi" については先に(五七頁注(29))述べた。バコーは(DTH, p. 126)"myi bya 'i bu mo" を《une fille, née d'un homme et d'un oiseau》とするが、誤りである。また、"yur ba byed" を《qui dormait》とし、ハール氏も《was lying asleep》とする(YLD, p. 405)が、それは "yur〔bar〕'dug pa 'i" とある場合の訳であり、"yur ba byed pa 'i" の訳ではない。

(53) "stang dbyal" "stang yal" "stang zhal" は「夫婦」の意味である。"stangs byal" と "ltang byal" の形もマクドナルド夫人は挙げている(LPT, p. 222, n. 130; p. 276, n. 327)。しかし、"dbyal" のみでは特定の一方か、いずれかの一方か不明である。後に、"btsan po 'i spur"「賛普の屍体」とあるから、"dbyal" は「王」の方を指すように見える。

(54) 必ずしも確かな訳文ではない。"thor to" は "thor tog" と読み "gtsug tor" の意味に解した。"'phren mo" は "'phreng mo" の発音を写した綴りとし、「編み毛」と理解した。"bzhags" は "'jog" の未来形の異体字、《to lay aside》(J. Dic., p. 179b)であろう。"'tshog"「打つ」(Ch. Dic., p. 716b), "phrog" は「掠奪する」、"rlom"「貪求する」(GMG, II, p. 100a)である。バコー(DTH, p. 126)、ハール氏の解釈(YLD, p. 405)と全く異なったものになる。葬儀の時にのみ儀式的に上下の関係を逆転する形式をとらせ、過去に累積した君臣間の緊張を解き、恨みを晴させる儀礼を取るに至った由来をいうものと理解する。

(55) "sku mtshal" は「血」の敬語。"gnyer" は "len"「取り戻す」、従って、「奪われた血を取り戻し」、"sha khon lan"「恨みを相手に返す」(D. Dic., p. 981a)と同義に解する。

(56) 挿入句によって説明する場合、話し手の確認を示す助動詞を挟む。「そうなのです。ニャキはコン・カルポなのです」というようになる。この点を理解せず、T. Wylie "'O de spu rgyal and the introduction of Bon to Tibet" (*CAJ*, 8, 1963) ではここから誤った結果を導き出している(*op. cit.*, p. 99)。

(57)　“gdengs” は “gdeng” の異字(Ch. Dic., “gdeng thob” p. 416b; “gdengs thob” p. 417a 参照)“gdeng tshod”《assurance, sécurité》(D. Dic., p. 506b)「確かさの程度」(BTD, p. 326b)、即ち、「安全」「安心」が “gdeng” に与えられる意味である。“pyol pyol” は “phyol phyol” の異字で “chol chol” “chal chal” とも示される(Ch. Dic., p. 539a)。“chol” については《inconstant》(J. Dic., p. 162b)があり、『曲札辞典』では「chal chal と動揺する音」であるとしている。

(58)　“char” は元来「雨」(DTH, p. 127)に由来する語かも知れないが、今は「雨」の義を用いても、“cha” に la don 助辞 “r” を加えたものとしても意味は通じない。また、“char” は、“-r” があるため “tshe ’u” と同義の “tsha”(CPT, pp. 199, 201, Zing brang tsha: gLing brang tshe ’u 等参照)「主」(五七頁注(26)参照)の異字とも考えにくい、あるいは、“chab” の誤字とも考えられる。もし “chab” の誤りであるならば、“chab srid”「統治」の意味(四一三頁注(25)参照)からと、その他、“chab ’og”「支配下」“chab ’bangs”「支配民」(Ch. Dic., p. 251b)などから、「支配」「監督」の意味を引き出しうる。穏当な見方は、動詞 “gcar” “bcar”「制圧する」(Ch. Dic., p. 231b; GMG, I, p. 87b; J. Dic., p. 146a)の意味から「制圧者」の意味に読むのが最もよいと思われる。

(59)　“sa ’on bu”「聾人(にとってのような静かな)土地」と理解した。或いは、“ ’om bu”「柳」(Ch. Dic., p. 786)の生じている邑中の土地という意味かも知れない。

(60)　“khog khog” は、“khog gcig”「一軀」(Ch. Dic., p. 82b)がいくつもある意味と解釈した。“ ’khogs” には「ぼろぼろになる」(Ch. Dic., p. 102a)意味があるところからハール氏は《decompose》(YLD, p. 405)の意味で用いている。物語の最後の部分に見える同型式の歌詞中では、この解釈の方がよいかも知れない。

(61)　これらの地名の比定は殆んど不可能である(LPT, p. 224, n. 137 参照)。

(62)　“zangs bu brgya” は “zangs bu rgya” の誤りである。注(22)参照。この場合、一〇〇人であるため、このような変形が加えられたのであるが、この一〇〇人は女の場合に表現のうちで特に利用されていない点に注意したい。

(63)　既に、第三章で述べた(五一一五三頁、六四頁注(76)—(79)参照。“mnangsu bcad” については動詞 “rnang ba”「阻塞する」(GMG, I, pp. 177a, 180a)を参考に理解できる。

(64)　“ ’a ba nyi” を “ ’ar ba rnyis”「運命が崩れた」と読んだ。“rnyis”＝“snyil”「毀れる」「倒れる」(GMG, I, pp. 114b, 116b)。“nye pa nyid” は “nyes pa rnyid”「罪あるものが凋落した」と解した(Ch. Dic., p. 321a)。しかし、いずれも確かとは言えない。

(65)　“nyig” は “snyigs”「鈍る」「衰える」(J. Dic., p. 197b)。槍を使いつかれたため、穂先が鳥のむくろにひっかかり、山を駈けめぐった足が兎のむくろにつまずく意味と思われる。

(66) 数多くの敵の屍体を足蹴にしながら "spur"「屍体」を "btab"「然るべき場所に置いた」というのであろう。

(67) そこには敵の屍体ばかりで、味方のプデ sPu de のものはもとより、援助したオデ 'Vo de (bed de ring mo) の筋のものもなかったというのである。コンポにいた舅のオデとの同盟が出来ていたことが知られる。

(68) kLu srin Mer lcam (KGG, f. 7a, l. 2; kLu btsan Mer lcam (DSG, f. 11b, l. 2)、『学者の宴』(KGG, f. 7b, l. 2) には、王の屍体をコンポで手に入れたのは kLu srin Ho te re の婢女 Bye ma lag ring となっている。注(48)および一二八頁参照。

(69) ただし、ボン教の史書のうちには二子のままにするものがある。注(26)参照。

(70) ボン教の史書 TND では、注(52)で見たようにヤルルン・ソクカ Yar lung Sogs kha のイェ g-Ye' のカンバル Gang bar でこの「鳥人」を求めたとしている。この地が果してヤルルンにあったかどうかは問題であって、ボン教の聖地としてはヨル g-Yo ru(「左翼」)のイェルン・カンバル g-Ye lung Gang bar (YBG, f. 11a, ll. 3-4)、または dBye lung Gang bar (TND, f. 76a, l. 6) と示される。Pelliot tib. 1286 の冒頭には、吐蕃王家の姻戚を述べる際に lDe za の所在を lDe 'i Gangs bar としているが、これとも同じものであろう。TND では、古い記事がよく保存されているので、同じく典拠 *sGra 'brel* に拠るとして LRD, f. 136a (TGS, p. 223, l. 17) に挙げられる形の g-Ye lung よりも dBye lung が正しい形と思われる。敦煌文献でも、dBye mo という国が見え、ヤルルンとは区別されている (CPT, p. 193)。聖地として言及する場合は、ボン教文献のいずれによっても、ヤルルンとは区別されている点に注意すべきであろう(注(117)参照)。ヤルルンの東にあるエ E がこれに当たると思われるから、dBye lung にいた「鳥人」もヤルルンと何かの関係はもっていたのであろう。ボン教の史書 TND における伝承はそのような事情を反映しているものと思われる。いずれにしても、両地は共にヨル所属ともされているから、ピャー部族の地と関連をもつ。したがって、「鳥人」(bya) がピャー Phyva' 族を象徴する可能性は少なくない。

(71) KGG, f. 7b, l. 3 では、王の棺は「ニャンチュ Nyang chu 河の白っぽい中に捨てられ、パッアプ Pa tshab 氏の国ギェーカル rGyad mkhar に七日とどこおり、Khri thang 'gur mo に一三日にとどこおって、コンポまでもたらされ……」というから、ニャンチュ河からツァンポ江に出たのである。また、ボン教史書 (TND, f. 83Bb, l. 4) には「'Da' le zas kha からニャンチュ河に捨てた」とある。いずれもニャンチュ河に捨てたとしている。

(72) ロガムとの戦場として Nyang ro rTsibs kyi thal ba tshal (KGG, f. 7a, l. 7), Nyang ro rTa zhal (TND, f. 83Bb, l. 3), Nyang ro lTag zhal (LRD, f. 157b = TGS, p. 243, l. 2) とあるが、地図の上に場所は示されない。他方、ニェロルン Nye ro lung は Nyang (/Myang) ro lung の訛りと思われるが、『聖地案内』(UNT, f. 16b = KTG, p. 18) には「シェルカル・ゲルツェ

Shel dkar rgyal rtse の南方のニェロルンから sGo bzhi re thang につく」とあり、その前に「Phu ma byang thang をとおって」とあるので、ニェロルンの範囲は、プマツォ Phu ma mtsho 湖の北の高原から、ゴシ sGo bzhi の東側も含めてゲルツェ(ギャンツェ)の南方を指すことがわかる。これはニャンチュ河の東南の上流域を指し、ペテック氏が KTG, p. 140, n. 140 に注記するようにニェルチュ Nye ru chu 河の上流域と思われる。このニェルチュの名はニャンロチュ Nyang ro chu の訛りであろう。gNying ro De mo dgon の gNying ro も Nyang ro に由来するのかと著者は推測している。

(73)　この挿話は、ティグム・ツェンポ『年代記』中の肝要な部分であるが、バコー訳は勿論、近年のハール氏訳文(YLD, p. 403)でもナナム王とション王とはせずに、リャー氏とナナム氏とに誤り解し、マクドナルド夫人も(LPT, p. 224)これと同じ解釈をとっている。この解釈は、次の段階における戦いがタク氏とリャー氏の間で行われるに至った経過の意味を失わせてしまう(注(28)参照)。後代の所伝のうちでボン教史の TND(f. 84a, l. 6)のみ「一説によれば」としてロガムが犬の毒で死んだことをいうが、それでもそれを仕組んだ人物はルラケーだとされている。

(74)　後代の所伝はタク bKrags 氏の名を “khrag”「血」と誤読して、そこから「血の球」から生れた(khrag gi gong bu gcig byung ba las skyes pa 'i bu. HLD, p. 16a, l. 2)として、更に、「拳ほどの血の球の動きのあるものが生じた」のを捨てかねて、野ヤクの角の中を暖めて中に置いた(GSM, f. 25a, l. 6)と語るに至っている。ボン教史の TND でも(f. 83Bb, ll. 6-7)後者とほぼ同じことが述べられている(注(75)参照)。

(75)　野ヤクまたはヤクの角の中で血の玉が保育され、そこから生れたので「'Jang の子、角(ru)に生れた(la skyes)」(GSM, f. 25b, l. 1)と名づけられたとする。この “'Jang” が犬の名として知られる(注(31))もの以外何に由来するかは知られていない。TND(f. 83Bb, l. 7)の方では同じ理由で “khrag gi bu Ru la skyes”「血の子、角の中に生れたもの」と名づけられたとしている。この形では khrag が明らかに敦煌文献『年代記』sPrags に由来していることを知る。KGG, f. 7b. l. 6 でも GSM を受けた記述が示されている。

(76)　敦煌文献『年代記』でいうルラケーはタルラケー(後代の伝承ではルラケーと混同される)の父であるため、後代の伝承説話が適用できなくなる。ルラケーの子は、俗に「プ sPu(s)氏の子」と呼ばれた。sPu(s)は漢文系史料の「悉補」に当り、“lha sras”「神の御子」の “rus”「父系血統」である。従って、同じく、“lha bu”「神の子」を称したのであるが、ただ、敬語を用いないで “lha sras” と区別された。なお、“rus”「骨」は父系血縁を、“sha”「肉」は母系血縁を示す。“ru” は「獣角」を示すが、ここでは “rus” の崩れた形と見る。

(77)　注(12)(51)参照。

(78) 「吐支敦」二三二頁、「蘇毗領」四一頁注47参照。
(79) KGG, f. 8a, l. 3 参照。
(80) 注(14)(73)参照。
(81) 注(26)参照。
(82) KPI, p. 34, n. 62, “lHa 'i zung” を個人名としている。ただ、“zung” は「一対」の意味があり、大臣 “lHa” かも知れない。今仮にこの方を訳文に示した。
(83) *loc. cit.*, n. 64、ピャー Phyva' について、リチャードスン氏はR・A・スタン説に従う。
(84) “yas gshegs” は時を上に遡ることをいうのであり、《came from above》(KPI, p. 34) ならば “mar phebs” となる。場所を上に登るならば “yar gshegs” である。
(85) 兄弟の関係はコンポの碑文の方が正しいのであろう。何度もニャキの兄たることを述べ、それにもかかわらずヤルルン王家のために尽したことを述べているからである(六三―六四頁注(74)参照)。従って、敦煌『年代記』にいう兄弟の順位は改竄もしくは誤写によるものであろう。
(86) ポン教史 TND(f. 84a, l. 5)には「ルラケーの名は Khri smon bzungs 王と名づけられ、小王(rgyal phran)になった。それから「ツァン」rTsang に遠征したところ、ツァンの家来たちが、われらの主が来られたと言って軍を案内して中に導き入れた。〔こうして、ニャンロ・〕シャムポがすっかり陥ち、ロガムの父一〇〇人、子一〇〇〇人が自刃したのであった」としている。また、LRD, f. 158a-b (TGS, p. 243, l. 30-36) でも殆んど同じことが述べられている。この場合の「ツァン」は、今日のツァン地方を指しているらしい。
(87) 高級官吏をいうには、敦煌文献では “zhang lon” と書く。この方は、古い碑文でも(AHE, p. 28〔L. 40〕)確認され、zhang po と blon po を指す場合と区別される。この点は、後に、“zhang po” を論ずる際に詳説する。
(88) “go mdzad” の “go” は母音で終るため、後要素の前接字子音と同化して “gong mdzad” となる。
(89) LPT, pp. 227-229、この文に “gna' thog ma”《jadis, au début》とありながら、その王をティグム・ツェンポの後一〇代目(デトゥボ・ナムシュンツェン)から始めているのをマクドナルド夫人も異としている。ただ、ク・ラボ・ゴカル Khu lHa bo mGo gar を “mGo dkar” と綴り《identifié par plusieurs textes tardifs avec Ru-la-skyes, le Ngar-laskyes du premier chapitre, qui est contemporain au successeur de Dri gum》(*op. cit.*, p. 228) としているのは、着眼点はよいものの、事実誤認が大きい。ラボ・ゴカル(gar/dkar)はルラケーの子とされているので、同夫人の指摘するような記述は知られていない。従って、その n. 147 では、lHa yi smon gzugs, lHa yi ’od dkar を位置づけかねている。

(90) 二八一―二八八、三五二―三五九頁参照。

(91) 三九二―三九五、四〇三―四〇九頁参照。

(92) 実際の方角では東南になる。

(93) G・トゥッチ氏は、《’Dar ba, which is certainly the present Dabadzong to the East of La dvags》(PRN, p. 75)とするが、その所在は明示されていない。また、T・ワィリ氏による『ザムリン・ゲーシェー』の注(GTD, p. 125, n. 94)には《the Daba Dzong of the maps, which is located southeast of mTho-lding about 35 miles》とされているが、mTho lding の西北になければ『ザムリン・ゲーシェー』そのものの記述と合致しない。

(94) 例えば、CPT, p. 200 に見えるコンジェ・カルポは、本文で見たコンポの碑文のテキスト(一〇三頁)と『年代記』(DTH, p. 99. l. 24)の記述、その他、カルチュン sKar chung 崇仏勅書の署名(KGG, f. 130a, l. 1; TTK, p. 103)によって、歴代継承の称号的なものであると知られる。

(95) 五七頁注(26)参照。なお、“drang rje”と“dang rje”の同じことは、次のような対応によって理解できる。“da *drung*/da *dung*”「今日」、“drang po/dang po”「素直なこと」、“’brang(動詞「従う」)/’bangs”「家来」などである。

(96) “tshe ’u”が“tshe”となる点は、“spre ’u”が“spre”に(GMG, II, p. 9a)、“rte ’u/rte”(*ibid.*, I, p. 124b)になる例もあるので了解できる。“tshe/tse”は、敦煌文献では同じ文献の中でも見える異字である。“rtse”は「頂上」をいうのが一般であるが、称号の場合は“tse”の異字であり、“rje”の意味になる。

(97) “Long ngam”の形は、ティグム・ツェンポの相手として後代の DMS(f. 13a, l. 2, 3; DMST, f. 15b, ll. 2-4)にも見えている。

(98) この経過の一部は、敦煌文献中に“gzhon nu”に対して“gzho nu”と示される例があるので、次のようにいうことが出来る。元来、“gzhon nu”は“gzhon bu”に由来している。“gzhon bu”の発音は“gzhon ’u”となり、前要素の語末子音が後要素と一体化し、“gzho n’u/gzho nu”が生れる。やがて、“gzho nu”の二要素間に、前要素が母音で終る場合、後要素の語頭子音による閉音節化が起る。例えば、Gu ge→Gug ge となるのと似て、“gzhon nu”が出来る。また、“Long ma”が“Long-m”となるというのは、チベット語の一音節語化しようとする傾向から推測したものである。

(99) この推測を支持する記述は、しばしば敦煌『年代記』と平行の記述が見られる(ティグム・ツェンポ二子説、Bed de ring mo の異字 Khod de ring mo を示すこと、犬によるロガム殺害説をもつ)TND のうちに示される。即ち、ルラケー(これも実はタルラケー)が〔ニャンロ・〕シャムポを襲った時、住民達が“nged kyi rje byon”「我〔等〕の主が来られた」と言った旨を示すからである。即ち、ルラケーを後に Lom ma rtse に推戴したことが暗示されている。注(86)参照。

(100) 後代のことになるが、キュンポ・スツェ Khyung po Zu tse が「ツァン・プー」rTsang Bod 二万戸を討伐して、その全土の領有を許されている(DTH, p. 106, ll. 20-24)のと比較できる。注(86)(99)参照。

(101) “pru bo”は“'phrul bo”であり、“'phrul gyi”「聖なる」と同義でない。“lDe pru bo”とは、テイグム・ツェンポ以後“lde sras”たる資格を失ったため、「lde の化現者」と称したのである。なお、この点については注(20)参照。

(102) 各表の引用箇所は下記のとおりである。『王統表』(DTH, p. 82, ll. 2-6)、『王統記』(GGG, f. 5a, ll. 2-3)、『ゲルポ・カータン』(GKT, f. 19a, ll. 1-2)、『プトゥン仏教史』(SRD, f. 118a, l. 6)、『赤冊史』(HLD, p. 16a, ll. 4-5)、『明示鏡』(GSM, f. 26a, l. 6-f. 26b. l. 1)、『マニ・カムブム』(MKB, f. 187b, l. 5)、『学者の宴』(KGG, f. 9a, ll. 2-4)、『新赤冊史』(DMS, f. 13b, l. 3; DMST, f. 16a, ll. 5-6)、『ゴルパ仏教史』(TGG, f. 116b, l. 2)、『ダライ・ラマ五世年代記』(DSG, f. 12a, ll. 2-3)、『ラダック王統史』(AIT, p. 30, ll. 7-9)。

(103) そのような例として著者は Stein 文献 I. O. 735 を挙げたい。マクドナルド夫人は、そのうちに見える 'Brong zi legs pa を一三代目の王として見る(LPT, p. 358, n. 569)が、歴代中の王として扱われた形跡は全くない。

(104) 五四—五五頁注(7)、一八九頁注(10)、二五三—二五四頁注(17)参照。

(105) YLD, p. 127 に『宰相記』の記述を不備なものとしている。

(106) トゥンミ・サンボタ Thon mi sambhota については三二六—三二七、四五六—四六三頁参照。

(107) バー dBa 's 氏がタクウ・ニャシク王の時ヤルルン王家と結んだことは敦煌文献『年代記』(DTH, pp. 102-105)中にくわしく、後段でも紹介する(二七一—二七六頁)。

(108) ナムリ・ソンツェン gNam ri srong btsan 王の宰相とはしているが、dBa's sNang bzher, Tshe spong Na gnag ser, Nyang Tsong gu, gNon 'phan lnga gsum (KGG, f. 11b, l. 7)のうち Tshes pong nag seng (DTH, p. 104, l. 17), Myang〔smon to re〕Tsen sku (*ibid.*, p. 103, l. 22, 25), mNon Pang sum 'dron (*ibid.*, p. 104, l. 14, 15)が創興の協力者として確認される。また、その他に Khri dor snang btsun (Mong gi bu) (KGG, f. 11b, l. 4), gNubs gNya' dor gtsug blon (*ibid.*, f. 9b, l. 1)の名がバー氏とともにソンツェン・ガムポ王の許で永久臣盟に参加した七人の側近中に見られ、それぞれ Khu Khri do re smyang zung, gNubs sNya do re gtsug blon (DTH, p. 110, ll. 2-3)と示されている。

(109) 短期しか在任しなかったオマデ・ルーツェン 'O ma lde Lod btsan や、ゲンラム・タクダ・ルゴン Ngan lam sTag sgra

klu gong (DTH, p. 101, l. 36; p. 102, l. 16) の名が含まれている。前者はガル・トンツェン mGar sTong btsan yul zung が再任される前に就任したはずであるが『編年紀』に名が出てこない。後者に関しては、チム・ゲルシク・シュテン mChims rGyal gzigs shu steng とナナム・ゲルツェン・ラナン sNa nams rGyal tshan lha snang の間で位についた筈であるのに、漢文史料では、チム（・ゲルシク結息）とナナム（・ゲルツェン結贊）が直接交替したかのように伝えている（『古チ研』六二六頁参照）。

(110)『王統表』(DTH, p. 82, ll. 8–10)、『王統記』(GGG, f. 5a, l. 3)、『ゲルポ・カータン』(GKT, f. 19a, ll. 3–4)、『プトゥン仏教史』(SRD, f. 118b, l. 1)、『赤冊史』(HLD, p. 16a, ll. 5–6)、『明示鏡』(GSM, f. 26b, l. 2)、『マニ・カムブム』(MKB, f. 187b, ll. 5–6)、『学者の宴』(KGG, f. 9a, l. 6)、『新赤冊史』(DMS, f. 13b, l. 4; DMST, f. 16b, ll. 1–2)、『ゴルパ仏教史』(TGG, f. 116b, ll. 2–3)、『五世年代記』(DSG, f. 12a, ll. 4–5)、『ラダック王統史』(AIT, p. 30, ll. 10–11)。

(111) YLD, p. 242 参照。

(112) TAM, pp. 11–12, 五四—五五頁注(7)、一九〇頁注(10)、二五三—二五四頁注(17)参照。

(113) シプ国 Sribs yul をセリプ Se rib と同じであろうとする意見は佐藤長氏によって示されている(『古チ研』四〇五頁)。しかし、特に考証があるわけではない。気になることは、敦煌の『編年紀』の七〇五年、七〇九年(DTH, pp. 19, 20)にセリプは他国のような扱いを受けているので、『通典』一九〇の「悉立」に似ていない。他方のシプ国の方は『小王国表』にのみあって、国内小王(rgyal phran)として扱われている。今、ナナムの国に関してならば、明らかにツァンのルラク gTsang Ru lag 地方(KGG, f. 19b, l. 4; f. 19b, ll. 1–2)にあって古くからションパ Zhong pa と共に吐蕃王家と深く結びついていた。しかも、『通典』に見える「悉立」と「章求拔」の位置はルラクにあるナナムの位置と必ずしも矛盾するわけではない。

(114) TAM, pp. 17–25; DTH, p. 80, l. 26.

(115) LPT, pp. 197–202.

(116) LPT, p. 201. lDe Nyag khri btsan po に限って《nom de clan et nom de région du Yar-lung》がつけられたり、母方の名が固有の名の外につけられたりする理由はない。また “lde sras”「デの御子」という場合は、ティグム・ツェンポまで用いられた称号で、それ以後には “lde pru bo”「化現せるデ」と呼ばれることがあっても(注(20)(101)参照)「デの御子」と呼ばれることはない。マクドナルド夫人が《on le sait que le terme *lde sras* ou *lde bu* est appliqué à plusieurs rois du Tibet dans le 1287, notamment à Dri gum et à Srong btsan sgam po》(LPT, p. 201) というのは、ティグム・ツェンポについて “lde sras” と呼ぶ一例があるのみで、他に “lde bu” と読んだのは、接尾辞 “lte bu”「〜のごときもの」を誤読したのであり、全くその例はない(三九七頁参照)。従って、「デの御子」は、人間と通婚して「神性」を失ったものにはつけられない称号であるとする『学者の宴』Ja章の説明(KGG, f. 9a, l. 7–f. 9b, l. 1)は有効なわけである。この場合の“lde”は、いわゆる“sgrung, lde 'u, bon”(KGG, f. 9b, l. 3)の“lde 'u”との関連で考え、氏族名のlDeとは別個に扱うべきであろう。

(117) マクドナルド夫人は氏族としてのlDeをヤルルンに位置づける(LPT, p. 197)。その根拠にPelliot tib. 1285のll. 79–90(FPG, p. 168)をとり上げるが、そこにはlde gshen rmun buをヤルルンに呼んだことが示されている。一般に他の国の場合は、例えばdBye mo yul drugにはdBye gshenというように国名とともに示されているが、ヤルルンの場合だけlde gshenとなっている。この場合に見る“lde”は国名でない。だからと言って直ちに氏族名ということにもならない。むしろ、ヤルルン王家の場合を特例として、“lde 'u”と結びつく意味で“lde”の名を冠して呼んだものと考えるべきであろう。ポン教史料の伝えるdBye/g-Ye lungは、誤ってヤルルンと結びつけられてもいるが(注(52)(70)参照)、同じg-Yo ruにあるから、距離は近く、おそらく、dBye mo yul drug(CPT, p. 193)に相当すると思われ、今日のエE地方を指すと考えられる。

(118) この点はハール氏の所論を紹介した際に述べた(四四頁参照)。

(119) 『王統表』(DTH, p. 82, ll. 11–14)、『王統記』(GGG, f. 5a, ll. 3–4)、『ゲルポ・カータン』(GKT, f. 19a, ll. 4–5)、『プトゥン仏教史』(SRD, f. 118b, l. 1)、『赤冊史』(HLD, p. 16a, ll. 6–7)、『明示鏡』(GSM, f. 26b, l. 3)、『マニ・カムブム』(MKB, f. 187b, l. 6)、『学者の宴』(KGG, f. 9a, l. 7–f. 9b, l. 3)、『新赤冊史』(DMS, f. 13b, l. 5; DMST, f. 16b, l. 3)、『ゴルパ仏教史』(TGG, f. 116b, l. 3)、『五世年代記』(DSG, f. 12a, l. 5–f. 12b, l. 1)、『ラダック王統史』(AIT, p. 30, ll. 12–14)。

(120) 『新赤冊史』に対するダライ・ラマ五世の評価については八七頁注(49)参照。

(121) LPT, p. 201, n. 50. チベット語では、潜在主語がはっきりしている時、連続する二文節にわたって同じ主語を繰りかえすことはありえない。本文の引用では明らかに〔ヤルルンの王達〕という潜在主語がある。従って、マクドナルド夫人のように“lha sras”を主語とすることは出来ない。“lha sras lde sras”“lha sras btsan po”は潜在主語に対する補語となる。

(122) 注(116)参照。

(123) 注(20)参照。

(124) 注(20)(101)参照。

(125) この妃の名の異写字は'O ma ste Mo tsho(DSG, f. 12a, l. 4), 'O za te Mo mtsho(KGG, f. 9a, l. 4)の形で与えられ、ダライ・ラマ五世は前者にSe rNol po sdeをその夫に配している。明らかに'O ma ldeのldeがthang, ste, teに転じたことがわかる。この変形に類するものにKhri thog rje thog btsanの妃、Ru yong za sTong rgyal mo mtshoがあり(*op. cit.*, f. 9b, l. 4)、『王統表』(DTH, p. 82, ll. 14–15)では後部が“sTong rgyal mtsho ma”に変っている。これらによれば'O ma ldeもしく

はRu yong zaが妃であったことになり、いずれによっても現実の氏族名であることを知る。

(126) ソンツェン・ガムポ王時代に吐蕃の征服を受けたシャンシュン王のリク・ミリャ(DTH, pp. 115-117)を、ポン教系の史料はティソン・デツェン王時代に征服されたLig mi rgyaとして伝える(SCL, p. 52, n. 8; CPO, pp. 295)。この rhya/rgya の対応は、*rye/rje の対応と平行な条件のもとにあるように思われる。

(127) "sTong ri"は"dong re"の誤った写し方の一つであるというべきかも知れない。"stong"は、次に見るようにlongから還元されるldongと並び、その異体字として存在しよう。

(128) "ldang"《to rise》: "ldangs/langs" pf.; "ldug"《to pour》: "ldugs/lugs" pf.; "ldog"《to return》: "log" pf.; "ldong"《to become blind》: "ldongs/long" pf. (J. Dic., pp. 289a-292a)の例がある。

(129) sdog/ldog/rdog の綴字は、今日では全く同じ発音を示している。

(130) kLu lcam Mer ma(Thi sho legs妃、KGG, f. 9a, l. 4) kLu mo Meng mo(Se snol po sde妃、*loc. cit.*, l. 5), kLu sman Mer mo(De sho legs妃、DSG, f. 12a, l. 2) kLu mo Mer ma(Se snol gnam lde妃、DSG, f. 12a, l. 4)

(131) La lam sde(ལ་ལམ་སྡེ་)の形は、'O ma sde(འོ་མ་སྡེ་)の崩れた形を示すものと思われる。

(132) 注(125)参照。

(133) ともに氏族名をいうものであるなら、一方が誤りであることになる。しかし、詳細は不明である。

(134) 『王統表』(DTH, p. 82, ll. 17-23)、『王統記』(GGG, f. 5a, l. 6-f. 5b, l. 1)、『ゲルポ・カータン』(GKT, f. 19a, ll. 5-6)、『プトゥン仏教史』(SRD, f. 118b, l. 3)、『赤冊史』(HLD, p. 16b, ll. 1-3)、『明示鏡』(GSM, f. 27a, l. 2-f. 29a, l. 4)

(135) 『古チ研』一九〇頁参照。

(136) *Grammata serica recensa* による参照箇所を以下に示す。

一、痕(33)、悉(1257-e)、董(118-l)、摩(17-e)。

二、佗(4-h)、土(62-a)、度(801-a)。

三、揭(313-n)、利(519-a)、失(402-a)、若(777-a)。

四、勃(491-b)、弄(1180-a)、若(cf. 3)。

五、詎(95-p)、素(68-a)、若(cf. 3)。

六、索(68-a)、論(470-b)、贊(153-a)。

七、棄(535-a)、宗(1003-a)、弄(cf. 4)、讃(153-c)。

(137) ブッダグヒヤによる『西蔵の主従に贈る手紙』(『北京目』五六九三、ff. 404b–410a、『東北目』四一九四、ff. 135a–139a)の冒頭によると、ティソン・デツェン王が確立した十善の法は、五毒(煩悩)の樹である人身を得て(それをソンツェン・ガムポ王まで)六代にわたって伝えたその(世系の)源にあるティジェ・トクツェン Khri rje thog btsan(プデ・グンゲル)以来継承されたものとされている。また、『コータン懸記』(『北京目』五六九九、ff. 444a–468a、『東北目』四二〇二、ff. 168a–188a)には多くの時代錯誤の記述が含まれるが、公主を妻としたソンツェン・ガムポと思しい仏教興隆の王が第七代目の王と示される。

第五章　ヤルルン王家の遠祖

第一節　ニャティ・ツェンポの素姓

ニャティ・ツェンポ Nya khri btsan po というのは、コンポの碑文に示されたヤルルン王家の遠祖の名である。敦煌文献の『王統表』には、ニャクティ・ツェンポ Nyag khri btsan po と示されている (NIR, p. 156; KPI, p. 32 [l. 4]; DTH, p. 81, l. 10, 28)。後者の綴字は、Nya に続く khri の語頭子音との同化によって、Nya に後接字の -g が加えられたものと考えられる。従って、後代に一般的なニャーティ・ツェンポ gNya' khri btsan po (SRD, f. 118a, l. 5; HLD, p. 15b, l. 7; GSM, f. 24b, l. 3) の表記も、Nya に前接字が加わった異字と見てよい。

このニャティ・ツェンポを、印度系のルーパティ Rū pa ti の末裔であるとか、或いは叙事詩マハーバーラタ Mahābhārata に関連づけ、或いは、シャーキャ族と結びつける説明に関しては、既にE・ハール氏が詳説している。その点を紹介した際に批評したようにルーパティについて述べる *lHa las phul du byung ba'i bstod pa rgya cher 'grel ba* は外国人の Shes rab go cha (Prajñāvarman) の著作であり、チベット人が知ったのは、リンチェン・サンポ Rin chen bzang po (九五八―一〇五五年) による訳出以後である。[1] マハーバーラタに関連させた説明も、その後に成立したのである。シャーキャ族との関係をいうのも、*Mañjuçrīmūlakalpa* の記述が問題になってからその影響を受けた[2]ことは確かである。

敦煌文献の『王統表』にはルーパティを祖と見ない元来の系譜[3]が示されている。この『王統表』は Pelliot tib. 1286

に収載され、三部から成るうちの後の二部に相当する(4)。

以下に訳出するのは、第二の部分と、第三の部分の冒頭に当るものである。不明の部分も少なくないが、今後の議論に必要であるから、敢えて訳文を示しておきたい。

神にして天の上から降り給うた者、天の真中(5)の上にましましたヤプラ・ダクドゥク Yab lha bdag drug の御子息、兄三人、弟三人、間のティイ・ドゥンツィク Khri 'i bdun tshig(「座の七人の真中」)との七人(6)、ティイ・ドゥンツィクの御子息ニャクティ・ツェンポ Nyag khri btsan po(はこの)国土に国の父たる主、土地の父たる押さえ(7)として来られたのであった。ラリ・ギャント lHa ri gyang do 山に来られた時、大きいスメル Sumeru 山もうやうやしく体を屈し、大樹も頂層を平に靡《な》びかせ(8)、涌泉の水は鈴の音を奏で、堅い岩石なども軟かくなり、真心こめて(9)礼拝したのであった。〔こうして〕Bod ka g-yag drug(本来のプー〔カム地方〕の迎え入れた六〔氏〕(10))の主となったのであった。はじめて地上に来られたかたであったが、天の果てまでの(その)下の主となられたので、天の中央、地の真中、大洲の心臓部であり、雪の庭にして、一切の河の源をなし、山は高く、地は潔くて、国は善く、人は賢く、且つ勇者に生れつき、善き風俗を増し、馬は速く、殖えつづく場所(11)として、しかるべく選択して〔この地に〕来られたのであった。他の王とは同じからぬ気風〔があり〕、ものやわらかく、心から挨拶をなし、枡目に光をあてて取る(12)。気高く生きる(13)人々が王者の衣裳をつけ、立派な人々が気高い姿〔をもつの〕も、これより始まったのであった。すぐれた木のうちでは、松の丈が最も高いものであり、すぐれた河のうちではヤルの河(ツァンポ江)が最も青い。ヤルラ・シャムポは gTsug(14) の神である(DTH, p. 81, ll. 7-25)。

第三の部分の冒頭は、同じ趣旨を簡単に伝える。

真中の天の上にましましたヤプラ・ダクドゥクの御子息、兄三人、弟三人、ティイ・ドゥンツィクと共で七人、ティイ・ドゥンツィクの御子息デ(lDe)ニャクティ・ツェンポ、この国土に、国の父たる主、土地の父たる押さえ(char)として至られた。「神の御子」(lha sras)は人の国の主をつとめておられながらも、あからさまに一気に[15]天に赴くことが出来たのである(*ibid.*, ll. 26–30)。

上の記述はヤプラ(lha/bla)ダクドゥクの七人の子の真中の子、即ち、ティイ・ドゥンツィクについて、その子ティKhri・ニャクティ・ツェンポ、またはデ lDe・ニャクティ・ツェンポが半神的能力を保ちながら地上の主となったと言い、その際、すべてが靡き伏し、"Bod ka g-yag drug"、即ち、「プー」の地、今日で言えばカムにおいてこの王を迎え入れた六氏族が掌握されたというに留まっている。

『王統明示鏡』も用いている「埋蔵本」の『ゲルポ・カータン』には、ほぼ同じ趣き[16]を略説するが、重要な母方の部族名ム dMu に言及するので、以下に示したい。

「プー」の王オデ・プルゲル 'O de spur rgyal なるこのものは、天の神から地の主となって来られた。(中略)〔即ち、〕タクチャク・ウェルウェル rTags chags wal wal の御子息の四兄弟のうちの第一の主であるヤプラ・デルドゥク Yab la bdal drug と言われるものが現れた。そのものに七人兄弟のすぐれた御子息が生れ、そのうちのパルラ・ドゥンツィク Bar lha bdun tshig(「中の神、七人の真中」)が父母兄弟に害をなし〔たので〕、父と母とが〔彼を〕コルブン sKor bon の母方親族(zhang po)の国に放逐した。〔ところが、ドゥンツィクはその国で〕ムサ dMu za(ムの女)デメツゥン lDe me btsun と結婚して生んだ御子息がニャーティ gNya' khri〔である〕。これまでが、生れがスィーパ Srid pa の神の歴代(Srid pa 'i lha rabs)なのである。第一の主ニャーティ・ツェンポと呼ばれるこの人は黒頭の人民と畜生の依りどころとして〔地上に〕至られた(GKT, f. 18b, ll. 1-3)。

とあって Yab lha (/bla) bdag drug が Yab la bdal drug となっている。両者の "l" と "g" は誤られ易いが、多分 "g" が正しい綴り字[17]であろう。一代前のタクチャク・ウェルウェルの名が新たに示された上に、ドゥンツィクが乱暴であったために「母方親族」zhang po にあずけられ、そこでム部族の女デメツゥン[18]と結婚して問題のニャーティ・ツェンポを生んだという。ここにはまた、オデ・プルゲルがニャーティ・ツェンポの得た称号であることも示されている。ムは、後段で詳述するが、セ Se、ム dMu、ドン lDong、トン sTong という四大部族の第二のものであり、この「母方親族」は、後段で見るようにこのム部族である。また、ニャーティの生誕までは Srid pa 'i lha rabs「スィーパの神の世代」[19]とされているのに注意したい。

Pelliot tib. 1038 は重要な文献で、後にも用いるが、その六行目以下に、

> 王の家系の起源をいうと、上天の上においてラ・クチセルシ lha ku spyi ser bzhis と呼ばれるもの[20]、即ち、マサン Ma sangs 一切の所有主が生ける者(Srid pa)のすべてに権威をもっていた。そのピャーイ Phya'i もまたピャ〔部族〕であられるとも言われる。

とあって、「生ける者に権力を行使する神」として、ピャーイ Phya'i の名を挙げ、これもまたピャ Phyva に属すると示している。このピャは神の名に由来していたとしても、コンポの碑文に(KPI, p. 32, テキスト l. 3)"thog ma phyva ya bla bdag drug"「最初のピャ、ヤプラ・ダクドゥク」とあり、この後の引用文でわかるように、ム部族名と一対に用いられるので、ヤルルン王家の祖先に関する父方の部族を呼ぶ称と考えられ、漢文史料で「不夜」*piau: ia*(『冊府』九九七)、「弗夜」*piuət ia*(『唐書』吐蕃伝)と示されるもの[21]に相当する。

上の説明の少し遡ったところを『ポン教興亡史』の文によって紹介し、その欠を『シェーズー』を用いて補足してみたい。ここでは「ポン教流周知伝承」Grags(Dregs/bsGrags) pa Bon lugs と呼ばれる伝承のみを取り上げる。なお、『ポン教興亡史』の成立は一一世紀[22]と言われるが確かではない。

末子のラセー・モンテンジェ lHa sras Mong then rje、モンテンジェとム・ドゥンドゥンラモ Mu dun dung ra mo が結婚して中空のラセー lHa sras「神の御子」三人が生じた。トゥルチャ・エルウル 'Phrul bya 'al 'ol、ティチャ・エルウル Khri cha 'al 'ol、タクチャ・エルウル sTag bya 'al 'ol の三人である。タクチャ sTag cha

(/bya)とツェサー・キャンキュン Tshe bza' Khyang khyung がもうけた御子ジェ・ヤプラ・デルドゥク rje Yab lha bdal drug というのは、インドラ神である。[23] この人に、妃が〔三三人(中略)いた〕そのうちのゼーデンマ mDzes ldan ma に七子が生れ、兄三人、弟三人、中がティ・パルラ・ドゥンツィク Khri bar la bdun tshig とも言われ、ララプ・ニェンルムジェ lHa rabs snyan rum rje とも言われた。この者を父が南贍部洲の王に遣わしたので、すべての人が頭の頂に崇めた。(中略)再び三三天に帰られ、ムジェ・ツェンポ rMu rje tsan po の娘ムツァム・ダモ rMu tsam Gra mo と言われるものを娶ったところ、母(=妻)の頸根[24]に肚ほどの瘤が生じ、満九か月と一〇日の後、孔があいて中から〔(中略)化身した四人が現れた〕〔そのうちの〕水晶の子が言った「(中略)私はニャーティ・ツェンポです……」(BDL, f. 25b, l. 2–f. 27b, l. 5)。

とあって、後半には説話としての様相が強く出ている。

ム族との婚姻は古く、タクチャ・エルウル sTag cha 'al 'ol(/sTag chags wal wal/sTag bya 'al 'ol/sTag rje 'al 'ol)の父の代にム(d)Mu[25]から妃を迎えたあとがうかがわれる。

『シェーズー』は一五世紀末に成立したものであるが、パクモドゥパ系の史料であるところから注意してみると、後段で見る『ラン・ポティセル』中の系譜と比較すべきものが示されている。今、必要部分の訳文を Çatapitaka版によって示し、その後に系図を掲げておくことにしたい。

その御子はムンテンチェン Mong then chen である。その御子タクジェ・エルウル sTag rje 'al 'ol.(中略)それと母ツェサ・キェーキュー Tshe za Khyad khyud の生んだ御子としてスィーパ Srid pa の神族四御兄弟が生じた。この神族四御兄弟が御相談をなさって、国を誰々に分割するかを軟草地の草原[26]で螺の骰子を投げて〔決めた〕。かのジェ・ヤンラ・デルドゥク rje Yang lha dal drug は三つの骰子六目で一八を出し、天の一三階上で神々すべての主をつとめた。チャラ・ダチェン Cha[27] la dgra chen は五目が三つで一五を投げ、グンツゥン・チャ mGon rtsun cha の神の園に行ったという。かのギャラ・ドゥーマナム rGya lha 'gros ma rnams は四目三つの一二を投げ，ギャ rGya の人民の神になっていったのであった。オデ・クンゲル 'O de gung rgyal は三目三つの九を投げ，人も神も(未だ分れてい[28])ない者達の神となって行った。そこからスィーパ Srid pa の九神が生じた(CYNC, f. 75a, l. 2-f. 75b, l. 4)。

以下は，上の四人の第一番の Yang lha dal drug と示された者，即ち，Yab lha thal drug，先に bdag drug と改めておいたが，そのヤプラ・ダクドゥク後裔の話になる。

一三天の上にいたジェ・ヤプラ・テル(/thal)ドゥクとムユム・ムツゥン・ティメン Mu yum rMu rtsun khri sman のもうけた七人の子があり，上の兄三人，下の弟三人，その中のドゥンツィク bDun tshig(「七人の真中」)がティ・パルギ・ドゥンツィク Khri gar (/bar) gyi bdun tshigs であって，上は父と兄に迷惑をかけ[29]，下は母と弟に迷惑をかけたので，父母二人が相談して，母方親族のム rMu の国に行けと御命じになったが，いうとおり聞かないので，多くの宝物(中略)，それらを与えて，母方親族ムの国に遣わしたのであった。彼はムジェ・ツェンポ rMu rje btsan po の国ガムリラプ Ngam ri rab の傍に住んでおられた。これとムサ・デツェンモ rMu gza' Bre btsan mo がもうけた御子(中略)は，母の頸から生れおちたので名もニャーティ・ツェンポ gNya' khri rtsan po というようにつけられたのであった。そのとき，チベットには一二小王の支配があったが，方々の敵を押えきれず，力と神通力のあるものを求めようと相談をしていたところ，中空から生じた声がいうには「チベット黒頭の家来の主が欲しいなら，ム国のラムリゲン Ram ri ngam というところに(中略)神の家系でムの外甥であるラ(lHa)・ニャーティ・ツェンポという方がお住みである。その方を黒頭の主にお招きせよという声が聞えたのであった(*op. cit.*, f. 75b, l. 4-f. 76b, l. 4)。

とあり，続いて，ツィプキラ・カルマ・ヨレ rTsibs kyi lha sKar ma yo le がニャーティ・ツェンポを訪れた話[30]になる。使者は一旦断られながら説得する。ニャーティは、父母から貰った宝を発送し、母方親族のムからも宝物を貰い受ける。その中に有名な“rMu skas rim dgu”と“rMu phreng zang g-yag”[31](*op. cit.*, f. 77b, l. 3)もあった。その後にラリ・ギャント lHa ri gyang tho 山に降り、国見をして、やがて、諸国を征服したというのである。

上記二段の引用で、話を通じて重要な点は、ム部族が「母方親族」とされることである。更に、上段で「神族四御兄弟」が示される点も重要であり、後の『ラン・ポティセル』の記述と併せ見るときに意義が現れる。下段ではまた、ヤルルン王家の系譜が「神族四御兄弟」のヤプラ・テルドゥク Yab lha dal (/thal) drug 即ち、ヤプラ・ダクドゥクから発展したことを、先に見た『ゲルポ・カータン』の場合と矛盾なく、かつ、より具体的に確認出来る点で少なからぬ価値がある。

「神族四御兄弟」が「ピャ族四御兄弟」(Phyva rabs mched bzhi)とされること(UTM, p. 203, f. 23a)もあり、その場合、彼等はピャ・ム・ツクキ・ゲルポ Phyva dMu gtsug gi rgyal po[32]とトゥンサー・グルモ Dung bza' dNgul mo の後裔として示されている。後者は、後に見る『ポティセル』中ではタクツァ・エルウル sTag tsha 'al 'ol の祖母として示される。「ピャ族四御兄弟」の名(UTM)を括弧に入れて、上記諸関係を次頁に示す。

『ポン教興亡史』の中ではティ・パルラ・ドゥンツィクが既に地上の王となった旨をいうが、Pelliot tib. 1038, l. 13でも、

ティ・パルラ・ドゥンツィク Khri bar la bdun tshig と呼ばれる〔ものが〕天の神から地上の六国[33]へ、立てる黒頭無主の人の主に、御える髯あるものにして飼い主なきものの飼い主に、大臣ロ lHo とゲク rNgegs、ポン教徒のチェ mChe ツォ gTso……人の主たる神と家来として〔分れて〕[34]、Bod ka g-yag drug (「プーの迎え入れる六侯」)の国に至ったと言われる。

とあって、同様にティ・パルラ・ドゥンツィク、即ち、ティイ・ドゥンツィクが最初に地上の王となった旨が示され

ている。

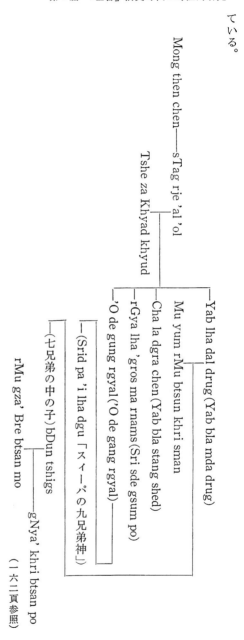

Mong then chen——sTag rje 'al 'ol
　　Tshe za Khyad khyud
　　　—Yab lha dal drug (Yab bla mda drug)
　　　　Mu yum rMu btsun khri sman
　　　—Cha la dgra chen (Yab bla stang shed)
　　　—rGya lha 'gros ma rnams (Sri sde gsum po)
　　　—'O de gung rgyal ('O de gang rgyal)
　　　　—(Srid pa 'i lha dgu「スィーパの九兄弟神」)
　　　　—(七兄弟の中の子) bDun tshigs
　　　　　rMu gza' Bre btsan mo
　　　　　　——gNya' khri btsan po

（一六二頁参照）

吐蕃王家の遠祖について述べる文献の重要なものに『ラン・ポティセル』とほぼ同系統のポン教文献がある。著者は先に『ポティセル』を用い、スムパ Sum pa 族のラン rLangs 氏とゲルモロン rGyal mo rong の女国ダン（スブラン）sBrang 氏の関係を研究した[35]ことがある。

ラン氏は、パクモドゥパ王朝をなした一族として知られるが、敦煌文献の『小王国表』(DTH, p. 80, 即ち、Pelliot tib. 1286)によると、スム国 Sum yul を構成していた氏族であった。彼等のあるものは、既に dMu-Phyva 部族に結びついていた母権継承制のダン氏と通婚してその姓を重ねて名告り、かなり早い時代(唐以前)からゲルモロンの女国を支えていた。その末裔は清朝時代まで続いていたのである。清朝時代の記録では、土司が自らの氏名を索(孛)朗・郎、即ち、sBrang-rLang と名のり、(36) 女土司が権力を継承していた。ただ、両唐書の東女国伝にあるように、その権力は、「姑死《シテ》而婦継《グ》」という形をとったもので、ダン氏の、即ち、ラン氏の相続人男子に娶られた女性が継承するものであった。父系相続で父方居住であるところにこの風習と権力を導入したのが、特別の家系ダン氏出身者で母となったものであったらしい。このような事情の他に、ラン氏自身の系譜の方が長い系図の途中から始まり、ラン氏と結びつく前段階で見られる権力の系譜が、母方に由来したと思われる記述も『ラン・ポティセル』のうちに見ることが出来た。なお、後代のダン氏がかねて、自分等は Chos rgyal「法王」(吐蕃王家)と同系であるとし、zhang po「外戚」(ここでは、吐蕃王家の「母方親族」であることを表わす)を称して、その語を姓としていたことなども既に考察された。

『ラン・ポティセル』はデンサパ氏所有の写本以外依用するものはないが、一九四六年、M. Hermann による "Schöpfungs- und Abstammungsmythen der Tibet" (*Anthropos*, 41, pp. 295–297) 中に示されたように、一部分はダライ・ラマ五世の『年代記』中に引用(DSG, f. 68b, ll. 1–2)され、ここに必要な部分の要約も示されている。ダライ・ラマ五世はヤルルン・チョンゲー(37) 'Phyong rgyas の出身である。この地は『ポティセル』がその祖について述べるパクモドゥパ王家の本拠の地に近い。従って、『五世年代記』の要約部分は、単に今日のテキストより古いものに基づくという以上の価値が認められてよいかも知れない。そこで、同『年代記』による『原ポティセル』の文面を、今日の『ポティセル』(p. 3a-b)で確認しながら必要な部分の訳文を参照したい。最初は卵よりの発生説話からである。

dung gi sgo nga de la dbang po lnga dang yan lag rnams so sor dod de mtshar sdug gi khye 'u yid la smon pa lta bu zhig byung bas ming ye smon rgyal por btags/de 'i jo mo chu lcags rgyal mo la/'phrul sras dbang ldan (=sPyi gtsug rgyal ba=Srid bu 'dod tsam. LPS) 'khrungs/des dung bza' dngul mo blangs pa la/kyo sras skyes gcig (=bKo sras skyes cig. LPS) 'khrungs/de 'i sras mi rabs mched gsum (=sMra mi rabs mched gsum. LPS) las chung ba stag tsha 'al 'ol gyi jo mo 'tshams bza' khyad khyud (=mTshams za Khyad khyud ma. LPS) la sras mgur lha mched bzhi (=Srid pa lha rabs mched bzhi=mGon gsum tsha. LPS) (=’O de gung rgyal, sKas mkhan pa ’i yab lag brda drug, Khri sde gsum po, Tsha grang bring dkar por bzhi yin. LPS) byung/chung ba ’i sras yab lha sde drug gi chung ba ’o de gung rgyal gyi(s) jo mo lha mo (Yab lag brda drug[38] gi lha sras mo khab tu bzhes pa ’i sras. LPS) la lha tsha mched dgu byung/jo mo gnyan mo la gnyan tsha mched dgu/jo mo rmus mo (=sMu mo thang. LPS) la rmu tsha mched dgu/jo mo klu bza’ (欠 LPS) la klu tsha mched brgyad byung/kun bsgril bas sum cu rtsa lnga byung/de rnams kyi chung ba sne khrom lag khra (=sNe khrol lag khra. LPS) ’i jo mo lha lcam (=lHa lcam dkar mo. LPS) la/la kha rgyal po (=Kha rgyal po. LPS) ’khrungs/de ’i jo mo lung kha hril mo la sras gsum (mThing gi, mThing po, mThing gnyis. LPS) gyi che ba mthing gi/de ’i jo mo lha lcam dkar mo la sras bod ljongs la brang gi rmu bza’ mthing bsgril (=Brangs dmu za mThing sgril ma. LPS) khab tu bzhes par rgya khri la zhang (=rGyal khri la zham. LPS) ’khrungs/de la sras rgyal po che chung gsum/brgyud brgyad yod pa las/chung ba jo mo mthing mo la sras gsum (mThing phrug, Hor srid, Hor la a bo ’i Hor rabs mched gsum gyed, ’Byod ma brang gi sras/Bod rje khri rje, Khri rje thang po rje, Khri rje thang snyan/Bod rje khri rje gtso ’dus. LPS) (68b/69a) byung ba ’i khri rje snyan thang (?=Khri rje thang snyan. LPS) gi sras dpal lha (欠 LPS) /de ’i sras a mi mu zi khri do ’i jo mo gnyan bza’ sha mig la sras gsum (che po Chu gdong, de ’og Se khyung dbra, chung nga A lugs gru. LPS) dang/rmu bza’ la sras gcig (dMu za lHang mo khab tu bzhes pa ’i sras dMu za〔sic !〕dGa’ LPS)/srin bza’ la sras gnyis ste drug byung…(DSG, f. 68b, l. 2–f. 69a, l. 1)」(訳文中には特別の場合以外LPSに用いられた名称を示さない)

かの血族の卵に五つの感覚器官と身体部分がそれぞれに発生して、心に(かくあれかしと)願いたいばかりの美麗な少年が現れたので名をイェムン・ゲルポ（心に願う王）とつけた。[39] そのものの妃チュチャク・ゲルモにトゥルセー・ワンデンがお生れになった。その人がトゥンサー・グルモを娶ってコセー・ケーチク[40]がお生れになった。その方の御子達の人間世代三兄弟のうちの末子タクツァ・エルウルの妃ツァムサー・ケーキュー（マ）[41]に御子達グルラ四御兄弟[42]（オデ・グンゲル、ヤプラク・ダドゥク、ティデ・スムポ、ツェダン・ディンカルポの四人である）が生じた。末子（タクツァ・エルウル）の御子息ヤプラ・デドゥクの弟たるオデ・グンゲル（、そ）の妃ラモ（神女）にラ（神）の外孫（九御兄弟）が生じた。〔他の〕妃ニェンモにはニェン gNyan の外孫九御兄弟が、妃ムモにはム rMu の外孫九御兄弟が、妃ルサ（竜女）にはルの外孫九御兄弟が〔それぞれ〕生じ、全部をまとめると三五人が生じた。それらの末子ネトム・ラクタ（ネトゥル・ラクタ）の妃ラチャム（ラチャム・カルモ）にラカ・ゲルポ（カ・ゲルポ）がお生れになった。その妃ルンカ・フリルモに三人の御子（ティンギ、ティンポ、ティンニ）があり、長子がティンギ、その妃ラチャム・カルモに〔生れた〕御子息プージョンラが、ダン Brang のム氏の女ティンディル（ダンムサー・ティンディル）を妃に迎えると、ギャティ・ラシャンがお生れになった。その御子大小三王の八系統が生じたうちから末子のティンモに三人の御子（ティントゥク、ホルスィー、ホルラ・アボのホル系三兄弟に分れた。〔一説では〕ジューマダンの御子、プゥージェ・ティジェ、ティジェ・タンポジェ、ティジェ・タンニェン〔そのうちの〕プゥージェ・ティジェが首領をつとめた）(68b/69a)が現れたうちのティジェ・ニェンタン[44]（?＝タンニェン）の御子がペルラ、その御子がアミ・ムズィ・ティド、その妃ニェンサー・シャミクに三子と、ムサーに一子、スィンサーに二子が生れて六子になった。

これらを系図で示すと次のようになる。括弧〔　〕内は通常デンサパ本『ポティセル』による補足であり、括弧（　）は人名以外を示す。

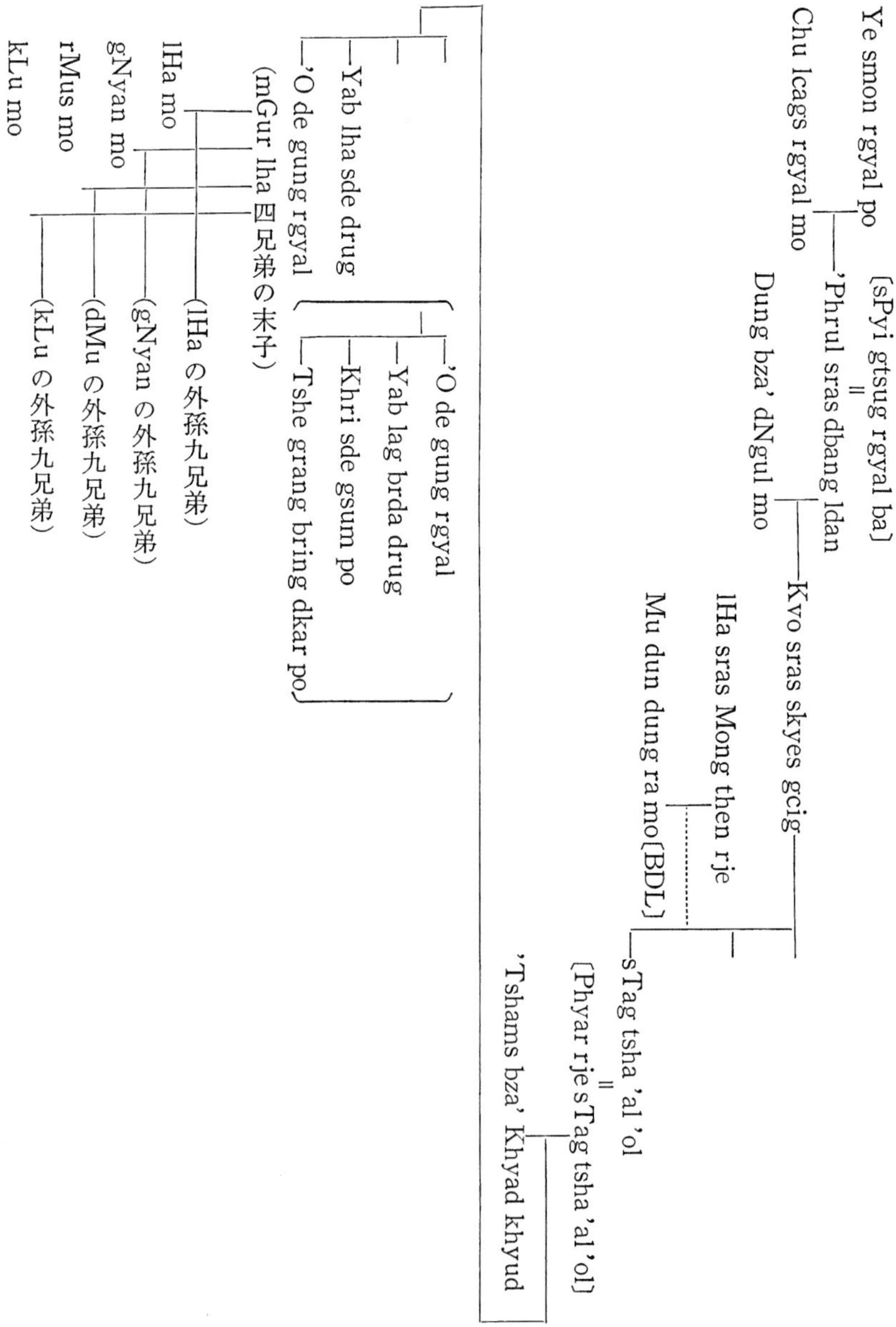
Ye smon rgyal po
Chu lcags rgyal mo
〔sPyi gtsug rgyal ba〕
=
'Phrul sras dbang ldan
Dung bza' dNgul mo
Kvo sras skyes gcig
lHa sras Mong then rje
Mu dun dung ra mo〔BDL〕
sTag tsha 'al 'ol
〔Phyar rje sTag tsha 'al 'ol〕
'Tshams bza' Khyad khyud
'O de gung rgyal
Yab lag brda drug
Khri sde gsum po
Tshe grang bring dkar po
Yab lha sde drug
'O de gung rgyal
(mGur lha 四兄弟の末子)
lHa mo
gNyan mo
rMus mo
kLu mo
(lHa の外孫九兄弟)
(gNyan の外孫九兄弟)
(dMu の外孫九兄弟)
(kLu の外孫九兄弟)

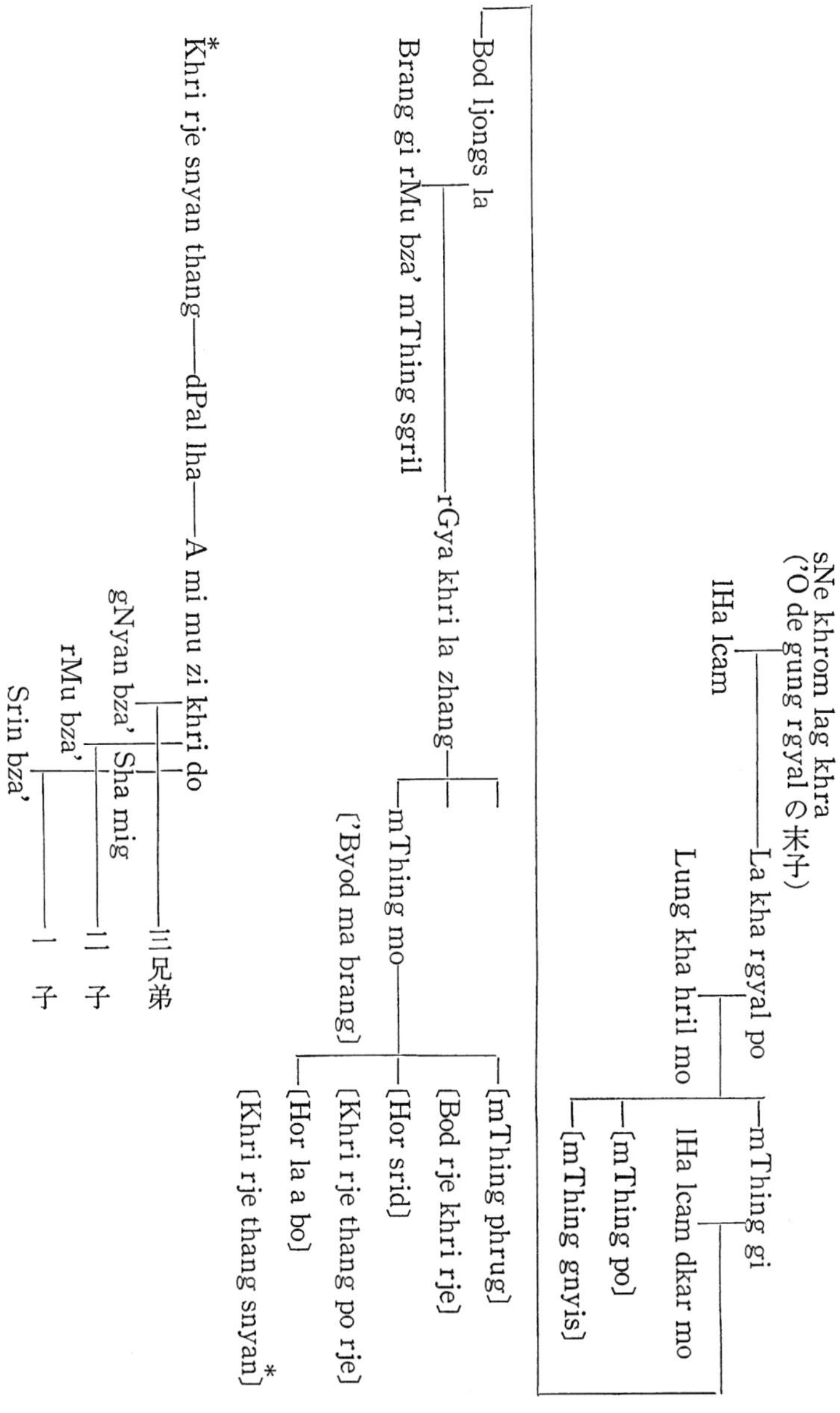

この系図について特に注意をしなければならない点は、タクツァ・エルウル（先に見たタクチャ・ウェルウル）まで、

後代母方にダン sBrang 氏を迎える筈のラン氏の遠祖とヤルルン王家の先祖が共通であるということである。ダライ・ラマ五世『年代記』には、より古い『ラン・ポティセル』に拠って、ラン氏の遠祖中にタクツァ・エルウルの子として「グルラ四兄弟」を示し、それらの末子として、Yab lha sde drug (＝ヤプラ・ダクドゥク)の弟であるオデ・グンゲル[45]の名を見せて、ラン氏自らが後者の末裔と示している旨を証言している(DSG, f. 68b, l. 4)。他方のデンサパ氏の『ポティセル』写本には、タクツァ・エルウルの子として「四兄弟」の名が挙げられるが、「ラの外孫九御兄弟」の父をオデ・グンゲルから Yab lag brda drug (＝ヤプラ・ダクドゥク)にすりかえている(LPS, p. 4a, l. 10)のが見られる。

しかし、ヤプラ・ダクドゥクの子は七人であって、その真中のドゥンツィクがヤルルン王家の祖を生む[46]。その点、『五世年代記』中の『原ポティセル』では「九御兄弟」等三六人の父がオデ・グンゲルとなっていて、明らかに異なっている。さらに、後代のポン教文献の *bsTan pa 'i rnam bshad Dar rgyas gsal ba 'i me long*(TND, f. 26, ll. 6–7)になると、混同が進んで、

ピャ Phya の主ヤプラ・デルドゥク Yab lha bdal drug (＝ヤプラ・ダクドゥク)の御子「トゥクカル Thugs dkar 九子」の九人の真中がニウタム・ラタ sNi'u phram la khra (『ポティセル』『五世年代記』のいずれによっても三六人目の末子とされるものに当る。)である。その方とニェンチャム gNyan lcam とがこの世間で結婚して生れた子がティンゲ 'Thing ge 王である[47](『ポティセル』『五世年代記』にあるラカ・ゲルポの一代を脱落させている)。その御子がシナ、チベット、ホルの三(祖)であり、チベット人となったのはチタク・リンパ Phyi thag ring pa である。その御子がプゥージェ・ドゥンカル Bod rje gdung dkar、その御子がプージョンラ・ブムカル Bod 'jong la 'bum dkar (であり)、かれからチベットの三系統が増えた。

とあって、『原ポティセル』はもとより『ポティセル』ともかなり異なった系図を示している。しかしながら、「トゥ

クカルの九子」の“dGu tshigs”「九人の真中」は、明らかにヤプラ・ダクドゥクの七子のうちの真中をいうドゥンツィク bDun tshigs に影響されてつくり上げられたものであり、ラン氏の遠祖になった筈のオデ・グンゲルとその「九子」をヤルルンの祖ヤプラ・ダクドゥクとその「七子」に誤って混同したか、故意に合致させたかのいずれかと言えるであろう。

Dar rgyas gsal ba'i me long は「プゥージョンラ」まではっきり示しているので、デンサパ氏本系の『ポティセル』が残したヤルルン王家の系譜を模倣する轍を更に深く掘ったものと言えよう。

『ポティセル』より前に見た『シェーズー』（一五四—一五七頁照参）は、ラン氏を祖とするパクモドゥパ系の記録であり、一五世紀末に成ったと推定されるものである。他方、ラン氏が自らの系譜を語った『ラン・ポティセル』は『シェーズー』にやや先立つ成立である。前者について古版による要約文を示したダライ・ラマ五世の記述は、先に述べたように更に確度の高い状態で示されたものと見てよいであろう。従って、古い『原ポティセル』と『シェーズー』の両本のうちにラン氏の遠祖として、全く一致した系譜が示されているので、その点は他よりも重んじられねばならない。

『シェーズー』に示される「神族四御兄弟」(lHa rabs mched bzhi)としてでも、『原ポティセル』にいう「グルラ四御兄弟」(mGur lha mched bzhi)の末弟としてでも、Yab lha dal drug(CYNC)/Yab lha sde drug(DSG)とその兄弟'O de gung rgyal は明瞭な形で別在する。後者の子孫は、「スィーパの九〔兄弟〕神」(Srid pa'i lha dgu)(CYNC)、もしくは「ラの外孫九御兄弟」(lHa tsha mched dgu)(DSG)を含む三六人である。これに対して、前者の子は「七子」(DTH, GKT, BDL, CYNC)であって完全に区別が立つのである。

思うに、“Srid pa'i lha”「有形の神」という呼び方が誤りの原因であり、ラン氏の遠祖に関わるそれがヤルルン王家に直結すべき表現と考えられたのであろう。彼等はいずれもタクジェ（／ツァ）・エルウルの孫であるから、ヤルルン王家の祖でなくても「ラの(外)孫九御兄弟」と呼ばれて何の不都合もなかったわけなのである。[48]

ラン氏と婚姻によって一本化したゲルモロンのダン氏は、自らをChos rgyal(「法王」ヤルルン王家をいう)と同家系だと主張していた。事実、後に見るようにこのダン氏はム・ピャdMu-Phyva族とある意味で一体であった。更にダン氏は、ヤルルン王家に妃を送りこんだ“zhang po”「母方親族」でもあったため、Zhang poの姓を称してもいた。これらの関係の実在を裏書きするかのように、後代の伝承中に、ヤルルン王家の家系断絶の場合、その後継者にゲルモロンの女王(ダン・ラン氏)の子を選ぶべしとするものがあった。このことは改めて後段で示したい。

オデ・グンゲル'O de gung rgyalの末裔は、ヤルルン王家の遠祖の傍系としてラン氏の家系へ連なることと、プデ・グンゲルsPu de gung rgyalはもとより、オデ・プゲル'O de spu rgyal(ニャティ・ツェンポの得た称号)も、ラン氏の遠祖に当るこのオデ・グンゲルとは区別されることを明瞭にして、従来取り沙汰されてきた混乱の根をここに断っておきたい。ただ、「オデ」の称がコンポの「竜」一族によって称せられ、それより先にニャティ・ツェンポやその祖父の弟によっても称せられていたことは注目されるが、詳細は明らかでない。

第二節　ム部族とピャ部族

ピャPhyvaまたはピャーPhyva'(現代の発音チャ)とムdMuについては、既に、ヤルルンの祖やラン氏の遠祖をいう際に触れてきた。しかし、ムといい、ピャーという場合、今日では前者に神的な、または「天」にかかわりのある意味を、後者にはPhyva g-yangなどと綴って「吉兆」の意味を託していう場合が多い。このような視点から、“Mu-phya”の意味を広く検討したのは、R・A・スタン氏の*Les tribus anciennes des marches sino-tibetaines*(pp. 54-66)である。

dMu は Mu, rMu, sMu と書かれ、“rus chen bzhi”「四大部族」の一つに数えられるが、同時に“dmu”と称して「天」やポン教との結びつきが語られる。この辺の事情については、G・トゥッチ氏が(TPS, p. 714)つとに説明している。

スタン氏の見解では、ムが部族名[49]として敦煌文献にも見えるのは、現実の国名と神話のそれとの混同であるとされる。我々が既にム部族として扱ってきたものについてもこの考え方がそのまま適用されている。なるほど、rMu lcam, dMu bza' は kLu lcam や kLu mo と並べても用いられるが(TAM, p. 55)、一方では次に見るピャと共に、既に述べたとおり、組織的に部族名として用いられている。その点で klu「竜」などとは様子を異にしている。「竜」などは間違ってもセ Se、ム dMu、ドン lDong、トン sTong と並べて部族名として扱われることはない。

更に、今日の神話的意味での用法の方がむしろ派生的であるという可能性について、スタン氏は全く考えていないが、これは再考すべき点であろう。例えば、最も重要な用語である“dMu thag”「ムの縄」“dMu skas”「ムの階段」に関して、敦煌文献のティグム・ツェンポの『年代記』ではこれらの語を相当箇所に全く用いず、“dMu thag”の代りに“dbu' 'breng zang yag”「頭上の限りなく長い連なり」として、“dMu”ではなく“dbu'”が用いられている。“dMu skas”の代りには、全く同じように“dbu skas”が示されている(DTH, p. 9, 7, ll. 25–26)のを見る[50]。“dbu”の発音は“dMu”に近いためと、“dMu”がヤルルン王家の母方の祖先に関係する名でありながら、ポン教の起源に深くかかわるところから次第に神話的な意味が加わっていったとすべきである。後代では“dbu”が用いられることはないので“dMu”が新しい用例と考えられる。従って、どのように見てもスタン氏の解釈は逆方向に展開されているように思われる。

スタン氏は金川方面の地名としてムルゲ dMu dge などを挙げている(TAM, p. 56)。これは、ダン・ム sBrang-dMu 氏を母方にもったラン氏一族の拠点をいうものである。また、ム部族がポン教と深い関係をもつこともポン教文献に示されているが、金川地域はその聖地としてSum pa rLang gi Gyim shodと呼ばれている。これらについて著者はかつて詳しく説明したが、後段でも簡単に再説して、参考に供したい。いずれにせよ、それはム部族の存在を示すものであって、架空の神話的なものに対して名づけられたのではない。

スタン氏は後代の文献、特に『ルンポ・カータン』や『ゲルポ・カータン』などで吐蕃王家の祖先をめぐって"lha yi sras, dmu yi dbon po"「神の御子、ムの外孫」とか、"gnam sa rim pa lnga 'i steng(du) bzhugs pa"「天の五階の上にましました方」と称し、天より降ったなどと表現するのをとらえて(TAM, p. 57)、これらは神話の世界の表現であるとする。確かに、後代のものではこの種の傾向は甚だしい。しかし、吐蕃時代の、おそらく、それは八世紀末以後に形をなしたのであろうが、ヤルルン王家の祖先に関するより古い記述では、勿論、神話的表現を免れないながらも、遥かに現実的な記述傾向を示している。

例えば、Pelliot tib. 1038では彼等についてその冒頭に近く(LPT, p. 215参照)、

あるものの説によれば、一二小王の一小王であったとも言い、(一二小王群に)属していなかったともいう。

としてあまたのうちの一つであった可能性を認め、その上でヤルルン王家の祖が天にいたことに言及している。Pelliot tib. 1285や*AFL*を見れば、ヤルルン王家が「一二小王」群中の一小王であったことはきわめて明らかである。しかし、ヤルルン王家は、現実に、全チベットを統一して、「吐蕃王家」となった。その時点でもそうであったろうが、特に八世紀末以後サムイェーbSam yasの大寺院群を完成し、訳経事業、史料(mi chos)編纂事業を遂行していた頃の、後代の表現によると「天の下の三分の二」を支配した(51)吐蕃王国の全盛期には、ヤルルン王家の祖先を吐蕃王家の祖先として語るために、他の「一二小王」とは異なった高貴な資格をその祖先にもたせなければならなかったのは当然である。

それには、先ず、祖先を神とする必要があった。しかし、八世紀末では未だ表現しにくい事情もあったかと思われ

る。「一二小王」のそれぞれがもつ伝承も、なお多くは残っていたに相違ない。そこで手始めにヤルルン王家の祖先を悠久の昔に押し上げ、諸伝承の関知しない世界で「神」たることをその祖先に許したのである。このような傾向の影響をうけたのであろう、Pelliot tib. 文献中でも一覧表になった『小王国表』ではヤルルン王家の名プ sPu 氏が、他の小王と並んでは見られなくなるのである。(52)

ヤルルン王家の所属する部族名のピャーまたはピャは、コンポの碑文や、先述の Pelliot tib. 1038 及び漢文史料の「不夜」等に明瞭に示されるが、大吐蕃時代ではその名を一部族名として口にすることは、ピャ部族と他部族を一線上に等しく対比させ、ピャ部族を頂上とする統一国家の観念形成を阻害しえたかも知れないので次第に触れられなくなったのかと思われる。また、その母方を構成したム dMu/rMu 部族についても、セ Se、ム dMu、ドン lDong、トン sTong と「四大部族」のうちにその名を挙げながらも、同様の目的から部族単位の結束や対立を意識しないように部族名としては次第に口にされなくなったのであろう。ただポン教関係の文献の中では、ムの名は残り、現れる度に神話の世界に押し上げられてゆき、ピャ族の祖を指していう “lha”(53)「神」と殆んど同じ位置において言及されるに至ったのであろう。

ヤルルン王の祖先について述べる後代の諸伝承では、しばしば、“Phyva”が近代の発音を写した形の “Cha” の字で示されている。(54) これは、部族名としてのピャの名を忘却するのにまかせた吐蕃王国時代の影響であり、その結果を見せるものの一つであろう。また、ムの名の場合では、“dbu ’breng zang yags (zhags)” や “dbu skas steng dgu” が “dmu thag” “dmu skas” の名で呼びかえられ、部族名としてのム “dMu” から「神」の代名に完全に転じてゆくのである。この方向に変遷の跡を確認するのが本筋であろうかと思われる。

前節に見たところでもほぼ明らかであるように、ム部族とピャ部族の間の婚姻は世代を重ねて行われている。これは、ラン氏の遠祖とダン氏の間に見られる関係に似ている。或いは、彼等も父系相続と、母権制度の混じた形をとっていったのかも知れない。そのような場合、両部族は、後の sBrang-rLang（索／孛朗・郎）氏の場合と同じ意味でム・ピャー dMu-Phyva' と呼ばれていた可能性もある。[55] このム・ピャーの形の複合部族名をとらえて、R・A・スタン氏は "phya g-yang"《chance, bonne fortune》「幸運」と "dmu thag"《la corde des dmu》の連想から理解をすすめ、四川省の各地で "mu-pia" "mu bya" "mṛ-pia" などの熟語に《ciel》《dieu du ciel》の意味が与えられることを指摘して自説に援用している（*op. cit.*, p. 63）。しかし、これらの地域は、ダン氏の父方としてのム・ピャー族が定着した土地（大・小金川、雑谷地方）柄であるから、彼等がその祖先をいう名に「天」や「天の神」の意味を今日与えていても不思議なことではない。まして、「神」の意味が、部族名もそこに由来するとされる祖先神ピャーイ phyva'i から引き出されているとすれば、これはむしろ当然のことと思われる。

また、スタン氏は *gZer myig* の一節によって次のようにいう。《A l' occasion du mariage du père de gShen rab, les *dmu* attachent la corde des *dmu* et les *phya* recueillent la bonne fortune des *phya* (*gZer myig*, chap. I, 14b, l. 6)》と。近年出版された *gZer mig* (f. 17a, l. 4) の本によって見てもその通りに書いてあるが、"les *dmu*" は "les dMu" であり、"les *phya*" は "les Phya (=Phyva')" でなくてはならない。*gZer myig* では、特にシェンラプ・ミボ gShen rab mi bo の父方祖父母の家系をムとピャの両部族であると明確に示すからである。両部族がその祝意を示したことを、後代のテキストである *gZer myig* が "dmu thag" や "phya g-yang" にかけて、文学的に表現したのに過ぎないのである。

ピャは「四大部族」の一つであるムに対して対等の立場で結びついていた。両者の関係は、Pelliot tib. 1038 に示された "sPu rgyal Bon gyi btsan po" という一句に象徴されている。即ち、ピャ部族はム部族と代を重ねて結びついた結果、ム部族の宗教であるポン教の熱心な信奉者となり、殆んど彼等は一体化してゆくのである。

ポン教史を扱った *Dar rgyas gsal ba'i sgron ma* (TND, f. 33b, ll. 3–5) には、

それから人間の寿命が八万年の時、国はスィーパ Srid pa[56]のピャ Phyva国に御父ピャの主クンサン Gung sangsと御母、ム dMu の妃トゥルモ 'Phrul mo(の間)に御子コルパ・クンデン 'Khor ba kun 'dren が(生れ)至られた。……寿命四万年が得られる時、国はスィーパのムの国(に)御父ムの主アダル A dar と御母ピャの女ガンサン Ngang zangs(の間)に御子ニュンモン・ドゥクセク Nyon mongs dug sreg が(生れ)到られた。

とあり、*Dvogs bsal paṅ tsa li ka 'i tshun po*[57](p. 43, ll. 12–15)にも同じ趣きが述べられるが、綴字に相違があり、Phya za が Ngang brang ma になっていたりする。この名は *gZer myig* のシェンラプの父母の章の初めの部分にも見られる。即ち、シェンラプの父 Myi bon lha bon yo bon rgyal bon thod dkar の母の名として示されている(*gZer myig*, f. 7b, l. 6)。この場合、父の名は、dMu rgyal lan gyi them pa skas とあって、ここでは "rus pa ni dmu 'o"「父方の系統がム氏である」(*op. cit.*, l. 5)と特にことわっている。国の名はウルモルンリン 'Ol mo lung rings である。ここからポン教は元来ム族の宗教であったことが推測される。

敦煌文献 Pelliot tib. 126 裏にはこのポン教らしいものがピャ部族にもたらされた経過と共にピャからムに婚姻を求めに赴く話が見えている。その主要部分についてR・A・スタン氏の紹介もある(TAM, p. 62, n. 179)が、著者と理解の仕方が異なるので、以下に訳文を示してみたい。

古い昔、本当の[58]始め、ム dMu とピャ Phyva が婚姻関係を結んだ時、ピャの使者がム〔の王国〕に向っていった時、(l. 2)ム〔の王〕が仰言っていた。「わがこのムの国では幸い〔を作ることのできる〕神を信奉して夜も明けない(変らない)。それに、暖かい陽の光によって(l. 3)暗くたそがれることのない[59]これらの国土は、上層の端が山頂無草の地にとり囲まれ、下層の端が岩盤に[60](l. 4)囲まれているので、高くは鳥も飛びこせない上、低くは鼠もくぐり抜けかねる[61](他に犯されない)」と、その庭先に[62]、水汲みに出た国内のもの達が(l. 5)わめきながら[63]言うには、「宮殿の御門のところにむくむくと量高く[64]、一角牛の角のように〔丈の〕突き出た年若いもので[65]、国のものが魚

(l. 6)程とすれば、〔そのものは〕南方の小馬ほどにもなる或るものが来ております」とのことであった。ときに〔ムの王は〕その者が誰の家来で、来たのは何処からであって、目的は誰に(l. 7)求められているかを厳しく問訊して詳しく報告せよ〔と命じた〕。

使者が返事をして〔いうに〕我々は(l. 8)ピャの家来〔でございます〕、ピャ〔の主〕が仰言るには『〔自分が〕国主をつとめるようはじめて求められて以来、主なき黒頭の立ち歩くものたちの(l. 9)主となれ、鬃をつけた畜生(馬)に活力を与えよと命じられ、それを実現しつつある(l. 10)途中において、〔望ましいことは〕現状がムの国のよう〔な状態〕になることである。即ち、幸いは〔ポンの〕神を信奉すること、たのしみは〔ム族と〕通婚すること〔である〕。上は神を祀り、下は魔を(l. 11)制圧する〔情勢〕にまさに直面している』とあって、我々つまらぬものもまた〔ムの国の〕神に供物を捧げ、ムの国主に〔我が王よりの〕しるしばかりの物を(l. 12)捧げに御前にまかりこしましたそのような使者でございます。(66)(67)(68)

とあって、このあとに、ム族の国主が使者の言葉を信用せず、道に迷って来たのに相違ないとして、帰るように命じ、押し問答の末に次第に使者の要求を許してゆくことが示されている。これらの問答の最初に使者は次のようにいう。

(l. 15)自分達は「ツァンメード」rTsang smad mdo からこちらに来て道に迷ったが、山も谷も荒々しく……

また、途中で異人に出会った時のこととして、

(l. 17)誰の家来であるかと自分達に尋ねたのであった。自分達も素直に語ってムの国に(l. 18)ピャ国の使として行くというと、彼がいうには、それでは、お前達は道を誤って来た。ここは(l. 19)スィン Srin の国であるから、ムの国は東南の境にある筈だからそのように行くべきだと言って道を(l. 20)教えてくれたので、そのようにして(69)ムの国の近くに到ると……

とあって、ピャの国が「ツァンメード」に、ムの国がスイン国の東南方の遠隔の地にあることを伝えている。

これが史実を反映すると見た場合、「ツァンメード」を、吐蕃時代にキュンポ氏が領有したツァンメーの地に結びつけねばならないであろう。その地が今日のツァン地方に近いならば、使者を派遣した王はポウォに拠る以前の段階でム部族と通婚していたことになるであろう。

ム部族の国は、*gZer myig* によれば、ウルモルンリン 'Ol mo lung ring にあり、この地は元来シャンシュンのカイラーサに近い地域であったものを、後代のポン教徒が理想化して、仏教の故郷がインドであるのをまねて、恰かもポン教の故地を sTag gzig「大食」にあるかのようにもっていったものと考えられる。その点は、S・G・カルメ氏の *The treasury of good sayings* の序論のうちに示された見解 (pp. xxvii–xxxi) に従うのがよいと思われる。

なお、敦煌文献のいわゆる「一二小王国」(CPT, pp. 192–204) を示すものでは、Pelliot tib. 1060 に「ツァントゥーツァン」sTsang stod stsang の国主が「ツァンの国主ピャ」sTsan rje Phyva (FPG, p. 17) となっている。ここにヤルルンやコンポの国以外にピャ部族が国主をしていた地を見る。これは、ピャ部族の使者の出発した「ツァンメード」に対してその名から言えば西 (stod) に並んでいたことになるので注目される。

いずれにしても、ピャもムも両方とも現実の地名と結びつきをもった部族であったことがわかる。ヤプラ・ダクドゥクや、その弟オデ・グンゲルのいずれもム族の妃を迎えているので[70]、その婚姻関係は古い。また、ピャ部族とポン教との関係が、彼等とム部族との婚姻に始まるとすれば、ヤルルン王家はその遠祖ニャーティ・ツェンポの時すでにポン教の信奉者であったことになる。少なくともム部族の信奉したのと同じ神を祀りはじめていたと考えねばならないであろう。

既に見たように、ピャ族は、「四大部族」中のム部族と全く対等な関係に扱われている。従って、ムの「四大部族」のうちにおける現実性を認める限り、ピャにも同じものを認めて、これを部族名としなければならない。部族 (rus chen) としてのピャは、当然その下にいくつかの氏族 (rus) が含まれる筈である。例えば、ム部族の場合、

『シェーズー』によると、[71] ヌプ sNubs、ガル 'Gar、ニュー sNyos、ゲンラム Ngan lam などがその所属の氏族名であるとされている。この書物の記述のもつ信憑性は必ずしも充分なものとは言いにくい。従って、これから、ピャ部族に内属する氏名を探ろうとするならば、『シェーズー』に手がかりを求める前に敦煌文献の中でこの種の記述を求めて足場を固めておかなければならない。

既に見たように、ヤルルン王家と同祖のコンジェ・カルポは当然のことながらピャ部族に属する。また、上述の「ツァントゥーツァン」の「ツァン国主」もピャ部族に属するようである。

コンポの碑文にしても、ヤプラ・ダクドゥクがコンジェ・カルポとヤルルン王家の共同の祖先として単にピャを冠して示されるだけのものであったが(KPI, p. 32)、Pelliot tib. 1038 には、目下関心の事情が説明されている。

〔l. 2〕spu rgyal bon gi btsan po lti 'u rgyal po thod rgyal〔l. 3〕byung ste//la la ni chid nas ni rgyal phran bcu gnyis〔l. 4〕la gtogs shes kyang mchi//myi gtog shes kyang〔l. 5〕mchi//btsan po 'i gdung rab kyi khungs smos ba'//〔l. 6〕gnam dgung gi steng na//lha ku spyi ser bzhis brgyi ba'//〔l. 7〕ma sangs tham cad gi bdag po//srid pa kun la mnga'〔l. 8〕mdzad pa'//phyva 'i yang phyva lags shes kyang mchi//rnam〔l. 9〕gnyis su ni gdol par sha za 'i rigs//rgyal po gdong〔l. 10〕dmar gyi rigs/gangs ri byud kor[72] gyi ni bdag po//gnod〔l. 11〕sbyin dza zhes bgyi ba 'i rigs lags shes kyang mchi〔l. 12〕rnam gsum du ni gnam rim pa bcu gsum gyi steng na/〔l. 13〕khri bar la bdun tshig/zhes bgyi//gnam gi lha las/sa ga〔l. 14〕dog drug du//'greng 'go nag gi rje myed gi rje//dud rngog chag〔l. 15〕bla myed kyi blar/blon po lho rngegs/bon po mtshe gtso/phyag〔l. 16〕tshang sha spug//myi rje lha dang bdud/du brgyis nas//yul bod ka〔l. 17〕g-yag drug du byon zhes mchi//gang lags kyang myi mngon ste/〔l. 18〕gdung spu bod dang spu rgyal du gsol//sde yang myi bdad[73]

プゥゲル、ポンの賛普ティウ lTi 'u の王者トゥーゲル Thod rgyal[74] が(l. 3)現れた。人によっては、〔彼は〕「一二小王国」(l. 4)に属するとも言い、属しないと(l. 5)もいう。賛普の家系の起源をいうならば、(l. 6)上天の上にクチセルシ Ku spyi ser bzhi と呼ばれる神が(l. 7)マサン一切の所有主となり、いきもの Srid pa のすべてに権威を(l. 8)もっていた。その Phyva ’i もまたピャ〔部族〕[75]でありますとも言われている。第二の分類では(l. 9)、下民としては sha za「肉を喰う」の種族、王〔としては〕gDong (l. 10) dmar「赭い顔」[76]の種族があり、雪山をとりまく周辺の主で、夜(l. 11)叉のザと呼ばれる種族[77]でありますとも言われている。(l. 12)第三の分類では、天の一三階層の上にて(l. 13)ティ・パルラ・ドゥンツィク Khri bar la bdun tshigs(「覇者、中の王、七人の真中」)と呼ばれ、天の神より、地上(l. 14)六つの国に、立ち歩く、主なき黒頭の〔人々の〕主として、また、その飼い主(生命を託するもの)[78]もない、鬃あるもの(l. 15)(馬共)の飼い主として大臣のロ lHo とゲク rNgegs、ポン教僧のツェ mTshe、ツォ gTso、(l. 16)家令のシャ Sha とプク sPug〔たちと、それぞれが〕人間の主である神と〔支配される〕家来となって Bod ka (l. 17) g-yag drug の国に到着されたと言われる。いずれにしても明確ではなく、(l. 18)氏をプ sPu と呼んだので、また、プゲル sPu rgyal(「sPu 王」)と申し上げる……[79]。

この時代の文献は序数と基数の表わし方[80]が今日と異なるので、誤訳しやすいが、第一番には、ヤルルン王家プゲル sPu rgyal「窣勃野氏」はポン教を奉ずる賛普であり、ティウ “lTi ’u”を冠して呼ばれている。これは、The ’u brang(三九―四〇頁参照)と結びつくか、“lDe ’u”と言い、“lDe”を冠して呼ぶ場合と関連するのであろう。後者ならば、“lde sras”[81]の意味かと考えられるが、確かではない。また、「一二小王国」の一つに数えられていたことを暗示している。“gdung rabs”「家系」の起源に関してマサン Ma sangs と同格にして神の名を挙げるが、その名は占書以外では知られていない。それらを支配するのが Phyva ’i とされるものらしいが、これもピャ「不夜」〔部族〕であるとされている。おそらく、ピャ族の神[82]を指していうのであろう。

第二の “sha za ’i rigs”「肉を喰う種族」や、“gDong dmar”「赭面」はしばしば見られる言い方であるが、なお不明のままである。ただ、“Gangs ri”「雪山」、おそらく、カイラーサであろうが、そのまわり(byud kor/'khyud 'khor)の支配者であったという点は注目すべきである。このまわりの地名には、今日なお、sPu brang(/rang)「プ〔氏〕の家来」の名がある。先に見たムの国へ「ツァンメード」から使が訪れて通婚を求めたというのは、これをカムの地とすれば遠きに過ぎて不自然である。もし、カムの地となる場合はおそらく、吐蕃王国時代の編集者が、タクジェ・エルウル以前のピャ族の所在を、後代のティ・パルラ・ドゥンツィク以後の、「本来のプー」との関係成立後の時代に移して表現を改めたのであろう(83)。

第三の場合は、ニャクティ・ツェンポのかわりにその父ティイ・ドゥンツィク、即ち、ティ・パルラ・ドゥンツィクを祖とする見方であり先にも例をみた。ロ、ゲク両氏はヤルルン王家の宰相家であって「父方六家臣」Yab 'bangs drug のうちにも含まれる。シャ Sha、プク sPug も『小王国表』にキロ sKyi ro の大臣として現れるが、それは後代の「吐蕃王国」成立直前の事情を示しているようである。

以上で大切なことは、ロ、ゲク、シャ、プクの諸氏が、ツェ、ツォと共にピャ部族に含まれるように見える点である。また、王家がその“gdung”「氏」(即ち、“rus”「父系の氏」)をプ“sPu”(/“spus”「上質」)と呼び(84)、プゲル“sPu rgyal”「プの王」と称したことも重要である。後者の呼び方は、敦煌文献の『年代記』に頻出する。また、ヤルルン王家の最初の宰相タルラケーが、傍系ではあるが、シャキ、ニャキと同じ“rus pa”「父方血族」であったことから“sPus kyi bu”「プー氏の子」と呼ばれたことも先に検討した(一〇二頁)とおりである。

「プー氏の子」タルラケーは当然ピャ部族に属する。そのタルラケーがトンタンジェ sTong dang rje「トン部族の王」と呼ばれ、シャンシュンのタルパの王のもとでトン・ロムマツェ sTong Lom ma tse を称したという考証も先に(一〇六―一一一頁)見た。つまり、ピャ部族の筈であるタルラケーが、「四大部族」の一つであるトン sTong を称していた、もしくは、トン部族の支配者であった。

今、『シェーズー』を見ると、「トンは四主八従」"rje bzhi khol〔b〕rgyad" と示され、その四主として（CYNC, f. 91b, l. 5-f. 92a, l. 1）、Cog la Raṅ pa rje, Te tsom sNyal po rje, rTsang rje Thod dkar rje, sNyags rje Thog sgrom rje が指名される。これらのうち、「ツァン国主トゥーカルジェ」rTsang rje Thod dkar rje は Pelliot tib. 1280, 1290 に Myang ro Pyed kar/Phyir kar の主として見える（CPT, p. 197）。この「ニャンロ」Myang ro を別に「ツァンロ」rTsang ro 乃至「ツァントゥーツァン」sTsang stod stsang と呼ぶが、その主は「ツァン国主パー」rTsang rje Phva または「ツァン国主ピャ」sTsang rje Phyva ともされていた（FPG, p. 160）。

また、四番目の「ニャク国主トクドムジェ」sNyags rje Thog sgrom rje は、明らかに敦煌文献でゲク rNgegs と写される氏族であり、先に見た Pelliot tib. 1038 にシャ、プク等の五氏と共に言及され、ティ・パルラ・ドゥンツィクの家来として「プーの迎え入れた六〔氏〕」Bod ka g-yag drug の地に至ったとされている。ゲク等の六氏が身分を分けたというのはこの後主従となるもの達が同じピャ部族に属していたことを示すものと考えざるをえない。

右の事実と、ピャ部族の「プー氏の子」が「トン・タンジェ」を称した事実と併せて考えるならば、ピャ Phyva はトン sTong 部族の別称であるか、もしくは配下にあるものをトン部族と呼び、支配権を得た一族にのみ特にその神の名たるピャの称を許したと見るべきかも知れない。僅かの史料によって言えるのはこの程度であろう。

第三節　ダン氏とプ氏およびム・ピャ部族

ム部族については『シェーズー』に八氏の名が伝えられているが、吐蕃時代に有名なものは先に言及した以外にない。また、これを確認しようとしても、ピャの場合のように参考になる敦煌文献が今のところ知られていない。

他の何かに手がかりを求めるとすれば、先に見た『ラン・ポティセル』を検討するしかないであろう。そこには、

mThing gi の子プージョンラ Bod ljong la（「プーの谷の王」）が Brang gi dMu bza' mThing bsgril「タンのム氏の女ティンディル」を娶ってギャティ・ラシャン rGya khri la shang をもうけたとされている（DSG, f. 68b, l. 6）。デンサパ氏の『ポティセル』(p. 4a, l. 16) では同一人物が sBrangs dMu za mThing sgril ma「ダン・ム氏の女ティンディルマ」とされている。

ダライ・ラマ『五世年代記』では、王の名が "bod ljongs la brang gi dmu bza'…" と続くため、どこで区切るべきか迷うが、*Dar rgyas gsal ba'i sgron ma* (TND, f. 26b, l. 7) に "Bod ljong la 'bum dkar" とあって、明確にプジョンラ Bod ljong la までが王称とされるため、タン Brang がデンサパ氏本のようにダン sBrang 氏を指す可能性が生じ、ム部族との関係が問題となってくる。

今、しばらく、ム部族との関係の如何を離れて、ダン氏とピャ部族のプ氏、即ち、ヤルルン王家との関係について『ポン教興亡史』の記述を見ると、

チャンティ Byang khri とイェティ・グンサン Ye khri gung sangs の御子がティデ・ヤクパ Khri lde yag pa、御側のシェン bshen の上首をカンカル Khang dkar が（おつとめ）申し上げた。ニャンロン・ダウェツェル Nyang rong Zla ba'i tshal (tshul は誤り、「Nyang rong の月の庭」) に御住居のカンマルリン Khang ma ru rings を建てた。かれまでが「天の七座」といわれる。ラメン lha sman 達ともうけた子が五人。ティデ・ヤクパとダン sBrang の女ラゲン lHa rgyan との御子がティグム・ツェンポ Gri gum btsan po である（BDL, f. 30b, l. 6–f. 31a, l. 3）。

と示されている。*g-Yung drung Bon gyi rgyud 'bum* の中 (f. 12b) でも、ツェーパ・ティジェヤクパ btsad(85) pa Phri rje yag pa の妃ダン女・ラゲン sBrang bza' lHa rgyan が悪夢を見て、テラン・マンニャ・ウウェル The rang mang snya dbu wer(86) の子を宿し、ティルム・ツェンポ Dri rum btsan po を生んだとあり、上記のニャンロン・ダウェツェ

ルを、ニャンロ・タクツェル Myang ro stag tshal のニャンロ・シャムポ Nyang ro shram po 城と示している。この方は、後のティグム・ツェンポとロガムがニャンロ・シャムポ Myang ro sham po のテルパツェル Thal ba tshal (DTH, pp. 97-98)で戦ったことから誤り収録された跡が明らかであるが、上に示されたニャンロン・ダウェツェルも、同種のポン教系文献である後者と対照比較すれば、ニャンロ・シャムポのテルパツェルから引き出されたものであることがほぼ確実に言える。従って、ティグム・ツェンポより前の「天の七座」一般についてポン教文献からこれ以上に具体的なことは知る由もない。

「天の七座」の名はポン教の伝承中ではこれまでのものと異なるが、ティグム・ツェンポの父母として、

Khri sde yag pa (Phri rje yag pa)

sBrang za lHa rgyan (sBrang bza' lHa rgyan)

の名が明らかになった点は興味深い。

先に、ティ・ダプンツェン Khri sgra spung btsan がティグム・ツェンポであるべきことを述べた(一二七—一二八頁)が、ダライ・ラマ『五世年代記』によると(DSG, f. 12b, l. 1)、その名は Khri sbra dpung btsan の形で示される。今、上に確認されたその父の婚姻関係を併せて考えてみれば、ティグム・ツェンポが母方のダン sBrang 氏の軍勢(dpungs)を自由に動かすことが出来たという意味の称号と理解される。従って、この称の元来の形は Khri sbrang dpung btsan と推定される。

ヤルルン王家でティグム・ツェンポの父王がダン氏の女を妃としたため、後にゲルモロン rGyal mo rong(金川)のダン氏一族の中に Zhang rgyal sBra (/sBrang)を称しうる一族が出たのである。"Zhang rgyal" とは、ダン氏がティグム・ツェンポの外戚(zhang po)となったことを標榜するもので、ヤルルン王家の興隆とともに「シャンゲル」Zhang (po 'i) rgyal (po)「外戚の王」を意味する通称が成立したのであろう。

『アムド仏教史』Ⅲによれば、はじめにはシャンポ Zhang po が、後にはラリク・ゴ lHa rigs sGo がドメー mDo smad のゲルモロン地方に君臨したという。[87]

後に力を得たラリク・ゴ氏とはラン氏がゴ sGo 氏を母方に迎えて興した系統であり、吐蕃王国の没落後に生じた様子である。従って、ラン氏には属するが、吐蕃王国時代に金川方面を支配したルプン Ru dpon などの系統とは異なり、主として東寄りのツァコ Tsha kho 雑谷方面に父権的な社会を構成したものらしい。[88] 彼等の祖先は、唐代の「白狗羌」とか「東女国」の「高覇」の系統に属し、元来、ラン氏の配下にあったものと同じかと推定される。後期仏教伝播の後に勢力を得たが、さらに後になると、やはりダン氏と結び、ゲルモロン「女王谷」のジンガク rDzing 'gag(松岡)で「索朗・谷」(sBrang-sGo/Kho)などという複合氏族名を称している。[89]

シャンポ・ゴ Zhang po sGo という呼称もあるが、これもダン氏のうちで吐蕃の外戚を称していたものと上記のゴ氏との複合氏族を指し、小金川方面に勢力を得て、後に北上し、ゲルモロン方面に定着したらしい。[90] 小金川にある章谷屯は sBrang-sGo(/Kho)の対音と考えられ、シャンポ・ゴはそのうちの吐蕃王家との関係を表明した家筋である。従って、ヤルルン王家外戚系ダン氏は終始この地域で支配的勢力であったというべきであろう。

同じく、『アムド仏教史』Ⅲによるが、ゲルモロンのソマン So mang 王家の場合は、小金川ラプテン Rab brtan のダン氏から分れ、スムパ gSum pa 王国の筆頭勢力となったが、ヤルルン王家の流れを汲むと言われた。[91] このダン氏をヤルルン王家と共通の祖先をもつとの意味で理解すれば、問題は更に検討に値するであろう。

『ラン　ポティセル』では、オデ・グンゲルからアミ・ムズィ・ティド A mi mu zi khri do(アニェ・モズィ・ティト・チェンポ A nye mo zi khri to chen po, LPS, p. 4b, l. 4)の三系列六子[92]に至るまでを述べた上で次のように特にいう(LPS, p. 5a, l. 3)。

rlangs kyi phyug gi phugs ara la thugs pas／ラン氏の資産の究極はアラに由来するので、

と。このAraの意義を以下に見たい。

Araというのは、アニェ・モズィ・ティト・チェンポの孫で、第二子セキュンラ Se khyung dbra の第二子アラ・タボ「斑点のアラ」Ara khra bo を指すようである。ダライ・ラマ『五世年代記』(DSG, f. 69a, l. 3)ではこれをデー・タボ 'Bras khra bo と示すが、他の説明はほぼデンサパ本と同様である。

今、この名を、写本に用いるウメ(無頭行書)体にして並べてみると、大体、“'bras” འབྲས་ /“ara” ཨ་ར་ となり、“sbrang”を“sprang”とした場合の སྤྲང་ の字形とかなり接近するのを見る。

デンサパ本では、上記の説明を補足する形で「アラ」の三人を挙げ、その第二のアラ・タボの末裔の一つにはじめてランの名を挙げる(LPS, p. 4b, l. 8)。更に、「斑点の〔アラ〕の王、最勝のラン」(*ibid.*, p. 5b, ll. 3-4)と重ねて示している。これらの表現は、第二子に当るアラ・タボの末裔にラン氏が出るというので、その時代まではラン氏に関係がないとするのと同義になる。従って、ラン氏の富の起源が「アラ」に由来するという説明は、アラ・タボから遡ればセキュンラを経てアニェ・モズィ・ティトに達する系列になり、あえて言えば彼等がそこに由来するというのに留まる。この系列はダン Brang (/sBrang) もしくはダン・ム Brang (/sBrang)-dMu 氏を既に母方としたム・ピャもしくはピャ部族であることを示す。ダン氏との通婚により母権継承制がとられていたものなら、その権力的系譜はダン氏由来になる。つまり、後代のラン氏の権勢がダン氏に由来するという伝承が表明されていることになるのである。

今、アミ・ムズィ・ティド以降の系図を次頁に示して見よう(LPSの示す名は括弧に入れて示す)。

最後のマンドム・タクツェン Mang ldom stag btsan は後嗣が得られないので、その理由を尋ね求めた結果、彼自身は人間でなく、「神の御子八兄弟」(LPS, p. 6b, l. 6)の第五子(DSG, f. 69a, l. 4)が人間に化身している[93]ので、普通の手段で後嗣が得られない旨を天にいる兄弟から教えられて帰る。そこで、指示のままに、“dung gi mdzo mo”「家系のゾモ牝犛牛」の精ともいうべきメンツゥンマ sMan btsun ma と、「白人の化身たる白馬」の仲介によって(DSG, f. 70

a, 1. 2)子をもうけ、その時、はじめてラン氏が発生した[94]とされている。

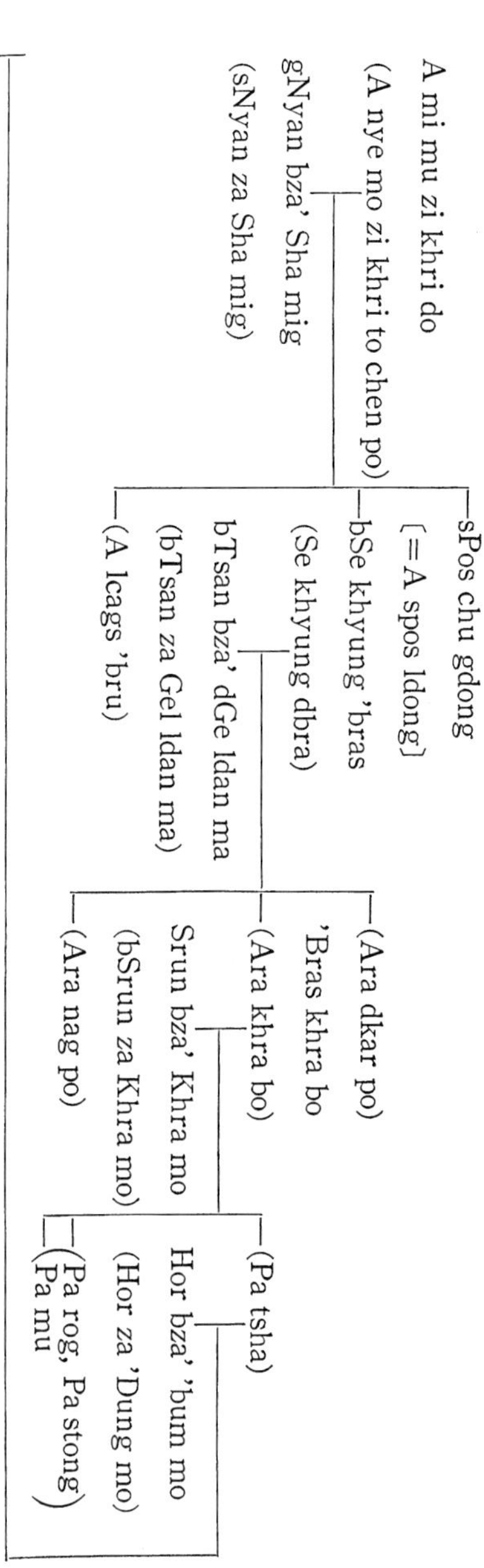

この祖先説話によって、ラン氏が自らの祖先を、漢文史料にいう「白馬種」「犛牛種」の中間に位置づけているのを知る。さらに、「参狼種」の称に Sum (pa) rLangs の音写[95]を窺い見ることも出来る。しかし、ラン氏はこの時点に発生したのではない。はじめてアミ・ムズィ・ティドの系譜とラン氏のそれが合流してこのあとの系譜が残されたのである。従って、先に示されたアラ個人は、全くラン氏と直接結びつく理由がないわけである。おそらく、母権の由来するダン氏の系譜をいうのに Ara(/sBrang)の形をもった個人名が誤って選ばれてしまったのであろう。

マンドム・タクツェンに至ってこの地で有力なラン氏の血統が母方から合流し、ダン氏の勢力の主流となったので、ラン氏固有の祖先説話と思われるものがこの時点で示されるに至ったのであろう。『ラン・ポティセル』に見えるラン氏自身の系譜は、漸くここからはじまる。とすれば、それ以前の長い系譜は何かということになる。それを外戚の系譜と考えるか、ラン氏自身をその外戚と考えるかの二つ以外はない。一般に単なる外戚の系譜ならば残らない筈である。もし残るとすれば、よほど有力な家系であるか、特殊な家系であったとしなければならない。系譜から読みとれる事実はその通りであり、ピャ・タクツァ・エルウル Phyva sTag tsha 'al 'ol を吐蕃王家と共に頂き、オデ・グンゲル 'O de gung rgyal を祖とする名家の系譜が上に重ねられている。(96) しかし、素直な見方をする限り、ラン氏の血統はむしろ母方から、この母権を重視する一族のうちに入ったとすべきであろう。

更に、この系譜では、冒頭に見たように母権継承制の社会を近代まで維持してきたダン氏の名を古くからその母方に示している。また、ダン氏のうちでも、吐蕃王家の外戚となってシャンポ Zhang po を称した一族は、唐代には既にゲルモロン地方の支配的勢力であったと伝えられる。従って、ティグム・ツェンポの母の実家にあたるダン氏、即ち、「シャンゲル」の系統そのものが、オデ・プゲルを祖先とする一族、即ち、このヤルルン王家と同祖の家系と或いは既に結びつきがあって、その後に更にラン氏と結びついたと考えられてもよいかも知れない。

今、彼等の系譜を見なおすと、ムズィ・ティドより五代前のプージョンラがダン・ム女 Brang (/sBrang) -dMu za、即ち、ム部族中のダン氏もしくは両者の複合部族名の娘を娶っている。プージョンラはオデ・グンゲルを初代とすれば五代目にあたる。

妃の出自がダン・ム sBrang-dMu という複合部族であるとすれば、後代の名称 sBrang-rLangs, sBrang-Kho などの用法から知られる限りでは、父系相続制のム部族のものがダン氏の母権継承者を迎えてその家系が伝えられていたのである。従って、オデ・グンゲルの系統に、プージョンラの時、このようなダン氏の母権が入ったと見ることが出来る。(97) とすれば、この系統は以来ダン氏を称することが出来たことであろう。

この新しいダン氏がティグム・ツェンポの父にもその娘ラゲンを提供したとすれば、彼等はティグム・ツェンポ以後はヤルルン王家に対し、"zhang po"「外戚」の名を得るわけである。(98) この仮定によれば、後述の吐蕃王家が後嗣を失う時に身代りをゲルモロンに求めよとの伝説の由来も説明できるのである。

プージョンラの五代後の A nye Mo zi khri to chen po(LPŚ, p. 5b, l. 4)/A mi Mu zi khri do(DSG, f. 69a, l. 1)の名は、A nye/A mi が "A myes"「先祖」の意味であり、Khri to chen po/Khri do が "Khri do re(/rje/tshe/che)" の崩れた形であって、古代の小王(rgyal phran)一般の称号である。(99) 中間の Mo zi/Mu zi は "dMu rdzi"「dMu を守る者」もしくは "dMu shtsi"「dMu 氏」のような意味になり、この系統にあるポン教徒ム部族の血統が意識されているのを(100)見る。このダン・ム女によってム部族の血統が補給されるよりはるか以前から、このオデ・グンゲルの系統そのものにヤルルン王家と同様にムの濃い血統が流れていた。その時点でこの事実が改めて強調されたものかとも思われるが、或いはこの系統でかねて自らム・ピャ部族を名乗っていたのかも知れない。

デンサパ本『ポティセル』(p. 4b, l. 2)によると、モズィ・ティトの祖母もダン Brang(/sBrang)氏である。このようにダン氏が母系に重なるうちに、片やダン氏を称しながら、ム部族と複合したピャ部族の系譜も意識され、ヤルルン王家と同祖の矜りが前面に押し出された例がゲルモロンのソマン王家の場合であり、『ポティセル』の系譜はこれに近いか或はこれと同じものを示すのかも知れない。

後代の伝承のうちにヤルルン王家とゲルモロンの女王家との関係を暗示する記述があり、『学者の宴』Ja 章(KGG, f. 27a, l. 3-b, l. 3)に収録され、ダライ・ラマ『五世年代記』(DSG, f. 13a, l. 6-b, l. 3)中にも再録されている。世代を数え合せると、時代はデー・タボ 'Bras khra bo の子の時代に相当する。

以下に、話の前半を要約で示し、残りを訳出する。括弧のうちはダライ・ラマ『年代記』の相違部分である。

ドニェン・デル 'Bro gnyen lde ru 王がタクポ Dags po から(DSG, タクポの名を言わず)チム女・ルゲル mChims bza' kLu rgyal(DSG, ngan bu mtsho)を娶り、盲目(dmus long)の子をもうけた。この妃が故郷の食物を喰べられず、容色が衰えたので、その食物を取り寄せ、漸く元の美しさを取り戻した。王がその食物を調べたところ蛙であったので、思い悩んで病気になり、病の悪影響をおそれて生きながら墓に入った。時に、盲目の王子に遺言したというのである。遺言の内容は次のようであった。

お前は、吐谷渾の国から医師を呼んで眼をあけた上で王位につけ。眼があかぬ場合とか、家系が断絶しそうな場合、スムパ Sum pa の国にポン教徒の妾がいてギャモ・ギャチャム rGya mo rGya lcam と呼ばれるが、そのものに私の子スムリ・リンポ Sum ri ring po と言われるものがいる〔から〕それを呼んで、お前は自ら退き、偽って〔そのものを〕王位につけよと言って王夫婦二人は大臣ニャク・タンパ・ヤルジェ sNyags Thang pa yar rje をつれて、後嗣に病を生じさせないようにと生きながら墓に入ったと伝えられる(KGG, f. 11a, ll. 5-7)。

この話は、『王統明示鏡』には前半の要約部分しかない。[101] 従って、後半の部分は別の伝承を収録したものと思われる。チムサは確かに『王統表』にある妃の名であるが、タクポの地名[102]は混入であろうか。大臣の名は「タルの子」トンタンジェを初代とすると、五代目相当のゲク・タンユンテンジェ rNgegs thang yon tan rje[103]に似ている。ドニェン・デルはプデ・グンゲルを初代として第四代に当る[104]ので、必ずしも当を失した指名ではない。いずれにしてもソンツェン・ガムポの三代前になり、オデ・グンゲルから数えた世代数で推定すると、マンドム・タクツェンから四代前に相当して、まだラン氏との結合以前に当る。

スムパの国は、かつて著者が詳説したようにドメー地方にあるベル氏、カム氏とラン氏の国であり、また、ダン氏の国であり、ポン教国である。ラン氏の国は、北はゾルゲ mDzod dge、東は松潘、茂州を結ぶ線、西は大金川河西岸、南は小金川の南縁の線にかこまれて、北部は斑佑、中央の東側がツァコ Tsha kho(雜谷)、西側がソマン(俊磨)等の女王国であって、それぞれツァワロン Tsha ba rong、ゲルモロン rGyal mo rong に当る。後者は「女王の谷」

の意味であり、そこには、母方から入った氏族名ダン、ランまたはゴ sGo の名を複合して名告る女土司群が清代にも存続していた。(105)

ゲルモロンの南の地は小金川地区であり、ゲルモロンのソマンの女王国は、古い時代に小金川地域のラプテン Rab brtan にあったダン氏の国から分出したとされている。また、『ポティセル』やポン教文献には、Sum pa rLang (/gLang) gi Gyim shod, rGya gar rdo rje gdan〔zhol〕「スムパ・ランのキムシュー、〔第二の〕インド金剛座〔の麓〕」と呼ぶ聖地の存在が繰り返し訴えられていたが、この聖地も、実は『金川瑣記』に「章谷之墨爾多山……相伝釈迦仏成道所」として伝えられ、小金川、ツェンラ bTsan lha 儹拉地区の章谷にあることが判明している。(106) 章谷は複合氏族名 sBrang-sGo に由来する地名であることは先にも述べた(107)(一八〇頁)とおりである。

この地域は、『ラン・ポティセル』(LPS, p. 15b, l. 16; p. 16a, l. 6)によると、ラン氏の一族中でルプン Ru dpon と呼ばれる系統が領有していた。ルプンの系統が分出したのは八世紀後半と考えられ、(108) ダン氏と結びついたのよりずっと後代である。従って、今問題にしている時代は小金川地区の更に古い時代に当るわけである。

ドニェン・デル王の子がいるとされたスムパのギャモ・ギャチャム "rGya mo rGya lcam" とは、小金川(古い rGyal mo rong「女王の谷」)にいる "rgya (/rgyal) mo"「女王」であり、ギャチャムまたはゲルチャム rGya (/rGyal) lcam「女王谷の女」と呼ばれるものである。ここにはラン氏の名は出てこない。母権的社会を近代まで支えたダン氏のみを指して、吐蕃王国との関係の深さを示唆しているものである。王子の名を "Sum ri ring po"「長いスムの山」というのも、ダン氏の所在地としてスムの国をいうだけのものと理解される。

この伝承の示す時代は、既に述べたようにラン氏とダン氏の合流したマンドム・タクツェン時代より三・四代遡った頃に当たるであろう。著者の推定によれば、マンドム・タクツェンはソンツェン・ガムポとほぼ同時代になるから(109)である。従って、両唐書に見える「東女国」よりも時代的に古いところにギャモ・ギャチャムの国が指定されていることになる。『唐書』等に見える「東女国」では女王の夫として、既にラン氏の影が見えているからである。

しかし、「東女国」より古い説明資料はないので、既に詳しく述べたものから要約してこれを示しておきたい。

「東女国」は茂州の西、雅州の西北にある。今日の地図で、雅安と康定を結ぶ線の北に小金川地区がある。茂州の西側北寄りに大金川地区がある。女王の居所、「康延川」*k'âng-i̯än-tś'i̯wän*(110)は「金川」*ki̯əm-tś'i̯wän*(111)を写した異字であって、チベット語でいうキムシュー Gyim shod の地である。「康延川」は河の名ではなく地名として示されている。「南流する弱水」とは、今日の大金川河に相当するであろう。

『唐書』の記事には『旧唐書』の誤りを匡したものもあると思われる。例えば、後者に「女王」「女官」として「賓就」*piĕn-dzʼi̯əu*「高覇」*kâu-pʼăk*(112)が示されていたが、その中「女官」の「女」を除いている点は従うべきで、両者はそれぞれ、“'Phan tshe 'u”と“Kho pa”に相当する。前者は、『ポティセル』にいう'Phan po che、もしくは'Phan rje に相当し、ラン氏主流を指し、「潘(州)王」の意味であろう。後者は「Kho の者」の意味(113)で白狗羌を指していうようである。その他、「東女国《モ》亦《タ》曰《フ》二蘇伐剌拏瞿咀羅《ト》一」とする点も、「亦《タ》」として、シャンシュンの女国ダン sBrang、即ち Suvarṇa-gotra と区別した上で、ラン氏と複合したダン氏を指していうものとすれば、『唐書』の説は貴重なものとなる。即ち、*suo-bʼi̯wɒt-lât-nuo*(114)が、Suvarṇa からチベット語化した“sBrang”を還元的に写したと言えるからである。この「東女国」は、ラン氏と結びつく以前にオデ・グンゲルの末裔と通婚してドメー地方に移住したダン氏であり、ヤルルン王家も彼等をその同族と意識していたことが、前に見た説話によって示されているのである。

既に見たようにポン教の伝承では『ポティセル』と同様に「スムパ・ランのキムシュー」に言及するが、ポン教徒自身その所在を明らかにしていない。ポン教の普及した範囲をいうための定り文句として単に用いられているのである。例えば、*Legs bshad rin po che'i mdzod* (LRD, f. 124b=TGS, p. 211)でも、

上はキュンルン・グルカル Khyung lung dNgul mkhar 以下と、下はスムパ・ランのキムシューと Brag shel le rGya skar' 以上の間にポン Bon とシェン gShen が拡まった。とする。S・G・カルメ氏の訳注では(TGS, p. 19, n. 2)、キュンルン・グルカルについてはポン教の祖師シェンラプ gShen rab の誕生地として注記されるが、後者については何も示されていない。のみならず、スムパ・ランのキムシューと、そこにある Brag shel gyi rGya gar rdo rje gdan zhol[115]を別のものとして扱い、Brag shel le rGya skar という不完全な形で示すに留まっている。同様に、ポン教の三七の聖地としても、ここを最後の二か所に数えている(LRD, f. 137a=TGS, p. 224)が、勿論、正しくない。

スムパ・ランのキムシューが小金川の章谷を中心とし、そこに「釈迦仏成道所」と名づけられる聖地のあることは今日のポン教徒には全く知られていないのである。ポン教は、シャンシュンからこの地まで地続きで布教されてきたのではない。ダン氏と結びついたム部族が、或いは、オデ・グンゲルを祖とするム・ピャ部族が、この地に移住することにより彼等の宗教が将来されたのである。その点は、キュンポ氏がいつ頃とも知れないが、シャンシュンからカム地方のディンチェン lDing chen 附近に移り、最終的にこの地方(ポボの北側)に留まることでそこにポン教の「島」を残した[116]のと似ている。

今、スムパのポン教を運んだム・ピャ族の移動についてまとめてみると次のようになる。

彼等がダン氏と結びついたのは、先に見たように、プージョンラの時代にあり、ドニェン・デル王の時代よりはるかに早い。この頃では未だスムパの国に至っていたわけではない。スムパの国に至ってからはホル Hor と呼ばれる。これを『ポティセル』の世系表で見ると、アミ・ムズィ・ティドの祖父の頃に相当する。

系譜を遡って、ダン・ム女 sBrang-dMu bza' を妃としたプージョンラ王の頃に、ム・ピャ族はカム地方中央部にいたと思われる。王の称が「プー(今日のカム)の谷の王」となっているからである。

プージョンラの三代後、ムズィ・ティドの祖父の頃には、子孫がホル Hor プー Bod 等に分れるのを見る。当時のホルとは、スムパの地を指す。(117) 他方、ヤルルン王家の前身では、ティグム・ツェンポの父ティデ(／ジェ)ヤクパが、世代数で言えば、プージョンラの三代後とほぼ同時代であるが、ダン女ラゲン sBrang bza' lHa rgyan を娶って、ティグム・ツェンポをもうけ、ダン氏に"zhang po"「外戚」の地位をゆるした。即ち、当時のダン氏一族は、オデ・グンゲルとヤプラ・ダクドゥクの双方の末裔と通婚していたのである。

また、ダン氏は前者との婚姻で、その子孫にダン氏独得の母権継承制を行わせ、ダン氏を自称させた可能性が強い。それがムズィ・ティドの祖父の代の頃ホルに勢力を得たム・ピャ族であり、『アムド仏教史』IIIにいう小金川ラプテン在のソマン王家の遠祖(118)もしくは「東女国」と直接結びつくものであったと想定しても、妨げになる事は知られていないのである。

この小金川地区において、ム部族に由来し、ピャ部族に擁護されたポン教が確かにその聖地を残した。スムパのホルの間に栄えたダン氏も元来シャンシュン方面にいたから、或は古くからポン教徒であったのかも知れない。しかし、『ポン教興亡史』(f. 63b, l. 2)には「スムパのム dMu の法(＝ポン教)」と言ったり、同じく(*ibid.*, f. 34a, ll. 1-2)、「スムパのポン教、一族の法」と示すが、別にダン氏の名をいうことはない。従って、ム・ピャ部族がこの地にいたと知られている以上、当然彼等か彼等と結びついていたダン氏にこの宗教を由来させるべきであろう。ここにいうスムパとは、繰り返していうがポン教の聖地としてのキムシュー小金川地区を指すのである。

ダン氏は、ム部族とピャ部族の複合した有力な系統を父系にもち、金川地区に母権継承制の社会を維持して、ム・ピャ部族の法、ポン教をその地に拡め、更に、ラン氏、コ Kho 氏、ゴ sGo 氏と通婚し、彼等の氏も併せ名告って繁栄し続けたのである。以上を以て著者は、『ポティセル』に示された系図のうちのマンドム・タクツェン以前の段階がダン氏を母方にもったム・ピャ族の系譜であると断じ、ラン氏の富が由来するという場合の Ara/'Bras を Brang/Brangs/sBrang の異写と理解することによって、ラン氏がマンドム・タクツェンの代において、母権を尊重するこのム・ピャの系譜と結びついたことによって「ダン氏に由来する」という表現をもつに至ったものと理解したい。いいかえれば、この地の有力者ラン氏の系統に属する女性が母権尊重のダン・ム・ピャ sBrang-dMu-Phyva の家に迎えられ、これ以後ダン・ラン sBrangs(-dMu-Phyva)-rLangs の家系が発展していったものと見るのである。

(1) 『東北目』一一一三番、『北京目』二〇〇五番、本論四五頁参照。

(2) この点は『学者の宴』Ja章(KGG, f. 5b, l. 2)中に説明されていて、「仏教流秘密伝承」(三八頁参照)では、『文殊師利根本続』によるとリッチャヴィ Licchavi 種が生じたとあるため、最良種釈迦ゴータマの系統であることが明らかである〔とする〕とある。なお、この種の議論は YLD, pp. 171-197 に示されている。『プトゥン仏教史』にはまだこのことは言われていない。『赤冊史』(HLD, p. 15b, l. 4)でも『カクルマ』によって Shākya ri brag pa の名をいうに留まっている。

(3) CYNC, f. 74, l. 1 では、この系統の記述を崩れた綴字で Tregs pa bon lugs(「ポン教流周知伝承」)という。さすがに『学者の宴』(KGG, f. 5a, l. 6)では bsGrgs pa bon lugs と示している。ポン教系の伝承として位置づけられるが、これが吐蕃王朝時代にまとめられた形であろう。CYNC(f. 79a, l. 3)では Yang gsang mu stegs lugs(「外道流極秘伝承」)という伝承も示されるが、CYN(YLD, p. 17)では Yang gsang the'u brang lugs の名で示される。これによれば、ポボ sPo bo の人モチャ・モツゥン Mo bya mo btsun のテダン The brang 九子の末子、テダン・マニャ・ウベル The brang ma nya u ber がニャーティ・ツェンポの素姓とされる。LPT, p. 206 参照。なお、The'u については注(74)、五七頁注(26)参照。

(4) はじめの第一部相当のところを本論中では『小王表』と呼んでいる。

(5) DTH, p. 85, n. 7; GMG, II, p. 138a、に“lhabs”「中間、中心」と示される。

(6) DTH, p. 85, n. 8 の冒頭の訳文が正しい。Khri 'i bdun tshigs の意味が不明であったため、本文が誤訳されている。正訳をマクドナルド夫人が示している(LPT, p. 193, n. 12)。

(7) 一四一頁注(58)参照。“char”を「雨」と訳す(DTH, p. 86; LPT, p. 199)。動詞“gcar”“bcar”(Ch. Dic., p. 231b; GMG, I, p. 87b; J. Dic., p, 146a)の「制圧する」の意味から“char”「押さえ」(相似する形態 gcad, bcad/chad「切る」/「切断」)の意味を知る。

(8) “bang”は“bang rim”(Ch. Dic., p. 556b)「屋根の層」のうちの「屋面」をいう。“thang thang”は「平坦な様」。

(9) “khrung khrung gis”=“grung por”(Ch. Dic., p. 133a)「真心から」。

(10) “Bod ka g-yag drug”(二五三—二五四頁注(17)の“ka g-yag”は“kha ya”の古形と思われる。“sne len”(BTD, p. 59b)

「迎える者」の意味。即ち、プー国において迎え入れた六氏族を指すと思われる。DTH, p. 86, n. 3には従来の解釈が見えている。なお、「大切に扱うこと」「真心から忠告する(者)」(Ch. Dic., p. 73b)とも説明される。

(11) 《augmenter la vitesse des chevaux》(DTH, p. 86)ではなく、「速かに殖える」もしくは「生れつき速い馬が殖える」の意味。

(12) "sle yon"「ごまかし」(GMG, II, p. 127b, "sle"は"gle ba"「枡目」(DTG, II, p. 70)の意味。

(13) "son po" = "gson po".

(14) "gtsug"「支配」を象徴する。八一五―八一六頁注(18)、四六一頁参照。

(15) 《il retourna corporellement au ciel》(DTH, p. 87)ではない。"thal byung"「一跳びに」の意味(Ch. Dic., p. 368a)。

(16) TAM, p. 58, Bibl. Nat. no. 493, f. 37b要約のものも似ている。

(17) Yab la bdal drugのbdal/dal/thalの形はCYNC, TND等にも用いられるが、『王統表』の記述に従って"bdag"をとる。

(18) CYNC, f. 76a, l. 4では、rMu gza' Bre btsan moである。

(19) "srid pa 'i lha"とは、元来「現人神」の意味であったと思われる。例えば、ヤルルン王家の祖先について述べるPelliot tib. 1038, l. 7に"srid pa kun la mnga' (l. 8) mdzad pa"「存在するものすべてに支配権を行使なさった方」とある他、CYNC等の文章でも動詞として"srid pa 'i lha rabs dgu *srid*"「現人神〔世代〕九人のあり」と示し、sridは、今日の"'dug"ないし"yod"の意味に用いられている。しかし、後代の文献ではこの"srid pa"ははっきり固有名詞として扱われている。例えば、『赤冊史』(HLD, p. 15b, l. 1)に"srid pa phyi (/phyva の誤り) 'i dbang rjes dbang byas"「Srid pa Phyva 'i dbang rjeが支配した」とあり、前置する必要のないところにも加えられている。この傾向は『ルンポ・カータン』(BKT, f. 14b, l. 4)では"Srid pa 'i khri rgyal"とか"Srid pa 'i phyi mo"という形で固有名詞として定着させられている。E・ハール氏はこのような後代の傾向を受け入れている(YLD, pp. 224–225, 265, 269)が、どこにも根拠が確認されていない。注(48)参照。

(20) "bzhis brgyi ba'"を「四によって呼ばれるもの」とも言える。マクドナルド夫人は"――bzhis"までを固有名詞として扱っている(LPT, p. 216, n. 102)。著者はマサンMa sangsの同格としてこれらを見た。

(21) 「不夜」*piau: ia*(GSR, 999–a, 800–j)「弗夜」*piuat ia*(*ibid.*, 500–a)はそれぞれ『唐書』吐蕃伝、『冊府元亀』九五六の「勃窣野」(sPu rgyalを写した窣勃野の誤り)と区別して示される。

(22) TGS, p. 194参照。実際にはそれ程古い文体を示していない。

(23) ヤプラ・デル(／ダク)ドゥクをインドラ神に結びつけること自体、すでに後代の徴候である。即ち、後期仏教伝播によりインド文化万能の感覚がチベット国内に定着した後のものである。

(24) "stag khungs" は "ltag khung"「頸窩」(Ch. Dic., p. 348b) と読まねば、後の "gnya'"「頸根」から生れた王としての名の来歴を示すものとならない。

(25) "Mu" を "dMu" の異字と見る。UTM, p. 203. の写本 f. 23a にはイェムン・ゲルポ Ye smon rgyal po の子として、トゥンサー・グルモ Dung bza' dNgul mo を迎えたものに既にピャ・ム・ツクキゲルポ Phyva dMu gtsug gi rgyal po の名が与えられているので、ピャとムの関係はこの時既に存していたことになり本注冒頭の修正は可能である。

(26) "gsing ma" (Ch. Dic., p. 933b), "ne 'u gsing" (*ibid.*, p. 468b) から "gsing ma 'i ne thang" の意味が知られる。

(27) TLT, II, p. 53 の To yo chas la を想わせる。

(28) "mi lha med rnams" は文字通りならば「人も神もいない〔辺地の〕人々」とすることも出来るが、むしろ "mi lha dbye med" の脱字によるものとすべきであろう。

(29) "rdos" は "bsdos" (Ch. Dic., p. 456b; BTD, p. 354a) の異字。

(30) KGG, f. 5a, l. 6–f. 5b, l. 1 に「ポン教流周知伝承」というものがあるとした上で、「一般に、Yo ga lha gyes can の説では」として CYNC でいう概要を示している。

(31) "rMu thag thang yag" (CYNC, f. 77b, l. 5) とも綴っている。いずれにしても、"dbu 'breng zang yag" (DTH, p. 97, l. 25) "dbu skas steng dgu" (*ibid.*, l. 26) の変形である。一三五頁注(19)参照。

(32) 注(25)参照。一六一—一六二頁参照。

(33) "sa ga dog drug" を "sa (ga) dog (drug)"「六か国土」と理解した。この国土とは、とくに異なることが示されないから、"Bod ka g-yag drug"「プーの迎え入れた六氏の国」そのものであると解すべきであろう。

(34) "mi rje lha" とはヤルルン王家のこと、即ち、「人の王」にして「有形の神」(srid pa 'i lha) なるものであり、"lha dang bdud/du brgyis nas" は "lha dang dud/du bgyis nas"「神と〔支配される〕家来とになって」の意味。同じ部族が上下に身分を分けて至ったことをいう。

(35) 「東女白」三—七、一七—二四頁参照。

(36) 「東女白」一一—一二頁参照。

(37) DV, I, f. 22a, l. 6.

(38) 本文後段で説明するが、LPS はオデ・グンゲル 'O de gung rgyal をヤプラク・ダドゥク Yab lag brda drug にすり替えている（一六四頁参照）。

(39) LPS, p. 3b, l. 13では"ye nas smon pas"「太初より願いしにより」とある。

(40) "'Phrul sras dbang ldan"はMo then rje(BDL), Mong then chen(CYNC)と示され、"Dung bza' dNgul mo"は、Mu dun dung ra mo(BDL), Dung bza' dNgul mo(UTM)とも示される。

(41) この一代は他本に含まれない（注(40)参照）。

(42) Tshes gza' Khyang khyung(BDL), Tshe za Khyad khyud(CYNC), ツェmTshe氏はポン教司祭者（一七五頁参照）。

(43) LPSでは"srid pa lha rabs mched bzhi"とし、ダライ・ラマ五世は"mGur lha mched bzhi"とする。

(44) Khri rje snyan thangは形としてはLPSが'Byod ma brangの子とするKhri rje thang snyanと似ている。mThing moと'Byod ma brangが同一である可能性がつよい。

(45) マクドナルド夫人は《'O de gung rgyal est un dieux montagne de la région 'Ol kha》(LPT, p. 208, n. 79)として、オデ・グンゲルをニャーティ・ツェンポとは区別するが、ロンドゥル・ラマ(*gsung 'bum*, Ya, f. 15a)がダライ・ラマ五世に従い、タクツァ・エルウルの四子を取り上げてこれに言及したものであることに説き及んでいない。TAM, p. 83, n. 226参照。

(46)「外道流極秘伝承」と言われる伝承では九子の末子がニャーティ・ツェンポとなる。注(3)参照。この辺にも混乱の因子があると思われる。

(47) *rGyal rab bon gyi 'byung gnas*（金子良太氏写本p. 16）では、トゥクカル九子の末子sNe 'u khrom laとその妻ニェンチャムの間にティンギmThing giの生誕をいう。更に、プージョンラをプージェ・ドゥンカルとして示す。

(48) ここに「ラlHa（神）の外孫」の場合、実は一般的な意味で「ラモlHa mo（女神）」が生んだ子であるからというのでその名が生じたと考えられる。しかし、吐蕃の王は自らを"lha sras"「神の御子」と称し、その祖先を"lha"「神」と直結し、「神」を独占し、"lha"を自らに関する固有名詞的なものにしていった。従って、「ラモ」のもたらした外孫を"srid pa 'i lha"、「人間として生存した吐蕃王の祖（即ち、「現人神」）」の意味に誤解した上で彼等の祖として取り上げたのであろう。

(49) ム部族についてCYNC, f. 91b, ll. 1-4は次のようにいう。「rMu rje Khol poが人間の国に至って妃を娶り、Chos sman sbyar mo silに生ませた御子としてrMu la kho leの八系が生じた。NgamとsNubsとgZhung, 'GarとdKarとsMon, sNyosとNgan lamの八であり、rMu la kho le八系という」これのうち、ヤルルン王家の大臣としてヌプsNubsが古くに登場する他、ガル'GarとゲンラムNgan lamも有名であり、ニューsNyosは後のダライ・ラマ六世の先祖である。ただし、この記述に類するものが他になく、その信憑性は全く保証されていない。

(50) 一三五頁注(19)参照。

(51) 好んで用いられた表現である。HLD, p. 18b, l. 4 にはレルパチェン、即ち、ティツク・デツェン王の時代を謳歌するのに用いている。DTH, p. 115 にはティソン・デツェン(七四二—七九七年)の治世を讃えて “chab srid mtha' bzhir bskyed”「支配権は四辺に拡がり」「この王より支配権の強大だったことはこれまで御世代中にはなかったことである」とされている。

(52) ヤルルン王家が他の小王国と並んで存在するのは、ポン教系の敦煌文献(FPG, AFL)中のみである。これらには小王国群の一覧表が示されているわけではなかったから改められることを免れたのであろう。

(53) ム dMu/rMu はいつの間にか神話的な位置にもってゆかれた。他方のピャ Phyva' は人為的に “srid pa 'i lha”「有形の神」に祀り上げられ、“Phyva rabs mched bzhi” が “lha rabs mched bzhi” に置き替えられ、やがて “Phyva 'i sras dMu 'i dbon” とは言わずに “lHa 'i sras dMu 'i dbon” とのみ言うに至るのである。

(54) たとえば、CYNC, f. 74a, l. 2 の Cha ya mkhyen chen po は、おそらく Phyva la mkhyen chen po であろう。AFL (p. 12, ll. 58-64) の mGon tshun Phyva は CYNC, f. 75b, l. 2 では mGon rtsun Cha となっている。

(55) LRD, f. 138b, 163a (= TGS, p. 225, l. 7; p. 249, l. 2) には人名としてではあるが、Sum pa Mu phya なる形の名が示されている。

(56) “srid pa” は本来の意味で用いられず、一種の神秘的存在を示すものとして使用されている。注(19)参照。

(57) サムテン・G・カルメ氏が用いたポン教の “bsTan rtsis” (TGS, p. 194) と共に、*Tibetan Zhang zhung Dictionary*, New Delhi, 1965 の後部に収録されている。

(58) “gzhe” を “gzhi” に読む。

(59) “srod” は “sros” の異字。

(60) “rog” は “brag” の異字。

(61) “'dzul” は “'grul” の俗字。

(62) “gra gru” は “grva” と “ru” の異字、共に「隅」「角」「地域」を意味する。

(63) “svon” は “sun”「責めさわぐ」(GMG, II, p. 118b) または “gson”「喚き醒す」(*ibid.*, p. 131a) の異字。

(64) “bar re bung nge” は “bang nge bung nge” の誤写、bang bung は、“phang phung”「積み重なる状態」(GMG, II, p. 10b; DTG, I, p. 132) の異字、その反復型形容詞。擬態語である。

(65) “ne 'u” は “na bu” に由来し「若さ」をいう。“bun bu po” は “bun bun”「小片」(GMG, II, p. 22b) と同義の形容詞。併

せて、「年若い」の意味。
(66) “bdag cag ngan pa”は、敦煌文書中の奏請文に見られ、被支配階級が自称する際の定型句である。“ngan pa”は今日では「悪い」であるが、この場合は卑下した呼称である。
(67) “bkod tsam”は「配置するだけ」の意味、“bul”は「献上する」こと、併せて「〔御前に〕置けるだけの品を献ずる」意味と理解する。
(68) 使者の言葉は丁重であり、ピャが国主となったことを他(天)の命令によるかのように示している。
(69) “da ltar”は「今や」の意味。ここでは“de ltar”「そのように」と読む。
(70) 注(25)参照。なお、そこに見えるピャ・ム・ツクキゲルポ Phyva dmu gtsug gi rgyal po とされるものはLPSにある sPyi gtsug rgyal ba に相当する。これは Phyva gtsug rgyal ba が原形とも考えられる。
(71) rMu/dMu 部族については注(49)参照。
(72) “byud kor”を“khyud 'khor”の俗字として読む。
(73) 既に、部分的に訳出した。四―八行は一五四頁に、一三―一七行目は一五七頁にある。
(74) “Thod rgyal”とは“lTi 'u”と呼ばれ、“Thi 'u brang”といわれるものの王者であって、元来はシャンシュン方面にいたため“stod”「上流域」の王とされたのかと思われる。“lti 'u”は lde 'u/lde の異字とも考えられる。五七頁注(26)参照。
(75) “Phyva 'i”は神の名として“Phyvas”とも示される。注(82)参照。
(76) 『通典』一九〇の「吐蕃」の条でも「以赭塗面」とされている。
(77) “rDza”については不明。
(78) “bla”とは生命の根元の拠るところをいう。Nebesky-Wojkowitz: *Oracles and Demons of Tibet*, The Hague, 1956, pp. 481-483.
(79) 内容が明らかでなく、訳文省略。
(80) 類似の序数表現はサムイェー崇仏誓約第二詔書(KGG, f. 112a, l. 5; b, l. 1)に見られる。序数の表わし方に“pa”を加える型は skad gsar bcad(欽定決定訳語)制定時にあり、『楞伽師資記』の敦煌チベット本(Poussin No. 710)の巻数にもなお基数を用いている。但し、基数と序数の区別がなかったわけではない。その点で、G・ウライ氏がこの理由から“de nas lo gsum na”とする表現を《then in the third year》とする(NLO, p. 34, n. 86)のは正しくない。即ち、“de nas lo gcig na”で「翌年」“phyi lo”を意味することが出来なくなるからである。三八六―三八七頁注(20)参照。

(81) 注(74)参照。"lde 'u" の語源は "*lda bu" であると思われる。"*lda" は "bla" または "la"、もしくは "lha"「神」と相い通ずる語である。従って、"lde 'u" は「神に類するものの子」を意味する。"lde 'u" の短い形が "lde" である。王名の Khri srong lde brtsan が Khri srong lde'u brtsan と復原した形でしばしば示されるのはこのためである。"lde sras" という形には "bu" と "sras" とが重複しているわけであるが、敬語であることと、"lde" が既に一語となっていたために許されたのであろう。この意味でも、"lde bu" という形はあり得ない。"lde 'u bu" になるからである。

(82) AFL, text p. 12 にある "rje yab bla bdag drug mgon btsun pyvas 'is bskoste" の "pyvas/phyvas" がこの "phyva 'i" に相当するのであろう。

(83) 古い時代に彼等がカイラーサに近く居住していたとすれば、そのころからム部族と関係があった可能性が強い。「ツァンメード」に住し、もしくは、ポボ方面に居を移し、力を得てから通婚による同盟を求めたとも考えられる。なお、sPu rang (/hrang) は sPu brang と理解され、プ氏の徒党をいう名と言える。但し、吐蕃王朝殁落西遷後の地名であるかも知れない。

(84) 「sPu bod とか sPu rgyal と申し上げる」とも読める。しかし、"sPu bod" の形は未だ知られていない上、「氏をプ sPu と呼んだのでプゲル sPu rgyal と名づけ申し上げる」とする方が自然である。即ち、理由文を並列する接続辞の "dang"「……したので」が用いられたものと理解しうる。"bod" は "'bod"「呼ぶ」の過去形である。

(85) "btsad pa" は擬古文中に btsan po「王」をいうのにしばしば用いられるが、敦煌文献中には誤字として稀に見える以外は btsan po と書かれている。

(86) 「外道流極秘伝承」ではニャーティ・ツェンポの実名として示される (CYNC, f. 79a, l. 4)。

(87) 「東女白」四頁参照。

(88) 同前、一四—一七頁参照。

(89) 同前、二二—二四、一一—一二、一八頁参照。

(90) 同前、一八—二四頁参照。

(91) 同前、二〇頁参照。

(92) アニェ・モズィ・ティトには三子があったと『ポティセル』は伝える。アニェ・モズィ・ティトは、本文中に見るように、アニェ・ムズィ・ティドレ A myes dMu rdzi (/çtsi) khri do re の崩れた名と思われる。世代数から推定するとプデ・グンゲルないしラトド・ニャツェンの時代に生存したことになる。その三子の名は、しばしば吐蕃の「四大部族」(rus chen bzhi) をいう際に登場するが誤って付会されたものである。例えば、『アムド仏教史』の一節に「bSe と sBra は同一と説明されるけれど、昔の王統記に bSe khyung 'bras と言っているのと軌を一にする」(ACB, III, f. 259a, l. 2) とあるのは最も甚だしいものである。ここにいう bSe khyung 'bras は部族名、氏族名とかかわりのない人名であるが、ここでは、異同を論ずるのに利用されている。A nye Mo zi khri to の三人の子 Po (/sPos) chu gdong, Se khyung dbra (/ara), A lcags gru (/'gru/'bru) について、bSe に bSe khyung sbra を、lDong に A spos ldong を、sTong に A lcags 'bru をあてるのは『アムド仏教史』に示される (ACB, III, f. 259a, l. 1) ばかりでなく『ポティセル』のデンサパ本 (p. 5b, ll. 8-13), M. Hermann によるアムドの古写本 (UTM, p. 198, ff. 14a-15a) にも A lcags 'bru と Sen khyung pra として現れる。一般にアニェ・モズィ・ティトの四子と二孫を「六原氏族」(mi bu rus drug) と混同するのである。『ポティセル』の本来のものにこの混乱はなかったらしく、同じパクモドゥパ系の『シェーズー』(CYNC, f. 91a, l. 1-f. 92a, l. 4) にはこの種の記述は見られない。従って、R・A・スタン氏の研究(TAM)中に継承されたこの混乱の影響は考慮され、修正されるべきであろう。

(93)　"dung" は「螺」であるが、ここでは、その果す役割から見て、"gdung"「氏族」の異字とすべきである。

(94)　この物語の記述形式にしたがえば、マンドム・タクツェンが sBrang-(dMu-Phya) 族になり、sMan btsun ma がラン rLang 氏を象徴するように見える。しかも、『ポティセル』はラン氏自体の発生をこの時点で説き、それ以後の相続も父系のそれで綴っている。この時点で発生するラン氏は「白馬」「犛牛」と共に言及されるので、それらの異名で呼ばれ、この地域に拠ったとされる廣漢羌、越嶲羌を即座に連想して、それらと武都羌「参狼」種との関連を想わざるを得ない。「参狼」の存在は『後漢書』八七の西羌伝に言及されているから、ラン氏そのものはマンドム・タクツェン以前から存在するとみなされる。マンドム・タクツェンはほぼソンツェン・ガムポと同じ頃(注(109)参照)と推定されるからである。これは、マンドム・タクツェンを境に前後二つの父系相続の系譜が新旧相接していると見ることもできるが、やや不自然な見方になる。古い層の系譜は、オデ・グンゲル以来のム・ピャ族のものであるが、ダン氏を母方にもったため母権尊重の立場からダン氏を自称した可能性が強い。とすれば、これに土地の有力者であったラン氏の血統が母方から持ち込まれたので、同様にラン氏を自称する系譜が後に連なったと考えることも出来る。勿論、前からある系譜は父系としては連続していたので、そのまま用いられたのであろう。

(95)　「参」"*ts'âm*" (GSR, 647-a)、「狼」"*lâng*" (*op. cit.*, 735-l)。

(96)　注(94)参照。

(97)　ダン氏の系譜は「東女国」以来の伝統として「姑死而《シテ》、婦継《グ》」であったと思われる(「東女白」一九—二〇、三一—三二頁)。その場合、示される系図は父系相続のものであることに注意しなければならない。

(98)　ダン氏が娘を送り込んだ先がすべて母権継承制に変るわけではない。ヤルルン王家の祖は父系による父権相続を崩さなかった様子であり、ダン氏は一 zhang po「外戚」であるに留まった。しかし、吐蕃王の一三歳即位とその時点における父王の死が外戚による奪権であるならば、これをダン氏の遺習の一時的復活と理解しうるであろう。

(99) 一二五―一二六頁参照。

(100) "çtsi" に関しては「東女白」五頁、同四一頁注(17)参照。父系相続制の社会で母方に由来する名を指すのに用いられた形跡がある。ただし、本文中に見るような称号的な名は母方のそれを示すと言うよりむしろ、ボン教徒であることの自覚を示す名であろう。

(101) GSM, f. 27a, l. 3–f. 27b, l. 2.

(102) 『王統明示鏡』中にはDag po と示されている。注(101)参照。Dags po の女王は Pelliot tib. 1286 冒頭によると、吐蕃王家の古い外戚であり、Gyim pang ma(←Gyim pa ma)「金氏の女」と呼ばれる。また、その拠城は bSen mkhar とあるが、gSer mkhar が本来の形であれば「金城」の意味になる。

(103) DTH, p. 100, ll. 15–16 参照。

(104) 一三〇―一三一頁参照。

(105) 「東女白」一二頁参照。

(106) 「白SL」二四頁参照。

(107) 章谷屯 Chang-ku-t'un は、鑪霍の別名である章谷(Brag-mgo)とは関係なく、小金川にあり、sBrang-sGo の対音と考えられる。

(108) 「東女白」二八―二九頁参照。

(109) マンドム・タクツェンはオデ・グンゲルを初代として一七代目に当り、他方、ソンツェン・ガムポは、前章までの研究によれば、ヤプラ・ダクドゥクを初代として一六代目に当る。

(110) GSR, 746-h, 203-a, 462-a 参照。

(111) *op. cit.*, 652-a. *kịəm* が、*k'âng* と *ịăn* の二字で写されているというのである。

(112) *ibid.*, 389-a, 1093-a. 1129-a, 772-a 参照。

(113) 「白SL」三二―三三頁。

(114) GSR, 67-c, 307-a, 272-a, 94-l 参照。

(115) 「白SL」二二―二四頁参照。

(116) DTH, p. 106, ll. 19–24. p. 111, l. 31–p. 112, l. 17. DSG, f. 76a.

(117) KGG, f. 18b, l. 7.『ラダック王統史』には(AIT, p. 21, l. 20)に"Gyim shang Hor"とある。Gyim shang とは Gyim shod の異字で、Sum pa の地の金川を指す。

(118)「東女白」二〇頁参照。

第六章　「吐蕃」と「羊同」

第一節　「吐蕃」の称と“Bod”

隋の開皇年間に史上に姿を見せたチベット民族の国を漢文史料では後に「吐蕃」と呼んだ。その由来を、『通典』一九〇、辺防六の「吐蕃」の項では、「吐谷渾の西南にあるが元来の確乎とした由来は不明である」としながらも、「禿髪利鹿孤」の子「樊尼」を祖とする国としての説明で紹介している。この説に関しては、ハール氏の所論を批評した際、成立しない旨を明らかにしておいた（四一頁参照）。従って、「禿髪」が国号となったとする『旧唐書』一九六、吐蕃伝の説もそのままでは用をなさない。

この説に対し、王忠氏は「禿髪」を拓抜氏のことであろうとしているが、この方はまだ理解し易い。ただ、王忠氏が彼等と「多弥」を結びつける[1]理由は全く根拠がない。

「吐蕃」に関する解釈は、既に多くの学者が示している。その中のある人々は、今日の「チベット」の語源と推定される「拓抜」もしくは「禿髪」[2]と「吐蕃」を結びつけ、他の人々は、今日、チベット人が自らの国を呼んでいう「プー」“Bod”の音、もしくは、これと結びつけた「プン」“Bon”の音を「蕃」と関連させ、更に、「吐」を、W・W・ロックヒルのように“stod”と解して結びつける場合もある。[3]

鄭天挺説[4]の「発」＝“Bod”は後者の類に入るであろう。確かに「プー」“Bod”は吐蕃の国号として正式に唐蕃会盟碑に見えている（『古チ研』、テキスト九〇〇、九〇一、九〇八頁等）他、シュル Zhol の石柱碑（AHE, p. 16, テキスト l. 12; p.

18, テキスト ll. 51, 54, 60)、敦煌文献の『編年紀』『年代記』にも見えている。特に、唐蕃会盟碑では「蕃」と“Bod”とが対応している。更に、敦煌文献の『年代記』中にソンツェン・ガムポの事績を讃えたところで(DTH, p. 118, ll. 16, 17, 21)もこの国を「プー」と呼んでいる。

したがって、「吐蕃」と「プー」とを結びつけることは如何にも妥当のように思われる。しかし、この考え方は万全の保証を受けているものではない。後段でも触れるが、「吐蕃」が一つの国家として出来上ったのはソンツェン・ガムポ王の時代である。例えば、隋の開皇年間に、その周辺の大部分を統合してその名を知られたとはいえ、ティ・ルンツェン Khri slon mtshan とティ・ソンツェン Khri srong btsan、つまり、「論贊」と「弄贊」が一緒にいた時代には未だ「プー」のような国号を称する程の国家意識があったとは思われない。多分、支配者の部族名によって彼等のことが漢土に伝えられた程度と思われる。

『青冊史』の中でグー・ロツァワ 'Gos lo tsā ba gZhon nu dpal(一三九二—一四八一年)は、

> 昔の古い文書によると、この国に対し、昔は、名をプゲル sPu rgyal と言い、後にプー Bod と言ったと説明されていることも……(DTN, Ka, f. 18b–19a)。

と述べているが、既に見た Pelliot tib. 1038 にも、「プゲル、ポン Bon の贊普ティウ lTi 'u の王者、トゥーゲル Thod rgyal」とか、「家系をプ spu と呼び、プゲルと申し上げた」とあり、後者の称は『通典』や両唐書等に「改《メテ》レ姓《ヲ》為《ス》二窣勃野《ト》一」など(5)と示されているのと相応する。グー・ロツァワの所説は傾聴すべきであろう。

ヤルルンにいて周辺を漸く統一した一大勢力についての呼び名を説明しながら、『通典』一九〇は「吐蕃」を国名と特定しているわけでなく、漫然とその名を用いている。ただ、彼等を「禿髪」*t'uk-b'uât*(GSR, 1205–a, 276–e)の後裔としているから、或いはこれを「吐蕃」*t'uo-p'iwɒn*(*op. cit.*, 62–d, 195–m)の語源と見ていたのかも知れない。ただ、それらの発音には右記のような距りがあり、他方、「禿髪」が実は拓抜氏であって(6)、後者が後代に誤って「チベット」

の称の起源にされたとしても、それは「吐蕃」の称と関わりがなく、漢文史料が明確に区別しているのに当時、「禿髪」とチベット人が混同されて、後者のために「禿髪」由来の「吐蕃」の名が成立したとは考えにくい。

「プー」の名が『年代記』等に用いられていることについては次の説明を加えたい。著者は、敦煌文献『年代記』のソンツェン・ガムポの項に見える国号的な「プー」の称は、後代の編纂時期、即ち、「人法」“mi chos” 等「民間の記録」の編纂時期(後に見るように七七九年以後)[7]にもちこまれたものと見ている。後代の名を記録にもちこんだ例は『編年紀』にも『年代記』にも実例が見られる。例えば、皇甫維明を播川公 'Ba' tsan kun とした『編年紀』七四五年の記録(DTH, p. 55)や、段倹魏を段忠国 Dvan cung kog とした『年代記』(*op. cit.*, p. 113, l. 23)の記録(SMT, p. 255 255 参照)がそれらに該当するであろう。

編纂者が「プー」の名をもちこみにくいところでは、“btsan po spu rgyal gyi zha sngar” とか、“spu rgyal khri srong btsan yab sras”(DTH, p. 110, ll. 7, 22)と示されている[8]。勿論、その先代以前についてはグー・ロツァワのいうとおり、sPu rgyal「プゲル」の形しか用いられていない(*op. cit.*, p. 104, l. 19, p. 106, l. 4)。

「プー」の称が国号に用いられる以前、この名がなかったというのではない。非常に古くからあって用いられていたのである。ただ、使用の実際は単なる地域名としてあったように思われる。以下にその点を明らかにしたい。

第二節　地域名としての “Bod”

『ザムリン・ゲーシェー』(f. 62b)によると、'*Phags pa don yod lcag dkyu*[9] に見える説として「プー」“Bod” をいうのに三つの区別があると示され、そこには次のような等式的説明が与えられている。

Bod　　　=mNga' ris skor gsum

Bod rab　　=dBus gTsang ru bzhi

Bod drang po=mDo khams sgang gsum

最初の「プー」はシャンシュン地区であり、後段に見るようにラダック、クゲ、プラン地区である。次の「プーラプ」、「最勝のプー」とは中央チベットを指し、最後の「プー・ダンポ」、「本来のプー」(10)とは今日のカム地方中央を指している。

「本来のプー」に含まれるところとして『ザムリン・ゲーシェー』(DGS, f. 75a)は

rMa rdza zab mo sgang

Tsha ba sgang

sPob po ra sgang

を挙げている。その典拠とされるものは必ずしも古くはないが、この区域指定は荒唐無稽とは言えないであろう。rMa rdza Zab mo sgang はマチュ rMa chu 河とザチュ rDza chu 河とに挟まれたサプモガン Zab mo sgang のことであり、セルモガン Zal mo sgang とも書かれる。この西を指して rNgul rdza Zal mo sgang(11) ともいう。これがグルチュ rNgul(/dNgul) chu 河とザチュ河の間になることはいうまでもない。ツァワガン Tsha ba sgang とは、ツァワ・ゾガン Tsha ba mDzo sgang 地区であり、サプモガンの南方に当る。ここには、後述のツァシュー Tsha shod の地が含まれる。ポプポ・ラガン sPob po ra sgang はツァワガンの東側にあるポンボル sPo 'bor とその北東部を指すものと考えられる(12)。

このようにして見ると、「本来のプー」は今日のカム地方の中央を南北に長く占めていたものであることが知られる。即ち、コンポ Kong po 等の東方、ドメー mDo smad 地区の西側ということになる。従って、この「プー」(古い発音で *böd* と思われる)はまた、『北史』九六、白蘭伝に、

其ノ地東北接《ハシ》ニ吐谷渾ニ、西北《ハ》利摸徒ナリ。

とある場合の「摸徒」*muo-d'uo*[13]に相当すると思われる。「北利」*pək-lji*(GSR, 909-a, 519-a)の名は、『隋書』『北史』の附国伝末尾に白蘭についで列挙されているので、「西北《ハ》利摸徒《ナリ》」とは読めない。『通典』一九〇辺防六の白蘭の項には「西至《ハル》ニ叱利摸徒《ニ》」とあるが、「叱利」は「吡利」*p'jię:-lji*(GSR, 566-d, 519-a)などの誤写に由ると考えられるので、「北利」と共に今日のペリ Be ri 白利を写したものとみなしうる。この地は今日のデルゲ sDe dge の東側で、カンツェ Gam rtse(dKar mdzes)甘孜地区を含むところになる。「白蘭」は既に別途に考証したように、スムパ Sum pa のラン rLangs 氏などの国[14]であり、これらの東側にある。

この「摸徒」、即ち「本来のプー」の西側にはポボの地があり、その更に西には北にニャンポ、古い言い方では、後段に見るようにニャンユル Myang yul[15]があり、南にコンポがあって、いずれもヤルルン王家の遠祖ゆかりの土地である。彼等は、後述のようにポボを根拠地として、その西側のニャンポやコンポを従えた後に「摸徒」に当る「本来のプー」を征服したものと思われる[16]。

敦煌文献の『王統表』の中にその間の事情が簡単に示されている。即ち、ニャクティ・ツェンポ Nyag khri btsan poが〔コンポの〕ラリ・ギャント lHa ri gyang to に降り立ち、人民の主、馬の飼い手となった時、Bod ka g-yag drug「プーの迎え入れた六〔氏〕」が彼に従った(DTH, p. 81, l. 14)というのがそれである。Pelliot tib. 1038(ll. 13–17)では同じことがその父ティ・パルラ・ドゥンツィク Khri bar lha bdun tshig(=Khri 'i bdun tshig)について述べられていた。「プーの迎え入れた六氏」とはこの「摸徒」、つまり、「本来のプー」を根拠地としていて、ニャクティ・ツェンポまたはドゥンツィクに服属したものであり、"Yab 'bangs drug"「父方六家臣」と呼ばれるもの[17]を指したと思われる。

Pelliot tib. 1038中に主従の関係になったと示され、伝承でも「父方六家臣」の中に数えられるゲク rNgegs 氏は、後段で見られるように、「吐蕃」成立前にデンコク lDan khog に近いリン gLing の王をつとめていた。古くから「本来のプー」の一部を支配していたのであろう。これは、既に見た（一七四―一七七頁）ようにピャ部族であったらしいから、多分、ヤルルン王家の遠祖と共にこの方面に至り、後に彼等に服属したのであろう。同じく Pelliot tib. 1038 中に服属した六人のうちに数えられ、ポン教と結びつけて示されるツェ mTshe とツォ gTso の二氏は『ラダック王統史』の中に「父方六家臣」として崩れた形で見え、[18] 前者はニャーティ・ツェンポを迎えいれたポン教徒として『学者の宴』Ja 章（KGG, f. 6b, l. 3）中にツェミ Tshe mi と呼ばれて言及される。共にム部族の宗教を受け入れていたピャ部族であって、「本来のプー」に来てヤルルン王家の遠祖と同調したものに違いない。

ニャクティ・ツェンポが「プー」に進出するに当って根拠地としたところが「本来のプー」の近傍に示されない限り、果して「プー」が「摸徒」の位置にあったかどうかはわからない。

その根拠地とされたポボの名はヤルルン王家に縁故が深かったらしく、明らかに史実とは相違するが、『ゲルポ・カータン』のうちに、

> シャティ Sha khri（王子）はポボの国に赴かれた（GKT, f. 18b, l. 6）。

という形で言及される。シャティは、ティグム・ツェンポの王子としてニャティ Nya khri と共にコンポに赴いた（敦煌文献『年代記』中ではシャキ Sha khyi、ニャキ Nya khyi の形で示される）とされるのである（DTH, p. 98, ll. 9–10）が、後代の伝承では、『赤冊史』（HLD, p. 16a, l. 1）までに二人の王子が三人に増員され、やがて三王子の亡命先がコンポだけではなく、『王統明示鏡』（GSM, f. 25a, l. 4）のように、ニャンポ Nyang po、ポボを加えて三箇所に分散される。『王統明示鏡』ではポボに赴いたのは新たに創作された王子のチャティ Bya khri である（*op. cit.*, f. 25b, ll. 2–3）が、『ゲルポ・カータン』では右に見るようにシャティである。シャティは後にプデ・クンゲル sPu de gung rgyal を称するので、次のようにも示されている。

ポボの国からプデ・クンゲルがおこしになった(GKT, f. 19a, l. 1)。ポボをプデ・クンゲルの出身地であるかのように示している。後に見るようにニャーティ・ツェンポがポボより「プー」に至って王となったとされているが、それに準じて示されたか混同されたものであろう。

いずれにしても、ヤルルン王家の祖先との関係でポボの重視されていることがわかる。『シェーズー』によると、ニャーティ・ツェンポの出自をいう伝承の一つとして、

ポボの国から、ポ〔ボ〕の人モチャモツゥン Mo bya mo btsun と言われる人の胎から……テダン・マニャ・ウベラ The brang ma nya u be ra と呼ばれるもので……力量のすぐれたものが現れた(19)(CYNC, f. 79a, l. 3)。

とするのがあり、ポボがその生国に当てられる。このモチャモツゥンはティ・バルラ・ドゥンツィクの母の名ムユムツゥン Mu yum dMu btsun(一五八頁参照)を思わせる。このポボはカムの西部にあるが、「プー」の外にあるとみなされている。『シェーズー』(*op. cit.*, f. 79b, ll. 1–3)によると、「プー」の国ではポン教徒を集めてニャーティ・ツェンポ誘致のために呪法を行じたところ、ニャーティ・ツェンポは、

ポボの国に留まりきれず、「プー」の国に向けてやって来て(この国の王となった)。

と示されている。つまり、「プー」はポボの東に限定された「本来のプー」であり、そこにニャーティ・ツェンポもしくはニャクティ・ツェンポ、または、ティバルラ・ドゥンツィクを迎えたゲク氏など六人の国があったと言えるのである。

もっとも、ポボから今日のウー dBus、ツァン gTsang を一括していう「プーラプ」に至ってその地を征服できなかったというわけではないが、そのような場合を説明できる伝承は知られていない。後代のチベット人史家は、「プー」と言えばすぐこれを「プーラプ」と見なしたが、古い時代の「プー」をそのように理解した場合不都合になる例が少なくない。次にそのような一例を示しておきたい。

敦煌文献の断片に文成公主がチベットに入った時のことを伝える『編年紀』がある。これについては第三篇で詳説するが、それによると文成公主は六四〇年の暮にカムの南部にあるツァシュー Tsha shod に赴き、そこで約三年間を過した。ツァシューは今日のツァワロン Tsha ba rong であり、チャムド Chab mdo から真南に下った所にある。つまり、「本来のプー」の地にある。

後代の伝承、例えば『王統明示鏡』(GSM, f. 54a, ll. 3-4)でも、公主がカムに入り、デンマ lDan ma のタクツァ Brag rtsa、プンポリ Phung po ri、カムのペマシャン Khams kyi Pad ma shan、ゴドンゴモ sGo dong sgo mo の地を通ったと説明される。これらのうちデンマは、ロンタン gLong thang のドゥルマ・ラカン sGrol ma lha khang[20] のある地で、先述のゲク氏のリン gLing に近く、今日のデンコク lDan khog の地に当る。

同じことを扱った『学者の宴』Ja 章(KGG, f. 32a, ll. 2-4)では、公主がカムの地に到着してから大臣ガル mGar の到着を待つ間に、諸国を歩いたとして、これを常識的に説明しかねたため、諸菩薩の目から見るとその行為は実に

ターラー(その化身が文成公主)と牟尼(?=クンソン・クンツェン王または将来した仏像)とが自ら「プー全土」をお歩きになって加持を賜うたのである。

と知られたとの旨が説明される。ここに「プー全土」Bod thams cad と示されたのは元来「本来のプー」または「摸徒」全土を指していたのであって、決して「プーラプ」でもチベット国全土の意味でもなかったのである。「摸徒」の地に留まっていた三年の間に「摸徒」の各地を巡回したという意味であったのに、「プー」の指す対象を後代の観念によって誤って指定したため、カムにいてチベット本土に至る前に「プー全土」、つまり「プーラプ」またはチベットの全土を巡回したと理解しなくてはならなくなったのである。そこでやむなく、右に示したような常人の目には理解できないターラーの御仕事であったとする解説を殊更に加えたのである。

このような点から言えば、『編年紀』六四〇年相当の条に、

王女文成公主は、ガル・トンツェン・ユルスンが迎えに赴いたので、プーの国に至られた(DTH, p. 13)。

とある場合の「プー」の国も或いは「本来のプー」を指したものと理解すべきかも知れない。

このような「本来のプー」をニャーティ・ツェンポまたはドゥンツィクが支配したので Pelliot tib. 2118 に、

gna' 'dod ma bod yul gtsang ma phyva 'i s(a) bskos

昔のはじめ「プー」の国全土がピャーに統べられた(または、ピャーの地とされた)(21)。

と示されたのであろう。或いは、ゲク氏などのピャー部族がこの地に拠ったことを指すのかも知れない。いずれにしても、この「プー」も「摸徒」に相当し、「本来のプー」に他ならない。

これらのことから「本来のプー」は最も古い時代に"Bod"によって指された地であると断言してよいであろう。

ポボの位置を既に明らかなものとして示したが、念のために以下に確かめて置きたい。ケンツェ・ワンポの『聖地案内』によると、

ニャン Nyang、ロン Long、コン Kong 三国、ついでポボと順にある。

とした上で、

ポボ、コンの東にキュンポ、リボチェがある(UNT, f. 9a)。

と述べている。キュンポ、リボチェはポボのむしろ北東に位する。『ザムリン・ゲーシェー』には、

コンポの国から東に大きな峠を一つ越えて行けば、カムの西部(stod)の南側(lho brgyud)に属するところにポボの国がある(DGS, f. 75b)。

とも示されている。ポボはカムのうちに見られているが、先に見たように「本来のプー」のうちにはない。

ニャンポ、コンポの位置については、『ザムリン・ゲーシェー』に、

ウルカ 'Ol kha とウートゥー dBus stod のそれぞれの東と東南の方角に行くとニャンポの国がある……。ニャン

ポの下手(下流域)の谷国にコンポの国がある(DGS, f. 74b)。

と示されている。ニャンポは、古い時代には Myang po と示され、近代では Nyang po と記される。ウルカの位置は、有名なチュコル・ゲル Chos 'khor rgyal[22] をその東端に見た西側である。ウートゥー dBus stod は、ウルトゥー dBu[ru]stod に相当する。[23] これについては『ザムリン・ゲーシェー』に、

> プンド Phu mdo の下手の谷間の国(lung mda')ウートゥーの地区にディグンティル 'Bri gung mThil……やディグン・ゾンサル 'Bri gung rdzong gsar がある(*op. cit.*, f. 71b)。

と示されているので関係位置がすべて明らかになったと言えるであろう。

ニャンポは今日の尼洋河 Nyang chu の流域になり、その下手にコンポがくるのである。

第三節　「ニャン」と「ツァン」

敦煌文献によると、「吐蕃」成立以前の小王国群の中に「ニャン」Myang と呼ばれる国が三つもあった。故ラルー女史の示した「王国のカタログ」(CPT)では小王国群に言及した敦煌文献を一括分類して示しているので、これを利用して考察をしたい。括弧内の数字は Pelliot tib. 番号である。

先ず、Pelliot tib. 1286、即ち、『王統表』直前に掲げられた『小王国表』(DTH, p. 80)では、

Myang ro pyed kar
Myang ro sham po
Myang yul rta gsum

の三国が区別されているのが見られる。次に、Pelliot tib. 1060 を見ると、

sTsang stod stsang
Myang ro sham po
Myang yul shing nag

が先の三国に対応して示されている。つまり、Myang ro pyed kar と sTsang stod stsang とが同じになるのである。何故かというと、

Myang ro pyed kar (1286), phyir kar (1290) では、
rTsang rje 'i thod kar (1286, 1290) を国主とし、
Su ru (1286)/Su du[24] (1290) と gNang (1286, 1290) を大臣としているのに対して、
Pelliot tib. 1060 では Myang ro pyed kar 部分のみ入れ替え、
sTsang stod stsang の dNgo mkhar では、
sTsang rje 'i Phyva' が国主を、
Su du と gNang が大臣をつとめる。

として殆んど同じに示されているからである。

これらによれば、「ツァントゥーツァン」sTsang stod stsang の主、ツァンジェ sTsang rje のピャー Phyva' はツァンジェ rTsang rje のトゥーカル Thod kar に相当する。sTsang は rTsang の異字であることもわかる。

今、『学者の宴』Ja 章(KGG, f. 19b, l. 4)を見ると、ツァントゥー gTsang stod がド 'Bro 氏の領地であり、ツァンメー gTsang smad がキュンポ Khyung po 氏の領地であると示されている。このツァントゥーが上に見た「ツァントゥーツァン」に相当するものらしい。後者の主が sTsang (r/Tsang) rje 「ツァン国主」と呼ばれるので国名が「ツァントゥー」という「ツァン[25]」の意味に理解されるからである。

Pelliot tib. 126裏面のl. 16に見えた「ツァンメード」rTsang smad mdoも、後の考察から上記のツァンメーgTsang smadと結びつくように理解されるので、後代のgTsangの字は場合によって敦煌文献のrTsang(/sTsang)に対応するとしてよいであろう。(26)

今、『唐書』吐蕃伝下の末尾近くを見ると、婢婢なるものについて、その姓を「没廬」*muat-luo*(GSR, 492-b, 69-d)とし、「羊同国人」であると指定している。この「没廬」は、既に言われているようにド'Bro氏を示す。(27)とすれば、ド氏の領地ツァントゥーは「羊同」にあるということになる。ツァントゥーとツァンメーの場合、前者が西側に位置することはいうまでもない。トゥーstodは「上流域」を意味し、ツァンポ江の上流が西側に位置するからである。

先に見た敦煌文献によると、「ツァントゥーツァン」の国主は「ニャンロ・チェーカル」Myang ro pyed karもしくは同チルカルphyir karと呼ばれるところにいたとされる。これらは「ニャンロの外側に分かれた部分(または、城)」の意味に理解される。

内側の「ニャンロ」の方も「ニャンロ・シャムポ」とは区別されている。『学者の宴』Ja章(KGG, f. 20a, l. 1)によると、前者はルラクRu lag、即ち「支部翼」中の千戸として含まれ、同書「一八領区」の説明では(*op. cit.*, f. 19b, l. 4)トンパGrong paを後に並べて言及され、それぞれデ'Breとチェ lCe両氏の国であると示されている。(28)ケンツェ・ワンポの『聖地案内』によると(UNT, ff. 21b-22a)、このうちのトンパはラツェlHa rtseに近い。ニャンロMyang roは後代ではNyang roとも表記されるが、トンパやラツェより東から南にかけては確認できないので、それらの北または西北に位置したものかと推測される。(29)

なお、『学者の宴』Ja章(KGG, f. 20a, l. 2)によると、スムルSum ru、即ち「支部第三翼」とプー(ここでは、前記のプーラプBod rabにあたり、より具体的には、g-Yas ru「右翼」とRu lag「支部翼」の二区域から成る今日のツァン部分を指す)の間に挟まれて「下手シャンシュン」の地があり、そこには、チツァンsPyi gtsang、ヤルツァン

Yar gtsang、クゲ Gu ge、チョクラ lCog ra、チディ Ci di の各千戸があるとされている。[30] これらのうちの後の三地域はそれぞれカイラーサ山の西側と北側とを占めているので、チツァン、ヤルツァンは、「右翼」「支部翼」から成る後代のツァンの北側を占め、「支部第三翼」の西南に位置していたとされる他はない。[31] 従って、今日のナクツァン Nag tshang 方面をほぼそれらの位置に見たてることが出来るであろう。

今、チツァンとヤルツァンのいずれがより西側を占めるのか不明であるが、より西側にある部分が「支部翼」の北または北西部に当り、そこに「ニャンロ・チェー（／チル）カル」Myang ro pyed（／phyir）kar と呼ばれたところがあったと思われる。ルラク、即ち、「支部翼」は一般に「右翼」より確かに西側にあったからである。[32] この「ニャンロ・チェーカル」、つまり「ツァントゥーツァン」がド氏領のツァントゥーに当り、「下手シャンシュン」の地、即ち「羊同」中に含まれていたが、「下手シャンシュン」全体から見ればその東側を占めていたことになる。

「下手シャンシュン」の地は「支部第三翼」とツァンの“mtshams su”「境界に」あったとされるが、「支部第三翼」の西端の位置が明確でないため、その位置について正確なことは言えない。ただ、「第三翼」が「蘇毗」とほぼ同じ領域をもったとすれば、西端もウー地方の北に位し、ツァン地方北部には張り出していない筈であるから「下手シャンシュン」は「第三翼」の西南に扇状に喰いこんでいたのである。チツァンとヤルツァンのいずれか東寄りのものがそこにあって、「ツァンメー」と呼ばれ、「ツァントゥー」の東寄りを地続きで占めていたものと考えることが出来る。それがキュンポ氏の領有したツァンメーであったとしてよいであろう。Pelliot tib. 126 裏で言及されるピャ族の拠点「ツァンメード」もそこに比定したくなる。とすれば、「ツァントゥー」と「ツァンメード」は共にピャ部族の地であったと言えるであろう。

Pelliot tib. 1038 の l. 2 は吐蕃王家の祖を「トゥーゲル」“Thod rgyal”と称し、「ポン教の賛普」「ティウの王者」としていた。「ツァントゥー」の王は「ツァンの国主」の「トゥーカル」“Thod kar”と呼ばれていた。“kar”はティグム・ツェンポ歿後に分家したコンポ王の称にも用いられているので、分出を意味する“dgar”の異字かと思われる。その場合、「トゥーカル」は「トゥーゲル」の分家であると考えられる。また、“Thod”は今日の“stod”の意味で理解され、後にポボに移った時からそれ以前の居住地を「トゥー」、即ち「上手」と称したものかと考えられる。

「トゥーゲル」と「トゥーカル」は元来一族であったとすれば、『シェーズー』(CYNC, f. 91b, l. 5–f. 92a, l. 1)には rTsang rje Thod dkar rje と一緒に Cog la Raṁ pa rje がトン部族(即ち、ピャ部族)(一七七頁参照)とされているので、チョクラ lCog la までピャ部族の拠った一帯の土地と見なしうる。これはまた Pelliot tib. 1038, l. 10 に「雪山をとりまく周辺の主」であったとされるのにも一致するので注目されるべきである。

三つの「ニャン」[33]のうち「ニャンロ・シャムポ」は、既に見た(一〇〇―一〇一頁)とおり、今日のツァン地方の東部ニャントゥー Myang stod 方面に所在が認められる。残る「ニャンユル」の方は、実はこれは前節に見たニャンポ Nyang po の国になる。

『学者の宴』Ja 章によると、ティデ・ソンツェン王(七七六―八一五年)時代にカルチュン sKar cung 寺における崇仏誓約に際して発布された詔勅があり、誓約署名者のはじめに、王妃達に続いて「小王」rgyal phran の資格で、

dbon 'A zha rje……Ma ga tho yo gon kha gan
rKong Kar po mang po rje
Myang btsun Khri bo(KGG, f. 130a, ll. 1–2)

の名が列記されている。このうちアシャ国主'A zha rje は吐蕃王家から少なくとも二度王妃を迎えた[34]ことのある吐谷渾王の末裔であり、コンカルポ rKong Kar po はコンポの碑文やティグム・ツェンポ『年代記』に見えるようにプデ・グンゲルの弟ニャキの末裔である[35]。

最後のニャンツゥン Myang btsun はニャンユルの王として Pelliot tib. 1285, 1286, 1060, AFL 等に Myang tsun

(/tshun)の形で見えている(CPT, p. 198)。その国はニャンロとも、ニャンロ・シャムポとも区別され、更に、ヤルルン王家の親族であると見えるから、ニャンポに相当すると考えざるを得ない。ニャンポがヤルルン王家の親族であることはソンツェン・ガムポの登位を述べた『年代記』の冒頭に示されている。即ち、

一族(nyag nyi)のタクポ、コンポ、ニャンポ Myang po のすべてが謀反した(DTH, p. 111, ll. 3-4)。

というのがそれである。後代のものでは、先にも触れたようにティグム・ツェンポの歿後に二子がコンポに逃れたという伝承を改作して三子となし、それらの亡命先にニャンポとポボを加えて三つにしたことが知られている。ここでも、ニャンポはコンポと並んで重視されているのである。

ニャンポの位置は、既に見た(二〇八頁)ようにポボの西、コンポの上手にある。ニャンポに関しては、ヤルルン王家の祖先との関係が、コンポについてのようには明らかでない。ただ一つ考えられることは、先に「トゥーゲル」と「トゥーカル」が一族であった可能性の強いことを見たが、そこに結びつけられるかも知れない。つまり、「ニャンユル」の人々は、元来 Myang ro pyed kar または phyir kar にいた人々であって、「トゥーゲル」を称した一族がポボ方面に移った前後に彼等の一部もこの地に東遷して、「ニャンの人」Myang po と呼ばれ、国が「ニャンの国」Myang yul と呼称されたと見る(36)のである。

先に見た『シェーズー』の同じ箇所にこの「トゥーカル」の国主や同じくシャンシュンの「チョクラ」の国主と一緒に言及される sNyags rje、後代一般の綴字では gNyags rje、敦煌文献では rNgegs rje と示されるもの、即ちゲク氏が、前節でも示したようにヤルルン王家の遠祖と共に東遷してカムのリン地方に拠り、彼等に協力した。このことからも「ニャンの人」についての右の解釈は或いは許されるものと思われる。

以上から大胆に一つの仮説を導き出すならば、ツァントゥーの東側にあって、後年キュンポ氏の領有したツァンメーの地が、「トゥーカル」を分家した当の「トゥーゲル」の拠ったところであり、「ツァンメード」とも称したところ

と言えるであろう。これをいうためには少なくともム部族との通婚のはじめが「本来のプー」に君臨したとされるニャーティ・ツェンポ、もしくはティ・バルラ・ドゥンツィク以前の世代に見出されなければならないが、その方は確かに既に見たところ(一五五—一五八頁)から保証され、ラセー・モンテンジェとかピャ・ム・ツクキゲルポの時代に通婚が成立していたのである。

ヤルルン王家の遠祖の移動の時期は、タクジェ・エルウルの子「神族四御兄弟」の時と思われる。この四人のうちにポボによったニャーティ・ツェンポの祖父ヤプラ・ダクドゥクや、ドメー地方のラン氏の系図にその祖として見えるオデ・グンゲルがいるばかりでなく、ピャ部族の故地を統べたと思われるチャラ・ダチェン Cha la dgra chen がいて、後述のように、「北のシャンシュン」の「トヨチェーラ」To yo chas la の祖と考えられても奇異ではないからである。

この仮説を成立させない場合にはム部族のもとに派遣されたピャ部族の使者の出発点、即ち、「ツァンメード」の地を東方のポボ方面に位置づけねばならない。「ツァンメード」の最後の「ド」mdo は単に「プ」phu に対していうものであり、人々の多く拠るところを指すとすれば、「ツァンメード」は単に「ツァンメー」というのに同じであり、キュンポ氏の領したツァンメーに相当するであろう。キュンポ氏の領したツァンメーをポボ方面に位置づけることは後段に見るように殆んど不可能なのである。

第四節 「附国」伝の解釈

吐蕃の国号に関して結論をいう前になお一つ解釈を試みねばならぬことがある。それは漢文史料に見える「附国」伝についてである。『隋書』八三、『北史』九六は大略同じ記述であるが、いずれによっても、明快に全部の解決がつくわけではない。一応『隋書』八三によって必要と思われる部分を抜き書きして、上記の研究等から知られるものを併せ示したい。

附国者蜀郡《ノ》西北二千余里《ニアリ》。即《チ》、漢《ノ》西南夷也。有《リ》㆓嘉良夷㆒、即《チ》、其《ノ》東部所《ナリ》㆑居《ル》。種姓《ゴトニ》自《ラ》相《ヒ》率《キテ》領《ス》㆑土《ヲ》。俗與㆓附国㆒同《ジ》。言語少《シク》殊《ナリテ》、不㆓相統一《セ》㆒。其人並《ニ》無《シ》㆓姓氏㆒。附国王字《ハ》宜縉《ナリ》。其国《ノ》南北八百里、東西千五百里《ナリ》。無《ク》㆓城柵㆒、近《ク》㆓川谷《ニ》㆒傍《ル》㆓山険《ニ》㆒。……国有《リ》㆓二万余家㆒、号令自《リ》㆑王出《ヅ》。嘉良夷《ノ》政令、繋《グ》㆓之《ヲ》酋帥《ニ》㆒。……妻《トシ》㆓其《ノ》群母及《ビ》嫂《ヲ》㆒、児弟死《セバ》、父兄亦納《ム》㆓其《ノ》妻《ヲ》㆒。……大業四年、其《ノ》王遣《シテ》㆓使素福等八人《ヲ》㆒入朝《ス》。明年、又遣《シ》㆓其《ノ》弟子宜林《ヲ》㆒、率《キテ》㆓嘉良夷六十人《ヲ》㆒朝貢《シ》、欲《ス》㆑献《ゼント》㆓良馬《ヲ》㆒。以《テ》㆓路険《ニシテ》不《ルヲ》㆒㆑通《ゼ》、請《フ》㆘開《キテ》㆓山道《ヲ》㆒、以《テ》修《セント》㆗貢職《ヲ》㆖。煬帝以《テ》㆑労《スルヲ》㆑人《ヲ》不㆑許《サ》。嘉良有《リ》㆑水、闊《サ》六七十丈《ナリ》。附国有《リ》㆑水、闊《サ》百余丈《ナリ》。並《ニ》南流《ス》。用《ヒ》㆑皮《ヲ》為《リテ》㆑舟《ヲ》而済《ル》。附国《ノ》南有《リ》㆓薄縁夷㆒。風俗亦《タ》同《ジ》。西有《リ》㆓女国㆒。其《ノ》東北《ハ》、連山綿《リテ》亘《リ》㆓数千里《ニ》㆒、接《ス》㆓於党項《ニ》㆒。往往有《リ》㆓羌《ノ》大小《ナル》㆒、左封、昔衛、葛延、白狗、向人、望族、林臺、春桑、利豆、迷桑、婢薬、大硤、白蘭、北利、摸徒、那鄂、當迷、渠歩、桑悟、千碉[37]、並《ニ》在《リテ》㆓深山窮谷《ニ》㆒、無《シ》㆓大君長㆒。其《ノ》風俗略《ボ》同《ジ》㆓於党項《ニ》㆒。或《ハ》役㆓属《シ》吐谷渾《ニ》㆒、或附《ス》㆓附国《ニ》㆒。大業中来《リ》朝貢《ス》。……

この「附国」とは、「二万余家」をもつと言われ、その里程によって示された位置からすると今日のカム地方、「本来のプー」にほぼ適合する。「附」の発音は、*Grammata serica recensa* を用いて言えば *b'i̯u-*(GSR, 136-k)となるが、例えば「弣」は **p'i̯u*:(*ibid.*, 136-f)と発音される。

今、ピャ Phyva の発音が"Phyu"に近いことを知れば、そのピャが「附」の字で写された可能性も理解出来るであろう。チベット語の場合に、"rva"「庭、角」が"ru"の形でも「部分、骨」、更に、「角」(GMG, II, p. 96b)の意味を表わす例が見られる。現行の形では単に母音 a/u の交替と見えるものでも、そこに基字が伴った wa の音、即ち、"wa zur"が介在していて両方の形に安定したと思われるものがある。

*bkvag ＜ bkag 「〔道を〕阻んだ」
　　　　 bkug 「呼びとめた」

*'phyvar ＜ 'phyar 「揚がる」
　　　　　'phyur 「わきあがる」

第一例 bkvag は、文成公主『編年紀』l. 40 に見られるもので、F・W・トーマスは bkvag と読んでいる。これも実例となしうるであろう。右の諸例を見ると、"Phyva" を写すのに "phya" と "phyu" の形が考えられ、後者を「附」(*b'iu/*p'iu:*) の字によって写す可能性がほぼ承認されるかと思われる。

蜀郡からの方角距離からいうと西北二千里であるから、「西南夷」と言えば語弊があり、むしろ、「西南夷」の北側にあるものとしなければならない。その中心までの距離と見て国の東西南北の拡がりを推測するのが穏当であろう。「嘉良夷」についてはギャロン rGyal rong (=ゲルモロン) を当てたくなるが、蜀郡からの距離が近すぎるので採れない。後代の地理書になるが、『ザムリン・ゲーシェー』(f. 75b) に、「本来のプー」の南部を構成するツァワ・ゾガンゾン Tsha ba mDzo sgang rdzong、サンガク・チューゾン gSang sngags chos rdzong の記述に続いて次のように述べられる。

その東にはポンジラ Pong rdzi ra とズー 'Dzud とジャン 'Jang などが、更に、北東にはゲルタン rGyal thang と、その東のミリ Mi li と呼ばれるものなどが(ある)。

とした後に、

ミリの南西とゲルタンの南にロロ Lo lo と呼ばれ、カロ Ga ro 族に属するとされるものが大集落をなして存在する。

とされているのを見る。

つまり、「本来のプー」の南部の東側には「ロロ」と一般に呼ばれる「カロ」の部族に属するもの、「嘉良」*ka-liang*(GSR, 15-g, 735-a)夷がいるというのである。彼等は各氏族毎にまとまっていて風俗は似ているが、言語が異なっていたとされている。今日の《Lo lo, Mosso》と言われるものの前者であり、この方なら西南夷と呼ばれてもよい。

附国王の字は「宜繒」[38]、その弟の子は「宜林」[39]であったというから、「宜」*ngjię*(GSR, 21-a)が氏の名であったことがわかる。明らかに「父方六家臣」の一つのゲク rNgegs 氏をいうものであり、「王国のカタログ」では王号が La brang(1286, 1290)、Lin brang(1060)、gLing brang tse 'u(AFL)、gLing brag tshe 'u(1039)、gLum brang tshe 'u(1285)と示されている。"brag(/brang) tse 'u(/tshe 'u)"が「王」を示す事は既に知る通り[40]であり、ゲク氏は La/Lin/gLing/gLum の徒を支配する王をつとめていたのである。

ゲク氏の名は『年代記』の歌のうちに殆んどいつもロ lHo 氏と並べてロ・ゲク lHo rNgegs として言及され、『宰相記』にも登場する。ヤルルン王家の遠祖ティ・パルラ・ドゥンツィクとの関連は Pelliot tib. 1038 中に、

……大臣ロとゲク、ポン教僧ツェ mTshe とツォ gTso、家令のシャ Sha とプク sPug と〔共に〕、人間の主である神と〔支配される〕家来となってプーの迎え入れる六〔氏〕の国に到着なさった。

とあって、同部族から分れたように言及される。この点は既に点検したところ(一七四—一七七頁)で明らかなように、「ツァントゥーツァン」の「ツァン国主ピャ Phyva」や「プ sPu 氏の子」タルラケーと同様にトン sTong 部族、即ち、美称でいうピャ部族にこのゲク氏も所属していたのである。

なお、ゲク氏の拠った地は後代の「翼」の制度の中でスムル Sum ru「支部第三翼」の東端にあるものとして『学者の宴』Ja 章(f. 19b, l. 2)中に gNye〔gs〕yul[41]の形でも言及される。清代の記録では、阿拉尼克隆布 a-la-ni-k'o-lung-pu 族、つまり rNgegs glum po 族(Pelliot tib. 1285, CPT, p. 201)として、崩れた形ながらその名が伝えられ、デルゲに近い gLing bar ma がその拠点として知られている。gLing bar ma はいわゆるサプモガンのうちにあって、「本来の

プー」の北寄りの地帯を構成している。更に言えば、ニャーティ・ツェンポの生国ポボの北東に当る。「父方六家臣」の中のゲク氏は、上述のようにヤルルン王と同様のピャ族の一氏であったが、隋の大業四年(六〇八年)、ソンツェン・ガムポが権力を握ってから一〇年余りを経過した時点で隋に遣使した。ヤルルン王家に古くから仕え、ティ・ルンツェン王興隆以後にもさして働きがないのに厚遇されていると他から評されていたが、この時に離反したのである。

引用文中に大業四年使者に遣わされたという「素福」*suo-piuk*(GSR, 68-a, 933-d)は、まぎれもないプク sPug 氏であり、前掲の Pelliot tib. 1038 によると、ヤルルン王家の祖に対しては家令の身分であり、ゲク氏同様ピャ族であった。更に、敦煌文献『年代記』(DTH, p. 104, l. 31-p. 105, l. 4)によると、同氏出身のプク・キムタン・マンブ sPug Gyim tang rmang bu が、先々代のタクウ・ニャシク王の時、ヤルルン王家興隆のために肝胆を砕いたと伝えられている。「素福」のあとに、ゲクの「繒」tsha、即ち王が遣わしたというゲクの「林」[42]とは、この王の身内がリン gLing の地に元来拠っていたことを示したのが誤り伝えられたのであろう[43]。

嘉良国と附国には共に大河があって南流していると称し、附国の河の方が更に大きいという。もしもこれが「プー」国の位置にあれば、南流するグルチュ dNgul chu 怒江、ザチュ rDza chu 瀾滄江、ディチュ Bri chu 金沙江のうちの最後のものを指し、揚子江の上流をなしているものをいう。他方では、ドゥンチュ Dung chu 鴉嚨江が嘉良夷の国よりの東側にあって、その間に支流が南流しているのを見る。皮舟はチベット一般に普及しているものである。

附国の大きさを南北八〇〇里、東西一五〇〇里というから、コンポ、ニャンポ等を含んで、古い中華民国の地図で言えば、西康省の大部分を指して言った大きさと考えられる。これは、蜀郡からの距離を西二〇〇〇里にとった場合の概算での大きさに相当すると思われる。

附国の南にある「薄縁夷」*b'ăk-iwăn*(GSR, 771-p, 171-d)というのは、その相対的位置からすると"Mon"を指す可能性もあるが、「薄」を「簿」*b'uo:* (*op. cit.*, 771–o)の誤字としても"Mon"を写すには無理があり、「風俗亦《タ》同《ジ》」とある点も妨げとなる。とすれば、これを"Bon"の対音とする以外にないと考えられる。

「薄縁夷」とは、忠実なポン教徒であったとの意味かと思われる。既に見てきたように、ヤルルン王家を形成したピャ部族は、ポン教の本源と思われるム部族と開闢以来何重もの婚姻関係で結びついてきた、その一部は小金川方面に拠って彼等の宗教を後代にまで伝え、ポン教圏の東端を形成し、象徴的な氏族名ム・ピャの称を残している。吐蕃王は後代に仏教を採用してその保護につとめ、"chos rgyal"「法王」の称によって仏教徒の称讃をうけているが、これはティソン・デツェン（七四二―七九七年）王以後に限られ、元来はポン教の中枢にあった。従って、ム部族との結びつきのないピャ部族もしくはトン部族一般からは、特殊な集団と見なされていた可能性もある。ム部族を母方としたピャ部族、即ちヤルルン王家やコンポ王家が、そのため特にBon poと呼ばれたのであろう。このことを端的に示す例としてヤルルンに留まっていた頃の吐蕃王家を指してPelliot tib. 1038 (l. 2)などが「プゲル、ポン〔教徒〕の贊普」とはっきりと評価していることがあげられる。

今、ヤルルン王家とポン教との結びつきをまとめて再録するなら、その始まりは古く、『赤冊史』(HLD, p. 15b, l. 8)には、ニャーティ・ツェンポの時ツェ mTshe 氏のシェン gshen が「ム族の王」sMu rgyal のポン教を拡めた(bsg-yur)とある。ツェ氏のシェンはPelliot tib. 1038, l. 15にティ・パルラ・ドゥンツィクが君臨するのに従った二人のポン教僧ツェ mTshe、ツォ gTso の前者に相当する（二一八頁参照）。『ゲルポ・カータン』(GKT, f. 19b, l. 4)では「神の宗教」lHa 'i chos lugsという表現で、ニャーティ・ツェンポ時代にポン教が始まったようにいうが、Pelliot tib. 126裏ではピャ族の開闢の王がム部族に通婚をもとめ、「上は神を祀り、下は魔を制する」という宗教について信奉を申し出ている（一七二頁参照）。ム部族との婚姻から言えば、既にタクツァ・エルウルの父または祖父がム部族の妃を迎えている（一五三―一五六頁参照）ので、そこにポン教も始まると言えるであろう。

この宗教の性格について『ゲルポ・カータン』はより詳しく「生きている者の〔ための〕神を祀り、死者に〔つく〕魔を制する」(GKT, f. 19b, l. 5)と説明している。後段で見る文成公主に関する敦煌文『編年紀』によると、吐蕃王が夏冬の初めに年二回、その「御霊神」sku bla[44]を祀る大祭を行ったことが記録されている。そればかりではなく、この行事の重要性はコンポの碑文でも示される。そこには、コンジェ・カルポが分家した際にヤルルン王と共通の「御霊神」ニェンポ gNyan po を分祀させて貰い(六三―六四頁注(74)参照)、その後もヤルルン王の長寿を自分の生命にかえても祈った旨が訴えられている(KPI, p. 32, [l. 7])。後代に仏教の本格的導入が決定された時も王のために「御霊神」を祀る sku gshen[45]の職務だけは残されたと『バーシェー』(BSS, p. 28, ll. 4-5)に示されている。

後代の文献にはポン教を外来宗教のように示すものがある。これは、仏教が外来宗教であるのを真似て優れた宗教の証左と見せかけたのであり、既に見たとおり、ム部族の宗教である点に誤りはない。実質的には、むしろ、ム部族と深く結びついたヤルルン王家の宗教でもあった。これがヤルルン王家を「薄縁夷」とみなさせた所以である。

今、「西ニ有リ二女国一」とするのは、シャンシュンにあったダン sBrang 氏の女国を指したものか、或いは、ダン氏が、中央チベットの例えば、ルムロ kLum ro などに拠った[46]のが或る程度の力をもっていたことをいうのであろうか。東の誤でなければ右のようにでも考えねばならない。

東北は連山を距てて党項に接するとなし、その間の群羌が吐谷渾もしくは附国に役属したという。群羌のうちに「摸徒」の名も見えるが、おそらく、「北利」に引かれて誤り記入されたものと思われる[47]。

第五節 「附国」と「吐蕃」の名称

この「附国」が、何故ピャの国でありえたのかと言えば、第一にはゲク、プク両氏がピャ部族に属していたことがあげられるであろう。第二に「プー」の国がニャーティ・ツェンポ以来ピャ部族の支配地であり、更に、「プー」の西側を占めるポボ、コンポ、ニャンポ、それに多分タクポなどもピャ部族の土地であったからである。

敦煌文献『年代記』の伝えるところによれば、ティ・ルンツェンの時代に至ってはじめて中央チベットのペンユル 'Phan yul(ゲーポ Ngas po)が統合され、「ツァン・プー」rTsang bod、タクポが征服されて、チベット全土がこの時ヤルルン王家の統治下に服したが、ティ・ルンツェンの歿後、次に見られるように、すべてが離反し始めた。

ソンツェン・ガムポ王の御代に〔なると〕、父方の家来が離反し、母方の家来が叛き、姻戚筋のシャン・シュン、犛牛のスムパ、一族のタクポ、コンポ、ニャンポのすべてが叛いた。父君のナムリ・ルンツェン王は毒を盛られて、殺されたのであった。〔そのため〕御子ソンツェンは年の若さが益せず、当初、疑わしいものと憎いものたちを根絶やしにしたのであった。その後になって、かの叛いた者達は皆再び家来になったのであった(DTH, p. 111, ll. 2-7)。

明確に事情は示されないが、「父方六家臣」の中にあったゲク氏やプク氏等が、ティ・ルンツェンの歿後、大業四、五年(六〇八、九年)頃まで、若いソンツェン・ガムポの権威を見限って、独自に動き、隋と接触したことが跡づけられる。それまではなお「吐蕃」のような王国としての統治にあった経験もなく、小王国群がその時々の勢力均衡に従い勝手に行動していたのである。従って、ティ・ルンツェン時代の新しい統合も、王の歿後は解消したものと理解され、ゲク氏やプク氏はヤルルンの権威と関わりなく既得権の安定を願ったか、あるいは中央チベットの諸侯に対するティルンツェン王の過度の依存姿勢に反撥したという事情が示されているのかも知れない。

しかしながら、この情勢も、ソンツェン・ガムポの反省と奮起によって、先代以来加わった新しい支持勢力が動き、その策謀が効を奏して東方の同系部族スムパ族との提携が成立すると一転し、ティ・ルンツェン時代の統合が復活して「叛いた者達は皆再び家来になった」のである。

『学者の宴』に示されるいわゆる「一八領区」の説明ではゲク氏はク Khu 氏と共にヤルルンのソクカ Sog kha を領したとされる(KGG, f. 19b, l. 3)が、敦煌文献ではリン gLing の大酋(CPT, p. 201)として「プーの迎え入れた六氏」以来と思われる称号で言及されている。「一八領区」の説明はおそらく、その後ティソン・デツェン王時代までの間にヤルルン王家の旧領を更に与えられたことを示すのであろう。既に触れたように、清代でも阿拉尼克隆布(rNgegs glum po)族としてその所在がカムの gLing bar ma に認められ、今日の地図でも林葱(『中民地』IV、C三一頁、G—二) gLing tshang が拠点としてふさわしい名をとどめているのを見る。古い時代に遡ると、ティ・ドゥーソン王時代に仏寺が建てられたというリン gLing のティツェ Khri rtse(TTK, p. 105, l. 1; KCI, p. 13 [l. 8])の名は『編年紀』にも見え、この王の南詔遠征前の冬期基地となっている(DTH, p. 18, 七〇一年、七〇二年; gLing gi 'Ol byag 七〇三年)。これは、後代プトゥンのいうドメー地方のリンチュ Ling chu のティツェ(SRD, f. 119b, l. 3)であることも間違いがない。ティツェのあるリンが広義のドメー、即ちカム地方に古くからあったことがこのように確認されるのである。

これも近代のものになるがシトゥ Si tu のカルマ・カムツァン Karma kam tshang 歴代ラマの伝記集(RDP, Vol. Da, f. 117a, l. 2)を見ると、ジェ・タクパ・センゲ rje Grags pa seng ge(一二八三—一三三九年)の生国がドカム mDo khams の sGang smad(下流域、即ち南部)の、

大ポムボルガン sPom 'bor sgang のピャ Phyva の国シュル Shol の谷のシュルチュ Shol chu 河畔の町であると示されている。

ポムボル sPom 'bor は、既に見た(二〇三頁)ように「本来のプー」の南部を構成する。今日のリタン Li thang を含む土地であることは『黄瑠璃鏡史』(VSM, f. 234b, l. 2)に示され、『パクサム・ジュンサン』(PJS, f. 219a, l. 3)では、sPo 'bor の形で見えるばかりか、「南詔の地と近い」とも示されている。即ち、ロロの北の地であり、デルゲの東寄りの南に当る。ただ、シュルの谷もシュルチュ河も何処にあるか明らかではない。例えば、リタンの東に見える西俄洛

Siolo(『中民地』Ⅳ、C三一頁、Ⅰ—四)がそれであるかも知れない。いずれにしても「大ポムボルガン(48)」はツァワガン Tsha ba sgang より東にあり、おそらくラガン Ra sgang を含んで呼ばれたのであろう。そこに残った「ピャの国」の称から、かつて北はリンにまで拡がった「附国」の位置が充分跡づけられるように見える。

隋代の漢土では「附国」の存在を知ったが、それより先の隋の開皇年間にその存在が知られたヤルルン・チンバ Phying ba のティ・ルンツェン(論賛)とその子ティ・ソンツェン(弄賛)の国との関係をどのように理解していたかは不明である。ただ「附国」を口にする史書は「吐蕃」に言及しない。また、後に「吐蕃」の名をいう史書では同時に「附国」に触れることもない。従って、「吐蕃」が「附国」の南にあって「薄縁夷」と呼ばれていたという仮定を否定する材料はないのである。

一般にチベットでは、南方の種族や国に対して“lho Mon”「南の Mon」、“lho Bal”「南のネパール」という。ヤルルン地方は、南に面しているので後代にはロカ lHo kha(UNT, f. 11a)「南に面するところ」と呼ばれている。今、ピャ部族のうち、南にいた「薄縁夷」を指して特にいう場合、「南のピャー」(lho Phyva')と呼んだことが考えられる。つまり、北方のカムに拠ったゲク等の他のピャ部族のものがヤルルン王家を「南の附」と称したという意味である。また、彼等が“Bon po”であることから「薄縁」と言い換えられることもあったに違いない。附国から至った使者から隋ではこのような説明を聞き、記録したことも充分考えられる。

“lho”の音を写した「吐」に関しては、漢文史料の中にも説明はない。ただ、実例を求めてみると、唐蕃会盟碑の北面一四行目に「吐」(*t'uo:, t'uo-*)(GSR, 62-d)と同音の「土」がチベット字の“lho”を写すのに用いられている(『古チ研』九〇一頁)のを見る。

「蕃」については、『唐書』吐蕃伝上の冒頭に、彼等を「発羌」であるとした後に、

蕃、発声近《シ》、故其子孫《ニノ》曰《ハフ》ニ吐蕃《ト》一

と述べ、「吐蕃」の「蕃」*bi̯wɒn*(GSR, 195–m)は「発」*pi̯wɒt*(*ibid.*, 275–c)と発音が近いので用いられたとしている。両者に共通な発音は*p/bi̯wɒ*であり、これはPhyvaと完全に対応する。また、吐蕃がPhyvaと呼ばれていたことは『冊府元亀』九九七外臣部に「吐蕃賛普姓不夜(*pi̯au*: *i̯a*)」とあり、『唐書』吐蕃伝にも「弗(*pi̯uat*)夜」とあって、両書のいずれでもsPu rgyalをいう「窣勃野」と区別して示される(一五四頁、一九一頁注(21)参照)。右によれば、「吐蕃」は、"lho Phyva"を写し表わすのに「発」よりも「蕃」の字が選ばれた結果成立したものと解釈しうる。「蕃」の字を選んだのは「西蕃」の観念との連想からかも知れないが、他に一つ考えておくことがある。それは、「南のピャ」が同時に「薄(簿)緣夷」(Bon po)であったため、「蕃」*bi̯wɒn*の字が*b'uo*:-*i̯wăn*に代えて用いられ、「発」と入れ替ったとも考えられることである。この方が『唐書』吐蕃伝上の説明に更に一つの必然性を加えるように思われる。

"Phyva"がヤルルン王家を含む部族の名と解される限り、それが「附」と呼ばれ、「発」と写され、或いは、「蕃」と記されても、原名との関連が認められることを見た。これらの写し方の他に「毗」*b'ji*(GSR, 566–u)という字も加えられよう。ただし、これがカロシュティー文献で"Supiya"と示されるものの"-piya"に1致する(TLT, I, p. 42)と認められる限りにおいてである。というのは、"piya"が"Phyva"に一致することは疑う余地が全くないからである。つまり、「蘇毗」のうちにもこの「ピャ」部族が含まれていたと言えるのである。

ある国の名をいう場合に、その国を支配する部族の名を示すことは古い時代では極めて自然な傾向であることも加えておかねばならない。

第六節　「女国」の位置

シャンシュンは、ヤルルン王家にとって非常に重要な国である。そこにはポン教徒のム部族の聖地ウルモルンリン

'Ol mo lung ring があったとされ、ム部族はピャ部族の最も重要な外戚であった。ウルモルンリンの所在は、後代の伝承によれば、しばしば sTag gzigs 大食にあるともされるが、先に述べたように(一七三頁)信ずべき根拠は全くない。

ム部族と婚姻関係を結ぶために使節を送ったピャ部族は「ツァンメード」にいたとされるが、これがツァンメーに同じであるとする限り、その地は「ツァントゥー」に東隣して「下手シャンシュン」のうちにある。これらの地と西端のチョクラはみなピャ部族の拠点であり、ヤルルン王家の祖が元来「雪山をとりまく周辺の主であった」とされる Pelliot tib. 1038 の表現も現実的な意味をもってくるのである。

その上、次のような事柄からもピャ部族とシャンシュンの地の古い関係を想定せざるを得ない。

例えば、『小王国表』(DTH, p. 80, ll. 4–5)によって見ると、シャンシュン国王は「タルパ Dar pa の主」と呼ばれるが、プデ・グンゲル王の宰相タルラケー Dar la skyes もこの地を母の里として生れている。また、シャンシュンの大臣トン・ロムマツェ sTong Lom ma rtse は上記タルラケー系統の称号であり、その点は既に見た(一〇六―一一一頁)とおりである。他の一人の大臣キュンポ・ラサンジェ Khyung po Ra sang rje も、ヤルルン王家に仕えたキュンポ・スツェの系統が得た称号と理解されるので重要である。ラサンジェは、ラツァンジェ Ra rtsang rje (Pelliot tib. 1060) とも書かれるが、称号の由来は知られていない。更に、ヤルルン王家の墓地がタルパタン Dar pa thang と名づけられているが、これもまた彼等のシャンシュン起源を示唆するものかと考えられる。

ヤルルン王家そのもののシャンシュン起源は第三節で見た以上に具体的には知られない。しかし、母方ム族のシャンシュン起源は明らかであり、また、ティグム・ツェンポの誕生によってヤルルン王家の zhang po「外戚」となったダン sBrang 氏も後にドメー地方の金川地区にラン rLangs 氏と共に「東女国」を経営したが、『アムド仏教史』(ACB, III, f. 259a, l. 4)中に彼等は「Zhang zhung sBra の王」と示され、*Dar rgyas gsal ba'i sgron ma* (TND, f. 70a, l. 2)

にもZhang zhung sBrang rjeと呼ばれ、シャンシュン起源が明示されている。これらの記述の他に、『ラン・ポティセル』が、三地区のダン氏の一つとしてsTod「上手」のAra dkar poの形でシャンシュンとの関係を示唆している。今、東西のダン氏に共通の"Gyim"或いは、"gSer"の表現を踏まえながら、漢文史料で「女国」或いは「東女国」と呼ばれるシャンシュン方面の「女国」等を以下に考察してみたい。

「女国」については既に佐藤長氏による研究(『古チ研』一二二―一五七頁)や、P・ペリオの遺稿"Femelles (Island of Women)" (*Notes on Marco Polo*, pp. 671–725)中に記述がある。ただ、いずれも、四川省の金川地区キムシューGyim shodにあった「東女国」とシャンシュンにおけるダン氏による「女国」もしくは「東女国」を区別していない。勿論、それらの混同を検討した上での議論があるわけではない。従って、漢文史料に含まれた混乱はそのままにして、むしろ増幅する結果に終っているのである。

ここでは、既に見てきた事柄から漢文史料に述べられるものを整理して、新しい見解を組み立ててみたい。

先ず、『隋書』八三の女国伝中の関係部分を抄録すると、次のようである。

女国在《ハリ》二葱嶺之南《ニ》一。其《ノ》国代《ゝ》以《テ》レ女《ヲ》為《ス》レ王《ト》。王姓蘇毗、字《ハ》末羯[49]、在位《スルコト》二十年《ナリ》。女王之夫号《シテ》曰《フ》二金聚《ト》一、不レ知《ドラ》二政事《ヲ》一。国内《ノ》丈夫、唯《ダ》以《テ》二征伐《ヲ》一為《ス》レ務《ト》。山上為《ル》レ城《ヲ》、方五六里《ナリ》。人有《リ》二萬家一。王居《ス》二九層之楼《ニ》一。侍女数百人、五日《ニ》一《タビ》聴《おさム》朝《ニ》復《タ》有《リ》二小女王一、共《ニ》知《ドル》二国政《ヲ》一。其俗婦人軽《ンジ》二丈夫《ヲ》一而性不二妬忌《セ》一。男女皆以《テ》二彩色《ヲ》一塗面《ス》。一日之中或数度変《ヘ》二改《ム》之《ヲ》一。……以《テ》二射猟《ヲ》一為《ス》レ業《ト》。出《ス》二鍮石朱砂麝香犛牛駿馬蜀馬《ヲ》一。尤《モ》多《キハ》塩《ナリ》。恆《ニ》将《チテ》レ塩《ヲ》向《ヒ》二天竺《ニ》一、興《ニ》販《レバ》其《ノ》利数倍《ス》。亦《タ》数《ゝ》与《ニ》二天竺及党項《ト》一戦争《ヒフ》。其女王死《セバ》、国中則《チ》厚《ク》斂《メ》二金銭《ヲ》一、求《ム》二死者族中《ノ》之賢女二人《ヲ》一。一《ハ》為《シ》二女王《ト》一、次《ハ》為《ス》二小王《ト》一。……

「女国」の所在は葱嶺之南である。このことは後の引用文でも確かめられる。王姓が「蘇毗」であるとする点に関し、これをまともに把えたP・ペリオは、この国の版図を広大なものに拡げざるを得なかった。しかし、佐藤長氏はこれを「王姓蘇伐」の誤りであろうとした。[50]『大唐西域記』に「蘇伐剌拏瞿呾邏」と示されている上、漢文史料では

Suvarṇaを記して「蘇伐」で写す例があるからだという。更に、女王の夫が「金聚」とされていることも理由に挙げている(『古チ研』一四二頁)。最後の理由は「金」とSuvarṇaを結びつけているもののようであるが、正確には不明である。

確かに佐藤氏の主張が正しいであろう。「蘇毗」はディチュ'Bri chu河、金沙江の西岸にあり、吐蕃の東北に位置する。その西端には鶻莽硤がある。[51] 鶻莽硤は唐からの入吐蕃道が吐蕃圏内に近づいた所に位置しており、『唐書』四○地理志、鄯城の注には、

……至《ル》二鶻莽駅《ニ》一。唐使入蕃《スレバ》、公主毎《ニ》使《ム》三人《ヲシテ》迎《ヘテ》労《ラハ》二于此《ニ》一。又経《テ》二鶻莽峡《ヲ》一十余里……

と示される。この鶻莽峡と鶻莽硤は疑いもなく同じであり、[52] 中央チベットから北上したところに見られるべきであっても、これをその遥か西の葱嶺にあると見ることは出来ないからである。

女王の夫「金聚」*kiəm-dzʼiu:* (GSR, 652-a, 131-k)とは"Gyim tshe 'u"を写したものであり、キムシューのキム"Gyim"の由来も示し、「キムの主」[53]を意味している。「聚」は先に見た「附国」伝の「縉」(二一八頁)と類似のものを写したと考えられる。"Gyim"がSuvarṇaと同義であることは、シャンシュンから東遷した「東女国」について「亦《タ》曰《フ》二蘇伐剌拏瞿咀羅《ト》一」とあり(一八七頁)、その位置がキムシュー、即ち金川の谷にあること、彼等が、チベット語でも"gSer po"「金の人」と呼ばれたことから動かし難いものになってくる。"Gyim"を「金」の意味でいう語としては漢語が最も近いであろう。

他方、"sBrang"も、Suvarṇaのチベット語への転訛であると考えるのが容易である。suvarṇa/svarṇa/svaran/sbrangと単音節語化するからである。『旧唐書』東女国伝に混入した西の「女国」の記述と認められるものに「文字《ハ》同《ジ》二於天竺《ニ》一」としている点がある。彼等がSuvarṇaの称を用いたのは確かにその影響であり、後に見るように「吐蕃」の所管となって、次第にこの借用語がチベット語化したものと思われる。

国政、軍事、相続、習慣等の記述も後の東方の「東女国」の場合と異ならない。これらは誤りではなく、東に移った分家に対する本家のsBrang氏のことが別途に記述されているわけである。前頁引用文中の傍線を施した部分は、金川の「東女国」について言われるべきものが混入したのであり、蜀馬や、党項との戦争は西の「女国」のかかわり知らぬところであろう。

六四五年に書かれた道宣の『続高僧伝』巻四、玄奘伝一(『大正蔵経』二〇六〇、四五〇頁c)には、

其(尼波羅国)北界、即《チ》東女国《ナリ》与二吐蕃一接《ス》レ境《ヲ》

とある。佐藤氏によれば、

従《リ》二闍蘭達羅一過《グレバ》二雪山東《ノヲ》一即《チ》東女国《ナリ》、

とあるともいう(『古チ研』一三八頁)(54)。同じ趣旨は『慧超往五天竺国伝』蘇跋耶那具怛羅の条に示されている。いずれも葱嶺の南という表現からはやや南側に寄った感じである。ここで「東女国」としているのはいずれも『西域記』に拠るのである。

『西域記』巻四、婆羅吸摩補羅国の条には、

此国境北大雪山中有《リ》二蘇伐剌拏瞿呾羅国一。唐言金氏出《ス》二上黄金《ヲ》一、故《ニ》以《テ》名《ツク》レ焉《ヲ》。東西《ニ》長《ク》南北《ニ》狭《シ》。即《チ》東女国也。世以《テ》レ女称《ス》レ国《ヲ》。
夫亦為《ルモ》レ王《ト》不レ知《ラ》二政治《ヲ》一丈夫唯《ダ》征伐《シ》田種《スル》而已。……東接《シ》二吐蕃《ニ》一、北接《シ》二于闐《ニ》一、西接《ス》二三波訶国《ニ》一。

とあるのを見る。右の記述はこの国の位置をより明確に示し、その氏をSuvarṇa gotra「金氏」と述べ、東西に長く、南北に短いとして、茂州の西にある「東女国」と区別しうる形で「東女国」と名づけている。従って、紛らわしいが両唐書にいう四川の「東女国」とは異なる。

葱嶺の南にあるという『隋書』の記事とこの「北接《ハス》二于闐《ニ》一」とあることを併せて考えると、崑崙山脈の西寄りの南側にあるということになるであろう。

東に吐蕃のあることは、それが吐蕃のSum ruであろうとも、今日のツァンであろうとも問題でなく、そのまま受けいれられる。

西にある「三波訶」については、同書巻四の屈露多国の条の終りに

従《リ》レ此北路千八九百里、道路危険《ナリ》。踰《エ》レ山《ヲ》越《エ》レ谷《ヲ》、至《ル》二洛護羅国《ニ》一。此《ノ》北二千余里、経《テ》二途《ニ》艱阻、寒風飛雪《ヲ》一、至《ル》二秣邏娑国《ニ》一。（亦謂三波訶国）

とあって「三波訶」が「洛護羅」の北二千余里にある「秣邏娑」であるとしている。

「洛護羅」が今日のラフール Lahul であることは場所の関係位置から見ても明らかである。このラフールの北二〇〇〇余里にある「秣邏娑」の位置が長い間問題となっている。これについて佐藤長氏はF・W・トーマスによるHunza-Nagar 地区説を採用して疑わない（『古チ研』一三七―一三八頁）。しかし、この説の欠陥はG・トゥッチ氏の *Preliminary report* (pp. 94–100) に尽されていて、見るべきものが全くないことを知る。ただ、トゥッチ氏は「三波訶」をSāmbi と取り、「秣邏娑」を「秣羅婆」(Mo lo p'o) と改め、"Mālava" にあてるが (PRN, p. 94, n. 1)、この Mālava の位置が全く確認されていないため、上記の「娑」／「婆」の変更にも根拠が与えられないままになっている。

P・ペリオの "Femeles" には、「洛護羅」について Kulu の人々のいうラフールを写したものとし、Al-Birūni に「Lahūr/Lauhur の砦」とあったり、《Kulutalahaḍa》とあるものを《Kuluta, *Lahoḍa》と読んで、今日のラフールであることを確認した上で、「秣羅娑」がラダックであるとするカンニンハムの主張を動かぬものとしている (FNM, pp. 706–707)。ただ、「秣羅娑」に対応する原名と、「三波訶」の処理に窮する (*op. cit.*, p. 707) が、結局、上記の見地から、Mar sa を「低地」と解するA・H・フランケの説(55)を支持している。

チベット史料では、『ゴルパ仏教史』のサンゲー・プンツォク Sangs rgyas phun tshogs（一六四九―?）による増補部分 (f. 129a 以下) 中にガリ・コルスム mNga' ris skor gsum に関説して (TGG, f. 163a, l. 3)、

Mal yul mtsho（メルユルの湖）

Gu ge g-ya'（クゲの岩山）

Pu hrang gangs kyis bskor（プランの雪に囲まれたところ）

と示されるが、これは、スムパ・ケンポ（一七〇四―一七八八年）の『パクサム・ジュンサン』(f. 214b, l. 7)中に改変されて、

タクモ・ラダック sTag mo La dags またはマンユル Mang yul の湖、

クゲの岩山、

プランの雪に囲まれたところ、

と示されている。『ザムリン・ゲーシェー』では更に改めて(f. 59a)、

sTag mo La dags

Mang yul Zhang zhung

Gu ge sPu hrang

としているのが見られる。上に見る経過によれば、ラダック地区を元来メルユル Mal yul と言い、湖の多いところと規定し、ガリ・コルスムの北の部分としていたことがわかる。これがマルユル Mar yul からマンユル Mang yul と誤写されて、ついにはネパールとの国境に近い東寄りのマンユル Mang yul をガリ・コルスムのうちに誤って加えるようにさえなるのである。(56)

トゥッチ氏はこのメルユルをマルユル、またはマンユルと訂正すべきであるとし、マンユルとする場合、ツァンのキーロン sKyid rong を含む地区のマンユルと混同してはならないと述べた上で、《Mar Yul which corresponds roughly to Ladakh》である(PRN, p. 72)としている。ここまでいうならば、"Mang yul" は "Mar yul" の誤字であり、"Mal yul" はその異字であるとすべきであろう。『ラダック王統史』には吐蕃末期のこととしてマルユル、またはマ

ルユル・ラダックという呼称が見えている(AIT, p. 35, l. 9, 14)からである。

なお、ラン・ダルマ王の孫、ティデ・ニマグン Khri lde nyi ma mgon がガリのプランの地に逐われ、その長子ペルキデ・リクパグン dPal gyi sde rig pa mgon が支配した地もマルユルである(SRD, f. 125b, l. 3; GSM, f. 101a, l. 5)。ティデ・ニマグンの異母兄弟ターシ・ツェクパペル bKra shis brtsegs pa dpal も同じ頃ガリの地に逐われていたが(HLD, p. 19b, l. 6)、その孫ティデ Khri sde は東方ツォンカの王をつとめた有名な「唃厮囉」(rGyal sras)である(HLD, p. 20b, l. 8; GSM, f. 102b, l. 3)。この唃厮囉のことが『宋史』吐蕃伝には、

唃厮囉《ノ》緒《ハ》出《ヅ》二贊普之後《ニ》一。本名《ハ》南陵温籛逋《ナリ》。(57) 籛逋《ハ》猶《ホ》二贊普一也。羌語訛《リテ》為《スナリ》二籛逋《ト》一。生《ズ》二高昌磨楡国《ニ》一

と示される。上記「高昌磨楡国」とは、実に、Zhang zhung stod「上手シャンシュン」の Mar yul の意味である。この「高昌」はトゥルファンではない。「高」は「高地」をいう“stod”の訳語であり、「昌」*ts'iang*(GSR, 724-a)は Zhang zhung の前半を写したものである。

以上のように、「上手シャンシュン」のラダックにマルユルがあり、このことに疑惑はない。ただ、先に見た「メルユルの湖」という表現によれば、メルユルは、湖水を地理的特徴としたというので、むしろ今日のレー sLes からルトク Ru thog に及ぶ地を指す。今、かりにメルユルそのものを「秣邏娑」とすれば、それを西に控える筈の「東女国」が同時に于闐の南にあることになり、矛盾するように思われる。広い湖水地帯は于闐の南そのものを占めているからである。

従って、「秣邏娑」は更に西方に極限されたものでなくてはならない。おそらく、Mar/Mal yul の某所という制限のある意味で用いられているものであろう。その場合、該当する地名として考えられるのは、レーの東南にあるサウ Sa bu(AIT, p. 61 附図)である。

サブは、ひと頃、レーと並ぶ重要な土地であったらしく、『ラダック王統史』(*op. cit.*, p. 36, ll. 14–17)に、一二世紀か

ら一三世紀頃のことと推測されるが、

その王(lHa chen shes rab)の時に、サブのハンツェモ Hang rtse mo と言われる斜面(kha)に、センゲガン Seng ge sgang という城市を築いてマルユル・サブ・チャンカル Mar yul Sa bu sPyang mkhar と名づけた。

とあり、更に、その子の王の時代に、レーに一〇〇の塔を、サウには一〇二の塔を作ったとも示されている。

このマルユル・サブ Mar yul Sa bu をマル・サブ(Maryū/Marū/)Maru sa bu と聞くことも出来るが、これが「秣邏娑」*muât-lâ-sâ*(GSR, 277-c, 6-a, 16-c)と写されたのかと思われる。なお、マル・サブはチベット語一般の傾向としては、マルサウ[58] Mar sa'u またはマルセ(ウ)Mar se('u)と発音され易い。その位置はレーに近い。

ただ、同時に言及される「三波訶」についていうのは難かしく、P・ペリオは従来の諸説をすべて否定し、その代案もないとして、

We must be content with the admission that *Sampāha, *alias* *Mar-sa, which was at the western frontier of Suvarṇagotra, is Ladakh. (FNM, p. 707)

と述べている。

スヴァルナ・ゴートラ Suvarṇagotra 国西端をこのようにラダックとするだけで留まるべきかも知れないが、今一つ「三波訶」*sam-puâ-χa*(GSR, 648-a, 25-l, 1-k)の対音を求めるならば、今日のレーの西にある Sa spo rtse, Sa spo la に共通な Sa spo の地の "kha"「(斜)面」を指して *Sa spo kha と言い、それを「三波訶」で写したのではないかと推測しうる。Sa spo rtse は、後述するように『慧超往五天竺国伝』(『慧伝釈』二八頁b)中に「娑播慈」*sâ-puâ-dz'i* と写され、「楊同国」に隣接するものとして示されている。

*Sa spo kha の場合、*sâm-puâ-χa* となるのは、"Sa-s" が、鼻母化した *sang* でとらえられ[59]、後続の *-puâ* によって更に唇音化して、*sam* となるので、「三」によって写されたものと理解しうる。

残念なことは、*Sa spo kha の名がそのまま地図の上に示されていないことである。しかし、地名に“kha”のつく例は、ツォンカ bTsong kha やナクチュカ Nag chu kha の場合のみでなく、ラダック方面でも、マルカ dMar kha、ランカ Lang kha という例があり、“kha”「(斜)面」の語が用いられる実例も、先に『ラダック王統史』中の引用文で見たとおりである。

このようにして、『西域記』によって与えられるスヴァルナ・ゴートラ「東女国」の西の端を、ペリオ指定のラダックのうちでも、かなり限定した範囲に求めることが出来るのである。

第七節　漢文史料による「小羊同」

道宣が六五〇年に著わした『釈迦方志』中の婆羅吸摩補羅国の条には、『西域記』に準じた文が示されるが、重要な点で全く新しい記述も加えられている。同条では(『大正蔵』二〇八八、九五七頁b)、

国《ノ》北大雪山《ニ》有《リ》二蘇伐刺拏瞿呾羅国一。言金氏也出《ス》二上黄金《ヲ》一。東西《ニ》地長《シ》。即《チ》東女国《ナリ》。非《ズ》二印度《ノ》摂《ブルニ》一。又即《チ》名《ヅク》二大羊同国《ト》一。東接《ハシ》二土蕃《ニ》一、西接《ハシ》二三波訶《ニ》一北接《ハス》二于闐《ニ》一。其国《ノ》世以《テ》レ女《ヲ》為《ス》レ王《ト》。夫《モ》亦《タ》為《ルモ》レ王《ト》、不レ知《ドラ》二国政《ヲ》一。

とあって、新しい点では「非《ズ》二印度《ノ》摂《ブルニ》二」とする一条と、「東女国」が「大羊同」とも呼ばれる旨の重要な記述も示されている。

「大羊同」の位置は、既に見た葱嶺のもとの「女国」と一致する。また、六五〇年以前、既に吐蕃による「北のシャンシュン」征服があり、文中の「非印度摂」はむしろ吐蕃への服属を表わすものとしてよいであろう。

同じ『釈迦方志』は「小羊同」について、別に次のように示している(『大正蔵』二〇八八、九五〇頁c)。

……至《ル》二晴海《ニ》一。海中《ニ》有《リ》二少山一、海周七百余里《ナリ》。海《ノ》西南至《ル》二吐谷渾《ノ》衙帳《ニ》一。又西南《セバ》至《ル》二国界《ニ》一、名《ヅク》二白蘭羌《ト》一。北界至《ル》二積魚

城《ニ》一西北《ハ》至《ル》二多弥国《ニ》一。又西南《シテ》至《ル》二蘇毘国《ニ》一。又西南《シテ》至《ル》二敢国《ニ》一。南《シテ》少《シク》東《スレバ》至《ル》二吐蕃国《ニ》一。又西南《シテ》至《ル》二小羊同国《ニ》一。又西南《シテ》度《レバ》二咀倉去関《ヲ》一吐蕃《ノ》南界《ナリ》。又東《シテ》少《シク》南《シ》度《リ》二末上加三鼻関《ヲ》一、東南《シテ》入《ル》レ谷《ニ》。経《テ》二十三飛梯十九桟道《ヲ》一、又東南《シ》、或西南《ハ》縁《リ》レ葛《ニ》攀《リ》レ藤《ヲ》野行《スルコト》四十余日、至《ル》二北印度尼波羅国《ニ》一。此国土吐蕃約為九千里

上の文に関する一般的な解釈はP・ペリオのすぐれた解説(FNM, pp. 709-710)に従いたい。ただ、部分的には著者の見解と異なるところもあるので、以下に補足しておく。

「晴海」は青海である。その西南にある吐谷渾の根拠地は、伏允が青海の西の伏俟城を逐われた後の根拠地になる。白蘭は、スムパのラン氏であり、所在が松州、茂州を結ぶ線の西側であるから、吐谷渾衙帳から南行もしくは東南行すべきものとなる。白蘭に関する記述が挿入され、その北界に言及するが、積魚城が何であるか明らかではない[60]。その白蘭の西北に多弥がくると証言しているのである。多弥の位置はディチュ 'Bri chu 犁牛河(金沙江)以東の地であるから記述に矛盾はない。

本文中の白蘭の記述は、そこを通過したと述べているのではなく、白蘭の位置をとおして多弥国の所在を示していると見なければならない[61]。このように解釈すれば、ペリオがこの文に錯簡があるとしている(FNM, p. 709)のを或いは免れるかも知れない。

多弥の西南というよりはむしろ西に蘇毘がくる。『唐書』二二一下によれば、その際、犁牛河を渡る[62]。蘇毘に入って西南行すると敢 *kâm*(GSR, 607-a)になるという。これは、ペリオのいうようにカム Khams の地であるかと思われるが、その場合、方角は、蘇毘に入ってすぐ南行しなければならない。西南方角では、ペンバル dPal 'bar 辺覇の北に今日「康」があるので、これを当てたくなる。

ついで「吐蕃」に入るが、その場合の「南少東」の表現をとれば、ポボ以西が指される[63]。いずれにしても、「吐蕃」がカム地方の南とみなされていることがわかる。今日の地図に見える関係位置より、西側を南に下げた形で方向が示

されている。この傾向は西に赴くに従って著しくなる。小羊同に赴くのに吐蕃本土から西南行するという。西南行すれば、直ちにネパールに出ることになる。従って、上記の傾向から、西行することをいうものと理解したい。

この場合、「吐蕃」の範囲をどのように考えるべきであろうか。ソンツェン・ガムポによる吐蕃の統一は既に完成して、西はシャンシュンから東はスムパまでその版図のうちにあった。これらのうちに「吐蕃」本土とみなされる所、例えば、「プーラプ」のようなものがあったから、既に、蘇毘、敢と区別されてきたのである。勿論、ヤルルン王家の遠祖が中心とした「本来のプー」はもはや本土ではなかった。新しい「吐蕃」本土をいうなら、ソンツェン・ガムポ王の歿後間もなく組織された、「翼」の制度における区分が注目されるべきであろう。翼制では、ウル dBu ru、ヨル g-Yo ru 二翼が今日のウー地区に、イェール g-Yas ru、ルラク Ru lag 二翼が今日のツァン地区に設けられた。このうち、ルラク「支部翼」を除いた三つが"ru gsum"「三翼」の名で呼ばれてもいるので、当初の「吐蕃」本土はこの「三翼」であった可能性もあるが、概ね今日のウー、ツァン相当の地域、即ち「プーラプ」と考えてよいであろう。

従って、今日のツァン地区から西行して赴いた小羊同は、「下手シャンシュン」の西部のことと推測される。なお、「下手シャンシュン」の東部は今日のツァンの北側を占めている。

呾倉去関をわたると吐蕃の南界であるという場合、この「吐蕃」とは、小羊同国に入った後のことであるから、ソンツェン・ガムポ王が六四三年に下手シャンシュンも統一した(DTH, p. 13)後の版図で言及されているのである。[64]

ペリオは「呾倉去関」の「呾」を「咀」と読みかえる意向を示している(FNM, p. 710)。[65] これに従って、相対的な位置からそれを見ると、ストレジ河の関門を指しているものと思われる。「咀倉去」*dz'i̯wo:-ts'âng-k'i̯wo-* (GSR, 46-u, 703-a, 641-a)は、『新分省地図集』にストレジ河を指して「象泉河」(hsiang-chüan chu)と呼ぶが、それとやや似た形に示される。後者は Zhang tshang chu というのであろうか。その上源の gLang chen kha 'bab に由来する名であるなら、"gLan chen"は「呾倉」にむしろ近い。

この地点から南寄りに東行して戻ることにより、多くの艱難を経てネパールに達するとされるので、この点から見ても、「咀倉去関」は「下手シャンシュン」の西端を指すものと考えられてよいであろう。

『釈迦方志』に従えば、「大羊同」は于闐の南にあって吐蕃本土の西部を構成し、「小羊同」は吐蕃国の西南境をなしてネパールの北にあるとされている。

前記の見解のもとで『通典』一九〇、辺防六、大羊同の項を見ると、かなりの相違が見られる。

大羊同東接《ハシ》二吐蕃《ニ》一、西接《ハス》二小羊同《ニ》一北直《ハタル》二于闐《ニ》一東西千余里、勝兵八九万《ナリ》……

とあって、東に吐蕃、北に于闐がある点では『釈迦方志』にいう大羊同と同じである。しかし、西に小羊同を置く点は全く独特である。『釈迦方志』の小羊同は、先に見た記述を綜合して言えば、大羊同の南に位するか、もしくは東南とでもすべきであり、どのように見ても西にはない。

『通典』は『釈迦方志』や『西域記』を見ているわけであるが、今、大羊同の位置をいうのに『釈迦方志』の所説を利用しながら、「東女国」的要素をすべて除き、その方は同書一九三、辺防九の女国伝に収めている。また、貴人の葬礼も「女国」のそれと異なったものを示している。両方の東女国と同じ大羊同を指すなら、『隋書』女国伝にいうように、隋の開皇以後の朝貢はない筈であるが、貞観一五年に遣使して来たことを述べている。

これらの点を踏まえて言えば、『通典』の大羊同の記事には混乱があって、その位置を于闐に直面させて「大羊同」としているが、実は『釈迦方志』にいう小羊同国のことを示しているとしなければならない。『通典』の成立したと言われる大暦年間では、吐蕃の軍制が成立して久しく、シャンシュンの上手と下手の各五つの「千戸」も定まっていた筈であり、「勝兵八九万」と云う独立国のような示し方も紛らわしい。『通典』にいう「大羊同」とは、地域的には吐蕃の軍制下における「下手シャンシュン」を指し、その西北の「上手シャンシュン」を「小羊同」とするのであろう。

即ち、『釈迦方志』に見える大羊同は、ここでは「小羊同」として示されていると見るべきである。

『通典』はその大羊同の項の終りに、

其《ノ》王姓《ハ》姜葛《ナリ》、有《リテ》二四大臣一、分二掌《ス》国事《ヲ》一。自《リ》レ古未《ダ》レ通《ゼ》。大唐貞観十五年遣使《シテ》来朝《ス》。

とするが、「下手シャンシュン」の王号はリク・ニャシュル Lig sNya shur であり、ソンツェン・ガムポ時代はリク・ミリャ Lig Myi rhya が君臨していたが、「姜葛」*kiang-kât* (GSR, 711-a, 313-e) に相当する称は「下手シャンシュン」のチョクラの中心ガルトク sGar thog に関するもの(66)以外に見当らない。

四大臣の制度は、近代のチベットにも残っているが、吐蕃王朝時代に既に "zhang lon chen po bzhi"「四大尚論」(Pelliot tib. 1071) 制が行政の実際を掌握していた形跡もうかがわれる。類似の行政機構は、敦煌の地域政府 bDe khams 'dun sa の場合にも見られる (Pelliot tib. 1089)(67)。この制度は、おそらく、ピャ部族が古くに拠っていたタルパの国、もしくは広く「下手シャンシュン」に行われたものに由来するのであろう。

貞観一五年(六四一年)における唐への遣使は頗る意味深長であり、このすぐあとの六四三年にリク・ニャシュルを称するリク・ミリャがソンツェン・ガムポ王に制圧され、シャンシュンは吐蕃の直轄地となるのである (DTH, p. 13, l. 5; p. 115, l. 27–p. 118, l. 6)。従って、貞観一五年の遣使は、リク・ミリャの傲りもしくは不安を示した挙であり、六四三年に吐蕃からその報復を受けたものとみなし得よう。『通典』大羊同の項をほぼこのように見ることが出来る。

第八節　「大羊同」と「セルカンゴク」

八世紀はじめにインド、中央アジヤを訪れた新羅僧慧超の『往五天竺国伝』でも問題になる記述が見られる。当時の吐蕃は、唐から既に王妃を二回迎え、唐と戦い続ける大国であり、「翼」の制度も成立して久しく、そこには、「女国」または「東女国」と呼ばれる国はもはや存在しなかった筈である。

今、慧超の説を見ると(『慧伝釈』二一頁裏)、今日のジャランドゥル Jalandur について述べた後、

又一月、過《ギテ》雪山《ヲ》東《ニ》有《リ》一小国。名《ヅク》蘇跋那具怛羅《ト》。属《ス》土蕃所《ノ》管《ニ》、衣著与北天相《ヒ》似《タルモ》、言音即《チ》別《ニシテ》、土地極寒《ナリ》。

とある。スヴァルナ・ゴートラをいうのであるが、「蘇跋那」*suo-b'uât-nâ*(GSR, 67–c, 276–b, 350–a)となっている。言葉は印度系ではないという。その所在は必ずしも明らかではなく、シャンシュン方面に位置づけられているのに過ぎない。おそらく、スヴァルナ・ゴートラの名を知っていてその所在を殊更求め、それを示したものであろう。

慧超は別に次のようにも示している(『慧伝釈』二八頁裏、三一頁表)。

又迦葉弥羅国東北《ノ》、隔《テ》山《ヲ》十五日程《ニシテ》、即《チ》是大勃律国、楊同国、娑播慈国《アリ》。此三国並《ニ》属《ス》吐蕃所《ノ》管《ニ》。衣著言音人風並《ニ》別《ナリ》。

「迦葉弥羅」が今日のカシュミールであることに問題はない。「大勃律」は「大勃律」であり、今日のバルチスタン、チベット語でいうベルティ sBal ti(DGS, f. 59a)に相当する。「楊同」*iang-d'ung*(GSR, 720–q, 1176–a)は羊同と同じである。この位置では『釈迦方志』の大羊同をいうことになる。今一つの「娑播慈」*sâ-puâ-dz'i*(*op. cit.*, 16–c, 195–p, 966–j)は、ラダックのレー sLes の西にあるサポツェ Sa spo rtse の国を言ったものと思われる。

サポツェの名は *Antiquities of Indian Tibet*, II に収められた "Minor chronicle XVII"(pp. 236–238)に見えている。ただ、一九世紀初頭におけるラダック王のバルチスタン経略に関する記述中であり、古い地名であるとの保証[68]はない。サポツェの大臣(blon po)ソーナム・テンパ・ツェリン bSod nams bStan pa tshe ring がその事業に協力したことをいうだけのものである。

サポツェの位置はレーの西にあり、ラダックでもレーとは別の境域を形成している。既に述べた(二三三―二三四頁)ように、*Sa spo kha が「三波訶」で写されているものならば、その地は『釈迦方志』の大羊同にとって西端となり、他方、また、Sa spo rtse を写した「娑播慈」国も「楊同」国に西接するものになるのである。

慧超の言及した三国はいずれも吐蕃の所管であって独立国ではない。しかし、それぞれ異なった風俗、言語をもっていたとされている。その点でも、「三波訶」で境をなす「大羊同」、即ち西の「東女国」と、「娑播慈」を隣国とする「楊同」は全く一致する。この見地から言えば、バルチスタンを「東女国」に対する北側の西隣とすることが出来るのである。

大羊同の位置を上のように規定することに対して、これを否定しかねない記述が以前から知られていた。それは、『唐書』吐蕃伝下に見えるもので、劉元鼎の報告を編集した一文である。

劉元鼎は、唐蕃会盟の使節として八二二年に吐蕃に遣わされた。この時の帰途の道筋を述べるうちに問題の「大羊同国」の所在に言及しているのである。問題の文章は、

元鼎踰《エ》二湟水《ヲ》一、至《リ》二龍泉谷西北《ニ》一、望《ムニ》二殺胡川《ヲ》一哥舒翰故壁《ノ》多在《クリ》。湟水出《ハツ》二蒙谷《ニ》一、抵《リテ》二龍泉《ニ》一与レ河合《ス》。河之上流、繇《リ》二洪済梁《ヨリ》一西南行《スルコト》二千里《ナリ》。水益狭《ク》、春可《ハク》レ涉《ル》、秋夏乃《チ》勝《フ》レ舟《ニ》。其南三百里《ノ》三山《ニアリ》。中高《ニシテ》而四下《よもハル》、曰《フ》二紫山《ト》一、直《タル》二大羊同国《ニ》一。古所《ノル》レ謂《ハ》崑崙《ナル》者也。虜曰《ハフ》二悶摩黎山《ト》一。東距《ツルコト》二長安《ヲ》一五千里《ナリ》。河源其間、流澄《ミ》、緩《カニ》下《リ》稍合《シテ》二衆流《ヲ》一色赤《シ》。行《クコト》益〻遠《ク》、它水並《ビテ》注《ゲバ》則濁《チル》。故世挙《ゲテ》謂《ヒテ》二西戎地《ノヲ》一曰《フ》二河湟《ト》一。河源東北直《タリ》二莫賀延磧尾《ニ》一、殆《ンド》五百里《ナリ》。磧広《サ》五十里《ナリ》。北自《リ》二沙州一西南入《シテ》二吐谷渾《レバ》一寖《ヤク》狭《シ》。故號《ニス》二磧尾《ト》一。隠《カニ》測《レバ》二其地《ノヲ》一、蓋《シ》剣南之西《ナリ》。元鼎所《ノハ》二経見《スル》一、大略如《シ》レ此《ノ》。

と示される。

文末に粗雑にも「剣南之西」と推測されている。また、『旧唐書』吐蕃伝下では、「是時元鼎往二来《ス》黄河上流《ヲ》一、在《リ》二洪済橋《ノ》西南二千余里《ニ》一」として「黄河上流」の語を代りに明示している。

従って、P・ペリオをはじめ、P・ドゥミエヴィル氏、近くは佐藤長氏(69)もこれを現実の黄河上源として、改めて所在を確認しようと試みなかった。しかしながら、『唐書』吐蕃伝下では、この記述の直前に赤嶺を長安から三〇〇〇里の地にあるとしている。従って、悶摩黎山は赤嶺からなお西に二〇〇〇里を距てているのである。

また、「洪済梁」、即ち『旧唐書』吐蕃伝下にいう「洪済橋」は、『唐書』四〇、地理志の廓州の条の注にその「西南百四十里洪済橋」とされ、そこにある廓州は今日の貴徳に近く、黄河の北岸を遠く距てないとされる。『通典』一七四の廓州の条では、鄯城県まで西北に二八〇里を距てるともされている。赤嶺と鄯城の距離を一八〇里として概算しても、洪済橋から西南二〇〇〇里に問題の河源があれば、その南三〇〇里にある悶摩黎山が赤嶺から大略二〇〇〇里にあるのは当然である。とにかく、その距離をどのように計算してみようと、問題の河源が現実の黄河上流とはなり得ない。遥か西に求められなくては記述にそうものとは言えないのである。

その位置について、この河源の東北に「莫賀延磧尾」があって五〇〇里離れていると言い、ついで「磧尾」というのは、北方の沙州から西南行して吐谷渾の根拠地に入って来ると、それが次第に狭くなるからであるとも説明されている。『旧唐書』吐蕃伝下では吐谷渾が「吐渾国」とも示されるが、この「吐渾」は青海の南の吐谷渾ではなく、ツァイダム北西側に当り、吐谷渾の別部でなければならない。その位置は沙州の西南にあたる。同じ「吐渾」が *Le concile de Lhasa* (pp. 307–308)にも扱われるが等閑に処理されている。「莫賀延磧尾」の「莫賀」は蒙古語の baγ-a に類して、「小」をいう吐谷渾語と思われる。「延磧」は広大な砂原をいう。「磧尾」は砂原の漸く狭くなった所を指す。(70) これは、その西北方にある大砂漠に対して自らを「小」と称したものと考えられる。

ここまで見ると、問題の「河源」がムルイ・ウス Murui usu の源であることがわかる。しかし、最も南側にあるムルイ・ウス本流の水源でなく、その北源のチュマル Chu dmar の水源を指している。北源の南三〇〇里にあり、今日の航空写真による地古の「崑崙」とされ「紫山」乃至「悶摩黎山」(71) とされるのは、図(ONC–8)で、北緯三三度三〇分、東経九一度に示される Ku-erh-pan-lo-chi 山、即ち γurban ri bo rtse (「三峰山」)である。この山は文字通り三つの山から成り、真中が最も高く、四方に屹立している。

『水経注』(河水篇、巻一)は、河源が崑崙の東北の陬から出ることについて『淮南子』の高誘注や『山海経』の記述を引きながら、黄河は源を出て地中を伏流したのち積石山に出るとし、伏流すること千七百四十里として積石山から洛陽までを五千里とする説を示す。劉元鼎は明らかにこの説にそって河源をチュマルの水源に指定したものと思われる。

この河の南に「湟水」がある。湟水を渡って望見したのが「殺胡川」*sǎt-γuo*(GSR, 319-d, 49-a')である。これはソクチュ Sog chu 索古河上源であろう。下流はグルチュ dNgul chu 怒江になる。「湟水」は龍泉で問題の「河」に合流するというが、「湟水」を怒江とする限り明らかな誤りである。劉が中央チベットより北上して「湟水」を渡り、龍泉谷を東南に見る位置に出たとすれば龍泉は「湟水」の渡河地点より東にあり、そこで合流するのは怒江の支流の一つでしかないであろう(72)。その場合、「湟水」の上源にある「蒙谷」は今日の蒙咱 Mon za 附近かと思われる。

以上のような大略を見ると、「紫山」もしくは「悶摩黎(Me 'bar)山」は、今日のナムツォ gNam mtsho 湖の真北に位置し、その真西に相対して、『釈迦方志』にいう「大羊同」の地があったものと確認できる。

このようにして、「大羊同」の位置を現実の黄河の源と結びつけて見なくてはならない理由が消えるのである。因みに、劉元鼎は会盟後、入吐蕃道として『唐書』四〇地理志、鄯城の注に見えるものを逆に進み、今日のナクチュカ Nag chu kha、ダンラ gDang la を通って、或いはツァイダム方面に出たものとすべきであろう。

漢文史料により、大羊同、小羊同の位置はほぼ以上のように確認されるのであるが、チベット側の史料はこれらに対して何を示しうるのであろうか。

西方シャンシュンのダン sBrang 氏はヤルルン王家の外戚となり、それより先に同系のム・ピャ族とも結びついて小金川地区に至り、「東女国」を建て、ラン氏 rLangs と通婚してその姓も併せ名告り、ゲルモロン rGyal mo rong(「女王の谷」)に母権社会を維持した。これら氏族の結びつきは、「スムパ族ラン氏のキムシュー」Sum pa gLang (/rLang) gi Gyim shod という表現で象徴されている。

その「キムシュー」は「金の下流域」とでも訳しうる。ラン氏のうちには "gSer pa"「金〔の国人〕と関わる者」とか

“gSer ’dzin gSum”「金〔の国〕を掌握しているスム〔の国〕」の名があり、ラン氏の本拠、潘州に近く、「黄勝」、gSer thang「殺鹿塘」、gSer gyi thang「色既塘」、gSer chu, gSer po gshong などの地名が確認されている。

これらの点は別に発表した[73]とおりであり、sBrang＝Gyim＝gSer の等式でまとめ、そこから Suvarṇa gotra の名を復原することが出来る。

『ラダック王統史』はシャンシュン地方に関して比較的詳しい情報をもたらすが、破仏時の王ランダルマにとって曾孫に当るキーデ・ニマグン sKyid sde nyi ma mgon が、ガリ・コルスムを支配した事情に関しても他書よりもやや詳しい説明を与えている。キーデ・ニマグンは、プランからド女・コルキョン ’Bro za ’Khor skyong を妃として迎え、三子をもうけて、領土を三分した。その分配についての事情が次のように示されている。

長子ペルグン dPal mgon にはマルユル Mar yul と黒弓をもつ家来〔を与え、所領として〕東はルトク Ru thog と、セルカンゴク gSer kha ’gog の背後になるデムチョク・カルポ lDe mchog dkar po、境にあるラバマルポ Ra ba dmar po、ワムレ Wam le の「目玉岩」のある峠の頂きまで〔が南境で〕、西はカシュミール峠の頂上、「孔あき石」のところまで、北はセルカンゴクポ gSer kha ’gog po よりも此方の地が承認されたものであった。中子タシーグン bKra shis mgon にはクゲとプランを宮居(rtse)と共に支配させたもうた。末子のデツクグン lDe gtsug mgon にはサンカル・ゴスム Zangs dkar sgo gsum とピティ sPi ti をピチョク sPi lcog も併せて支配させたもうた(AIT, p. 35, ll. 14–18)。

長男の支配地が、クゲ、プラン、サンカル、ピティ、ピチョク等を除いた地区に限られているのを見ることが出来る。その上で、境界を調べてみると、東境のルトクの位置[74]は明らかであり、西のカシュミール峠の頂きもほぼ想像しうる。南境を示す字は脱落しているが、それぞれの境界をいう文が「間」“bar”、「まで」“yan chad”、「以内」“tshun chad”で終っているので、ワムレまで南境となる。ワムレはフランケによっても追認されているようにハンレ Hanle に同じとしてよいであろう(AIT, p. 94)。デムチョク・カルポが今日のデムチョク lDe mchog であるという(*loc., cit.*)のも多分正しいであろう。この地は、ワムレよりも更に南に出ている。従って、限定してセルカンゴクの「背後」(lad/slad)になると断わっているのである。これに対してワムレは、ラバマルポと共にセルカンゴクと他の境にあったものと思われる。

北に関して、セルカン・ゴクポ(L. Ms., mgon po)とあるのは、形が崩れて伝わっている可能性がつよい。即ち、gSer kha 'gog [?] とあったものかと考えられる。

セルカンゴクの位置はこれだけの記述からは必ずしも明らかでない。

セルカンゴクの「セルカ」"gser kha"は「金鉱」の意味である。この「セルカ」のみでもセルカンゴクと同じ地域を指すのに用いられているようである。即ち、『ラダック王統史』(AIT, p. 41, ll. 2-3)によると、一七世紀前半、ラダック王センゲ・ナムゲル Seng ge rnam rgyal が、南の方はロ・ムスタン lHo Mo sdang (Mustang) までを領有し、プラン、クゲ、サンカル、ピティ、プリクを〔その南西部に〕おさめ、東側はマルユル峠まで、ルトク、「セルカ」の彼方を統合したとされているからである。

以上の表現を綜合すると、セルカ(ンゴク)はラダックの東部地区をいうもののようである。即ち、慧超のいう大勃律や娑播慈の東隣にあるものであり、更に、「楊同」のうちに含まれるものであろう。従って、『釈迦方志』の大羊同、即ち、「東女国」の領域に含まれていたとも言えるわけである。

セルカンゴクとの関係は、必ずしも明確ではないが、敦煌文献スタイン本『編年紀』七四七年の条に(DTH, p. 55, ll. 23–25)、

「コク」Gog の国にシナの徴発兵(byin/phyung po)が現れて、ブルシャと「コク」が失われた。

と記されている。写本の byim po を 'byin の本来の過去形 *byin に由来するものと見て訳した。この語は七四五年

の条にも皇甫維明に率いられたものとして、コク Kog の国と結びつけて示される(*op. cit.*, p. 55)が、後者は石堡城の戦いに関連したもので、この「コク」Gog とは結びつかない。同じ『編年紀』七五六年の条には、

黒い Pandj (ban 'jag)[75] と「コク」と尸棄尼(shig nig)[76]など上手方面の使者が拝礼に来た(*op. cit.*, p. 56, l. 25)。

とある。後の場合から見ると、その名はパミールの国々の間に混って言及されているのである。

はじめに示した七四七年の場合は、高仙之の小勃律と吐蕃の間の分断工作について言うものである。『旧唐書』一〇四、高仙之伝によると、この時高仙之は、小勃律からその東にある大勃律[77]や吐蕃に至る藤橋を断った[78]とされている。従って、「コク」の国というのは、小勃律の東を指して言うものと思われる。とすれば、大勃律寄りの土地を名づけていうものと理解してよいであろう。今、セルカンゴクと呼ばれるのは、この「コク」の国と隣接して「セルカ」(金鉱)で特徴づけられているためその名を得ているように考えられるのである。

このような見地から地図を見ると、カプル Kha pu lu になおセルポゴ gSer po mgo と称せられる地があり、シャヨク Sha g-yog 河畔にある 'Khyam や(AIT, p. 61 折込み地図)、上流の嘉木 Kiam(『中民地』II、E4)の名はいずれも「キム」Gyim を想わせる。バルチスタン東南部にも Gying 'gud の地名があり(AIT, p. 240 折こみ地図)、『通典』一九〇、大羊同の項に見えた王姓の「姜葛」*kiang-kât*(GSR, 711-a, 313-e)とされるものも思わせる。[79] もし、これが"Gyim rgod"「金の野人」を写しているものとみなされうるなら、『釈迦方志』の大羊同に関して言われるべきもので、『通典』では小羊同の項に示される筈であったのに、誤って大羊同の項に記載されたものであるかも知れない。

以上の中ではシャンシュンのダン sBrang の名も、スヴァルナ Suvarṇa の名も直接跡づけることは出来なかった。しかし、『西域記』や『釈迦方志』に「出上黄金」とあるのに対し、「セルカ」、即ち「金鉱」の名を冠した諸地名が「東女国」や「大羊同」とほぼ同じ場所に認められた。その他にも「金」を表わす"gser"の名を含み、"Gyim"に類する音をもつ地名がその地域に散見されたということも注目してよいであろう。

第九節 「北のシャンシュン」と「ヤトゥー」

スタイン本敦煌文献中に『宰相記』の類と思われる断片があって、「北のシャンシュン」の存在に言及する。F・W・トーマスの示したテキスト(TLT, II, p. 53)に次のように示される。冒頭には、ティ・ソンツェン王の時代におけるニャン・シャンナン Myang Zhang snang の失脚が述べられ、続いて、

トヨチェーラ To yo chas la の王ポルユンツェ Bor yon tse が滅されて、トヨチェーラ等の北のシャンシュンすべてをティ・ソンツェンの御手に捧げたので、スツェは厚い信任を得たのであった。

と述べられている。

ここに見えるトヨチェーラは「北(方)のシャンシュン」のうちの代表的な王のようである。ここでリク・ニャシュル Lig sNya shur のシャンシュンでないことだけは明瞭であるが、その場所を具体的に指摘することは困難である。おそらく、「上手シャンシュン」東部、「下手シャンシュン」の北部に推定するのが穏当であろう。[80]

先に見た後代の著作『シェーズー』(CYNC, f. 75b, l. 2)中に「神族四御兄弟」の一人としてチャラ・ダチェン Cha la dgra chen の名が挙げられている。[81] この「チャラ」がもし上記 "Chas la" と関係があれば、ヤルルン王家と同祖の一族になり、この征服を吐蕃王国建設過程における同族の粛清とみなすことが出来る。この可能性は、下に見られるように全くないわけではない。

『シェーズー』(*loc. cit.*)のうちにはチャラ・ダチェンはグンツゥン・チャ mGon btsun Cha、即ち、グンツゥン・ピャ(チャの古音)mGon btsun Phyva の lHa ra「神の園」に王として赴いたとされている。グンツゥン・ピャはヤ

プラ・ダクドゥクを天上から〔地上の王に〕任命した神であると言われる(AFL, p. 12, l. 60)。この場合の「チャラ」"Cha la"は「チェーラ」"Cha 'i lha(/la)"，即ち，Phyva 'i lha(/la)「ピャの首長」の意味であり[82]，その手もとにピャの本流が残り，ヤプラ・ダクドゥクやオデ・クンゲルの配下が東方に移ったものではないかと考えられる。

先に見たように「ツァントゥーツァン」は，「ツァン国主ピャ」もしくは「ツァン国主トゥーカル」が中心に，その西は「ツァン国主トゥーカル(ジェ)」とともにトン部族(一七七頁参照)とされたチョクラCog(/lCog)laが，また，逆の東側には，東遷してヤルルン王家の遠祖となった「ツァンメード」の「トゥーゲル」が並んで「下手シャンシュン」を東西にわたってピャ部族が占拠していたと思われる。

チャラ・ダチェンはこれらのいずれかに当るか，または別であるかは明らかでないが，同族であって，しかもこれらの周辺にいた筈である。従って，「北のシャンシュン」の「チェーラ」をこれと結びつけ，"Chas la"を"Cha 'i la/Phyva 'i lha"の俗字とみなしたくなる[83]。この仮定が許されるなら，「トヨチェーラ」はチャラ・ダチェンの末裔になり，同じグンツゥン・ピャの命令をうけたヤルルン王家の遠祖にとって本家の系統となる。とすれば，その所在はそこからム部族に使を送った「ツァンメード」かその周辺に求められるべきであろう。ただ，ソンツェン・ガムポ王時代では，「下手シャンシュン」の東側に比定される「ツァンメード」を離れて更に北に移り，「北のシャンシュン」と呼ばれたのかも知れない。尤も，中心地のヤルルンから見ればシャンシュンはすべて北にあたるといえる。

残念なことに，「トヨ」についても「ポルユンツェ」についても明らかに出来ることがなく，後者の「ツェ」"tse"がわずかに"rje"「国主」に当ると思われるにすぎない[84]。

いずれにしても，ヤルルン王家の遠祖由来の地としてのシャンシュン，つまり，大・小の「羊同」の性格はほぼ確認されたと言えるであろう。

「北のシャンシュン」を征服したキュンポ・プンセー・スツェは，ソンツェン・ガムポ王の父ティ・ルンツェン王の時代に「ツァン・プー」"rTsang bod" 二万戸を征服して、これをティ・ルンツェン王に捧げ、そのまま拝領を許された。このことは敦煌文献の『宰相記』や『年代記』(DTH, p. 100, l. 22; p. 106, ll. 20–24) に示されている。その事情は後段で見る[85]が、時の宰相はモン・ティドレ・マンツァプ Mong Khri do re mang tshab、「ツァン・プー」の王はマルムン Mar mun と呼ばれていた。キュンポ・スツェは「ツァン・プー」を拝領してその旧領(キュン・ルン Khyung lung ?)からティボム Khri boms に移り住んだ(*op. cit.*, p. 111, l. 34–p. 112, l. 4)。キュンポは、後に見るように、大功があったものの、宰相になるのが遅れ、新領地に移っても満足していなかった。このことは、ニャン・シャンナン Myang Zhang snang と宰相の地位を争った時の問答歌(*ibid.*, p. 107, ll. 20–35)に現れている[86]。

スツェは、晩年、新領地ティボムにソンツェン・ガムポを招いて殺害しようと企て、視察に来たガル・トンツェン mGar sTong rtsan に見破られた。破局に立ったキュンポ氏一族では嗣子ガクレキュン Ngag re khyung が父の首をもってチンバ Pying ba 城に駆けつけ、恭順の意を示したため取り潰しを免れた(*ibid.*, p. 111, l. 31–p. 112, l. 17)。この時、領地は縮小されたでもあろう。

『学者の宴』Ja 章にはソンツェン・ガムポ時代の諸侯所轄として「一八領区」の表というものが示されている(KGG, f. 19b, ll. 3–6)。これは、その内容から見てティソン・デツェン王時代のものとしか考えられない[87]が、そこには、先にも触れたようにキュンポ氏をツァンメー gTsang smad の領主としている。このツァンメーは古くに「ツァン・プー」としてキュンポ氏の所領となったものの一部を指す[88]ものと思われる。

ツァンメーを「ツァンメード」と結びつけて、「ツァントゥーツァン」の東側にあるものとし、「下手シャンシュン」の東部とする立場をおしすすめて言えば、「ツァン・プー」の「ツァン」はツァントゥーとツァンメー、もしくは「ツァントゥーツァン」と「ツァンメード」を併せたものに比定され、「プー」は「本来のプー」ではなく、「プーラプ」の西部、今日のツァン地方を指したものと考えられる。「プーラプ」の東部、今日のウー地方相当の地は第二篇で見るようにティ・ルンツェン王の初期に既にヤルルン王家が征服し、それによって強大な勢力になる緒をつかんでいるからである。[89]

著者は従来「ツァン・プー」の「プー」を「本来のプー」と考え、「ツァン」を東方のリンツァン gLing tshang 以北の地に比定してきた。[90] しかし、これを否定すべき決定的な理由を見いだしたので敢えて前説を撤回したい。ただ、前説においてカムのデンコク lDan khog に近いリン gLing がリンツァン gLing tshang 霊蔵の名で呼ばれ、『編年紀』(DTH, p. 17, 六九〇年)中で同じリンがツァン rTsang を冠して言及されているとしたことや、文成公主に関する『編年紀』断片中に公主が「ツァシュー」Tsha shod に赴くに先立って「ツァン国 rTsang yul の中央 dbus」を通ったとされることは従来どおり有効である。つまり、ツァンの名を冠した土地がカムとアムドの境界地帯にもあったということには変りがない。しかし、キュンポ氏の後裔が今日もディンチェン lTing(/lDing)chen 地区に残るとの理由からこの近くをツァンメーとみなしたのは不当であった。キュンポ氏のこの地への移住時期が明らかでなく、このことによって吐蕃時代のキュンポ氏の所領を論ずることは許されなかったのである。

前説を撤回する理由を次に示しておきたい。もし、キュンポ氏の領した「ツァン・プー」がカムの地の北方に位するならば、後に見るところで明らかになるように、ヤルルン王家が「下手シャンシュン」東部と今日のツァン地方に手を触れずソンツェン・ガムポ王の統一に至ったことになってしまうので不合理になる。[91]

また、前説の場合「附国」と「ツァン・プー」が同一地区を指すことになるが、「附国」が六〇九年頃吐蕃に離反した際にもキュンポ・スツェの動いた様子が全く伝えられていないのでこの見方は成立しにくい。

敦煌文献の『編年紀』にはキュンポのラサンジェ Ra sang rje が、チョクラ lCog la と行動を共にしたシャンシュンのク Khu 氏(=トン・ロンマツェ sTong lom ma tse)と連坐して六七八年に罰され、六八〇年に資産を没収されている(DTH, p. 15)。このこともキュンポ氏がなおシャンシュンにいたことを物語るもので、居所をカムのディンチェン方面に既に移していたと言えない。

キュンポ・スツェはニャン・シャンナンと宰相の地位を争い，その際自らの功を矜って次のように歌った。訳文の詳細は第二篇に譲って必要な部分を示すと，

ヤトゥー Ya stod の rTsang brang「ツァンの徒」は，天翔ける「真白き胸」の鷲[92]，その鷲を殺したのは，このスツェが殺したのである。鷲の翼は御手に捧げられ，その他のところはロ lHo 氏とゲク rNgegs 氏とに賜った

(DTH, p. 107, ll. 22–24)。

とあって，「ツァン・プー」の「ツァン」を討ったことが述べられている。

この文では「プー」が示されていない。従って併称される「プー」にはあまり大きい意味がなかったのかも知れない。この「ツァンの徒」を修飾して「ヤトゥーの」と示している。著者は「ツァン」をツァントゥーとツァンメーを併せたものとして，「下手シャンシュン」の地に比定したが，それによると「下手シャンシュン」が「ヤトゥー」と呼ばれたことになる。

ケンツェ・ワンポの『聖地案内』(UNT, f. 21b)によると，ラツェ lHa rtse から西に向っての地がヤルトゥー Yar stod と呼ばれている。右の「ヤトゥー」Ya stod は，このヤルトゥーと同義で，"ya/yar" は yar gtsang をいうのに用いられるように「上」を意味し，"ma/mar"「下」に対応する。"stod" は「上手」を指し，河の上流を示す。今日のウー，ツァンから成るチベット本土から言えば，ラツェの西はもとより，イエールの北部も含めた「下手シャンシュン」はすべて「ヤトゥー」であったはずである。このように呼ばれていたのを取り上げて，漢人は「羊同」*iang-d'ung*(GSR, 732–a, 1176–a)と写したのかと思われる。"Ya stod" の前要素が母音で終るため後要素の語頭子音を語末に牽きつけて "Yas tod" の形をもつ語のように発音される。一般に語末歯音の -s は発音されず，直前の母音を長音化し，今日の例ではウムラウトを伴う。これらの長母音を鼻母音化した形で把えて「羊同」と示したものでないかと

考えられる。語末の -d も鼻音化傾向があり、例えば、sKyid shod は今日 *king shong* と発音されている。

『年代記』(DTH, p. 112, l. 3)ではキュンポ・スツェの新居はティボム Khri boms に設けられたとされる。これは、「ツァン」か「プー」のいずれかにあった筈である。後に見るように、吐蕃「翼」制の「支部翼」、つまり、ツァンのルラクにある千戸にティソム Khri som と伝えられる(KGG, f. 20, l. 1)ものを見るが、おそらくティボムの誤写であろう。とすれば、ティボムのあるところは、ルラクを含む「プー・ラプ」の「プー」と見ざるを得なくなるのである。[93]

これらの結果、「ツァンメード」の位置は西に移り、ヤルルン王家の遠祖による東遷説も承認されざるを得なくなるのである。[94]

（1）王忠氏は樊尼を拓拔氏とみなし、その国の位置が多弥の場所に相当するものと判断しているようである(『新吐箋』三頁)。

（2）CT, p. 12 参照。

（3）*Tibet*, London, 1891, p. 5.

（4）鄭天挺「発羌之地望与対音」『国立中央研究院歴史語言研究所集刊』八―一、八二頁。

（5）『通典』一九〇、吐蕃の項では「悉補野」、『唐書』吐蕃伝では「勃悉野」とある。『唐書』の場合は「悉勃野」を誤って上のように示したのである。

（6）GSR *t'ăk* (795-m) *bwăt* (276-h).

（7）七八八―七八九頁、五五頁注(9)参照。

（8）口伝の文章に織りこまれて、定まった形でリズムが出来上っていると改変は少ないと考えられる。本文中の引用文の場合は、ソンツェン・ガムポ王その人と、新しい吐蕃の国づくりに参加した諸侯との盟約の文中に示されたものである。従って、改変すると内容的にも均斉が崩れてしまうので改められなかったと考えられる。

（9）GTD, p. 129, n. 125 参照。

（10）"drang po" は「正直」「真直」をいうが、"drang por smra ba"「あるがままに言う」のように、「本来」の意味をもつ。これに対して "rab" は「精選されたもの」「より抜かれたもの」(BTD, p. 643a) を意味する。即ち、後にチベットの中心とされた地を指して「プーラプ」"Bod rab" と言ったのである。

(11) セルモガンZal mo sgangについては、R・A・スタン氏の記述が多くを明らかにしている(REB, pp. 86, 129, 187, 199, 200, 225)。『ザムリン・ゲーシェー』(DGS, f. 75a)によるとmDo khams sgang drug「ドカム六高地」は、本文のsgang gsum「三つの高地」の他に、

sMar khams sgang, Mi nyag sgang, g-Yar mo sgang.

が加わるが、『史話集』(TTG, f. 142a, l. 1)でいう、「六つの高地」は、

dNgul rdza Zal mo sgang, Tsha ba sgang, sMar khams sgang, sPo 'bor sgang, sMar rdza sgang, Mi nyag rag sgang.

となって、かなり喰い違っている。後者ではセルモガンがグル・ザdNgul rdzaを冠したものになり、別に、rMar rdza sgangをもうけている。また、前者に見えたsPob bo ra sgangが消えている。sPo 'bor sgangとsMar khams sgangがこれに代っているのであろう。前者で全く新しく加わった東方地区のMi nyag sgangとg-Yar mo sgang(Mi nyag sgangの北部)をいうのに対し、後者ではg-Yar mo sgangを言わず、Mi nyag rag sgangのみをいう。いずれも数に拘っていて、すべてを示しきれないのである。

上の比較によると、rMa rdza Zal mo sgangはrMa rdza sgangとZal mo sgangを併せたものであり、dNgul rdza Zal mo sgangはdNgul rdza地区(sPo bo)とZal mo sgangを併せた区域であると考えるか、もしくは、Zal mo sgangをグルチュdNgul chu河からマチュrMa chu河(黄河上流)に挟まれた広大な地区と考えるかのいずれかになる。ただ、『パクサム・ジュンサン』(f. 217a, l. 5)ではsMar rdza sgangの代りにShar smad bla sgangを示し、セルモガンはdNgul rdzaもrMa rdzaも冠せずに見せ、他は『史話集』と同じものを示している。これらの点を併せ考えると、セルモガンをグルチュ河からマチュ河にかけての地域とみなさざるを得ない。

(12) sPob bo ra sgangのポプボsPob boは、『ザムリン・ゲーシェー』のトゥッチ本ではポムボsPom boであり、また、この記述の直後にポボsPo boを区別して示している。従って、注(11)にも見たが、『黄瑠璃史』(VSM, f. 234b, l. 2ff.)にいうところのリタンLi thangを含むポムボルsPo 'bor地域とすべきであろう。ラガンRa sgangについては、その位置を直接明らかにする記述はないが、その北西に接して、ゾガン地区の東北部分をなし、マルカムガンsMar khams sgangと或は部分的に重なり合う地域かと思われる。

(13) GSR, 802-jには「模」"*muo*"が示されるので、これに準じた。「徒」*ibid.*, 62-e.

(14) 白蘭の位置に関してはFNM, p. 690;「白SL」四一一三頁参照。ラン氏の居住地については「白SL」一三一三四頁参照。

(15) 現代チベット語の発音では"Myang"と"Nyang"の発音は同じである。

（16） ピャ部族は「下手シャンシュン」地区から「神族四御兄弟」の頃、姻戚ム部族と共に大挙して移住し、ポウォに拠ったヤプラ・ダクドゥク系が主導権をとったので、「プー」に拠ったものたちにも推戴されるに至ったのであろう。

（17） “Bod ka g-yag drug” については既に示したように（一九〇—一九一頁注（10））「迎え入れた六〔氏〕」の意味に理解されるけれども、後代の伝承では、『ゲルポ・カータン』(f. 18a, l. 5) のように “Bod khams g-ya' drug”「プーの六つの不毛の国」の形を用いて国土の意味に理解するものもある。しかし、一般に “phyug skyong ba 'i rdzi 'u rnams”「家畜を飼育する牧者達」(GSM, f. 24b, l. 2)、“yab 'bangs mi drug”「父方六家臣」(CYNC, f. 73a, l. 5; AIT, p. 29, ll. 1–2; KGG, f. 6b, ll. 1–2) に迎えられたとされる。その他、彼を「神」として迎えたのはボン教徒達であるとするプトゥンの説 (SRD, f. 118a, l. 4) もあって、ダライ・ラマ五世などは (DSG, f. 11a, l. 5) “bon po sogs yon tan can gyi mi bcu gnyis phyugs skyong ba”「ボン教僧等家畜の飼育に従事していた有徳の一二名」としてすべてを採合し、数が二倍になるのをかまわずに新しい説明をする。

“Bod ka g-yag drug” をはっきり国名としたものに『学者の宴』Ja 章 (KGG, f. 3b, l. 5) の “Bod ka nya drug” や『ラダック王統史』(AIT, p. 28, l. 17) の “Bod ka gling drug” なども加えられるが、『王統明示鏡』に見える「家畜を飼育する者達」は、明らかに “Bod ka g-yag drug” の “g-yag”「ヤク牛」からの連想である。従って、『ラダック王統史』のように “Bod ka gling drug” と “Yab 'bangs drug” の双方に別個に触れるのは重複であろう。“Yab 'bangs rus (/mi) drug” について『学者の宴』Ja 章 (KGG, f. 6b, ll. 2–3) は、

btsan pa: lHo, gNyags; btsun pa: Khyung, sNubs; gnyan pa: Se, sPos.

を挙げ、『ラダック王統史』(AIT, p. 29, ll. 1–2) では、かなり崩れた形で、

brtsan: Khyung, sNubs; gnya': (Ra) rtse, gTso; ——: Khu, sTegs (/sNyegs)

と示される。ところが、この分類は、『シェーズー・イシンノルブ』(CYNC, f. 60a, l. 4) によると、“yab 'bangs”「父方家臣」とはしないが、『学者の宴』と同じ型のもとで、

btsun pa: Se, rMu; btsan pa: Khu sNyags; snyan pa: lDong, sTong.

となっていて、rNgegs (/sNgegs [/sTegs]/sNyegs/sNyags/gNyags) 以外に全体に共通なものはない。今、Pelliot tib. 1038 (ll. 15–16) を見ると、これらの三例の多くに共通する名称として、

lHo, rNgegs, Sha, sPug, mTshe, gTso.

を見ることが出来る。前掲第三例は「父方家臣」ではなく、“Bar khams rus rigs”「中央カムの六族」であり、この名が「父方家臣」と同一視されたのであろう。第一例は、lHo, gNyags (/rNgegs), sPos (/sPug) をふくみ、第二例は、sTegs (/sNgegs/

rNgegs), (Ra) rtse (/mTshe), gTso をふくむ。ここにおいて、「父方六家臣」の原型は Pelliot tib. 1038 に示されたものとせざるをえなくなる。ただ、この文献でも “Bod ka g-yag drug” の国に至ったとあるので、「六家臣」と上記の国は別のものとの印象を受け易い。しかし、現実には、「迎えいれた六氏」の国において六氏の上に立ったと考えるべきであろう。ポン教僧に迎えられたとするのは、六氏の中の mTshe と gTso がポン教徒であった (mTshe については二二〇頁参照) ことによるのであろう。ポン教文献 (YBG, f. 10a, l. 4) には “dMu bon” として 'Tshe mi rgyal の名を、“Phyva bon” として bTso gshen phyag dka' の名を挙げ、ティ・パルラ・ドゥンツィクでなくニャーティ・ツェンポに従ったものとしている。これら二人が、後代の所伝では六人のポン教者になり、前掲の、他の四人から出来た「六家臣」と合して一二人の数を構成し、果てには “rgyal phran bcu gnyis”「一二小王」にも結びつけられるのである。TAM, pp. 10–12 参照。

(18) 注(17)参照。

(19) 三九頁、五七頁注(26)(27)参照。

(20) TAM, pp. 72–73 参照。そこには kLong (/gLong) thang sGrol ma lha khang がカム地方デン 'Dan (/lDan) にあることをいう書名が示されている。但し、『プトゥン仏教史』にデンの名は見えない。'Dan kLong thang については REB, p. 144 参照。

(21) “bod yul gtsang ma” は “bod drang po” の意味にも理解できる。“gtsang ma” は写本などでは後代の附加のないものを指して呼ぶ場合に用いられる。ここではとりあえず “tshang ma” の異字として扱った。“phyva 'i sa” は文法的には “phyva' is” の形で作格が示されたものと見る方がよい。“bskos” は「人を任命する」意味である(三三七頁注(42)参照)。

(22) UNT, f. 9a; DSG, f. 73a 参照。

(23) dBus stod は dBu stod から作られた綴字である。前要素が母音で終るため、後要素の語頭子音を牽いて閉音節化したものである。「中央と辺地」をいう “dbu mtha'” などの熟語が “dbung mtha'” となるのと同じである。『黄瑠璃鏡史』(f. 152b, l. 3) によると「キーチュ sKyid chu 河の東面にある dBu stod」と表現される。キーチュ河がシェーラカン Zhva 'i lha khang のあるショロンド gZho rong mdo で北西に向きを変えて遡るが、その上流域の東側を指すのである。

(24) “ru” と “du” の字体は酷似していて誤写され易い。

(25) ピャ部族の拠った西方の「ツァン」地方は「ツァントゥー」、即ち、上手のツァンと「ツァンメー」、下手のツァンに分れていたので「ツァン」をいうのに二つを区別する修飾語を必要としたのである。

(26) 字に関して sTsang/rTsang/gTsang の対応はあるが、これらによって示されるのは今日のツァン地方ではない。L・ペテック氏はウ dBus 地方について、このことを述べている (SCL, p. 98)。しかし、単に「中央チベット」を指す例ならば既に

Pelliot tib. 16, f. 34a に例がある。

（27）　CL. p. 26 参照。

（28）　デ 'Bre については、ディ 'Bri ならばディ・セル・グントゥン 'Bri Se ru gung ston の名が知られる。ただ、セル・グントゥンはガル mGar を写した薛禄から逆に作られた架空の人物である。チェ lCe 氏はティソン・デツェン時代の文法学者チェ・キドゥク lCe Khyi 'brug によって知られる。GBN (f. 2a, l. 6–f. 2b, l. 1) と KGG (f. 125a, l. 2) 参照。なお、サキャパの外舅シャル Zha lu 氏はチェの後裔として知られ、シャンシュン王であったといわれる (TPS, pp. 656–657)。

（29）　「ツァントゥーツァン」が「ニャンロ・チェカル」Myang ro pyed kar と呼ばれることは、それがニャンロ Myang ro と同じか、その外側に在る (pyed) かをいう。次に、羊同とシャンシュンの一致は、大・小羊同の区別を除けば殆んど自明のことであり、これらを踏まえていうと、ツァントゥーのド 'Bro 氏と羊同の結びつきが『唐書』吐蕃伝で明らかなところから、「ニャンロ・チエカル」も羊同に位置することがわかる。また、その場合ニャンロ・チエカルは、ルラクのニャンロ Nyang/Myang ro と続いている筈であるから問題の羊同は必然的に「下手シャンシュン」になる。「下手シャンシュン」の位置はルラクの北にあたるから、ルラク中のニャンロもルラク北部に位置しなくてはならない。

（30）　クゲ Gu ge はガリ・コルスム mNga' ris skor gsum の一中心 (二三一頁参照)、ストレジ河の南側流域。チョクラ lCog la はカイラーサ山の西北、ストレジ河北岸、ガルトク sGar thog を含む地域と思われる。チディはカイラーサ山の北側、切帖山口 Tseti la の北辺と思われる。

（31）　「支部第三翼」、即ち「孫波」は「蘇毗」の上に設けられ区域であり、「蘇毗」の西境は『唐書』二二一に鶻莽硤と示される。同書四〇鄯城の註に鶻莽峡の名が見え、公主が唐の使節を労うために人を遣わし、ここを越えて迎えさせたとしているので、鶻莽硤は中央チベット北部より西に外れない。従って、「第三翼」の南端に当るナムツォ湖南岸地区もこの西端の経度に近い筈である。二二八頁参照。

（32）　八三〇―八三一頁、八四九―八五〇頁参照。

（33）　「蘇毗領」一六―一八頁には、誤って Myang ro と Myang po を同一視したが、本文のように訂正しておきたい。

（34）　後段で扱う文成公主に関する『編年紀』に見える王妃ティバン Khri bangs と、DTH, p. 17 に見え、六八九年にアシャ 'A zha 王に嫁したとされる同名の王女ティバンがいる。この同名の点に注目して L・ペテック氏は、文成公主に関する『編年紀』を金城公主に関するものを誤写したものでないかとしている (NGT, pp. 291–293)。この点に関する反証は後段に詳説した (五九二―五九五頁)。KPI, p. 32, (l. 5); DTH, p. 99, l. 24. 前者ではニャキィが兄になっている。

(36) タクジェ・エルウルの「神族四御兄弟」のうちヤプラ・ダクドゥクとオデ・グンゲルは東方に痕跡があるのに対し、チャラ・ダチェン Cha la dgra chen の痕跡は後述のように「北のシャンシュン」にある(二四六—二四七頁)。一族の分裂と移動はここに推測される。

(37) 並べられた名称には「左封」*tsâ:-pi̯wong* (GSR, 5-a, 1197-i) Tshes pong;「昔衛」*si̯äk-ji̯wäi* (*ibid.*, 798-a, 342-a) Se 'u;「葛延」*kât-i̯än* (*ibid.*, 313-i, 203-a) Gyim ?;「白狗」Khu;「望族」*mi̯wang-—ts'uk* (*ibid.*, 742-m, 1206-f) mDzo = Mosso;「婢薬」*b'ji̯ę-i̯ak* (*ibid.*, 874-l, 1125-p) Phyva ?;「当迷」*tâng-miei* (*ibid.*, 598-e, 725-q) Thong myi などを想定できるが、確認する手段がない。

(38) *ngji̯ę* (GSR, 21-a) *tsəng* (*ibid.*, 884-h) は rNgegs tsha 'u に相当するであろう。

(39) *ngji̯ę* (注(43)参照)、*li̯əm* (GSR, 655-a). rNgegs gling である。gLing は gLum とも示される。

(40) 五七頁注(26)参照。

(41) 八三四—八三六頁。

(42) 注(38)、五七頁注(26)参照。

(43) 既に見たようにゲク氏が「本来のプー」に至ったのは古い(二一八頁)。また、後段で見る(二二三頁)ようにヤルルン・ソクカを領有するのは、ヤルルン王家が吐蕃王国を確立した後のことである。

(44) "sku bla"「御命の神」とは、王に関する"bla"「生命の根元の依処」をいう敬語。「御霊神」とでも訳しうる。一九五頁注(78)参照。今、コンポの碑文(KPI, p. 32)によるとヤルルン王の「御霊神」はニェンポ gNyan po である。後代の伝承では、ラ・トトリ・ニェンツェン王の御代に仏典、仏具等が天より齎らされたのを"gnyan po gsang ba"「あらたかなニェンポ」として奉祀したという(SRD, f. 118, ll. 1-2; HLD, p. 16a, ll. 8-9)。この場合、仏像等を「正体不明の」、或いは「神秘的な gsang ba」「ニェンポ」として祀ったというのである。ティソン・デツェンの第二詔勅(KGG, f. 110b, l. 2; TTK, p. 98)や敦煌の De ga g-yu tshal の会盟記念寺の願文中(TLT, II, p. 93〔B. l. 2〕gshan は誤読、正しくは gnyan)にも「ニェンポ」を「御霊神」としたとあり、このことはA・マクドナルド夫人が既に指摘している(LPT, p. 354)。Pelliot tib. 126 裏にはピャ族の使者がムの王の前で、ピャ族がム族の神を奉じ、ム族と通婚する希望を述べる(一七二頁)と、ム族の王は使者に向って「ではピャ族の使者よ、私の「御霊神」に供物を捧げに来たというなら……」(l. 37)と示されている。「御霊神」はポン教の基本的な神であって、王の命数等がそこに託されているのである。マクドナルド夫人は、ティグム・ツェンポに対する lDe bla gung rgyal をその「御霊神」とみなし、「御霊神」の性格を《les supports du principe vital des rois》と規定している(LPT, pp.

302-303)が、正しいであろう。五七七—五八四頁参照。

(45) 「クシェン」"sku gshen"は王の個人的なポン教の祈禱者をいう。トゥッチ氏によれば《Each king was followed by his own shaman (gshen)》(SCK, p. 199a)とされる。*Bon chos dar nub kyi lo rgyus* (BDL, f. 30b-31a)にも歴代の王に「クシェン」の名が併記されている。彼等の役割は、王の「御霊神」を祭祀することと葬儀を司ることであったらしい(BSS, p. 28, ll. 2-6参照)。しかし、「クシェン」が《shaman》かどうかは不明である。

(46) CPT, p. 195を見ると、ルムロ・ヤスム kLum ro ya gsum には大臣としてニャン Myang と共にダン sBrang 氏の名が見えている。ルムロは今日のルンシュー kLungs shod に相当すると思われ、ラデン Rva sgreng に近い。

(47) 例えば、「婢薬」*b'ji̯ę-i̯ak*(注(42)参照)も Phyva を写していると思われ、吐谷渾、附国の間にあった群羌の一つと言えるかどうか疑わしい。当時知られていた名称を並べた感がある。

(48) ポプポ・ラガン sPob po ra sgang をいうものと思われる。注(11)(12)参照。

(49) 「末羯」*muât-kât* (GSR, 277-a, 313?)の名を Ba ga とすれば、吐蕃時代に「上手シャンシュン」の五つの千戸が組織された折、ここに一つの小千戸がつくられている(KGG, f. 20a, l. 2)のを見る。

(50) 『古チ研』一四一—一四三頁、FNM, pp. 706-707参照。

(51) 『唐書』二二一下に「東与㆓多弥㆒接シ、西距ツ㆓鶻莽硤㆒ヲ、戸三万」とある。

(52) 佐藤長「唐代における青海・ラサ間の道程」(『東洋史研究』三四—一、一九七五、一—二三頁)一三—一四頁に「鶻莽」*γuət-mâng* は Bayan dkar mo の dkar mo を写したものと推定している。しかし、それまでに gDang/lDang la を越えたとは書いてないので、「大速水」が Sog chu であることも言えない。勿論、「鶻莽」が dKar mo を写したとは到底考えられない。その位置は確定しがたいが gDang/lDang la を遠く離れないものと思われる。gDang/lDang la とは唐古拉山口のことである。

(53) 「聚」*dz'i̯u* は、両唐書の「東女国伝」にいう「就」*dz'i̯əu* と全く同義の "tshe'u" を写すもので、「王」を意味する。一四五頁注(96)参照。

(54) 佐藤氏の引用部分は『続高僧伝』巻四、玄奘伝中には見当らない。

(55) 佐藤氏はA・H・フランケの説を確認できなかったとしている(『古チ研』一九八—一九九頁)が *JRAS*, 1908, p. 189に"Note on Mo-lo-so"として示されている。

(56) マンユル Mang yul がツァンのラトゥー La stod に属することは『ザムリン・ゲーシェー』(f. 62b)に示されている。

(57) 「南陵温籛逋」とはナムディ・ウォンツェンポ gNam lde 'i dbong btsan po の対音であろう。ナムデ gNam lde というのはランダルマ gLang dar ma 王の二系統の相続人、ユムテン Yum brtan とウースン 'Od srung のうち、後者に冠していう(KGG, f. 139b, l. 1)。これに対して前者にはティデ Khri lde を冠していう(*ibid.*, l. 2)。ウォン "dbon" は「孫、子孫」の意味であるから、全体としての意味は、「ウースン王の系統から出た王者」となる。

(58) チベット語には縮小接尾辞として "bu" の字があり、"rta"「馬」に "bu" がつくと、rta bu/*rta 'u/rte 'u となるのがその一例である。今、"Sa bu" の場合も形の上では同じ条件になるので、発音が Sa bu/Sa 'u/Se 'u と変る可能性を言ったのである。

(59) "Sa spo" の場合、前要素が母音で終るため、後要素の語頭子音を前要素が自らの語尾にひき閉音化して Sas-po となる。しかし、この -*s* は発音されず、先立つ母音を長音化する。これを鼻母音として一旦 *sang* の形でとらえたものと理解する。

(60) 例えば、竜涸故城、俗にいう防渾城などと関連がないであろうか(「白SL」六—七頁)。

(61) この部分の解釈に関して、P・ペリオは、記述者が実際通過したとの理解で読解を試み、文に誤脱があるものと見ている。しかし、これは、もし、この国に入ればという仮定のもとで位置を示しているものである。この部分の表現は「西南至二白蘭一」とせずに「西南《セバ》至《ル》二国界《ニ》一」とした後「名《ツク》二白蘭羌《ト》一」と改めて示しているのに注意したい。従って、もし、白蘭に位置してみれば、その西北に多弥があるというので、多弥に赴くのに白蘭を通過せねばならぬとしているのではない。

(62) 今日のカムトゥー Khams stod(カム西北部)に「康」という地名がある。ディンチェン lDing chen(丁青)の西南で、ペンバル dPal 'bar(辺壩)の北にある。この「康」は、蘇毗の領域に設けられた後の「支部第三翼」、つまり、「孫波」の中にある。今もし、「敢」を Khams と解釈しても、今日のカムトゥーの地というのでなければ、方角が全く崩れてしまうであろう。

(63) 「南少東」をそのままにして解釈すると、蘇毗から南西に向ってカムトゥーの地に入り、そこから南下すると、既にその東から「吐蕃」になっているという意味になる。これを次のように理解することが出来る。即ち、ヤルルン王家の一族が拠ったポボ、コンポ、ニャンポを「吐蕃」の語で指したのである。

(64) 「吐蕃」の指す地域を、今日のウー、ツァン相当の「プーラプ」と、その新領土全部を含めたものの二種に分けておかないと、『釈迦方志』の記述は理解出来ない。ペリオはこの点の解釈に迷っている(FNM, p. 710 参照)。

(65) ペリオは「咀」の字が存在しないと考えたのであろうか。しかし、同じ『釈迦方志』は Suvarṇagotra をいうのに「瞿咀羅」としているので問題はない。とすれば、「咀倉去関」を "**t'ân:-ts'âng-k'iwo*"(GSR, 149-d, 他は本文参照)となる。これに関しては説明の資料を欠くが、T.V. Wylie 氏の *The Geography of Tibet* の巻末地図にストレジ河に対して "gTang po che kha bab" とも記入してあるが、もしこれが gLang po che kha bab の誤りでなければ検討に値するであろう。

(66) シャンシュン・タルパの主は Lig sNya shur である(CPT, p. 204)。『ザムリン・ゲーシェー』(f. 61a)によると、'Dar ba

'i sde はラダックとクゲの間にある。今日、ラダックとクゲとの間の重要な地と言えば、ガルトク sGar thog であり、チョクラ lCog la の中心地である。『シェーズー・イシンノルプ』(CYNC, f. 91b, l. 5)によると、チョクラの主は、ゲク氏や「ツァン〔トゥー〕国主」、また、ヤルルン王家初の宰相タルラケーと同じトン、つまり、ピャ部族である(一〇六一一一、一七六一一七七頁参照)。このガルトクであるが、別名で Kiang ka と呼ばれ、gLing の所在にあてられる(J. Bacot: *Les Mossos*, Leide, 1913, p. 13. 但し、R・A・スタン氏はこれをカム地方に置く。REB, p. 199. しかし、カムの gLing にいたゲク rNgegs 氏もトン部族である)。これが『通典』で王姓とされるものと結びつくか否かは知らないが注目に値するであろう。

(67)　四七六頁、四九七―四九八頁注(64)参照。

(68)　同じ文献中に *Vimalaprabhā-paripṛcchā*(『東北目』一六八、『北京目』八三五)が言及した sKar rdo の名が頻出する。

(69)　FNM, p. 710; CL, pp. 29, 308;「吐羊名」三八頁参照。ドゥミエヴィル氏は「直《ル》二大羊同《ニ》一」を《les sources du Fleuve Jaune, se trouvaient "à la frontière même du pays du grand(ou des grands) Yang-t'ong"》(CL, p. 29)とするが、「直《タル》」は「むかう、対する」(『諸橋大辞典』八―一六一頁b参照)と読まれてもよい。

(70)　ドゥミエヴィル氏は、*Le concile de Lhasa*(p. 308)の注で、「莫賀延」と「磧尾」で切って理解している。莫賀延磧に関しては前田正名氏の議論がある(『河歴地』六四八―六五〇頁)。

(71)　悶 ***muən***(GSR, 441-d) 摩 ***muâ***(*ibid.*, 17-e) 黎 ***liei***(*ibid.*, 519-k)、メンバルリ Me 'bar ri(火焰山)を写したのであろう。山の色から「紫山」と呼ばれたものと思われる。

(72)　問題の「河」がムルイ・ウスであれば、これと合流することはない。ムルイ・ウスは金沙江上流になるからである。また、本当の河湟は青海にあり、南北の位置が反対になり、合流もする。

(73)　「白 SL」二七―三二頁参照。

(74)　GTD, p. 120, n. 56 参照。

(75)　DTO, p. 154, n. h 参照。

(76)　『唐書』221, DTO, p. 162, n. 4 参照。

(77)　「高仙事」一七六―一七九頁参照。

(78)　娑夷水にかかる藤橋とされる。「娑夷水」は「王居《シ》二蘖多城《ニ》一臨《ム》二娑夷水《ニ》一」とする『唐書』西域伝の記述から、ギルギット河とすべきであろう(「高仙事」一七九頁)。この娑夷水を Shyok River に比定する説に対して、諏訪義譲氏は所在を確認できないとする(*ibid.*, p. 181, n, 16)が、これは、ラダック北部から流れ出て、ケリー sKye ris に至ってインダス河に合流する河、シャヨクSha g-yog河を指すのであろう。或いは、インダス河に合流した後もこの名で呼ばれたかも知れない。ギルギット河はこの河に流入する。藤橋の位置に関する考証は「高仙事」一九五―一九六頁に従いたい。

(79) ただ、ガルトクが確かにKiang kaであれば(注(66)参照)、王姓とはこの名称の方との混同とすべきかも知れない。

(80) 「大羊同」が「紫山」に直接続くものとすれば、「北のシャンシュン」は「紫山」の西に連なる部分ということが出来るかも知れない。

(81) 『ラン・ポティセル』(p. 4a, l. 8-9)によると、タクツァ・エルウル sTag tsha 'al 'ol の四子のうち 'O de gung rgyal と Yab lag brda drug の名は『シェーズー・イシンノルプ』とほぼ一致するが、他の二子は著しく異なった形で示される。その点では "Überlieferungen der Tibeter" は『ポティセル』に近い形を示す。他の二子の名は次のようである。

Khri sde gsum po (LPS), Sri sde gsum po (UTM)

Tshe grang bring dkar po (LPS), Yab bla stang shed (UTM)

従って、『シェーズー・イシンノルプ』(f. 75b, ll. 2-3)の示す他の一名 rGya lha 'gros ma rnams de と併せても、いずれが何に相当するかは断言しがたい。

(82) 例えば、チベットの顕教学匠として有名なチャパ・チューキ・センゲ Phyva pa Chos kyi seng ge(一一〇九―一一六九年)は『青冊史』(DTN, Cha, f. 1b, l. 5)や『パクサム・ジュンサン』(PSJ, f. 234b, l. 4)に Phyva pa と示されるが、ロントゥル・ラマは Cha pa と示す(LSZ, f. 3b, l. 1)。

(83) "cha 'i" と "chas" の語末は類似した発音になるので、校訂の不充分な書物にはよく混同されたままになっている。

(84) 五七頁注(26)参照。

(85) 二八一―二八三頁参照。

(86) 二八八―二九〇頁参照。

(87) 「一八領区」の領主として見えるチュクツァム Phyugs mtshams 氏(KGG, f. 19b, l. 4)は、ウル dBu ru「中翼」の千戸の一つに過ぎなかった(*ibid.*, l. 6)。しかし、ティソン・デツェン王時代にウルの他の千戸トルテ Dor te と共に大功があって(DTH, p. 115, ll. 9-10)顕れ、敦煌支配期にも活躍して「擘三部落」の名で漢文文書中に見える。ティソン・デツェン王以前の時期についての記述の多い『編年紀』中に名は見えない。これに反し、有名なガル mGar 一族は、テイ・ドゥーソン時代まで(六九八年、DTH, p. 18)勢をほしいままにした筈であるが、その名は表中に見えない。従って、ティソン・デツェン王時代の「一八領区」を誤ってソンデツェン(=ソンツェン・ガムポ)王時代のものとしたと言えよう。

(88) キュンポ・スツェが新しい領地のうちで居を定めたティボム Khri bom の名は、千戸名として Mazār Tagh 出土の木簡に見える(TLT, II, p. 461)。他の木簡に見える Khri goms (*ibid.*, p. 462) も同じものかと思われる。今、知られる千戸名中には同名のものはないが、近いものを求めると、ルラク、「支部翼」中に Khri som (KGG, f. 20a, l. 1)、もしくは Khri dgongs (BKT, f. 8b, ll. 2-5) とされるものがある。前者の "som" は無頭字体では "bom" と酷似する。後者は "goms" に似る。「支部翼」は「ツァントゥー」の南にあることは本文で見たとおりである。「ツァントゥー」は「ツァン」の西寄りにある。「支部翼」は今日のツァンの一部であり、ツァンはウーと共に「プーラプ」を構成する。この点から言えば、「支部翼」は「プーラプ」のうちにある。今、ティボムを「支部翼」中に認めるならば、最盛時のキュンポ氏は「ツァン・プー」の「プー」のうちに住み、後に東北遷してツァンメーに至ったのであろう。

(89) 二七四—二八〇頁参照。

(90) 「蘇毗領」一五—一八頁のうちではニャンポ Myang po とニャンロ Myang ro を混同してツァントゥーもツァンメーも共にカムの西部に比定した。この誤りは「蘇毗領」の英訳論文 "Su-p'i and Sun-po" (*Acta Asiatica*, 19, Tokyo, 1970, pp. 97–133) pp. 107–110 にも踏襲されている。なお、本論執筆中に示した「吐蕃の国号と羊同の位置」(『東洋学報』五八—三・四、一九七七、五五—九五頁)のうちでもニャンポとニャンロの混同は改めたが、「ツァン・プー」の「ツァン」と「ツァンメード」、キュンポ氏のツァンメーをカムの西北部に比定した(六七—六九頁)ので誤りである。ヤルルン王家の遠祖がム部族に遣わした使節の出発地「ツァンメード」は、本文で見た(一五五頁)ように、彼等がポボの地に移る以前に通婚のはじめがあったとするところから「下手シャンシュン」に置かれるのである。

(91) 「北のシャンシュン」の討伐はソンツェン・ガムポ時代にあり、「下手シャンシュン」西部のリク・ニャシュル討伐は六四三年に至って行われる。統一はこれ以前であり、今日のツァンは「ツァン・プー」の「プー」に含まれない限り、ヤルルン王家の勢力が手を触れなかったことになる。

(92) 「天翔ける鷲」rgod lding ba はおそらく Miran 出土の木簡にある byang po rgod lding gi sde (TLT, II, p. 128, 129) を暗示するのであろう。

(93) 八五〇頁参照。

(94) 本論執筆中に佐藤長氏の論文「吐蕃・羊同などの名称について」(『東洋史研究』三五—一、二七—四六頁)を読むことが出来たので、それに対する意見をまとめ、注(90)に示した拙稿のうちに発表した。

ま　と　め

ヤルルン王家の祖先が悠久の昔から「吐蕃」に君臨していたかのようにいう伝承について、著者は上述のように異なった理解をもった。まとめて見ると、次のようになる。

一、プデ・グンゲル王に始まるヤルルン王家は、決して敦煌文献や後代の伝承が示すような多数の世代を重ねたものではなく、『唐書』吐蕃伝に伝えられるように、瘕悉董摩、即ち、*Khri stog (/stong) ma 'i brtsan = sPu de gung rgyal = lDe pru bo gnam gzhung brtsan を初代として、ティ・ソンツェン Khri srong brtsan、即ち、ソンツェン・ガムポ王を僅か第七代に数えるものであった。

二、ニャクティ・ツェンポを祖とし、プデ・グンゲルの父ティグム・ツェンポを第七代に数える「天の七座」について、明らかになることは限られているが、次のようになる。ニャクティ・ツェンポもしくはティイ・ドゥンツィク以前に、ピャ部族はシャンシュン在のム部族と婚姻関係をもって勢力を伸し、「下手シャンシュン」から東遷してポウォを根拠地となし、やがて同族ニャンポなどの協力を得て、今日のカム地方中央、即ち、「本来のプー」に進出していた同部族系の諸氏族の上に君臨した。これが「プーの迎え入れた六氏」の統率であるが、後代でいうチベット全土の掌握ではない。ティグム・ツェンポの父ティデ・ヤクパ Khri sde (/rje) yag pa は、東遷していた女国 sBrang 氏と通婚した。その結果、ティグム・ツェンポは傲り、冒険に走って征西を試み、滅亡した。後漸く復活してプデ・グンゲルが登場したが、ヤルルン地方を統べるに留まった。

ヤルルン王家と共通の祖をもつオデ・グンゲルの系統もダン氏と通婚して今日の四川の小金川に「東女国」を経営

した。彼等の或るものはヤルルン王家との同祖を矜り、また或るものはその外戚を称した。この事実は後代の伝承でもほぼ承認されている。

三、ニャーティ・ツェンポがかつて君臨した「本来のプー」、即ち、擽徒の地には、ティ・パルラ・ドゥンツィクもしくはニャーティ・ツェンポを推戴して「父方六家臣」となった、かつての「プーの迎えいれた六〔氏族〕」がいた。そのうちのゲク氏の末裔は「本来のプー」北部のリンなどの地に拠っていたが、同じ「六家臣」に属していたプク氏をかたらって六〇八、九年頃、ちょうどソンツェン・ガムポ王の勢力が安定する直前、隋に遣使朝貢して「附国」即ち、ピャ国を称した。この国は二万戸を擁し、後代にもロロ(嘉良夷)の北隣、ポンボルガン地方、つまり、リンの南方、もしくは「附国」南部にピャ国の名を残した。

四、ヤルルン王家はピャ部族のうちでは最も南に住し、ム部族との通婚によって早くからポン教を信奉していた。彼等は「南の附」の意味で「トピャ」lHo phyva と呼ばれた可能性があり、ポン教徒であったため、附国伝にあるように「薄(簿)縁夷」と呼ばれたと思われる。その点から唐では彼等を「吐発」と呼ばずに「吐蕃」と置き換えて呼称としたものではないかと考えられる。

五、ヤルルン王家は、シャンシュンのム部族と通婚してポン教徒になった。ム部族については、その拠ったシャンシュンのウルモルンリンの位置さえも、ポン教徒の伝承では、作為が加わりすぎてもはや実態は探られない。ただ、シャンシュンの「女国」については聊か事情が異なってくる。彼等の末裔は、めぐりめぐって四川の小金川の地に拠り、ラン、コ両氏と結びつき、「東女国」として少なからぬ伝承を残した。ティグム・ツェンポの父の時代に既にヤルルン王家と通婚してその外戚(zhang po)となり、やや先立つ頃、ヤルルン王家と同祖のオデ・グンゲルの末裔一族とも通婚していた。その上、自らの出自をシャンシュンのダン氏と示していた。ダン氏はチベット語で「金人」gSer po とも呼ばれ、その四川での居住地をキムシュー Gyim shod(金〔川〕流域)と称していた。それらの点から sBrang

の称がSuvarṇaのチベット語化したものであるとの判断を許している。西方の「女国」については、漢文史料が大まかな事情を伝えている。『隋書』、『北史』の女国、『西域記』の東女国の記述がそれである。その位置を『釈迦方志』では大羊同に同じとなし、他に揚同と称して娑播慈国と並んで示すものもある。大・小羊同の位置をこれら漢文史料から見定めて、チベット史料に対応するものを探ると、大羊同の地はラダック地方東部に当り、Sa spo rtse（娑播慈）の東に「金鉱のゴク」の地が辿られ、「女国」、即ち、シャンシュンのダン氏の故地をそこにうかがうことが出来る。

六、「北のシャンシュン」トヨチェーラの国をどのように理解するかによって、シャンシュンのピャ部族の事情も明らかになる。そこにはチョクラや「ツァントゥーツァン」のトゥーカル、このトゥーカルを分家した東側のトゥーゲルがあった。タクジェ・エルウルの四子のうち、チャラ・ダチェンを「北のシャンシュン」のトヨ・チェーラに関連させて「ピャの王」と解すれば、ヤプラ・ダクドゥクとオデ・グンゲルの後裔を東方の地に見るところから、この「神族四御兄弟」の頃ピャ部族の一部が東遷したものと推測できる。「ツァンメード」は、ヤルルン王家の遠祖によって自らの拠ったところとされるが、これを「ツァントゥーツァン」の東側に置くことが出来る。このことから、キュンポ氏が後代に領有したツァンメーとド氏が領有した羊同のツァントゥーを合せて、「下手シャンシュン」に位置づけ、それらを、ティ・ルンツェン王時代にキュンポ・スツェが征服した「ツァン・プー」の「ツァン」とほぼ同一のものとみなしうる。この「ツァン」をYa stodと修飾するキュンポ・スツェの歌によって「羊同」の語の対音が推測されるのである。いずれにしても、シャンシュンのラダック地区東部が大羊同に、ツァントゥー、ツァンメーを含む「下手シャンシュン」を〔小〕羊同の地に比定しうるのである。

以上の見地から、かつてA・H・フランケが試みたようにニャーティ・ツェンポの王国をラダックに求めること(KNT, p. 93)は許されないが、下手、上手の両シャンシュンの地に、ニャーティ・ツェンポ以前のピャ部族、もしくは、これと実体が同じと思われるトン部族、彼等と古くから結びついていたム部族等の所在と、更に、後に彼等と通婚したダン氏の女国が位置づけられる。

今、仮に、ム、ピャもしくはトン部族を人種的にチベット人とするならば、かつて、L・ペテック氏が述べた(SCL, p. 100)、

> The period of the Tibetan immigration is difficult to fix, but it is most unlikely to belong to a time prior to the 7th century, as up to then Ladakh not only had no connection with Tibet, but was also separated from it by the Guge people of non-Tibetan race and language.

という主張は、一言一句到底受けいれられないものになってしまう。

ペテック氏の説くところによれば、プトレマイオスは西チベットに二種の人々、the Daradrai、今日のダルディDardi族とthe Byltai、今日のバルティBalti族の存在することを知っていた(*op. cit.*, p. 98)が、前者は勿論、後者も多分チベット人ではない。バルティ族は元来ダルディ族に近いが、それ程早い時期にチベット人化していた筈はない(*ibid.*, p. 99)という。バルティ族が果してダルディ族に近かったかどうかは知る由もなく、ここまでは反論する材料もないが、ペテック氏の主張するように、この二種族の名によってチベット人の存在をラダック地区に指摘したものとは出来ないであろう。

ただし、プトレマイオスによって指摘されなかったという事実と、ラダック地区に果してチベット人の祖先がいなかったかどうかは別の問題である。また、ラダックはバルティ族のいるバルチスタンより東寄りの南であって同じ地域ではない。従って、ペテック氏が、

> There is no doubt that the ethnical substratum of the Ladakh people is Dardi.

とする(*ibid.*, p. 99)には、今日の状態からラダック人がダルディ(Indo-Iranic)とチベット族の混血であるからと判断しても、根拠にはならない。まして、ラダックの南にある下手シャンシュンの中心地クゲ地方の人々まで《of non-

Tibetan race》と言いきるには余程明瞭な根拠が必要であろう。

クゲとラダック両地の間を'Dar pa と言い、ヤルルン王家とその祖先ディグム・ツェンポの協力者タルラケーが明らかにこの地に関与していた。この地域には、Dar sde の名が与えられる。この Dar sde はウルの Dor te とも異り、上手、下手の両シャンシュンのいずれの千戸名にも含まれていない。ただ、発音の類似からダルディ族との混同があってはならない旨を添えておきたい。

シャンシュン地域とヤルルン王家を中心とするチベット部族が七世紀以後にはじめて接触をもったとする見解は、いずれにせよ、著者のとるところではない。

第二篇　ヤルルン王家から吐蕃王国への発展

第一篇ではヤルルン王家の祖先に関する考察を通じて、兼ねて著者の研究方法の実際を示した。今、ヤルルン王家がいわゆる「吐蕃」の王国をつくり上げるに至った経過を見ようとするならば、後代の伝承が一切これに触れず、頑なに建国を悠久の昔に押し上げているのであるから、ほとんど敦煌文献の『編年紀』『年代記』等のみに典拠を求めて考察を進めねばならない。

その他にあえて助けを求めるとするなら、或いは、碑文、漢文史料が役に立つかも知れない。ただ、後代のチベット人史家による説明はすべて仏教至上主義という明確な意図のもとで書かれているから、そのままでは全く用をなさないのではあるが、どのように歪曲されているかという点を明らかにし、修正の手がかりを得ることで或いは実像の輪郭を透視する助けになるかも知れない。

以下の考察において一一世紀以後の仏教徒史家によって修正されることの出来なかった史料が奇蹟的に現存することによってはじめて「吐蕃王国成立史」の記述が成り立つのを見るであろう。勿論、敦煌文献に歪曲や作為がないと言っているわけではない。また、誤りがないというわけでもない。ただ、遅くとも九世紀前半以前に写された文献であるという点に絶大な価値を認めねばならない。

第一章　ヤルルン王家の発展

第一節　タクウ・ニャシクとウル地方の変動

「吐蕃」王家は、ソンツェン・ガムポ Srong btsan sgam po の祖父タクウ・ニャシク sTag bu sña gzigs の時代までヤルルン Yar lung のソクカ Sogs kha に住する一小王に過ぎなかった。敦煌文献のうちには "rgyal phran"「小王」の国名を示したものがいくつかある。その一つは筆者も用いる『小王表』(DTH, p. 80) であるが、これらをまとめて示した "Catalogue des principautés du Tibet ancien" (CPT, pp. 192-204) によると、ヤルルン王家を他と並べて小王として示す文献は二つ (AFL と PT. 1285) も存在する。敦煌文献といっても九世紀の写本であるからヤルルン王家は一般に別格として扱われるが、たまたま上記史料は「小王表」としてではなく、一般的記述のうちに諸小王名が示されたので、ヤルルン王家だけが特別視されることを免れたものらしい[1]。

ヤルルンの王家が全吐蕃に君臨するものでなかったことを示す文が、『年代記』の一つにもある。バコーのテキストと訳もあるが充分ではないので、写真版を用いてその訳文を以下に示したい。

チンバ・タクツェ Pying ba sTag rtse[2] の城にはタクウ・ニャシク王がお住みになり、古ニェンカル Nyen kar[3] にはスィンポジェ・タクキャボ Zing po rje sTag skya bo がいた。ドゥルワ sDur ba のユナ Yu sna[4] にはスィンポジェ・ティパンスム Zing po rje Khri pangs sum がいた。ところで、スィンポジェ・タクキャボなるもの[5]は、何事につけても悪に類することのみ行って[6]、悪を善とし、善を悪とするものであった。賢く、忠実で正道を行う者の勧めには耳をかさず、阿諛するものや顔色をつくり媚びる言葉は、(7)ことさらに聴いたのであった。(8)このような人であるというのは嘘でなかったのである。(9)賢い人で剛直な行いのものや、勇気があって肚の出来たものを嫌い、遠ざけた。(10)不当な刑罰に熱心であった。ここに書けない悪業の種類は数多いのであった。(11)このようにスィンポジェ・タクキャボは法に悖り、治を曲げたので、主君があらゆる悪を行ずるのを誰かが見ようとも、悪を批判すれば、不当な罰が必至であったので、激しい言葉ではどのようにも、誰も批判することは出来なかったのであった。主君が上にあって横暴であり、従者は(12)下にあっておびえていた。主が上にあって狂乱するまま下は四散するのであった。人は互いに信頼せず、各自勝手に思うのであった。主スィンポジェが悪に執心して、何事につけても背徳としか言えないようなあらゆる悪を行ったので、国の治安が低下したのであった。人はすべて主を怨んだのであった(DTH, p. 102–p. 103, l. 8)。

ところで、スィンポジェ・タクキャボの大臣ニェン・ジスン・ナクポ mNyan 'Dzi zung nag po が主に申し上げた。主が何事につけても悪に類するようなことのみなさるので、天下の政は治り難く、法は法として通じ難いため、国人は疲弊し、徳義がすたれております。そのためもし命数が尽きたらどれ程不幸なことでしょうか(13)と申し上げた。ところが、スィンポジェ・タクキャボは聞こうとはせずに、このようなことを言うとはけしからんとジスン・ナクポを大臣から免職にしたのであった。そこでジスンは立腹してスィンポジェ・ティパンスムをたよりにしたのちに、反逆をたくらんだ結果、(14)〔タク〕キャボは殺された。〔ジスンは〕騾馬に跨がるのに犀の鞍を置いた(15)のであった。タクキャボの国、イェルラプ Yel rab 国の四部 sde bzhi(16)とルム・ヤスム kLum ya sum(17)とをスィンポジェ・ティパンスムが併合したのであった。その策謀の報酬(18)としてドゥルワの城もふくめてそこからルム・ヤスムの下手(20)がニェン・ジスンの治下にくみ入れられたのであった。(21)その配下の地域のうちにいた(19)ニャン・ナムトレ・トゥドゥ Myang Nam to re khru gru とムントレ・ツェンク sMon to re tseng sku の兄弟もまたジスンの家来と定められたのであった(*loc. cit.*, ll. 8–23)。

ところが、ジスンの妻パツァプ Pa tsab 女が、ニャンの仕え振りに対して威張り、嚇し、侮辱したので[22]、ニャン・ツェンクが我慢できず、スィンポジェ・ティパンスムにニェン氏の家来をつとめることが出来ないと怒って願い出たのであった。スィンポジェが言うには、ニェン・ジスンより自分に信任のあるものはない。その家来にお前が不相応である筈はない[23]。女主人が嚇し、侮辱するどころか罵ろうとも[24]女主人の勝手であるから[25]、悪いことはないのであると答えて、願いを許さなかったのであった。この言葉によってツェンクは心底より我慢がならず、決心したのであった(*loc. cit.*, ll. 23–31)。

その後、スィンポジェの財務官[26]バー(=ウェー・)シュートレ・トゥグ dBa's bShos to re khru gu と、シェン・ティシェル・ドゥンコン gShen Khri bzher 'dron kong の二人がテンバ 'Phren ba の池の端で決闘して、シェンがバーを殺したのであった。バーの兄パントレ・イツァプ Phangs to re dbyi tshab がスィンポジェに対し、弟がシェンに殺された仇討ち[27]をどうか許してくれるようにと[28]願い出たが、スィンポジェはシェン・ティシェルが重臣であり、内大臣を務めていたので、その面目が傷つかぬようにして[29]、善が不善を殺しても、殺せばそれまでであると答えたのであった。この言葉によって、イツァプは心底から我慢がならず、決心をしたのであった(*loc. cit.*, l. 31–p. 104, l. 1)。

そこでニャンとバーの二人が決心し、つれだって出発したのであった。イツァプは前に、ツェンクが後になって家路についたのであった。ツェンクがひとりで後にいて、独語していうに「河、河の彼方には、ヤルチャプ Yar chab(ツァンポ江)の彼方には、並み人の子にあらずして[30]、神の御子がおわします。まことの主にこそ仕えて嬉しい、まことの鞍をもって置くのは嬉しい[31]」と心中に思ったことをすっかり口にしてしまった。すると、前を行くバー・イツァプの耳にはっきりときこえたので、イツァプが「この言葉に答えよ[32]」と言ったものと解して「ツェンクよ、お前が言ったことより本当のことはないのだ。わしも[33]これより我慢のならぬことはないから、お前が思うことと違うことはすまい[34]」と誓いを立てた。それからニャンとバーの二人はスィンポジェに背いて、賛普プゲル btsan po sPu rgyal[35](ヤルルン王)に誠を寄せて、誓いも大いに立てたのであった(*loc. cit.*, ll. 1–13)。

その後、バー・イツァプが妻の兄弟[36]のヌン・サントレ・スン mNon bZang to re sron を仲間に入れて、誓約を交わしていたのであるが、サントレが死んだ後、スィンポジェの側近をつとめていたその子パンスム・ドゥンポ Pang sum 'dron po を仲間に入れて誓約を交したのであった。〔他方、〕ニャン・ムントレ〔・ツェンク〕はツェーポン・ナクセン Tshes pong Nag seng を仲間に入れて誓約を交したのであった。それからニャン、バー、ヌンの三人がツェーポン・ナクセンからの伝言によってプゲル・タクウ〔・ニャシク〕のお耳に〔彼等の意向を〕申し上げた[37]ところ、賛普の仰言るには「私の妹一人もスィンポジェのもとにいるけれども、卿等の言うようにしよう」とお言葉があり、それからニャン、バー、ヌンの三人は旅をして[38]、チンバの城に至り、日毎にパクツェル Phag tshal の園の木の下で賭をしていた[39]のであるが、夜毎にチンバ〔の城〕に至って賛普と彼等は互に誓約を交していた。その頃、ヤルルンの家臣達が思いめぐらして、立派な人達と見事な馬が日毎パクツェルに、夜毎チンバにいるが、敵ならば捕えるのだがと思案した[40]のであった(*loc. cit.*, 13–27)。

その後、スィンポジェに軍勢をさしむけないままに[41]、王タクウ〔・ニャシク〕が昇天したのであった。はじめ、王タクウのお耳に伝言するのはツェーポン・ナクセンがしていたのであるが、その時〔チンバに三人が来るようになって〕以来[42]、ツェーポン・ナクセンの家来プク・キムタン・マンブ sPug Gyim tang rmang bu がつとめた。プク・キムタン・マンブが仲間に入れられたので、ねぼけた場合に秘密を洩らすのをおそれて、妻と寝ることが出来ずに、山に寝て、毎夜寝場所を移していた。妻の方へは、自分に奇妙な物の怪がとりついたので、〔自分の行動の変化を〕秘密にしておいてくれと話していたのであった。こうして何かとしていたうちに、妻と互いに争ったのであった。そこで、妻が言うには、「お前のような大きな腹をしているものに物の怪なんかとりついているわけがない。それどころか、誰かに充分喰べさせて貰っているに違いない」と言ったのであった。そこで、その夜からすぐにとりつくろって馴染み、二晩、三晩共に寝るかのようにして、妻の舌を歯ではさみ、咬みに咬んだ上で切ったので、妻の方は死んだのであった。その後、スィンポジェに軍勢をさしむけぬうちにキムタン・マンブは病気で倒れて、家系も絶え、歿した(*loc. cit.*, l. 27–p. 105, l. 4)。

以上が『年代記』のいうところである。ここに見えるタクウ・ニャシクは、名門の王として扱われているが、なお、決して吐蕃に君臨する国王ではない。タクキャボやティパンスムと並ぶ小王の一人に過ぎない。この『年代記』が八世紀末に編纂されたものであるなら、名門としての扱いさえも或る種の配慮にもとづくものかも知れない。文中タクウ・ニャシクにのみ敬語が用いられているのは、この態度の反映であろう。

スィンポジェ・タクキャボは、その家来のニェンの謀反によってスィンポジェ・ティパンスムに滅ぼされ、ニェンはその功によってドゥルワの城も含めて、ルム・ヤスム(=ルムロ・ヤスム)kLum ro ya sum の下手も与えられた[46]。そこにいたタクキャボの旧臣ニャンはニェンの配下になった。ルムロ・ヤスムについて Pelliot tib. 1286(DTH, p. 80)の小王国表ではスィンポジェ・タクキャボの名は既になく、後に領主となり、やがて消えるニェンの名も別記され、ただ、ニェンを忌避したニャンと、その他ダン sBrang 氏の名が見え、領主としては Nam pa 'i bu gseng ti の名が新たに示されている[47]。別記されたニェン氏の方は、ゲーポ Ngas po の領主であるグディ・スィンポジェ dGu gri zing po rje、即ち、スィンポジェ・ティパンスムの大臣[48]として、ガル mGar 氏と共に示されている。

スィンポジェ・ティパンスムに背いたのは、その内大臣シェンと対立したバー氏である。バー氏は、Pelliot tib. 1286 では、オユル 'O yul の主 'Ol rje の大臣[49]となっている。他方、対立したシェン氏の国はサゲー Za gad であると別に示されている。バーはヌンをさそい、ニャンはツェーポンを仲間に入れた。ヌン氏については知られるところはないが、ツェーポン氏は、おそらくこの時の功もあってか、後、タクウ・ニャシクの子ティ・ルンツェン Khri slon mtshan に妃を入れる家柄になる。プク氏はヤルルン王家の家令の家系[50]、『小王表』ではモン rMong 氏の大臣の家で[51]あり、このモン(/Mong)氏からは孫ソンツェン・ガムポの妃[52]が出ている。

これらの諸侯の領地が今日の何処に相当するかは後段の説明に譲るが、スィンポジェ・ティパンスムの勢力は、ツァンポ江の北側で今日のウーのキーシュー方面からニャンポ方面に猖獗したもののようであった。従って、ツァンポ江の南にあったヤルルン王家を中心とする同盟は成るべくして成った様子であるが、タクウ・ニャシクの死亡によって計画の実行は無期延期となったのである。

第二節　ティ・ルンツェンによるウル地方北部の支配

タクウ・ニャシクを継いだティ・ルンツェンについて『通典』一九〇、吐蕃伝では、

隋開皇中、其主論賛率《キテ》二弄賛《ヲ》一都《シ》二牂牱《ノ》西匹播城《ニ》一已五十年矣

とあって、隋の開皇年間(五八一—六〇〇年)にルンツェン sLon mtshan 論賛が即位してから五〇年を経たとされている。ソンツェン Srong brtsan 弄賛を率いてというのを、父王存命中ティ・ソンツェンが十三歳で登位していたことを指すと解される。ティ・ソンツェン五八一年の誕生説をとれば[53]、ティ・ルンツェン王の即位は五四〇年代ということになる。上記『通典』の引用文から知られる限りで言えば、六世紀半頃に登位したティ・ルンツェン王時代に至って、先に見たスィンポジェ覆滅計画が結実するのである。

これをティ・ルンツェン王に関する『年代記』の記述によって紹介して置こう。

賛普ルンツェンとルンクル sLon kol の兄弟二人[54]がニャン・ツェンクとバー・イツァプとバー・ニェーナン dBa's

Myes snang とバー・プツァプ dBa' s Pu tshab[55] とヌン・ドゥンポとツェーポン・ナクセンの六人に誓わせた言葉は「今日以後、スィンポジェに背くのをやめてはならない[56]。プゲル(贊普)にすべて隠し事をしてはならない[57]。贊普プゲルに誠意を欠いてはならない。熱意をさましてはならない。命令を完遂するよう努めなければならない[58]。内と外との区別をもうけてはならない[59]。疑いを抱いてはならない[60]。勇敢に努めなければならない。生命をむやみに絶ってはならない[61]。贊普ルンツェンが仰言るままに聞き入れねばならない。他の誰がそのかすとも聞き入れてはならない」と誓約させたのであった。ニャン・ツェンチュン Myang Tseng cung とニャン・ムクセン Myang Mu gseng[62] とツェーポン・ナグ Tshes pong Na gu[63] とバー・ニェーナンとバー・プツァプ達が誓約に加わったのであった。それから後襟を被って[64]帰っていったのであった(DTH, p. 105, ll. 6-18)。

弟ルンクルと母トンツゥン sTong btsun[65] の二人は退いて国を守って[66]おられたのであった。贊普のティ・ルンツェンは自ら出陣して[67]一万の軍勢を率い従えたのであった。ニャン・ツェンクとヌン・ドゥンポの二人はタクパシャル sTag pa sha ru 峠まで、鳥卜をした後間諜に派遣された[68]のであった。バー・イツァプとツェーポン・ナクセンの二人は贊普の先導をつとめた[69]のであった。川を浅瀬で逆流させ[70]、連なる峠を水面に敷き並べた[71]のであった。〔かくて〕ユナの城は陥ち、グディ・スィンポジェは滅ぼされたのであった。マンポジェ・スムブ Mang po rje sum bu[72] も突厥の国に逃げた[73]のであった。彼方の[74]ユンバナ Yung ba sna から下って、コンのテナ rKong Bre sna に至るまでが贊普の御手に捧げられたのであった。贊普ティ・ルンツェンが仰せ出されてゲーポ Ngas po の国名からペンユル 'Phan yul と名が変えられたのであった(*loc. cit.*, ll. 18-29)。

この後に、ティ・ルンツェン兄弟への讃辞があり、贊普にナムリ・ルンツェン gNam ri slon mtshan の称号をバー・イツァプ等が奉ったと伝えた後[75](*loc. cit.*, l. 29-p. 106, l. 3)、次の文が続く。

ニャン、バー、ヌン[76]の三人がスィンポジェの政権を贊普プゲル(ヤルルン王家)のお手に委ねた。そこでナムリ・

ルンツェンが御鞭をとって〔地に〕区切りをして、ニャン・ツェンクへの褒美にニェン・ジスンのドゥルワ城(77)と、配下として一五〇〇戸を賜ったのであった。バー・イツァプの褒美には、シェンの所領であったサゲー Za gad と、メルト Mal tro 方面から配下に一五〇〇戸を賜ったのであった(78)。ヌン・ドゥンポへの褒美に、彼の兄弟であるヌン一族の一五〇〇戸を〔彼自身の〕配下に賜ったのであった(79)。ツェーポン・ナクセンへの褒美には、ウン'On のムンカル sMon mkhar から三〇〇戸を配下に賜ったのであった(80)。ニャン・ツェンチュンと異母兄弟のムクセンの二人は側近に加えられ、直属の王のうちにも加えられた(81)。バー・イツァプの甥タクポジェ sTag po rje ニェーナンとマンポジェ Mang po rje プツァプの二人が直属の王〔の列〕に加えられた。ツェーポン・ナクセンの弟ナグが直属の王に加えられた(82)。このようにして、ニャン、バー、ヌン(原文は誤って mThon と写す)の三氏、仲介のツェーポン氏とで四氏が信任を得て、多くの配下と大きな領地を賜ったのであった。王の大臣にされたのであった(*loc. cit.*, ll. 3–19)。

以上を要約すると、タクウ・ニャシク王の時代に果せなかったスィンポジェ・ティパンスム討伐を、同じ構成人員のニャン、バー、ヌンにツェーポンが中心となって、旧構成員の若い世代も含め、ティ・ルンツェン王のもとで実現したというのである。若い世代が仲間に入るとき誓約をするが、やはり、秘密裡に行われた。スィンポジェ・ティパンスムは、この時、グティ・スィンポジェと称していたらしく、その子と思われるものがマンポジェ・スムブと示されている(83)。スィンポジェが滅ぼされたのは、おそらく、六世紀後半の始めの頃であろう(84)。この時点でヤルルン・チンバの城に住む贊普プゲルのナムリ・ルンツェン(論贊)は、それまで最強のスィンポジェを凌ぐ一大勢力に発展した。スィンポジェ側の大臣となっていたニェン氏一党が滅んだのはいうまでもない。Pelliot tib. 1286 はニェンの他にスインポジェの大臣としてガル mGar の名を挙げている。ガル氏はティ・ソンツェン時代に吐蕃王家の宰相をつとめる家になる(85)。この戦では少なくとも積極的にスィンポジェを援けたのではなかったものと推測される。

ここで、スィンポジェ・ティパンスムの領地ゲーポ、名を改めてのペンユルの位置や、スィンポジェ・タクキャボのルムロ・ヤスム、イェルラプ四部の所在、その他が明らかになることが望ましい。

先ず、ゲーポについて、「彼方のユンバナから下って、コン〔ポ〕のテナに至るまで」とあるので、このゲーポ、即ち、ペンユルも、コンポより上手、彼方のユンバナより下手の間にあったものとしなければならない。[86] ペンユルの名をもつ国は、今日のラサの北側にある地域の他に、ペンユル・セルモガン 'Phan yul Zal mo sgang またはサプモガン Zab mo sgang と呼ばれる地域もあって、簡単に定まらない。後者を取るなら、マザ・セルモガン rMa rdza Zal mo sgang とも呼ばれるデルゲ方面を含む地、または、その西のグルザ・サプモガン dNgul rdza Zab mo sgangのいずれを指すかということになる。ペンユルの gLong thang sGrol ma lha khang がデンコク lDan khog にあるのならば、マチュ河、ザチュ河の間に挟まれた方のセルモガンを指すとするのがより妥当であろう。[87] しかし、いずれのペンユルであるかを先ず知らねばならない。[88]

ルム〔ロ〕・ヤスムは、[89] ティパンスムがタクキャボから奪い、自分の居城もあったドゥルワの地と、その下手の部分を併せニェン氏の管理に委ねたところである。他方のニャン氏は、滅されたタクキャボの旧臣として元来ルムロ・ヤスムにいたのであろう。そのままニェン氏の配下になるにはこだわりがあったため先述のように背いたのかも知れない。従って、後年、ティ・ルンツェンよりニェン氏の城ドゥルワを褒美に貰いうけ、[90] Pelliot tib. 1286 によればルムロ・ヤスムの大臣としても記述されるのである。

これらをまとめて見ると、ドゥルワ城は、ユナ、もしくは、ユンバナも含めてルムロ・ヤスムと遠く離れていないことが知られる。

イェルラプの名は『学者の宴』Ja 章中にウル dBu ru「中翼」の小千戸として示されている(KGG, f. 19b, l. 6)に留まり、他に明らかになることはない。

ルムの位置を暗示する言葉は、『年代記』中のシャンシュンに嫁した王女セーマルカル Sad mar kar の歌の一部に「メルト Mal tro はルムに近い[91]」と示される(DTH, p. 116, l. 35)。メルトの方は、スィンポジェ覆滅の論功行賞としてバー・イツァプにその一五〇〇戸が下賜されているので[92]、これもタクキャボ、またはティパンスムの旧領であったかと思われる。メルトの場所は、ケンツェ・ワンポの著作でも示される(KTG, f. 6a)ように黄帽派本山ガンデン dGa' ldan rnam rgyal gling 大僧院の東北にある。シェン氏の領地サゲーについて知られるところは、おそらくメルトに近いであろう[93]ということのみである。

ウンのムンカル[94]の位置は不明であるが、ウンそのものの位置は、同じくケンツェ・ワンポの『聖地案内』が示す(*op. cit.*, f. 8b)'On lung pa のそれと同一のものと思われる。即ち、メルトの南ツァンポ江の北側にあり、ヤルルン渓谷と向いあっている。

「彼方[95]」のユンバナの名も知られないが、『学者の宴』Ja 章の中(KGG, f. 19b, l. 5)の一八の領域を区分したところに「Yung ba che chuṅ はデンカ Bran ka 氏の国と定められた」とあるものが僅かに関わり合うもののように見える。しかし、その位置は不明である。

このようにして見ると、論功行賞に用いられた土地、人民は、殆んど後のウルのメルトを中心とした地域であり、これらはタクキャボの旧領地も含めたティパンスム保有の領土であったと考えられるから、問題のペンユルはラサの北方にあるウルのペンユル[96]とする方が事情に合致する。

この見地に立ってルムロ・ヤスムを求めるならば、後のルンシュー kLungs shod をルムロ kLum ro に結びつけられるのでないかと思われる。『学者の宴』Ja 章では、一八の領域を区分しながら(*loc. cit.*, l. 4)「kLungs shod Nam po は、'Dru と Phyug mtshams の国[97]」と示すが、これは、Pelliot tib. 1286(DTH, p. 80, ll. 15-16)に、「ルムロ・ヤスムには主の Nam pa 'i Bu gseng ti がいて」とあるものと関連させて次のように説明することも出来る。即ち、ナムポ

Nam po の称も、ナムパ Nam pa の所領を指すところから生じたものと考えられるので、ルンシューとナムポとが元[98]来ルムロ・ヤスムを構成していたかも知れないと言えるのである。

名の差違については、敦煌文献に見る kLum ro の ro が shod に変ることによって、kLum の語末鼻音 "-m" が "-ngs" に転じたと理解しうるのである。

今、ルンシューについて知りうるところを以下に辿ってみたい。

『黄瑠璃鏡仏教史』によると、ドムトゥン 'Brom ston の開いたラデン Rva sgreng は kLungs shod nag po thog brgyud のドム 'Brom の国にある (VSM, f. 145a, l. 3) とされる。ルンシューのナクポ・トクギュ Nag po thog brgyud とは、ナクポと名づけられた山の尾根を指すものと解しうる。このラデン寺も含めて、Khri stag dgon (*op. cit.*, f. 140 a, l. 4), 'Ba 'tshag chos sde (*ibid.*, f. 149a, l. 3), dPal 'bar sgang (*ibid.*, f. 149b, l. 1), sPyil bu pa (*ibid.*, l. 4), Byams pa gling (*ibid.*, f. 150b, l. 5), 'Od sna chos sde (*ibid.*, f. 151a, l. 2) にルンシューの名が冠せられ、つづいてショロンド gZho rong mdo の地にあるシュワラカン Zhva lha khang、即ち、シェーラカン Shva 'i lha khang に言及がある (*ibid.*, f. 151b, l. 3)。この記述から察するに、北はラデン寺の近くから、南はショロンドに至る、ラデン(雷丁)河からキーチュ河に注ぐ上流の左岸(東側)が問題のルンシューであると知られる。

リチャードスン氏がA・フェラリによるケンツェ・ワンポの『聖地案内』の研究書中に示した注によれば (KTG, p. 111, n. 115)、次のようにある。《'Bri gung rdzong gsar lies on high ground on the left bank of the sKyid chu, near the mouth of the gZho rong chu : it commands one side of the narrow gap where the river emerges from the *kLungs shod* valley. The opposite side is commanded by what is now g-Yu sna dgon pa》リチャードスン氏のいうところも上の見方を支える。ただ、リチャードスン氏がこのユナグンパ g-Yu sna dgon pa の名と、ティパンスムのいたユナとを結びつけるのは、或いは正しいかも知れない。『黄瑠璃鏡史』はこの寺をよく似た発音で 'Od sna chos sde と呼んでいるようである。[99]

ルムロの中に、上のルンシューとして示された地区が入るとすれば、「ルムがメルトに近い」という敦煌文献の所伝にも適合する。従って、ティパンスムの領土は、キーチュ河の北側にあるウル・ペンユル、即ち、ゲーポの土地を含んでいたものと知られる。ティパンスム討伐の論功行賞には、既に見たように、キーチュ河の東南のメルトやウンの地が動かされている。これは、元来タクキャボ所領から奪われていたものが回収され、その一部が配分されたものかと考えられる。[100]

このようにして見ると、ティ・ルンツェン王が、ウル地方のニャン、バー、ヌン等の協力を得て、ツァンポ江北岸に進出し、ヤルルン小王の位置を脱したのである。後の吐蕃王国の中心になるウルの地を得たこの時、即ち、スィンポジェ討伐の成功時点が、一代後に成立する吐蕃王国への端緒を摑んだ瞬間とされなければならない。

この覇権の確立によって、キロ・ジャンゴン sKyi ro Jang sngon のモン rMong 氏やペンユルのガル氏もその膝下に屈し、やがて、彼等が吐蕃王国の形成に新しい役割を担うことになるのである。[101]

第三節　ティ・ルンツェン時代の征服

ヤルルン王国から大きな一歩を外に踏み出したティ・ルンツェンの下で、新しい統一に向けての動きが始まった。その頃、吐谷渾は北周によって洮州から逐われ(五五九年)、青海の西に伏俟城を構えて、中心を西方に移していた。同じ頃白蘭は北周に朝貢していた(五六一年)。これからやや遅れて、吐谷渾は北周の討伐にあい、伏俟城を攻められて、夸呂が遁走した(五七六年)。従って、小王国の割拠する吐蕃も、北東部の不穏な動きに対応するためにも、統一の必要に迫られていたということが出来るかも知れない。

ティ・ルンツェン治下の統一の動きは『年代記』中に示されている。中央チベットの豪族の他にシャンシュン系のキュンポ氏も登場する。

この王の時代にキュンポ・プンセー（・スツェ）Khyung po sPung sad (zu tse) がツァン・プー二万戸を贊普の御手に差し上げて、スツェは信任を得たのである。そこで贊普ルンツェン(btsan/mtshan)がツァン・プー二万戸を、スツェが信任を得た褒美に賜わったのであった。その後、贊普兄弟に対してモン・ゴンポ Mong sngon po が離反したことを、忠誠なスツェが見抜いて、贊普兄弟の御身に〔禍が〕及ばぬうちにモン・ゴンポを殺したので、スツェは〔益々〕信任を得たのであった。スィンポジェを滅ぼすのにも仲間に加わって(102)いたので、スツェは信任があったのである(DTH, p. 106, ll. 19–28)。

これに関連して『宰相記』中に次の一節がある。

その後、モン・ティドレ・ナンツァプ Mong Khri do re snang tshab が〔宰相を〕つとめた。その賢明の程は、ツァン・プーの国主マルムンを滅ぼすのに大戦略を考案の折、やがて使者が急いで来ると思うから使者への返事を急いで書かねばならぬと言って、〔予め〕使者への返事を何にも拠らずにつくって(103)いたので……(*op. cit.*, p. 100, ll. 19–25)。

とあって、「ツァン・プー」を討伐した時の宰相が、モン・ティドレ・ナンツァプであり、将軍が、キュンポ・プンセー・スツェであったと知られる(104)。

この時の手柄によって「ツァン・プー」二万戸を拝領したキュンポは、さらに、モン・ゴンポの謀反を曝露してティ・ルンツェン兄弟を救い、一層信任を得たという。キュンポ・プンセー・スツェについては後にも見るが、最後に謀反を企てて自滅するように、奸智にたけていたので、モンの殺害も、その策略によったものかも知れない。モン・ゴンポというのは、sKyi ro lJang sngon (緑・青) の国主で rMong pa または rMang po と言われた(CPT, pp. 201-

202)ものに相当すると思われる。キュンポがマルムンを討った時の宰相モン・ティドレ・ナンツァプがその当主であった可能性がつよい。おそらく、マルムンを討った功績の帰するところが定まって、追い落されたのであろう。Mong/rMong/rMang の sKyi ro は、今日いうキーシューのジャン 'Jang とトゥールン sTod lung のモンカル Mong mkhar を含む地区であったと推定される。(105) とすれば、彼等は多分スィンポジェ・ティパンスムの攻略の時、もしくは滅亡以後ヤルルン王家に服属したのであろう。

スツェがスィンポジェ討伐に参加したように示されるが、討伐がティ・ルンツェン時代の初期ならば、スツェは七世紀半ば近くまで生存するので年代的に見て不自然であり、記述の仕方にも誤りを思わせるものがある。(106)

「ツァン」については、既に第一篇中に述べた(二四七—二五一頁)が、今日のツァンではなく、その北に位置し、「下手シャンシュン」に相当する。このことは、「ツァン・プー」二万戸を賜ったキュンポ氏が、元来シャンシュンのキュンルン(「キュン」の国)Khyung lung にいて、そこから新領のティボム Khri boms に居を移し、後に失脚してその領土を「ツァン・プー」の一部に限られ、ツァンメーの地を保ったと考えられることから推定される。ツァンメーは「ツァントゥー」の下手にあり、「ツァントゥー」は今日のルラク、「支部翼」の北または北西にあることは第一篇末に見たとおりである。

「ツァン・プー」の「プー」は、「ツァン」と「プー」という意味でも理解できる。数字に誇張があるとしても、この「ツァン」は殆んどが牧草地であり、そこだけで二万戸は数えられそうにない。従って、「ツァン・プー」を「ツァン」の「プー」という意味にも、「ツァン」と名づけられる「プー」の意味にも理解すべきでなくなる。つまり、「ツァン」「プー」二つの地域となり、「プー」が何処を指すかということは「ツァン」の位置から定まる。今のところ、「プー」の位置は既に見た(二四八頁)とおり「プーラプ」の西部であり、今日のツァン地方を指したものと解されるべきであろう。

「ツァン」と「プー」を併せた二万戸の掌握は、ヤルルン王家がはじめて全チベットに君臨する栄光を現実に手にしたものと言える。既にウル地方を手にしていたヤルルン王家にとっては、殆んど統一の完成に近かった。ティ・ルンツェンは更に望蜀の念に駆られ、新王国建設の下地がおのずから整えられてゆくことになるのである。

敗れたマルムンについては、残念なことに、上記の引用部分以外に知られることはないが、その拠った地域から考えるならば、おそらく、ピャ部族に属していたのではないかと推測される。(107)

「ツァン」と「プー」の両地域を配下に収めたヤルルン王家は、ヤルルン王家が古くに君臨したカムと親族の拠るポボ、コンポ、ニャンポ、タクポ Dvags po を東方に控えるだけであった。そのうちコンポ、即ち、コン・カルポの国はプデ・グンゲルの兄弟ニャキの末裔が拠る地であった。ニャンポ Nyang po、即ち、Myang po は後代の伝承でもヤルルン王家と関わりが深く、西方から移住したピャ部族の拠る地と考えられ、いずれも、ティデ・ソンツェン王(七七七—八一五年)のカルチュンの崇仏誓約の詔勅に吐谷渾王と並んで別格の小王として副署しているから、古くからヤルルン王家の同族としてそれらの土地に拠っていたのであろう。(108)

カム地方は「父方六家臣」もしくは「迎えいれた六〔氏〕」の支配下にあり、当時のヤルルン王家とは実質的な君臣関係になかったかも知れないが、少なくとも対立するものではなかった。ティ・ルンツェン歿後にこの地方に拠ったものによる「附国」を称した隋への遣使(109)があったのは、一つには中央チベットの新しい勢力とヤルルン王家の接近を喜ばなかったことによったのかも知れない。

ポボ、ニャンポ、コンポという吐蕃ゆかりの三地方を並称する他に、タクポ、ニャンポ、コンポの三国を並べて言及する場合が後代の伝承に残っている。例えば、『ランデ・カータン』(HKT, f. 21b, l. 5; f. 40b, l. 4)にそれぞれタクポ、コンポ、ニャンポ(Nyang po)とか、ニャン(Nyang)、タク、コンとして示されている(110)のがそれであり、敦煌文献の

『年代記』中にも"nyag nyi"「同族」[111]として、タクポ、コンポ、ニャンポ(Myang po)が並記されている(DTH, p. 111, ll. 3–4)。

新しく見えたタクポは、Pelliot tib. 1286の冒頭に吐蕃の古くからの外戚として示された四人の王女の国、デ lDe、キ sKyi、ダク Dags、チム mChims[112]のうちにも含まれている。タクポは地図の上から言えば、ヤルルンの東側にあって、ツァンポ江を挟んで、コンポ、ロンポ、ニャンポの西側に接していた様子である。

今、「ツァン・プー」を手に入れたヤルルン王家にとって「同族」の絶大な支持は欠かすことの出来ないものであったに違いない。しかしながら、地理的にヤルルンに最も近いところにあったタクポは却ってヤルルン王家の思うままには動かなかったと思われる。『年代記』はタクポ・ラデ lha de の討伐に際して、センゴ・ミチェン Seng go mi chen が将軍に選ばれた経緯を面白く物語っている。タクポに対して lha de (/sde)「神族」という言葉を用い、ヤルルン王家と近いことを暗に認めている点[113]にも注目したい。余分の物語のうちに「嚢中の錐」の話も含まれるので、全部を下に訳出しよう。

> その後、タクポは臣従していたのをやめて叛いたのであった。そこで、主従全部が集って、タクポ・ラデを征服する相談が〔王から〕もち出された後、大将を誰に指名するかが論じられた。その時、センゴ・ミチェンが「それがしなら出来る」と言明したのであった。すると、キュンポ・プンセーが言うには、「お前のごとき[114]が将軍になれるかどうかは、賢明な人にはわかっている[115]。〔器量のある人は〕袋の中に錐を容れたと同様である〔おのずから現れる[116]〕と言われる。お前のごときは賛普の侍従[117]に任命されて以来数年もたつというのに、賢くして有能であると、人一人賞讃するのをそれがしは聞いたことがない。とすれば、お前のごときが適当でないのは推して知るべきで[118]あって、家来をむざむざ殺すことになるであろう[119]」と言ったのであった。ミチェンが言うには「すべての人がそれがしの耳もとで賞めそやさない[120]のも本当であるが、それがしは、これまで袋とやらに入ろうにも入ったことが

ない[121]ので、頂きが外に出たことがないというのも、これも同じく本当である。それがしは、以前に袋の中に入れてもらっておれば、頂きどころか柄の本まで突き出てしまっていたであろう。だから、今日、それがしのお願いすることも、これまで何の中にも入ったことがない[122]ので、今度はじめて入れて下さるようにという次第である」と述べたのであった。そこで賛普も、ミチェンが願い出たようにお許しになって、タクポを征服する将軍に任命したのであった。このようにして、ミチェンはタクポ・ラデに赴いて、タクポをすべて制圧したので、ミチェンへの褒美にセルクン・レウゲル gSer khung re'u rgal〔方面〕[123]の人民に牧地[124]をつけて賜ったのであった。ドンチェポ・グルキラ 'Brong che po rNgul gyi rva[125]の人々は、誰も口々にたたえては、センゴ・ミチェンはダクのセンカル bSen mkhar[126]で、槍一本を手だてにして一大牧原[127]を手に入れた。傍でゲク rNgeg のスムツェン・キャボレン Sum brtsan skya bo reng[128]は、勇者の極みにも[129]、一日でタクポの衆百人を殺したとすべての人々の噂であった(DTH, p. 106, l. 28–p. 107, l. 16)。

このようにして、センゴ・ミチェンによって「同族」タクポ・ラデの討伐は成功し、今やヤルルン王家は内患もなくなったのであった。この後、タクポ・ラデの名は殆んどなくなり[130]、後代のカルチュンの詔勅署名にもコンポやニャンポと並ぶことはなかった。

上の記述に見えるセンゴ氏については、これより後の『編年紀』にはしばしば見えるが、元来ヤルルン王家に属していたものかどうかは不明である。また、タクポ・ラデの中心であるセンカルの地が何処にあったかは知られない。しかし、今日のタクポはウルカ 'Ol kha とエ E とに境を接して、その東にある[131]。即ち、ツァンポ江の両岸に跨って、聖地ツァリ Tsa ri を東南に見ているが、古代も同じ所と考えられる。セルクン・レウゲルやドンチェポ・グルキラなどの地については知られるところがない。ただ、勇者として盛名を馳せたのが、ヤルルン王家の旧来の臣とされるゲク氏[132]であったことが僅かに知られる。

第四節　ティ・ルンツェンとその家臣

ティ・ルンツェンの御代における大事件は以上のようなものであった。この王の晩年に宰相に任命されたニャン・シャンナン Myang Zhang snang について宰相指名の経緯にまつわる物語りがこの『年代記』の中に収録されている。この部分は、「ツァン・プー」の征伐に先立つキュンポによるムンカ Mon ka の征服があったことを伝えているが、同時に、ヤルルン王家譜代の家来であったロ lHo やゲク rNgegs が優遇され、セ Se も含めてキュンポは、その働きに対する評価に不満をもっていたことが示されている。そこにキュンポがロ氏、ゲク氏とは異なり、一念発起してシャンシュンからヤルルンに赴いて仕えたものであることも述べられている。このようなキュンポのあからさまな不満を戒しめえた人物としてニャン・シャンナンがえがかれ、登場するのである。

既に見たように、ニャン氏は、バー氏と共にスィンポジェを顚覆させるため、ヤルルン王家に臣盟を誓って協力した新勢力であった。また、このニャンの直前にはガル・ティダ・ジムン mGar Khri sgra 'ji rmun が宰相として用いられている。ガルもまた、スィンポジェの旧配下として Pelliot tib. 1286 に示されているから、この頃既に新勢力としてウルの諸氏から登用が行われていたわけであり(133)、当時、ヤルルン王家の宰相人事から吐蕃王国的宰相人事へと脱皮転換していたことがわかる(134)。上記のガル・ティダ・ジムンが宰相になったのはモン・ティドレ・マンツァプの後であり、モン・ティドレ・マンツァプが宰相の時、キュンポによる「ツァン・プー」の征伐があった。モンとガルの宰相就任は、スィンポジェとマルムンそれぞれの歿落の後であり、これらの宰相によって吐蕃王国の前段階が一歩一歩踏み出されていったのであろう。

キュンポとニャンの応酬はやや文学的な傾向もあり、難解な部分もあるが、第一篇末尾に示した解釈とも結びつく部分があるので、以下に訳文を示してみたい。

こうした後に、信任篤かったニャン・ムントレ(・ツェンク)[135]の子シャンナンが賛普の側近の侍従[136]として奉仕していたのであった。その後に、賛普主従が酒宴を張ることがあった。その折に、キュンポ・プンセーが唱った。その歌詞に、ムンカの一の虎[137]、その虎を殺したのは、スツェが殺したのである。真中のよいところ[138]は御手に捧げられ、後部と外側[139]はロとゲクとに賜わった。ヤトゥー Ya stod(羊同)の「ツァン」の徒は天翔ける「真白き胸[140]」の鷲、その鷲を殺したのは、スツェが殺したのである。鷲の翼は御手に捧げられ、その他のところ[141]はロとゲクとに賜った。昨年より一昨年が前[142]〔というように以前のこと〕カイラーサの雪の中から、鹿と野馬とが逃れ出てきて〔今、ヤルラ・〕シャムポの麓に逃れ至った。今日も、来る明日と同じく[143]〔この先ずっと〕、〔ヤルラ・〕シャムポのニェン gNyan(ヤルルン王家の御霊神)の麓にあって[144]、鹿と野馬の飼料は悪くはないであろう[145]。飼料が悪ければ、カイラーサが、雪を見る度に懐かしまれる[146]。去年より一昨年が前〔以前に〕マパン Ma pang 湖の水岸から雁と鴨とが逃れ出て、タンコ Dang ko の湖に逃れ至った。今日も、来る明日と同じく〔変ることなく〕タンコ湖は神の湖[147]である。雁と鴨にとって飼料は悪くないであろう。飼料が悪ければ、マパン湖が、湖を見る度に懐しまれる。ロ氏とゲク氏とは弱いにもかかわらず加俸をうけ[148]、セ氏とキュン氏とは力量の故に国換え[149]になった。以前弱かったものに[150]、今でも御配慮が限りない[151]。御先頭の後に随ったものに[152]、その末裔[153]がヤクにとりまかれる[154]〔ようになさる〕。〔それならば〕スツェには〔宰相の位を〕賜わるのでございましょうか、そうでしょうね[155]。と唱ったものであった(DTH, p. 107, ll. 19–35)。

スツェは譜代の臣に似た立場のロとゲクが優遇されたことをいうために“'phan”の語を用いている。この語は「役に立った者」の他に「弱い」を意味することが出来る。このことを利用して表向きには「役に立った者」の意味で歌い[156]、内実は「弱い」の意味で嘲っている。また、“kyi”を接続辞に用いて「にもかかわらず」と言いながら、あたかも「であったがために」と歌ったかのように(157)示して自らの不満を伝えたのである。キュンポ氏はカイラーサ山やマパン、即ち、マナサロワラ湖に近いキュンルン Khyung lung（キュンの国）を故郷としながら(158)、ヤルルン王家につかえるため、ヤルルンのヤルラ・シャムポの麓、タンコの湖のほとりに到って、ヤルルン王家の未来の栄光に賭け、今、故郷を離れた「ツァン・プー」に新領土(159)を与えられているのである。これに対して、ヤルルン王家譜代の臣で、「父方六家臣」あるいは「プーの迎え入れた六氏」Bod ka g-yag drug のうちに入っていたというだけのロとゲク両氏(160)が旧領に加増を受けたという。加増されたのがムンカを討った時のラロ sla lvo「後部と外側」、即ち、発音からしてラロ kLa klo、今日のロパ gLo pa を指すものとも思われる。ロパがまたカロ Ga ro 嘉良夷と呼ばれるカム南部の夷族に属することは『ザムリン・ゲーシェー』の中(DGS, f. 75b)に説明されており、既に見た(二一七—二一八頁)ところである。ムンカの名は今日のブータン東部に見えるムンカ Mon kha を想わせるが(161)、むしろ、南方ムン Mon に面した、今日ロカ lHo kha と呼ぶニェル gNyal(162) 地方をいうのかと思われる。

キュンポが「真白き胸の鷲」になぞらえ、「ツァン・プー」二万戸の征伐を矜るが、ヤルルンの安泰のためムンカ方面も制圧したとすれば、やはり自慢になるであろう。

ヤルルン王家が中央チベットのウル地方を掌握した後、周辺をかためる必要に迫られ、その西北方面と南方の制圧がスツェの功に帰したとすれば、宰相の位を自らに擬して贊普に迫ったのは、大胆とはいえ当然のことであった。

これに対して、座中にどのような反応があったかを、『年代記』は続けて伝えている。

そこで贊普は心中に思った。セまたはゲク氏の大臣の誰か(163)が一言酬いてくれたらよいがと。だが冀うばかりで、誰一人応酬しないのであった。そこで、欄杆の隅(164)にひたすら沈黙をたもっていた(165)〔ニャン・〕シャンナンが内侍従をつとめる身であった(166)が、彼を〔見て〕(167)、「お前は、父が信任篤いものの子であるからには、歌が唱えるであろうが、どうか」とたずねて言った(168)。すると〔ニャン・〕シャンナンが「申し上げましょう」と〔贊普に〕お答えしたのであった。

シャンナンの唱った歌は〔次のようであった〕、まことよ、昨年より一昨年は前〔ずっと以前に〕河、河の彼方には、ヤルチャプ Yar chab 河の彼方には、グティのスィンポジェがいた。〔そのスィンポジェが〕小塊の食物にかえられ、食べ尽されてしまった[169]。その魚をキ〔チュ〕〔河〕から釣りあげたのは[170]〔バー・〕イツァプことパントレであり[171]、ルム〔ロ・ヤスム〕で水を絶ちとめたのは〔わが父ニャン・〕ツェンクことムントレであった[172]。クルラ Khur ra(ドゥルワの誤写)を堤で堰とめ、狭い土地を広く〔水びたしに〕したのは[173]、パンスムこと〔ヌン・〕ドゥンポなるものであった[174]。〔ニェンチェン・〕タンラ Thang la の頂上を切り[175]、〔ヤルラ・〕シャムポの山瘤に加え[176]、ユナの城を陥し[177]て、チンバの増し分にした[178]。以前も高かったが、今は、天にもとどく。ゲーポの岡を切りとり、ヤルモの配下にしたもうた。以前も大きかったが、今は果てしがない。ロとゲクとは有益な加俸を受けて[179]、ドン lDong、トン Tong は力量のゆえに国換えになった[180]。以前に強くなかったものに今でも御配慮が限りない[181]。昨年より一昨年が前〔というような以前のこと〕群の[182]頭の野ヤクが殺されたのは、南の木、即ち、竹の勝利であった。〔しかし〕鏃によって切りさかれなかったなら、竹とても突きささりようがなかった[183]。鷲〔の羽根〕で飾られなかったら[184]、野ヤクには突きささりようがなかった。ゲーポ、即ち、ラ Ra の国の[185]制圧主[186](悠然たる王)は針もぐらの王である。〔その〕針によって孔があかなかったら糸は通りようがないが、糸で綴り合せ、引張られ〔るように軍が率いられ〕なかったなら、制圧主(悠然たる主)は満足に眠れない[187]。と唱った。この文句に贊普は満足したので、ニャン・シャンナンを宰相にして、宰相のしるしに[188]最上磨き上げの猫目石を[189]賜ったのであった(*ibid.*, p. 107, l. 35–p. 108, l. 23)。

ティ・ルンツェン王はさすがに快く思わなかった。ロ、ゲク両氏の出身者が反論するのを心に期待したが空しかった。贊普はニャン・〔ムントレ・〕ツェンクの子シャンナンに何か言えるなら言って見よというと、シャンナンは、それではと切り出し、今日のヤルルン王家の隆盛には、ニャン、バー、ヌン等による中央チベットのペンユルとルムロとの制圧が先にあったことを強調して、キュンポの独善に釘を刺したのである。キュンポによる成功の前にあった中央チベットの掌握を力説したばかりでなく、キュンポの成功はもとより、他のすべての場合、王の威光や先駆けの仕事があり、皆の協力あってこその成功であると、鏃と竹の喩と、針と糸の譬えでキュンポをいさめたのである。

勿論、賛普は大いに喜び、ニャン・シャンナンを宰相に指名した。この時の苦い思いの仕返しに、キュンポは次のティ・ソンツェン王の時代にニャンの失脚を策して成功するが、このことは後に触れる。

この当時、ヤルルン王家の政治に参加したものには三つの集団があった。一つは、スィンポジェを滅す戦いに参加したニャン、バー、ヌン等と、この時敵対しなかった中央チベット系のガルやモンなど、第二はヤルルン王家の昇る勢力を見て、改めてヤルルン王家に追随する姿勢をとったもの、たとえばキュンポ氏など[190]、第三がヤルルン王家開創時代以来の譜代の臣に似た友好的な氏族のロ、ゲクその他ヌプ sNubs 等の諸氏である。後に、アシャ 'A zha 吐谷渾が新しい勢力として参加するが、勿論、今は問題ではない。

第一の集団が重く用いられているのに対抗してキュンポが主導権を競ったことが上に示されている。彼等はいずれも第三の集団の働きを自らの下に見ていた。これは事実であり、ティ・ルンツェン王以後は結局、第三の集団が大局を動かしたり、宰相になることは殆んどなかった[191]。

この文献の所説によるなら、中央チベットの占拠の方に、「ツァン・プー」やムンカの制圧以上の価値が主張され、承認されたということにもなる。その点も注目すべきであろう。

第五節　ティ・ルンツェン時代の意義

ティ・ルンツェンの時代に入って、ヤルルン王家は初めて動き出した。手始めに征服したゲーポの位置が、その後のヤルルン王家を吐蕃王国の中核に成長させるための重要な因子であったことは否定できない。しかし、ヤルルン王家はゲーポの地を奪ってペンユルと改名し、功績のあった諸王にその一部を分け与え、彼等と各個に主従の関係を結び、シャンシュン系勢力の援助も受けて西方の「ツァン・プー」二万戸を滅ぼし、更に、タクポも制圧して、その祖先が、六氏族達に迎えられて「本来のプー」に君臨した時より遥かに大きい勢力に発展した。

しかし、これは実質的にヤルルン王家が膨張して、従う小王国の数が増したというだけのことであった。新しくヤルルン王家と誼みを結んだ諸侯も、より大きい勢力に与みしたのに留まった。モン、ガル、ニャン、バーが旧来の家来ロ、ゲク、ヌプ等に代って登場し、王の信任を得たが、それも時勢にすぎなかった。それ以外では、例えば、王家の拠るところは相変らずヤルルンのチンバ・タクツェにあった。戦捷によって征服した土地も、戦利品を分けるように諸侯に分配され、恩義を売って追随者をつなぎとめたのである。側近や宰相の任命もヤルルン王の私事に過ぎなかった。そこにはチベット全土、全人民の所有者、統率者としての姿は未だなかった。

既に見たように、この後、ティ・ルンツェン王は陰謀にかかって毒殺された。王を殺したのはどのような氏族であったか知られていない。つまり、漢土にその存在を伝えられた論贊 slon mtshan と弄贊 srong brtsan 親子の国は、疋播 Phying ba の城にあって大きい勢力を擁してはいたが、組織化され、安定した勢力というには未だ程遠かったのである。タクキャボを滅ぼしたティパンスム、ティパンスムを滅ぼしたティ・ルンツェンのように、ティ・ルンツェンを滅ぼそうとした勢力が生れていたとしても、何の不思議もない時代であった。

ティ・ルンツェンの歿後、ティ・ソンツェンがどれほど激昂しても、周囲の勢力は動かなかった。親族も、父方、母方双方の家来筋も若い王のヤルルン王家を見くびって、勝手に動いたのである。やがて、カム地方に拠った「父方六家臣」系のゲク「宜」氏が、タクポ討伐に活躍したものの「弱かったのにもかかわらず恩典にあずかった」と評されながら、かねてより中央チベット新勢力の擡頭をよろこばなかったのか、同じく「父方六家臣」系のプク「素福」

氏と結び、ピャ Phyva の国「附国」を称して隋に遣使し、ヤルルン王家を、ポン教徒、即ち、「薄〔／簿〕縁夷」と呼んで、彼等の国の単なる構成員として伝えた様子であった。この点は、すでに詳しく見た(二一五—二二一頁)とおりである。

そこには、未だ「吐蕃」王国が成立していたと言いうる様子は全く窺われない。むしろ、未だ、「吐蕃」国としての統一はなかったと見るべきであろう。ヤルルン王家の一時的な発展がなお潜在的な効力を保っているうちに、これを再度掌握して恒常的な版図の上に安定させるには、次に見るソンツェン・ガムポ王の自覚をまたねばならなかったのである。

そのような意味でティ・ルンツェン時代は「前吐蕃王国」の段階であったと言えるであろう。この段階があったので、次代のソンツェン・ガムポ王による統一が一挙に完成を見ることが出来たように思われる。

ティ・ルンツェン王が、諸氏族を圧倒する勢力をもちながら、国家的統一を試みなかった理由をいうなら、ソンツェン・ガムポ王の時代と異なり、殊更、諸氏族を糾合して、他のより大きい勢力に備える必要を見ていなかったからと考えざるを得ない。具体的に言えば、吐谷渾に加えられた西魏の圧力が、なお、隋、唐のそれのようには大きなものではなかったからとしてもよいのかも知れない。

「前吐蕃王国」の段階で、次にくる「吐蕃王国」を支える新しい階層の勢力は整っていた。国土の掌握も、諸侯の再統率によってすぐにも可能な状態にあった。必要なことは建国を促す事情、即ち、隋唐勢力による量り知れない圧力のもたらした恐怖であり、それが次代を待ち構えていた。

(1)　Pelliot, tib. 1038, l. 3 には、"la la mchid nas ni rgyal phran bcu gnyis (l. 4) la gtogs shes kyang mchi//"「あるもののいうところによると、〔プゲルは〕一二小王〔国〕に属するとも言われ」と示されている。ボン教関係の敦煌文献 Pelliot tib. 1285 の場合では、他の諸小王と全く同じに扱われているから、上記の所説は正しいとすべきであろう。

(2) ヤルルンの居城、『通典』一九〇の吐蕃伝にいう「疋播城」、ソンツェン・ガムポ王時代もこの城に住した(DTH, p. 112, 1. 10)。ラサを都としたとする記録も、そのような様子も、敦煌文献には見えない。

(3) 新しいニェンカル、つまり、ヤルルン王の新しい居城(DTH, pp. 13, 15, 16, 17)とは別の場所であろう。従って、殊更“rnying pa”「古い」という字を用いている。

(4) ユナ Yu sna は、後にグティ・スィンポジェ(=スィンポジェ・ティパンスム)が滅ぼされ、その所領が取り上げられた時、“pha gi yung ba sna man chad”「彼方のユンバナ以下」とあるが、その場合のユンバナの縮まった形であり、Yung ba sna/*Yung 'a sna/*Yu-nga sna/*Yu-'a sna/*Yu' sna/Yu sna という変り方が推測される。注(46)、(90)参照。

(5) “ta zhig”は“lte bu/lta bu”とほぼ同様の意味を与える接尾辞であり、多くのうちの一つとして特に取り上げる場合に用いられる。「〜の類は」「〜などは」「例えば〜は」と訳す。敦煌文献独特の表現である。拙論「敦煌チベット文語の解釈について」(『東京大学文学部文化交流研究施設研究紀要』一、一九七五)三五頁参照。

(6) “she dag”は“sha stag”の古い綴字と理解される。

(7) バコー注(DTH, p. 133, n. 5)には《gsagi ngo za ri byed pa signifie: agir en secret, d'après le lettré Bka-chen don grub》とあるが正しくない。“lcam ba gsag”は今日では“lcam gsag”《bcos ma 'i kha gsag》(Ch. Dic., p. 231b; BTD, p. 180b)と示される。即ち、“gcam bu 'i tshig”「妄語」(*loc. cit*)を重ねる意味である。“ngo za ri byed”は“ngo zo ris byed”「顔に化粧する」「顔色をつくる」(Ch. Dic., p. 764a)、即ち、媚びることをいう。

(8) “ched du yang nyan”は「殊更に聴く」であって、バコー訳の《résolu à écouter》(DTH, p. 133)では真意が摑めない。

(9) “yus”は“yus pa”ではないので、《arrogance》(*op. cit.*, p. 133)とは訳せない。元来、「確信する」「本当だと思い込む」(Ch. Dic., p. 801a; BTD, p. 626a)の意味。

(10) “ri mo bskyungs”をバコーは《il les laissait de côté comme des images》(DTH, p. 133)とするが、“ring mor bskyungs”「遠ざけた」の崩れた形である。

(11) “mi mkho ba”は《inutile》(*op. cit.*, p. 133)ではない。その場合は《ma mkho ba》となる。“mi 'khod pa”「(ここに)書き留めかねる」と同じ意味と考えられる。

(12) “skol”は“khol”の異字、つまり、「配下」を意味するので、《effervescence》でも《bouillant》(*op. cit.*, p. 133, n. 7)でもありえない。

(13) “na mo”を“na ma”と読み、《prairie》(*op. cit.*, p. 133, n. 8)と理解しても、意味をなさない。“na”は「年」、“mo”は「命

運」「天数」(GMG, II, p. 44a)であるが、むしろ、“nam mo”で「天数」の意味と解釈して、「天数が尽きてしまったら、どのような不幸が起るか知れない」と理解する。“nongs”は「不幸がくる」意味。これについては唐蕃会盟碑の東面四七行の他、『編年紀』では王妃の死を“nongs”で示している(DTH, p. 21, 七一二年、p. 22, 七二一年、p. 25, 七三九年)。

(14) “nag po 'khus”の“nag po”は“gnag sems”「害心」。“'khus”は“'khu byed”「謀反」(Ch. Dic., p. 101b)よりは、「隠蔵、匿」(DTG, I, p. 33)「たくらむ」であろう。この“nag po”をジスン・ナクポ 'Dzi zung nag po の“nag po”をいうとバコーは理解するが、短く呼ぶときには「ジスン」と示しているので当らない。

(15) “dre'u rgal te bse' sga bchag go”に対するバコー訳文は《La mule trop chargée avait brisé le bat》(DTH, p. 134)である。謎のような一句である。最後の動詞は、今日では“bcags”、現在形は“'chag”であって、「践踏」「行走」(GMG, I, p. 99b; Ch. Dic., p. 282a)であるが、“bcag”には《briser》の意味もある。他の動詞“rgal”は「渡る」(Ch. Dic., p. 168a; GMG, I, p. 63a; BTD, p. 133b)であり、「跨る」意味はあっても、「荷を積む」意味はない。それをいうなら、“'gel”または“'gyel”であろう。いずれにしても、《trop chargée》の意味はない。従って、「犀の鞍」が「壊れる」より、騾馬の背を「圧し押えた」という意味にとるべきであろう。文に寓した意味は、「騾馬位に乗るのに、立派な犀の角(または革?)で作った鞍を置いた」というので、大きい代償を払って、下らぬ主君を選んだとのことかと思われる。また、bSe'はSe部族を意味するのかも知れないが、確かな根拠はない。「鞍を置く」の意味については注(31)参照。

(16)『ルンポ・カータン』ではイエル g-Yas ru「右翼」の千戸としても示されるが、これは『学者の宴』ではポラプ sPo rab となっている。八四七頁参照。

(17) ルム(ロ・)ヤスム kLum ya gsum は、タクキャボの所領としてイェルラプと地を接していたものと考えられる。CPT, p. 195 には kLum/gLum ro ya sum と示される。

(18) “dku' 'gel”のうちの“dku'”は“dku lto”「策略」「籌劃」(GMG, I, p. 9b; D. Dic., p. 23a)の“dku”であるが、“dku”も“lto”も共に「腹」「肚」の意味であり、「肚の中にあるもの」「秘中の策略」をいうのに用いられる。“'gel”は「運搬する」「荷を積む」ことである。“dku' 'gel”は「策略の完遂」をいうのであろう。

(19) “~bas bchad”の“bas”は従格の助辞、今日の“las”に相当する。「そこから区切り」の意味。

(20) “smad”「下手」は下流域である。

(21) “mngar”《mettre en ordre》(D. Dic., p. 276a).

(22) DTH, p. 134, n. 4.

(23)　"…bran du/khyon 'da' ma ran pa myed do" の訳としてバコーは《ce n'est pas trop de le servir outre mesure》を与える (*op. cit.*, p. 134)。この場合、"khyon 'da'" を《outre mesure》と訳しているが誤りで、今日の "khyod 'dra'"「お前達」を発音に近い表記で示したものである。なお、"khyon 'da'" で《outre mesure》の意味は示せない。敦煌文献では zhabs 'bring が zham ring と示される(五八〇頁二五行目参照)。

(24)　"khar glan yang" の "glan" は動詞である。"klan ka"「責罵」(GMG, I, p. 8b) から推測すると、「口に責め罵られようとも」の意味となる。バコーの訳《malgré cette réponse, Zin po rje conclut》(DTH, p. 34) は不当である。《Zin po rje conclut》とはどこにも書いてない。スィンポジェの言葉は "Zing po rje na re" から "nyes pa myed do zhes" まで続いている。

(25)　"jo mo dbang gis"「女主人の自由による」として、"yang" 以前に示される女主人の行動を容認するのである。従って、バコー訳のような《puissante dame》(*loc. cit.*) の意味ではない。

(26)　"mngan" は、吐蕃王国の「七長官」(dpon bdun) の一つにある "rngan" (KGG, f. 21a, l. 2) と同じであろう。そこには「穀物と金銀の蒐集を行うには、非難 (rngan/mngan) を受けることが多いので、"rngan dpon" という」と説明されている。G・ウライ氏の言及もある (OBM, pp. 358–359) が、その職務内容は明らかにされていない。

(27)　"stong" は恨みを返すことによって恨みを「残さない」こと、「帳消し」にすることをいう。後段の法律の説明で詳説される (pp. 七九九—八〇五参照)。

(28)　"ji gnang" は「どうか許して下さい」の意味であり、敦煌の請願文書に頻出する。"stong ji gnang" を《quel sera le prix du sang》(DTH, p. 34) と訳すことは出来ない。

(29)　"ngo ma chod de" の "ngo" は「顔」、即ち、「面子」。"ma chod"「傷つかない」(自動詞)。全体としては「面子が傷つかないようにする」の意味。Mahāvyutpatti no. 2440 には "ngo mi chod" の形が "uparodha-çila" の訳語として示されている。「〔漢〕不犯顔、或看情」(MVP, p. 179) とあるのも適訳であろう。

(30)　"myi 'i ni myi bu ste" の "myi bu ste" を "bu ma yin te"「(人間の)子ではなくして」の意味に読む。

(31)　「鞍を置く」ということと「主に仕える」ということが一対になっている。この点から、注(15)に問題とした「bse' の鞍を置く」の表現を考えると、立派な馬に騎るのに見事な鞍を置くというのならば、すぐれた主人を選んで誠心から仕える意味になるが、騾馬に跨るのでは、値打ちのない主人を選んで大真面目に仕えるという意味になるであろう。

(32)　"tshig de tog ces blangs nas"『この語を心して聴け(注意せよ)』と言ったものと理解して」と訳すべきであり、《saisit le sens des mots et dit》(DTH, p. 135) ではない。"tog" は、"'dogs" の命令形 "thogs" の異字である。

(33)　“’di las ma rang pa myed”「これ以上に不満なことはない」であり、《Je ne hais personne autant que cet homme》(DTH, p. 135)ではない。

(34)　“khyod sems pa dang mi ’dra’ re”「お前は、思うことと異なることをなす勿れ」の意味であり、《Rien ne vaut ton sentiment》(*op. cit.* p. 135)では誤りである。最後の“re”は、誓いの言葉では「勿れ」に用いられている。今日の“re skan”と同義。注(56)参照。

(35)　DTH, p. 135, n. 2 は Ch. ダスの辞書(p. 800a)に見える説明をとっている。ダスは *rGya Bod yig tshang* (*mKhas pa dga’ byed*, 1434)による記述としているが、一四世紀の伝承には見当らない説である。

(36)　“zhang po”と“zhang”とを区別して、前者を「妻の兄弟」とし、後者を「妻の父」と理解する。『五清鑑』四六〇〇と四五九二に相当する。同じ呼称をその子が借用して「母の兄弟」「母の父」の意味で用いる。本文の場合、謀議の仲間として「母の兄弟」より「妻の兄弟」が選ばれる可能性が多く、“zhang po”の元来の語義を示す好例となっている。

(37)　“snyan du bon”は“snyan du gsol”「申し上げる」である。“bon”についての考証はG・ウライ氏の論文“The old Tibetan verb *bon*”(OTV, pp. 323-334)に詳説されている。

(38)　“bro len cing”を《pour le rite de conjuration》とバコーは訳す(DTH, p. 135)。しかし、そのためには“bro bor bar”でなければならない。「誓う」場合は、動詞に“’dor”, “’bor”または“rgyab”「捨てる」を用いる。また、“cing”は「〜しながら」である。“bro”には別に「口粮」「乾粮」(DTG, II, p. 236)の意味がある。これをとれば、「旅をして」の意味となる。“bro”には「踊り」をいう場合もあるが、その場合の動詞に“len”は用いられない。

(39)　“skugs”「賭博」または「骰子」(DTG, II, p. 19)の動詞。“shing khung”は「木の根元」であり、《creux boisé d’une foret cachée》(DTH, p. 135; n. 4)ではない。人々は見ていたと後に書いてあることからもわかる。

(40)　“zin ci ’u”「とらえようかどうか」。“dpyad”「調べる」。ここでは「迷った」の意味をもつ“dpyang”に解する。

(41)　“dra ma ma drangs par”は「軍をさしむけないままに」であり、《alors que la noblesse était ainsi adverse à Zing po rje》(DTH, p. 136)ではない。この表現についてはG・ウライ氏の論文“Old tibetan *Dra ma drangs*”(OTD, pp. 219-230)に詳説されている。

(42)　“de tshun chad ni”は《jusqu’ alors》(DTH, p. 136)ではなく、「(prin「連絡の役目」を)以来このかた」の意味である。“tshun”は“tshur”「こちらに向けて」の意味。

(43)　“lto sbyor du nges so”をバコーは《Il n’ y a de sûr que ton appétit》(*op. cit.*, p. 136)と訳す。“lto”「食物」、“lto ba”「肚」、

"sbyor"は「預備」「準備」(DTG, I, p. 209)の意味になる。「どこかに食物の備蓄がある(誰かの世話になっている)に違いない」と言ったのである。あるいは、「『企み』を秘めているに違いない」の意味か。

(44)　"mod la"「即刻」(Ch. Dic., p. 650b)。

(45)　"dmur dmur te"は「歯を用いて咬む」こと(Ch. Dic., p. 657b)を繰り返す意味。

(46)　ドゥルワのユナには、スィンポジェ・ティパンスムが元来住んでいた。このことは、引用文の冒頭に示されている。ルム(ロ・)ヤスムの方はタクキャボの所領であった。その下手との部分と、ティパンスムの居所ユナも含めたドゥルワ地区の城ともどもニェン氏の領地となったのである。

(47)　この名についてCPT, p. 195の注には、スムパの国主の名が同じく"ti"で終ることが指摘されている。ルムロもスムパも共にダンsBrang氏と関連がある以外に共通なものは知られていない。また、ナムパNam paと『唐書』二二一、西域伝下に多弥の別名として与えられる「難磨」との異同も、この地域が多弥とは離れているので、一応否定すべきであろう。ナムパの名については注(98)参照。

(48)　タクキャボもティパンスムも共に"Zing po rje"の称号をもっている。本文の後段で見るように、ティルンツェンに滅ぼされたティパンスムはグティ・スィンポジェを称していた。タクキャボの旧臣ニェンを自らの大臣として、タクキャボの旧領の一部に自領の一部ドゥルワを併せて領有させ、自らはゲーポ(後のペンユル)を領有した。ゲーポは本来の自領かと思われる。CPT, p. 199を見れば、ニェンと並んでガルがグティ・スィンポジェの大臣として記録されている。ガルがヤルルン王家譜代の臣でなかったことも窺われる。

(49)　CPT, p. 199参照。

(50)　PT, 1038, l. 16参照。

(51)　CPT, p. 202参照。

(52)　DTH, p. 82, ll. 23-24参照。

(53)　本論の後段で五八一年誕生説が採用される。

(54)　ティ・ルンツェンにルンクルという兄弟のいたことは他には知られていない。

(55)　バー・ニェーナンとバー・プツァプは、後段で示されるように(DTH, p. 106, ll. 14-15)、バー・イツァプの"tsha bo"「おい」であり、フル・ネームではタクポジェ・ニェーナン、マンポジェ・プツァプと称した。

(56)　バコーはここで"re"に注記して"re kan"(=re skan)であるとしている(DTH, p. 137, n. 1)。注(34)参照。

(57)　"pang du len"「証人とする」の意味。"dpang"(J. Dic., p. 326a 参照)の異字 "pang" が用いられている。不在のところで物事を決めないことをいう。従って、《prendrons parti pour le roi…》(DTH, p. 137)は正しくない。

(58)　《nous querrons les mandements du chef puissant:》(*loc. cit.*)は、"man ngag thob par 'tshal" の訳文ならば正しいが、原文 "thub par 'tshal" では「命令を完遂するように努める」の意味になる。

(59)　バコーの注(DTH, p. 137, n. 2)によれば、《nous ne servirons pas le feudataire et le roi, nous ne jouerons pas double jeu》とある。心中他の王を想い、外側のみヤルルン王に仕えるようなことを禁じたものかと思われる。

(60)　"som nyi" は "the tshom"「疑惑」のことである(Ch. Dic., p. 916b)。

(61)　バコー訳は否定辞の脱落したものと解釈して《nous donnerons notre vie》としている(DTH, p. 137; n. 3)。

(62)　ニャン・ツェンチュン、ニャン・ムクセンの間柄は次の論功行賞で「ニャン・ツェンチュンと pha spun po のムクセンの二人」(DTH, p. 106, ll. 12–13)と示されている。なお、"pha spun" については《brothers and sisters of the same father》(J. Dic., p. 330b)の説明がある。つまり、母が異なることをいうのである。

(63)　同じく、論功行賞のところでツェーポン・ナクセンの "nu bo"「弟」(DTH, p. 106, l. 16)と示されている。

(64)　バコー訳は "dgung thu" を "gung thun"「夜半」の意味にとり、"bgos" を《se séparèrent》(*op. cit.*, p. 137)とするが、"bgos" は、「分ける」"bgod" または "bgo"「着る」の過去形であり、「別れる」意味はない。"thu" は "thu ba"「襟」であり、"dgung" は "gung"「中央」の意味であるから、"dgung thu" は「後襟」になる。

(65)　DTH, p. 82, ll. 20–21; p. 137, n. 7. 'Ol god za sTong tsun 'bro ga.

(66)　"yul 'tsho' zhing bzhugs" の "'tsho'" は他動詞。"bso"(未来)"bsos"(過去)《to last》(J. Dic., p. 460a)の意味で用いられている。"'tsho" は自動詞としては "sos"(過去、命令)「生きる」「生活する」があり、他動詞としては "gso"(未来)、"gsos"(過去)「治療する」と "bso"(未来)"bsos"(過去)「養育する」の他に "btsa'"(未来)"btsas"(過去)「生育する」「看守する」(GMG, II, p. 52a)の形がある。"yul 'tsho'" の場合は、最後の形のものがもつ意味である。辞書では "btsa', btsas" の現在形として、"'tsho" を示さないが、正しくない。最後の形がもつ意味から "btsas ma"「飼料」「収穫」、「護り料」(J.Dic., p. 435a)、"so pa"《gard, watchman, spy》(*op. cit.*, p. 578a)の語が出来る。

(67)　"zhabs kyis btsugs" は "zhabs kyis 'dzugs" の過去形。"zhabs 'dzugs kyi dga' ston"《feast given, when a little child begins to walk》(J.Dic., p. 465)から知られるように、「はじめて自らお出かけになる」意味である。"kyis" は強調して言うために添えた虚辞である。

(68)　"bya gchod cing nyan rnar bkye'o" をバコー訳では《...furent envoyés chasser les oiseaux, en courriers》とあり (DTH, p. 137)、その注によると、スパイする為に「鳥追い」として送られたものとしている (*loc. cit*, n. 8)。しかし、その文によれば、"gchod" と "bkye" が接続辞 "cing" で結ばれている。"bya gchod" は "'og sha (l) bcad pa" (BTD, p. 443a)「鳥の胃を切り開く」ことである。即ち、『隋書』八三の女国伝にいう「鳥卜」の一種である。

(69)　バコー訳《Le roi manda》(DTH, p. 137) は誤り。

(70)　"chu bo rab du btod do"《La rivière était très haute》(*loc. cit.*) は誤訳。"rab" は「浅瀬」(GMG, II, p. 94a)。"btod" は "gtod"《to direct, to turn》(J. Dic., p. 209b) の過去 "btad" の異字。

(71)　"dra la ni dbye ru bting ngo"バコー訳は《elle (河) débordait à rompre les palissades》(DTH, p. 137; n. 10) とある。"bting" は "'ding" の過去形で「平坦に敷きのべる」(J. Dic., p. 276a) ことをいう。"dbye" には「平原」「広袤」の意味がある (Ch. Dic., p. 596b)。従って、この文の述部は「平坦に広く敷きのべた」となる。浅瀬で水を堰きとめて逆流させ、"dra la" を水没させ、水で平坦にした意味と思われる。"dra la" は多分、「削られたような峠」の意味かと思われる。

(72)　バコー訳では《fils Mang po rje sum》となっているが誤訳であり (DTH, p. 137)、Mang po rje sum bu の最後の "bu" は名の一部である。

(73)　DTH, p. 137, n. 12 参照。そこには《tandis que les Ouigours sont appelés Hor》とあるが、敦煌文献中にある Hor に Ouigour を呼ぶという確認はない。なお、Dru gu については TLT, II, pp. 267-291 に多くの記述がある。しかし、明らかにされた事柄は殆んどない。例えば、《while the Turks generally are designated *Hor*, the Uigur Turks are distinguished by the special appellation *Dru-gu*》(*op. cit.*, pp. 281-282) というが、Hor についてその点を明らかにする史料は一点も示されていない。引用されたものは殆んど人名中の部分に過ぎないのである。

(74)　"pha gi yung ba sna" の "Yung ba sna" は "Yu sna" の原形である (注 (4) 参照)。ただ、"pha gi" は「彼方の」であるかと思われる。バコー訳は固有名詞《Pha》(DTH, p. 137) としているが、Yung ba sna を Yu sna の原型とすれば、場所はドゥルワにあり、"pha" は「彼方」とする方がよいからである。

(75)　DTH, p. 105, l. 29-p. 106, l. 3. はじめの歌の部分は意味が不明である。

(76)　文中 (l. 17) の "mthon" は "mnon" を誤写したものである。

(77)　注 (46) 参照。三五〇頁参照。

(78)　バコーは《la terre de Za gad gshen》(DTH, p. 138) とするが、gShen は、バコーが先に訳出してある (*op. cit.*, p. 134) よ

うにバー氏と争った一氏族名である。

(79) サゲー Za gad の位置は不明であるが、メルトに近い。メルトは後代では Mal gro と綴られる (UNT, f. 6a; KTG, pp. 109–110, n. 113; VSM, f. 153a–b, Mas dro)。メルトの北側にあるタンキャ Thang skya 地区を後代ではセー gZad と呼ぶが (DTN, f. 19a, l. 1)、Za gad の崩れた形にもとづく名であるかも知れない。gZad の名は『青冊史』中によく見られる。

(80) “kho na 'i pu nu po mnon la stsogs pa” のバコー訳は《Pu nu, Po mnon et autres lieux du Kho na》(DTH, p. 138) とし、Kho na を地名としたのは bKa' chen don grub (チベット人インフォーマント) の意見によると注記 (n. 8) している。しかし、明らかな誤りである。“kho na” は今日の “kho rang” の意味であり地名ではない。“pu nu po” は “phu nu bo”「phu bo (長兄) と nu bo (弟)」の異字。ヌン・ドゥンポの兄弟たちはティ・ルンツェンに協力しなかったということを示している。これらについては既に批判がある (STL, pp. 250–255)。

(81) バコー訳は “pha spun po” を固有名詞として扱う (DTH, p. 139) が、これを冠したムクセンはツェンチュンと共にニャン氏であり、注(62)に示したように父を同じくする兄弟の意味である (STL, p. 256–257)。

(82) “dku rgyal” についても A・ロナ・タス氏の詳しい考証がある (STL, p. 263–264, n. 39)。“dku rgyal pa 'i nang du gthogs so”《appointed among those on the side of the king》(STL, p. 264) の訳文の方は、むしろ、“dku la gthogs ste” に当てるべきである。上の訳文には “dku rgyal pa” の “rgyal” が訳されていない。この場合の “rgyal” は側近に仕える人々を “rgyal phran” (小王) として扱うもので、資格を示すのである。それであるからこそ、“dku la gthogs” と “sku rgyal pa 'i nang du gthogs” とを区別しているのである。この訳文は「側近(小)王の人々の中に入れたのである」とすべきであろう。なお、A・ロナ・タス氏は “sku rgyal gyi yi ge lag na 'chang 'chang ba zhig” のうちの “sku rgyal gyi yi ge” を、この “sku rgyal” そのものの「位階」“yi ge” と理解する (STL, p. 264) が誤りである。これは、“sku rgyal” のうちで後の一二階制の「位階」を受けているものをいう。即ち、genitive の “gyi” の理解を誤ったものである。その点は “zhang lon yi ge pa” という用例、特に、Pelliot tib. 1071 に「高官にして位階を受けたもの」とある実例によって的確に知られる。“yi ge” とあるのは『学者の宴』Ja 章 (KGG, f. 20a, l. 5) にいう “yig tshang”「位階記」以外でありえないことが確認できるのである。四九四頁注(44)、四九五頁注(46)参照。

(83) 注(48)(72)参照。

(84) ティ・ルンツェンの弟ルンクルについての記述があり、ティ・ルンツェンが戦場に始めて出陣したらしいことと、タクウ・ニャシク王の生存中に計画されたことが、殆んど同じ構成員に若干の若手の人物が加わって実行されていることから、ティ・

ルンツェン即位後間もない頃と判断される。その登位が『通典』の記述によって五四〇年代と考えられることは本文で述べたとおりである。

(85)　『宰相記』(DTH, p. 100, l. 26)にガル・ティダ・ジムンがガル氏出身の宰相として現れる最初である。その前の宰相はモン・ティドレ・マンツァプであり、その頃、キュンポが将軍となって「ツァン・プー」のマルムンを討っている(DTH, p. 106, ll. 20–21; p. 100, ll. 20–21)。その後ニャン・マンポジェが宰相になり、その在職中にティ・ルンツェンが歿した(*ibid.*, p. 101, ll. 5–6)。「ツァン・プー」の討伐がティ・ルンツェン時代であるから、ガル氏がヤルルン王家の宰相となったのもティ・ルンツェン王の時代であったと言える。

(86)　ツァンポ江の南にあるヤルルンの位置を見た場合には、ユンバナから“man chad”「以低」、コン・テナルから“yan chad”「以高」の地にある。この場合、コンポを含むから、今日のツァンポ江を軸として「以低」「以高」を考えるべきであろう。とすれば、ユンバナを含む“pha”「彼方」は「西」を指すものと解されよう。

(87)　二〇三頁、二五二頁注(11)参照。

(88)　ペンユルはセルモガンと結びついている(REB, p. 200; p. 210, n. 50)。また、ソンツェン・ガムポの歿した地としても伝えられている(GSM, f. 81a, l. 2; KGG, f. 68a, l. 2)。勿論、後代の史家はこのペンユルを今日のキーチュ河の北側に当てている。しかし、セルモガンの方はカムの地である。カムのダクヤプ Brag g-yab が、ペンユルの僧院とされていることをR・A・スタン氏は指摘し(TAM, pp. 25–26)、ペンユル・セルモガンがカムの地にあることを明示している。R・A・スタン氏の指摘するところによれば(TAM, p. 73)、サンプ gSang phu の学堂(grva tshang)に 'Phan yul gLang thang gnas sgo ba と名づけられるものがある(LSZ, f. 4a, l. 5)。gLang thang gnas sgo と言えば、いわゆる mtha' 'dul, yang 'dul, ru gnon の一二の(護国)寺(GSM, f. 58a–b; KGG, f. 39b, l. 4–f. 40a, l. 2)の中のロンタン・ドゥルマ gLong thang sgrol ma を指すものとしか考えられない。ロンタン・ドゥルマ寺がカムのデンコク lDan khog 鄧柯にあることも、R・A・スタン氏の考証で明らかになっている(TAM, pp. 72–73)。

(89)　DTH, p. 103, ll. 18, 20 では“klum ya gsum/sum”であるが、『小王国表』(DTH, p. 80, l. 15)では、“klum ro 'i ya sum”とある。“ro”は国土をいうのに用いられるもので、欠けても同じものを示すことが出来る。

(90)　ドゥルワのうちにユナ(=ユンバナ、注(4)(46)参照)があった。なお、DTH, p. 102, l. 24 の“spur ba”は“sdur ba”の誤読である。ユナをドゥルワの一部と見ないで、同じであるとすることもできるが、素直な読みとり方ではない。このドゥルワの城は、後にニャン・シャンナンが滅ぼされる際に破壊される(*op. cit.*, p. 111, l. 24)。三五〇頁参照。

(91)　三九八頁参照。

(92)　CPT の表を見ると、バー氏はウルユル 'Ol yul の大臣として示される。ウルユルは今日のウルカ 'Ol kha 方面と考えられる。ウルカは、メルトの東南にあり、ウン 'On の東側を占める (UNT, f. 8b–f. 9a)。

(93)　注(79)参照。

(94)　『黄瑠璃鏡史』(VSM, f. 182a, ll. 3, 5; f. 83a, l. 1 のムンカル Mon mkhar はタナン Gra nang とヤムドク Yar 'brog の間に位置し、ロダク lHo brag の Mon kha (注137参照)でありえてもウンのムンカルではない。

(95)　注(74)参照。

(96)　UNT, f. 3a 参照。

(97)　チュクツァム Phyugs mtshams は吐蕃王国のウル「中翼」の千戸の一つ (KGG, f. 19b, l. 6)、ティソン・デツェン王時代に同じく「中翼」の千戸であるトルテ Dor te と共に大功があったと『年代記』に伝えられている (DTH, p. 115, ll. 9–10)。敦煌に駐留して擘三部落と呼ばれた(「吐支敦」 pp. 237–238; TLT, II, p. 97 参照。Pelliot tib. 16 中にはこの TLT, II 引用文の前文が fols. 22–34 まである。IMT, I, p. 6 参照)。

(98)　ナムポ Nam po と難磨が結びつかないことは既に注記した(注(47))が、ナムポはナナム sNa nams とも関係がない。ナナムについて『学者の宴』Ja 章の同じ部分 (KGG, f. 19b, l. 4) に並記されていることを言えば足るであろう。今、ルンシュー kLungs shod と近いところにナムポ相当の地を求めるならばトゥールン sTod lung のナムパ gNam pa (DTN, Ta, f. 6a, l. 6) であろう。この地の Bye ma lung (*op. cit.*, Ca, f. 11a, l. 1) はニェンチェン・タンラ山に近く (*ibid.*, Nya, f. 60b, ll. 3–4)、gNam の中心 (gshung) とされる (RDP, f. 199b, l. 3)。すぐ北に gNam mtsho があって、その名の由来も理解される。その地は問題のルンシューの西または西北を占めるものと言える。

(99)　『学者の宴』Ja 章 (KGG, f. 19b, l. 5) に見える Bran ka の Yung ba che, chung とユンバナとは関係がないとしなければならない。リチャードソン氏の指摘する場所は、ルンシューに近いので、場所としては適切であり、『黄瑠璃鏡史』の示す名 (VSM, f. 151a, l. 2) の方がむしろ変容したものかも知れない。

(100)　タクキャボの所領は、ルムロ・ヤスム、即ち、キーチュ河の上流域からメルトやウンに至る地域にあって、ティパンスムの領地の東側を占めていたものと考えられる。これは、ヤルルンにとってツァンポ江を挟んで真向いの岸に当る。従って、この地における変動は坐視できないものとして、ヤルルン王家に行動の決意を迫ったことであろう。

(101)　キロ sKyi ro はキーシュー sKyid shod のことである。その stod「上手」にペンユルがあり、下手にジャン 'Jang やモンカル Mong mkhar 地区がある。CPT によると、モン rMong 氏のもとにシェウ She'u 氏とプク sPug 氏が大臣として示されている(p. 202)。Pelliot tib. 1038 にはシャ Sha とプクとがヤルルン王家の祖と共にその「家令」phyag rtsang として示されていることは既に見た(一七五頁)。従って、もし古くから彼等がキロに拠っていたものならば、ヤルルン王家とこの土地の関係が全くなかったものとは言えないであろう。

(102)　“blo la gthogs pa” が《avoir décidé》(DTH, p. 139)とか《inspiré l'idée》(LPT, p. 239)とされるが、“blo la btags te mna' mtho' bchad pa las”(DTH, p. 104, ll. 14-15)「仲間に入れて誓約を交していたのであるが」(p. 723 参照)の例から“blo la gthogs pa”は、“blo la btags te” の自動詞形を用いた表現で、「仲間に加わっていたこと」をいうことがわかる。

(103)　バコー訳(DTH, p. 129)の訂正したものがマクドナルド夫人によって示されている(LPT, p. 239)。

(104)　マクドナルド夫人はマルムンの討伐がモンによって行われたというのと、キュンポによって行われたというのは一見矛盾するがとして、モンの場合は軍事行動に直接参加したものではないとしている(*op. cit.*, p. 239)。ただ、“dku' ched po blod pa 'i tshe” を《au moment où sa grande traîtrise allait être annoncée》(*loc. cit.*)としているが、“dku'” には《traîtrise》の意味はなく、“dku lto”「籌劃」「策略」「機巧」(GMG, I, p. 9b)の “dku” である(注(18)参照)。従って、“blod” の意味《tenir conseil》に注記して《annoncer》に変える(*loc. cit.*, n. 195)必要はなく、「大戦略を相談していた時」の意味となる。

(105)　ムン Mon とモン rMong を混同しては(LPT, p. 239, n. 199)ならない。ティ・ソンツェン(＝ソンツェン・ガムポ)王の妃のモンサ Mong za(DTH, p. 82, ll. 23-24)は、後代の伝承ではトゥールンのモン Mong 出身の大臣の娘である(GSM, f. 68 b. l. 6; KGG, f. 33b, l. 6)とされている。sKyi をキーシューとする説はロナ・タス氏によって明らかである(*AOH*, 1957, pp. 321-325)。キロ・ジャン sKyi ro lJang は、チュシュルの東(北)方、半日行程の 'Jang(DGS, f. 66b)附近を指し、これに対して、Mong sngon はトゥールン・モン、即ち、モンカル Mong mkhar(蒙戛)をいうと思われる。キョルモルン sKyor mo lung の西北、ネーナン gNas nang やツルプ mTshur phu の東になる。従って、sKyi ro ljang sngon は、バコーの示すように(DTH, p. 83)、《sKyi ro vert》と《sKyi ro bleu》の二地区から成るとされるべきであろう。皇后モンサはモン・ティドレ・ナンツァプの娘である可能性がつよい。

(106)　キュンポ・スツェは、ソンツェン・ガムポ王の晩年に近い頃まで生存していた。六四〇年代のはじめに歿したとしても、ティ・ルンツェン王登位の初期にあったグティ・スィンポジェの討伐(注(84)参照)に参加するのは困難である。記述の順序から言っても、冒頭にないので誤りの可能性がつよい。

(107)　マルムンの拠った「ツァン」が「下手シャン・シュン」であれば、そこがピャ部族と深く結びついていた事実は、既に見た

（二一四—二一五、二四六—二四七頁）とおりである。あるいは、マルムンの「マル」はマルユル（ラダック地方）と関係があるのかも知れない。

(108) 一〇三—一〇四、二〇九—二一四頁参照。

(109) 二一五—二一九頁、注(101)参照。

(110) YLD, p. 272 参照。

(111) 三四〇頁、三六三頁注(15)—(18)参照。

(112) FPG, p. 5; LPT, p. 195 に引用される。DTH にはこの部分が除かれている。四つの女王の名はヤルルン王家の妃になった人々のうちには見られない。妃を出した四氏の女王の名ではないかとも考えられる。

(113) 例えば、タク bKrags 氏はプ sPu 氏の同族であったが、ラブ lHa bu という呼び方をされている (DTH, p. 98, l. 19)。また、ク Khu、ラボ lHa bo(/bu) とも呼ばれている (*ibid.*, p. 100, II, l. 5)。「神の子」「神の徒」の意味で、ヤルルン王家の同族であることが表現されている。単なる《prince》ではない。

(114) “khyod ’da” は今日の “khyod ’dra” と同じである（注(23)参照）。決して《grand héros》(DTH, p. 139) ではない。

(115) “mi ’dzangs pa”「賢者」、“go”「理解する」であって、《C’est insené》(*loc. cit.*) ではない。

(116) 「優れた人物は」という主語が省略されているために、「嚢中の錐」という表現が理解されないらしく、バコーは《tu es comme bambou en sac》(*loc. cit.*) と訳し、マクドナルド夫人は《il est impossible de mettre une aiguille dans un sac parce que la pointe en sortira toujours》と示している。後者の訳は《une aiguille》が能力のある者を指すとしないで、征服しがたい敵と理解しているらしい (LPT, p. 239)。

(117) “snam phyi pa” (NTE, p. 7 参照) の “snam” は「臀」、“phyi” は「後背」のこと、“snam logs”「身体の後または背の側」(Ch. Dic., p. 489b) 参照。今日の “zhabs phyi”「侍従」と同義。「便所」をいう場合の “snam phyi/phyis” の後要素は、動詞 “phyi”「擦る」「払拭する」に由来する。

(118) “bsgre bsgre” は “bsgre”「推して知るべし」(Ch. Dic., p. 200a 参照) を重ねて強調したもの。「充分推測できる」の意味である。

(119) “’bang chab ’tshal bar mchi” の “chab ’tshal” は「浪費する」(Ch. Dic., p. 251b 参照) の意味である。従って、《les sujets veulent de l’autorité》(DTH, p. 139) は誤訳である。

(120) “snyan du brjod” は「耳に心地よく語る」、「直接向って賞める」である。“snyan du” は “rna bar” の敬語であるが、「お耳に」という敬語的表現を敬語不要の箇所に用いる場合、「耳に心地よく聞えるように」の意味が生ずる。従って、単に《personne n'a jamais parlé》(*loc. cit.*)では正訳ではない。

(121) "zhugs kyang ma zhugs"「入るにも入ったことがない」の意味。

(122) 「如何なる試錬の機会も与えられたことがない」の意味。

(123) セルクン・レウゲルとは何処にあるか不明である。セルクン gSer khung は「金の本」、レウ Re'u は「小山羊」、"rgal" は「跨がる」の意味になるが、二つの地区を指すというより一つの地区名に異名を冠らせたものとすべきであろうか。

(124) "'brog" は「牧地」であって、《les troupeaux》(DTH, p. 140)ではない。

(125) ドンチェポ・グルキラは地名らしいが、所在は不明である。多分、ダクポに近い土地であろう。意味は「野生大ヤクの銀の角」(*loc. cit.*, n. 1)である。

(126) LPT, p. 195 (Pelliot tib. 1286, l. 1)参照。"bSen mkhar" は、或いは、"gSer mkhar" を原形としたかも知れない。

(127) マクドナルド夫人は "'Brog mo thang" として固有名詞に扱っている(LPT, p. 240)。

(128) 以下の部分についてバコー訳も、マクドナルド夫人も rNgeg Sum brtsan skya bo reng を人名と判断せず、なお、センゴ・ミチェンに関する記述の一部とするため混乱している。冒頭の "pyogs" は "logs" と同義であり、副詞であるため、*locative* の "su" を除いた形でも用いうるが、「傍に」の意味である(DTH, p. 140; LPT, p. 240 参照)。

(129) "pul pyin" は "phul byung" と同義、例えば、"zhabs tog phul phyin bstar"「至れり尽せりの接待をした」(DVI, f. 80b, ll. 2-3)に確認できる。

(130) タクポと 'Bon da rgyal を同一視する見解がG・ウライ氏によって示される(LTR)が、Da rgyal の代りに Dags rgyal の名が1回でも DTH の中に見られるというならともかく、誤字の多い AFL (p. 76, l. 333-334)中の1異字(CPT, p. 193)によって "da rgyal" の称号がすべて Dags po 王を示すとは到底言えるものではない。

(131) UNT, f. 9a; DGS, ff. 73b-74a.『黄瑠璃鏡史』(VSM, f. 159a, l. 2)によると、ウルカとタクポの境に rGya sog lha sdings という僧院があるという。

(132) ゲク氏については一七五―一七七頁を、「附国」との関係については二一六―二一九頁参照。

(133) 注(85)参照。

(134) 宰相として用いられたものの名が『宰相記』(DTH, p. 100)に見える。Khu, lHo, rNgegs, gNubs, Thon myi, sNa nams, Shud phu の範囲から Mong, mGar, Myang, Khyung po, dBa's, 'Bal に発展し、更に、外戚を中心とする 'Bro, mChims, sNa

nams の範囲に固定するのである。「吐蕃王国的」というのは、「吐蕃王国」の前段階の意味であって、宰相として採用される氏族の範囲が、ヤルルン王家譜代の臣の枠から外れたことをこの表現で把えたのである。

(135) ニャン・ムントレとはニャン・ツェンクのことである。この後の部分(DTH, p. 108, l. 7)に「ルムで水を絶ち止めたのはツェンクとムントレであった」ともされている。本文二七〇、二八九頁参照。

(136) “zha 'bring snang ma pa” を LPT (p. 240) では《au service de roi avec le grade inférieur》とし、Pelliot tib. 1047, l. 7 に “zham ring pha” とあるものと同一視している (*loc. cit.*, n. 203)。別に示された注記 (*op. cit.*, p. 276, n. 329) の中では “zha 'bring nang pa” の例を同一のものとする。“zha 'bring pa” は、文成公主に関する『編年紀』(TLT, II, pp. 8-9) に見える “zham ring” (ll. 12, 25) と同じく、今日 “zhabs 'bring” と記すもの、即ち、「侍従」の意味の語に “pa” をつけて、その種の人々を指したものである。“nang pa” “snang ma pa” が加われば更に限定されるわけで、同じではない。問題の Pelliot tib. 1047, l. 7 には “blon po dang zham ring pha yan chad”「大臣と侍従職以上」とあって、大臣と侍従を別の職とし、DTH (p. 110, l. 1) でも “shang lon zha 'bring” と並記するのみで、《*zhang-lon* jusqu'au (grade de) zha-bring》(LPT, p. 276, n. 329) とは書いてない。従って、《grade inférieur》とするのは正しくない。むしろ、“blon po”「大臣」相当位の「侍従」を “zham ring pa” としていることが Pelliot tib. 1047 から知られる。他方、“snang ma pa” は、多分、“nang pa” と同じであり、“nang pa” と “phyi pa” に分れていたことを示すものかと思われる。或いは先に見た “snam phyi pa” (注(117)参照) がその正式の名称であるかも知れない。

(137) 「Mon kha の一の虎」によって象徴されるものをマクドナルド夫人は Mong sngon po であるとしている (LPT, p. 240)。しかし、Mong mkhar と Mon ka は同じでない (注(105)参照)。Mon kha ならばケンツェ・ワンポの著作でロダク lHo brag にあると示されている (UNT, f. 15a)。なお、Mon mkhar については注(94)参照。

(138) “gung bkros” の訳語として《le fauve mort》(DTH, p. 140)、《le corps》(CT, p. 218)、《sa peau》(LPT, p. 240) とあるが、理由は示されていない。“gung” は「真中」の意味。“bkros” は「選抜する」意味 (Ch. Dic., p. 31b; GMG, I, p. 13a)。従って、スタン氏の訳が最も適合している。

(139) “sla lvo” は《assistant》(DTH, *loc. cit.*)、《fut gratifié》(CT, *loc. cit.*)、《la récompense》(LPT, *loc. cit.*) と訳される。“gla” の意味にとられている。しかし、“gung bkros” との対応から見ると、これは “slad”「後部」と “glo”「側面」を併せて “sla lvo” と綴ったのではないかと思われる (LPT, p. 240 参照)。

(140) “rtsang brang ni ya stod kyi thang prom ni rgod lding ba” は《Natif du rTsang, un vautour/du haut Thang prom

planait》(DTH, p. 140)、または、《En haut, oh oui, du fort de Tsang/A ventre blanc, il plane, l'autour》(CT, p. 218)と訳されている。“rtsang brang”の“brang”は、「住居」の意味から、配下にある村を指したものと推測される(五七頁注(26)、「蘇毗領」四三―四四頁、注六二参照)。敦煌文献には、brang tshe 'u/drang rje/dang rje の用法が見られ、このうちの“drang”は、“dra ma drangs”(OTD参照)の用法研究から(D. Dic., p. 493b)、“drag po”《puissant, fort, noble》(*ibid.*, p. 494a)と同義をもっていたことが推定される。これによれば、“brang”にも同じ意味《fort》が託されてよい。従って、上記の両訳は共に誤りではない。“thang phrom”は《à ventre blanc》(「蘇毗領」四四―四五頁、注六四、六五参照)でよい。ただ、この一節に二重の意味を担わせるならば、託した他の意味に「より抜きの強者」を考えることが出来る。“thang”は“thang po”「耐労苦」「強健」(GMG, I, p. 34a)の意味であり、“prom”を“phrum”の異字として(TAM, pp. 37-39参照)見れば、「酪」のことであるから、「『強健者』の『精髄』のようなもの」(「蘇毗領」四四―四五頁、注六五参照)を意味すると考えうるであろう。R・A・スタン氏によると、“thang prom”は「鷲」(rgod)の異名“thang dkar”の原の形ともみなされている(TAM, p. 39)。“ya stod”について《du haut》とか《en haut》の訳語が用いられているが、“ya”も“stod”も、地面における高い場所を指すのに用いるが、天空の高い所をいう例は知られない。従って、マクドナルド夫人の訳《au dessus de rTsang》(LPT, p. 241)も含めて適当でないと思われる。“ya”は“ma”に対し、“stod”は“smad”に対し、それぞれ「低」に対する「高」であり、下流域から上流域を指していう。チベットの場合、今日のツァンポ江を軸としてこの言葉が用いられる。一般的な用法としては“stod mNga' ris”“smad mDo khams”がよく知られる。この他、西方の国をいうのに、敦煌文献では“stod phyogs”(DTH, p. 56, l. 26; p. 113, l. 7; p. 115, l. 1)という。更に、rTsang smad と sTsang stod の用法については先に詳説した(二四七―二四九頁)とおりである。“ya”についても、Yar gtsang の名によって sTsang stod 方面を指した実例を先に見てきた(*loc. cit.*)。シャンシュンに関して“stod”と“smad”をいう場合、“stod”がインダス河の下流域地方を指しているので、チベット全体の「西北方」がこの語によって指されているのがわかる。ケンツェ・ワンポ『聖地案内』(UNT, f. 21b)には“'di nas yar stod phyogs”「これより yar stod 方角」として、ラツェ lHa rtse より西方を指している。従って、“ya stod”とは、チベットの西北方面を指す言葉と考えられ、漢人がシャンシュンをいうのに「大羊同」「小羊同」と称したのは、この語を用いたものかと考えられる(二五〇頁)。以上を考慮して冒頭の一節を読むと、「ツァンに住む者(勇者)、Ya stod(「羊同」)の、白い胸、天翔ける鷲」と訳がつけられる。前半は主部、後半は述部で、いずれも倒置法によって強調されているようである。従って、「ヤートゥーの rTsang に住む者は、天翔ける鷲の白い胸である」と読みかえることが出来る。“rgod lding pa”「天翔ける鷲」とは、後代、Miran 方面に出動したチャンポ・グーディンギデ Byang po rGod lding gi sde(TLT, II, pp. 128, 129; Mi.

vii. 63b, xiv. 008, xvi. 15)と関係があるかも知れない。ただ、この名は「四翼」はもとよりスムル、即ち「支部第三翼」(孫波)や上下両シャンシュンの千戸のうちにも見出されないので詮索には耐えない。この部分についてマクドナルド夫人は、キュンポが「ツァン・プー」の主マルムンを討ったことを暗示するものとしている(LPT, p. 241)が、正しいであろう。

(141) “gsab gsob”についてスタン氏(CT)は特に訳出せず、LPT, p. 241では《le bénéfice》と訳されている。しかし、根拠はない。一般に“sab sob”は「不完全」「有欠陥」(GMG, II, p. 117a)をいう。即ち、部分的に欠けた残余の状態を指す。因みに、動詞“gsob”は《to fill up, to complete, to repay》(J. Dic., p. 591b)である。バコー訳が《Et reçu *en retour*…》としているのは、動詞の意味を用いたのであろうが、誤りである。

(142) 歌の中の定り文句、バコー訳では《Avant les deux années dernières》(DTH, p. 141)、スタン氏は《Aux jours d'antan》(CT, p. 218)とし、マクドナルド夫人は《Jadis》(LPT, p. 241)と訳す。文字通りをいえば、「去年は〔と言えば〕、一昨年が〔その〕前〔にあるが〕」となり、「以前のことであるが」という意味に理解される。

(143) 注(142)の表現と一対をなす。即ち、前者が「以前のことであるが」というのに対して、今、問題としている表現は「この先ずっと」の意味になる。文字通りは「今日が、明日のごとくならば」となる。未来が同じ調子に続くことをいうのである。

(144) シャムポ Sham po はヤルラ・シャムポ Yar lha sham po であり、ニェン gNyan はヤルルン王家の sku bla「御霊神」である(二五六—二五七頁注(44)参照)。その下にあるというのは、ヤルルン王家に仕えることを意味する。バコー訳では gnyan を誤って gnyen「友」の意味に理解し、rtsa「麓」を rtsva「草」の意味にとっている(DTH, p. 141)が、正しくない。CT, LPT はこれらを改めている。

(145) “tshas ma ngan”の“tshas ma”を“btsas ma”と理解して、バコー訳では《moisson》(DTH, p. 141)と示されている。次の一節では“tshas ngan na”「tshas が悪ければ」とあるから、この部分も“tshas”と“ma ngan”に分けて読むことも出来る。“tshas”は多分“btsas”に当り、“btsas ma”「飼料」「収穫」を意味する。この語については“tsho”「養う」に由来することを先に説明しておいた(注(66))。今、「飼料」というには、“btsas ma”とも綴る。その場合、“ngan”が孤立して「悪い」の意味になる。ここでは、そのようにも言いたい含みがあり、いずれにもとれる表現を選んでいるのである。スタン氏もマクドナルド夫人も“tshas”を《la chaleur》とし、“ngan”を《craignent》とか《noctive》と訳すが、“tshas”を“tsha”の具格としても、この意味を“ngan”によって受けることは考えられない。また、“tsha”が「暑さ」を表すのは、熟語中に用いられる場合であり、単独では必ず接尾辞“ba”を伴う。述語として用いられる場合は“tsha”のみでよい。

(146) “brun”に対して《impurté issue》(DTH, p. 141)、《〔neige〕fondues》(LPT, p. 241)との

訳がある。《humecteraient》は“bran”の訳である。《fondues》は、次にくる一節の“mtsho ’is brun”が読めなくなる。スタン氏の示した“brun/bran”は可能性のある交替である。例えば、“rungs/rangs”(「可である」/「満足である」)“ru/ra”(「角」「部分」)がある。今、“bran”の異字“sbran”の現在形“sbron”を見ると、《to call to》(J. Dic., p. 407b)とあり、L・S・ダヤプの辞書では《’bod pa dang grogs su bcol ba ’i dus gsum char》(BTD, p. 484a)「呼ぶ」「頼りにする」の過去・現在・未来形に“sbran”を用いるとしている。ここでは、「雪を見るとカイラーサの名が呼ばれる」「～なつかしくなる」の意味になる。

(147) 「神の湖である」とは、ヤルルン王家を守る神の湖であり、拠るべきところであるという意味、マパム Ma pham はマーナサロワラ Mānasarovara 湖であるが、タンコ Dang ko は何を指すか知られていない。おそらく、今日のティクムツォ Gri gum mtsho のことであろう(KTG, p. 126, n. 255 参照)。

(148) キュンポの最も言いたいところである。“’phan gyi snon”の“’phan gyi”は「弱いのにもかかわらず」の意味。形容詞“’phan”「弱い」が述語として用いられ、反戻接続辞の“gyi”を伴った場合である。“snon”は「加える」「増加する」(GMG, I, p. 180a)であり、“gnon”「圧する」とは明瞭に区別される。後者の正字は“non”(GMG, I, p. 174b)、この種の敦煌文献では過去形に“mnan”(DTH, p. 121, l. 29)が用いられている(注(178)参照)。この部分をバコー訳では《Le lHo-rngegs est augmenté du ’Phan》(DTH, p. 141)とし、スタン氏も同じく《Par Phen fut agrandi Lhongeg》(CT, p. 219)とするが、マクドナルド夫人は《Les lHo rNgegs ont été soumis (et englobés) par les ’Phan》(LPT, p. 242)としている。即ち、“snon”を“non”「制圧する」にとっているのである。しかし、マクドナルド夫人が自ら引用して注意するように(*loc. cit.*)“’phan gyi snon”と“’phan gyis btab”がそれぞれ二例ある。いずれの例でも前者には“gyi”が、後者には“gyis”が区別して用いられているので、夫人の示す訳文は適当ではない。また、“’phan”を地名としたい場合は、その方が適切であることや、「弱い」(形容詞)としたり、次注に見る「手柄」(名詞)とする解釈では文が成立しないことを説明する必要があろう。

(149) “’phan gyis btab”のバコー訳は《Par le ’Phan〔les clans〕Se et Khyung sont établis》(DTH, p. 141)であり、他の両氏もこれに従い、《Par Phen fut établi Sekhyung》(CT, p. 219)、《les Se et Khyung ont été établis par les ’Phan (LPT, p. 242)とする。今、“’phan”は“gyis”が後にくるから名詞になる。次の“btab”は“’debs”の過去形であり、「(然るべきところに)置く」「蒔く」「投げる」の意味である。《to establish》の意味は《to pitch a tent (driving in the tent-pins)》(J. Dic., p. 279b)から派生するものであって、上記の意味には用いられない。“’phan”は“phan”の異字(GMG, II, p. 16b)で、「力量」「能力」(Ch. Dic., p. 520b 参照)の意味にも用いられる。即ち、「能力の故に〔本国から離れたところに〕配置された」ことをいう。“gyi”と“gyis”は、発音上殆んど区別されないため、先に見た(注(148))“’phan gyi snon”は「能力の故に加俸され」という意味にも聞

こえることによって予め申し開きが用意されている。この二重の表現がこの歌の生命なのである。

(150)　“phan ba”「弱いもの」であるが、同時に“phan ba”「役に立ったもの」意味であるかのように聞こえる。この“phan ba”が修飾する対象をスタン氏は《(le roi)》と補う(CT, p. 219)が、バコー訳は示さない。マクドナルド夫人は《jadis les 'Phan ba (étaient faibles)》(LPT, p. 242)として、《'Phan ba》をもち出す。《le roi》を補うのはまだ理解できるが、《'Phan ba》を、たとえ、ペンユル 'Phan yul の人の意味にとっても、これと lHo, rNgegs, Se, Khyung、それに後出の部族名 lDong, Tong との関係は見出しがたい。後代の伝承にも、これらと並ぶ 'Phan の名は知られない。ゲーポを改めてよんだ 'Phan yul と関係があるとすれば、《Jadis les 'Phan ba》などとは言わず、ゲーポの名によって言及された筈であって、到底採用しかねる説である。

(151)　“spyan”は“mig”「目」の敬語である。従って、「(王の)御目」かも知れない。“yas”は「無限」の意味である。例えば、“bsam yas”「不思議」、“gzhal yas”「計量しきれない」、“mtha' yas”「果てしがない」などである。今、“spyan”は動詞であることも出来る。その場合の意味は「留心」「注意」(GMG, II, p. 7b)することである。即ち、「限りなく留心する」ことになる。“spyan rgyang che ba”「大いに目をかけること」(DVI, f. 100b)と同義であろう。“rgyang che ba”は「距離が長い」を意味する。従って、《n'a plus d'eux》(DTH, p. 141)、《son œil voit au-delà》(CT, p. 219)、《comme leurs yeux voient loin!》(LPT, p. 242)のいずれも正しくない。

(152)　“dbu pying ni gro bo la”を“dbu pyir ni gro bo la”と読み、「御先頭の後に従ったものに対し」と理解した。“gro bo”は今日の“grogs po”「供」の発音を写した異字と考えられる。

(153)　“tha ma”は「末尾」、“dbu”「御先頭」に対する言葉であるが、同時に、先の句“da tsam”と対応させて「今日、末尾のもの」の意味にとるべきであろう。

(154)　「ヤクに取りまかれる」は“phyug po”「家畜をもつもの」「富人」の意味である。

(155)　“zu tse ni stsal lags grang”は、この歌で最も言いたいところである。“zu tse ni stsal”「(それが)zu tse に賜られる」の後に“lags”が加えられる。話し手、ここではスツェその人、が王に同意を求めるため、丁寧な認定の助動詞を加えたのである。即ち、「のでございましょう」に当る。最後の“grang”は、“yin grang”というところを丁寧に“lags grang”と示したので、駄目を押す場合に用いる「ね」と同じである(Ch. Dic., p. 129a)。この“grang”を、バコー訳は《peut-être》とする(DTH, p. 141)が、前文を《C'est Zu tse qui donne》と誤訳している。スタン氏は“grang”を“greng”の意味に訳す(CT, p. 219)が正しくない。マクドナルド夫人は《C'est grâce à la valeur de Zu tse》として(LPT, p. 242; n. 212)、全く別の解釈を施し、そこには“lags”も“grang”も無視されている。

(156) 注(150)参照。

(157) "phan gyi"「弱いにもかかわらず」は"phan gyis"「有能であったがために」とも聞こえる。

(158) キュンポ氏はシャンシュン・ダルパ 'Dar pa の主リク・ニャシュルの大臣として小王国表中に見える(CPT, p. 204)。また、シャンシュンのキュンルン Khyung lung の名はキュンポ氏の国を意味するからこの地の出身と考えられるが、本文の歌によってその事実が確認される。ヤルルン王家に仕えたのがティ・ルンツェン時代以前にあったかどうかは知られていない。歌による限り、この時が始めてのように見える。

(159) 「ツァン・プー」を与えられたと示す他に、『年代記』は新たにティボム Khri bom に居を構えたことをいう(DTH, p. 112, l. 3)。二六一頁　注(88)参照。

(160) この点については、二五三—二五四頁　注(17)参照。

(161) 注(137)参照。"mon ka'i stag chig pa"の表現は他に二回示される(p. 119, ll. 12-13; p. 120, l. 7)が、特定の部族を指すものでない。バコー訳には注記があり(DTH, p. 163, n. 2)、Mon ka を Mon と同一視している。Mon は同注にあるとおり、ヒマラヤ南部を指し、今日のブータンやその東部もいう。

(162) ニェル gNyal はロダクのムンカ Mon kha より東にあり、今日のムン・ツォナ Mon mTsho sna の北側を占める。ヤルルンの南側に当る。ケンツェ・ワンポの『聖地案内』は「ヤルルン Yar klung の裏側のロカ lHo kha の上手、下手に諸学の発祥地たるエ E の国と、ニェル、ロロ Lo ro、トシュル Gro shul、チャル Byar〔がある〕」(UNT, f. 11a)と示している(KTG, p. 126, n. 258 参照)。このニェルの名は後に見るが、Pelliot tib. 1288 の冒頭に見え、ソンツェン・ガムポの弟ツェンソンが赴いたところとされている。

(163) LPT, p. 242 の訳文は《une ministre de lHo-rNgegs》とするが、"blon po lho rngegs chig gis"「ロまたはゲクの大臣の誰かが」の意味に理解されていない。この"chig"は「誰か一人」の意味であり、"lHo rNgegs"を「一人」として扱っているのではない。従って、マクドナルド夫人の注記(*loc. cit.*, n. 213)も、バコー訳《un conseiller "lho-rngegs"》(DTH, p. 141)と共に正しくない。スタン氏の訳は《quelqu' un répondra au ministre de Lhongeg》(CT, p. 219)となっているが、主客が逆転している。

(164) "pe 'u zur"は"spe 'u zur"であろう。"spe 'u"は「城」もしくは《mda' yab》(DTG, I, p. 175)、即ち、「欄杆」或いは《a covered gallery on the top of a house》(J. Dic., p. 272b)であり、ここの意味は「城」の方ではない。"zur"は「隅」である。"spe 'u zur du"の意味に解した。

(165) “bring po bchas pa tsam”「ひたすら中立を保っていたもの」の意味。動詞“bchas”は“bcas”の異字で、“cha”の過去形、「誓う」(GMG, I, p. 100a)「保つ」(BTD, p. 221b) 意味。「知らぬ顔をして、ただ黙っていた」ことをいう。

(166) “snang ma ltom zhing mchis”の“snang ma”は、注(136)に見た“zha hbring snang ma pa”の職域をいう。従って、《de rang moyen》(DTH, p. 141)や《le grade inférieur》(LPT, p. 242)は正しくない。“ltom”は“bltams”の現在形で、“ltam(s)”の異字である。空いている場所を「充満する」(GMG, I, p. 126a)意味である。「地位を充たす」ことから“gtams”《to appoint》(J. Dic., p. 206b)と同義にもなる。“~ zhing mchis”は状態を示す語法で、「~しつつある」を意味する。

(167) バコーの訳文では、《Zhang snang pe 'u zur, de rang moyen, qui feignait de n'avoir rien compris》(DTH, p. 141)とするが、Myang Zhang snang を誤り解し、“pe 'u zur”を人名の部分に入れている。“bring po bchas”を“bring po bcos”と改めて(*loc. cit.*, n. 7)も、“bring po”に《n'avoir rien compris》の意味を託することは出来ない(注(165)参照)。スタン氏の訳文《Shangnang qui était attaché au service personnel du roi et chargé des sceaux secrets》の訳(CT, p. 219)がどのようにして成立するか不明である。他方の、マクドナルド夫人の訳文《qui venait d'entrer au gouvernement dans un grade inférieur》(LPT, p. 242)は“ltom zhing mchis”を《venait d'entrer》と訳したものらしいので、状態を表わしたものが近過去に誤解されているらしい。

(168) “rmas”は“smras”の異字に由来すると思われる。後段で、シャンシュンのリク・ミリャに嫁した王女セーマルカルが吐蕃王の使者プク・マンチュンsPug rMang chungに話しかけるときも、“rmas”が用いられている(DTH, p. 116, l. 4)。Chos grags は《skad cha dris pa》「たずねる」(Ch. Dic., p. 659b)としている。

(169) グティ・スィンポジェを滅ぼしたことを、魚に譬えて歌っているのである。“nya”は「魚」である。“kham du bkod”の“kham”は「1小塊」(GMG, I, p. 27a)である。“rmeg du bta”は、「無にする」(Ch.Dic., p. 660b)をいう。スタン訳では、“nya”を「魚」としないで、何故か《les tendons》として、《Reduit en morceaux depuis les tendons, Réduit à néant depuis les morceaux》(CT, p. 219)とする。“kham gcig”は「1口で食べられる食物」(Ch. Dic., p. 77a)をいうから、「魚を小塊の食物にして、それを食べ尽して跡かたもなくした」という意味にとるべきかと思われる。その魚については次の句で改めて説明されるのである。

(170) 「食べ尽された魚」のスィンポジェを水中から岡に“don pa”「ひき上げた者」(GMG, I, p. 162a)の意味である。スタン氏等の訳文では前後がつながらず、スィンポジェを「魚」にした譬えがすべて無意味になる。キ(チュ)河の魚がペンユル(=ゲーポ)の領主グティ・スィンポジェを指すことは極めて明らかである。

(171) 二七一、二七五頁参照。

(172) 二七一、二七五頁参照。

(173) 二七五頁参照。Khur ra は、sDur ra/sDur ba の崩れた形を誤写したものと思われる。“rags thogs shing” の “rags” は「堤防」(Ch. Dic., p. 816a), “thogs” は動詞で、「阻害する」(GMG, I, p. 139a) の意味。“khur ra” が “yur ra/ba”「水路」の誤写かとも思われたが、対応する文はすべて固有名詞がきているので、上記のようにした。

(174) ヌン・パンスム・ドゥンポ mNon Pang sum 'dron po の名は本文二七二頁に見えている。名のあとに用いられた “zhig” は「〜なるもの」の意味で、“lte bu” “lta zhig” を伴う場合と似ている。

(175) Thang la は gNyan chen thang la (/lha) である。ルンシューの西トゥールンのナム gNam にある(注(98)参照)。即ち、グティ・スインポジェの権威を象徴する。多分、その sku lha「御霊神」の宿る山であろう。

(176) “rmed” は “rmen pa” の事(BTD, p. 510b) とされる。即ち「瘤」である。《culture》(CT, p. 220) は “rmod” の訳語である。

(177) グティ・スインポジェの居城である(二六九頁参照。ユンバナと同じ、二七五頁参照)。

(178) “snon” は、すぐ上の “bsnan” の現在形であり、いずれも「加える」(GMG, I, p. 180a; DTG, I, p. 167; BTD, p. 385a; Ch. Dic., p. 491b) の意味であって、「圧する」意味の “non”/“gnon” “mnan” とは常に区別される。従って、マクドナルド夫人が訳語《écrasée》(LPT, p. 243) を二重の意味として加えるのは不適当である。その意味をとれば、文法的にはヤルラ・シャムポやチンワが「制圧される」ことになるからである。

(179) ニャンの歌の場合、ロ、ゲクを特に「弱い」という必要はないので、「有益な」と理解すべきであろう。

(180) 「有能のゆえに国換えになった」のはセ Se、キュン Khyung のみではなく、ドン lDong もトン Tong も同じであると切り返している。ただ、ドン、トンはセと共に部族名であり、例えば、ゲク氏はトン部族と解される(一七五頁参照)。

(181) 同じ表現(注(151)参照)を用いて王を讃えているのである。

(182) “pho ma 'i” をスタン氏は “pho ba 'i” の意味で《l'errant》(CT, p. 220) とし、バコー訳は “pho mo”、即ち、《mâles et femelles》(DTH, p. 143) とする。マクドナルド夫人は “spo ma” の異字か同義語とする(LPT, p. 247, n. 228)が、典拠が示されていない。むしろ、“pho kheng”「能力」「自信」(Ch. Dic., p. 525b), “pho tshod”「毅力」(*op.cit.*, p. 626a), “pho so”「勇力」(GMG, II, p. 12b; J.Dic., p. 346a), “pho che ba”「高貴」「傲り」(GMG, II, p. 12b) に見られる “pho”「逞しさ」「雄性」の意味から、それをもつものとして “pho ma” の語があり、“pho bo” と言えば「長兄」をいう(GMG, *loc. cit.*)ように、群を統率するような大物の雄を指すのかと思われる。また、pho の邸が「宮殿」pho brang であることに注意したい。

(183) 竹と鏃の解釈はバコー訳以来確立されている(DTH, p. 143; CT, p. 220; LPT, p. 247)。竹は矢の軸でキュンポをいい、鏃はスィンポジェを殞したウーの諸侯もしくはキュンポ氏に協力した他の部族を指す。

(184) この部分についてもバコー訳以来問題はない。注(183)参照。鷲の羽根も他の協力者を指す。

(185) ゲーポ、即ち、今日のペンユル、そこにはラサ Ra sa、今日の Lhasa がある。Ra sa は邏娑、邏些によって写された(CL, p. 154, n. 5 参照)。

(186) "kom tse"は、"'gon rje"「上に跨がり制圧する主領」をいうのかと思われる。"'gom"「践踏」(GMG, I, p. 60b)参照。他の意味は"khom pa 'i tshe"「有閑な君主」を縮めたものとも理解されるが、このような意味も重ねていうべきであろうか。

(187) 針と糸の譬えはバコー訳では理解されず(DTH, p. 143)、「針もぐら」を「牝豹」とのみ解釈して文意のつながりを見失ってしまう。スタン氏は「針もぐら」の針と糸に理解した(CT, p. 220)が、"kom tse"と、「針もぐら」を同格に解釈し、最後の"kom tse ni nyid mi 'jo"を"kom tse nyid *kyis* mi 'jom"の形に解した訳文を示す。勿論、許されることでない。注(185)で見られるように、Ra saを含むRa yul「ラの国」は他ならぬゲーポの国であり、ニャン、バー等の協力で征服されている。"nyid"は"gnyid"の異字、"'jo"は「満足させる」(Ch. Dic., p. 295ab)意味。

(188) "mtshan ma"は「徽章」であって、《son titre》(DTH, p. 143)でも、《du nom》(CT, p. 220)でもない。それをいうなら、"yi ge" "ming"或いは"mtshan"が用いられる。

(189) "yang rdul"の"rdul"は「粉」「磨き粉」。従って、"yang rdul"は「更に細かい粉」をいう。これが"gyi"を伴って宝石を修飾すると、「最上磨き上げの」の意味になる。"pug bu cung"は"spug"の小さなものをいう。"spug"は「猫目石」(Ch. Dic., p. 507b)「寒宝石」(DTG, I, p. 174)をいう。バコー訳《un petit creux de poussière》(DTH, p. 143, n. 2)も、スタン氏の固有名詞《Ngulgyi pug-bu chung》(CT, p. 220)説も適当ではない。この頃なお、"yig tshang"「位階記」のなかったことも示されている。

(190) キュンポ氏以外は知られていない。注(158)参照。

(191) その原因には附国の隋への朝貢事件が尾をひいたと考えられる。二一六—二一九頁参照。

第二章　ソンツェン・ガムポ王の時代

ソンツェン・ガムポ Srong btsan sgam po 王は、漢土と公式に接触をもった最初の王である。敦煌文献中の『年代記』の記述によっても、古代のチベット王国を完成した王として示されている。従って、「吐蕃」の名称のもとで議論が試みられる場合、すべてこの王を主題にすることから出発する。

チベット人の歴史家によるソンツェン・ガムポ像は、仏教をこの国に導入した聖君主として示される。今日に伝わるチベットの史書は、例外なく一一世紀以後の仏教徒の歴史家の手によって成っている。従って、何の記述においても上記の固定観念にもとづいた変容は免れない。この種の変容したもののみを通して歴史的な真相に迫ることは不可能に近い。

しかし、幸いなことに、この場合もその変容を免れた敦煌文献の記述が新しい見解の構成を許し、漢文史料がそれを助けてくれるのである。

第一節　ソンツェン・ガムポ王前後の系譜

Pelliot tib. 1286(旧番号二四九、DTH, p. 82)の『王統表』には次のように示されている。

ルンツェン・ルンナム sLon brtsan rlung nam とツェーポン Tshes pong 氏の女ディンマ・トクグー 'Bring ma thog dgos の間に生れた御子ソンデツェン Srong lde brtsan。ソンデツェンとモン Mong 氏の女ティモ ニェン・ドンテン Khri mo mnyen ldong steng との間に生れた御子クンソン・クンツェン Gung srong gung rtsan。クンソン・クンツェンと公主マンモジェ・ティカル Mang mo rje khri skar との間に生れた御子マンルン・マンツェン Mang slon mang rtsan。マンルン・マンツェンと……。

先ず、ルンツェン・ルンナムについては、既に見たように、Pelliot tib. 1287 (DTH, p. 105, l. 6) の冒頭に、

　賛普ルンツェン sLon mtshan とルンクル sLon kol の御兄弟二人が……

とあり、更に、ニャン・ツェンク Myang Tseng sku 等による盟誓の記述に続いて、

　弟ルンクルと母(ウルグー女 'Ol god za)トンツゥン sTong tsun[1] の二人は退いて国を守っておられた……

としたのち、ティ・ルンツェン王自らは万の軍を率いて出陣し、グティ・スィンポジェを滅ぼしたとされている。これを機会に、ヤルルン王家が一地方の土侯から最も強力なものになる一歩を外に踏み出したことは、前章に見たとおりである。

この後、家来達により王に称号が捧げられた。その様子は次のように書かれている。

　それからゲーポ Ngas po の国の家来達バー・イツァプ dBa 's dByi tshab 等が王の御名を奉呈した。御政道[2]〔の権威〕が天よりも高く、御冑〔武力〕[3]は岩山よりも堅固であるからナムリ・ルンツェン gNam ri slon mtshan とお呼びした[4]のである(DTH, p. 105, l. 34–p. 106, l. 3)。

後代ではナムリ・ソンツェン gNam ri srong btsan と伝えられる名の由来である。母の名は前掲の『王統表』には、

　タクウ・ニャシク sTag bu snya gzigs とウルグー氏の女トンツゥン・ドガル sTong tsun 'bro gar の間に生れた御子ルンツェン・ルンナム

とあって、ルンツェン・ルンナム sLon brtsan rlung nam の前半部分が sLon mtshan と写されることも知る。sLon brtsan が更に sLon btsan と写されることは他の王名の場合と同様[5]である。従って、Khri slon btsan (DTH, p. 101, l.

6)、btsan po Khri slon btsan (*ibid.*, p. 110, ll. 26–27) と示される他、単に gNam ri (*ibid.*, p. 111, l. 34) とも書かれる。漢文史料では sLon mtshan は「論贊」または「索論贊」とも写されたらしい。『唐書』吐蕃伝上に、

　詎素生㆓論贊㆒、索論贊生㆓棄宗弄贊㆒

とあるのは、既に示した(一三一頁)ように「詎素若生[6]索論贊㆒、索論贊生㆓棄宗弄贊㆒」とあるべきもので、佐藤長氏が夙に説明する[7]とおりと考えられる。

ティ・ルンツェンの妃、ツェーポン氏の女ディンマ・トクグーについては、後代の書き方では Tshes pong が Tshe spong とも示されるが、敦煌文献では、この『王統表』以外から知られることは殆んどないようである。

後代の文献では、この王妃名は崩れた形で次のように見えている。

Tshe spong bza' 'Bri ma tog this skong (GGG, f. 197b, l. 1)
Tshe spong bza' 'Bri bza' thod dkar (SRD, f. 118b, l. 4)
Tshe spong bza' 'Bri ma thod dkar (HLD, p. 16b, l. 3)
'Bri bza' Thod dkar ma (GSM, f. 28b, ll. 4–5)
'Bri bza' Thod dkar (KGG, f. 13b, l. 2)
Tshe spong bza' 'Bri ma thod dkar (DSG, f. 14a, l. 4)

thog dgos が殆んど thod dkar に変っている。ルンツェンとこの妃の王子としてソンデツェンの名があることは『王統表』に見たとおりである。

ソンデツェンの名は、場合によっては彼の五代後に出生するティソン・デツェン Khri srong lde brtsan の名と同じになるため、極めて紛らわしいことになる。

先に見たルンツェン王の場合でも、btsan po sLon mtshan とか btsan po Khri slon btsan という

ように、ティ khri の称もツェンポ btsan po の称と同様、王名に冠して用いられる。この点は既に論及したとおりである(四二—四三頁)。従って、このソンデツェンの名にも、ティ、ツェンポを自由に冠して呼ぶことが出来る。即ち、ツェンポ・ソンデツェンはもとより、ティ・ソンデツェンとさえ呼ばれることがあってもよいのである。後のティソン・デツェンを呼ぶのに、『編年紀』ではティを除いてツェンポを冠し、ツェンポ・ソンデツェン btsan po Srong lde brtsan と呼んでいる(DTH, p. 26, 七四二年)。これなどは『編年紀』以外のところにあればティ・ルンツェンの子と誤り解されないのが不思議な程である。

問題になるこのソンデツェンの名は『王統表』中に二回記録されているので誤りということは出来ない。誤写とすることも出来ないであろう。

後代の史料では、この位置にくるのがソンツェン・ガムポの名である(GGG, f. 179b, l. 1; HLD, p. 16b, l. 3; GSM, f. 29a, l. 4; DSG, f. 14a, l. 4)。『プトゥン仏教史』のみ Khri lde srong btsan の名を代りに示す(SRD, f. 118b, l. 4)。この場合を次のように理解できる。プトゥンはソンツェン・ガムポの名として Srong lde brtsan に類する名を与えられ、五代後の Khri srong lde btsan との混同と判断し、そのままを書き留めるに忍びず、結局、これを改めて、Sad na legs 王の正式の名とは知らずに前記の名をそこに用いるに至ったのであろう。(8)

この他、『学者の宴』Ja 章だけ、敦煌文献に見られる他の一つの形ティ・ソンツェン Khri srong btsan の名を示す(KGG, f. 14a, l. 1)。

上記の二著作のみ、敦煌文献の『年代記』(DTH, p. 118, ll. 21-24)と同様、ソンツェン・ガムポの名をこの王が受けた美称であるとしている(SRD, f. 119a, l. 1; KGG, f. 14a, l. 2)。いずれも、ソンツェン・ガムポの実名を別に示した点が他と異なる。

念のために言えば、ソンデツェンとティ・ソンツェンが同一人である点は、『王統表』中ソンデツェンがルンツェ

ン・ルンナムを継いでいるのに対し、『宰相記』中に(DTH, p. 101, ll. 6-7)、
父のツェンポ・ティ・ルンツェンが昇天し、御子ティ・ソンツェンの御代に
としていることで確認される。以上のことは、ソンデツェン王の子がクンソン・クンツェンであるという『王統表』の記事と、ソンツェン・ガムポの子をクンソン・クンツェンとする後代の伝承によって揺がぬものとなる。
『唐書』吐蕃伝上でもKhri srong brtsanの名を写した「棄宗弄贊」に言及があり、『旧唐書』吐蕃伝でも「棄宗弄讃」と記され、略称では、「弄贊」もしくは「弄讃」となっている。
従って、『通典』一九〇の吐蕃伝中の、
隋《ノ》開皇中、其《ノ》主論贊率《ヰテ》㆓弄贊㆒《ヲ》、都《シ》㆓牂牁《ノ》西疋播城《ノ》㆒《ニ》已《ニ》五十年矣。
とあるのは、ルンツェンとソンツェンが相い携えて、隋の開皇年代(五八一—六〇〇年)にチンバ・タクツェ Phying ba sTag rtseに拠っていたことの実証であり、ルンツェンの登場から当時までに五〇年を閲していたというのである。[9][10]
ティ・ソンツェンは当時既に誕生していた。右の一文はおそらく、父の後見で登位していたことをいうのであろう。
そのティソンツェンが、妃のモンMong氏の女、ティモニェン・ドンテン Khri mo mnyen ldong stengに嗣子クンソン・クンツェンをもうけさせた。後代所伝の王妃名は、
Mo bza' Khri mo gnyan (GGG, f. 197b, l. 1)
Mong bza' Khri btsun (HLD, p. 17a, l. 5)
Mong bza' Khri lcam (GSM, f. 68b, l. 6; KGG, f. 46a, ll. 4-5; DSG, f. 28a, l. 1)
となっている。
王子Gung srong gung btsan (GGG, f. 197b, l. 2; HLD, p. 17a, l. 5; KGG, f. 46a, l. 5)の名はGung ri gung btsan (GSM, f. 68b, l. 6-f. 69a, l. 1; DSG, f. 28a, l. 2)ともなっているが、敦煌文献中に後者はない。ただ、プトゥンとその追随者は、[11]

クンソン・クンツェンとその子マンソン・マンツェンMang srong mang btsanの位置を誤って逆にして示す(SRD, f. 119b, l. 3; DMS, f. 17b, l. 5)。

モン氏の女は、『王統明示鏡』(GSM, f. 68b, l. 6)によるとトゥールンsTod lungのモンの出身であると言われ、『学者の宴』Ja章(KGG, f. 33b, l. 6)によるとトゥールンのモンから迎えられたzhang blonの女であるとされる。敦煌文献の『宰相記』[12]によると、ティ・ルンツェン時代の宰相にモン・ティドレ・マンツァプMong Khri do re mang tshab[13]なるものがいて(DTH, p. 100, l. 20)キュンポ・スツェによって失脚させられた(二七九—二八〇頁)が、その女であるかも知れない。

クンソン・クンツェンの迎えた妃の名には、"khon co"、即ち、「公主」の称が冠されている。「公主」は、この種の文献では異民族懐柔のため、漢土から皇帝の身内というふれこみで異民族の王に輿入れさせられる女性即ち、和蕃公主を指していう場合が多い[14]。とすれば、クンソン・クンツェンの妃は漢土から迎えられたことになる。この点は特に注意して置かねばならない。

khon coの次にくる「マンモジェ」"mang mo rje"の称号は、この当時のチベットにおいて高位の女性に与えられた称号であり、男の称号のマンポジェmang po rjeに対応する。マンポジェの称号は、クンソン・クンツェンの孫に当るティ・ドゥーソンKhri 'dus srong王(六七六—七〇四年)にもつけられ、'Dus srong mang po rjeと呼ばれる(SRD, f. 119b, l. 3; HLD, p. 17a, l. 6; KGG, f. 70a, l. 4; Dur srong——, GGG, f. 197b, l. 2; 'Dur srong——, GSM, f. 82a, l. 5)。従って、極めて高位の称号であることが推測される。

マンモジェの称号はティソン・デツェンの母親sNa nams za Mang mo rje bzhi stengと、他にKhri gtsug lde brtsan(八〇六—八四一年)の母親'Bro za lHa rgyal mang mo rjeがもっている(DTH, p. 82, ll. 30, 34)[15]。『唐書』吐蕃伝上に「贊普妻曰末蒙」としているが、この「末蒙」が、"mang mo"の対音であることは明らかである。

問題の Khon co Mang mo rje khri skar に対して、後代のチベット文献は次のような呼称を与えている。

Wa zhva bza' Mang po rje (GGG, f. 197b, l. 2)

'A zha bza' Mong rje khri dkar (KGG, f. 47b, l. 3)

'A zha bza' Kho 'jo mong rje khri dkar ti shags (DSG, f. 28a, l. 2; ――ting shags[16], TND, f. 87b, l. 6)

いずれもワシャ Wa zhva 乃至アシャ 'A zha の女、即ち吐谷渾の女性としている。何故アシャと結びついたかは、後ほど再説する際に考えるが、この名は『プトゥン仏教史』や『赤冊史』はもとより『王統明示鏡』中にも伝えられていないことに注意したい。また、ダライ・ラマ五世『年代記』とポン教系の文献には "khon co" の異字 "kho 'jo"[17] が書き留められている。これも注目すべき点であろう。

クンソン・クンツェンとこの公主マンモジェ・ティカルとの間に生れたのがマンルン・マンツェンである。後代のチベット史料は、ほぼ一様に、彼をマンソン・マンツェン Mang *srong* mang btsan の名で呼んでいる (GGG, f. 197b, l. 2; HLD, p. 17a, l. 5; GSM, f. 71a, l. 1; KGG, f. 47b, l. 3; DSG, f. 28a, l. 2)。その点はティ・ルンツェン王の美称、gNam ri slon mtshan に対しても後代の史料が gNam ri *srong* btsan (GGG, f. 197b, l. 1; SRD, f. 118b, l. 3; HLD, p. 16b, l. 3; GSM, f. 28b, l. 4; KGG, f. 13b, l. 1; DSG, f. 14a, l. 4) と呼ぶのに似ている。

以上、ソンツェン・ガムポを中心にしてその周囲のティ・ルンツェンからマンルン・マンツェンまでの吐蕃王家の世系を辿って見た。それぞれの生歿年次については全く触れなかったが、それらは、後程特別に論ずる予定である。

全体を通じて、後代の所伝のみでは到底知られない点が少なからず見られた。いわゆるソンツェン・ガムポの名が美称であることはともかく、殆んど知られていないティ・ソンツェンの名の他に全く知られていないソンデツェンの名があった。次に、クンソン・クンツェンの正妃で、マンルン・マンツェンの母が khon co「公主」の名を冠して呼ばれていたこともはじめて知ったことである。
この二点の他に、プトゥンとその追随者達がティ・ソンツェンの名を誤り伝え、更にマンソン・マンツェンとクンソン・クンツェンの関係を逆転させていることが確認された。また、「末蒙」がMang mo (rje) の対音であることなどが知られた。この称が漢文史料で特に伝えられたのは、文成公主がこの称を得たからかと思われる。

第二節　ソンツェン・ガムポ王の宰相

先に王の世系を見たが、王の周辺にあった宰相に相当するものがどのようになっているかを概観してみたい。ティ・ルンツェン王代の宰相については、既に見たようにモン・ティドレ・マンツァプ Moṅ Khri do re mang tshab があり、彼がキュンポ・プンセー・スツェ Khyung po sPun sad zu tse に滅ぼされた後、ガル・ティダ・ジームン mGar Khri sgra 'dzi rmun が位につき、その後を、キュンポとニャンの宮廷での信任争いの後、ニャン・シャンナン Myang Zhang snang が宰相の指名を受けたのであった。

後代のチベットの史書によると、ソンツェン・ガムポ王の宰相としては、一般に二人の名が挙げられる。即ち、トゥンミ・アヌ Thon mi Anu の子であるサンボタ Sam bho ṭa とガル・トンツェン・ユルスン mGar sTong btsan yul bzung である。この二人については後ほど吟味するとして、敦煌出土のチベット文献ではどのようになっているかを見たい。

敦煌文献中には歴代宰相の簡単な説明を伴った一覧表とでもいうべき『宰相記』[18]があり、既に利用したところであるが、そこには次のように示されている。

そのあと、ニャン・マンポジェ・シャンナンが〔宰相を〕つとめたのである。父の王ティ・ルンツェンが昇天され、御子ティ・ソンツェンの御代において、王の命令が下され、ニャン・マンポジェ・シャンナンがスムSumの国[19]全部を服属させることになった。ニャン・マンポジェ・シャンナンは賢明な智慧と術策によって、人馬の二つを労することなく、貢物を課し、雄羊の術策[20]を舌先に語らい、韋を扱うように〔彼等を〕服属させた。それ程であった(DTH, p. 101, ll. 5–12)。

ティ・ルンツェン王の末期から宰相をつとめていたニャン・シャンナンが、ソンツェン・ガムポの治世に入ってから、スムの国を一兵一馬も労せず服属させたとしている。この点も後段で詳説するとして、次に進むことにしたい。

そのあとにガル・マンシャム・スムナンmGar Mang zham sum snangが〔宰相を〕つとめたのである。マンシャム・スムナンとク・ティニャ・ドゥースンKhu Khri snya dgru' zungの二人〔が争って〕剣も言葉も〔共に〕大いにつき合せて[21]、その昔賛普ドニェン〔・デル〕'Bro mnyen lde ruの時代にトゥンミ・ディンポ・ゲルツェンヌThon myi 'Bring po rgyal mtshan nuが宰相をしていながらも謀叛の心を起した事[22]にガル・マンシャム・スムナン〔をなぞらえて、なおも〕剣も言葉もつき合せ、更に、気づいたことを噂にして流した[23]。そのためやがて〔ガルが〕捕えられて断罪に処せられた。その時、〔ガル・〕マンシャム・スムナンが〔自分の〕処刑を〔自身〕が行い、〔自らを〕殺したのち、切った首を「持って行け」と言って[24]〔自らその手に〕取り上げ、抱きかかえて五、六歩ほど歩いて倒れたと言われている[25](*loc. cit.*, ll. 12–21)。

文脈を辿ってようやく理解できる限りでは、ガル・マンシャム・スムナンがニャンの後に宰相になるがクKhuによって叛心ありとされ、罰せられる。その時、剛胆にも自らの処刑を行い、落ちた自分の首を拾い上げて差し出したというのである。次の一節はキュンポのことになる。

そのあとキュンポ・プンセー・スツェが[26]〔宰相を〕つとめていたが、オマデ・ルーツェン'O ma lde Lod btsanとそりがあわず、ティボムKhri boms城に去った。そして、ティボム城に何か罠をしかけて、ソンツェン王に宴会にお招きしたいと言い、謀叛の心を起したのをガル・ユルスンにさとられ、自らの首を切って死んだ(27)(*loc. cit.*, ll. 21-26)。

キュンポ・プンセー・スツェの賢明の程が続いて述べられる。『年代記』(28)によると、ソンツェン王の最初の宰相ニャン・シャンナンの失脚も彼の工作によるものであったと述べられている。キュンポの自滅した後のことは次のように示される。

そのあとガル・トンツェン・ユルスンが〔宰相を〕つとめたのである。ユルスンが老いてオマデ・ルーツェンが〔宰相に〕なったのであるが、長くかからぬうちに叛心を起して殺されてしまった。そこで大臣〔ガル・〕トンツェンが再び〔宰相の位に〕ついて六年をつとめ、老いて死んだ(*loc. cit.*, ll. 35-38)。

上の文ではガル・トンツェン・ユルスンがキュンポの後任となり(29)、一時、オマデが宰相になったが、間もなく謀叛のかどで殺され、老宰相が再び職務を執って六年つとめて歿したというのである。

『編年紀』(DTH, p. 14)の六六七年の条にガル・トンツェン・ユルスンの死が伝えられている。とすれば、オマデの宰相就任は大体六六一年頃にあったものと思われる。『編年紀』には"blon che"「宰相」トンツェンの名が、その頃も中断なく毎年記録されているから、オマデの在任は一年に充たなかったのであろう(30)。

ガル・トンツェンの名が"blon che"の称を伴って『編年紀』中に見えるのは、六五二年(DTH, p. 13, ll. 14-15)が最初である。敦煌文献の『年代記』にも、ティ・ソンツェン王時代のうちにこのガルが"blon che"の称を伴って登場することはないが、キュンポ・プンセー・スツェが自殺した時期はソンツェン王在世中に当り、そのあとをガルが継いでいるのであるから、ティ・ソンツェン王の歿した六四九年以前に宰相になっていたことは確実である(31)。

以上見たところで、ソンツェン・ガムポ王の治世下で輔弼の任に当った宰相は、ニャン、ガル、キュンポ、ガルの四人であったことが確認される。このことに関して漢文史料の教えてくれることは、ガルについては別として、他に何もない。

ガル・トンツェンが二回にわたり使節として入唐したことは、薛禄東贊の名のもとで示されている。これは重要な事件であるが、多くの問題と関連するので、後段に改めて詳述することとして、ここでは、最少限必要な範囲に留めて言及しておきたい。

ガル・トンツェンの名は、『旧唐書』吐蕃伝では「婁禄東」、『唐書』吐蕃伝では「薛禄東贊」とあり、『通典』一九〇、吐蕃伝には「辪」の字が用いられている。漢文史料では、一様に婁、薛、辪を姓とし、禄東贊を名とするが、「禄」は、漢文史料が姓と見ている字に連ね、併せて"mGar"を写すのに用いられ、"-r"の部分を表わしたものである。この点は、佐藤長氏の説明に尽されている[32]（『古チ研』三〇三―三〇四頁）と思われる。

第三節　後代の伝承に見えるソンツェン王の宰相

次に、後代の史書の中で言及される宰相について一瞥して、記述の相違を摑んでおきたい。これによって敦煌文献の価値を改めて知ることが出来る。

まず、ガル・トンツェンに関しては、

mGar Srong btsan yul zungs (HLD, p. 16b, l. 4)

mGar Srong btsan yul bzung (GSM, f. 32b, l. 6)

mGar gyi sTong btsan yul bzung (KGG, f. 18a, l. 5)

とあり、その名を正確に伝えたものはむしろ少ない。

敦煌文献の『宰相記』に言及のないトゥンミについて見ると、

Thon mi A nu ’i bu (SRD, f. 118b, l. 5)

lo tsā ba Thon mi sam bhoṭa (HLD, p. 16b, l. 9)

Thon mi A nu ’i bu, Thon mi sam bhoṭa (GSM, f. 30a, l. 1) blon Thon mi (*ibid.*, f. 31a, l. 6)

blon chen Thon mi A nu ’i bu, Thon mi sam bho dra (KGG, f. 15a, l. 7)

Thon mi A nu ’i bu saṁ bhoṭa (DSG, f. 15a, l. 4), blon po Thon mi (*ibid.*, f. 15a, l. 6–f. 15b, l. 1)

とあって、ここでは古い層の三作のうち『王統明示鏡』だけが、トゥンミを単に “blon”「大臣」とし、他はこの肩書きを示さず、『赤冊史』では lo tsā ba「翻訳者」としている。『王統明示鏡』中にしても、“blon po dbang po rno bo bdun”(「頭のよい七人の高官」)を一度インドに遣わし、失敗した後、改めてトゥンミを遣わして文字を学ばせたものとしているが、この場合の “blon po” は「大臣」「高官」であっても、なお “blon che”「宰相」の意味で用いられてはいない。

これより後の『学者の宴』Ja 章では、明らかに「宰相」の意味で “blon chen” と示している。もっとも、『王統明示鏡』でもそのつもりであったらしく、『タンイク・チェンモ』*Thang yig chen mo*[33] の要約として “ming chen gyi blon po bcu drug”「有名十六大臣」というものを示し、その中の (GSM, f. 32b, l. 7–f. 33a, l. 1) 四人としてガルと並べて、

Thon mi Sam bho ṭa (Thod lur rag pa)

mGar Srong btsan yul bzung (sTod lung ram pa ba)

’Bri Se ru gong ston (Bri khung ba)

Nyang Khri bzang yaṅg ston (Nyang ser ba)

を挙げている。『学者の宴』Ja 章 (KGG, f. 18a, l. 6) では、同様に『タンイク・チェンモ』を引用して、同じ四人を、

“med thabs med pa 'i *blon po* bzhi”「不可能事のない四大臣」といぅが、同じ筈の呼称を成立の古い『王統明示鏡』の方が“blon chen bzhi”「四大臣」(GSM, f. 32b, l. 1) として“chen”を加えて示している。『王統明示鏡』の大胆な記述態度を窺い知ることが出来る。なお、括弧内に示した出身地の注は『学者の宴』Ja 章には見えない。従って『王統明示鏡』中に独自に加えられたものであろう。(34)『学者の宴』Ja 章中の四高官名の方は (KGG, f. 18a, l. 6)、

mkhas pa Thon mi sam bho dra
mGar gyi sTong btsan yul bzung
'Bri yi Si ru gung ston
Nyang gi Khri bzang yang ston

となっている。

トゥンミ・サンボタ Thon mi sam bhoṭa の名は敦煌文献の『宰相記』は勿論、諸『年代記』中にも見えない。『プトゥン仏教史』や『赤冊史』中にも“blon che/chen”「宰相」はもとより、“blon”(「大臣」「役人」)としても示されていない。『王統明示鏡』に至って、『タンイク・チェンモ』の記述を更に補ってトゥンミ・サンボタを“blon chen”「宰相」にしてしまったのであり、後代の所伝でもトゥンミ・サンボタを宰相とするものは元来なかったと言わねばならない。

ガル、トゥンミの他に問題になるのは、『タンイク・チェンモ』のうちに示された「不可能事のない四大臣」中の他の二人であろう。

そのうちの一人ディー・セル・グントゥン 'Bri Se ru gung ston、または、ディ・セル・グントゥンは、その後の史書に 'Bri Se ru gong ston (DMS, f. 16b, l. 5; DMST, f. 20a, l. 5) または 'Bri Se ru gung thun (DSG, f. 22b, l. 3) として言及されている。

『王統明示鏡』のうちには、『タンイク・チェンモ』からの報告ばかりでなく、本文中にも'Bri Se ru gong ston が登場する。[35] そこには、漢土で、チベットへ赴くことになった公主をなだめてガルが歌を唱い、トゥンミ・サンボタが唱和したとあって(GSM, f. 48b, l. 4)、後、ディ・セル・グントゥン'Bri Se ru gung ston が現れる。彼は以前からガルを嫉んでいたので、公主の身代りにガルを唐朝に留めることを提案する。そこでガルがトゥンミとニャンを片隅に呼び、自分があとから帰る旨を耳うちして善後策を講じた(*ibid.*, f. 51a, ll. 4-6)というのである。

『学者の宴』Ja 章によると、上の第一の場面でトゥンミ・サンボタの代りにタルゲル〔・マンポジェ〕Dar rgyal〔mang po rje〕が登場し、ディ・セル・グントゥンが'Bri Ser と示される。[36] 第二の場面では、トゥンミやニャンの名がなく、「他の大臣達」となっている(KGG, f. 24b, l. 6; f. 31a, l. 1)。

『マニ・カンブム』[37] のソンツェン・ガムポ伝中には、第一の場面はない。第二の場面は次のように示されている。

テル(タル)ゲル・マン〔ポ〕ジェや他の大臣 S〔a〕run gung ston と〔彼とは〕折合いが悪かったので、讒言され、大臣ガルが公主と通じていたのが発覚したとの噂をたてられた。その後、この人は魔力のある大臣でありますと告げたのち、暗に〔工作して、ガルを〕公主の身代りとしてシナの王に献じたのであった(MKB, f. 209b, ll. 2-3)。

物語は既に歴史的な記述をはなれているが、そこから辿られる名称は参考になる。

"der rgyal mang rje" はタルゲル・マン〔ポ〕ジェ[38] "blon po phro mas" の最後の -s は Sa run gung ston の Sa である。"tshor bskad byas" は tshor ba skad byas[39] の誤刻である。

ガルが公主と通じたとの噂でおとしいれようとしたという。これはそれ以上の意味がない。[40]

'Bri Se ru の 'Bri は、"phro ma"「残りの」、「他の」を意味する字の前部と酷似する。

この Sa run gung ston は、mGar sTong tsan を写した「薛禄東賛」が、Se le stong btsan としか読まれなかった(GSM, f. 95b, l. 1) ところから別人として誤られて生じてきたものと考えられる。この点は、早くからG・トゥッチ氏によって指摘されている。[41]

ただ、『王統明示鏡』の本文に見える形の 'Bri Se ru gong ston と Se le stong btsan の形の間にはまだ隔りがあり、“gung/gong”の由来を説明するものが欠けている。多分、薛禄のあとに尊称として「公」を附したものがあって、この形に連って生じたのであろう。

『タンイク・チェンモ』に示される四人目の大臣ニャン Nyang の方は、『王統明示鏡』のうちにガルと共に文成公主を迎えに赴いた使節団の一員として名が見え、先述の第二場に現れるだけである。勿論、“blon chen”「宰相」などとは示されていない。漢文史料にもその名は見えない。ただ、『学者の宴』Ja 章のうちには、Nyang を gNyags に改めるべきことが述べられ、後代の金城公主を迎えに赴いた使節団の代表としても、重ねてその名 gNyags Khri bzang yang ston を示す(KGG, f. 18a, ll. 6, 7; f. 71b, l. 2)のが見られる。

この点についての詳説は後段に譲るが、金城公主を迎えに赴いた責任者は、『年代記』によれば zhang bTsan to re lhas byin と明示されている(DTH, p. 20, l. 23)。漢文史料でも「尚贊吐」(『旧唐書』吐蕃伝上)と「名悉獵」(*ibid.*, 但し、別条中)の名があり、前者は bTsan to(re)と一致する。従って、『学者の宴』Ja 章に見えた gNyags Khri bzang yang ston はむしろ Nyang Khri bzang yang ston の変形で、文成公主を迎えに赴いた Nyang である可能性が甚だ濃い。

『タンイク・チェンモ』が伝える「不可能事のない四大臣」について上のように調べてみると、本当の宰相はガル一人であり、トゥンミは翻訳者以上のものでなく、セル・グントゥンはガルの影武者となる。残るニャン・ティサン・ヤントゥンはガルと共に文成公主を迎えに赴いた使節団の一員であるかも知れないが、宰相であった形跡はなく、また、他の例に準じて見てもその名が正しく伝わっていたとは限らない。以上の結論に至るのである。

『タンイク・チェンモ』には、なお一二の大臣名が挙げられるが、それらのうちで敦煌文献『宰相記』に登場するものは一人だけである。その名は、既に何度も言及され、これからも重ねて示される筈のキュンポ・プンセー・スツェである。

ただ、その名は聊か変形して“phyi blon btsan po〔rnam〕drug”「外大臣六強者」のうちに数えられる。

Khyung po sPun bzang btsan (GSM, f. 32b, l. 3)

byang gi Khyung po Pun zung btsan (KGG, f. 18a, l. 3)

この二つのうちでは、後者の方が原形に近い。“byang”は「北」で、シャンシュン出身を示す。

『学者の宴』Ja章では、これと全く別に、ソンツェン・ガムポ時代の国内制度を整えた責任者として「クープン」“khos(/khod)dpon”[42]の名を挙げ、その中にBod kyi khos dponのガル・トンツェン・ユルスンと並べて、シャンシュンの「クープン」として(KGG, f. 18b, l. 7)、

Khyung po Pun zung tse

の名を示している。この方は原形に更に近づいているが、ついに正確な形は伝わらなかった様子である。

このようにして、『宰相記』に見える宰相のうち、ガルとキュンポの名だけが後代の文献中に跡を残し、他の二人の名は殆んど伝わらなかったのを知る。ただ、『ルンポ・カータン』(f. 8a, l. 5)の中に、ニャン・マンポジェ・シャンナンがNyang Mang po zhang snangと記名されて僅かに伝わっている。[43]

これによって、後代の伝承に過大の信憑性を期待することが如何に危険であるかが知られる。その点では『学者の宴』Ja章のように原史料に頗る忠実であると評価されるものも同じであり、恰好の例は、先に見た(一一六頁)宰相の対照表であろう。ここに、第二篇において殆んど敦煌文献のみによって試みられる「吐蕃王国成立史」の跡づけの意義が理解されると思われる。

(1)　'Ol god za sTon tsun 'bro ga (DTH, p. 82, ll. 20–21), Bol gol bza' sTong btsun gyi 'bro sman (GGG, f. 197b, l. 1), sTong btsun 'bro dkar (KGG, f. 11b, l. 7).

（2）　"chab srid"は問題の多い用語であるが、ここでは「王国の権威」をいう。この語に「国家」(『古チ研』九一三頁)《king-dom》(AHE, p. 70), 《government》(IST, p. 55) の意味を当て、唐蕃会盟碑中の一句 "chab srid gcig tu mol"「商議社稷如一」(『古チ研』九〇九頁、四―五行、九二九頁参照)を理解する説もあるが、「国家」、《kingdom》を指すなら "rgyal khab" というであろう。この場合の「社稷」は「国事」を意味する。この碑文では、吐蕃と唐とが互いにそれぞれの境界を守り、干渉しないと約束しているので、《their government be as one》(IST) の訳も不適当である。A・マクドナルド夫人は、《campagne militaire》または《guerre》の意味を当てることの出来る例を説明する (LPT, p. 280, n. 342) が、当を得たものではない。同じく引用する他の例 (*ibid.*, p. 262, n. 278, 280) に同じ意味が適用されないからである。一般的には「国家的権威のもとで行われる行為」を指し、具体的には「征討」も「政略結婚」も「外交」も含む具体的な「政治」をいうのである。

（3）　"dbu rmog" は「冑」の敬語、王の「武力」を指していう。

（4）　吐蕃の王が家来から名を捧げられる例は多い (DTH, p. 16, l. 28; p. 21, l. 1; p. 112, l. 24; p. 118, ll. 22–24)。しかし、この種の献名、改名が即位を表わすというのは、ティ・ルンツェンの例 (pp. 116–118) で見ても正しくない。佐藤長氏は七一二年におけるテイデ・ツクツェン Khri lde gtsug brtsan の改名を即位としているが (『古チ研』三九七、四〇一、四一一頁)、『編年紀』ではそれ以前から "btsan po" と呼び、単に名を変えたとしているに過ぎない。常識的に言って、七一〇年当時、数え年七歳の rGyal gtsug ru に、未だ即位していない場合、金城公主が妃に迎えられることは考えられない。漢文史料は妃を迎えた年を継位の年と誤伝している (両唐書吐蕃伝) のである。

（5）　一般に "btsan po"「王」をいう場合、敦煌文献でも "rtsan po" "brtsan po" とは書かない。しかし、王名のうちの字の場合は全く逆である。Khri slon mtshan の場合は独得であって、"slon brtsan" の後要素の前接字が前要素の後接字の鼻音に同化して "mtshan" と表記されたのであろう。

（6）　タクウ・ニヤシク王の場合、sTag bu snya を sTag *wu snya* の発音として、sTa を写した字を脱落させ、「詎素若」*g'i̯wo-suo-ńźi̯ak* (GSR, 95–b, 68–a, 777–a) で書きとめたのである。

（7）　『古チ研』一八九頁参照。

（8）　プトゥンが吐蕃王の名について一連の誤りを犯している点は、既によく知られている (『古チ研』七二一―七三、五九二―五九四頁)。

（9）　論贊 *luən-tsân* (GSR, 470–a, 153–a) と弄贊 *lung-tsân* (*ibid.*, 1180–a, 153–a) は、双方の鼻音 "-n" "-ng" が正確に区別されている。

(10) 佐藤長氏は「論賛率弄賛」とあるのを解釈して、sLon btsan の名を繰り返して「論賛索論賛」とあった原史料の文を不注意に一人の王名とみなし、上のように示したと述べている(『古チ研』一九〇頁)。『文献通考』三三四、吐蕃の項に『通典』と同じことを述べながら、上記部分を「論賛索論賛」としているのに関していうならば、佐藤氏のいう通りであろうが、それはあくまでも『文献通考』における誤りであって、『通典』の本来の表現とは関係がない。『通典』の場合は「sLon mtshan が Srong btsan を指導しながら」の意味に理解すべきである。そこには「率弄賛」とあって、「索論賛」と示されていない。「疋播城」に関しては佐藤氏の示す Phying ba であるとの説をとる(*op. cit.*, p. 191)。

(11) プトゥンの追随者は Paṇ chen bSod nams grags pa(1478–1554)、Padma dkar po(1527–1592)、dKon mchog lhun grub(1497–1557)等である。

(12) A・マクドナルド夫人は、これが大臣の歴史であるところから《blon rabs》であるという(LPT, p. 229)。この呼び方は必ずしも一般的なものでないが、《rgyal rabs》「王統記」に対して、この称があっても不思議ではない。

(13) 二八一—二八二頁、三〇三頁注(105)参照。

(14) 「公主」そのものの意味は《princess》である。CL, p. 4 参照。

(15) 「末蒙」*muât-mung* (GSR, 277-a, 1181-a)についてB・ラウフェル(BDT, p. 103; CTT, p. 423)とP・ペリオ(QTC, p. 24)が問題にしたが、いずれもしかるべき答を出すに至らなかった。もっとも、"mang mo rje"という称が正確に示される例は敦煌文献を待たねばならなかった(btsan mo mang mo rje, DTH, p. 18, l. 10; p. 26, l. 15; p. 82, ll. 16, 25, 30, 34)から、二人が対音を探しかねたのも無理はない。

(16) "ti shags""ting shags"の名は、シャンシュン王リク・ミリャ Lig Myi rhya の妃の名に見える。即ち、Shud ke za rTsal ting shags(DTH, p. 115, l. 30)である。ポン教系の史料、または、ヤルルンのラン氏系史料から誤って採用されたものかも知れない。

(17) "kho 'jo"のチベット語の発音は"khong jo"と殆んど同じであり、「公主」に相当することはいうまでもない。

(18) Pelliot tib. 1287(DTH, pp. 100–102)中にある。これについての説明はバコー、トゥサンによるもの(*op. cit.*, pp. 93–96)とA・マクドナルド夫人によるもの(注(12)参照)がある。この部分の冒頭に"…blon che bgyis pa 'i rabs"「宰相をつとめた代々」とあるところから"blon rabs"の名をマクドナルド夫人は寄せている。この文献は既に何度も利用した(二一五—二一八、二八一頁)ところである。なお、「宰相」は正しくは"blon che"であり、後代に「宰相」の意味で用いる"blon chen"は「大臣」であって、敦煌文献では必ずしも「宰相」を指すとは限らない。

(19)　Sum khams は別の場所(DTH, p. 111, l. 7)では Sum pa と示される。これは、"rgyal phran"「小王国」のうちに数えられる Sum yul (*op. cit.*, p. 80, l. 24)である。そこにはラン rLangs 氏が大臣であると示されるが、ポン教系の文献では、Sum pa gLang gi Gyim shod と称し(YBG, f. 10b, l. 5; TND, f. 71a, l. 3; f. 76a, l. 3; f. 82b, l. 2; f. 93b, l. 2)、スムパがラン gLang/rLang 氏の国で、キムシュー Gyim shod(金川)を含むことも示されている。この点については以前に詳説した(「白SL」一三—二五頁)。

(20)　DTH, p. 101, l. 11 では "spu" とするが、p. 111, l. 8 では "sgyu" と写されている。後者が正しい。ただ、"lug rtug gyi sgyu" がどのようなことをいうのか不明である。"lug rtug" は種つけ用の羊をいう。曲りくねって長い交渉の意味であろうか。

(21)　"ral gyi" は "ral gri" と同義である(BTD, p. 645b)。イェシュケは、他動詞形を用いた "ral kha sprad"《to bring the blades together》(J. Dic., p. 525a), "brda sprod"《to explain》(*ibid.*, p. 337a)を示すが、"ral gyi dang brda' prad" の解釈と結びつかない。"prad" は今日の形では "phrad" であり、"phrad"「合う」「遭う」を意味する。同義異字 "phrod"「適合」「相宜」(GMG, II, p. 9a)の意味が用いられるべきかと思われる。"brda'" は「合図」「信号」「記号」「字」(*op. cit.*, p. 169b)、バコー訳は《une grande rencontre d' épée》(DTH, p. 130)と訳す。しかし、何をいうのか明らかでない。

(22)　トゥンミ・ディンポ・ゲルツェンヌが王に謀反をおこして、妹に毒殺された話は、『宰相記』のはじめの部分(*op. cit.*, p. 100, II, ll. 11-13)にある。

(23)　トゥンミの場合に比較するとよく似ているので、叛意について気づいたとおりを曝露したという意味かと思われる。少なくとも、バコー訳《C'est pour cette parole entendue que mGar mang zham sum snang eut la grande rencontre d'épée》(*op. cit.*, p. 130)は成立しない。"tshor ba"「気付いたこと」、"skad du bgyis" は "skad du byas"「噂に立てた」に相当する。バコー訳は接続辞 "de" の前後が逆に訳されている。

(24)　"mgo bchad pa thog ches blangs te"「切られた首を『持って行け』と言って取り上げ」であって《prenant par le haut sa tête coupée》(DTH, p. 130)ではない。"thog" は "'thog"「取」「携帯」(Ch. Dic., p. 387a-b)の命令形。"ches" は "ces"「と」の意味。

(25)　A・マクドナルド夫人は、この部分を要約して、《Le cas de mThon-myi a été rappelé en guise de précédent à l'un des ministres de Sroṅ-btsan sgam-po, mGar Maṅ sham sum snaṅ, qui était déloyal; se sentant démasqué par cette allusion il se suicida en se coupant la tête lui même》としている。大意を損ねてはいないが、ク・ティニャ・ドゥースンとの関係が失われてしまっている。

(26)　DTH, p. 112, l. 3には「城」の代りに“sdum pa”「邸」を冠して言及している。ティボムはキュンポが新たに得た土地にあったことは別の『年代記』(DTH, p. 111, l. 34-p. 112, l. 4)に示されている。即ち、「ツァン・プー」のうちにあったに違いない。二四七—二四八頁、二六一頁注(88)(90)参照。

(27)　プンセー・スツェの子ガクレキュン Ngag re khyung が、父の首をもってチンバの城を訪れ、謝したので、取りつぶし(srid brlag)を免れたという(DTH, p. 112, ll. 9-17)。

(28)　*op. cit.*, p. 111, ll. 13-22.

(29)　ガル・トンツェン・ユルスンが何時“blon che”「宰相」に就任したかという点についてG・ウライ氏の議論がある(NLO, pp. 33-35)。そのいうところは、『唐書』吐蕃伝中、文成公主を迎えるために「遣大論薛禄東贊」とあるのを根拠とする。しかも、敦煌文献『年代記』(DTH, p. 117)中にシャンシュン王リク・ミリャを征服した際(六四三年、同氏によると六四四／六四五年)に“blon che”とされず、単に“blon”とされている旨を併記しながらこれを主張する。『編年紀』の場合、時の宰相は、“blon che”の称を冠して記述される。その『編年紀』の冒頭部に近く、文成公主を“Bod yul”に迎えたガル・トンツェン・ユルスンの名があるが、“blon che”の称はついていない。『唐書』吐蕃伝にある「大論」の肩書きは、後に「大論」となって著名な薛禄東贊について、遡って一様にその称号を冠して呼んだものとすべきであり、当時「大論」であったことを保証する記述であるとは考えられない。

(30)　『編年紀』中のガル・トンツェン・ユルスンの死に先立つ六年前に、オマデ 'O ma lde の名が見えないから、六年前ではなく、一六年前の誤りであろうとウライ氏はいう(NLO, pp. 35-36)。しかし、『編年紀』には六四九年以後毎年の記録がある。今、六年を一六年前に変更してみても、オマデとガルとの交替記事は見当らない。とすれば、六年を一六年に変更する根拠は他のどこにもない。ウライ氏は、ガルがソンツェン・ガムポの歿後まもなく職を退き、六五二年に再び宰相の地位に復したのであろうという(NLO, p. 36)。なるほど、『編年紀』には六五二年から blon che のガルの名が見えるから、その歿年六六七年までは一六年になる。しかし、六五二年以前に宰相としてガルの名が言及されたことが一度もないのであるから、六五二年再任という保証にはならない。むしろ、ガルが宰相の職を一旦罷めたのが老齢の故であったとされるのに、地位に復してから一六年も活躍したと考えるのは妥当ではないであろう。また、ティ・ソンツェン王歿後にその職を退いたと考えるのは現実的ではない。ちょうどティ・ルンツェン歿後のニャン・シャンナンを考えればよい。時に、ティ・マンルン・マンツェンはなお幼いのであり、ガルの引退がソンツェン王歿後間もなくにあっては混乱は免れなかったであろう。その事情は、『旧唐書』吐蕃伝上に「弄讃卒ス……弄讃ノ子早死スレバ、其ノ孫継ギ立チテ、復タ号ス二贊普ヲ一。時ニ年幼シ、国事皆委ヌ二禄東贊一」とあって殆んど疑いがない。ガルは六五四年まで、この点ウライ氏と見解は異なるが、吐蕃の軍事国家体制をつくり上げる事業にとりかかっている。これがソンツェン・ガムポの遺志に基づくものならば、王の死後間もなく、幼孫を後見せず、事業も完成せず一旦職を辞するということは考えられない。

(31) キュンポ・プンセー・スツェはティ・ルンツェン王時代からその活躍が伝えられている。ティ・ルンツェンの登位は隋の開皇年代より半世紀前と『通典』に伝えられるから、もしもグティ・スィンポジェの討伐にキュンポが参加していたとすれば(二八二頁、三〇三頁注(106))、ソンツェン・ガムポの六四〇年代では一〇〇歳以上かと推測される。それでなくても、その頃のキュンポは既に高齢であり、G・ウライ氏がガルの宰相就任を早期に見立てようとする(注(30)参照)のはもっともなことである。

(32) R・A・スタン氏は、「薛」本来の形である「辥」*Ngiät をとりあげ(GSR, 289-a, *siät*)、それだけで完全に mGar の対音となるものとして、「禄」*luk が何故加わったか説明しかねるとする(DNH, p. 332)。佐藤氏は「薛」の代りに「蕁」をとり、「禄」と合せて mGar の対音とする(『古チ研』三〇四頁)。筆者は二人の中間をとって、本来は「辥禄」または「孼禄」(GSR, 289-g 参照)によって mGar が写されていたものと考えたい。

(33) ウライ氏は、『学者の宴』が引用する『タンイク・チェンモ』の文が『王統明示鏡』から孫引きされたものである(NLO, p. 57)という。しかし、『王統明示鏡』には "thang yig chen mo nas bsdus"「『タンイク・チェンモ』から要約した」(GSM, f. 32a, l. 6)とあるのに対し、『学者の宴』Ja 章の方は、"thang yig chen mo las"「『タンイク・チェンモ』によると」(KGG, f. 18a, l. 1)として、他の場合と同じく全文引用の形式をとっている。『学者の宴』Ja 章では要約した文から原文を想定して、それを原文として示すことがあるとは考えられない。更に、『学者の宴』Ja 章で示される名、例えば、Khyung po Pun zung btsan の方が『王統明示鏡』中の Khyung po sBun bzang btsan よりも原形に近い。このようなことは、前者が後者から孫引きした場合に起り得ない。なお、『学者の宴』の著者が引用文に誤りを見ても手を加えないことは、『タンイク・チェンモ』の引用の際にも明瞭に示されている。即ち、Nyang gi Khri bzang yang ston とある引用文について、"Khri bzang yang ston *gNyags kyi bus*" と本文中に訂正しているのが見られる。G・ウライ氏は『タンイク・チェンモ』を lDan ma rtse mang の *rGyal po 'i dkar chag thang yig chen mo* であろうとする(NLO, p. 56, n. 120)が、後者は『ゲルポ・カータン』そのものを指し、現存の『ゲルポ・カータン』の中には引用文相当の部分は見当らない。

(34) 『王統明示鏡』の割注部分については、その成立を論じたところで後の挿入であることを示した(七七頁参照)。

(35) 佐藤長氏は、『王統明示鏡』に示された Se le stong btsan の所在が確認出来ないとしている(『古チ研』三〇四頁)が、確かにトゥッチ氏の示す(TTK, p. 24)とおりに見えている(GSM, f. 95b, l. 1)。佐藤氏の著作当時、『王統明示鏡』の原文は入手出来なかったからである。なお、Se ru gong ston の形では他にも見えている(*op. cit.*, f. 69b, l. 2; f. 72b, l. 5)。

(36) 本文中に見るように'Bri の原形は、或いは“phro ma”「他の者」「残りの者」かも知れないが、『王統明示鏡』の割注では、'Bri khung ba と説明が入り、誤りを固定し増幅しているのが見られる。

(37) 『マニ・カムブム』の *Srong btsan sgam po'i mdzad pa rnam thar* (*Ma ṇi bka' 'bum*, Vol. E, ff. 185a–247b) 伝中に見える blon po 'phro mas run gung ston (f. 209b, l. 2) は、誤植があったとしても、また、'Bri Se ru gung ston に安定する前の形との見方もできる。このことが言えるならば、このソンツェン・ガムポ伝は『王統明示鏡』の成立した一三六八年より古いことになり、『王統明示鏡』中に言及される *rGyal po'i bka' 'bum* に相当すると考えられる。

(38) der rgyal mang po rje は明らかに Dar rgyal mang po rje のことである。『編年紀』では Da rgyal mang po rje として登場し(DTH, p. 13, l. 17)、六五九年に mTsho nag stong ru で戦死している(*op. cit.*, p. 14, ll. 10–12)。後代の伝承ではガル・トンツェンと協力して、rgod sde, g-yung sde(軍戸、民戸)の制度を定めたといわれ(KGG, f. 19a, ll. 1–6)、『編年紀』でもそのことが窺われる(DTH, p. 13 六五三、六五四年参照)。“mang po rje”は高官の称号である(注(15)参照)。“Dar rgyal”は“Da rgyal”から転じたもので、『編年紀』のうちでは“Bon”を冠して見える(DTH 六七五、六八七、六八八、六九〇、六九四、七〇六、七一二、七一三、七一四年、このうちの六八八、六九〇は“dbon”と誤写されている)。後代の伝承では、“dbon”を冠して dbon 'A zha rje という形がティソン・デツェンとティデ・ソンツェンの誓約勅書の署名中に見える(KGG, f. 109b, l. 4; f. 130a, l. 1)。これは、吐谷渾('A zha)が吐蕃の甥(dbon)に当るため、“Bon”を“dbon”に改めて記録し直したものであって、元来は『編年紀』七二七年の条のように'Bon 'A zha rje とあって、“'Bon”をもって「慕容」を写していたと推定される。「慕容」の対音は、L. Bazin 氏によれば、**bö' ön* であり(RPT, p. 270)、“bon”は現在の発音でも *bö' ön* に極めて近い。この見解を取れば、漢文史料に頻出する「慕容」の名がチベット史料に全く見られなかった謎も同時解明されることになる。従って、“Bon da rgyal”は吐谷渾系の高官を指すものと考えられる。また、単に“da rgyal”と示されるものも、“Bon”を落した称号であるか、少なくとも、吐谷渾系の高官であったと考えられる。なお、Da rgyal を Dags po の王名とするウライ氏の見解については三〇五頁注(130)参照。

(39) 注(23)参照。“skad byas”は“skad du byas”「噂をたてた」の縮まった形である。

(40) この部分を嘗てJ・バコーは正面から把えて論じた(MCR, pp. 11–14)が、漢文史料の伝えるガル・トンツェン薛禄東賛像と隔りがあり過ぎて、誤伝の上に作り上げられたものとしか考えられない。本論の研究で明らかになるところを先き取りして一つの解釈を下すならば、次のようになる。文成公主は当初ソンツェン・ガムポの子クンソン・クンツェンの妃として迎えられ、カムのツァシュー Tsha shod に二年以上住み、マンルン・マンツェンをもうけて歿した。公主はクンソン・クンツェン歿後に中央チベットに赴いたが、夫の喪があけるまで三年間、夫の父ソンツェン・ガムポと再婚しなかった。また、公主を迎えに赴いたガルは、江夏王道宗が公主を送り届けて帰朝するまで唐朝に足どめさせられ、琅邪公主との婚姻を迫られていた。後代に至って、クンソン・クンツェンと文成公主の婚姻が忘却されると、公主がカムの地に留まっていたことの意味が不明となり、ガルの帰国を待ったものと解釈され、さらに、琅邪公主と文成公主の混同からガルと文成公主の関係まで考えられるに至ったのである(MCB, f. 112b, l. 5–f. 113a, l. 1)。

(41)　TTK, p. 24 参照。

(42)　“khos/khod dpon” の “khos/khod” について、G・トゥッチ氏は《settlement of the state, institution, administration》;《to administrate a country, to appoint officers》,《to make census, to register the population》(PRN, p. 76, n. 1; p. 88; p. 90, n. 1)と異なった意味を与えている。ペテック氏も(GAT, p. 249, n. 1)、ウライ氏も(NLO, pp. 18–19)ほぼ第1に示した意味を取り上げて認めている。ただ、この場合 “khos” は “khod” の俗字であり、敦煌『編年紀』の “mkho” に誤って対応させられている。『編年紀』の “mkho sham” の “mkho” は軍事上の人的物的資源の「需要」をいい、“sham” はそれらに「対応する組織」を意味する。従って、トゥッチ氏の訳語はいずれも適さない。“khod” は “khod snyoms”「部分相等」(Ch. Dic., p. 83b)の用例でその意味がわかるように、「表面」(GMG, II, p. 30a)の部分を指す。従って、自動詞としての “'khod” は「安置」(Ch. Dic., p. 102a)、「所在が定まる」ことをいう。これに対して、“mkho/mkhos” は “'kho/'khos” と共に「必要な」「必要性」(Ch. Dic., p. 99b; GMG, I, p. 38a, b)即ち、“dgos pa” を意味する。それぞれから、他動詞の “'god”「計画」「建設」「形成」「統治」(GMG, I, p. 60a)と “sko”(“bsko”)「任命」(Ch. Dic., p. 63a)、「指定」「付託」(GMG, I, p. 17a)を意味するものが別個に出来上る。

(43)　バコーは『マニ・カムブム』中の der rgyal mang po rje をニャン・マンポジェ・シャンナンの投影と見る(MCR, p. 30, n. 1)が、正しいとは思われない(注(38)参照)。

第三章　ソンツェン・ガムポ王前期の治世

第一節　ティ・ルンツェン王歿後の事情

『年代記』(DTH, p. 111, ll. 1-6) はティ・ルンツェン歿後のソンツェン・ガムポ王の登場を述べる。ソンツェン・ガムポ王の御代に〔なると〕、父方の家来は謀反し、母方の家来は離反した。姻戚のシャンシュン、ゾモ mDzo〔mo を祖とする〕スムパ Sum pa[(1)]、ニャクニ nyag nyi のダクポ Dags po、コンポ rKong po、ニャンポ Myang po の全部が離反した。御父ナムリ・ルンツェン gNam ri slon mtshan は毒を盛られて殺されたのであった。[(2)][(3)]御子ソンツェンは若さが祟って、当初、謀反したものと怨恨のあるもの達を根絶しにしたが、ついで、これらの離反者をすべてもとどおり臣属させた。

ソンツェン・ガムポ一人の時代に入ると、父方の家来、つまり、「父方家臣六族」Yab 'bangs rus drug, Pelliot tib. 1038 によると、ロ lHo、ゲク rNgegs、ツェ mTshe、ツォ gTso、シャ Sha、プク sPug、後代の伝承によると、lHo, gNyags, Khyung, sNubs, Se, sPo(KGG, f. 6b, ll. 2-3)、または、Khyung, sNubs, rTse, gTso, Khu, rNgegs (AIT, p. 29, ll. 1-2) であるが、彼等が謀反した。このうちのゲク rNgegs (/gNyags) はいずれにも名を見せるが、既に知られる(二一五—二一九頁)ように「附国」を称して、大業四、五年(六〇八、九年)に隋に朝貢している。この時の使節にプク sPug が赴いたことも確認されている。彼等はヤルルン王家をポン教徒(薄/簿縁夷)として隋に紹介し、彼等の主君とはしていなかった様子であった。従って、離反、謀反とされてよい。[(4)]

後代の伝承にある「父方家臣六族」の諸伝承は、Pelliot tib. 1038と共通な氏の名をそれぞれがもっていて、それらを合せると、Pelliot tib. 1038に言及されたものが殆んど揃うことになる。従って、それらが「父方家臣六族」もしくは、「父方六家臣」の原形でなかったかと思われる。

それらに入っていないキュンポ Khyung po とヌプ sNubs 両氏のうち、キュンポ氏については先にも触れた(二八一―二九〇頁)とおりであり、他方のヌプ氏は、ヤルルン王家の宰相として『宰相記』に四名がその名を見せている。(5) Pelliot tib. 1038には示されないが、上記二氏は後代の所伝に共通してヤルルン王家の重要な氏族として見えている。

Se と sPo(6) については、前者が四大部族の名の中に見える点と、sPo は sPo bo を想わせるが、むしろ、mTshe, gTso からの誤伝でないかと考えられる。

次に「母方家臣」(7) に関してはソンツェン・ガムポ以前の外戚(zhang po)の家を考えればよい。敦煌文献の『王統表』では、ド 'Bro、チム mChims、ツェーポン Tshes pong、ノー gNo'、ウルグー 'Ol god、ルヨン Ru yong 等である。その他に、Pelliot tib. 1286の冒頭に昔日の外戚としてデ lDe、キ sKyi、チム mChims、タク Dags が示されている。後者の群のうちチム氏は既に名が出ているが、他は、氏族名ではなく、地名である。

ついで言及される "gnyen zhang zhung" とは、シャンシュン・リク・ミリャ Lig myi rhya(8) の係累を指すのであろう。後に取り上げるように、ヤルルン王家から、このリク・ミリャのもとに王女セーマルカル btsan mo Sad mar kar が嫁入りするが、然るべく扱われなかったのでこの国はソンツェン・ガムポ王の征討にあい、支配されてしまったとされる。そのことを述べた(9)『年代記』の冒頭にも、

zhang zhung lte bu//gnyen gyi yang do//

シャンシュンのごときは、姻戚としても大事な相手方で〔あり〕

として "gnyen"「姻戚」の語でその資格が示されている。

上に触れたセマルカルは、既に、ヤルルン王家の「姻戚」であるシャンシュンの王家に赴いたのであった。その関係は、ソンツェン・ガムポ王の登位直後に既に存在していたわけであるから、ソンツェン・ガムポ王を含めて、それ以前の王がシャンシュンから妃を迎えていたことになる。

後代の所伝(KGG, f. 33b, l. 5)によると、シャンシュン王 Li Mig skya[10](Lig Myi rhya の異字と思われる)の女、シャンシュン女リティクメン Zhang zhung bza' Li Thig dman[11] をソンツェン・ガムポ王が娶っていたとされるので、上の解釈も支持される。

“mdzo Sum pa” というのは、Pelliot tib. 1286 の『小王国表』(DTH, p. 80, ll. 24–25)のスムユル国 yul Sum yul を指す[12]。この国の大臣として見えるラン rLangs 氏がパクモドゥパ Phag mo gru pa の祖先にあたる。既に見たように[13]、『ラン・ポティセル』の記述によると、ラン氏本来の系統は “gdung gi mdzo mo”「家系の牝ゾ」によって象徴される。mdzo「ゾ」は g-yag「ヤク」の牡と牝牛の間に生れた家畜で、扱い易く、有用である。従って、スムパのラン氏を象徴的に示すこの動物の名によって、彼等を温和な隣人または同盟者とみなしていたことが表わされているのであろう。彼等の所在は、ポン教でいうスムパ・ラン〔氏〕のキムシュー Sum pa gLang (/rLang) gi Gyim shod 即ち、金川方面[14]である。

“nyag nyi”[15] に関して、明確に言えることは殆んどない。『学者の宴』Ja 章の中で(KGG, f. 19b, l. 7)、タクポと並べて「左翼」の千戸の一つに数えられているが、『ルンポ・カータン』では、代りにニャンポ Nyang po と示されている。

文章の構成から見ると、“nyag nyi” はタクポ以下三国のすべてを修飾するものと考える方がよい。その場合、“nyag” は、“nyag re”“nyag cig”「単一」「唯一」[16] の意味や、“nyag mo”「親族の婦人」[17] の意味から考え合せるところでは、「単体」「一族」を指す。他方、“nyi”[18] は “nyid” または、その俗字 “nying” の異字かと思われる。とすれば、“nyag nyi” は「同一氏族」をいうことになる。

タクポは古い外戚にも数えられていた。その名は国名であって氏族名ではない。彼等が“lha de”「神族」と呼ばれたことは先に見た(二八四―二八五頁)とおりであり、外戚であり、「同族」であるとされるならば、ダン sBrang 氏のような女国であったかとも考えられる。事実、王妃の名は Pelliot, tib. 1286 冒頭に Gyim pang ma と示されているので、その可能性は濃い。Gyim pang ma は Gyim pa ma「金氏の女」の異字とみなしうるからである。

コンポは、コンポの碑文や、ティグム・ツェンポの敦煌文献『年代記』中にその祖がコンジェ・カルポ rKong rje dKar po を称し、プデ・グンゲル sPu de gung rgyal の兄または弟であったとされているように、完全な「同族」である。ニャンポはニャンツゥン Myang btsun である。後代の所伝では、ティグム・ツェンポの遺児を三人として、三人がそれぞれ落ちのびた先の一つに数えられている。既に述べた(二一三―二一四頁)ようにヤルルン王家との関係はどのように見ても深い。従って、カルチュンの崇仏誓約の詔書にも、rKong[rje][d]Kar po と並んで、他の諸侯とは別格に扱われていた(KGG, f. 130a, ll. 1-2)。Myang po の位置も先に示した(二〇八―二〇九頁)ように、今日のニャンポ Nyang po で、コンポの西寄りの北側に位置し、尼洋河(Nyang chu)の流域になる。『ルンポ・カータン』が「左翼」の千戸としてタクポに並べて示した地であるように、タクポの東北を占める。

このようにして見ると、“nyag nyi”が「同族」の意味で用いられて、タクポ、コンポ、ニャンポを修飾していることがほぼ肯定できる。

タクポはティ・ルンツェン時代にセンゴ・ミチェン Seng go mi chen に討伐されていながら、なお、残ってはいたのであろう。これらの勢力が謀反したのは、ナムリ・ルンツェンが毒を盛られて殺された結果、到来した事態であった。従って、逆に考えるならば、ナムリ・ルンツェンの全盛時代には、上記の諸侯がすべてヤルルン王家の勢力に服属していたのである。しかしながら、ヤルルン王家が彼等を統一して一つの国家として組織化されていたというのではない。当時は、例えば、「附国」のような場合にしても、ゲク氏が統一国家を築いて隋に通貢したのではなく、自らがピャ部族の有力者としての自覚から、ヤルルン王家の権威が全く落ちぶれていた頃に隋に使を送ったというのに留まるのであり、組織立った王国が成立していなかったからそれが許されたのでもある。

引用した『年代記』の記述では、編纂をした頃の「吐蕃」王国が当時既に存在していたかのような主張のもとで示されているから注意を要する。彼等諸侯が反逆したのではなく、権力の交替を機会にヤルルン王家から疎遠になり、元来の状態にかえっていったのである。

しかし、グティ・スィンポジェを倒してヤルルン王家を押し立てた新しい勢力のニャンやバー、それにガルとかキュンポ(19)、等の諸氏は新しい国が出来つつあると意識していたかどうか(20)はわからないが、それぞれの既得権を失わないために、かつて彼等に権益を供与したヤルルン王家の権威を必要とし、他の動きを牽制していたので事態が大きく動かなかったものと思われる。

その間に、若いソンツェン・ガムポは「お若さが益せずして(祟って)(21)」、父の死に対する報復を行い、弱みを見せまいとして無用な殺戮をこころみたのである。謀議に加わったものは勿論、阻止すべき立場にいてそれの出来なかったものも恨まれて、全部抹殺された。この殺戮の非難すべき点を『年代記』の編纂者はソンツェン・ガムポ王の年齢の故にしている。ヤルルン王家にとって幸いなことに中央チベットの諸侯が離反しなかった。彼等がどのように働きかけたのか知らないが、ソンツェン・ガムポは自らの無謀を悟り、暴挙をやめ、スムパ族の統合を契機にやがて失った勢力を急速に回復していったものらしい。

第二節　スムパ統合の意義

既に何回も引用した『通典』の記述によれば、隋の開皇年間(五八一―六〇〇年)のある時期にティ・ルンツェン王がティ・ソンツェンをひきつれて、実力によってチンバの城からチベットに君臨していた。しかも、ティ・ルンツェン王の権威はゆうに五〇年前からのものだと認められている。この一節に言及された弄贊 Khri srong btsan は、決して嬰児ではない。いわば、太子として指名を受けた弄贊、もしくは、既に登位して父の後見を受けていたものとも考えるべきであろう。

ソンツェン・ガムポにはツェンソン rTsan srong という弟がいた。このことは、Pelliot tib. 1288 の冒頭に見えている。二人の年齢差は審らかでないが、このことから見ても『通典』での言及は、少なくとも、王位継承権が確立された身分の弄贊を指しているものとする方が適当である。

吐蕃王国では、いわゆる立太子の制度があったとは知られていない。『編年紀』では生れたばかりのものも "btsan po" として記録されている。名称の変更にも「登位」の意味は確認できない。[22] しかし、後継者としての指名がなかったということにはならないであろう。

後代の史書には、ティ・ソンツェンが一三歳で即位し、父の後見を受けた(KGG, f. 14a, ll. 4-5)とするものがある。これは『通典』の記述とよく合致する。今、かりに開皇末年をとって、この時、弄贊が一三歳を越えていたとすれば、その生誕年は五八八年以前に置かれる。ソンツェン・ガムポ王の生誕年名は「丑の年」であるから、遅くとも、五八一年に生れたことになる。

更に考えられることには、ソンツェン・ガムポ王は六四九年に歿し、その最後の三年間を文成公主との結婚生活に過したと言われる[23](DTH, p. 13, l. 7)から、五八一年に生れたとしても、死亡時には既に数え年六九歳に達していたことになる。従って、これより古い「丑の年」を想定することは不可能に近い。

以上の仮定のもとでは、ティ・ルンツェンの死は五九三年(581＋13－1)以後に起っている。五九三年から余り遅れない六世紀末中にその不幸があったとすべきであろう。

『通典』の記事をどのように解釈しても、弄賛、即ち、ソンツェン・ガムポ、その人の生誕は六世紀中に起ったことだけは動かない。政権の授受も六世紀の最後の一〇年のうちに行われたと、ほぼ確実にいうことが出来るのである。敦煌文献『年代記』は続けてニャン・マンポジェ・シャンナン Myang Mang po rje zhang snang によるスムパの征服を物語る。この事件はソンツェン・ガムポその人にとっても起死回生の大事件であったが、吐蕃王国の出現という点から見ても最も重要な事件であった。この重大事件を伝える問題の『年代記』の文を紹介しよう。

そのあとで、ニャン・マンポジェ・シャンナンがスムパ全部を一兵も派せずして、牡羊の幻策によって欺瞞し、舌先で語らった結果、一戸も失うことなく(24)、すっかり、正真正銘の家来(25)にしてしまったのである(DTH, p. 111, ll. 6–10)。

ニャン・マンポジェの術策によってスムパの国は完全に「本当の家来」になったとされている。この時期は、先述の、ソンツェン・ガムポによる父王の死への報復行為が一旦終った直後のことと見てよいであろう。おそらく、六世紀末から七世紀はじめにかけて、附国が隋に朝貢した頃まで報復の嵐が続き、多くの氏族の離反があいついで極限の状態に達した。その時点で、離反、報復、離反の悪循環を絶つため、ソンツェン・ガムポがニャンと計ったものと思われる。この事件はすこぶる重要な意味をもったので『宰相記』(三二三頁)にも記録されている。

附国が隋に遣使した大業四、五年(六〇八、九年)の頃、ティイ・ドゥンツィクもしくはニャクティ・ツェンポ以来最もヤルルン王家に友好的であったゲク氏やプク氏にも、ソンツェン・ガムポの権威は無視された。ゲクやプク氏は、隋に対してヤルルン王家を彼等の君主として紹介した跡がないからである。ヤルルン王家とその一族はピャ部族のうちで最もポン教に熱心な集団として、彼等の国の南方にただその位置を指摘されたに留まっている。

ゲク氏等による隋への遣使がもし、ニャン・シャンナンによるスムパ族とヤルルン王家の連合の後に行われたとするならば、これは前後を見ない暴挙としか言えないであろう。あるいは、この連合に対抗するためであったとも判断したくもなるであろうが、その場合には大業四、五年直後にスムパを併合したヤルルン王家によるゲク氏等のカム地方に対する弾圧を伝えるものが必要になってくる。しかし、その痕跡は全くない。従って、「父方六家臣」等の離反として表現されたゲク氏等の離反一般を一挙に解決する方法としてスムパとの連合が画策され、実現したと見なければならないのである。そうであれば、スムパとの連合は大業四、五年の殆んど直後に行われたものと推測される。

スムパの国、スム・ユル Sum yul はペル 'Bal、ラン rLangs、カム Kam の三氏族から構成される(DTH, p. 80, ll. 25–26)。そのうちのラン氏は小金川地区の「東女国」ダン sBrang 氏と通婚し、後代には複合氏族名ダン・ラン(索〔孛〕朗郎)氏を名告る程互いに深く結びついていた。そのダン氏には、第一篇で詳しく説明したように、更に以前の段階でヤルルン王家の外戚になったものもあり、また、ヤルルン王家と同祖の、オデ・グンゲル 'O de gung rgyal の末裔、(ム)ピャー(dMu-)Phyva 族を父系として代を重ねてきたものもあった。従って、スムパ族は、少なくともダン氏と結びついていたラン氏に関する限り、ヤルルン王家とは地理的に遠く離れてはいても血族的には関係があり、前記の『年代記』の文によってもかねて交流のあったことがわかる。すべてを失いそうになったヤルルン王家が、突然、遠隔の地にあったスムパ族との連合による起死回生を画策した裏には、このような血縁に関する伝説(一八五―一八六頁参照)どおりの希望があったものと考えることが出来る。

スムパのラン氏が漢文史料で白蘭と呼ばれたものであることは著者のかねてよりの主張であるが、少なくとも、両者の位置が今日の四川省の松潘、茂州を結ぶ線の西側で重なり合うことは否定すべくもない。[26]

ラン氏を含むスムパ族がニャン・シャンナンの説得だけでヤルルン王家への帰属に踏みきったのにはそれ相当の理由があったと思われる。後段で詳細な経過を見る予定であるが、当時、吐谷渾の伏允は隋との関係を改善する努力を重ね、煬帝のもとに幼い長子の慕容順を人質にまで遣わしたが、煬帝は伏允の手を払いのけるばかりであった。それどころか、大業三年から四年にかけて隋に帰順を申し出た鉄勒を動かして吐谷渾を討たせた。実状を知らなかった伏允は東走して西平の境界内に入り、隋に遣使して降伏を願い、援助を乞うた。ところが煬帝は逆に安徳王雄を宇文述のもとに遣わして更に伏允を攻めたてた。伏允は大業五年に窮しながらも遣使して更に赦しを求めた。この時、煬帝は自ら黄河を渡って西平に至り、四万の軍を繰り出して伏允を包囲した。この年の六月伏允は囲みを脱し、身を黒党項のうちに寄せた。

黒党項の位置は、これも後段に詳説するが、白蘭の北西部を占める河源に近いコクユル Kog yul に求められ、多彌南部の位置に相当するものと推定される。(27) 吐谷渾によるこのような突然の南下は、古来、吐谷渾の亡命先であった白蘭、即ち、スムパ族のラン氏には少なからぬ衝撃をもたらしたに違いなかった。彼等はまた、その東側に、吐谷渾を徹底的に攻撃した隋そのものと直接境を接していたのであり、吐谷渾の姿は何時彼等自身の姿になるかわからなかった。吐谷渾が隋に誼みを求めながら、いわれのない迫害を受けたことも彼等は充分知っていたと思われる。

なお、吐谷渾の南下した勢力を自国の西北部に迎えた彼等が、吐谷渾を迎えいれた敦善王とどのような関係にあったかは明確に知られないが、敦善王と全く関わりがなかったとすれば、伏允のような隣人をもつことには少なからぬ警戒心を起したことが考えられる。逆に敦善王と親近関係にあったり、また、例えば、この「敦善」がトン sTong 部族(28)と関係があり、シャンゲル Zhang rgyal の称(29)と結びつくものであれば、トン部族、即ち、ピャー Phyva'(不夜)氏に属し、ヤルルン王家の外戚としてのダン氏との結びつきが疑われるものとなる。そこで第一篇に詳説したようなラン氏と結びついたダン氏をその候補に考えざるを得ないであろう。その場合、彼等が伏允を迎えたために隋を正面の敵とする立場に自らを置いたことになり、どうしても彼等の背後にある強力な勢力との提携に傾かざるを得なかった筈である。

このようなスムパの国に対して、ニャン・シャンナンは、ティ・ルンツェン王のもとで築き上げられたヤルルン王家の力量を強調してスムパの諸部族に帰属の利を説いたものと考えられる。ニャン・シャンナンは間違っても、若いソンツェンの暴挙で先代の蓄積が累卵の危きに置かれていたとは洩らさなかったことであろう。ヤルルン王家とスムパ諸族の利益は、このようにして完全に一致した。勿論、本当に救われたのはヤルルン王家であった。この連合によって、隋にその存在が伝えられた「附国」はヤルルン王家とスムパ諸族との間に挟まれ、否応なしにティ・ルンツェン王時代の地位に戻ってヤルルン王家に忠誠を誓わなければならなかった。「附国」があえなく消えてその後の消息が伝わらず、チベットの史料にもその存在に触れたものが知られていないのも、このような経過を考えなければ理解できない。

従って、ニャン・シャンナンによるスムパ族統合の成功は、大業五年(六〇九年)以後であり、この年を多く隔てない時であると判断してよいであろう。著者は、これらに対して西紀六一〇年代初頭をあてれば大過がないと見ている。ソンツェン・ガムポ王はこの統合の成功を土台にして伏允の吐谷渾と接触をはじめ、やがてそこに親吐蕃の勢力を築き上げてゆくのである。

第三節　唐および親唐派吐谷渾との戦い

この後にくる唐および親唐吐谷渾との関係について、『年代記』は全く突然に、次のような記述を掲げる。

その後、王が親しく出御して[30]北辺になお現れず、軍勢を指揮しないうちに[31]、唐と吐谷渾とが朝貢してきたのである[32]。同盟していた〔方の〕吐谷渾は、それから後は〔吐蕃の〕家来とされたのである(DTH, p. 111, ll. 10–12)。

即ち、ソンツェン・ガムポが北辺に出陣する前に唐と吐谷渾とが朝貢するようになり、吐谷渾のうちで吐蕃と同盟していた方の者が吐蕃の家来になったというのである。

アシャ 'A zha が吐谷渾であることは、今日では問題がない[33]。ただ、ここに“thog ma 'A zha”「同盟の吐谷渾」というものが吐谷渾一般とは別に扱われ、一方は朝貢するものとなり、他方は家来となったとされている点に注意したい。この記述は、吐蕃が唐と交渉をもった六三四年以後をいうものになる。もっと、詳しく言えば、六三八年の松州の衝突以後をいうものとしなければならない。

六三五年に吐谷渾の伏允が唐に討たれて殞され、慕容順が立って唐と結んだが、その年のうちに殺され、唐側ではその子慕容諾曷鉢を慌てて擁立し、吐谷渾王とした。他方、吐谷渾には吐蕃系の王妃ティバン Khri bangs なるものがいて、その王子が、六三五年頃マガ・ト(ヨ)ゴン可汗 Ma ga tho(yo)gon kha gan を称し、黄河源に進駐していた吐蕃の軍勢と接触をもった。六三八年、吐蕃は唐と松州で戦い、媾和して、その結果唐から公主を迎えるに至るが、それより先に、彼等が公主を迎えるのを妨害したという理由で慕容諾曷鉢の軍は青海の北に追放されているのである。右に「唐と吐谷渾が朝貢して来た」というのは六三八年の松州攻撃の結果をいうものと考えられ、「同盟の吐谷渾」とはティバンの子、マガ・トヨゴン可汗を擁する勢力であると推測される。この後、彼等はソンツェン・ガムポ王の家来となり、文成公主に関する『編年紀』の六四三年相当の部分では'bangs 'A zha「家来の吐谷渾」と呼ばれているが(TLT, II, p. 10, (l. 53))、後年カルチュンの誓約詔書に見えるように、吐蕃の“rgyal phran”「小王」として、ヤルルン王家と同族のコンポやニャンポの上に置かれる地位を得た[34]のである。

これらの事実関係は後段で改めて詳説されねばならないであろうが、今は、これらの解釈の生ずる条件ともなる『年代記』中の二つの用語について先ず説明して置きたい。

一つは“dpya' gcal”[35]である。一般に、「朝貢させた」というには“dpya' phab”が用いられるが、「朝貢する」は、“dpya' 'jal'”（未来形“dpya' gshal”、過去形“dpya' bcal”）であり、“gcal”は“bcal”の異字と考えられる。リチャードスン氏も、次に見る Pelliot tib. 1288 で同じ用語を《offered tribute》(FTH, p. 38)としている。

他の一つは“thog ma”である。“thog ma”は「初め」を意味する副詞としても用いられるが、この敦煌文献中では「初め」をいうのには“gzod ma”(DTH, p. 111, l. 5)が多く用いられて区別されている。[36] この用法は、有名なシュル Zhol の碑文に“khar tsan phyogs su *thog ma* drangs pa 'i dmag dpon”「カルツェン方面へ所属の軍を率いる将軍」(AHE, p. 17, 〔l. 26〕)とある場合のそれと同じく、[37]「所属するもの」を意味する。ここでは吐蕃に「与《くみ》したもの」をいうのであり、正規軍以外も含めて広くいうのである。副詞の場合ならば“thog ma(r)”は“khar tsan”の前におかれる。

『年代記』のこの記述の直後に、ニャン・シャンナンの失脚が述べられている。これをそのままとるとニャンの失脚は六三八年以後になるが、それを論ずる前に、これと併行する他の重要な記述を見なければならない。

問題の記述は Pelliot tib. 1288 の冒頭にある。言いかえれば、バコーの示した『編年記』の冒頭についていたものであるが、非常に欠損が多くて、バコー自身 *Documents de Touen-Houang* 中には示さなかったものである。

バコーが取り上げなかったこの部分を、後年H・E・リチャードスン氏が論文“How old was Srong brtsan sgam po”中に用い、その後、“A fragment from Tun-huang”中にこの部分のテキストを補足して発表した。

リチャードスン氏のテキストも参照して、原文を示すと次のようである。

一、…(約30字)…'khus nas/snying drung

二、…(約26字)…〔s〕um pa' mtha' dag kyang

三、……

四、…(約20字)…〔s〕nang glo ba ring nas/kho na 'i bran pa tshab gyim po

五、…(約11字)…bkyon phab nas bkumo/mkhar sdur ba bshig go/

六、…(約10字)…/btsan po khri srong rtsan gyis/shuld byang lam du pyung ste/'a zha dang rgya la'

七、…(約9字)…dang 'a zha gnyis gyis dpya' gcalto/

八、…(約8字)…na'/btsan po gcen srong rtsan dang/gcung btsan srong gnyis nold nas/gcung

九、…(約7字)…l ta mkha's sregs 'khuste/mnyald gyi gzen du/gcung btsan srong/zhugsu
一〇、…(約7字)…po/

各行冒頭の括弧内は欠損部分の長さを示す。リチャードスン氏は、欠損部分に"de nas lo～na"「それから～年後」という言葉を補い、具体的な数字まで示す(FTH, p. 36)が、これは根拠が全くない(38)ので利用出来ない。しかし、その他の部分はほぼ適切な補足と思われる。下記訳文中〔　〕内は著者による補足を示す。

一、……叛いて、snying drung(訳不明)
二、〔ニャン・マンポジェ・シャンナンが〕スムパ全土も
三、〔……家来とした〕
四、〔……ニャン・マンポジェ・シャン〕ナンが忠誠でなくなり、彼自身の家臣パツァプ・キムポ Pa tshab Gyim po(39)
五、〔……が……してニャンに〕罰が加えられて殺されたのであった。ドゥルワ城(40)も毀されたのであった。
六、〔……〕賛普ティ・ソンツェンが途を北道にとって(41)吐谷渾と唐とに
七、〔遭わないうちに(42)、唐〕と吐谷渾の両者が貢物を納めたのであった。
八、〔……〕に、兄の賛普ソンツェンと弟のツェンソンとが仲違い(43)をした後、弟
九、〔ツェンソンの従〕者 mKha's sregs がそむいて、ニェルのセンに弟ツェンソンが赴くように(44)
一〇、〔……〕

上のような記述から、唐と吐谷渾による朝貢がニャン・シャンナンの滅亡後にあったともされてもいることが知られる。

ニャン・シャンナンは、既に見たように、ティ・ルンツェンの晩年にキュンポ・プンセー・スツェをしりぞけて、

王の信任を受け宰相となった。ソンツェン・ガムポ登位後スムパとの連携を成功させたことは既に見たとおりであり、その父ツェンクの時ドゥルワ城を拝領した(二七七頁参照)ことも知られているので、上の記事がニャン・シャンナンについて述べたものを含むとして誤りがない。

ニャンがスムパとの連携に成功すると、ティ・ルンツェン王一代で築き上げられた勢威は忽ち復活の兆を見せた筈である。ニャンの繁栄をキュンポ・プンセー・スツェが長く坐視しているわけがなかった。ニャンがスムパを征服した時期は、既に見たように、六一〇年代はじめに考えられる。『年代記』には、後段にも見る(四四三―四四五頁)ように、ニャン・シャンナン歿後に行われたバー・イツァプ dBa's dByi tshab とその一族による永久臣盟の記事が掲げられている。

バー・イツァプは、既に見たように(二七一頁以降)、ティ・ルンツェン王の父、タクウ・ニャシク sTag bu snya gzigs 王の晩年にスィンポジェ・ティパンスム Zing po rje khri pangs sum の覆滅をニャン・シャンナンの父と共に計画した人物であった。今、ティ・ルンツェン王の治世を『通典』に従って五〇年と概算すれば、タクウ・ニャシク王の晩年にイツァプが二〇歳前後の青年であったとしても、六二〇年代では九〇歳以上になる。従って、ニャン・シャンナンの滅亡をこれより後に設定することは頗る困難になる。

以上のような計算によって、『年代記』がニャンの滅亡記事を、唐、吐谷渾による六三八年の朝貢の約束の後に置いたのは、誤って配置したものと考え、『編年紀』の配列を正しいものとするのである。

唐と吐谷渾の朝貢について、ソンツェン・ガムポが「親しく出御して、なお北辺に至らず、軍勢を指揮しないうちに」と『年代記』は述べ、『編年紀』の冒頭部には「途を北道にとって吐谷渾と唐に……」とあるが、ソンツェン・ガムポ王自身は直接交戦する機会をもたなかったと記されていたのであろう。

いずれにしても、ニャン滅亡後にあった六三八年の松州攻撃が吐蕃に勝利をもたらしたものとされているのである。

ソンツェン・ガムポ王とその弟ツェンソンとの争いについては、上記 Pelliot tib. 1288 の文以外から知られることは全くない。

両者が争った後、ツェンソンの関係者であるケーセク mKha's sregs が背いたので、ニェルの地のセン gZen というところに弟のツェンソンが赴くように、多分、余儀なくされたというのかと思われる。

ニェル mNyal がヤルルンの南側にある gNyal(45) を指すことにほぼ問題はない。そのうちのセンというのはいずこを指すかは不明であるが、そこに行か(zhugs)せられたのであろう。リチャードスン氏は、この部分を殆んど見ないで、無闇に "dgung du gshegs"「歿した」と加えて解釈する(FTH, p. 38)が、正しいとは思われない。ここでは幽閉されたとか、配所に送られたという意味のように思われる。

その事件は、性格もよくのみこめるものではないが(46)、文成公主の「プー国」に到着する前のこととして記述されている。

第四節　ニャンの滅亡とキュンポ全盛の時期

『編年紀』冒頭の記述によって、以下に見る事件は、唐や吐谷渾との争いより先に起ったことが明らかになった。その事件とはニャン・シャンナンの滅亡である。

その後、ソンツェン王と〔ニャン・〕マンポジェ・シャンナン主従の間にキュンポ・プンセーが離間を策した。即ち、王の御前では、シャンナンが忠誠心を失ったわけでもないのにシャンナンが忠誠でなくなったと申し上げ(47)、シャンナンに対しては、王がシャンナンを罰しようとしていないのに、罰しようとしていると言ったのである。そこでシャンナンが心中にキュンポ・プンセーは自分とごく親しい友(48)であるから、プンセーの言うことは本当であると思い、以来王の命があっても、病と称してドゥルワの城に引きこもり、出仕しようとしなかった。そこで王は、シャンナンが忠誠でなくなったというのが正しいと仰言って、シャンナンのドゥルワ城を威嚇したのであった。その後シャンナンの家来のパツァプ・キムポが叛いて、シャンナンは滅ぼされたのであった。ドゥルワの城も毀されたのであった(DTH, p. 111, ll. 13-24)。

この部分はニャンの滅亡事件をとり上げて、詳細に述べたものである。即ち、ティ・ルンツェン王の晩年、キュンポの意図に反して選ばれた宰相ニャン・マンポジェ・シャンナンを、キュンポが奸策を用いて失脚させたことをいうのである。

ニャン・シャンナンはソンツェン・ガムポ王時代のはじめにスムパをヤルルンの臣としてヤルルン王家の勢力を回復した功臣であった。キュンポは先に見たように(二八八—二九〇頁)ティ・ルンツェン時代の晩年に自分が占めるつもりの地位をニャンに奪われ、新しい時代もニャンに思うまま振舞わせることには長く我慢が出来なかった。しかし、その後に、宰相になったのは、既に『宰相記』で見た(三二三頁)ようにガル・マンシャム・スムナン mGar Mang zham sum snang であった。だが、このガルはク氏と争って破れた。ガルの任用された期間も長いものではなかったと思われる。

その後のキュンポ・プンセーについて『年代記』は次のようにいう。

その後、キュンポ・プンセー・スツェによって、王に忠誠でなくなったニャン・シャンナンに対して、スツェが更に策をめぐらした[49]のでシャンナンが殺され、その結果スツェが信任を得たのであった。王の大臣達のうちで、キュンポ・プンセー・スツェ以上に信任を得たものは、かつて現れたことがなかった。スツェこそ、賢いと言えば賢いし、勇者と言えば勇者と言えた。大変能力があると言えばある人であった。度量が大きいと言えば大きい人であった[50]。人一人にあらゆる徳が集中しているという場合は、スツェ〔のような人をいうの〕である[51](*loc. cit.*, ll.

25–31)。

キュンポ・プンセー・スツェについての記述は、既に見たように、F・W・トーマスの扱ったスタイン文献中にもあった(TLT, II, p. 53)。ただ、その順序は前後顚倒して示されていた。今、前後を改めて訳文を示すと、

……の相談に与って、スツェは信任が篤かった。その後、ティ・ソンツェンの御代に〔なって〕ニャン・シャンナンが忠誠でなくなったことを〔更に〕スツェが策略をめぐらして王のお耳に申し上げたので、シャンナンが殺され、スツェは信任を篤くしたのであった。トヨチェーラ Toyo chas la の主ポルユンツェ Bor yon tse を滅ぼし、トヨチェーラなど〔を含む〕北のシャンシュン全土をティ・ソンツェンの御手に捧げたので、スツェは信任を篤くしたのであった。王の大臣の中でプンセー・スツェより信任の篤いものは、かって現れたことがなかったのである。スツェが賢いと言われたのは[52]、術策にたけ、智者であったからである。勇者であるというのは、能力にすぐれていたからであり、度量が大きかったからである。人一人にあらゆる徳が集まるというなら、プンセー・スツェに〔こそ〕あらゆる徳が集まっていたのである。

となる。

ここでもニャン・シャンナンの追い落としを図ったスツェの術策にたけた様子が述べられている。スツェはティ・ルンツェン時代に既に大功があった。今また、ソンツェン・ガムポ王の治下でも、もしこの記述の順序にあやまりがなければ、ニャン・シャンナンの失脚後、おそらく、ガル・マンシャムが宰相の頃になるであろうが、トヨチェーラの国を滅ぼした。

トヨチェーラの国については不明の点が多いが、シャンシュンの北ということで、「下手シャンシュン」の北、「上手シャンシュン」の東側にあって、多分ピャ部族の国ではなかったかという推測を試みた(二四六―二四七頁)。その王名も、キュンポのような「下手シャンシュン」系の者と似たもので“tse”で終っている。

スツェが信任を得たことをいうが、その宰相になった時期については、『宰相記』の記事以外に触れるところは全くない[53]。従って、議論は自らこのことをめぐる推論の是非に集中するであろう。

スツェが宰相になった時期にも関説する議論が、近年、A・マクドナルド夫人によって発表された。やや立ち入る形になるが、上に引用した部分に対する解説も兼ねることが出来るので、以下に取り上げてみたい。

マクドナルド夫人が "Une lecture des Pelliot tibétain 1286, 1287, 1038, 1047 et 1290" のうち (LPT, pp. 249–254) で示した見解を紹介しながら、私見を示すなら次のようになる。

夫人は、著者が本論で『編年紀』冒頭部の引用に続いて示したキュンポとニャンの記事 (DTH, p. 111, ll. 13–24) と、その次に示した同様のキュンポとニャンの記事 (*loc. cit.*, ll. 25–31) を、それぞれ区別してニャンを中心としたものとキュンポを中心としたものであるとする (LPT, p. 249)。これは従ってもよいかも知れない。

次に後者の内容を三段に分けて、第1段の冒頭部分を訳出するが、《Ensuite Myang Zhang snang devint déloyal》(*op. cit.*, p. 249) の中に "Khyung po sPung sad zu tses" として具格（イタリック）で示される部分を訳さないで[54]、ニャンを中心とした記述ではスツェが《un calomniateur》となっているが、キュンポを中心とした後者の記述では《un justicier》になっているという。これは自分の不注意により誤って、具格を訳出しなかったことに由来する結論であり、そのような表現上の区別は存在しない。

既に見たところの唐と吐谷渾とによる朝貢記事二つが、時期的に互いに前後することも指摘した (*ibid.*, p. 250) 後、マクドナルド夫人は、『宰相記』に示されるティ・ソンツェンの四人の大臣に言及して、ニャン・シャンナンの後はキュンポが宰相になったと主張する (*ibid.*, p. 251)。しかし、『宰相記』が四人の順を明示しているばかりか、『年代記』ではキュンポが信任を篤くしたというのみで、"blon che" となったことには触れていないので、この主張は不適当である。

Ｆ・Ｗ・トーマスによって取り上げられたキュンポに関する記述(TLT, II, p. 53)に関しても、マクドナルド夫人は多くのことを述べている。

先ず配列が逆であること(LPT, pp. 251-252)を指摘する。これは既に示したとおりであり、従ってよい。次に、トヨチェーラに関する記述の重要性を述べる(*op. cit.*, p. 252)。マクドナルド夫人がトヨチェーラの重要性を何によって評価するかというと、両唐書にいう「羊同」をトヨチェーラに結びつけ、青海方面に行くのにこの地を掌握する必要があったと考えたところに基づいている。この考え方は、「羊同」と「北のシャンシュン」の所在を中央チベットより東北に見なければ成立しない見解であり、既に著者が示した「羊同」の位置(二二四―二五一頁)とも抵触することはいうまでもない。

この見解の底には、シャンシュンの範囲を拡大解釈する傾向(55)が無批判のまま受け入れられているので、その誤りを除くためにやや詳しく取り上げておきたい。

マクドナルド夫人は両唐書吐蕃伝の記述中に、吐蕃が六三四年に初めて唐と交流した際、既に「羊同」を掌握していたとされている旨を指摘する。即ち、『旧唐書』吐蕃伝の六三四年における憑徳遐派遣の部分に、「其《ノ》隣国羊同及《ビ》諸羌並《ニ》賓伏《ス》之《ニ》」とあるものによるらしい。

更に、Ｐ・ペリオによる『唐書』の訳文から、ソンツェンが松州攻撃に先立って吐谷渾王諾曷鉢を青海の北に追放した一件の「弄贊怒《リ》、率《ヰテ》羊同《ヲ》共《ニ》撃《ツ》吐谷渾《ヲ》。吐谷渾不能《ハ》亢《スル》、走《ル》青海之陰《ニ》」を引用して、そのあとで「羊同」の征服が六三四年には既成事実であったと述べる。

次に、一転して下記の主張を示す。

En effet il était indispensable, pour que la route du Nord empruntée par le roi soit libre, que les Sum pa aient été soumis…et aussi que le Yang-t'ong, le nord du Zhang zhung soit sous controle tibétain》(LPT, p.

253)ここで《la route du Nord》というのは、おそらく“byang lam”を訳したものと思われるが、具体的には何処を指すか不明である。前後の記述から言えば、青海への道であろう。

この道を確保するために、スムパを押えておく必要があったという。実際のスムパは四川省にあったから関係がないのであるが、ここでは、ペリオ以来の解釈に従って「蘇毗」を改めた「孫波」、即ち、「支部第三翼」のスムペール Sum pa'i ru を指しているのである。その限りでは、まず正当な見解と言えよう。「孫波」はナムツォ gNam mtsho 湖の北側から東はディチュ 'Bri chu 河にまで及び、青海に到る要路を占めているからである。

全く同様な理由により占領の必要があったとされる「羊同」、即ち、マクドナルド夫人による《le nord du Zhang zhung》は何処を指すのであるかというと、《le Zhang zhung du Nord ne peut désigner qu'une partie des petit et grand Yang t'oung》(LPT, p. 253)とあって、大小羊同の一部であるとみなされている[56]。

これはよいとしても、最も肝心なその位置を正確には言えないとして、R・A・スタン氏の意見(CT, p. 16)をかりて《faisaient probablement la liaison entre les pays de l'Est et de l'Ouest du Tibet》と示し、更に、ペテック氏による中央チベットの北北東、入吐蕃道の最終段階を「元来のシャンシュン」とする説[57](GAT, p. 252)をとり入れて、これを《Zhang-zhung du Nord》に当ててしまう。

しかし、「元来のシャンシュン」を言い出したトゥッチ氏の説は、かつて批判した[58]ように正しくない。勿論、それに副って述べられたペテック氏の説も誤りであり、入吐蕃道の北北東は、「蘇毗」の西境が鶻莽硤であるとする『唐書』二二一下の記述によって、「蘇毗」内にあることが確かであるため、「羊同」地区には入れられない。また、スムペール、即ち、「孫波」の西境ならぬ南境がナムツォ湖の南岸にある sMriti chu nag 朱諾河[59]によって示される点から、西境は更に多少とも西になり、ペテック氏のいう Nag chu kha も当然「蘇毗」内にあると考えられねばならない[60]。

既に示したように「大羊同」に直面するという「紫山」は、ムルイ・ウス Murui usu の南源に近い Ku-erh-pan-lo-chi(γurban ri bo che) 山であり(二四〇―二四二頁)、ナムツォ湖の真北方角に位置する。従って、その東側は少なくとも「大羊同」ではない。

「大・小羊同」が上手・下手の両シャンシュンに相当し、「第三翼」の西にあることは既に説明した(二二四―二五一頁)とおりである。従って、青海に至るために「大・小羊同」、或いは、上手、下手の両シャンシュンも通過する必要はなく、そこに含まれると主張される《Zhang zhung du Nord》が戦略上確保されねばならなかったという論理も成り立たなくなる。

六三四年以前に「吐蕃」に賓服していた「羊同」がキュンポに征服された「北のシャンシュン」でなければならぬと推測する事情は全くなくなったのである。では、この「羊同」が何に当たるかというならば、ソンツェン・ガムポに妃を送って、既に"gnyen gyi yang do"「姻戚としても重要な相手方」と呼ばれていたリク・ティクメン Lig Tig sman の里方、シャンシュンのリク・ミキャ(リャ)Lig Myi skya(/rhya)をいうか、カイラーサの麓からヤルラ・シャンポの麓に至って仕え、「ツァン・プー」やトヨチェーラを討った当のキュンポ・プンセー・スツェその人の率いる軍を指すかのいずれかである[61]。前者は六四三年に至って直属の家来となるが、それまでは"thog ma"「同盟者」として吐蕃に服していたとも見ることが出来るから、両唐書の所説には抵触しない。しかし、先代からの協力者であり、下手シャンシュン東部に拠っていた後者とする方がより自然であろう。

マクドナルド夫人は、更に一歩を踏み出して《Zu tse conquiert le Zhang-zhung du Nord : Petit Yang-t'ong ou partie des Yang-t'ong》(LPT, p. 253)とするが、この「小羊同」は、根拠を示さず「北のシャンシュン」と同一視されているので、『釈迦方志』の「小羊同」であるのか『通典』の「小羊同」であるのかも不明である。従って、取り上げて批判することも出来ない。

トヨチェーラが大・小羊同のうちにあるか否かは別として、「北のシャンシュン」という名から見てもチベットの西北部、ナムツォ湖真北より西側にその位置を求めるべきであり、先に述べたように（二四六—二四七頁）、「下手シャンシュン」の北、「上手シャンシュン」の東側に当るところを推測できるに留まるであろう。

トヨチェーラの討伐の時期は、六三四年以前ということを、両唐書の記述から決定するのは困難であるが、『編年紀』の冒頭にこの事件が記録されていないから、多分、六三八年より以前にあったことと考えてよいであろう。『編年紀』冒頭では、六三八年以後の事件はかなり細かく記載されているからである。

第五節　キュンポ・スツェの謀反と滅亡

キュンポに関する記述で残されたものは、『年代記』ではその最後を述べるもののみになる。同様の文は『宰相記』にもあって、既に示した。ここではやや詳しく記述されているので、繁雑を厭わず訳文を示すことにしたい。

その後、この王〔ソンツェン・ガムポ〕の御代に、キュンポ・プンセー・スツェのごとき[62]も老いて、陽に暖をとることを許され[63]ていたのであった。〔時に〕、キュンポ・プンセーが王に対してお願いした。昔、王の御父ナムリ〔・ルンツェン王〕の御代に自分が「ツァン・プー」を〔ヤルルン王家に〕臣属させましたが、御父君はそれ[64]を御覧にならず、自らお出まし[65]にもなりませんでした。だから、御子息たる王が御覧になり、自らお出まし下されば、私の住い[66]のあるティボムで〔歓迎の〕祝宴[67]を張りたいと存じますので、何卒お許しを賜るようにとお願いした。そこで、王はプンセー〔・スツェ〕がお願いしたとおりお許しになり、ガル・〔トンツェン・〕ユルスンに〔王の泊る〕行宮を調査する[68]ようにお命じになった。そこでユルスンがティボムに赴いて探索したところ、罠がしかけられているの[69]にユルスンが気付いたので、ユルスンは逃げ帰って王に〔その旨を〕申し上げたのであった。ユルスンが逃げ帰ったあとで、キュンポ・プンセーは自ら生命を絶って死んだ。そこで首を切り、息子ガクレキュンNgag re khyungが〔それを〕持ってチンバPying baのお城に赴いたのであった。ガクレキュンが王にお願いして〔次のように〕言った。私の父は年老いた果てに王陛下に対する忠誠心を失い、蔽いかくし仕切った場所[71]をガル・ユルスンの目にうっかり見せたので[72]、ユルスンにも気付かれ、そこでユルスンが帰った。私は父を殺し、首を刎ねてここに参りました。ですから、(われらを)お取り潰しなさらぬようどうかお願いいたしますと申し上げたのであった。ティ・ソンツェン王もガクレキュンが申し上げたとおりお許しになり、取り潰しは行われなかった(DTH, p. 111, l. 31-p. 112, l. 17)。

トーマスの用いたスタイン文献のA面には、上の部分とほぼ同様のものが見られるが[73]、特に注目すべき相違はないので、ここに重複して示さない。

上に見られたことを要約すれば、キュンポは、『宰相記』のいうところでは、オマデ・ルーツェンと反目しており、また、『年代記』の所述では老いのためにとなっているが、新領土の「ツァン・プー」のいずれかにあるティボムの居城に引退した。引退したキュンポは、ティボムに罠をかけ、王を招いて陥しいれようと計った。王はガル・トンツェン・ユルスンを派遣して下見をさせたところ、罠がしかけられていたので、ガルは逃げかえり、キュンポは自殺した。キュンポの息子ガクレキュンは、父の首をもってチンバ〔・タクツェ〕の城にティ・ソンツェンをたずね、父の罪を謝してキュンポ氏の絶滅だけは赦して貰うことが出来たというのである。

キュンポが「ツァン・プー」二万戸を征服し、その功により、そのまま「ツァン・プー」を拝領したことは、『年代記』のうちに述べられていて、既に何回となく論及した。キュンポ・スツェが王を招こうとした居城は、もはやキュンルン近傍にはなく、この新領土にあった[74]。また、ティ・ソンツェンの居城がラサではなく、なおヤルルンのチンバ〔・タクツェ〕にあったことも明瞭に示されている[75]。キュンポの後任にガル・トンツェン・ユルスンが宰相となったことは、『宰相記』中に示されている。キュンポが「太陽に暖を取って」引退した後をガルが受けもったのである。キュンポが悪い関係をもったオマデ・ルーツェンはガルに亜ぐ実力者であったらしく、ガルのあとを継いで一度は宰相になるが、すぐ失脚している。これらも、やはり『宰相記』が明らかにしているのを既に見た(三二四頁)。

キュンポの死が何時起ったかという問題はここでは解決されていない。この点について、マクドナルド夫人が特殊な史料をもち出して論議しているので、後段で関係事項を論ずる際に再び取り上げることにしたい。

(1)　シャンシュンとスムパはソンツェン・ガムポ王の時代に征服されたのであるから、ここに離反をいうのは《anachronique》であるとマクドナルド夫人はいう(*loc. cit.*)。しかし、文献の読み方としては却って正確でないように思われる。シャンシュンについては本文で述べたように早くから友好的な関係があり、姻戚 gnyen であったとされている。スムパについても、ソンツェン・ガムポ王時代に軍を動かさずに征服されたというが、それ以前に既にある種の関係が存在したと考えねばならない。著者の立場では、スムパのラン氏は、ヤルルン王家と共通の祖をもつ〔ム・〕ピャ族とダン氏との複合氏族に結びついていた筈であり、ニャンの説得を受けるまで互いに全く知らぬ仲であったのではない。

(2)　“bon”についてはG・ウライ氏の考証があり、この部分には《having drunk poison》(OTV, p. 332)という訳を与えている。

(3)　“dku' ba”の“dku'”は“dku' lto”「策略」(GMG, I, p. 9b; D. Dic., p. 23a)の意味であり、“dku' ba”は「裏心をもつ者」になる。“dku”は「脇腹」(*loc. cit.*; Ch. Dic., p. 22b)のことである。

(4)　このほかに“yab 'bangs pha dgu”「父方家臣九族(?)」(DTH, p. 97, l. 14)という称し方もある。“yab 'bangs rus drug” (BKT, f. 7a, l. 5), “yab 'bangs mi drug”(CYNC, f. 73a, l. 5)と他の呼び方“Bod ka yag drug”との関係については、一九〇頁注(10)、二五三頁注(17)、TAM, pp. 11–12 参照。

(5)　DTH, p. 100, II. ll. 5, 14–16.

(6)　『ラダック王統史』の場合、Se と sPo の位置に rTse と gTso がある。rTse の前の ra は *La-don* 辞の誤りである。従って、Se, sPo は、むしろ、Pelliot tib. 1038 の mTshe, gTso の誤写・誤伝と見る方がよい。

(7)　ティグム・ツェンポの場合、“yum 'bangs mtshan gsum”「母方家臣三族」(DTH, p. 97, ll. 14–15)の称があった。しかし、ここでは、既に外戚“zhang po”の範囲が拡がっている筈である。他の一つの考え方を記すると、ヤルルン王家は、ダン氏のような女国と婚姻関係をもっていたが、その場合、ダン氏の権益は妃の手にあった筈であるから、その系統の家来を“yum

’bangs”として特に指定したのかも知れない。しかし、残念なことにこれに関する実態を明らかにする史料はない。

(8) リク・ミリャ Lig Myi rhya は個人の名と考えられる。六四三年ソンツェン・ガムポに討たれたのが彼であるならば、ソンツェン・ガムポの長命説による限り、後者の即位時に同じリク・ミリャーが既に在位していたとはやや考えにくい。

(9) この文に対するバコーの訳文に対してG・ウライ氏が別訳(CPO, p. 294)を示し、マクドナルド夫人も同じ理解を表明した(LPT, p. 262, n. 277)。しかし、両者も、バコー訳と共に誤りである。原文には議論の対象となる“lde bu”の字はなく、接尾辞“lte bu”が書かれているのに過ぎないからである。また、『年代記』を編纂した吐蕃時代のチベット人が、自らの王を呼ぶのに敬語を殊更除いて“lde bu”ということはありえない。必ず“lde sras”と示す筈である。また、マクドナルド夫人が《lDe sras ou lDe bu est appliqué à plusieurs rois du Tibet dans le 1287, notamment à Dri gum et à Srong btsan sgam po》(LPT, p. 201)と断言するが、“lde sras”が用いられているのはDri gum btsan po に1回だけ(DTH, p. 97, l. 11)で、他に“lte bu”を“lde bu”と誤読した右の例が一つあるに過ぎない。一二四頁、一四七—一四八頁注(116)(121)参照。

(10) Lig Myi rhya (DTH, p. 115, ll. 29, 30-31; p. 117, ll. 11, 14, 16〔バコーによるdhyaは誤読〕)の誤伝、ポン教系文献では Lig Mi rgya と示された(TND, f. 94b, ll. 3-4; LRD, f. 165b, 179a)上、ティソン・デツェン王と同時代にみなされている(SCL, p. 52, n. 8; TGB, p. 26 参照)。Lig Myi rhya/Lig Mi rgya/Lig Mig skya についてはG・ウライ氏の説明(CPO, pp. 293-294)で尽されている。リク・ミリャがソンツェン・ガムポ王と同時代であることは、佐藤長氏(『古チ研』二四五—二四六頁)、G・ウライ氏(CPO, pp. 289-293)によって充分説明されている。マクドナルド夫人が、占い書の実例に取り上げられた伝承を同時代的な記録と誤認して、リク・ミリャの名をキュンポ・プンセー・スツェと結びつけることで(LPT, p. 279)上記のことがはじめて実証されたとする(*ibid.*, p. 291)のは到底従えることではない。四〇三—四〇八頁参照。

(11) 単に Zhang zhung bza’ とのみ示したもの(GSM, f. 68b, l. 5)もあり、ポン教文献のうちには Lig Tig sman (LRD, f. 163b)、または、Lig Tin sman (TND, f. 87b, l. 1)と綴るものもある。

(12) 三三三頁注(19)参照。

(13) 一九七頁注(94)参照。

(14) 「白SL」二一—二五頁、「東女白」三〇—三二頁参照。ポン教の文献では、ポン教が拡まった範囲をいうのに、必ずと言ってよい程“mtho khyung lung dngul mkhar, smad(または dma’)sum pa glang gi gyim shod”「上手のキュンルン・グルカル、下手のスムパ・ランのキムシュー」(YBG, f. 10b, l. 5; TND, f. 71a, l. 3)として、東西の境界とする。キュンルンはシャンシュンのクゲ Gu ge に近く(北緯三一度、東経八〇度三〇分)、カイラーサの西にあり、スムパ・ランのキムシューは、これに対してチベットの東辺を占める。その点は“shar phyogs rgya dang bod kyi mtshams”「東方、シナとチベットの境」という修飾語を冠する(TND, f. 93b, l. 2; LSD, f. 177a)ことで明らかになっている。gLang が rLangs の異字であることは、『ラン・ポティセル』(LPS, pp. 15b, l. 16; p. 48a, ll. 10–11; p. 53a, l. 7)に“rlangs yul gyis(/gyim)shod, rlangs yul gyi gyim shod”とあることで実証される。

(15) LPT, p. 248, n. 230 参照。敦煌写本では“nyagnyi”の間に *tsheg* 点が見えないので、どこで切るかわからない。しかし、『学者の宴』Ja 章中では(KGG, f. 19b, l. 7)では“nyag nyi”とされている。従って、『白冊史』(DTK, f. 27b, l. 5)の読み方を正しいかも知れないとするA・マクドナルド夫人の見解は従い難い。また、そのように切っても「魚を喰う」意味は出てこない。“gnyi”が“bza'”「食べる」の代りになることも知られていないからである。

(16) Ch. Dic., p. 304a, “nyag gcig”《gcig pu nyid dam nyag re rkyang》「一つそのもの、もしくは、一つだけ」=“nyag ma”。

(17) BTD, p. 241a; Ch. Dic., p. 304a. “nyag mo”の“mo”は女性を示す接尾辞。従って、“nyag”は「親族」を実質的に示す。国語の方言で言われる「一家」に当るのであろう。

(18) “nyi”について考えられることは、“nying sha”《rang sha 'am nye du'i sha》「己れの肉、近親の肉」(Ch. Dic., p. 309a)、「母方の同族」を指すのかとも思われるが、この場合の“nying”は“nyid”の訛りの可能性が強く、“yang lag”“nying lag”という場合の“nying”ではない。本文の場合の“nyi”もこのような“nyid”の俗字と考えてよいのではなかろうか。

(19) ヌン mNon 氏の名は後代に見られない。Seng go Mi chen の一族はそれ程華々しくないが、これらに含まれるであろう。

(20) 吐蕃王国をそれ以後動かしたのはこの新勢力であった。ヤルルン王家の譜代の家来ではク Khu 氏以外は殆んど用いられることがなかった。

(21) A・マクドナルド夫人は“ma phan”を“ma 'phan”に改めて《sans faiblesse malgré son jeune âge》(LPT, pp. 248–249, n. 231)とする。今、“phan”を「弱い」の意味に取ることが許されても、“sku gzhon”と“ma 'phan”の間に“yang”の辞を入れなければ上記の読み方は成立しない。“sku gzhon”は「若気」の敬語であり、“phan”は動詞で「役立つ」の意味(Ch. Dic., p. 520b)である。

(22) 四二—四三頁、五八頁注(39)参照。

(23) 佐藤長氏はこの部分を解釈して「この記事は六四一年に公主が入蔵し、それより三年経て六四四年にリグニャシュルの反乱が起き、それより六年経て——厳密に言えば五年経て——六四九年にソンツェンが死去し、従って彼が公主と共同生活したのは先の三年間であったことをいうのである」(『古チ研』二八四頁)とするが、これは記事を歪曲した読み方である。実際には

「それから六年を経てティ・ソンツェン王は昇天したのである。王妃文成公主とは三年一緒にお住みになった」とあって「先の三年」とは書かれていない。最後の三年というバコーの意見は(MCR, p. 11, n. 2)、理由はともかく、読み方としては正しい。著者の解釈は、後段で示すとおり、文成公主は先夫クンソン・クンツェンの三年の喪を終えてティ・ソンツェン王と再婚したため、このような結果になったのである。

(24) バコー訳《sans dénombrer les foyers》には注記に《c'est à dire sans s'y arrêter》(DTH, p. 147)とあり、A・マクドナルド夫人は《un nombre calculable de foyers》(LPT, p. 249, 2)とするが、いずれも正しくない。“shor”は“chor”の過去形で、「誤って失う」意味である(Ch. Dic., p. 285b 参照)。

(25) “bangs rnal ma”は、全く理解されていない。バコー訳の《soumit et pacifia》(DTH, p. 147)でも、マクドナルド夫人の要約でも、注意されていない(LPT, p. 249)。“rnal ma”「正真」「真実」(Ch. Dic., p. 484a), “=gzhi”、「基本状態」(GMG, I, p. 178a), “gsha' ma, bden pa, ngo ma, gnyug ma”(BTD, p. 379a)とあって、威に服するというだけの一時的な家来でない「本質的な正真の」家来の意味で用いられている。

(26) 「白 SL」二—三四頁、GLS, pp. 24-41 参照。

(27) 六六〇—六六九頁参照。『釈迦方志』『通典』などで吐谷渾の位置とされるところである。

(28) トン sTong 部族についてはなお不明な点が多い。一七六—一七七頁参照。

(29) ヤルルン王家の zhang po「舅」の王の意味である。一七九—一八〇頁参照。

(30) “zhabs kyi btsugs ste”をバコー訳では《se mit en marche》(DTH, p. 147)と示すが、これは“zhabs btsugs”の正しい把え方でない。マクドナルド夫人も同訳を採用している(LPT, p. 249)。現在形でいうと“zhabs kyis 'dzugs”になるが、「始めて自から出かけて」の意味である(二九八頁注(67)参照)。続く部分は否定形になるので、“ste”は「具余」の接続辞になり、否定の効果は「具余」の前にも及ぶ。Pelliot tib. 1286 の冒頭にくる“shuld byang lam du pyung ste”「行路を北辺にお取りになって」と同じ意味になる点に注意したい。注(42)参照。

(31) “ma drangs”は“dra ma ma drangs”の略(OTD, p. 227 参照)。

(32) “rgya”は“rGya nag”の代り。この当時の“rGya nag”は、勿論、唐朝になる。

(33) ペリオは、阿柴虜の呼称と結びつける(NTS, p. 324)。トゥッチ氏はアシャ 'A zha を支配階級、或いは、それに属する氏族とする(TTK, pp. 63-64)が、根拠は明らかでない。

(34) カルチュン詔書の関係部分については、二一三頁参照。

(35) 佐藤長氏は“dpya' gcal lo”を“phyag 'tshal lo”の意味に解して、「敬意を表わし来れり」と示している(『古チ研』二四七頁)。しかし、敦煌文献でも“phyag 'tshal”は“pyag/phyag 'tsal/'tsald/'tshal”と示される(DTH, p. 14, l. 35; p. 17, l. 34; p. 18, ll. 12, 20, 22; p. 21, ll. 8–9; p. 22, ll. 18, 27; p. 24, ll. 20–21, 25, 31, 37; p. 25, ll. 6, 11, 18, 24, 28…)。マクドナルド夫人は《imposa le tribut》(LPT, p. 249, n. 234)とするが、その場合は“dpya' phab”(DTH, p. 101, l. 10; p. 112, ll. 29, 32; p. 115, ll. 12, 19, 25)であるか、“dpya' 'jal du bcug”「朝貢させた」(AHE, p. 18〔ll. 48–49〕)になる。後者の用例はシュル Zhol の碑文にあるが、本文の“dpya' 'jal”の使役法の形である。かつて著者は“dpya' gcal”の“gcal”を“bcal”の異字とせず、“gcol”に対応する自動詞“'chal/'chol”《to be thrown together》(J. Dic., p. 171a)の意味から「喚き散らす」と推測し、“dpya'”を“phya”「悪口」「罵詈」の意味に解釈した。例えば、敦煌本『楞伽師資記』チベット訳(VP, no. 710〔2〕)に“dpya' ba……myed”「非難されることが……ない」(f. 28a, l. 2)の実例もあったためである。更に、本文で見るように、ニャン・シャンナンの失脚以前のことと、誤って述べられていたため、歪曲して読んだものであり、右のように訂正したい(「古代チベット史考異」八一頁注(91)下段)。

(36) バコー訳《C'est la première fois》(DTH, p. 147)にマクドナルド夫人も従う(LPT, p. 249)。

(37) リチャードスン氏は《general for the first attack in the direction of Khar tsan》(AHE, p. 20)と訳す。

(38) リチャードスン氏は、『編年紀』冒頭の六四九年以前の部分について、「それから六年を経て」とあり、その前には「それから三年を経て」とあるのを取り上げ、更にその前の欠如破損した部分についても同じく「それから三年を経て」とあったものと推測しているが(HOS, p. 60)、何の根拠もない。この点はG・ウライ氏によって直ちに批判された(NLO, pp. 36–37, n. 90)。『編年紀』の冒頭に近くソンツェン・ガムポ王の死が伝えられて(注(23)参照)、その次の条が六五〇年になっている。ところが、リチャードスン氏はソンツェン・ガムポ王の死を漢文史料によって六五〇年としてしまう(FTH, p. 33)。これは『編年紀』の記述をよく見なかった上、漢文史料の表現に不慣れなための誤りである。六五〇年は佐藤長氏の説明するように(『古チ研』二一一頁)弔祭使の派遣の時期を示すと考えられるからである。この六五〇年から逆算して、文成公主の到着を九年前とするため、六四一年が示される(FTH, p. 34)。これは、佐藤長氏が「六年」を「厳密に言えば五年」として六四一年と示した(注(23)参照)のと同じで、文成公主の入蔵を六四一年とする固定観念に支配されて疑わぬための誤りであり、チベット史料の読み方としては正確でない。唐の暦の六四一年三月までは、チベットの暦では六四〇年として伝えられることを忘れてはならない(三七三頁参照)。

(39) パツァプ氏は、ティパンスムに臣従したニェン・ジスン mNyan 'Dzi zung に妾を送っていた(DHT, p. 102, l. 23)。『学者の宴』Ja章(KGG, f. 7b, l. 3)には、ティグム王の屍がパツァプの国のギャンカル rGyang mkhar を通った(ニャンチュ Myang chu 河を流れ下った)としているが、何時頃ギャンカル(=rGyal mkhar rtse)がパツァプ氏の領土であったか明らかでない。

(40) ニャンの城が sDur ba であって sNgur ba ではない。その字形は "bdag gi *sdum* pa khri boms"(DTH, p. 112, l. 3)と比較して他の諸例(*ibid*., p. 102, III, l. 2; p. 103, l. 19; p. 111, l. 22)を見るとわかる。ただ、1例(*ibid*., p. 106, l. 6)が崩れている。

(41) "shuld byang lam du pyung" の "shuld" は「行路」(Ch. Dic., p. 884a, "bshul" *ibid*., p. 895b)をいう。"pyung"は、今日の "phyung"(*op. cit*., p. 536a)で、"byin" の過去形。

(42) "ma byung ma drangs par"「現れず、軍を指揮しないうちに」(DTH, p. 111, l. 11)に対応する筈であり、リチャードスン氏の "dmag drangste rgya" の補足(FTH, p. 36)は正しくない。七行目のはじめに否定辞があり、その効果は「具余」の助辞の前の動詞にも及ぶ。

(43) "nold"「互撲」、「競争」、「攫取」(GMG, I, p. 180a)、《to unite, to cross; to wrestle, to contend with》(J.Dic., p. 320b)であって、リチャードスン氏のいう《reconciled》(FTH, p. 38)の意味はない(GAT, p. 255, n. 1参照)。

(44) "mnyal gyi gzen tu/gcung btsan srong/zhugsu" に《dgung du gshegs》を補って(*op. cit*., p. 37)、《the younger brother died in his bed by fire》(*ibid*., p. 38)と訳す理由は全く不明である。"mnyal gyi gzen du" はその位置と、動詞 "zhugsu"「行くように」の意味からみて地名と考えざるを得ない。《in his bed by fire》は全くの附会の説である。

(45) KTG, p. 126, n. 258参照。L・ペテック氏も mNyal を gNyal と見ている(GAT, p. 255, n. 3)。

(46) 新興王国として、絶大なものに成長する王権と、置き去りにされ、あらゆる面でその動きを制限される王以外の近親者の権利意識は、両者の隔りから、肉親の情を仲介として不満に変る。そのような現象の一つであったと推測されてよいであろう。

(47) バコー訳《il disait le Zhang snang infidèle ou fidèle》(DTH, p. 147)はマクドナルド夫人の訳文(LPT, p. 249, 4)のように改められる。

(48) "shag rag po" についてバコーは《ami〔?〕》の訳を与え、注に "rag" を "rogs" と解する旨が示される(DTH, p. 149, n. 2)。マクドナルド夫人は《amis jurés》と示すが注記はない(LPT, p. 249)。ゲシェー・チューキ・タクパは "shag po" に《grogs po》(Ch. Dic., p. 876a)の意味を示す。《jurés》は "rag po" を《rag las pa》「よりかかる」意味でとらえたものと解される。"po" を伴うところから考えると、「信頼してよい者」の意味かと思われる。

(49) "dku' bel" に対するバコー訳は《ce que décela le favori Zu tse》(DTH, p. 139, l. 17)とか、《continua de dénoncer artificieusement》(*ibid*., p. 148, l. 9)とあって同じでなく、マクドナルド夫人は《dénonça sa traîtrise》(LPT, p. 249)としている。

このうちの"bel"について、トーマスのテキストは"pel"(TLT, II, p. 53)と示す。"pel"ならば、"phel"「増える」または"bel"「多い」(Ch. Dic., p. 602a)の異字である。"dku"については注(3)、二九四頁注(18)、三〇三頁(104)参照。

(50)　"dzangs she na 'dzangs"以下の一連の表現について、バコーは《Qu'on lui dit: "sois avisé!" il était avisé》(DTH, p. 148)とするが、冒頭にくる"Zu tse"を訳していない。実際は、主語になる「スツェ」について、「賢いとかどうかをいうならば、賢いに決っている」としているのである。マクドナルド夫人の訳文では適否は不明である(LPT, pp. 249-250)。

(51)　DTH, p. 148; LPT, 250参照。

(52)　"zu tse 'dzangs so *zhes so* sgyu che shing mkhas so"の表現についてF・W・トーマスは《Zu tse, it was said, is a wise man; he is very cunning and expert》(TLT, II, p. 54)とし、A・マクドナルド夫人は《Zu tse est un sage, disait-on; il est expert et grand stratège》(LPT, p. 252)とするが、共に、"zhes so"と次の一節にある"shes pa 'o"の文法的関連を把握していない。上記の二語は「と言われたのは」という提示格と続く部分で、それを結ぶ理由が示されているのである。"so"または"'o"は「終辞」と同じ形をもつ。例えば、"gyur *ro* cog"「訳せるもの全部」とか"shal ce *bo* chog gi bla"「司法のものすべての長」、"bdag gis thos so cog"「私の聞いたことすべて」という場合の「もの」「こと」と同類のものである。

(53)　三二三頁参照。

(54)　具格を伴う部分の訳出によってニャンの「忠誠でなくなった」ことの原因が示され、キュンポが《un calominiateur》となっている。

(55)　G・トゥッチ氏による意見も、スムペール Sum pa'i ru、即ち、「孫波」をスムパ Sum pa族と誤って、前者の南の境界などを根拠なくアムド地方に置いたことから導き出されたものである。これに関する批判は、かつて示したとおりである(GLS, p. 23, n. 12, 13)。

(56)　マクドナルド夫人が「羊同」とシャンシュンとを、どのような関係に見ているのかは明らかでない。《le Yang-t'ong, le nord du Zhang-zhung》とも《Zhang zhung du Nord: Petit Yang-t'ong, ou partie des Yang-t'ong》(LPT, p. 253)とも示すからである。

(57)　ペテック氏は *Byang gi* zhang zhung とは示していない。

(58)　注(55)参照。

(59)　スムパの「翼」の南端 sMriti chu nag (KGG, f. 19b, l. 2)の位置に関しては、『学者の宴』Pa章(f. 148a)に"skyi chu 'i chu mgo smriti chu nag brgyud nas bya shu la brgal"「sKyi chu 河の水源 sMriti chu nag を経て Bya shu 峠を越える」と

示される。今日の朱諾河(『中民地』II, E—五)に当る。Juno 河、Jung/Yung chu 戎楚の名もこれに由来し、gNyan chen thang lha から流れ出る河である。

(60) 「蘇毗」と「孫波」Yan lag gsum pa'i ru が完全に一致するか否かは不明であるが、「孫波」の境界は「蘇毗」のそれを大きく外れないと考えられる。

(61) リク・ミリャとヤルルン王家との関係については三三九—三四〇頁を、キュンポとのそれについては二四六—二四八、二八一—二八三、二八七—二八八頁、三五二頁以下の本文参照。

(62) “lta zhig” は “lte bu” と類似の用法、今日の “lta bu” と同じであるが、接尾辞として、「のようなもの」「程のもの」を意味する。敦煌文献『年代記』中に多い表現である。

(63) 「引退を許される」意味になる。“sder” は今日用いられていない。古語を伝えた辞書のうちに “lde” の形で《me la lde》「火に暖まる」とある旨ゲシェー・チューキ・タクパが記している(Ch. Dic., p. 448b)。

(64) “lta zhig”「そのようなこと」を意味する。注(62)参照。

(65) “zhabs kyis chags”「御足を運ぶ」「散歩なさる」に用いられる。“zhabs kyis 'dzugs”(注(30)参照)と異なり、「はじめて」の意味はない。

(66) “sdum pa” は《khang khyim》(Ch. Dic., p. 451a)の意味。バコー訳に《mon jardin》(DTH, p. 148)とするのも、マクドナルド夫人のように固有名詞として扱うのも正しくない。

(67) “skyems” は「飲物」(Ch. Dic., p. 55b)。“dgyes skyem ston mo” は《dga' ston》「祝宴」のことである。《un festin de rejouissance》(LPT, p. 254)。

(68) “pho brang 'drir bka' stsal”「(王の)行宮を調査するように命じた」。“pho brang” は、ティボムにおける王の宿泊所、“mchis brang”「邸」(DTH, p. 109, l. 1; p. 122, l. 25)と区別される。バコーのテキストの “'dring” は “'drir” の誤り。“'dri” に *la don* 辞 “ra” のついたものである。従って《il dépêcha du palais mGar yul zung》(DTH, p. 148)も《ordonna à mGar yul zung de (quitter) son chateau》(LPT, p. 254)も誤訳である。

(69) “dku gang phub” の “dku” は “dku lto”「策略」(注(49)参照)。“gang” は「何か」、“phub” は “'bub”「しかける」「支える」の過去形。

(70) “rgad kyi la gar”「老いの頂上に」「おいぼれて」の意味。

(71) “mtshams bcad”「境界をしきる」。“brdal”「蔽いかくす」。“mtshams brdal bar chad pa”「蔽い隠して仕切ったところ」。

バコー訳の根拠は不明。

(72) “thol bar bgyis pa”「顕れるままにしておいた」。“thol” は他動詞の “rdol”「顕わす」に対応する自動詞形。「うっかり示した」の意味であろう。バコーの訳では《a avoué》となっている(DTH, p. 149)が、それを受ける表現が “tshor”「気づく」となる点からも適切でない。

(73) TLT, II, p. 53. トーマスは “sdum pa” を “spum pa” とするが正しくない(LPT, p. 254, n. 250)。

(74) 三三四頁注(26)参照。

(75) ソンツェン・ガムポ王がラサ Ra sa(今日の Lhasa)に住んだと後代の伝承ではいう。もし、その事実があっても、dbyar sa「夏の住所」として住んだものかと思われる。ただ、その地に Ra mo che 寺や 'Phrul snang 寺が造営されたことは事実である(KGG, f. 109a, l. 1-2)。

第四章　『編年紀』六四〇年の事件

六三八年における吐谷渾・唐との戦いによって、チベットと唐との間には新しい事態の発展があった。これらの経緯を追うための、手がかりとして、まず『編年紀』の記述(DTH, p. 13, l. 1)を見よう。

……tsan mo mun chan kong co mgar stong rtsan yul zung gyis spyan drangste bod yul du gshegso/ bal po yu sna kug ti bkum/na ri ba ba rgyal phor bchug/gnag nad chen po byung//

……皇女文成公主は、ガル・トンツェン・ユルスンがお迎えに出かけたので、プーの国においでになったのである。ネパールのユスナククティ(Viṣṇugupta)が殺され、ナリババ(Narendradeva)が王位についた。ヤクの病が流行した。[1]

先ず、唐から招きいれた文成公主が「プー」国においでになったとあるが、この一節について、文成公主が何時到着したかという問題[2]を、漢文史料の記述から検討してみたい。日づけを見るために『通鑑』を用いて話を進める。

第一節　文成公主入蔵の時期

公主を招きたいという希望が寄せられたのは、『通鑑』一九四(唐紀一〇)の貞観八年(六三四年)一一月甲申(一六日)の条によれば、はじめての朝貢の記事のあとに「仍《チ》請《フ》レ昏《ヲ》」とあるので、交流当初からの目的の一つであったかのようにも記されている。[3]

『通鑑』は、この後貞観一二年（六三八年）八月の条に、吐蕃による松州攻撃に至る過程を説明して次のようにいう。

初上遣使者憑徳遐、撫慰吐蕃。吐蕃聞突厥、吐谷渾皆尚公主。遣使随徳遐入朝、多齎金宝、奉表求婚、上未之許。使者還言於贊普棄宗弄讚曰、「初至唐唐待我甚厚、許尚公主。会吐谷渾王入朝相離間、唐礼遂衰、亦不許昏。」弄讚遂発兵撃吐谷渾、吐谷渾不能支、遁于青海北。民畜多為吐蕃所掠。吐蕃進破党項白蘭諸羌、帥衆二十余万、屯松州西境、遣使貢金帛、云来迎公主。尋進攻松州、敗都督韓威。

この後、唐側の攻撃の様子が伝えられ、九月の条に、その結末が述べられている。

九月辛亥、掩其不備敗吐蕃于松州城下。斬首千余級。弄讚懼引兵退、遣使謝罪。因復請昏。上許之。

以上に示されているところによれば、吐蕃による松州攻撃は、もっぱら公主を迎えたいという吐蕃の要請が原因になっている。

『旧唐書』吐蕃伝上によれば、憑徳遐が吐蕃に赴いた際に、徳遐から突厥、吐谷渾が公主を娶るのを聞いてこれにならい、憑徳遐に随わせた使者によって「尚公主」を奏請したとあるので、『通鑑』の貞観八年一一月の条に「仍請昏」とあるのは、憑徳遐に伴わせた使者のことかとも思われるが、この後に続けて憑徳遐の吐蕃への派遣が述べられているので、いずれをとるべきか定めがたい。

しかし、憑徳遐の帰朝の際には、新たな使者によって「尚公主」がもち出されたことだけは確かなことである。[4]

この時期が何時であるかということは、『旧唐書』吐蕃伝上でも使者の言葉として「会吐谷渾王入朝、有相離間。由是礼薄遂不許嫁」とあるので明らかになる。即ち、慕容諾曷鉢の入朝の時期を間に挟んでいたのである。

諾曷鉢は、六三五年の暮に殺された慕容順の子であり、唐の全面的な擁立によって吐谷渾王となった。[5]『通鑑』によれば、貞観一〇年（六三六年）三月唐の暦を受け、その年号を用いることを許されて「河源郡王、烏地也抜勒（／勤）豆可汗」に任ぜられた。これに対して諾曷鉢自ら入朝して〔礼を述べ〕、公主を迎えたいと願い出た(『旧唐書』一九八、吐谷渾伝)とされる。『冊府元亀』九九九、外臣部入覲を見ると、貞観一〇年(六三六年)一二月に「吐谷渾、河源王来朝」とあり、その時期がわかる。その吐谷渾は、何故か吐蕃と唐の接近を喜ばず、両者の離間を策して成功した。これによって一旦は唐が吐蕃に公主を与えないことになったのである。

六三四年に憑徳遐が吐蕃に赴いた頃、吐谷渾はなお伏允の時代であり、伏允は唐に反抗していた。従って、憑徳遐は「尚公主」を吐蕃にすすめ、吐蕃をして伏允の背後を脅かす存在とする意図があったかも知れない。しかし、六三五年半ばに伏允が滅ぼされると、事情が変り、伏允の子、慕容順が唐に降伏した。その年末に順が殺されると、唐は積極的に諾曷鉢を擁立し、親唐吐谷渾をつくり始めたのである。

そのような唐による諾曷鉢入朝後の扱いの変り方を、吐蕃の使者は貞観一一年(六三七年)早々にティ・ソンツェン王のもとに伝え、その夏に吐蕃による吐谷渾王諾曷鉢の攻撃が行われたのであろう(6)。

この戦いで吐蕃は諾曷鉢の吐谷渾に圧勝した。勢いに乗じて、青海南部の党項、白蘭を制しながら、一二年秋松州の西側に陣を敷いた。吐蕃は、吐谷渾の容喙を許さぬ態度を示して、唐に公主の降嫁を迫ったのである。『旧唐書』吐蕃伝上の記述(7)をまつまでもないが、唐側は要求を蹴り、戦いが始まった。当初、唐側が敗れ、後にはティ・ソンツェン王が敗れ、遣使して罪を謝した為に請昏が許されたと両唐書吐蕃伝(8)では伝えられている。もし、その通りであるならば、請昏を許す必要はない筈である。唐が戦いの一進一退に手を焼いて、吐蕃と妥協したと取らざるを得ない。ティ・ソンツェン軍も二〇万の数に誇張はあっても、三年前に伏允を滅ぼした唐と事を構えるには大きく賭けたものと思われる。

これが、『編年紀』『年代記』に「唐と吐谷渾の両者が貢物を納めた」と示された事件に当る(三四五—三四九頁)のである。諾曷鉢の吐谷渾も、この媾和で何らかの約束をさせられたとすれば、松州の戦いが吐蕃の勝利であったことはほぼ間違いないと思われる。いずれにせよ、最も大きい結論はこの時「尚公主」が許されたことであった。

吐谷渾が何故危険を冒してまで、吐蕃による「尚公主」を妨害しなくてはならなかったかをこれらの経過のうちで読みとるならば、吐谷渾としては、唐から吐蕃に公主が遣わされることは、唐と吐蕃の親しい関係を許すことになり、親吐蕃系吐谷渾を力づけるので抵抗せざるを得なかったのである。しかし、六三八年の戦いによって諾曷鉢はこの抵抗を断念させられた。ただ吐蕃よりも早く自らが公主を迎えることで辛うじてその面目と立場を守ろうとしたのである[9]。このようにして貞観一三年(六三九年)の末に諾曷鉢自らが入朝して弘化公主を娶ることが出来た。

これに対して吐蕃も手を拱いていることは出来なかった。『通鑑』一九五の貞観一四年(六四〇年)閏一〇月の条に、

丙辰、吐蕃《ノ》贊普遣《ハシ》二其《ノ》相禄東贊《ヲ》一、献《ジ》二金五千両及《ビ》珍玩数百《ヲ》一、以《テ》請《フ》レ昏《ヲ》。上許《シテ》以《テ》二文成公主《ヲ》一妻《ハス》レ之《ニ》。

と示される。この条はガル・トンツェン・ユルスンが使者となって迎えに赴き、文成公主が降嫁されたというのであるが、既に、六三八年に太宗が請昏を許しているので、この一条は文成公主がこの時期に成婚したことをいうものと考えられる。即ち、右の時期を「妻レ之」の日付けとしなくてはならない[10]。

両唐書の吐蕃伝はいずれも貞観一五年正月をもって成婚の年次にあてているが、これは、文成公主を送り届けた江夏王道宗の帰朝報告がこの年(六四一年)のはじめにあったのを誤って示したものと考えられる。今仮りに、貞観十五年正月を成婚の時期としても、この時期は、後段で見るように、吐蕃の暦でなお子の年(六四〇年)のうちにあるので、チベットの史料は六四〇年しか示さない筈である。

文成公主がチベットに到った際にガル・トンツェン・ユルスンが唐に抑留されていたという話は、後代のチベットの伝承にはっきり示されている。話は既に物語り風になっていて、登場人物に架空のものも見えるが、一応これを『王統明示鏡』から引用してみよう[11]。

そこで見送りに至った人々の列に〔向って〕、かのディ・セル・ゴントゥンという大臣が、大臣ガルに嫉妬して、

「ここに公主の代りとして聡明な大臣一人が留まれば、唐と吐蕃の両国が和合できるであろう」と言って、大臣ガルの方をじろりと見たので、王〔太宗〕が口を開き、「私のこの聡明な公主をお前達が手に入れたのだから、私の方に人質としてガルが留まるべきである」と仰言ったのであった。そこで、大臣ガルも、セル・ゴントゥンが嫉妬したのを察し、「私は唐と吐蕃の二国の協調に尽そう」と言って留まるようにしたのであった。そこでガルはトゥンミとニャンの二人を片隅に連れこみ、「私は唐に五か月以上留まらない。その間にも不都合の限りをしてやる。お前達は私のもとに偽の乞食を送ってくれ」と言ったのであった。そこで大臣達は皆釈迦像と公主とを護衛しながら吐蕃に出発したのであった。このようにして、ガルが唐に一人残されたので、王〔太宗〕はガルに女を一人娶らせ、立派な邸を一戸給して置いたのであった(GSM, f. 51a, l. 3–f. 51b, l. 1)。

ガルは一人で唐に残り、太宗は女を一人娶らせ、邸を給して置いたとされる。また、五か月以上唐に留まらないと同僚に示したというのが伝えられている。

今、『通鑑』を見ると、貞観一五年(六四一年)正月の条に、

甲戌、以《テ》二吐蕃禄東贊《ヲ》一為《ス》二右衛大将軍《ト》一。上嘉《シ》二禄東贊善《ノク》応待《スルヲ》一、以《テ》二琅邪公主、外孫段氏《ヲ》一妻《ハセントス》レ之《ニ》。辞《シテ》曰《ク》、臣国中有《リ》レ婦、父母所《ガナレバ》レ聘《スル》、不《ル》レ可《カラ》レ棄《ツ》也。且《ツ》贊普未《ダ》レ得レ謁《スルヲ》二公主《ニ》一、陪臣何《ゾ》敢《ヘテ》先《ニ》娶《ラン》。上益《ゝ》賢《トス》レ之《ヲ》。然《レドモ》欲《シ》三撫《スルニ》以《テセント》二厚恩《ヲ》一竟《ニ》不レ従《ハ》二其《ノ》志《ニ》一。

とあり、六四一年の正月一二日にガルは右衛大将軍に任命されたのである。右にいうところでは、先にガルの応接ぶりに感心した太宗が外孫段氏の琅邪公主をガルの妻に賜わった。しかし、ガルは国に父母が選んだ妻がいる上、自分の王がまだ公主を娶っていないので、その家来である自分が先に公主を娶るわけにゆかぬと断った。太宗は益〻気にいって、何としてでも恩賞に与からせたいと思い、無理に従わせようとしたと示されているのである。

右衛大将軍の任命と先の「以《テ》二文成公主《ヲ》一妻《ハスニ》レ之」とある閏一〇月の丙辰(二三日)との間に約三か月弱の隔りがある。

公主を吐蕃に与えることは、既に見たように六三八年に定まっていた。ガルが至ったのは迎えに来たのであるから、今この三か月足らずの間文成公主も出発しないでいたものと見なし、次に見る江夏王道宗の記事によってはじめて公主の出発をいうものであるとするのがこれまでの解釈であるが、それは適当でない[12]。

右の記事は『王統明示鏡』の所説によって理解されるべきである。即ち、ガルは公主が成婚するまで唐朝に抑留されていたのである。そうでなければ、琅邪公主を与えようとした話も起りえないからである。

『通鑑』は三日後の丁丑（一五日）の記事として、

命《ジ》㆓礼部尚書江夏王道宗《ニ》㆒、持《シ》㆑節《ヲ》送《ラシム》㆓文成公主《ヲ》于吐蕃《ニ》㆒。贊普大《イニ》喜《ビテ》見《テ》㆓道宗《ヲ》㆒尽《ス》㆓子壻之礼《ヲ》㆒。慕《ヒ》㆓中国《ノ》衣服儀衛之美《ナルヲ》㆒、為《ニ》㆓公主《ノ》㆒別《ニ》築《キテ》㆓城郭宮室《ヲ》㆒而処《リ》㆑之、自《ラ》服《シテ》㆓紈綺《ヲ》㆒以《テ》見《ル》㆓公主《ヲ》㆒。其《ノ》国人皆以《テ》㆑赭《ヲ》塗《ル》㆑面《ヲ》、公主悪《メバ》㆑之《ヲ》、贊普下《シテ》㆑令《ヲ》禁《ズ》㆑之《ヲ》。亦漸《ク》革《メ》㆓其《ノ》猜暴之性《ヲ》㆒、遣《ハシテ》㆓子弟《ヲ》㆒入《レ》㆓国学《ニ》㆒受《ケシム》㆓詩書《ヲ》㆒。

と示す。これには公主と贊普の成婚の報告が含まれている。「其国《ノ》人」以下の部分はその後の事情も併せて記載したものである。道宗が帰朝してこの日に公式の報告をしたものとすべきであろう。道宗の帰朝によってガルを帰国させねばならなくなり、その直前に唐朝ではガルに贈位をしたのであると解すべきである。

道宗の帰朝を六四一年の一月上・中旬とするならば、先に見た『通鑑』の閏一〇月の記事は文成公主の吐蕃における成婚の日付けと考えねばならない。婚礼後に帰途についた道宗が帰朝するまでに二か月余を要したとすれば時間的には計算が合致する[13]。

文成公主の一行が出発したのは、閏一〇月二三日から逆算すれば、九月中旬になり、その直前にガル・トンツェン・ユルスンの一行が唐都についていた筈である。この計算を用いて一月一二日までを数えると、ガルが到着してから帰国直前右衛大将軍に任命されるまでは、閏一〇月を挟んで五か月となる。

『王統明示鏡』中にいう五か月は余程根拠があったものらしく、文成公主がカムにいてガルの帰国を待ったという話でもデンマ lDan ma に一か月、ペマシャン Padma shang に二か月、ゴドンゴモ sGo dong sgo mo に二か月待った(GSM, f. 54a, ll. 3-5)として都合五か月になるように示されている。

後段で見るように(五四三―五四四頁)唐蕃会盟碑の東面のチベット文(二一―二四行)では、太唐の治世二三年目(貞観一四年、六四〇年)に至って「文成公主を贊普の妃とした」旨が示されているが、右の解釈をとればこれとも合致する。

第二節　『編年紀』冒頭条項の年次決定

以上に見たところから言えば、ガルが文成公主を迎えに赴いた結果、文成公主が「プー」の国においでになった[14]と『編年紀』の記事は読まれねばならない。

この際 "Bod yul" を「チベット国」と訳さないのは、"Bod yul" が「本来のプー」、つまり、後のカム地方を指す場合もあり、必ずしもチベットの国号として用いられていたとは言えない[15]ためである。この問題は第一篇でも見た(二〇二―二〇八頁)が後段でも詳しく考えてみたい。

文成公主が「プー国」についた時期について、『編年紀』そのものには直接年名は示されていない。ただ、間接的には六四〇年であることが明示されている。

『編年紀』にはじめて与えられる年名は "khyi 'i lo"「戌の年」であり、六五〇年に相当する。但し、この「戌の年」が西暦とどのように重なり合うかは勿論、唐の暦との関係がどのようであるかも必ずしも明瞭ではない。したがって、例えばこの「戌の年」が西暦六五〇年と重なり合う部分が最も多いという含みで、本論では便宜上六五〇年とされていることと、唐の暦の三月まではチベットの暦で前年の名で呼ばれていることに注意しておきたい[16]。

この六五〇年にはティ・ソンツェンの屍体がヤルルンのチンバにある“ring khang”[17]に安置されたと示される。その直前の一条に(DTH, p. 13, l. 6)、

それから六年にしてティ・ソンツェン王が昇天されたのである。

とされている。これがソンツェン・ガムポ王の死を伝える記事である。その死は、六五〇年の項にはなく、吐蕃の暦によると、その前年もしくはそれ以前にあったものとなっているのである。ただ、もし六四八年以前のことであるとすれば、六五〇年との間に、例えば、“de nas lo gnyis na' khyi 'i lo la bab ste”「それから二年を経て、戌の年になって」というような説明が六五〇年の冒頭に見える筈である。これがないから、一年毎の記録である『編年紀』の性格からも、その死亡記事は六五〇年の前年、即ち、六四九年のことを指すとしなければならない。

漢文史料が永徽元年にかけてティ・ソンツェン王の死を伝える点に関し、佐藤長氏は『編年紀』のこの部分によって、漢文史料の示す年名を告哀使の到着、弔祭使の派遣に関説したものとなし、『王統明示鏡』が与える年次(GSM, f. 77a, l. 5)は漢文史料から誤って採用した[18]ものである(『古チ研』二〇九—二一一頁)とした。

ところが、H・E・リチャードスン氏は全く理由を示さず、《The argument of Professor Hisashi Sato in favour of 649 is not conclusive and, in any event, it makes small difference whether the death occurred at the end of 649 or the beginning of 650 (the date which I prefer)》(HOS, p. 5)という。しかし、古代史では《small difference》と雖もないがしろに処理してはならないのである。勿論、リチャードスン氏の説は誤りであって、『編年紀』では、先に示したように六四九年(酉の年)を死亡年としているのである。それが年末にあったかどうかは示されていない。また、弔祭使派遣をいう年月は『旧唐書』四高宗紀に永徽元年五月とあって、吐蕃の使者は遅くとも二月に、吐蕃の暦では六四九年中に発っているので、王の死はリチャードスン氏の理解するような年頭でもない。

この六四九年の死亡記事と、冒頭に示した『編年紀』の記事の間に(DTH, p. 13, l. 4)、

de nas lo gsum na btsan po khri srong rtsan gyi ring la'/……

それから三年にして、〔再び〕ティ・ソンツェンの時代に〔なると〕……

との一節が挟まれている。即ち、文成公主が「プー」の国に到った年から三年を経て、ティ・ソンツェン王の時代になったとするのである。

この後六年を経てティ・ソンツェン王が歿し、その翌年が六五〇年であったというのであるから、文成公主が「プー」の国に到着したのは六四〇年のことになり、先に示した漢文史料の説明と一致する。即ち、

一、文成公主のプー国への到着……………六四〇年

二、〔再び〕ティ・ソンツェン王の時代になる…六四〇年＋三年＝六四三年

三、ティ・ソンツェン王の死亡……………六四三年＋六年＝六四九年

となり、最後の六四九年は確認された数字であるため、すべての年次が定まるのである。

ところが、先にも示した両唐書吐蕃伝の記事によって、それが江夏王道宗の帰朝報告の年月であることを疑っても見ない人々は、貞観一五年（六四一年）を文成公主の入蔵年として動かぬものと理解し、その固定観念に基づいて『編年紀』の文成公主到着の年次を何とかして六四一年に合致させようと試みているのである。

この種の試みを以下に紹介して、その不当なことを明らかにした上で、『編年紀』の偏らない読み方としては、公主の到着を六四〇年以外にすることが出来ない趣旨を明らかにしておきたい。もし人が、チベットにおける年次表現の類型とそれぞれの意味を摑むならば、このような意見の分裂もありえないというのが著者の主張でもある。

先にも触れたが、佐藤長氏は『編年紀』のティ・ソンツェン王の死亡時期を正しく六四九年とした。しかし、文成公主の到着その他について「この記事は六四一年に公主が入蔵しそれより三年経て六四四年にリグニャシュルの反乱が起き、それより六年経て――厳密に言えば五年経て――六四九年にソンツェンが死去し」（『古チ研』二八四頁）として

いる。

佐藤氏によると、文成公主入蔵が六四一年であり、“de nas lo gsum na”が三年後の六四四年になるが、“de nas lo drug na’”が六年後とならないで五年後となり、六四九年になるというのである。六年後とすれば六五〇年となり、次の条の「戌の年」と同じになるから、「正確に言えば五年」として切り抜けたのである。

佐藤氏はそこに“lo ngo”「数え年」と「満年」の相違を考慮したものかと思われるが、この形式で“de nas”のあとに年数がくる場合は常に示された数を加算するのみである。例えば、六四四年を基点として、“de nas lo drug na’”「それから六年後に」と言えば六五〇年、「戌年」と名づけられる一年しか指すことが出来ないのである。

ここでは勿論のこと、およそチベット人が年を数える場合、年名によって指された年の年頭から年末までを一括して一つの単位で数えるのである。従って、その年内の事件は年頭に起っても年末に起っても、ある基点年から数えて全く同じ年数後の事件として示される。つまり、事件のあった年の名が基点年から何年後であると表わされるため、事件から事件の間が「満何年」になるか「数え年」何年になるかは当初から区別されず、問題にならない。別の言い方をすれば、右の計算では基点年後現時点までに何回大晦日を経過したかを問うことになるのである。

従って、公主の入蔵年を六四一年とする限り、九(＝三＋六)年後は「戌の年」、即ち、六五〇年以外にはなれない。これは佐藤氏の主張する「六四九年歿」説とも、『編年紀』の記述とも矛盾する。つまり、公主入蔵年次は、少なくとも『編年紀』による限り、六四〇年でなければならない所以である。

G・ウライ氏の所説は、佐藤氏の考え方に部分的には類似するが、はるかに理解しにくい解釈となっている(NLO, pp. 33-35, n. 86)。

同氏によれば、《But in Tibet “current years” are in use, i. e. each calendar year, even if not full, is regarded as a complete year》(*op. cit.*, p. 34)であるという。これは一年に充たないものが一年と見なされて計算されるという理

解であり、問題の一部分しか見ていない説明であって誤りである。果して、ウライ氏は言う《the meaning of the expressions *de nas lo gsum na* and *de nas lo drug nah* is not quite "Alors trois années passèrent" and "Ensuite six années passèrent", but rather "then in third year" and "then in the sixth year."》と。

これでは何も成立しない。チベットでは、先述のように年名単位で年を数えるから、確かに一年に充たぬものを一年に数えることはある。しかし、チベットのこの方式の計算では、逆に満一年でも、それをこえて二年に一日欠けるときでも、場合によって一年と数える結果になるのである。例えば、今仮に大晦日を一二月三〇日として、計算をある年の一月一日から行う場合、翌年の一月一日は満一年後であるが、その年の一二月三〇日に至ってもなお一年後という数え方が通用する。しかし、その翌日は二年後に数えられるのである。この例によれば、表わされる年数は、結果的には満年数以上を数えたものになるので、ウライ氏の所説が誤解に基づくことを明示してくれる。

また、ウライ氏は序数計算によるべき「数え年」の場合と右に見た加年計算を混同している。例えば、"de nas lo gcig na" と言えば、「それから一年して」の義であるが、極端な場合、"de" によって指された事件から実質一か月後に起った事件が指示されていてもよい。しかし、二つの事件は異なった名の二つの年の中にそれぞれ起っていなければならないのである。[19] ところが、ウライ氏の表現によると、これは《then in the first year》となり、同年中の事件として処理されてしまうのである。

ウライ氏はこのような独得の計算によって、六四九年の前の "de nas lo drug na" と言った場合の「その時」を六四四年とし、それより前の "de nas lo gsum na" と言った場合の「その時」を六四二年とする。[20]

ウライ氏のいう理解が正しいものならば、これは後代の史書の計算にも適用できる筈である。この種の計算を多く含む『青冊史』や『新赤冊史』で検算を試みると、適否は自ら明らかになるであろう。ウライ氏の方法は計算回数を重ねる毎に一年減の誤差を加えるからである。

ウライ氏のいう文成公主入蔵年の六四二年[21]も二回の計算で二年の誤差を加えているので、公主入蔵の正しい年名は六四〇年と訂正されなければならないのである。

このようにして、公主入蔵年はやはり六四〇年と確認される。

第三節　ネパール王ナレーンドラデーヴァの即位

次に見える「ネパールのユスナククティが殺され、ナリババが王位についた」とする一節については、内容に対応する記事が『旧唐書』一九八、西戎伝中の尼婆羅の条に示されているので下に示す。

那陵提婆之父、為二其《ノ》叔父《ノ》一簒《セラレ》、那陵提婆逃《ル》二難《ヲ》於外《ニ》一。吐蕃因《リテ》而納《レ》レ焉《ヲ》、克《シテ》復《シ》二其《ノ》位《ヲ》一、遂《ニ》羈二属《ス》吐蕃《ニ》一。

この王那陵提婆は、ナレーンドラデーヴァ Narendradeva である。『編年紀』に“Na ri ba ba”と記されているのは、佐藤長氏の指摘するとおり(『古チ研』二六九—二七六頁)、Na ri de ba の誤写であり[22]、Narendradeva を写したものであろう。

“Yu sna kug ti”は、その叔父に当り、ペテック氏が説明するとおり(GAT, pp. 271-272)、ヴィシュヌグプタ Viṣṇu-gupta をそれに当てねばならない[23]。

ナレーンドラデーヴァが、吐蕃の後援によって王位についていたことは、上記『旧唐書』引用文のあとに〔貞観一七年(六四三年)三月、マガダ Magadha 国に使し、同年一二月に目的地に着いた[24]〕示される唐使李義表と那陵提婆との会見記事からも確認される。佐藤氏は、『唐書』の記述によって李義表のネパール訪問を往路のこととしている(『古チ研』二六九頁)。

吐蕃に役属したネパールのその後について『旧唐書』一九八、西戎伝中では、

其《ノ》後王玄策《ノ》為《メニ》二天竺《ノ》一所レ掠《ルルヤセ》、泥婆羅発《シテ》レ騎《ヲ》与《ニ》二吐蕃《ト》一破《リテ》二天竺《ヲ》一有《リ》レ功。永徽二年其王尸利那連陀羅又遣《ハシテ》レ使《ヲ》朝貢《ス》。

と示されている。

王玄策が吐蕃の援を受けて、阿羅那順の簒奪に報いたことは、これもまた佐藤氏が既に示すところで、関係する漢文史料はネパールの吐蕃に対する役属関係を反映しているということである（『古チ研』二七五―二七六頁）。上記引用文の尸利那連陀羅は Çrī Narendra の対音であり、ナレーンドラデーヴァその人をいうと考えられる。

チベット側の記録では、ティ・ソンツェン王の業績として上記の戦いに言及したところはこの他に見当らない。しかし、この王の別名ソンデツェンと紛らわしい名をもつ後代の王ティソン・デツェン王の業績として、『バシェー』のうちに仏舎利を求めてマガダ国に吐蕃軍を送ったという伝承[25]が見られる。

これは、上述の天竺遠征事件に関する記録の名残り[26]であると考えられるものである。

ナレーンドラデーヴァの名が、チベットの史書に見えないのは奇怪である。『王統明示鏡』(GSM, f. 28a, l. 4, f. 37b, l. 5)には、ソンツェン・ガムポ王の妃、Bal bza' 'Khri btsun の父として、プトゥンのいう 'Od zer go cha (＝Aṁśu-varman) (SRD, f. 119a, l. 2)とは別の名、De ba lha が示される[27]。これは Narendra を De ba と訳し、deva を lha と訳したものである可能性もある。当時の事情としても許される解釈であるが、あるいは Dhruvadeva の Dhruva を Deba と訛った形で写し、deva を lha と訳したものであるかも知れないので、確かではない。

ネパールに関して言えることは、ティ・ソンツェン王がナレーンドラデーヴァを通じてネパールに影響力をもったということのみであろう。

（１）　この時代の経済にとって重要な打撃であったことが示されている。

（２）　文成公主に関する問題点は、到着した時期の他に、通過地と住んだ場所、誰の妃として入蔵したかということである。『編年紀』にはティ・ソンツェン王と三年生活して歿したというが、それ以前の数え年で七年の間は何処で何をしていたかが問われる。『年代記』にはティ・ソンツェンとのかかわりを示す記述が全くないこと、『王統表』には「公主」の名があり、クンソン・クンツェンの妃とされていること、『編年紀』六四三年相当の条に「〔再び〕ティ・ソンツェン王の御代に（なって）」とあり、それ以前がクンソン・クンツェンの時代であったと暗示されていることなどから、より徹底した研究が必要になってくる。第三篇にこれらの問題が検討される。

（3） 両唐書吐蕃伝に、最初の吐蕃からの遣使についてこの趣旨は伝えられていない。

（4） 『旧唐書』吐蕃伝上には、弄讃が、「見《テ》二徳遐《ヲ》一大《イニ》悦《ビ》、聞《ク》三突厥及《ビ》吐谷渾皆尚《スルヲ》二公主《ヲ》一。乃《チ》遣《ハシ》レ使《ヲ》、随《ツテ》二徳遐《ニ》一入朝《セシメ》、多《ク》齎《シテ》二金宝《ヲ》一奉《ジ》レ表《ヲ》求《ム》レ婚《ヲ》」とあり、より具体的に記述されている。

（5） 『編年紀』冒頭や『年代記』中に貢物を納めたとして“rGya”「唐」と並べて示される“'A zha”「吐谷渾」があり、これが“thog ma 'A zha”「同盟の吐谷渾」と区別される（三四七―三五一頁参照）。六三五年半ばに伏允が歿すると、隋氏の甥であって、唐の人質となっていた慕容順が唐に帰順して親唐政権を樹立したが、その長期不在中に勢いを得た別の勢力、即ち、次子尊王の徒、更に言えば、親吐蕃勢力と考えられるが、彼等によって同じ六三五年のうちに殺害される。そのあとを唐は順の子諾曷鉢によって補い、急速に積極的な擁立姿勢に変っていったのである。

（6） 諾曷鉢に対する吐蕃の攻撃は六三八年の松州攻撃以前にあったというだけで、六三七年にあったと示すものは存しない。

（7） 『旧唐書』吐蕃伝上には、吐蕃が唐に「来《リテ》迎《フ》二公主《ヲ》一」と言い、「又謂《ヒテ》二其《ノ》属《ニ》一曰《ク》、若大国不《ンバ》レ嫁《シテ》二公主《ヲ》一与《ヘ》レ我《ニ》、即《チ》当《ニ》二入寇《ス》一。遂《ニ》進《ミテ》攻《ム》二松州《ヲ》一」ともあるように吐蕃の要求が拒否された上での攻撃であった。

（8） 『旧唐書』吐蕃伝上には、注(7)の引用文に続けて「都督韓威軽騎覘《ヒ》レ賊《ヲ》反《リテ》為《ル》レ所《ト》レ敗《ル》。辺人大《イニ》擾《ダル》。太宗遣《ハシ》二吏部尚書侯君集《ヲ》一為《シ》二當彌道行営大総管《ト》一、右領軍大将軍執失思力《ヲ》為《シ》二白蘭道行軍総管《ト》一、左武衛将軍牛進達《ヲ》為《シ》二闊水道行軍総管《ト》一、右領軍将軍劉蘭《ヲ》為《シ》二洮河道行軍総管《ト》一、率《キテ》二歩騎五万《ヲ》一以撃《ツ》レ之《ヲ》。進達先鋒《トナリ》 自《リ》二松州一夜三襲《シ》其《ノ》営《ヲ》一斬《レバ》二千余級《ヲ》一弄讃大《イニ》懼《レ》引《キテ》レ兵《ヲ》而退《キ》、遣《ハシ》レ使《ヲ》謝《シ》レ罪《ヲ》、因《リテ》復《タ》請《ヘバ》レ婚《ヲ》、太宗許《ス》レ之《ヲ》」という。『唐書』吐蕃伝上には牛進達による夜襲の成功が述べられた後「初《メテ》東寇《スル》也。連歳不《レバ》レ解《カ》、其《ノ》大臣請《フ》レ返《ルヲ》レ国《ニ》。不《レバ》レ聴《カ》自殺《スル》者八人《ナリ》。至《リテ》レ是《ニ》弄贊懼《レ》、引《キテ》而去《ル》。以《テ》二使者《ヲ》一来《リテ》謝《ス》レ罪《ヲ》、固《ク》請《ヘバ》レ昏《ヲ》、許《ス》レ之《ヲ》」とあり、吐蕃にも和解をまつ空気があったことが示されている。軍が数年にわたってこの地に逗留したことは「吐蕃」としては初めてのことであったから、この表現は根拠のあるものと思われる。ただし、敦煌文献の『編年紀』冒頭や『年代記』の記述によれば、ティ・ソンツェン王自身は戦陣に至らなかった（三四七―三五一頁参照）。

（9） 唐朝も双方に公主を遣わすに際して、この順序を選ばざるを得なかったのであろう。

（10） 河源における成婚をいう。『旧唐書』吐蕃伝上には「弄讃率《キテ》二其部兵《ヲ》一次《リ》二柏海《ニ》一親三迎《ス》于河源《ニ》二」とあり、『唐書』吐蕃伝上には「築《キ》二館《ヲ》河源王之国《ニ》一弄贊率《ヰ》レ兵《ヲ》次《リテ》二柏海《ニ》一親迎《ス》」とある。いずれもティ・ソンツェンが河源の柏海に至って公主を迎えたという。ただ『通典』一九〇、吐蕃伝と、本文に示した『通鑑』では当該文中には贊普とのみ示す。出会いの場所は河源であったことがわかる。

(11)　『王統明示鏡』以外に『マニ・カムブム』(MKB, f. 209b, ll. 2-3; f. 210a, l. 3)と『学者の宴』Ja 章(KGG, f. 31a, l. 7-f. 31b, l. 1)とに類似の話があり、ガルが人質として抑留されたことが示される。後者ではガルが婚姻を迫られたことも述べられている。

(12)　もし、貞観一五年に公主を送り出したものとすると、何故一四年一〇月閏の記事が別に必要であったのかわからなくなる。「請昏」の許可は既に六三八年にあった。特にガルの到着のみを記する必要はなく、その時に至って文成公主に決まったわけでもない筈である。仮りに、貞観一四年閏一〇月にガルが到着し、漸く文成公主を遣わすことに決ったとして、それからガルが琅邪公主をすすめられて三か月逗留した後、贈位にあい、ようやく道宗と共に公主の供をして河源に赴いたというのではあまりに迂遠な話であり、考えにくい経過である。

(13)　場所が変るのでやや異なるが、北京に滞在していたダライ・ラマ五世の一行が、チベット政府からの帰還要請に答えて北京からアムドのグンルン寺に到るまでに二か月の日数を要している(DV, Ka, f. 209b, l. 5, f. 210a, l. 3; f. 213b, l. 2)。今、長安と河源の間はこれより遥かに近いのであるから、二か月余りを費やせば充分かと考えられる。

(14)　ガル自身が供をして来たのではないからである。

(15)　「プー」がチベットの国号として用いられたのは、既に吐蕃時代にある。これは唐蕃会盟碑を見ればわかる。しかし、ティ・ルンツェンやティ・ソンツェン王時代のことをいう『年代記』の文には、なお“sPu rgyal”が用いられていた(DTH, p. 105, l. 10; p. 106, l. 4; p. 108, l. 27; p. 110, l. 7, 21)。これらについては「プー」が地域名として用いられたことと共に第1篇中に詳しく見た(二〇〇—二〇八頁)。また、『編年紀』七一〇年の条を見ると、金城公主の入蔵を伝えながら(*ibid.*, p. 20)、そこに同じ動詞“gshegs”を用いて“ra sa 'i sha tsal du”「ラサの鹿園に」と目的地を示している。文成公主がチベットに来たという場合に限って、到着地を今更「チベット国」の意味で“Bod yul”と示したとは考えにくい。これは「〔本来の〕プー地方」の意味で用いたもので、カムの地に到ったことを表わしたと考えられる。

(16)　中国の暦とチベットの古典暦(一〇二七年をはじめとする)との関係については、「チベットの暦学」(『鈴木学術財団研究年報一〇、一九七三、七七—九四頁)のうちに示した。吐蕃時代の暦については、その体系を明らかにした研究はない。ただ、ほぼ確実な事実が二つほど知られている。一つは四季の取り方が漢土より一か月遅れることである。例えば、唐で「孟春」と呼ぶ月を吐蕃ではなお“dgung zla tha chung”(=季冬)とする。これらは同じ mchu zla ba に相当する(LSM, f. 24a; PKS, f. 32a-b; NBN, f. 31a-32b)。他の一つは年頭の取り方である。時輪暦の場合、理論的には、序数による月の呼称が定まるまで、年頭を nag zla、即ち、Hor zla 三月の一五日にとっていた。Hor zla を用いるに至って一月を年頭とした。吐蕃期の年頭は何時であったか知られていない。ただ、『編年紀』の記録を見ると、年頭(六七五、七四〇年)と年末(七〇一、七〇八、七二五、七二六年)に“dpyid”「春」が記入されている。これによる限り、年頭は“dpyid zla ra ba”(=孟春、=漢土の仲春)でないことが確かになる。年末に「春」が少なくとも一か月はあった筈だからである。もし年頭が“dpyid zla 'bring po”(=仲春、=漢土の季春)と仮定しても、今日の Hor zla の三月になる。漢文史料では『通典』辺防6、西戎2の吐蕃伝以来「以二麦熟一為二歳首一」となっているので、吐蕃の年頭は、唐の四月、吐蕃の季春、夏至のくる前の月におかれたのかと思われる。閏月の置き方は、後代の場合と同じように三二か月と三三か月を交互に隔てて置いた様子であるが、これは九世紀の敦煌文献の場合に見られるので、七世紀に適用できるものか否かは不明である。以上のことから、たとえ年頭を仲春として、「戌の年」と称しても、漢土の暦より一般には二か月遅れて始まり、二か月後に終ると言えるわけである。

(17) “ring khang”は屍体を“ring bsrel”にするために安置する屋舎と思われる。バコーはこれを《maison d'attente pour les morts》(DTH, p. 34, n. 1)とし、その根拠として“'byin khang”の名をもち出して、屍体の解体処置のため乾燥乃至腐敗させるところとしている(*ibid.*, p. 30, n. 1)。しかし、本文の“Phying ba 'i ring khang”の前半はティ・ソンツェン王の居城のあった Phying ba をいうもので“'byin”とは結びつかない。また、当時の葬礼は近代の鳥葬のように解体によったものとは確認されていない。むしろ、“ring khang”で永く保存にたえる“ring bsrel”として屍体のミイラ化をしたものかと思われる。その点、E・ハール氏の研究は興味深い(YLD, pp. 344, 358, 360)。ただ、“btol”の語を《incise》の意味に解釈するのは(*ibid.*, p. 361)、言葉の意味としても不当である。“btol”の対応自動詞“'thol/mthol”「告白する」「懺悔する」は元来、“rdol”「顕わす」にも対応する(三六九頁注(75))ところから「心の中を外に出す」意味であることがわかる。“gtol/rtol”には《to pierce》と共に《to disclose, discover》の意味もある(J. Dic., p. 210a)。即ち、「中を見るため、或いは中のものを外に出すための孔をあける」動作を表わす。従って、単に屍体に傷をつけるのではなく、保存のために内臓の一部を取り出すようなことをいうのかと推測される。

(18) 『王統明示鏡』中にも、宋祁の『唐書』吐蕃伝のチベット訳 *rGya yig tshang*(『フゥラン』一一—一四頁参照)を援用した部分があり(GSM, f. 95a, l. 4-f. 96b, l. 4)、その末尾にリンチェン・タクパ Rin chen grags pa が一三二四年に校訂出版した本によったとまで示されている。この部分は『赤冊史』中の記述(HLD, p. 96b)と殆んど変らない。『王統明示鏡』中の同書の引用部分には、「吐谷渾」を Tu lu hun (GSM, f. 95a, l. 6) としてあったり、ガル・トンツェンの事と知らず、薛禄東賛 Se le stong btsan と記したところ (*ibid*., f. 95b, l. 1) もある。

(19)　一般に "de nas *lo gsum pa* chu rta la" などとある場合は、年齢の場合と同様、起算の年 "de" を第一年として「それから第三年目の水のえ午の年に」と理解する。例えば、"me glang (一二七七年) gi chu mig chos 'khor nas rtsis pa 'i lo *dgu bcu rtsa bdun pa* yin"「火のと丑のチュミク Chu mig の大法会より起算して九七番目〔の年〕である」として "chu glang"「水のと丑」一三七三年に言及する (DMS, f. 61a, l. 3)。これに対して、"de nas lo gsum na" とある場合は、"de nas lo gsum song ba 'i chu 'brug la"「それから三年過ぎた水のえ辰の年に」と言って "sa mo glang"「土のと丑」の年からの大晦日の経過回数を数えている (*op. cit*., f. 58a, l. 3; l. 2)。いずれも年名単位で数えるが、"lo ngo" による数え方というのは、起算の年を第一年として序数によって数える方法であり、「かぞえ年」になり、「序数年」とでもいうべきであろう。加年計算の場合はこれと異なり、年の変り目の経過回数によって数える方法であり、「それから何年」という数え方によって示される。これを便宜上「満年」計算とも示す。実際は満年と関係なく、ただ、大晦日を経過しない限り、年数の変化は起らないことを意味している。注(20)参照。一〇年未満の期間は一般に満年に近い概数で示される傾向がある。

(20)　ウライ氏は、古いチベット語には "pa" を接尾辞とした序数がなかったという N. Simonson 氏 (*Indo-tibetische Studien*, I, Uppsala 1957) の報告を援用する (NLO, p. 34, n. 86) が、これは基数と序数を区別しなかったというのではない。もし、基数で書かれているものが序数に読みかえられるべきだというなら論理の飛躍である。

確かに、後代ならば "pa" を附けて示される筈のものが "pa" を用いずに表わされる。例えば、『楞伽師資記』のチベット訳 (VP, 710–2) では巻数をいうのに終辞を用いて "bam po gcig go"「第一巻なり」(Ka, f. 15a) とする。これは、"sems bde zhes bya ba ni mdo rnam pa bzhi yod"「安心と名づけられるものは、四種の肝要がある」(*ibid*., f. 20a, l. 1) とするものに比較すれば、自ら区別のある事がわかる。また、ティソン・デツェン王の崇仏誓約に至る推移を説明した第二詔勅には "dang po"「第一」(KGG, f. 110b, l. 4) の他に "gcig tu na"「一番目に」、"gnyis su na"「二番目に」、"gsum du na"「三番目に」(*ibid*., f. 111a, l. 4; f. 11b, l. 1) の表現があり、同じ言いまわしは Pelliot tib. 1038 にも見える (一七五頁参照)。更に、Pelliot tib. 16 (f. 71b, l. 3) を見ると、"de nas lo bcu gnyis 'das te/lo bcu gsum la bab pa dang"「それから一二年が過ぎて、一三年になった時」とあり、今日では "lo bcu gsum pa la" とでもあるべきところが "pa" を伴わずに示されている。ここで注意すべきものは、その前に示された "lo bcu gnyis"「一二年」である。ウライ氏によると、これは一一年の実質を過ごしたと解すべきものになり、「一三年目」になるどころではない。例えば、一九五一年の一二月三〇日に事件があっても、一九六三年になれば、たとえ一月一日にそれをいう場合でも、一二年過ぎて一三年目になったとするのである。事件のあった年そのものが数えられ、記録されるのであって、事件と事件の間隔を時間としての年数で示すのではない。この例を用いていうと、"lo ngo"は一三年、「加年」は一二年となる。次に、吐蕃時代には、序数を示すため"pa"を伴うことが全くなかったわけではなく、同じPelliot tib. 16(f. 72a, l. 1, 4)に"phas pham ba 'i lhung ba bzhi 'i dang po"「四波羅夷法の第一」、"phas pham pa gnyis pa"「第二波羅夷法」とあって、"bzhi pa"「第四」まで全部に"pa"がついている。これは経などの訳語として"pa"を接尾辞とした形が用いられながら、一般的な文章にまで適用されるに至らなかったことを示すのであろう。いずれにせよ、序数と基数の区別がなかったのではない。

(21) G・ウライ氏は公主入蔵を六四二年とし、漢文史料の説として示される六四一年との差を《Thus the difference of a year can derive from the fact that the queen had spent long time in the retinue of the king, in NE》と解釈している(NLO, p. 35, n. 86)。伝承では「カム」または「プー」における五か月の滞留を言うのであるから、理由にならない説明である。

(22) Na ri ba baをNa ri de baの誤写とし、これを那陵提婆に当て、Narendradevaとする(『古チ研』二七〇、二七三頁)。

(23) ペテック氏の意見は"The chronology of the early inscriptions of Nepal"(CIN, p. 230)のうちに既に示されている。

(24) 『古チ研』二六九頁、馮承鈞「王玄策事輯」(『清華学報』第八巻、一期)三頁参照。

(25) BSS, p. 42, l. 15–p. 44, l. 14; KGG, f. 97a, l. 1–f. 97b, l. 6.

(26) ティソン・デツェン王時代の外征とすれば大事件であるが、外征として独立に記述されず、ただ、サムイェー大寺の五つの法塔に納める仏舎利に纏わる物語として『バシェー』にのみ伝えられる。他方、btsan po Srong lde brtsan(=ソンツェン・ガムポ)時代にあった筈の、吐蕃の栄光を示すこの事件は何処にも痕跡を残していない。

(27) 佐藤長氏は、ウーセル・ゴチャ'Od zer go chaとアンシュヴァルマンAṃśuvarmanの同一を言い(『古チ研』二七二頁)、Bal bza' Khri btsunをアンシュヴァルマンの女とするプトゥンの所説を取り上げ、年代上の問題点、ネパール・吐蕃の勢力関係から考えられる問題点まで言いながら(*op. cit.*, p. 274)その関係を肯定し、テバラDe ba lhaの名を問題にしていない。この問題は第三篇で再説される(七四四頁以下参照)。

第五章　『編年紀』六四三年の条の解釈

第一節　クンソン・クンツェン王の諸年次

『編年紀』冒頭の "de nas lo gsum na'" 「それから三年にして」とあるのは六四三年に相当するが、そこに(DTH, p. 13, l. 4)は次のように言われる。

btsan po khri srong rtsan gyi ring la'/

ティ・ソンツェン王の御代において、

と、この一節に注意したい。『年代記』の場合は、一つにまとまった話を語り始めるごとに一つ一つ "btsan po…gyi ring la" 「……王の御代に」と述べるので、連続して示される話のうち、後にある話が必ずしも前の話に関与する王の時代より後になるという保証はなく、同じ王の時代であってもよかった(1)。しかし、『編年紀』の場合は事情が全く異なり、いずれの記事も一回限りの記録として連続した時間の中で示され、一貫性をもつ。勿論、今問題とする「ティ・ソンツェン王の御代において」とあるものも例外ではなく、その意味で理解されるべきものである。

従って、この一節を正当に理解するならば、この「卯の年」のある時期を境にしてティ・ソンツェン王の時代に変ったと示すものになる。このことは素直に認められねばならない。

では、これより以前は誰の治世だったのであろうか。ティ・ソンツェン王の父はティ・ルンツェンである。ティ・

ルンツェンはニャン・シャンナンを最後の大臣として歿しており、そのニャンも既に六三八年以前に歿しているので、この「卯の年」のある時期まで君臨していたということは考えられない。(2)

ティ・ソンツェン王は六四九年に歿し、その時、彼の跡を継いだのは孫のティ・マンルン・マンツェン Khri mang slon mang rtsan であった(DTH, p. 13, l. 10)。これはティ・ソンツェンの子クンソン・クンツェンが公主マンモジェ・ティカル Mang mo rje khri skar に生ませた子であり(*op. cit.*, p. 82, ll. 24–26)、既に見たとおりである(三二〇—三二一頁)。

今、考えられることは、ティ・ソンツェン王がクンソン・クンツェンに一旦譲位し、前者がなお存命中に後者が歿したため、ティ・ソンツェン王が再び登位したという推移(3)であり、「卯の年」は再びティ・ソンツェン王の治世になった時期でないかと考えられる。マンルン・マンツェンがその時登位しなかったのは、ティ・ソンツェン王が健在である一方、マンルン・マンツェンが幼少に過ぎたからであろう。六四九年のティ・ソンツェン歿後にマンルン・マンツェンが登位した時にさえ、漢文史料(『旧唐書』吐蕃伝上)は、

弄讃《ノ》子早死《スレバ》、其《ノ》孫継《ギテ》立《チ》、復《タ》号《ス》賛普《ヲ》。時《ニ》年幼《ク》、国事皆委《ネラル》禄東賛《ニ》。

という。従って、六四三年では更に幼かったと推測される。

漢文史料は弄讃の子の早死を伝え、『編年紀』(DTH, p. 13, l. 9)と同様、孫による継位をいう。この孫を早死した子の生むところと理解するのは、特別の記述に妨げられない限り当然の推測である。とすれば早死した子はクンソン・クンツェン王ということになる。(4)

クンソン・クンツェンが登位したということは漢文史料からは確認されない。しかしながら、後代のチベット史書は一様にクンソン・クンツェン(またはクンリ・クンツェン Gung ri gung rtsan)王の登位と早逝を伝え、その多くはソンツェン・ガムポ王の再登位も述べている。

今、『編年紀』の記述の背景を知るため、これらの所伝を、やや立ち入って紹介しながら、クンソン・クンツェンについて知られるところを確認しておきたい。

まず、サキャパのタクパ・ゲルツェン Grags pa rgyal mtshan（一一四七―一二一六年）の『王統記』(GGG, f. 198a, l. 5)には、

　クンソンは一三歳になった後、政権を五年間執って一八歳になってから歿した。再び父が王権を執ったのである

と言われる。

とあり、『赤冊史』(HLD, p. 17a, l. 5)には、

　クンソン・クンツェンは政権を五年執り、御年一八歳で、御父の先に亡くなった。

という。プトゥンはこのことに全く言及していないので、『王統明示鏡』(GSM, f. 71a, l. 1)を見ると、

　クンリ・クンツェンが王権を五年掌握し、御年一八になった時、普陀洛にみまかったのであった。クンリ・クンツェンは父君の先に亡くなった。……その後再び父君が王権を執って、

という。その他新しい史書『新赤冊史』(DMS, f. 17b, l. 5–f. 18a, l. 2; DMST, f. 21b, ll. 3-4)にも一三歳即位を明記し、クンソン・クンツェンとマンソン・マンツェンをプトゥン(SRD, f. 119b, l. 3)に従って入れ替えているが、趣旨は大略同じである。なお、右にいう在位年は「満年」の意味になっている。

上記引用文中のクンリ・クンツェンとは、勿論、クンソン・クンツェンをいう[5]。更に、『学者の宴』(KGG, f. 47b, l. 2)も、『王統明示鏡』と同じ趣旨を伝えている。

これらが一様に述べている点は、クンソン・クンツェンが一三歳で即位し、五年間在位して一八歳で歿し、その後、父が再登位した(『赤冊史』のみ再登位に触れない)ということである[6]。

これらの趣旨を六四三年におけるティ・ソンツェンの再登位に合せて配列してみると、クンソン・クンツェンは六

二六年に生れ、一三歳の六三八年に即位し、一八歳の六四三年に歿したことになる。これらの数字は一応事実の成立を可能ならしめるものであるが、一三歳に即位したという事が問題になる。一三歳即位は後に考察するように虚構の数である可能性が強い(7)ので、この点を他の記述から検査・確認することが望ましい。

クンソン・クンツェンについては、『王統明示鏡』(GSM, f. 69a, l. 1)がその生年を"lcago mo sbrul gyi lo"「金のと巳」と伝えている。『学者の宴』Ja章も、これを受けたものか、同じ年を挙げ、父王五三歳の時という一事も加えて示す(KGG, f. 47b, ll. 2-3)。

「金のと巳」は六二一年に相当する。しかし、この頃の記録について言えば、五大の兄弟《えと》は、すべて後代の史家が加筆したものであると考えた方がよい(8)ので、それを除いて考えてみると、その生年は、六〇九、六二一、六三三年の三つの巳年から選ばれるべきものになる。最後の六三三年では六四三年に僅か一一歳であり、マンルン・マンツェンを遺すことが出来ない。他方、六〇九年では、六四三年に三五歳となり、およそ一八歳とかけ離れてしまう。従って、六二一年が再びその生誕年として選ばれる。『学者の宴』にある父王五三歳時の子とされるのにも合致する(9)。

この生誕年を基において、既に見定められている即位年の六三八年、歿年の六四三年を測ると、即位一八歳、歿年二三歳、在位五年の線が連って浮び上る。これらの事柄と伝承の数字をつき合せて考えてみると、即位時の一三歳は、一八歳の数字と在位年の五年から誤って算出されたものになる。一八歳が即位時の年齢として元来与えられていたものであり、二三歳を歿年とすべきであったことが知られる(10)。

従って、クンソン・クンツェン王に関する諸年次は、改めて確認すると次のようになる。

生誕　六二一年
即位　六三八年　数え年一八歳
死亡　六四三年　数え年二三歳

クンソン・クンツェン五年間の在位は、結果的には、父王ティ・ソンツェン王の在位期間中に挟まれた形となり、父王の在位のうちに数えこまれてしまう可能性がつよい。更に、後段の研究で明らかになるように、この夭折した王は、在位中、中央チベットに住まなかった。[11]

このような事情を反映させて、サキャパ・タクパ・ゲルツェンの『王統記』では、その治世を完全な一代と数えなかった(GGG, f. 197b, l. 2)。そこには、

クンソン・クンツェンはその(=ソンツェン・ガムポ王の)あとを継がれたのであるが、父君の先にみまかったので「半代」と言われるのである。

とされている。

このクンソン・クンツェンについては、文成公主との関連をめぐって再説する筈であるが、『王統表』以外に明確な言及をしたものは見当らない。ただ、この後に見るように、シャンシュン王リク・ミリャの許に嫁いだ王女セーマルカルが、六四三年のシャンシュン征伐の直前、吐蕃王に便りをして"btsan po dral"「兄王様」と呼んでいる(DTH, p. 117, l. 1, 2)点が注目される。即ち、その頃の王は、名目的にはクンソン・クンツェンだったと思われるからである。

第二節　シャンシュン王リク・ミリャ

ティ・ソンツェン王が再登位したその年に、

lig snya shur brlag ste zhang zhung thams cad 'bangsu bkug ste mnga'o/

リク・ニャシュルが滅ぼされて[12]シャンシュン全土が服属させられて、領有された。

とあって、シャンシュンの服属とリク・ニャシュルの滅亡が述べられる。リク・ニャシュルの名は、『小王表』関係

の他の敦煌文献にも見え、Lag sNya shur, Leg sNya shur とも示される(CPT, p. 204)。

"sNya shur" の称についてペテック氏は、F・W・トーマスの取り上げた敦煌文献中の用例(TLT, III, p. 135)や『ラダック王統史』中の gNya' shur rgyal po という用法(AIT, p. 30, l. 28)によって、部族名というより貴族の称号であろうとしている(GAT, p. 272)が、従うべき見解かと思われる。例えば、並んで示される sTong Lom ma tse や Khyung po Ra sang rje それに rKong rje dKar po なども称号であったことを憶い出したい(一〇六—一一一頁参照)。

このリク・ニャシュルの滅亡について、『年代記』のうちの(DTH, p. 115, l. 27–p. 118, l. 6)リク・ミリャ Lig Myi rhya 討伐始末として示される部分をその関係文献と見るか否かについては議論が続出した。この件について一応経緯を明らかにしておくと、次のようになる。

問題の『年代記』は、貼り合せてあったとおりの順序によると、ティソン・デツェン王時代の事件が述べられた後に "rgyal 'di 'i ring la"「この王の時代に」の句を先立てて後が続く。勿論、そのままの形がバコー等のテキストで示されている。

この順序を最初に訂正したのは、『白冊史』(一九四六年著)の著者ゲンドゥン・チューペル dGe 'dun chos 'phel である。先述のキュンポの死を述べた部分(DTH, p. 112, l. 17)に続けて、ゲンドゥン・チューペルは、今問題にしている「この王の時代に」以下(*op. cit.*, p. 115, l. 27)を『白冊史』の中(DTK, f. 29a, l. 1)に示す。ただ、この処置に対する理由は述べていない。

理由を示して配置を変更したのは佐藤長氏であった(『古チ研』二〇八、二四五頁)。佐藤氏によれば、リク・ミリャの討伐経緯の前半部分(DTH, p. 115, l. 27–p. 117, l. 14)にシャンシュンへ赴いた使者プク・キムツェン・マンチュン sPug Gyim brtsan rmang cung の名があり、これが、『編年紀』六五三年の条(*op. cit.*, p. 13, ll. 19–20)に "mngan" としてシャンシュンへ遣わされたとあるプク・キムツェン・マチュン Gyim rtsan rma chung と同一と認められるから、リク・ミリャの討伐はティ・ソンツェン王時代の事件であり、さらに、同文献の後半部分(*ibid.*, p. 117, l. 15以下)には、明らかにbtsan po Khri srong brtsanとblon sTong rtsan yul zungの名があって、戦捷祝宴の歌の応答があるから、この部分の混入は明瞭であるとしている。

これより先に、G・トゥッチ氏はリク・ミリャの討伐をティソン・デツェン王時代の事件[13]としていた(PRN, p. 106)が、これをクン・チャン氏は斥け、その理由として佐藤氏と同様の見解を示した[14](OZZ, p. 138)。

佐藤氏が、リク・ミリャ討伐の『年代記』中の記録を、然るべき位置に戻した理由の説明は、簡にして要を得たものであった。ただ、この記述を解して「シャンシュン地方がプク・キムツェン・マンチュンによって討伐されたことをいっている」(『古チ研』二〇八頁)と述べたことなど[15]は適当でなかった。というのは、G・ウライ氏の批判する(CPO, p. 293)とおり、プク・キムツェン・マンチュンは、『年代記』では使者として、『編年紀』では臣属後のシャンシュンに「ゲン」"mngan"として送られたとあるに過ぎないからである。「ゲン」はおそらくゲンプン"mngan pon"[16]として派遣されたことをいうのであろう。

ポン教の文献では、リク・ミギャLig Mi rgyaの名[17]がティソン・デツェン王時代の人物として伝えられ、『学者の宴』Ja章(KGG, f. 33b, l. 5)では、ティ・ソンツェンの妃シャンシュン女リ・ティクメンZhang zhung bza' Li Thig dman[18]の父としてリ・ミクキャLi Mig skyaの形が伝えられる。G・ウライ氏はこれらに関して、主として綴字の変化の面から同一であることを先ず説明している(CPO, p. 294)。

ウライ氏は、リ・ミクキャ、即ち、リク・ミリャ、が、女リ〔ク〕・ティクメンをソンツェン・ガムポ王の妃に出したという伝承について、その信憑性を確かめるために、今問題としている『年代記』の冒頭部分の一句を指定して、その中にシャンシュンと吐蕃の関係が《a pair in relation by marriage》と表わされている点をいう。『年代記』中に吐蕃から輿入れする王女セーマルカルのことが述べられているので、それ以前の段階でシャンシュンから吐蕃への輿入れもあった筈だとする。即ち、《a pair》とすることの既定条件として、リ・ティクメンがソンツェン・ガムポ王の妃になっていたことをあげるのである。

ウライ氏のいう《a pair of relation by marriage》は、後述のように適訳とは思われないが、この国が既に吐蕃の"gnyen"「姻戚」であったことは別に表示されているので、リ・ティクメンがソンツェン・ガムポ王の妃であったことは認められてよい。ただ、リ・ミクキャがその父であったかどうかは、この説明だけでは充分と言えない(19)。

ウライ氏の説では、ポン教文献が吐蕃によるリク・ミギャの殺害とシャンシュンの併合とを"Bod kyi rgyal po"「吐蕃王」の名の下でのみ示すという(CPO, pp. 295–296)が、Zhang zhung snyan rgyud を典拠にしてリク・ミギャがティソン・デツェン王に殺されたとはっきりいう文も少なくない(20)。

それにもかかわらずポン教文献の誤りは確かである。それは、『編年紀』六四三年におけるシャンシュン討伐の記事が『年代記』の問題部分の記述と符号し(21)、プク・キムツェン・マンチュンの『年代記』における使者の役割のあとに、『編年紀』六五三年における"mngan"への任命の事実が連続しうるからである。即ち、ティソン・デツェン王の時代でないことは、これだけで完全に立証されているのである。

マクドナルド夫人はこの問題について再検討の必要を説くが(LPT, pp. 259–261)、その主張を支える理由(22)は充分示されていない。この点は後段で再説することにしたい。

以上は、『年代記』の「この王の時代に」以下の記述がソンツェン・ガムポ王治世下を指すとする従来の諸説の紹介である。次に、リク・ニャシュルの六四三年における滅亡と結びつく『年代記』の記述を詳細に示し、意見を加えることにしたい。

第三節　王女セーマルカルの歌と討伐への勧め

リク・ミリャ討伐の経緯をいう部分は、王女セーマルカルの婚家に使者プクが訪ねるところから始まる。

この王の時代において、シャンシュンなるものは[23]〔吐蕃王家にとって〕姻戚としても大事な相手、戦うとしても軽視できない敵手であった。〔この〕シャンシュンの主のところに[24]、〔即ち、〕王女セーマルカルがリク・ミリャ〔王〕のもとに政略上嫁入りしたのであった[25]。〔ところが、それより〕先に、シューケ女・ティンシャク Shud ke za Ting shags[26]が〔嫁入りして〕いたので、〔リク・ミリャは〕王女と寝を共にしなかった[27]。しかし、そのまま、リク・ミリャにシューケ女を許して置き、王女の方でも、リク・ミリャの世話も[28]、子供をもうけること[29]もせずに別居していた。ところが、その頃、兄〔王〕のお耳に〔このことが〕伝わったので、王は、そのように別居しておれば、政治の乱れに通ずるから、そのようなことのないようにリク・ミリャの世話をして子供をもうけるようにせよとプク・キムツェン・マンチュンから〔伝えるようにと〕命じた。そこで〔プクが〕キュンルン城[30]に来たが、王女はおらず、水辺(nye?)に寛《くつろ》がれる[31]ためマパン湖にお出かけになっていたので、〔プク・〕マンチュンもマパン湖[32]に赴き、王女の前に〔至って〕礼拝した。すると王女が開口し、「兄王陛下は御機嫌よろしいですか」と仰言った。「御機嫌よろしいことです」と〔マンチュンが〕申し上げた。〔すると、〕「マンチュンの機嫌はどうですか」と〔王女が〕お尋ねになったので、「結構です」と申し上げたのであった。そのあとで、〔貴方の〕兄賛普がかように仰言っていましたと申し上げたのでした。王女が開口して、「マンチュンよ、〔貴方は使者ですから、私にとって〕兄賛普[33]にお会いするのと同然です[34]。だから、相手になって礼拝を受けて下さい[35]」と言って、礼拝した後に、王女は次のように歌った(DTH, p. 115, l. 27–p. 116, l. 8)。

とあって、このあとに王女の言いたいことが示される。

これまでの訳文についていうと、先ず、冒頭の部分が問題になる。この部分を、バコー以来、「シャンシュンとlde bu（吐蕃[36]王の意味にとる）」と読んでいる(DTH, p. 155, l. 2)からである。あとに続く文章については別の読み方を提議したウライ氏(CPO, p. 294)も、この点でバコーの読み方を支持し、マクドナルド夫人も同様にこの解釈に従っている。

今、仮に“zhang zhung lte bu”とあるものを“zhang zhung lde bu”と読み、“lde bu”が“lde sras”に代わるものとしても、“zhang zhung”と“lde bu”の間に接続辞がない。両者の分節構造を明らかにするものは全くないのを見る。

次に、“zhang zhung”が地名ならば、これに対応する“lde bu”も地名であるべきなのに王の称号であるという。これが修辞上許されるとしても、この文の「話し手」「書き手」が「吐蕃人」である限り、自分の所属する国の王の称号に“lde sras”という敬語を用いず、“lde bu”という形を示すことはありえない。“lde sras”の称号でさえ、ヤルルン王家が歴史時代に入ると用いなくなり、“btsan po”と呼んだというから尚更のことである。

一般に、「話し手」ないし「書き手」が「吐蕃人」として自らを意識し、吐蕃と他の国との関係を述べる場合、チベット語では殊更「吐蕃」に言及しないでよい[37]。単に相手方のみ挙げれば充分なのである。例えば、“gnyen gyi zhang zhung”と言えば(DTH, p. 111, l. 2)、「吐蕃にとっての姻戚のシャンシュン」という意味になることは歴然としているからである。まして、上記の解釈はテキストの誤写を発見出来ないまま捏造したものであって、実は一顧の価値もなく、書いてあるのは「シャンシュンの如きは」「シャンシュンというのは」の意味に他ならないのである。

G・ウライ氏が示した訳の、《Zhang zhung and the Son of the lDe (i.e. the Tibetan sovereign) were a pair in relation by marriage》(CPO, p. 294)は、前半の訳が成立しない点からも適切と言えないが、《a double, dynastic marriage》という意味でも成立しない[38]。というのは、ここでは明らかに、セーマルカルの輿入れ以前の状態が述べら

れているので、《double》ではあり得ないからである。"do"[39]は、次にくる"sgal"[40]と共に熟語"do gal"「重要」[41]を構成する。いうところは「自らにとって不足のない、対等の相手」の意味で用いられている。

上記引用文では、リク・ミリャの居城が「王国のカタログ」(CPT, p. 204)にあるリク・ニャシュルの拠点キュンルンとも一致する。その名がグルカル dNgul mkhar であることも次の歌に見える。[42]六四三年にシャンシュン討伐があったわけであるからプク・キムツェン・マンチュンがマパン(=Ma pham)湖に赴いたのはそれ以前になる。勿論、それより数年も前ということにはならないであろう。とすれば、その頃の王は、名目的であったとしても、クンソン・クンツェン王であった。セーマルカルが「兄賛普」[43]と呼んだのはこのクンソン・クンツェンに対してであったと考えられる。しかし、訴えを受けたクンソン・クンツェンは六四三年に歿した。そこで、再登位した父ティ・ソンツェン王のもとでこの征討が実現したのである。[44]

セーマルカル王女の歌が何を訴えたものであったろうか。既に、バコー訳以後にも、G・ウライ氏とマクドナルド夫人の訳がある。[45]しかし、いずれも残念ながらセーマルカルが何を伝えようとしたのかを明らかにするものではない。ここに歌を示すのは、やや迂遠の感じもあるが、次第を明らかにするため繁を厭わず、出来るだけ正確な理解を試みたい。訳文中の問題点はすべて注に示す。

歌の内容は四段になっている。第一段では、シャンシュンは見かけによらないよいところであり、領有支配に値するといい、第二段には、見事な獲物をしとめるには皆協力すればたやすく、その分け前も素晴らしいとする。第三段では急遽やらなければ、他のものに利を奪われるとした後、最後に、今の王家には血気が滾っている。この事業は簡単に成功するという。

本文は次のようである。

国についての天与の特質[46]なら、[47]キュンルン〔の〕グルカル rNgul mkhar なる所こそ、私以外の辺地人[48]が言うには、外見は崖や岩であるが、中を見たら金と宝〔である〕と。〔かかる〕国主の御前[49]にあるに値しない[50]であろうか、白くも青白い女〔の私で[51]〕は。家来についての天与の特質なら、クゲ Gu ge は短足なるもの（少数選り抜きのもの[52]）であるが、〔彼等は〕家来とするに値しないであろうか。クゲ人は馴染んでも激し易い[53]〔から〕。食物の天与の特質なら、魚と小麦〔の産〕があるが、求める[54]に値しないであろうか。魚・小麦が食べられ[55]はするが、にがいのでは。家畜についての天与の特質なら、鹿と野馬とがいるが、飼うに値しないであろうか。鹿と野馬は飼育しても荒々しいのでは（*op. cit.*, p. 116, ll. 8–16）。

とあって、シャンシュンの見かけによらぬ特質を挙げて王の認識を改めさせ、この国を領有するようにとすすめている。「値しないであろうか」というのは、勿論、反語の問いかけである。多少の難はあっても本質的な欠点ではないと諭しているわけであろう。ただ、第一節には自分のことを歌いこんであるため、後の家来、農水産物、畜産についていう場合と形式がやや異なっている。続いていう。

さても、北の荒野[56]の上手の方に、猛々しい[57]大野ヤクがいるとしよう。北の荒野の野ヤク[58]を殺すには、山奥から大声で呼び出される[59]のはドン lDong とトン Thong、力量に応じて配置される[60]。谷から、手招きをして呼ばれる[61]ものはキ sKyi の〔国の〕シャ Sha とプク sPug[62]。中央から、矢文を投げて[63]呼ばれるものはヤル Yar[64]〔の国〕のロ lHo とゲク rNgegs。山奥から大声で呼び出され、谷から手招きで呼ばれたのち、彼等の間に〔挟み討ちにされて〕猛々しい〔大野ヤクが[65]〕殺されてしまい、ドロドロ[66]はチンバ Pying ba（ヤルルン王家）の御馳走[67]となり、骨と筋[68]はドンとトンに賜わり、肉と皮[69]はロとゲクに賜わり、腹脇[70]はシャとプクに賜わったら〔よいでしょう〕（*ibid.*, ll. 16–24）。

「猛々しい大野ヤク」とはシャンシュンのリク・ミリャを譬えて指す。これを退治するには、大部族、ドン、トンに、ロ、ゲク、シャ、プクの諸氏族の協力を求めるように勧め、ついで決行を急ぐように求めている。ここでツェ mTshe、ツォ gTso がドン、トンの代りにくれば「父方六家臣」が揃う。しかし、ツェ、ツォはポン教司祭であり、この場に合わない。そこで、四大部族中のドン、トンで埋めたものと思われる。ただ、ゲク等はすべてトン部族に含まれる可能性がある（一七七頁参照）ので、正確さの点でやや不都合な内容になる。

　釣針の曲鉤の間に[71]、虎の肉[72]をつけたら、右に動かしてならない。左に引いてはならない[73]。右に動かすならば、青黒鷗（水鳥の名）[74]はちょっとした悪魔。左にやり過ごすなら、かわうそがはいまわって汗を流す（狙う）[75]。〔だから〕下からつつくとき、一転して引き上げなければ[76]、明日のあと、明後日のあとでは[77]、かわうそが喰べるに決っている[78]。魚は見て襲いなさい。見て襲うというのは、見えている好機に襲うのである[79]。釣糸の様子で引き上げなさい。様子で引き上げるとは、様子を見て〔好機に〕引き上げるのである[80]。長い間の〔私の〕損失の酬いと共に[81]、この大地の水晶の二つの目が[82]〔やがて〕何人かの状態を見ることであろう[83]（*ibid.*, ll. 24–31）。

　後続の一節については、マクドナルド夫人は訳出を控えながらシャンシュンに至る道筋を述べたものであろうとしている[84]。他方、ウライ氏の示す訳文は肝要を摑んでいないように思われる[85]。そこでは弥栄のヤルルン王家を讃え、その周囲に集い、髀肉の嘆にくれる兵を指し、鎧袖一触の戦の成就をいうのである。

　更に近づき、更に近づいて、ヤル Yar の人は天に近づく[86]、天の星がキラキラ。更に近づき、更に近づいて、王の宿営は[87]「岩《タク》」に近づいて、岩の星[88]がキラキラ[89]。ドゥルワは河に近く[90]、すばやいかわうそ[91]がチョロチョロリ[92]。ニェンカルは畑地に近く[93]、六穀の花が馥郁[94]。メルトはルムに近く[95]、膚刺す風[96]がブルブル[97]。更に近づき、更に近づいて、宮居に近く、つわものが集い[98]、ヤルの砂上に[99]、苛立っているのは、この〔人々の馬の〕足どり[100]。〔しかし、〕薄皮[101]を突き刺すには[102]、箸で突いても事足りましょう[103]。と唱った（*ibid.*, ll. 31–38）。

この歌を唱った後の状況は、次のように示される。

　唱ったあとに、マンチュンが念をおして尋ねた[104]のにもかかわらず、兄王に対して御返事を文字にしたためなさったものは一つも〔賜わら〕なかったのである[105]。〔王女の仰言るには〕、「兄王陛下が御機嫌美わしくいらっしゃることは、嬉しいことでございます。王が仰言ったことは二つとも死ぬまで出来る限りつとめてまいります[106]」〔と伝えた上〕「王の御手にこれをさし上げて下さい」と言って、手紙に副える筈の贈りもの[107]を一つ、印を押して贈ったのであった。キムツェン・マンチュンが、再び王の御前に参上して「王女が文字に書きとめられたお返事は何一つもございません。歌に唱われた言葉はこうでございました。御印を押して贈られましたのは、これでございます」と申し上げた。そこで、贈物の御印を開いて御覧になったところ、古い美事なトルコ石が三〇箇ばかり出てきたので、王は考えに考えぬいて[108]、『皆様がリク・ミリャを討つことが出来るなら、〔彼から〕このトルコ石を取り上げなさい[109]。討つことが出来ないなら、差し上げた物を女達と同じように身につけて飾りなさい[110]』と〔王女が〕言っているようだ」と仰言ったのち、王と大臣とで相談に相談をして、リク・ミリャ〔を攻めたので、そ〕の政権が滅ぼされたのであった(*ibid.*, p. 117, ll. 1–14)。

『年代記』の第一部に相当するところは以上のようである。続いて第二部に、このリク・ミリャ討伐の戦捷祝賀会の様子が示されているが、必要な部分のみを次に示すことにしたい。

この王の御代にシャンシュンの王に兵を差しむけて、討伐をなさり、シャンシュン王リク・ミリャを滅ぼした。即ち、シャンシュンはすべて家来にされたのであった。その後に、王の主従が祝いの宴を催し、〔その折に〕ティ・ソンツェン王が歌を唱って言った。「よいか、主の御名は、これぞ、ティのソンツェンなる方[111]。大臣の名は、これぞ、トンツェン・ユルスンなる者。御料馬の名は、これぞグルウ・ツァンツァン rNgul bu gtsang gtsang なるもの[112]、〔大臣の馬は〕ツァンツァン・ヤンヤン gTsang gtsang yang yang なるものである[113]。我等、主と大臣、ヤルモは奥行きが短いので、〔国の広さを〕ド mDo からツァン rTsang まで伸ばした[114]。ヤルモは幅が短い[115]ので、南から北に〔国土を〕広げた。従わぬ四辺のものを征服した。我等、主と大臣は、主は家来を捨てない。主が家来を捨てうるなら、天の果てを〔主一人で〕守るがよい[116]。家来は主を捨てない。家来が主を捨てうるなら、ゲーポ

Ngas po〔の例〕を〔家来たちは〕せせらわらうがよいだろう。」と唱った(*ibid*., p. 117, ll. 15–18)。[117][118]

このあとに、ガル・トンツェン・ユルスンの返歌が続くが、難解であり、当面の問題と直接関係がないので省く。[119]

上記引用文中にガル・トンツェン・ユルスンの名は、ガルを伴わないでトンツェン・ユルスンとのみ示されている。この宴が何処で行われたか不明であるが、ガルがこの遠征の主役をつとめたということを裏書きするに足るであろう。[120]ガルについて、この文でも"blon che"「宰相」の肩書きが示されていない。これが史実を反映するものとすれば、六四三年頃もなおガルは「宰相」ではなかったということになる。とすれば、時の宰相は、なお、キュンポ・プンセー・スツェがつとめていたのであろうか。[121]

第四節　Pelliot tib. 1047 の史料価値

以上の文の示すところについて、これをリク・ニャシュル討伐と結びつけず、ティ・ソンツェン王時代にあった二度のシャンシュン討伐のはじめのものであるとする見方がある。これは佐藤長氏の説くところである。

佐藤氏によると、「セマルカルは政略結婚のためシャンシュンに送られたが、シャンシュンは即位後間もないソンツェンを侮り……」(『古チ研』二四五頁)とあり、即位後間もなく離反した"gnyen Zhang zhung"(DTH, p. 111, l. 2)の記事と結びつけて、その鎮圧という含みで説明しているらしい。そのあと「ソンツェンは即位後暫くの間に西はガリコルスム、東はアムドの地方までその支配下に置き」(『古チ研』二四七頁)と結んでいる。[122]

他方、佐藤氏は『編年紀』の説明として、「ティ・ソンツェン王は文成公主と御年三年間結婚生活をなさった」とする部分に触れた際、「即ち、ソンツェン死去の前の六年間は恐らくこのシャンシュンの反乱の鎮圧に費されたのであり、……」(*op. cit*., p. 284)と述べ、『編年紀』六四三年におけるリク・ニャシュル討伐の記事と結びつけて理解している。即ち、リク・ミリャを称号とせず、これとリク・ニャシュルが別人として扱われているのである。今、「兄賛普」と呼ばれるものをティ・ソンツェン王とした場合、この事件が治世当初のものであれば、セーマルカルの年齢との関係では問題がない。ただ、リク・ミリャの討伐と関係するプク・キムツェン・マンチュンとガル・トンツェン・ユルスンは、共にティ・ソンツェン王の末期から歿後に活躍したことが『編年紀』中に伝えられている。ガルに至っては、当のソンツェン〔・ガムポ〕歿後一八年間もなお宰相の座にあることが出来たのである。従って、これら二人をソンツェン・ガムポ王の前期、六世紀末から七世紀初頭にかけて活躍したとするのは困難である。ソンツェン・ガムポ王短命説をとろうとしても、『通典』がその生誕を六世紀中に保証しているのでこれも不可能である。また、リク・ミリャ討伐後の宴では、ガル・トンツェンが殆んど“blon che”「宰相」に近い扱いで示されるが、既に見たように、前期の宰相にはニャン、ガル〔・マンシャム〕、キュンポが並んでいるので、前期の事件ならばガルがこのように扱われることはありえない。

今、「兄賛普」と呼ばれた王がクンソン・クンツェンであるとすれば、佐藤氏の説を完全に離れることが出来るのである。なお、佐藤氏はソンツェン・ガムポ王が死去の前六年間この戦役に従事したかのように考えるが、『編年紀』には六四三年に平定服属が述べられているので、その解釈は成立しない。

他に、マクドナルド夫人の示したキュンポ・プンセー・スツェによるリク・ミリャ討伐説がある。これは細かく議論されているが基本的な点で問題があり、上述のガルによる討伐説と抵触するので、以下に詳しく批判しておきたい。

A・マクドナルド夫人が史料として取りあげたのは Pelliot tib. 1047 であり、占の説明書である。Pelliot tib. 1045 から 1056 までに並べられている鳥卜、銅子占い等と同類の文献[123]とみなされて差し支えないものである。

Pelliot tib. 1047 には、占を立てる階層の相違や、占の主宰神や用件等により部門が分けられていて、その上で、どのような卦が出た場合に如何なる事態が起るかということを述べながら、時々、相応する実例が与えられる[124]。実例のうちに歴史上の人物の名と、その人物に関連した事件が引き合いに出されることも見られるのである。

そのように歴史的な人物が登場するのは、冒頭の「カンパル」"skang pard"と称せられる卦のうちの一部である。マクドナルド夫人の説くところによると(LPT, p. 276)、この部分の研究によって、『年代記』のリク・ミリャ討伐がソンツェン・ガムポ王時代にあったことが初めて確認され、この占書編纂の年代も判明するというのであるが、果してそうであろうか。

マクドナルド夫人の用いた文献の関係部分を示して、筆者の訳文をそえ、その後、同夫人の説の当不当を論じたい。引用文は(LPT, p. 279)、

(l. 39)…::/skang pard la li byin gchig bab na'/(l. 40)btshan po dang phying ba dang myi rya dang khyung lung gi ngo ste/rgyal pho mkhar na skyems/(l. 41)gsol ba 'i ngo/bag li byin bab na'/g-yas g-yos su bzhag la lgyog ryags/(l. 42)gchig bcos te bzhag la/lgyog ryags gyi gnyis bsdus te bzhag na'/li byin/(l. 43)brgyad de btshan pho sha sngar spun sad zu tse dang/stang rye mun glo ba nye ste mchis nas/(l. 44)lig myi rya la chab srid mdzad na' rgyal lam myi rgyal zhes btab na' 'di byung ste/(l. 45)slad gyis yul sa gchig las gnyis su skyes shing grog chen po/(l. 46)dang prad pha ngo ste mo bzang rab/srog phya dang srid pya dang pyar bzang gsol ba la/(l. 47)phyi dal che/::/

(l. 39)…/「カンパル」skang pard に「リジン」li byin が一つ落ちた場合、(l. 40)賛普とチンバ〔・タクツェ〕に対する〔リク・〕ミリャとキュンルンの兆である。即ち、王が〔勝って〕城にて祝盃を(l. 41)召し上る[125]兆である。重ねて「リジン」が出るなら、右と左に〔分けて〕置きながら、「ギャクギョク」lgyag rgyogs(l. 42)一つをこしらえておき、「ギョクギャク」lgyog rgyag 二つがまとめて置かれる場合は、「リジン」(l. 43)が続いた[126]〔ことになる〕のであり、即ち、賛普陛下にプンセー・スツェとタン・リェムン sTang Rye mun[127] が信任を得るに至った後(l.

44)〔王が〕リク・ミリャに征討をなさったなら、勝てるか勝てぬかと〔占を〕たてた際に、この卦(=「三リジン」li byin gsum)[128]が出たのであり(l. 45)、即ち、後に国土が一から二に増え、途につけば、すぐれた友(l. 46)と遭うという兆であって、大吉の占いである。生命の運勢と、政権の運勢と、戦闘の運勢[129]としても吉が得られるように大きく関わって[130]いる。

とある。

マクドナルド夫人は、第二の "li byin gsum"「三リジン」の卦の説明に関して、《sPung-sad zu-tse et sTang rye-mun, qui sont loyaux envers le bTsan-pho, s' ils faisaient la guerre contre Lig Myi-rya, seraient-ils vainqueurs ou non ?》(LPT, p. 279)と訳している。

ここではシャンシュンに征討を "mdzad"「なさる」者は、プンセー・スツェとタン・リェムンではなく、賛普その人である。それ故に敬語が用いられているのであり、キュンポのような家来に敬語を用いないことは、吐蕃の文献中に王に対し "lde bu" と呼ばないのと同様の鉄則である。

また、"li byin gchig"「一リジン」と「三リジン」のそれぞれの卦に対して示された二つの事例は、おのおの独立に引用されているので、二つの事例の間の関係は、上記文中では関連づけられていない。

タン・リェムン sTang Rye mun はツェルモ・パク・リョクタン rTsal mo bag Ryog stang のような占師であろうかと思われる。とすれば、信任を得た "sku gshen"(側近ポン教司祭)のようなものに相当する[131]であろう(LPT, p. 277, n. 330 参照)。

上に引用した例文で見られるように、この種の占いによって推知された事実が記録として伝えられているのではなく、占いの各種の事例として人口に膾炙した話が示され、説明効果を挙げようとされたものであることが知られる。

例えば、マクドナルド夫人が《3》として説明する部分(ll. 19-22)は二二―二六行と一連のもので、「カンパル」の場に重ねて"sni chi"「ニチ」が落ち、更に、"phya bun"「チャブン」が落ちた場合の卦であり、決定的に(yong)[132]、王、大臣の「生命の運勢として大凶」(srog phyar ngand rab)であるという。その実例として、「これがプンセー・スツェの政治的運勢(srid phya)〔として出たものである〕」と断った上で、次のように述べられる。

(l. 20)……〔嘗ってキュンポが人から〕、「ツェルモ・パク・リョクタンに依頼して"mo ba nyi shu"(「二〇の占うもの」)によって、(l. 21)調べて貰うがよい」と言われて、〔リョクタンに頼んだところ〕、リョクタンがいうには、「〔貴方は〕三代の間は王と同等(l. 22)の運勢であるが、その後滅亡する兆である」と告げられた。

というのであり、マクドナルド夫人の訳文は文章の脈絡を無視したもの[133](LPT, p. 277)になっている。

この例話も極めて簡単に述べられており、周知の事実でない限り到底理解できない記述形式になっている。キュンポに関する話は、いずれも相互の関連なく、解説のために引き合いに出されたものである。

これに反して占いの例は、"rkang pard" "ryu phard thung" "te skyam" "rdi phurd" "ru sod" 等七種の各場所に落ちる"mo shing"「占木」の各型を列挙して吉凶を説明するものであり、「カンパル」についても、"lum sus"「ルムスー」の型以外の卦が全部示されている。各型の卦は、一回、二回、三回のいずれに現れるかによって占われる。同じものが重複する場合を"bag～"と言い、"～gnyis"とも示す。三回重なる場合は"～gsum"(ll. 43, 143, 223, 332)と言い、稀に"gsum～"(l. 77)とも言う。

例えば、「カンパル」に落ちた場合の"phya phur"「チャプル」の卦は、一回でも王が死ぬ(ll. 75-76)。二回重なれば、苦戦した上で矢に当って死ぬ。三回重なれば、極端な方法で殺害される(ll. 77-78)という。

しかし、「チャプル」一回の後に、「リジン」"'bin kug"「ビンクク」、"col ryag"「チョーリャク」、「ニチ」、"rdud ryags"「ドゥーリュク」のいずれがきても、各種の運勢は「吉」に転ずるが、上記五例以外が来た場合は「凶」である[134](ll. 78-81)。

全体がほぼこの調子の記述で貫かれており、一六種の卦が「カンパル」等七つの場のそれぞれにおいて如何なる順で落ちるかを取り上げ、その意義が説明されている。

従って、この書物は、史実の記録でないことは勿論、占いの実際を記録したものでもなく、単に占いの各種の卦を説明した綱要書の一つであるに過ぎない(LPT, pp. 289–291参照)。

マクドナルド夫人がこの占書が他の占書と異なると縷々説明する(LPT, pp. 281–289)が、史伝のうちに占いの結果が示されているのではなく、占書の事例に周知の物語が記述されているのである。この点を未整理のまま論述しても説得力はない。

また、示されている事例は、一応《des indication d'ordre historique》と認められても、到底《événements historiques précis》(*op. cit.*, p. 286)とは言いかねる。勿論、『年代記』の記述にまさる同時代的史料としての信憑性は求むべくもない。従って、『年代記』のリク・ミリャ討伐の記述について、佐藤氏以来、G・ウライ氏までの間に重ねられた議論に、マクドナルド夫人の議論が加えたものは、同夫人の主張(*ibid.*, p. 291)にもかかわらず、残念ながら多いものではない。むしろ、誤訳に基づいて、キュンポ・プンセー・スツェをシャンシュン討伐の《au poste de commendement des armées tibétaines》(*ibid.*, p. 290)とまでいうのは、問題を混乱させるものとしなければならないであろう。

キュンポ・プンセー・スツェはティ・ルンツェン王時代以来の大官である。最後に謀反して自殺に追い込まれるが、それ以前に老齢を理由に引退した。自殺はティ・ソンツェン王存命中のことであった。たとえ、彼の死を六四九年にとっても、六四三年は六年前である。その老人にシャンシュン討伐の将軍は到底任ではない。

なお、Pelliot tib. 1047(l. 43)には「[キュンポ・]プンセー・スツェとタン・リェムン[135]が信任を得るに至った後」とあるに過ぎないので、「王がリク・ミリャを征討なさったならば」とその結果を占ったのは、キュンポが信任を得た後にあったこととしか言われていない。

贊普がシャンシュン討伐を“mdzad”「なさる」ならばと占いをたてた際、老キュンポを将軍とする含みなどは、文中の何処にも盛り込まれていない。マクドナルド夫人は“mdzad”を《ils faisaient》[136]と訳し、独断でキュンポを《comptait parmi les candidats au commendement de l' armée tibétaine dans la guerre contre Lig Myi rya》(LPT, pp. 309-310)としたのである。[137]

G・ウライ氏は、マクドナルド夫人の見解を受け入れて、《We may learn from it that Khyung po sPung-sad Zu tse vindicated the right of leading the Tibetan army which had set out to attack Lig Myi rya, consequently he was still alive at the beginning of the campaign》(NLO, p. 40)とする。

このウライ氏は『唐書』吐蕃伝の記述によって、ガル・トンツェン・ユルスンが文成公主を招くため唐に赴いた際、既に「大論」(blon che)であったとかねて主張している(NLO, p. 36)。

それでは、ガル・トンツェン・ユルスンがキュンポの自殺した後に“blon che”「宰相」になったとする『宰相記』(DTH, p. 101, l. 35)の記述との間をどのように調整しうるのであろうか。ガルが唐に赴いたのは六四〇年(ウライ氏によると六四一年)であり、シャンシュン討伐は六四三年(ウライ氏：六四四／六四五年)である。従って、ウライ氏の見解に従う限り、キュンポは、遅くとも六四一年以前に歿していたとしなければならない筈である。

しかし、ウライ氏はいう、《At the end of the same decade Khyung po became great councillor, then in 640/641 at the latest he was dismissed, but in about 644/45 he was still alive, some time between 644/645 and 649, after his attempt on the kings life failed, he committed suicide.》(NLO, p. 40)と。

即ち、六四〇／六四一年頃キュンポが一旦退職した後、六四四／六四五年にシャンシュン討伐があって再登場したとするのである。では、何故、Pelliot tib. 1047 に“glo ba nye ste mchis nas”「信任を得ていた〔頃から〕後」と書いてあるのかが説明できない。もし、ウライ氏の言ぅよぅであるなら、少なくとも、「引退していた」事実を示すため"slar"「再び」と冠して「信任を得ていた」ことを表わす筈である。また、六四〇／六四一年をキュンポの引退の時期とするならば、その時、既に、"rgas te nyi ma 'der gnang"「老いて陽に暖をとることを許されていた」老人が、その後三年（ウライ氏によると四年）を経てシャンシュン攻撃の采配を振ることは考えられない[138]ことである。

マクドナルド夫人は、引退した後とはしていない。単に、六四二年（六四三年の前とい ぅ意味）にキュンポが信任を得ていたとする（同夫人によると、宰相であったとの意味になる）のみである（LPT, pp. 309, 310）。

以上のように、一応マクドナルド夫人に従いながら、ウライ氏はその解釈を詳しくするが、所説に統一がなく、その方向は到底従えないものになっている。

繰り返していうが、Pelliot tib. 1047は、キュンポ・プンセー・スツェがシャンシュン討伐に直接関係したことをいうものではない。この占書の卦を解説する事例が史実であっても、そこに示されているのは、キュンポと占師タン・リェムンが信任を得てから後に、賛普によるシャンシュン討伐の成否が、おそらく後者に問われて、占われたというのに過ぎない。

キュンポが信任を得た時期とシャンシュン討伐の間がどれ程離れていたかは明らかでない。先に見たところによると、キュンポがソンツェン・ガムポ王の御代になって大いに信任を得たのは、「北のシャンシュン」討伐の功による。それによってガル・マンシャムの後に宰相となったのである。

マクドナルド夫人は、「北のシャンシュン」討伐を六三四年以前として（三五六頁）、その功労者キュンポをニャン・シャンナンの後継宰相としている（LPT. p. 251）から、その就任を六四三年から約一〇年以上前に見なければならぬ立場にある（*ibid.*, pp. 252–253）。

しかしながら、Pelliot tib. 1047の表現は、キュンポが信任を得た時期と六四三年のシャンシュン討伐の間をかなり接近させているようにも見える。キュンポが信任を得たという表現を宰相就任と見て、その在任中にシャンシュン討伐の可否が占われたとする場合、討伐そのものも在任中にあったと推測されてもよいのかも知れない。

その場合も、遠征はガルが受け持ったとすべきかと思われる。キュンポの老齢もあるが、彼自身直接関与していたとすれば、キュンポの履歴を詳述する傾向のある『年代記』に、その件でガルの名のみあってキュンポの名が全く見えないのは異とされるべきだからである。

同様の例は、モン・ティドレ・マンツァプが宰相の時(DTH, p. 100, l. 20–21)、キュンポ・プンセー・スツェが「ツァン・プー」の主マルムンを討伐した(*ibid.*, p. 106, l. 20–21)という記述にも見られる。

最後にキュンポ・プンセー・スツェに関する諸年次を推定する[139]と、次のようになる。

キュンポはティ・ルンツェン時代にマルムン討伐その他の大功があった。仮に、ティ・ソンツェン王の即位を後代の所伝に従って一三歳とし、生誕年を五八一年とした場合、五九三年までが父のティ・ルンツェン王の時代となる。これは『通典』の記述とも矛盾しない設定であるが、このように見た場合、ティ・ルンツェン王時代に功のあったキュンポは、スィンポジェ討伐に参加しなかったとしても、遅くとも五七〇年には生れていたとしなくてはならない。

五七〇年に既に生れていたキュンポは、六四〇年代では七〇歳以上であり、それより若いことはあり得ない。「北のシャンシュン」制覇の後に宰相になったとして、その時期を六四三年より余り距たらない以前とすれば、仮に六三〇年代としても後半に選びたくなる。これは Pelliot tib. 1047 から得られる感触でもある。早くに就任したとしても六三〇年代を大きく遡ることは考えにくい(三五九頁、四四六—四四七頁参照)。キュンポの最後をシャンシュン討伐後に置くことが出来ても、その後間もなくというところであろうかと思われる。

(1)　このような例として、キュンポ・プンセー・スツェを讃えた文(TLT, II, p. 53)に“〔B. 1〕…btsan po…sr〔o〕ng rtsan gyi ring la”とあり、他方、“〔A. 1〕…btsan po khri srong rtsan gyi ring la”とあるのが挙げられる。ただ、この場合は表・

裏を異にしているので、その名を一回毎に挙げているが、同じ王について別の話をする場合、"rgyal 'di'i ring la"「この王の時代に」(DTH, p. 115, l. 27; p. 117, l. 15) の形で示されれば充分なのである。

(2) ティ・ソンツェン王の一代は六四九年に終る。その治世を短いとする説があっても、六四三年から六四九年とするものはない。また、このように限るならば、六四三年までの支配者をティ・ルンツェン王としなければならない。これは六四〇年の文成公主入蔵後にあたり、漢文史料の記述から見て許されない。

(3) ティ・ソンツェン王の子クンソン・クンツェンの在世が一八年間父王の治世中に含まれることを指摘して、G・トゥッチ氏はティ・ソンツェン王の生誕を六二九年(六四九年歿)とする短命説を退けている(OM, II, p. 608)。

(4) G・トゥッチ氏のソンツェン・ガムポ長命説の根拠になっている。注(3)および七五七—七五八頁参照。

(5) Gung ri gung btsan (GSM, f. 70b, l. 6; f. 71a, l. 1; f. 81a, l. 2, KGG; f. 47b, l. 2; DSG, f. 28a, l. 3).

(6) G・トゥッチ氏はこの経過をそのまま伝えている(OM, II, p. 608)。

(7) 五一七—五二二頁。トゥッチ氏は一三歳即位が現実にあったかどうかを確認しないで、この数字を議論している(OM, II, p. 571)。なるほど、伝承では一三歳即位を言うものが多い。しかし、確かめられるものから言えば、ティソン・デツェン王の場合しかない。実際にはクンソン・クンツェンの場合が一八歳、マンルン・マンツェンの場合は、文成公主の子である限り、九歳を越える年齢で即位することが不可能になる。ソンツェン・ガムポ王の一例も検討を要するものである(OM, II, p. 456, n. 1)が、残念ながら史料はない。

(8) OM, II, p. 460(=VTH, p. 317); MBT, p. 26。一般に、敦煌文献には五大の兄弟《えと》は見られない。ただ、唐蕃会盟碑にはこれが十二支と併用されている(東面、ll. 59, 63, 66, AHE, pp. 57–58、『古チ研』九二〇—九二一頁)が、全く唐の暦が用いられている様子である。

(9) 父ソンツェン・ガムポ王の歿年を六四九年とし、その時の年齢を八一歳(伝承では八二歳)とすれば、生誕は五六九年に数えられていたことになり、その五三歳時は六二一年に相当する。

(10) 継位する王子が一三歳に達した時、母方の一族、つまり、zhang po が父王を殺害し、実権を掌握する女国的(母権継承制)習慣があった(OM, II, p. 574)としても、ソンツェン・ガムポ王がそれを許さなかったと思われる(*ibid.*, p. 571)。

(11) 六〇三—六一一頁参照。

(12) "brlag" をバコーは《se révolte》と訳す(DTH, p. 29)。佐藤氏も「反乱を起し」(『古チ研』二八三頁)としているが、これは "log" と混同した訳語である。"log"「背く」の現在形は "ldog" であり、他方、"brlag" の現在形は "rlog"「毀す」(GMG,

II, p. 99b) である。用例は、"srid myi brlag", "srid ma brlag"(DTH, p. 112, ll. 15, 17)「政権を滅ぼさない」「政権が滅ぼされない」に見られる。ペテック氏は適訳を示している(GAT, p. 272)。

(13) トゥッチ氏はセーマルカルをティソン・デツェン王の女と述べている(PRN, p. 106)が、敦煌文献『年代記』中のこの部分にティソン・デツェン王の名は一切示されていない。まして、このような根拠で、シャンシュンがティソン・デツェン王時代まで名目的にせよ独立を失っていなかったという(*loc. cit.*)のは、『編年紀』六四三年の項に明確に「シャンシュン全土が服属させられ、領有された」とあり、その後六七七年にシャンシュンの反乱が伝えられる(DTH, p. 15)のとも矛盾する。その後も、七二四年には"mkhos"「動員」が行われた(*ibid.*, p. 23)とあるので、トゥッチ氏の説は成立しない。

(14) 佐藤氏の意見についての言及はないが、意見は殆んど同じである。

(15) 佐藤氏は"rgyal 'di 'i ring la"以下にプク・キムツェン・マンチュンによる討伐のことが述べられているとした後、『編年紀』におけるプク・キムツェン・マチュンの"mngan"としての派遣をティ・ソンツェン王によるシャンシュン討伐と結びつけうるか否かを考え、「このシャンシュン討伐がソンツェン死後に行われたかどうかは疑問の存するところで」(『古チ研』二〇八—二〇九頁)と述べてこれも討伐とみなしている。しかし、本文の後段(四〇二—四〇三頁参照)でも示すように、リク・ミリャの討伐をソンツェン・ガムポ王初期の事件と見ている(前掲書、二四五—二四六頁)。

(16) ティ・ソンツェン王時代に制定されたという役職に"dpon bdun"「七長官」というものがあるとされ、そのうちに"rngan dpon"の名があげられる(KGG, f. 21a, l. 2)。職掌などについては後段(四九二頁注(34))参照。なお、『編年紀』中の"mngan dpon"の記述をめぐって「四翼」の成立に議論を及ぼすものもある(OBN, pp. 358–360)。

(17) ボン教文献では、Lig Myi rkya (TND, f. 94b, l. 3), Lig Myi rgya (LRD, f. 165b, 179a)と示される。SCL, p. 52, n. 8; TGB, p. 26 参照。

(18) Lig Ting sman (TND, f. 87b, l. 1), Lig Tig sman (LRD, f. 163b)とソンツェン・ガムポ王の婚姻は伝えられるが、前者の父の名は示されていない。

(19) この批判はマクドナルド夫人もいうところである(LPT, p. 260, n. 272)。

(20) LPT, pp. 260–261; n. 273. DSN, no. 260–261. D. L. Snellgrove: *The Nine ways of Bon*, London, 1967, p. 16, n. 1 参照。

(21) G・ウライ氏は独特の数え方によって六四四年(NLO, p. 35)とする。マクドナルド夫人は『編年紀』のリク・ニャシュルと『年代記』のリク・ミリャとは全同ではないから、同一視は不可能だとする(LPT, p. 261)。しかし、ペテック氏の示すようにニャシュルは称号である。ミリャは、おそらく、名に近いものであろう。例えば、『編年紀』六七一年の条(DTH, p. 15)

には"btsan mo snya mo stengs *snya shur* spungs rye rkyug la bag mar gshegs「ニャモテン王女は、ニャシュルの徒リェキュクに嫁入りした」とあり、同じく、六七八年の条には"*ra sang rje* spung rye ryung"「ラサンジェの徒リーリュン」とあるのを見る。ニャシュルはシャンシュン王の、ラサンジェはその大臣キュンポ氏系の称号である。この点は「王国のカタログ」(CPT, p. 204)によって確認される。この他にも『編年紀』六七七年の条には「リェシン Rye shing のおじプルプ Bul bu」とあり、Rye rkyug, Rye shing, Rye ryung, Rye mun 等の名が、シャンシュン系の人名を示すものとみなされうる。Rhya の音にこだわるならば、『編年紀』六五三年の条(DTH, p. 13)に「ラサンジェの大臣リン・タクリャ Ring sTag rhya」の例がある。なお、Ring はチョクラ lCog la Ring gTsug skor としても見えている。つまり、Rhye rkyug, sTag rhya に類する名としてミリャを考え、他方 Ra sang rje, Lom ma tse, Zing po rje 等相当の称号としてニャシュルを並べて理解すべきだと思われるのである。

(22) マクドナルド夫人はリク・ニャシュルとリク・ミリャの同一性が言えないという。確かに、二つの全同は証明出来ない。しかし、同夫人の用いる Pelliot tib. 1047 によっても、ニャシュルとミリャの同一は言えない。単にソンツェン・ガムポ王の時代にリク・ミリャの討伐があったと証せられるに留まる。しかし、その程度のことは、『年代記』中のプクやガルの名に対する言及で充分立証されるのである。

(23) テキストは明らかに"lte bu"と示す。原文で四行下の冒頭にある"de lte bu"(DTH, p. 115, l. 34)と比較すれば一目瞭然である。その他"zu tse lte bu"(*ibid.*, p. 101, l. 33)"'di lte bu"(*ibid.*, p. 102, l. 30)も参照すればよい。

(24) "zhang zhung bdag du'"のバコー訳は《vers son epoux du Zhang zhung》(*op. cit.*, p. 155)、マクドナルド夫人は《chez le maître du Zhang zhung》(LPT, p. 262)と訳すが、後者に従う。一般の散文ならば本文が"zhang zhung bdag po"となった上で"sad mar kar"の前に"lig myi rhya"が続けられねばならない。従って、ここに示されているのを「Zhang zhung を〔自らの勢力権に〕所有すべく」の意味として、この"bdag"を"bdog"「獲得」「所有」(GMG, I, p. 157b)の異字と見ることも出来る。ただ、口承文であるから"zhang zhung bdag du'"と"lig myi rhya la"が重ねて示されてもよい。

(25) "chab srid"は"dbu rmog"と並べられて、王の"mnga' thang"「権威」の内容を成すと思われる。トゥッチ氏は"chos"をこれら三つに併せて《four powers》とする(OM, II, p. 573=SCK, p. 199; TTK, pp. 37, 39)が、ヤルルンの碑文を正しく解していると考えられない。そこには"chos lugs bzang po"「良風美俗」と"mnga' thang chen po"「絶大な権威」とが言及され、前者を基盤とした世界の中で後者があり、後者の内容として、"ste"以下に(l. 4)"chab srid"と"dbu rmog"が示されているからである。「良風美俗」は「不変の"gtsug"(強権的支配の象徴的表現)」の顕現であり、「絶大な権威」は"byin myi nyams"

「不可侵の尊厳」を具体化したものである。「絶大な権威」の実体は、堅固な“dbu rmog”「武力」に支えられた“chab srid”である。このことを“dbu rmog brtsan po 'i byin gyis/chab srid skyes pa”「堅固な武力の威によって“chab srid”が生じている」(NIK, p. 6, ll. 12-13)という。従って、“chab srid”「支配権力」の実体が「武力」とも言える。つまり、「絶大な権威」は本質的には武力で支えられ、「良風美俗」と並び、“chos gtsug lags ni lugs kyis bzang/dbu rmog brtsan po ni byin du che 'o/”「法、秩序は良風美俗として現れ、堅固な武力は威厳を高める」(NIK, p. 6, ll. 2-4)と二つの観念的対応で表わされる。問題の“chab srid”は、「武力」を背景にした「絶大な権威」の内容を構成するものである。従って、“chab srid”には、マクドナルド夫人が例示した(LPT, p. 280, n. 342)ような「武力」の行使を内容とするものもありうる。しかし、ここで見るように、政略上の目的で輿入れをすることもあり(*op. cit.*, p. 262, n. 279)うれば、本来の意味で“chab srid kyi dkrugs ma”「政治の混乱」(*loc. cit.*, n. 280)ということもありうる。例えば、唐蕃会盟碑の東、西二面に見える“chab srid gcig tu mol”(AHE, p. 55, l. 22; pp. 66-67, ll. 4-5)「商ヿ議《シ》社稷《ヲ》如《クニ》レ一《ノ》」(『古チ研』九二九頁、西面漢文1)、“da chab srid gcig cing”(AHE, p. 68, l. 36)「今社稷叶同《スルコト》如《シ》レ一《ノ》」(『古チ研』九二九頁、西面漢文3)のように「国事」「国の政策」をいうのが本来の意味であり、これに「国家」(*op. cit.*, p. 913)、《kingdoms》(AHE, p. 70)、《government》(IST, p. 55)、《royaume》(DTH, p. 138)の意味を与えるのは正しくない。上記の「社稷」も「国事」「国策」「国政」の意味である(三三一頁注(2)参照)。

(26)　この名の一部“thing shags”は、クンソン・クンツェン王の妃の名に言及するとき、後代の史料ではその末尾に附加されている(DSG, f. 28a, l. 2; TND, f. 87b, l. 6)。

(27)　“bnal”は“mnal”の異字。

(28)　“so nam”は、今日では「農業」の意味(Ch. Dic., p. 914b)であるが、元来は“tsho”「生活し」“nom”「享用」(GMG, I, p. 174b)する意味から成ると思われ、「世話をする」の義に解した。

(29)　バコー訳《commerce conjugal》(DTH, p. 155)、マクドナルド夫人は《n'enfantait pas》(LPT, p. 262)としている。

(30)　「王国のカタログ」(CPT, p. 204)によれば、シャンシュンの拠点はキュンルン・グルカル Khyung lung dNgul mkhar となっており、主君はリク・ニャシュルである。これによってもニャシュルとミリャの関係が推知される。今日の地図(『中民地』II, E4)では、北緯三一度、東経八〇度三〇分に「拱隆」として見える。カイラーサ山の西、マパン(Mānasarowara)湖の北西にある。

(31)　“chab nya la rol zhing”「水魚に戯れる」と訳しうるが、近代のチベット人も行う“chab bzhugs”「水辺のピクニック」を指し、おそらく、“chab nye”の誤写であろう。ただ、本文中の歌には釣り針のことや食用にする魚のことが述べられているので、“nya”「魚」でないとは言えない。ただ、《jouer dans l' eau comme un poisson》(LPT, p. 262)は本文から遊離した訳であり、従えない。

(32)“ma pang”は今日では“ma pham”と示す。マーナサロワラ Mānasarowara 湖である。

(33)“btsan po dral gyi zhal dang 'dra ste”「兄王のお顔〔を拝見するの〕と同然だから」をバコー訳では《rMang cung représente le roi mon frère》(DTH, p. 155)とする。マクドナルド夫人の訳もこれに従う(LPT, p. 262)。

(34)“ngron gyis”「相手になって」「客になって」の意味。《par une fête》(DTH, p. 155)でも《par un banquet》(LPT, p. 262)でもない。

(35)“pyag la 'tshol chig”「礼拝せしめよ」の意味。“phyag la stsal”は元来「(自分に)お手が触れることの許しを賜わる」である。“'tshal”の他動詞形“stsol”「賜ぅ」(Y. Dic., p. 441b)と“gsol”「願ぅ」(*ibid.*, p. 591b)の二つの意味から遡りうるように、自動詞としても「求められる」の他に「与えられる」意味があり、その命令形がここに用いられている。つまり、使者に王の「代り」をさせて、礼拝したのである。湖畔で《une fête》や《un banquet》を催すのではない(注(34)参照)。

(36)三六二頁注(12)参照。ヤルルン王は“lha sras lde sras”と呼ばれていたが、歴史時代に入ると“lha sras btsan po”と呼ばれるに至った。この点について、G・ウライ氏が『学者の宴』Ja章の関係部分(KGG, f. 9a, l. 7-f. 9b, l. 1)を訳出し(CPO, p. 292, n. 3)、その訂正をマクドナルド夫人が試みた(LPT, p. 201, n. 50)。しかし、同夫人が同一文中に繰り返して現れる“lha sras”を補語と見ないで、主語と理解しているのは正しくない(一二四頁、一四八頁注(121))。また、他に“lde bu”の用例があるとする(LPT, p. 201)のも正しくない(一四七頁注(116))。

(37)例えば、唐蕃会盟碑の場合は特殊な例であり、見かけの話し手は、吐蕃と唐の二国である。従って、碑文に“chab srid gcig du mol”「国事を一体となって商議した」(注(25)参照)という場合、見かけの話し手がそれぞれの王の名を並べて三人称で示している(AHE, p. 55, ll. 1-2)。これは条約文であるための「たてまえ」であり、実際の話し手は、碑文がラサにあるように、吐蕃側であった。従って、話し手でない唐は三人称の主語で示される。“shar phyogs na rgya 'dug pa…rgyal po ste/…gtsug lag che bas/*bod dang yang*//'thab kyi zla…gyi do ste”「東方には中国があり、……王にして、……秩序がよく整っていたので、チベットにとっても、戦いの好敵手であり、……の大事な相手であって」の中に見られるように、話し手が自らを示すには、挿入句を用い「〔われわれ〕チベットにとっては」と示す。一般に、このような形式で話し手が複数にならない限り、自らを三人称の主語の形で並べて示すことはしない。

(38)G・ウライ氏が“gnyen gyi yang do”と読んだこと(CPO, p. 294)自体は正しく、マクドナルド夫人が同調した(LPT,

p. 262, n. 277)のも正しい。しかしながら《a double, dynastic marriage》は誤りである。例えば、注(37)に引用した唐蕃会盟碑の東面二〇、二一行目(AHE, p. 56)の末尾を、マクドナルド夫人の言うように(LPT, p. 341, n. 514)"thab kyi zla, gnyen gyi do"と補塡しうるものとすれば、唐と吐蕃の間にも《a double, dynastic marriage》がなくてはならない。しかし、この事実は存しない。

(39) "do"はイェシュケによれば《two, a pair, a couple, used only in counting, measuring etc.》とか《an equal, a match; a companion, associate…》(J. Dic., pp. 256b–257a)であり、"do ba"の項には《secondary form of *sdo-ba* c. accus., to be a match for, to be equal in strength etc., to cope with》(*op. cit.*, p. 257a)とある。"sdo ba"については《1. to risk, hazard, venture, gen. c. *daṅ*, also c. dat. or accus.,…*lus srog daṅ* frq. *lus daṅ srog la Dzl*——2. to bear up against, to bid défiance, also to behave with insolence, contemptuously》(*ibid.*, p. 296a-b)とあって、「〔生命などを〕賭ける」、「〔苦痛や敵に圧倒されず〕もちこたえる」、「〔対等の態度をとって〕毅然とする」ことを意味する。これらに共通な意味は「等価」であることの主張である。他方、"do"は「重さ」を示す言葉としても用いられる。"do po"は一対になった荷物を指して《a load》を言い、"do ya gcig"「荷の片側」、"do non pa"《the equalizing of the load, by increasing it on one of the sides》(*op. cit.*, p. 257a)というように用いられる。"do gal"《importance, weight》(*ibid.*)の場合には「〔均衡する〕重さ」から「重要性」への意味の移行が見られる。また、"rdo""rdo ba"には、《1. stone,——2. weight, for weighing things by a balance》(*op. cit.*, p. 286b)の意味が見られる。これらをまとめると、"do"は均衡をとって相対するものを指し、「対等の相手」「価値のある相手」を意味することがわかる。「等価」の点から「双」「両」の概念が生ずる。

(40) バコーテキストの"skal"はマクドナルド夫人によって"sgal"と訂正され(LPT, p. 262, n. 278)、《des adversaires》と訳されている。"sgal"は"do"と同じく「荷物」(J. Dic., p. 114a)を意味する。関連動詞の"'gel"(未来形 dgal、過去形 bkal)は、馬などの背に荷物を振り分けて掛け運ばせる意味であり、《to lay on a burden》《to place on or over》《to hang up》(*op. cit.*, p. 94b)をいう。"'gel"に対応する自動詞"'gal"の場合は《to be in opposition or contradiction to》《to act in opposition to》(*ibid.*, p. 93a)である。従って、「振り分けられ、釣り合っている荷」のことであり、"sgal bsrang ba"《to adjust or balance a load》(*ibid.*, p. 114a)の表現からも確認しうる。その点で、注(39)に説明した"do"と同義に近い。

(41) "do gal"は、注(39)で見た"do"と、「重要」を意味する"gal"との熟語で、「重要」「重大」(GMG, I, p. 150b)を意味する。しかし、"do gal che ba"(DVI, f. 106b, 239b; PKS, f. 82a)の用法から察するところによると、元来は、「重要性」「重さ」(J. Dic., p. 257a)の意味であり、"do gal can"「重要性のある」、「重さのある」の用法から"do gal"そのものに"gal chen"(DTG,

I, p. 140)「重要」「重大」の意味が寄せられるに至ったものと充分考えられる。この見解は、“do”の意味が「等価の相対者」であるところからと、“gal”を“sgal”に由来するものとして「釣り合う重さ」の意味で把えうるところから追認される。

(42) sNya shur と Myi rhya の関係について、注(21)に述べたことはこの一事によって充分支えられる。注(22)(30)参照。

(43) “dral”「兄」と呼びかけられているものが、もしティ・ソンツェン王であるならば、セーマルカルはティ・ルンツェン王の子となる。ティ・ルンツェン王は六世紀のうちに歿したものと推測される(三四三頁参照)からセーマルカルは如何に若く見ても四〇代半ば以上になる。それでは迂遠な作り話になってしまう。その意味でも、この「兄賛普」によってクンソン・クンツェンが指されているとされねばならない。

(44) G・ウライ氏は、佐藤氏がリク・ミリャとリク・ニャシュルを別人として、ソンツェン・ガムポ王によるシャンシュン討伐を前後二期に分けている(『古チ研』二四五、二八四頁)のに気づいていない(CPO, p. 291)。つまり、ウライ氏にはリク・ミリャとリク・ニャシュルを分けて考える発想が全くなかったのである。おそらく、プクやガルがティ・ソンツェン王時代後期に活躍したものと考えていたからであろう。ただ、ティ・ソンツェン王の治世の長短を言わないでこの理由に拠ることは許されないのである。今、この「兄賛普」の語に関しても、ティ・ソンツェン王の年齢との関連から問題が取り上げられたことは全くない。これもまた理解しにくい態度である。

(45) DTH, pp. 155–160; QSS, pp. 5–38; LPT, pp. 262–270 参照。

(46) “skal pog”をバコーは《la part de pays qui m' est échue》(DTH, p. 155)とし、マクドナルド夫人もウライ氏もこれを踏襲する(LPT, p. 263; QSS, p. 10)。しかし、原文には「私に」対する“skal pog”とは何処にも書かれていない。冒頭に、“zhang zhung lte bu”「シャンシュンというのは」とあるように、この歌の中でも、全体を通じての主題は政治的な単位としての「シャンシュン国」であり、セーマルカルは歌の第一節の中(三九九頁参照)以外に自分自身を主題としている部分はない。なお、“skal”は単なる「分け前」ではなく、「機会」「命運」(GMG, I, p. 15b)とか「天賦」(bsod nams)(Ch. Dic., p. 41a)をいう。

(47) 一連の同形式の文中に見える最初の一句は主題の提示である。

(48) “mu”は《border, boundary, edge》(J. Dic., p. 415b)の意味。この後に“gzhan na re”「他の～がいう」とあるから、“mu su”は人間を指すものでなければならない。その場合考えるのは“mus bu”から出来た“*mus 'u/mu s' u/mu su”の変遷で「辺境人」の意味であろう。“mu”の異字としての“mus”は、“mus 'degs”から出来た“mu stegs”「外道」の形を知ることで、その存在が認められる。従来の見解についてはウライ氏がすべてを却けるが、代案を示していない(QSS, p. 8, 5項)。マクドナルド夫人はバコーに従って《tout autour》としている(LPT, p. 263)。

(49)　“bdagi ni g-yar snga ru”「主君の御前に」と理解する。これをバコー訳では《sous mes yeux》(DTH, p. 156)とし、マクドナルド夫人は《son maître, non epoux, est déjà emprunté》と訳す(LPT, p. 263)。他方、ウライ氏は《before my face》(QSS, p. 10)と示す。“bdag”を一人称に用いている例はあるが(DTH, p. 108, l. 34; p. 109, l. 1; p. 112, l. 3)、“g-yar snga ru”「御前に」とあるから、自分に敬語を用いないので注(24)で見た後半の解釈をとるべきであり、同様に「国主」の意味となり、セーマルカル自身ではあり得ない。この敬語は、リク・ミリャに対して“zhal snga”の代りに用いたのであろう。“g-yar”は“zhal”と同義の「古語」である(DTG, I, p. 274)。例えば、“g-yar lam du”は《spyan sngar》(Ch. Dic., p. 807b)と言い換えられる。従って、マクドナルド夫人の《emprunté》は適訳でない。

(50)　“ma tho 'am”は、「値しないか」である。ウライ氏は、tho 'tsham/mtho mtsham/mtho btsam/mtho brtsam《to scorn, scoff, jeer, snear at, vex, insult, mock》を援用して tho/mtho に《scorn, scoff, insult》という名詞としての意味が得られるとする(QSS, p. 9, 6項)が、“'tsham/mtsham/btsam/brtsams”の意味を検討しないで出した結論である。実際には、“'tsham”等の原形は、名詞“mtshams”「境界」や副詞“tsam”「程度に」「限り」から推測されるように“*'tsham”「限定される」「区切りが出来る」である。これは“'cham”「一致する」の異字“'tshams”(J. Dic., p. 458a)とは区別される。他方、“tho/mtho”についてマクドナルド夫人が与える《eminent, élevé》の意味は(LPT, p. 263, n. 283)この文中に適用されても、表現内容を明らかには出来ない。先に見た“do”(注(39))は「等価の相手」を意味し、“sdo”に「対抗する」、“rdo”に《weight, for weighing things by a balance》(J. Dic., p. 286b)の意味が見られた。最も近い形の“tho/mtho ba”には「大槌」の意味もあるが、“rigs mtho ba”《grande race noble》(D. Dic., p. 467b)と用いられたり、《high as to(stature, rank etc.)》(J. Dic., p. 242a)と示されるように「価値がある」意味である。例えば、“sbyin pa mtho ba”《gift or alms bestowed from a sincere heart》(*loc. cit.*)の用例で理解できる。“mtho”は、天秤を用いて目方が一杯にかかる状態、即ち“rdo ba”「均衡する」ことを指して、「価値がある」と称したところに由来するのである。従って、名詞化した“tho/mtho”は「評価」とでも解すべきであり、“tho/mtho 'tsham”は「評価が限られる」「見くびられる」であって《to scorn》等の意味が得られる。G・ウライ氏のように“tho/mtho”そのものにこの意味を与えてはならない所以である。

(51)　“skya mo ni bseng bseng mo”とは、セーマルカルが自分のことを自嘲的に言っているのである。“bseng bseng”の異字“seng seng”について《kha dog skya seng seng po la》「色が白く、すきとおって白いものに〔いう〕」(Ch. Dic., p. 910a)とあり、他方、イェシュケによると“seng po”について“bseng po”の形も併記し、《clean, white》(J. Dic., p. 576)と示す。マクドナルド夫人は誤って“bsen bsen mo”と読んでいる(LPT, p. 263, n. 284)。ウライ氏は“skya”を《grey》に“bseng”を《empty》(QSS, p. 10)に訳す。“gseng”「隙間」に基づくのかと思われるが、《empty》の意味はない。この一節のみ、「値しないであろう」とされる対象が、取り上げた主題そのものではない。おそらく、元来はこの一節も第二節以下と同じ形式により主題のグルカルを指して「値しないであろうか」と歌っていたのであろう。セーマルカルは、自らの気持を伝えるために既存の歌詞の一部をさしかえて示したものとも思われる。

(52) “rkang pran”をバコーは《esclaves》(DTH, p. 156)とし、マクドナルド夫人は訳さない。ウライ氏もPelliot tib. 1136から対応する文を引用する(QSS, p. 9)が、“yul chab kyi ya bgor/rje gu ge rkang pran”「河の源の国(＝シャンシュン)にいる主Gu ge rkang pran」とあるのみで、“rkang pran”がクゲの人々の異名かと推測される程度である。強いて言えば、“rkang”は《marrow》(J. Dic., p. 15b)、“pran/phran”は「小」であるから、“rkang pran”は「数は少ないが精鋭のもの」の意味であろう。

(53) “'dris”は「馴染む」意味(Ch. Dic., p. 440a)。バコー訳では《—allié》(DTH, p. 156)となっている。マクドナルド夫人のいう《trompent》の意味(LPT, p. 263, n. 286)はない。

(54) “'tshal”は、その他動詞形“gsol”「求める」に対応する自動詞である(注(35)参照)。“gsol”には「召し上がる」という意味もある(J. Dic., p. 591b)。

(55) “bcha'”は「喰べる」の意味と思われる。“bca' ba”《shing thog dang sngo tshad kyi rigs》「木の実、青物の類」食物(DTG, II, p. 112)から見ると、“bza' bca'”を《food and drink》(J. Dic., p. 146a)としたり、“bca' ba”「飲」(GMG, I, 87b)とするのは派生的な意味と考えられる。マクドナルド夫人のいう《mâcher》(LPT, p. 264)、ウライ氏の示す《chewed》(QSS, p. 10)の意味が何に由来するか知らない。

(56) “byang 'brog”は「北の荒野」であり、《les nomades du nord》(LPT, p. 266)ではない。“'brog”に住むのが“'brog pa”《les nomades》である。バコー訳《aux solitudes lointaines du nord》(DTH, p. 156)も訳が過ぎていて、正確ではない。

(57) “pho ma 'i”については三一三—三一四頁注(182)参照。《males et femelles》(DTH, p. 156)ではない。マクドナルド夫人は“spo-ma”と結びつけて、《exceptionnel》と訳す。また、別の注では《*spo-ma*, terme appliqué aux meilleurs eléments de plusieurs espèces animales, entre autres, aux chevaux》(LPT, p. 247, n. 228)とするが、典拠を示していない。その他、《l'errant》とするR・A・スタン氏の解釈(CT, p. 220)についてはG・ウライ氏の批判がある(QSS, pp. 12-13, 12項)。ウライ氏自身の説も従いがたい。

(58)　“byang brog ni 'brong dgum na”「北の荒野にいる野ヤクを殺すには」である。この先の一節に「北の荒野の上手の方に猛々しい大野ヤクがいる」と提示して、その「北の荒野の野ヤク」の意味で再び示す。マクドナルド夫人は《si les nomades du nord veulent tuer le yak sauvage》(LPT, p. 266)と訳すが、“byang 'brog pa”と“byang 'brog”を混同している上、“byang 'brog pas”とあるかのような訳文になって、バコー訳より後退している。この歌では、“byang 'brog”によりシャンシュンの地を“'brong”によりリク・ミリャを暗示している。従って、過去のヤルルン王家による併合の事績がセーマルカルによって引き合いに出されたものとする読み方(LPT, p. 266)は成立しない。

(59)　“khus 'debs”は《khus ni cho nge ste/sa skya 'i legs bshad du/khyi ngan sgra la khus 'debs te//zhes byung ba bzhin no//》(DTG, II, p. 35)「khusとは悲しみ鳴くことで、サキャ〔パ〕の*Legs bshad*(辞書名)中には、『犬が悲しい声で泣き吠えて』とあるが如きである」と説明される。他方、ゲシェー・チューキ・タクパは《skad chen po 'debs pa》「大声をあげる」(Ch. Dic., p. 81)としている。これを、後出の表現、“g-yab 'dor”/“g-yab bor”「手招きのサインを送る」(注(61))や“dpor 'phen”「矢文を射る」(注(63))と併せて考えると、「大声をあげて呼ぶ」のであって、その対象はドン、トン部族である。従って、野ヤクを逐うための喚声ではない(LPT, p. 266; QSS, p. 25参照)。

(60)　“'phan gyis thob”と“'phan gyis btab”は同一ではない。後者については、それと並ぶ表現“'phan gyi gnon”と共に三〇九―三一〇頁注(148)(149)参照。ここは“'phan gyis”を“phan gyis”と理解し、「〔その〕能力に応じて」と訳す。“thob”は、“debs”の命令形(QSS, p. 18)ではなく、算数用語“thob nor”“thob cha”「割り当てられた数量」(J. Dic., p. 238b)に用いられる“thob”。一般に《to get, to obtain》(*op. cit.*, p. 238b)の意味を与えられるが、「割り当てられる」に基づいている(BTD, p. 294)。従って、「受け持ちを与えられる」意味に理解できる。なお、ドン、トンはチベットの“rus chen bzhi”「四大部族」の二つである(TAM, pp. 4f.)が、バコー訳《on reussit à le voir de face》(DTH, p. 156)は、“gdong mthong”の形に読み、問題の“'phan gyis thob を《reussit》と解している。マクドナルド夫人は《Le 'Phan a (jadis) conquis les lDong et Thong (ainsi)》(LPT, p. 266)とするが、“thob”に“thub”のもつ《a conquis》の意味はない。また、この'Phanが'Phan yulであることを示す根拠も、文意も確認されない。“'phan gyis thob”はシャ、プク、ロ、ゲクについても、それぞれへの言及の後に暗に言われるもので、省略されているのである。ウライ氏のいう《should strike with streamer!》(QSS, p. 25)では全く歌の意味をなさないであろう。

(61)　“g-yab 'dor”“g-yab bor”の“g-yab”は扇子を使う所作(QSS, p. 14, 13項)を指すが、「招く」所作でもある(Ch. Dic., p. 806b)。“'dor”“bor”は“rgyab”に似た動詞であって、手前から彼方に及ぼす動作を示すのに用いられる。

(62) 「キ」sKyi は、「王国のカタログ」によれば、キロ・ジャンゴン “skyi ro ljang sngon” とある(CPT, pp. 201–202)。王は rMang po または rMong pa であり、She'u と sPug が大臣として示される。即ち、本文でいうシャとプクに当り、Pelliot tib. 1038, l. 16 に、lHo, rNgegs, mTshe, gTso とともに見えたものである。キロは今日のキーシュー sKyid shod に当り、その上手にはペンユルがあり、下手にはモンカルやジャンがある(三〇三頁注(105)参照)。この下手部分をキロ・ジャンゴンというものと思われ、おそらく、今日のキーメー sKyid smad の地に相当する(DGS, f. 66b)。『編年紀』七二九年の条に sKyi sho ma ra に冬期の議会があったと記録され(DTH, p. 24)、『王統明示鏡』には、ソンツェン・ガムポ王の時代に「チベットの二〇の法が sKyid shod Sho ma ra で制定された」(GSM, f. 33a, l. 6–f. 33b, l. 1)とあり、『学者の宴』Ja 章にも sKyid shod Shom ra の形が言及され、チベット各地に “khos dpon” が任命された時の中央チベットの中心地としても示されている(KGG, f. 19a, l. 1)。従って、sKyi は F・W・トーマスが述べ、佐藤長氏も支持した「析支」(AFL, p. 4;『古チ研』p. 165)に相当しないで、ロナ・タス Róna-Tas 氏の示した今日のキーシュー(*AOH*, VII, 1957, pp. 321–325)に相当する。

(63) “dpor 'phen” の “dpor” は動詞として用いられると「口述而筆録之」(GMG, II, p. 4b; J. Dic., p. 328a)の意味。“'phen” は《to throw》、特に《to shoot》(*ibid.*, p. 357a)の意味。前者の名詞化したものと後者とによって「矢文を射る」の意味になることがわかる。勿論、マクドナルド夫人の訳(LPT, p. 266, n. 293)も、ウライ氏の訳文《(those who shoot from the middle to the belly》(QSS, p. 25)も同様に主客を顚倒し、三種類の呼び方を理解していないので、ここでは不適当である。

(64) “yar” はヤルルンのことと思われる。ロ氏もゲク氏も、Pelliot tib. 1038 に見え(注(62)参照)、「父方六家臣」のうちに数えられる。『宰相記』によると、ヤルルン王家が大をなす以前からの譜代の臣に似た関係にあったとされる。彼等は、キュンポ・スツェの歌によれば、先祖の功によりヤルルン王家から優遇され、領土を加増されたという(三〇九―三一〇頁注(148)―(151)参照)。そのうちのゲク氏が今日のカム地方 gLing に拠って、附国を称したことについては既に述べた(二一五―二一九頁参照)。ゲク氏はトン部族、別名、ピャ部族に属し(一七五―一七七頁参照)、ヤルルン王家と行動を共にしていたので、ヤルルン王家の発展したティ・ルンツェン時代に再び脚光を浴び、カム地方に実力を回復したのであろう。ロ氏については、何処が所領に加えられたか知られていないが、殆んど同じ事情があったものと思われる。『学者の宴』Ja 章中の、諸侯の領土を示した表では(KGG, f. 19b, l. 3)、「ヤルルン・ソクカ Yar lungs Sogs kha がク Khu とニャク gNyags (rNgegs) の国」となっている。この地は元来ヤルルン王家の領土であった(CPT, p. 203)から、同じ箇所の記述にあるように、ヤルルン王家が本拠を「ウル dBu ru のシューチェン Shod chen(キシューの上手、下手)」(KGG, f. 19b, l. 3)に移した後、ヤルルン王家の旧領が彼等に与えられたのであろう。この表はソンツェン・ガムポ王時代の領域を示すとされるが、実際は更に遅れ、「王国のカタログ」よりは新しい時代を反映している(二六〇頁注(87))。従って、ゲクに関しては、カムを領した方がより古い時代からであると知られる。本文の歌の場合は、シャとプクがキの国の大臣であったように、ロとゲクとはヤル〔ルン〕の領主としてでなく、大臣として言及されているのであろう。同様の指摘をする『年代記』の一句(DTH, p. 119)をめぐり、A・マクドナルド夫人はヤルルンとチンルン Phying lung を殊更対立させて示す(LPT, pp. 200, 245)が正しくない。ヤルルンのうちにチンルンがあって、そこにあるチンバの名がヤルルン王家を代表する(例えば、『通典』一九〇の吐蕃伝中の「疋播」)ことは明らかである。この点は、マクドナルド夫人が自ら訳文まで示したポン教の *Kha byang* (*op. cit.*, p. 312, n. 433)に示されている。そこには「ヤルユル・ソクカ Yar yul Sog ka の国にはチンバ・タクツェ Phyi[ng] ba sTag rtse 城がある」とされている。チンバ・タクツェは、他ならぬチンルンにあり、それはマクドナルド夫人の認めるところでもある(*ibid.*, p. 200)。ヤルユル・ソクカは Pelliot tib. 1285 の ll. 188–189 (FPG, p. 17)に見える Yar lung Sogs kar であり、'O de spu rgyal の拠点である。『学者の宴』Ja 章(KGG, f. 19b, l. 7)に、ヨル g-Yo ru の千戸として、ヤルルン、チンルン 'Phying lung を区別して示しているが、この場合はチンルンの地を除いたヤルルン地区をヤルルンの名で示したものと考えうるので、上記のようにヤルルンにチンルンが含まれるとする見方は妨げられない。問題の『年代記』のうちには、謀反したガル氏をティ・ドゥーソン王が罵倒する歌があり、その中でガルの国を卑しみ、"bya phu ni lung chungs"「チャプー、即ち小国」とか "bya mda'"「チャの谷」と呼び、自分の国を "yar lung ni pying lung"「ヤルルン、即ちチンルン」とか「チンバ」の称で言及し、ことごとに相手を嘲弄しているのである(DTH, pp. 118–120)。この点を、マクドナルド夫人は誤解して、「Bya phu」と「Lung chung」、「Yar lung」と「Pying lung」の四つに分けて解釈している(LPT, p. 245)が、敦煌文献中の修辞法に注意を欠いた解釈である。lung chung" 「小国」はチャプ、即ち、「チャの奥地」を卑しめる修飾語であることは文法的にも明らかなことである。ウライ氏は、「小国」が修飾語であることは理解するのであるが、ヤルルンとチンルンをやはり二つに分けている(QSS, p. 24)。

(65)　この部分に "'brong" が脱ちている。本文は "pho ma 'i ni 'brong bkum zhing" の筈である。

(66)　"thur thur" は "'dur"「濃厚而膠黏」(GMG, I, p. 161a)の重複型擬態語。脂肪分の多いところを指すのであろう。従って、《arrière-train》(LPT, p. 266)でもなく、《Down down》(QSS, p. 25)と訳すことも不適当である。

(67)　"pying ba 'i bcud" は「チンバ・タクツェにいるヤルルン王家が賞味する最も美味なものとして」という意味であろう。"bcud" は、"bcud kyi ma"「味」、"bcud ldan"「美味な」、"bcud rab"「酒」(Ch. Dic., p. 238b)などという語のうちに用いられる。マクドナルド夫人の《le nectar》(LPT, p. 266, n. 294)はよいが、ウライ氏のいう《the heart of Pying ba》(QSS, pp. 24, 25)は正しくない。

(68) "ru, rgyus"の"ru"は「角」であるが、"rgyus"「筋」との対応から言えば、"rus"「骨」とすべきであろう。

(69) "sha"は「肉」、"lko"は"ko ba"「皮」の異字であろう。

(70) "lbo shog"の"lbo"は"sbo"《the upper part of the belly》(J. Dic., p. 405a)の異字である。従って、"lbo shog"は"sbo gzhogs"(Ch. Dic., p. 615b)の異字と見なされ、「脇腹」と理解することが出来る。ウライ氏のように、野ヤクにない"gshog pa"「翼」を仲介にして《the long hair》とする(QSS, pp. 24-25)のは適当でない。

(71) "ru"は「角」であり、「曲った部分」である。"srubs"は「すき間」をいう。この場合は「釣針の曲った部分に」の意味。"srubs"に対して、バコー訳は《sont fouillés》(DTH, p. 157)、ウライ氏は《has clamped》(QSS, p. 30)と訳す。しかし、これには動詞の働きはなく、マクドナルド夫人が注記する(LPT, p. 267, n. 297)ように《interstice de la corne》である。それにもかかわらず同夫人は、"ru srubs"を《ligne》とするユンテン・ギャツォ氏の意見を用いている。

(72) バコー訳《Par le tigre est abattu le cerf》は、原文を"stag gis ni sha btab cing"と読み変えた上でつけた訳文(DTH, p. 157)である。ウライ氏は"stag"を《a kind of fish》でなくてはならぬとして《the snake fish》とする(QSS, pp. 27, 30)。しかし、釣針につける餌は魚である必要はないので、"nya stag"とするのは曲解である。マクドナルド夫人が"stag"を"btags"に類似の語と解し、《appât》と理解する(LPT, p. 267, n. 297)が、根拠はない。

(73) "yo ba"は"g-yo ba"の異字。従って《detournez》(DTH, p. 157)でも《bent》(QSS, p. 30)でもなく、《remuez》(LPT, p. 267)である。

(74) 『五清鑑』一八一九九によると、"so bya nak bo (=nag po)に「黒鷖」とあり、一八二〇一に"so bya gdzuk dgar (=gtsug dkar)「鷗に似た鳥、青黒色、頭に白肉冠がある」と説明されている。

(75) "gong te dngul"を、バコー訳《(La loutre) dessus, voilà l'être argenté》(DTH, p. 157)も、ウライ氏訳《(the otter) silvery on top》(QSS, p. 30)も、正しい訳文ではない。"gong"は《gog par 'gro ba》「匍いまわる」(Ch. Dic., p. 121b)の意味、"dngul"は"rngul"《to sweat, to perspire》(J. Dic., p. 134b)の異字、"te"に接続された述語であることが無視されてはならない。獲物を狙っていることを表現している。

(76) この一句を正しく理解しなければならない。"mar gi"は「下から」の意味。"chang chang na"は「数回"chang"『咬む』(Ch. Dic., p. 282a)ことを繰り返したならば」の意味。"gyur gyis"「一転して」をいう副詞、「変化によって」の意味。従って、《fluttering》(QSS, p. 28, 25項)ではない。"bnab"を"rnyab"「把える」(J. Dic., 195b, D. Dic., p. 389b)の異字と解釈する。即ち、只今の機会を逸するなどというのである。

(77) "slad na"「あとならば」の意味。

(78) "ta re"は《certainement》(D. Dic., p. 402a)、《certainly》(J. Dic., p. 533b)、イェシュケが示した用例では、"mor ra re" "mchis sa re" "gyur ta re"とあって、それぞれ"mor ba re" "mchis ba re" "gyurd ba re"が元来の形として推測される。この間の形としてW・サイモン氏指摘の"a re"がある(QSS, p. 29, 26項参照)。"ta re"の場合、da drag po のあとに見られる形であって、"ta"に意味がないことがわかる。即ち、"re"「勿れ」を附して、希望を述べたところから、反語的に強い懸念を示す。例えば、"tshal ta re"では「〔出来れば〕喰べられないようにと願いたいが」と言って、「喰べられるに決っている」ことを表わす。ウライ氏の《how can it be consumed by the otter ?》(*op. cit.*, p. 30)では意味をなさない。マクドナルド夫人の訳が意を摑んでいる(LPT, p. 267)。

(79) "mthong rgol"は、水の上から目に見ながら即座にとらえる方法をいうのであろう。見えるうちに把えなければ、それきりになる。この部分について、マクドナルド夫人の訳文は正確であり(LPT, p. 267)、バコー訳(DTH, p. 157)やウライ氏の訳文(QSS, p. 30)は不適当である。

(80) "snang"は「様子」「現れ方」であり、《brightness》(*op. cit.*, p. 29, 27項)でもなく、《préparez》(LPT, p. 267)の意味もない。"thog shig"は"thogs shig"《to take up》(J. Dic., p. 245b)の命令形であり、《should be bound》(QSS, p. 30)でも、《hâtez vous》(LPT, p. 267)でもない。即ち、「『浮き』が動いたら引け」というのと同じである。いずれも、シャンシュン攻撃の好機を逸しないように訴えるもので、マクドナルド夫人の理解(*loc. cit.*)のとおりである。

(81) "god lan"の"god"は「損失」(Ch. Dic., p. 122a)、"lan"は「酬い」。「長期にわたってセーマルカルが受けた損失の酬い〔がやがて見られる〕」の意味。決して《longue pente》(DTH, p. 157)ではない。

(82) "sa 'i ni shel mig"「この大地の水晶の目」、即ち「このシャンシュンの大地そのものが、その岩肌の水晶の目が〔しかと見るものになるであろう〕」という意味であり、兄賛普に報復を求めているのである。また、"gnyis ga"と読むと文のリズムが損なわれるので、注(83)のように読む。

(83) "ga myi ni gyi go lta"は"gang myi ni gyi go lta"「誰人かの状態を見る」である。"ga myi"はセーマルカルをしかるべくもてなさなかったリク・ミリャのことであろう。ウライ氏の解釈では(QSS, p. 30)いかなる趣旨かわからない。

(84) LPT, p. 267, d).

(85) ウライ氏は、この歌の前半をバコー訳で充分だとしている(QSS, p. 31, 31項)。しかし、その訳文はヤルルン王家が発展して、勢威が沖天の勢だということは勿論、肝心の寓意も理解されていない。注(103)参照。

（86）　ヤルパ"yar pa"は「ヤルルン王家の人」をいう。その勢威が天に近づくをいう。既に見たように（二八九頁参照）、ヤルルン王家の威光は「以前にも高かったが、今は天にもとどく」(DTH, p. 108, ll. 10–11)と歌われている。

（87）　"gla skar"は、「ヤルパ」に対応させて読むと、"bla sgar"「お上の宿営」、つまり"dbyar sa"「夏の住居」であると思われる。この後に見える"brag skar"と類似の音を狙って用いられている。

（88）　「ヤルパ」が天に近づくように、王の宿営の尊厳は「岩の星」に近づいて光ると言い、王の夏住地がタクカル Brag dkar に近いことにかけて言うのであろう。タクカルはペンユルの一地名(DTN, Nya, f. 111b, l. 4)として知られている。この対応がバコー以後ウライ氏に至っても、未だ認識されていない。

（89）　"si li li"の擬態語は難解である。ゲシェー・チューキ・タクパは、《rol mo 'i sil sil byas pa"「楽器 sil sil 鳴ること」(Ch. Dic., p. 905a)とする。"sil sil"の説明でも、「楽器を奏する音」または"khrol khrol ba"とも示す(*ibid.*, p. 906a)。"khrol khrol"について、イェシュケは《bright, shining》(J. Dic., p. 53a)を与える。他方、"sal ler snang ba"が《lighted up brilliantly》(*ibid.*, p. 572b)と説明されている。この点はデゴダンも同じで、"sal le ba"《clair, brillant》(D. Dic., p. 1016a)とする。この語は動詞"gsal"「明らかにする」を思わせる。『五清鑑』でも"sil sil"は「腰に帯びた玉の鳴る音」(七一九六)となっている。従って、擬音語の"sil"よりも"sal le"をここではとりたい。

（90）　ドゥルワ sDur ba は、スィンポジェ・ティパンスムからニェン・ジスン(DTH, p. 102, l. 19)に、ニェンの手からニャン・ツェンクに渡り(*ibid.*, p. 106, l. 6)、更に、ニャン・シャンナンの滅亡で城は毀され(*ibid.*, p. 111, l. 22)、ヤルルン王家に帰したのであろう。ドゥルワの位置について、トゥールン sTod lung にあるとマクドナルド夫人は示すが(LPT, p. 267)、何に拠っていうか明らかでない。ただ、ルムロ・ヤスムなどの西側にあった(三〇二頁注(100)参照)から、トゥールンにあっても不思議ではない。

（91）　スタン氏は《loutre vive》(CT, p. 217)とするが、ウライ氏は、"gyur"が訳されていないとして、《twisting, fluttering》(QSS, p. 32, 32項)を加えている。"gyur"は「〔身を〕転ずる」意味である。

（92）　"pyo la la"については、"phyol phyol"の訳として《chol chol zhes pa 'i sgra 'am chal chal g-yo ba 'i sgra lta bu》「chol chol という音、または chal chal と動く〔擬態の〕音のごときもの」(Ch. Dic., p. 539a)と示される。"chol"をイェシュケは《inconstant》(J. Dic., p. 162b)と示している。その他に、"chal chil"《waving, fluctuating》(*loc. cit.*)とも示す。これらによると動いてやまないものの様子であるが、『五清鑑』九一三四では、これに似た"chal le chol le"を「のそり、ぶらり、動作のひどく間抜けた状を言う」と示されている。

(93)　古いニェンカル Nyen kar はタクキャボの領地(DTH, p. 102, l. 24)であった。"dog" は "sa dog" と綴られ、「土地」と訳されるが、今日の "sa shing" に相当し、「耕地」をいうのかと思われる。

(94)　"cir li li" については "chi li li" として、イェシュケが《me tog dri ma chi li li》(J. Dic., p. 156b)「花の香りが chi li li」と示し、デゴダンも "me tog chi li li" に《le parfum des fleurs》(D. Dic., p. 320a) と訳をつけている。五穀に一種を加えた六種の植物の花が香る状態をいう。バコー訳《y foisonnent》(DTH, p. 158) は "bcer ba" と理解したのであろう。ウライ氏の、《rustle》(QSS, p. 35) も当らない。

(95)　メルト Mal tro もルム kLum も地名、前者は今日の Mal gro (UNT, f. 6a, KTG, pp. 109-110, n. 113)。これによってルムの位置を推測し、ルム・ヤスル、ルムロ・ヤスムをルンシュー kLung shod と関連づけることが出来る(二七七—二八〇頁参照)。

(96)　"skyi bser" は "skyi tsher"「膚を刺す」(Ch. Dic., p. 50b) から "skyi ser"「風」(DTG, I, p. 13) となったのであろう。従って、バコーの解説(DTH, p. 158, n. 2)も、また、これを批評して、"skyi" に sKyi ro の "skyi" の意味も寄せたウライ氏の説(QSS, p. 32, 32 項)も採れない。注(100)参照。

(97)　"spu ru ru" について、辞書類から知られることはない。バコー注では《bruit de vent》(DTH, p. 158, n. 2) とされている。

(98)　"ra nye ni shug pa thu" のうちの "ra nye" をバコー訳では地名とする(DTH, p. 158, n. 3)が、ウライ氏は《near the walls》(QSS, p. 33, 34 項)とする。しかし、この後に続く "shug pa thu" は、バコー訳の《bosquets de genévriers》(DTH, p. 158》でも、《juniper gathers》(QSS, p. 33, 35 項)でもなく、"shugs pa (=shugs can) 'thu"「勢力のあるものが集まる」意味である。従って、"ra nye" は "ra ba nye"「〔宮〕庭に近く」と解するか、或いは、文章の構成からすると、ウライ氏の見解(*loc. cit.* 34 項)とは反対に、固有名詞とする方がよいので、"Ra sa"「ラの土地」に近くの意味で用いられているとするかに見解が分れよう。後者の場合、"Ra sa" はスィンポジェ滅亡後ヤルルン王家の夏住地であったと認めねばならない。"Ra sa" は今日のラサ lHa sa である(CL, p. 154, n. 5;p. 200, n. 1 参照)。

(99)　"yar" は注(64)に見たヤルルンのこと。"bye ma la" は「砂の上に」であり、バコー訳《d' été》(DTH, p. 158, n. 4) は誤り(QSS, pp. 33-34, 36 項参照)。

(100)　"lhan lhan" の読み方について、ウライ氏は "ltan ltan" と写本にある旨をいう(QSS, p. 34, 37 項)。しかし、この字と、その上に見える "bltas" と "lho" とに比較して見ると、ウライ氏の誤りがわかる。また、"ltan ltan" が《onomatope imitating the gallop of a horse》(*ibid.*) であることは根拠を欠いている。他方、"lhan lhan" に似た "han hon" は、"ha na ho ni" "ha na ho ni” とも示され、「盛怒」(GMG, II, p. 135b)《much enraged》(J. Dic., p. 595a) の意味である。この語によって、倒置して修飾されているのは “gros mo 'di” 「この〔つわもの達の〕馬の足どり」である。“gros” 「人馬之歩態」(GMG. I, p. 62b), “'gros ma”《rta 'gros ma》(Ch. Dic., p. 168a) についてはウライ氏も明らかにしている (QSS, p. 34, 37項)。ヤルルン王家のまわりには血気盛んな各地の土豪が参上して、馬の足どりも興奮しているとの意味である。

(101) “skyi” は《sha mtshams kyi pags pa shin tu phra ba》「肉と皮の間のごく薄い皮膜」、“skyi dkar” ともいう (Ch. Dic., p. 50b)。先に見た “skyi tsher” (注(96)) も「皮下を刺す」の意味であることがわかる。

(102) “phur thabs” は “phur 'debs pa”《phur ba 'dzugs pa》「釘を打つこと」(Ch. Dic., p. 524a) の名詞化した形の熟語であり、「釘打ち」「釘刺し」の意味。

(103) ウライ氏の訳《the chopsticks can be pinned》(QSS, p. 35) は正しい。この最後の一句は、シャンシュンの防衛力を「薄膜」に譬え、これを突き破り滅ぼすには、鋭利な武器は不要であって、箸で充分突き破ることが出来ると歌っているのである。これをウライ氏訳では《In the upper valley of sKyi at dusk the chopsticks can be pinned (already into food)》(QSS, p. 35) と示しているが、何をいうのか明らかでない。“skyi” を常に、「地名」の「キ」と考えるため “phur thabs” を “phu + r”《In the upper valley》と読んだのである。また、“thabsu” を “thibsu” と誤って読み (1行上の “spu ru ru” の “u” 記号を “thabs” の “i” 記号に読めと主張するが、字形から見て他の “i” 記号と異なっている)、更に、その意味の「黒暗」(Ch. Dic., p. 369a) を《dusk》と誤解するものでもある。従って、ウライ氏の分析は (QSS, pp. 35–38)《This song is hardly a political allegory》の1句で象徴的に示されるが、全く当を失したものとせざるを得ない。

(104) “mchid byag bgyis pa las” をバコー訳は《(après) que rMang cung eut salué ses paroles》(DTH, p. 158) とするが、全くの誤訳である。“byag” は “phyag”「掃除する」の名詞形 “phyag” (D. Dic., p. 651a) の異字。“phyag bgyis” は “phyag byed”《balayer》(*loc. cit.*) の古形の過去形。前に “mchid” を冠して「言いおとしをなくする」意味と理解される。“las” は反戻の接続助辞。

(105) “bka' lan yi ger gsol ba” 「文字の形で〔兄王に〕捧げた御返事」が “chang ma mchis so” 「何にもなかったのであった」と読む。“chang” は “ci hang” の縮まった形。「兄王」に敬称 “zha snga” がついていないので、この部分は地の文章になる。

(106) “gum chad gnyis rngo ji thog gis 'tshal zhing mchis so” のうち、“gum chad” は「死ぬまで」。“gnyis” は「リク・ミリャの世話と子供をもうけること」であって、《le chatiment et la mort》(DTH, p. 158) ではない。“rngo ji thog gis” は “rngo thog”《thub pa》(Ch. Dic., p. 218b) に “ji” を附したもの。“ji” は、古典語では、“ji…de” の対応でおきかえられる。例えば、

“ji 'dod pas blu”(DTH, p. 98, l. 38)は《dngos ci 'dod pa des blu》「何を望んでも、それをもって贖う」というように対応する。ここでは《rngo ji thogs pa des》となり、「出来うる限りを以て」となる。“tshal zhing mchis”「つとめるものでございます」は、下から上に奏上する時に用いる。“tshal zhing yod”の丁寧な表現。ここまでがセーマルカルの伝言内容である。マクドナルド夫人は、セーマルカルが賛普に依頼して、《qu'il veuille bien faire tout ce qui est en son pouvoir pour la mort et le châtiment》(LPT, p. 267)としたものとする。そのためには“rngo ji thog gis mdzod par gsol zhing mchis so”と結ばねばならない。バコーの訳文のようになるためには、本文の“tshal”を“gsol”に変えねばならない。従って共に不適当である。

(107) “zhu g-yog zhu gcig”に対して、バコー訳は《un arceau de coiffure》(DTH, p. 158, n. 6)、マクドナルド夫人は《un cadeau》として、バコー訳を批判し、『白冊史』の注記する《shu rten》(DTK, f. 29b, l. 3)を示す。ウライ氏はバコー説を踏襲している(QSS, p. 7)。後段に“zhu phyag rgya pye ste”「贈物の封印を開いて」とか“zhu gyon chig”「贈物を佩用して下さい」とあるから、原文は“zhu g-yog (gi) zhu gcig”「手紙の副えものとしての贈物一個」の意味と推定される。

(108) ここまでバコー訳(DTH, p. 158)のままでよい。

(109) “thogs shig”「(自らの手で)取り上げよ」の意味。《porton》(DTH, p. 158)や《obtiendrez》(LPT, p. 267)では言葉が弱い。この場合の“yu bus”は王が自分を指していう「私」の意味。

(110) “gyon”は「着用する」。宝石ならば「身に飾る」意味であり、“thogs”「取り上げよ」と全く異なる。

(111) “cig, zhig, shig”によって「と名づけられるある方」の意味になる。

(112) “lta”の用い方も、注(111)の“cig, zhig, shig”と似ている。“lta zhig”もほぼ同義である。

(113) 吐蕃軍が騎馬戦力であったことは“mi mdzangs rta mgyogs”「人は賢く、馬は速し」(DTH, p. 81, ll. 18–19)で象徴的に示されているが、ここで王の御料馬とガルの馬の名に言及があることも注目されてよい。

(114) “mdo”はA mdo方面、“rtsang”は「ツァントゥー」「ツァンメー」から成る「下手シャンシュン」方面を指す(二一〇——二一二頁参照)。

(115) “yar mo”はヤルルンのことであり、ヤルルン河のことではない。ニャン・シャンナンの歌(二八九頁参照)にもあったとおりであり、バコー訳(DTH, p. 159)もマクドナルド夫人の訳(LPT, p. 268, 2項)も共に誤りである。“zheng”は「広濶」(GMG, II, p. 70b)をいうのに対し、先に見た“chu thungs”の“chu”は河をいうのでなく、《ring po》「長さ」(Ch. Dic., p. 256 a)の意味で用いられているからである。

(116) この一句は「王一人で国は守れない」ことをいうものと思われる。即ち、「家来がいなくて国が守れるなら、天の果てをもまた守れよう」となるからである。
(117) ゲーポはグティ・スインポジェの国である。既に見た(二七〇—二七四頁)ようにグティ・スインポジェはタクキャボを裏切ったニェン・ジスンナクポを受け入れ、重用して、以前からの家来であったバーと、新たに配下に入ったと思われるニャンに背かれ、遂にティ・ルンツェンの時代に至って滅ぼされる。その時、先に主を裏切ったニェン・ジスンは新たに仕えた主を失って、すべてを失ったのである。
(118) "rmad"は"smad pa"「他の過失を嘲笑する」(Ch. Dic., p. 662b)の異字。
(119) この部分についてマクドナルド夫人の訳文がある(LPT, pp. 269-270)。ただし、従いがたい部分が多い。
(120) ガルの歌にはシャンシュンに関する記事がないとマクドナルド夫人は指摘する(LPT, p. 271)。確かにシャンシュンという名は見えない。しかし、「[国の広さを]「ド」mDoから「ツァン」rTsangまで伸ばした」という。この「ツァン」は「下手シャンシュン」を指すのである(注(114)参照)から全く触れていないとも言えない。
なお、この歌は、物語りとして後に編集されたものであり、そこでは主従の結束を讃えることが主題になっている。ティ・ソンツェンについては、その御料馬の名さえ見えるが、王自身がシャンシュンに赴いたというのではなく、その御稜威(dbu rmog)を讃えているのである。シャンシュン討伐に言及した後、この歌を王が歌い、ガルの名を挙げるから、ガルによる討伐と考えるのが順当であろう。
(121) 三二三頁、三三四—三三五頁注(29)(30)参照。
(122) 佐藤長氏はアムドの名によって蘇毗を指し、蘇毗をアムドのスムパとしている(『古チ研』二四六—二四七頁)。しかし、蘇毗は『唐書』二二一によれば、多弥の西にあり、鶻莽硤の東にあって、多弥のいた犁牛河、今日のディチュ'Bri chu河(金沙江)より西側を占めている。アムドのスムパが金沙江の遙か東にあることと矛盾するが、その点は明らかにされていない。
(123) IMT, II, pp. 43-44参照。このうちのPelliot tib. 1047にはじめて触れた故ラルー教授の講義(LPT, p. 272)には、筆者もマクドナルド夫人と共に出席した。
(124) この占が具体的にどのようにして行われたかは不明である。マクドナルド夫人による説明(LPT, p. 272)も想像以上のものではない。最初の「カンパル」における卦は王侯や、彼等の興廃を占うものであるが、"rgyu par thung"以下における卦は、より低い身分のものについて低次元の占いを扱っている。「カンパル」に卦を立てる場合についても実例らしいものが示されるのは、一七項中の第二項に一例、第六項に二例、第八項にも実例らしい一例があるに過ぎない。
(125) 本文で扱ったシャンシュン討伐後の祝宴(四〇一頁)を指している。

(126) "brgyad" ではなく、"brgyud"「続いた」の誤写に違いない。この部分の卦を説明すると次のようになる。先ず、「ギャクギョク」または「ギョクギャク」"lgyogs rgyags (/ryags)" の卦が二つ一緒になると、「リジン」の卦になるようである。今、「ギョクギャク」一つではあまりよくない卦になるのである (l. 60) が、そのあとに、もし「リジン」の卦が出来たら、もう一度何とかして「ギョクギャク」の卦をつくり、先の「ギョクギャク」と併せて、第二の「リジン」をつくる (—"lyogs ryag [=lgyog rgyags] gnyis gnyis pho bsdus te li byin ltar bgyis pa"「リョクリャク (=ギョクギャク) lyogs ryag 二つずつをまとめて、〔二個の〕「リジン」のようにつくったもの」(l. 62)—) のである。これで "li byin gnyis"「二つのリジン」が出来上り、"li byin gsum"「三つのリジン」(ll. 42-43) には及ばぬまでも、結構な卦となり、"rgyal po chab srid la gshegs na sku don mnga' ste slar gshegs pha 'i/sku bla mi 'phang ba 'i ngo"「王が征伐にお出かけになれば、御目的を達して御帰還になり、「御霊神」が王を見離さない兆」とされる。この後に、よい兆が重なれば、勿論よく、それより先に出ていた悪い兆はどれも無効となる (ll. 64-65) のである。さきに訂正した「八」の数はこの占いに出ることのないものである。そこでは、既に「リジン」が二つ出ている。これに「ギョクギャク」二つをまとめて重ねるのであるから、「リジン」が "brgyud"「続く」と読まねばならないのである。

(127) タン・リエムン sTang Rye mun もシャンシュン系の名である (注(21) 参照)。この名は、後出の名ツェルモ・パク・リョクタン rTsal mo bag Ryog *stang* と関係があるのかも知れない。例えば *Khyung po* sPung sad zu tse の子を Ngag re *khyung* と呼ぶ例がある (DTH, p. 112, ll. 9-11)。このような名のつけ方は周知のように南詔王の場合にも見られる。もし、この例に準ずるとすれば、タン・リエムンはツェルモ・パク・リョクタンと同じような占いの出来る人物であったと考えられる。おそらく、贊普の側近司祭クシェン "sku gshen" のようなものとして信任を得たものであろう。シェン "gshen" が占いをよくすることは Pelliot tib.1285, ll. 39-40 に示されている。

(128) "li byin gsum"「三リジン」の名はここでは示されない。テキスト l. 41 で見るように、これより先に "bag li byin"「重ねのリジン」が示されているから、第三回目が「リジン」になる限り、当然、この称で呼ぶことが出来る。「リジン」は、"tsol ryog"「ツォルリョク」や 'bing kug"「ビンクク」と共に「吉兆」であり、自らが重なるのもよい (ll. 7, 12, 29, 42, 63) が、他の「凶兆」のあとに出ても、その悪い効力を消す程に「吉」の力が強い (—"phya phur" のあと (ll. 79-80) "bag pha chi" のあとの場合、「bag リジン」、「bag ビンクク」、「bag ツォルリョク」が出ると「凶」が弱まる (ll. 96-97)—)。「リジン」等「吉」の強いものは、「カンパル」以外の場で卦が立てられる場合も同じく「吉」を示す。即ち、"*ryu phar thun*" の場の「ツォルリョク」ll. 115-119;「リジン」ll. 119-124;「ビンクク」ll. 125-128. "*te skyam*" の場の「ツォルリョク」ll. 165-168;「リジン」ll. 173

-175;「ビンクク」ll. 176–177. "*ti*〔/*rdi*〕*pur*" の場の「リジン」ll. 222–225;「ツォルリョク」ll. 225–229;「ビンクク」ll. 232–235. "*ru song*" の場の「リジン」ll. 275–276;「ビンクク」ll. 280–286;「ツォルリョク」ll. 286–289. "*svi nyon*" の場の「リジン」ll. 326–338;「ビンクク」ll. 340–344;「ツォルリュク」ll. 348–352. "*sve slod*" の場の「ツォルリャク」ll. 390–393;「ビンク」ll. 396–399" (「リジン」は見えない) などである。今、「リジン」について言えば、"bag li byin"、つまり「二回のリジン」でとどめる場合(l. 175)よりも、三回重ねる(ll. 42–43, 121–122, 223–224, 326–338)場合が多い。ただ、"*ru son*" の場では一回きりの「リジン」にとどめている。"*svi nyon*" の場で「三回のリジン」が出来れば、"mo shing 'grong"『占木立ち』になるとして、「三回のリジン」の威力は死人を蘇生させるばかりか、若返らせることも出来ることを説明し、これを『占木立ち』の由来記に当てている(ll. 326–337)。従って、マクドナルド夫人のように《trois *li byin*, c'est signe de dispute (*sgold*=*rgol*)》(LPT, p. 274) などというのは見当違いであり、「争い」が吉兆であるわけはない。この一節は、「凶」を転じて「大吉」にした "li byin gsum"「三回のリジン」の卦を名づけて言ったのであって "li byin gsum gyi *sgrold* gyi zhal" は「三回のリジン」は「救出の卦」(l. 332) と読むべきである。関係部分の訳文は次のようになる。「*sbi nyon* の場にリジンが出たら、その証拠を〔一まず〕覆って置き、あとにリジンが出なければ、〔全部を〕流してやり直す (gdod gdab)。リジンが出た時、〔更に試み、〕三つ〔のリジン〕につくって置けば、これが『占木立ち』でありまして〔威力絶大である〕。即ち、〔次のような話がある。〕はじめ、老男、老女の二人が一緒に住んでいたのだが(las)、老男が占いを立てたすぐあとに('brang du)死んで、占木もそのままとめずに地に置いてあった。〔そばで〕老女が泣いていたところ、遊びに出ていたムメン Mu sman 九兄弟が〔見つけて〕杖を留め、一人のムメンが〔その場の卦を見て〕このようにしたらこのようになると、ムメンチェンモ Mu sman chen mo に申し上げて〔善処を促した〕。ムメンチェンモが口を開いて『三つのリジンは救出の兆である。*sbi nyon* の場〔のそれ〕ならば、老男が死に老女が泣く〔事実も、〕卦〔によって〕改変せざるを得ない (gsor = gso, GMG, II, p. 131a)』と仰言って、老男の方を活き返らせ、二人を若くしてやった。即ち、〔九兄弟が〕静の泉と酒の泉を天から取り寄せ、乾きに注ぎ続けたが (po mu la)、〔その量が〕一指尺欠ければ、一指尺生じ、一尋欠ければ一尋生ずる〔無限の〕味であった。更に、バター入りスープの一碗を施食に配して置い〔て去っ〕た。あとから、〔老女は〕『私は泣いてはならない。これよりよいことはない。占木が立った』と言った。それがこのこと〔『占木立ち』〕(nyin 'di/nyid 'di) の〔由来〕であると示されている。従って、マクドナルド夫人の理解 (LPT, p. 274) は整理されていないと思われる。

(129) 占いによって尋ねる用件は、"srog phya"「生命運」、"srid phya"「政権運」、"dgra phya"「戦闘運」、"grog phya"「友人運」、その他、"nad pha"「病気」、"srid dang gdon pur ba"「悪鬼や妖怪のつきもの」、"gsol ba"「願い事」などと分けられて

いる。

(130) “phyi dal che” は “phyi dal mchis” とか “slad dal gyis cod” (l. 297) とも示される。「後に拡がり及ぶことが大きい」「……ことがある」「……ことによって大きく作用する」の意味である。なお、“phyi dal” には「遅れる」意味もある (DTH, p. 16, l. 31)。

(131) 注(127)参照。LPT, p. 286, n. 364 参照。

(132) LPT, p. 277, n. 331 に見える《nges par》であるが、《en vérité》ではなく、「決定的に」「必ずや」の意味である (DTG, I, p. 273; = “yong ye” GMG, II, 89a)。

(133) 原文は次のようになっている。(l. 20) …spung sad zu tse 'i srid pya'/rtsal mo bog ryog stang la btab ste mo ba nyi shus (l. 21) dpyad na' bzang zhes mchi ryog stang gyi mchid nas/myi rabs gsum du ni rgyal pho dang/(l. 22) mtshungs phar srid '—o'/de nas srid brlag pha ngo zhes mchi/yong ni sku bla chen pho myi (l. 23) dgyes phas/ya bdud dang btsan dri dang ma yams dang sri las stsogs pha drangs pha 'i ngo (l. 24) ste rgyal pho dang zhong lon gyi srog phyar ngand rab/…

マクドナルド夫人は冒頭の “ryog stang la btab ste”「リョクタンに依頼して」の “(gsol ba) btab ste” を正しく読んでいない。次の “mo ba nyi shus *dpyad na bzang* zhes mchi” までを続けて「…mo ba nyi shu によって調べ〔て貰っ〕たらよいと言われ」とすべきところを《même si vignt devins l'examinent, ils diront bon》(LPT, p. 277) と訳す。先ず、この訳文を得るためには、原文が少なくとも “mo *pa* nyi shus dpyad na *yang* bzang mchi *pa las*” という形を具えていなければならない。しかし、原文(イタリック部分)は典型的な勧令文である。また、“mo ba nyi shus” は「二〇人の占い人」ではなく、占いの一方式をいう名の可能性が強い。

(134) 注(128)参照。

(135) Pelliot tib. 1047 のうちでは、キュンポよりも、占いに関連したと思われるタン・リエムンを言うことがより重要な意味をもつのであろう。即ち、その占い師によって、そこに紹介される占いの体系が権威づけられているからである。注(127)参照。

(136) チベット語では一般に、動詞に対する主語を示さないことが多い。従って、文章の理解のためには話題にひそむ主語を的確にとらえねばならない。そこには動詞、助動詞の敬語法が重要な役割を果している。今、シャンシュンに “chab srid” (注(25)参照) を行使する主体が賛普であることは自明のことであり、家臣ならば、“chab srid la”「国策施行のために」“btang” “brdzangs” “bskyed”「派遣され」て、“mchis”「赴く」か、“drangs”「兵を率いる」と示される筈である。このような型は定まっている点に注意したい。

(137) マクドナルド夫人は自ら示した解釈の不備を知っているので、各種の弁解を添えている(LPT, p. 310後半)。例えば、『学者の宴』Ja章(KGG, f. 18b, l. 7)によると、キュンポはシャンシュンの“khos dpon”に任命されているから、引退後に謀反する程《ce vieillard avait suffisamment d'energie》として、キュンポはシャンシュン討伐の将軍でありえたという。このような後代史料による論証の示し方自体が無意味なことに関して、マクドナルド夫人自身がウライ氏を批判した際に述べている(LPT, p. 260, n. 272)。

(138) キュンポをシャンシュン討伐の将軍とする限り、どのように弁解を試みても『年代記』における引退の記述と抵触する。注(137)参照。

(139) G・ウライ氏はキュンポ・プンセー・スツェの生涯についてその年次に具体的数字を与えている(NLO, p. 40)が、それらの根拠は示されていない。特徴としては、ソンツェン・ガムポの治世の初期を六三〇年頃に置いている。この年代をとれば、クンソン・クンツェン王の存在を説明できなくなるが(注(3)(4)参照)、その点には触れていない。

第六章　ソンツェン王の晩年と二宰相氏族

第一節　文成公主とソンツェン王の結婚年次

『編年紀』(DTH, p. 13, l. 6)は六四三年相当の条に続けて以下のようにいう。

de nas lo drug na'/btsan po khri srong rtsan dgung du gshegs so/btsan mo mun can kong co dang dgung lo gsum bshos so/

それから六年〔を経て〕、ティ・ソンツェンが昇天なさったのであった。王女文成公主と御年三年結婚生活をなさったのであった。

この文の次の条に、戊年、即ち、六五〇年が来たとあるので、これはその前年の酉年(六四九年)に相当する。これらの点については第四章に見た。

漢文史料がソンツェン・ガムポ王の死を永徽元年(六五〇年)五月にかけていうことの意味も、佐藤長氏の所説によって説明した(三七七頁)。つまり、上記年月は弔祭使の派遣を示すものであり、贊普の死そのものはチベット暦の六四九年であった。

この時、贊普の年齢が何歳であったか『編年紀』には示されていない。既に『通典』一九〇の記述を仲介にして、五八一年の生誕が一応推定されている(三四二―三四四頁)。これによれば、死亡時の年齢は、数え年で六九歳ということになる。この年齢は、後代の所伝によるそれ(1)とは、ほぼ、十二支一巡だけ短いものになっている。これらの問題点は後段に詳しく見る予定である。

六四九年以前ティ・ソンツェン王は、その子クンソン・クンツェンに対し、五年間の支配を許したが、六四三年、クンソン・クンツェンの死亡によって再び政権をとった。この点も先に(三八八―三九二頁)確認したとおりである。

『編年紀』は、ティ・ソンツェンの死亡記事に続けて、この大王が文成公主とは三年間しか結婚生活をしなかったとする説明記事を掲げている。勿論、問題の三年間は、六四九年の条に示されている以上、死亡前の三年間と理解するのが当然である。これを六四三年以前と見た佐藤氏の意見は、先に示したとおり正しくない。[2]

"dgung lo gsum" というのは、一〇年以下の場合にほぼ見られるように満年に近い数をいうものと考えられる。従って、六四六年から六四九年にわたってティ・ソンツェンと文成公主が生活を共にしたというのであろう。[3]

文成公主が六四六年まで、一体何処で何をしていたかという問題がここに生じてくる。まさに『編年紀』によって提示された大問題である。また、ティ・ソンツェン王が六四三年に、クンソン・クンツェンの死によって再登位し、三年を経過して文成公主を迎えたのであるが、この経過にどのような意味があったのか考えてみなくてはならない。[4]

既に見たとおり、文成公主は六四〇年に吐蕃の賛普に嫁した筈である。しかし、従来、当の賛普と見なされて来たティ・ソンツェン王は六四六年まで文成公主と結婚していないことが明らかになったのである。

後代の伝承では、文成公主が吐蕃に入国しても、カムに逗留して中央チベットに至るのが遅れ、中央チベットに到着した後もネパールから来た王妃ティツゥン Khri btsun の嫉妬にあってソンツェン・ガムポ王に会うことが出来なかったとされている。[5]

しかし、このような理由で六年間も予定の婚姻が出来なかったとすれば、唐と吐蕃の間で由々しい問題となったに違いない。ところが、実際には、唐側から抗議があったという形跡もない。例えば、ネパール王妃が横槍を入れてその婚姻を妨げ得たとするには、王妃の背後に例えば、アンシュヴァルマン Aṁśuvarman のような強い勢力が控えて[6]

いなければならない。しかし、六四〇年代は、既にアンシュヴァルマン時代が終って久しい。(7) ナレーンドラデーヴァ Narendradeva が吐蕃の後援で王位につき、殆んどその支配下に入っていた。また、六四三年暮マガダ国に着いた唐使李義表は、佐藤長氏によると、往路にネパールを訪問して、ナレーンドラデーヴァの歓待にあっている(『古チ研』二六九頁)。

従って、ネパール王妃による妨害は、ソンツェン・ガムポ王と公主の婚姻の遅かった事実を物語り的な発想で処理した結果、語られたものとしか言いようがないのである。

同様の発想は『マニ・カムブム』中にも見られ、バコーがこれを肯定的に取り上げたのに対し、佐藤長氏がきびしく批判した(『古チ研』二八三―二八四頁)。

バコーの説によると(MCR, pp. 10-12)、ガルが文成公主と秘かな関係をもったとする話は《n'est pas impossible》だという。後代の説話作者は、菩薩とされる賛普や、ターラの化身とされる公主について、そのような話を進んで伝えなかった。そのため、途中の経過が脱落して、結果のみが今日まで伝わったというのである。結果というのは、伝承によれば到着後一年、『編年紀』によれば六年、王に近づけなかったとする事実を指している。

バコーはネパール王妃による妨害は取り上げなかったものの、この方はまともに受けとめた上、ガルが罪の結果受けた筈の罰というものまでを真剣に尋ねているのである。しかし、この見解は到底理解できない。バコーの説明によれば、ティ・ソンツェン王歿後ガルが吐谷渾征伐に明け暮れた事を《comme une disgrâce》とも把えかねないのであるが、それこそガルが亡き王の信頼を受け、実権を掌握していた事実を示し、《une disgrâce》でないことは勿論、そこに王とガルとの距りなどは到底みられない。

バコーの想像は更に膨らんで、いう。ガルは王に代って文成公主との結婚式に出て、(8) やがて公主と関係をもった(MCR, p. 10)。その後、自分の帰国許可と引きかえに公主をソンツェン・ガムポに渡したのである(*ibid*., p. 12)と。

バコーによる『マニ・カムブム』の史料としての過大評価と漢文史料の恣意な解釈は到底取り上げるにたえないが、このような問題があることを明らかにした点は相応に評価されてよいであろう。

佐藤氏は、ガルが公主の愛人であるとする説を一蹴して、『旧唐書』吐蕃伝上がガルについて「性明毅厳重《ニシテ》、講兵訓師雅《ニ》有《リ》二節制一」という点と矛盾するとしている。まさにその通りである。漢文の史書では、既に示したところであるが（三七四頁）、ガルが、琅邪公主を固辞して娶ろうとしなかった。この話などが同じく「公主」というところから誤り伝えられて、文成公主に関する謎の空白期間を埋める材料となった可能性が少なくない。

いずれにせよ、ガルがバコーの推測するような人物であるならば、ガルによるシャンシュン討伐、ガルによる宰相就任などという危険な任命はありうるわけがない。また、ソンツェン・ガムポ王の歿後、後事を託されることもあり得ないわけであり、まして、自らの力を抑え、幼年のマンルン・マンツェンを推戴して国家体制の整備につとめることなどは起りえない。

文成公主が吐蕃に迎えられた時、吐蕃の名目上の国王は、六三八年に一八歳で即位したクンソン・クンツェン王であった。ティ・ソンツェン王とモン女・ティモニェン・ドンテン Mong za Khri mo mnyen ldong steng との間に生れ、シャンシュンに嫁したセーマルカル王女に「兄贊普」と呼ばれていた人物である。また、公主マンモジェ・ティーカル Khon co Mang mo rje khri skar を妃とし、マンルン・マンツェンをもうけた人物でもある(9)。

この "khon co"、即ち、「公主」が文成公主ではなかったか、との疑いがここに忽然として濃厚になる。六四〇年当時、クンソン・クンツェンは数え年で二〇歳、その父ティ・ソンツェン王は六〇歳になっていた。唐は、松州で敗れたにしても(10)、二〇歳になる王がいるのに初めから六〇歳の老王に公主を娶らせるのを認めていたとは考えられない。その点から言えば、文成公主は当初からクンソン・クンツェンの妃になるべくチベットに送りこまれたと考える方がはるかに妥当性がある。まして、『王統表』の妃の名には紛れもなく「公主」の称が冠せられている。

『王統表』によれば、「公主」と結婚したクンソン・クンツェン王は一子マンルン・マンツェンをもうけた。その王が六四三年に歿したので『編年紀』は父王の再登位を伝えている。「公主」は、若い、子持ちの寡婦となった筈である。このような場合、前にも見た附国伝中に「妻《トリ》二其《ノ》群母及嫂《ビヲ》一、児弟死《サバ》、父兄亦納《タム》二其《ノ》妻《ヲ》一」とあったように、吐谷渾、党項と共通の習慣[11]がこの国にあったことを想い出さねばならない。

おそらく、若い公主にその習慣に従うことが求められたであろう。しかし、漢土の習慣では、妻が夫を失った場合は、三年の喪に服し、斬衰を着る（『通典』八八、礼四八、「斬縗三年」）というから、やむなく従っても、この服喪を終えた六四六年に至らねば再婚が実現しなかった筈である。また唐側の面目を保つために、そこまでは譲らねばならなかったであろう。とすれば、『編年紀』に示された時期がまさしくそれに相当する。

その六四六年に、ソンツェン・ガムポ王は、ガル・トンツェン・ユルスンを唐に遣わし太宗に金鵝を贈り、自らを「子壻」と称している。この時点で彼が文成公主の夫になったことがわかる。当時ではガル・トンツェン・ユルスンもおそらく宰相であったと推測される。文成公主をかつて迎えに赴いて、唐朝から篤く信頼されたこの人物が特に他の重大事もないのに再び派遣されねばならなかった理由[12]が充分考えられるべきであろう。

これらの諸点は後段で詳説されねばならないので、今は簡単に述べて、問題の所在と輪廓を示すに留めておきたい。

第二節　ガル・トンツェン・ユルスンの周辺

ソンツェン・ガムポ王はチベットの暦で酉の年（六四九年）にその生涯を閉じた。この王の一代の業績は後段で改めて辿り直して見るとして、今は彼を輔けた最後の宰相ガル・トンツェン・ユルスンについて多少補足的説明を試みて置かねばならない。

ガル・トンツェン・ユルスンについては、既に、その主要な業績を紹介してきた(13)。また、このあとでも数回触れることになるであろう。ここでは、その概略をまとめ、同時に、敦煌文献『年代記』に見られるガル氏の周辺の記事も示すことにしたい。

ガル・トンツェン・ユルスンは、文成公主を迎えに六四〇年に唐に赴き、その地にしばらく抑留され、公主成婚後の六四一年に帰国した。帰国に際して、唐の太宗から右衛大将軍の官が贈られる程その人物は高く評価された。帰国後の六四三年、シャンシュンのリク・ミリャの討伐に従事したらしい。この前後にキュンポ・プンセー・スツェの反逆を察知し、事件の後に宰相になった。六四六年、ソンツェン・ガムポが文成公主と再婚したと思われる時期に再び唐に使した。

六四九年ソンツェン・ガムポ王が歿すると、「其孫《ノ》継《ギテ》立《チ》、復号《タス》二賛普一《ヲ》。時年《ニ》幼《ク》、国事皆委《ネラル》二禄東賛一《ニ》」(『旧唐書』一九六、吐蕃伝上)とあるように、吐蕃の実権を掌握した。その後について『編年紀』では(DTH, p. 13)、

子の年(六五二年)になると、……宰相トンツェンが gLo bo と rTsang rhya を征服して一年〔を終えた〕。

という。ロボ gLo bo は、ポボの南にあるロパ gLo pa(UNT, f. 9a)かとも思われる。『ザムリン・ゲーシェー』(DGS, f. 75b)に、ポボの西南端に連なり、ロパ kLo pa であるとされるもの(14)である。他方のツァン・リャ rTsang rhya は、ツァン rTsang のいずこか示されていないが、リャの名から見るとシャンシュン系と考えられるので、「下手シャンシュン」のツァントゥー rTsang stod 方面にあったとすべきであろう。これと結びつけて考えるべきであれば、gLo bo はむしろ、後代ラトゥー La stod のチャンパ Byang pa(北の人)に対してロパ lHo pa と呼ばれるもの(15)であるかも知れない。『編年紀』翌年の条(DTH, p. 13)には、

〔六五三年〕宰相トンツェンがユク g-Yug において、ヤクの囲み狩りをした。

とあり、続く年(六五四年)には(*loc. cit.*)、

宰相トンツェンがムンプ Mon phu のセルジョン Sral ljong で「会議」'dun ma を招集して、軍戸と民戸を区分し、大徴兵徴発制度の運用はじめを行って一年〔が終った〕

という重要な記事が示される。これは後段で詳説するが、後代の軍事国家としての基本的制度が、ガルの手によって実現された事実を明示している。この後の「卯の年」(六五五年)の条に(*ibid.*)、

宰相トンツェンがゴルティ 'Gor ti で欽定法の文書を書いて一年〔を終えた〕

とあって、「欽定法」を文書化した旨が示されている。これも後段の説明に譲るが、ソンツェン・ガムポ王の時代に定められた「欽定大法令」gtsug lag bka' grims ched po(DTH, p. 118, ll. 17-18)を指していうのに違いない。

その後のガル・トンツェン・ユルスンは、唐の保護国、慕容諾曷鉢の吐谷渾勢力を駆逐する事業に傾倒するのである。これは、六五九年にほぼ成算が立ち、ガルは六六七年に歿するまでその完成のために精進した。ソンツェン・ガムポ王の生存中は、唐との和親交流に貢献し、唐朝からも高く評価されたガルは、ソンツェン・ガムポ王の歿後は、むしろ一転して、吐谷渾をめぐって唐と対立し、着々と吐蕃の軍事国家としての体制をかため、結局、諾曷鉢の勢力を青海地区から一掃するのに成功した。この一事は、以後の吐蕃と唐との対決する姿勢を決定的なものにしたのである。これらの経過も後段で詳説されよう。

ガル・トンツェン・ユルスンの生家ガル氏は、ヤルルン王家譜代の臣ではない。「王国のカタログ」(CPT, p. 199)を見ると、その名は、タクキャボを滅ぼしたスィンポジェ・ティパンスム、別称グティ・スィンポジェの大臣として、ニェン mNyan 氏と共に並記されている。従って、ティ・ルンツェン王がグティ・スィンポジェを滅ぼし、ゲーポ、即ち、今日のペンユルを領有した時からヤルルン王家の配下に入ったものとしなければならない。

『宰相記』(DTH, p. 100, ll. 26-5)には、モン・ティドレ・マンツァプとニャン・シャンナンの間に、既にガル・ティダ・ジムン mGar Khri sgra 'dzi rmun が宰相に在任したことが伝えられている。そこに示されているのは極めて

賢明であったというだけである。

ガル・ティダ・ジムンが、具体的にどのような功績があったか知られていない。しかし、F・W・トーマスの示した『編年紀』の七六四年[16]と思われる条(DTH, p. 60, ll. 16–17)にシャン・ゲルシク・チェンポ zhang rGyal zigs chen po が長安占領の論功行賞にトルコ石辞令を授けられて、

mgar 'dzi rmun gyi thang du chog shesu bstod

ガル・ジムン〔の功〕にも匹敵する[17]と言って讃えられた。

ともいわれている。このように、大功のひき合いに出される程であったことだけがわかる。

この後、ニャン・シャンナンが宰相となり、ティ・ソンツェン王時代に入って彼が失脚すると、ガル・マンシャム・スムナン mGar Mang zham sum snang が後を継ぐ。しかし、後に失脚する。このことも既に説明した(三二二―三二四頁)。ガル・マンシャム・スムナンのあとをキュンポ・プンセー・スツェが受け継ぎ、そのあとに、ガル・トンツェン・ユルスンが宰相となった。

トンツェン・ユルスンの歿後は、バー dBa's 氏やク Khu 氏を間に挟んで、トンツェンの子、ツェンニャ・ドムプ bTsan snya ldom bu、ティンディン Khri 'bring が宰相となり、権勢をほしいままにして、ついにはティ・ドゥーソン Khri 'dus srong 王に滅されるに至る。この間の事情は佐藤長氏によって説明されている(『古チ研』三六二―三七二頁)。

敦煌文献『年代記』のうちには、ティ・ドゥーソン王がガル氏の謀反を罵る長文の歌が示されている(DTH, p. 118, l. 26–p. 120, l. 3)。そこにはガル氏の国を「チャプー Bya phu の小国」と言い、家を「チャムダー Pya mda' の小屋」と嘲っている。チャプー、チャムダーがキチュ sKyi chu 河に近いことも、文中でキチュ河をヤルチャプ Yar chab 河に対応させて大小を称していることから明らかになる。ただ、ヤルチャプ河は今日のツァンポ江を指していると見な

けれぱならない。(18)

また、「王国のカタログ」によるならば、ガル氏の拠点は、グティ・スィンポジェの国、ゲーポ、即ち、今日のペンユルにあった筈であり、チャプー、チャムダーも当然そこに見出されねばならない。しかし、この名に近い形では『青冊史』のうちに見えるウル dBu ru のチャユル Phyva yul(DTN, Nya, f. 29b, l. 6)とタクツァプ Grags tshab 寺のあるチャイプー Phyva 'i phu(19)(*op. cit.*, Kha, f. 8b, l. 4)の名が知られるに過ぎない。後者は、『黄瑠璃鏡史』に見えるチャプー・タクソク寺 Cha phu Brag sog dgon (VSM, f. 125b, l. 6)と同じでないかと思われる。そのよぅであれば、イェルパ Yer pa(KTG, pp. 103-104, n. 95, 96)の所在と遠くないことになる。

キーチュ sKyid chu 河を挟んでタク・イェルパ Brag yer pa(塔葉壩)(20)の南西にあるツェル・グンタン Tshal gung thang は、ツェルパ Tshal pa 一族に支配されたが、ツェルパは、ダライ・ラマ五世が詳説するよぅにガル・トンツェン・ユルスンの後裔である(DSG, f. 62a, ll. 1-6)とすれば、敦煌文献にいぅ Bya phu, Pya mda' は上記のよぅな Phyva 'i phu, Cha phu と伝えられる地名のむしろ元来の形であって、Phyva 等は附会とみなされるべきである。その場合、ダライ・ラマ五世のいぅよぅに、ガル氏が「キーメー sKyid smad『下手のキー』の集落の多くを支配していた」(*ibid.*, l. 2)重要な氏族であった(21)のも事実とみなしぅるであろぅ。

第三節　バー氏による永久臣盟の意義

既に見たよぅに、ティ・ルンツェン王は治世の初頭にグティ・スィンポジェを滅ぼして、ヤルルン地方の土侯から一躍中央チベットを掌握する一大勢力になった。その成功を齎したのは、ニャン、バーの二氏族等とその後に名の顕れないヌン氏の協力であった。勿論、彼等もそれぞれ論功行賞に与った。しかし、その後、宰相になったのはモン・

ティドレ・マンツァプとガル・ティダ・ジムンであった。[22]

ガルの後、キュンポとニャンが争って、後者が宰相になった。この話は前にくわしく紹介しておいた(二八七―二九〇頁)。大功のあるキュンポをさしおいてニャンが宰相になったのは、勿論、既に見たような説話的理由によるのではなく、次のような別の事情が底辺にあったと思われる。

即ち、三人の宰相に共通な点は、いずれも、ヤルルン王家の新領土ウル地方土着の有力者であったことであろう。ヤルルン王家旧来の所轄地はツァンポ江の南岸の一部であり、他方、新領土は北岸にあった。モン・ティドレの国は、キーシューの西側で、トゥールン南部のモンカルと西南のジャンを併せていた。次の宰相ガルはキーシューの下手地区、今日の地図ではラサより東側を支配していた。ニャンの場合は、メルドに近いルムの地方、即ち、西北方に遡るキーチュ河の東側、ルンシュー方面がその領域であった。[23]

ティ・ルンツェン王は、ヤルルン王家譜代の臣であったロ、ゲク、ヌプの諸氏はもとより、大功のあったシャンシュン系のキュンポ氏もさしおいて、まず、ウルの地を掌握しておくために彼等を重用しなければならなかった。

その子ティ・ソンツェン王、即ち、ソンツェン・ガムポ王の時代に入っても、この認識は変らなかったと思われる。キュンポに失脚させられたニャン・シャンナンのあともガル・マンシャム・スムナンに継がせた。そのガルのあとをようやく襲うことの出来たキュンポ・プンセー・スツェも、再びガル・トンツェン・ユルスンにとって代られた。

ヤルルン王家が軽視出来なかったのは、先にニャン氏と共に大功のあったバー dBa's 氏であった。バー氏はメルト方面に領土をもち、ヤルルンとペンユルとの間に位置していた。ティ・ソンツェン王は彼等を掌握する注意も怠らなかった。むしろ、彼等の掌握によって「吐蕃王国」建設の確実な一歩を踏み据えたのである。この重大な点について『年代記』には次のような話が収録されている。

その後、バー・パントレ・イツァプ dBa's Phan do re dbyi tshab[24]が老いて、陽に暖をとっていた。ティ・ソンツェン王がニェンカルからキルン sKyi lung に赴かれようとしていたとき、パントレ・イツァプが〔ヌプ・〕ニャドレ・ツクルン〔gNubs〕sNya do re gtsug blon を通して伝言を申し上げた。昔〔グティ・〕スィンポジェを捨て、プゲル sPu rgyal の前に何度も誓いを立てた。〔その結果、〕御政権の奥行きが伸び、幅が拡がりに拡がった。そのなかでニャンが政事を統べかねて罰せられてから、我々一族は忠誠を失わず、熱情もさめずにいるものの、今や、身体から見ても〔私に〕力はなく、戦傷からしても矢傷による衰えが大きいが、私のような老人が死なないうちに御盟誓に加わることだけをお願いしたい。私の子孫を誓いに参加させて下さるようお許し頂きたい。御父の賛普が私の邸におこし下さる時には、ただちに、ラモ・チャクパ・トゥム La mo chag pa prum で〔誓盟の〕御儀式をして頂けるように何とぞお許し下さるようにと請われていたが、その頃、ニャンとチョクロ、西方にいるものを処罰させたので混乱(khrag khrug)〔があって、その〕あとになったが〔バーの願いを許し、〕御宿泊を〔そこでなさること〕もお許しになって、賛普が仰言った(DTH, p. 108, l. 25–p. 109, l. 5)。

上記の趣旨では「賛普の御子」の存在を意識して「御父の賛普」"btsan po yab" と称しているので、その時期はクンソン・クンツェン誕生の六二一年以後のことになる。また、六三八年の登位以前となるが、既に示したように(三五一頁)、松州攻略以前の、ニャン・シャン歿後であっても、バー・イツァプの年齢から六二〇年代はじめと考えざるをえないようである。

臣盟の許可を与えるティ・ソンツェンの言葉は次のようであった。

「……。以前、私の父の御代に、ディントレ・ブンツェン 'Bring to re sbung brtsan とパントレ・イツァプ Phangs to re dbyi tshab とのお前等二人に〔ツァンポ〕江の彼方の河辺の宰相位を賜わるように何度も手配しようとしているうちにディントレ・ブンツェンは死に、〔また〕お前は老いて陽に暖をとることが許されるに至ってしまった。ニャン・シャンナンが宰相に任じられていたが、〔わが〕父が亡くなって後、ニャンも忠誠でなくなったので罰せられることになったのである。今や、お前達バーの一族のみが終始忠誠を失わなかったからラモ・チャクパトゥムで〔誓盟の〕御儀式も奉行するがよい。御誓約をしてやろう」と仰言ったのであった(*loc. cit.*, ll. 6–15)[44][45]。

バー氏に対して、ヤルチャプ、即ち、ツァンポ江北岸のキーチュ河流域を統治する宰相に出来なかったことの申し開きが見られ、そこで改めて彼等一族を掌握するために、今日の黄教ガンデン大僧院の所在地に近いラモの地のチャクパトゥムと呼ぶところで臣盟の儀式をさせることにしたのである。儀式には特に許してその孫や子も参加させた。その様子は次のように示されている。不明の部分もあるが伏せたままに示す。

ラモ・チャクパトゥムで荊の半屋根[46]をつくり、〔誓盟〕の儀式の実行をお願いしたのであった。引き出ものに[47]一〇個の……鎧と lDong prom の刀……二つ[48]を献じたのであった。賛普も御誓約を賜わったのであった。バー・イツァプの兄弟一族七人も誓盟したのであった。賛普が仰言るには、イツァプは忠誠であったから、死んだ場合、葬場は〔賛普が〕お手ずから築く[49]ことを許し、馬一〇〇頭が殺されることを許す。その子孫の誰か一人[50]が絶えず金字の位階を賜わる[51]との仰せであった(*loc. cit.*, ll. 15–23)。

このように、規模は異なるのであろうが、氏族単位で相互に結盟して君臣関係を維持した古来の名残りの習慣[52]に従ったのであった。既に、ヤルルンのみの主ではなく、吐蕃王国の君主の地位をほぼ確立していながら、なお心情的な実質は依然として、各氏族とヤルルン王家の相互の君臣契約の上に立っていたことが示されている。

新しい「吐蕃王国」では譜代の家来、シャンシュン系の協力者、新しい中央チベットの家来のそれぞれとヤルルン王家との親密の度、勢力の相違に応じて、家来の間に序列を設け、その上にあらゆる制度を樹立する必要が生じていたので、既に、一二段に分けた位階[53]があって、イツァプの直系子孫に「金字」の位階が許されたのを見ることが出来る。

このようなバー氏は、ティ・ソンツェン王の歿後、ガル氏の全盛時代にも隠然たる勢力をもち続け、ガル氏の没落後は、宰相を出す名家としてひとり栄え(DTH, p. 102, ll. 1–21)、ラモ・チャクパトゥムで保証された以上の栄光に浴したのであった。

バー氏のラモ・チャクパトゥムにおける臣盟にならって、譜代の旧臣であるク、ヌプ、ゲク、ツェーポン、オマデの各氏族も、われもわれもと競って同様の永久臣盟の儀式を行った(*op. cit.*, p. 110, ll. 1-5)ことが伝えられている。ここにおいてあらゆる氏族がその子孫と共に一二階に分けられた位階の序列のうちに組み込まれ、吐蕃王国が設けた階級秩序の中に位置づけられたのである。各氏族間の横の関連も、それぞれに与えられた階級の段差によって自ら整っていったものと考えられる。八世紀末から九世紀はじめにかけてつくられ、今日も残っている碑文中でも功績のあった人物の子孫に特定の階級を、謀反がない限り最低条件として保証するとしたもの、例えば、シュル Zhol の碑文中のゲンラム・タクラ・ルコン Ngan lam sTag sgra klu khong の子孫に対するものや、シェー・ラカン Zhva 'i lha khang 碑文中のニャン・ティンゲジン Myang Ting nge 'dzin の父の子孫に対するもの(54)等があり、この制度が有効に運用されたことを示している。

諸氏族をこの一二階級の制度のうちにしっかり組み込むことによって、漢文史料の伝える三年一盟の臣盟などが次第に実質的には不要になっていった筈である。ティ・ルンツェン王の最後の宰相にニャン・シャンナンが任命された時、最上磨き上げの猫目石が宰相のしるしに下賜されたとあった(二八九頁)が、当時、このような一二段の階級制度はまだなかったのである。後段で見る文成公主入蔵時の敦煌文献『編年紀』ではこの階級の二つの位階が六四〇年と六四二年に示されている(55)。

『年代記』のこの一文に示される事件は、先に述べたように、クンソン・クンツェン誕生の六二一年以後であるが、六二〇年代の早い頃に当たると考えられ、この位階の制定はニャン・シャンナンが宰相をしていた頃か、ガル・マンシャムが宰相をつとめた初期に設けられたものと思われる。位階の制定は「吐蕃王国」の国家体制を特徴づけたものであり、この制度の出発によって、それまでの離合集散常ならぬ小部族国集合体の状態から脱皮して、「吐蕃王国」

としての統一が理念の上からも出来上りつつあったのを見ることが出来る。少なくとも、ヤルルン王国のティ・ソンツェン王にはその意図があったことは明らかであろう。

ティ・ルンツェン王の時代に、ヤルルン王家が譜代の家来、ロ、ゲクのみを優遇しすぎる旨を指摘し、キュンポ・スツェが歌に託して非難したという話を『年代記』中に見た(二八七—二八八頁)。そのような傾向は、大きく中央チベットに発展しながらも、なお、ヤルルン王家としての心情を脱しきれないでいた初期の頃は免れなかったに違いない。しかし、事態は急速に変化していった。即ち、シャンシュンから来てヤルルン王家の発展に貢献したと自負するキュンポ氏さえ、ニャン氏のようなウルの有力な諸侯以上に用いられる事は、名実ともに困難になっていったのである。キュンポ自身は、大勢に抗して、ウル地区のキロのモンMongを討ち、やがてルムのニャン氏も失脚させたが、ニャンの没落後も、ガル・マンシャム・スムナンを経なければ彼自身が宰相になる順番はやって来なかった。

このキュンポと、その後にくるガルとの間には、宰相としての在り方に確かに大きな相違があった。一口でいうなら、キュンポは大きく発展したヤルルン王家に附和した宰相であったのに対して、ガル・トンツェンは確かな意味で「吐蕃王国」の宰相であった。

既に見た(三五九—三六〇頁)ように、キュンポはティ・ソンツェンをティボムに招いて殺害しようとたくらみ、発覚して自殺した。キュンポは、ヤルルン王家を有力ではあるが、なお、自らと変らない“rgyal phran”「小王」に過ぎないと見ていたように思われる。キュンポがヤルルン王家を滅しても、自らがそれに代るだけの勢力関係の変動にすぎないと見なし、既に、ヤルルン王家を中心にして「吐蕃」としての統一が進行しているとは理解していなかったように見える。ヤルルン王家の宰相になることは、彼にとっては、ヤルルン王家に同調し、何時かそれに代りうる勢力として予め公認されたことに過ぎなかったのかも知れない。ガル・トンツェンと比較する限り彼の行動からは右のような事情が推測されるのである。

キュンポ・スツェを宰相にした頃まで、実際には、例えば、バー氏を宰相に任命したとしても、宰相にすることによって「吐蕃」の立国の大計を彼等に期待出来たかどうかは分らない。また、ヤルルン王家にしても、彼等にとって政治的に重要な氏族を懐柔するため順次宰相の位に任命したのであり、まだ、上下こぞって国外を意識して「吐蕃」の富国強兵化を目指したものではなかったのかも知れない。例えば、ニャン・シャンナンによるスムパの併合も、それが「吐蕃王国」成立の契機になったとしても、ニャン自身にとっての目的は何であったか知る由もない。

しかし、ガル・トンツェンの場合は様相が全く異なる。漢文史料がその忠誠を嘆ずるのももっともであり、ティ・ソンツェン王歿後、ガルの実力ではヤルルン王家を断絶させることも恐らく困難ではなかったが、その種の意図もなく、ソンツェン・ガムポ王の幼孫を擁して、後段で見るように、国家体制の完成と吐谷渾問題の決着に専ら精進したのである。

ガルを「吐蕃王国」の宰相たらしめたのは、恐らく、二回にわたる入唐の体験であったと思われる。彼はその目で見た大唐帝国と、吐谷渾の所属をかけて争う必要を認め、そのためには、ただ、先王がつくりかけた「吐蕃王国」を完成して、補強する以外に対策のないことを充分知っていたのである。このようなガル・トンツェン・ユルスンにとって、「吐蕃王国」をさておき、今更、ガル氏がヤルルン王家にとって代って「小王」の長に納まったところで、やがては大きい勢力の唐に施す術もなくあしらわれるのが見えていたから、時代錯誤の考え方が浮んでくる筈もなかった。ガル・トンツェンが、ソンツェン・ガムポ王没後に、その対唐和親一方の政策を捨て、親吐蕃系吐谷渾部族と密着して吐谷渾に関する吐蕃王国の権利を明確に主張しはじめた原因は、右のような推測以上に知られない。ただ、後に見るように、吐蕃王国をあげて軍事体制の中に組みこみ、唐と青海の地の帰属を争い、その後一世紀半にわたる争いの端緒をつくったのは紛れもなく彼であったと言えるであろう。

(1)　八二歳歿説が一般的である。SRD, *f.* 119b, l. 1; HLD, p. 17a, l. 4; GSM, *f.* 81a, l. 4.

(2)　三六三―三六四頁注(23)、四〇二―四〇三頁参照。
(3)　三八六頁注(19)参照。
(4)　六四六年まで文成公主とソンツェン・ガムポ王との婚姻がなかったことについては、バコーの指摘があったものの、佐藤長氏以外この問題を取り上げていない。六四三年におけるクンソン・クンツェン王の死およびソンツェン・ガムポ王の再登位に触れたものもないので、六四三年から六四六年までの三年間を問題として取り上げたものは勿論いない。
(5)　DTH, pp. 29-30, n. 8 参照。『王統明示鏡』(GSM, f. 54a, l. 5)によると、ガルは五か月遅れてゴドン・ゴモ sGo dong sgo mo で文成公主と合流した。その後、中央チベットに至ってタクレ・ネウタン Brag lha'i sNe 'u thang に宴を張ると、ネパールから来た王妃が自分が正妃で上位にあると主張した(*ibid.*, f. 55a, ll. 1-4)。文成公主はガルに救いを求めたが、手立てがなく(*ibid.*, f. 56b, l. 1)、その無礼を怒って帰国しようと試みた(*ibid.*, ll. 5-6)。しかし、ガルになだめられて思いとどまり、ガルの願いで、王自らタクレ・ネウタンに赴いて公主に会った。この間は一か月であったという(*ibid.*, f. 56b, l. 6-f. 57a, l. 4)。他方、『学者の宴』Ja章(KGG, f. 33a, l. 5-f. 33b, l. 1)では、『王統明示鏡』の説と共に『カクルマ』によるとして、ネパール王女が王と公主を会わせなかったとしている。ただ、いずれもガルと公主の間を云々することはない。この点、『マニ・カムブム』だけは異なり、公主が唐を発つ際、ガルが公主の身体に過ちを犯したとの噂が流されたこと(MKB, f. 109b, l. 2)や、公主がガルを待って長くカムに留まったので、周囲のものが、公主がガルの子を懐妊したため、口実をもうけてチベット本土に赴くのを延ばしているのだと噂した(*ibid.*, f. 213a, l. 1)ことなどを示し、ネパール王女が一年間両者の面会を妨げたとも述べている(*ibid.*, f. 215a, l. 2)。特にカムにおける公主懐妊を、噂とはするが、言及している点に注目される。
(6)　チベットの伝承では、注(5)に見たように、文成公主とソンツェン・ガムポの面会の遅れは一年を越えるものではない。しかし、敦煌文献『編年紀』の記述によれば六年の遅れになる。これが婚約不履行の場合なら当然、両国間の外交問題となる。当時、吐蕃からシャンシュンに赴いたセーマルカル王女がリク・ミリャに受けいれられなかったためシャンシュンが吐蕃の征討を受けた例があり、前章でくわしく見たとおりである。
(7)　七四八―七五五頁参照。
(8)　漢文史料では文成公主と贊普、もしくはソンツェン・ガムポ王(両唐書吐蕃伝)の河源における面会をいう。ところが、後代のチベット史料は公主の遅れた到着を伝え、『編年紀』は六年後における文成公主とソンツェン・ガムポ王の結婚を述べる。そこでバコーはそれまでないがしろにされてきたこれらの記述の会通を考え、ガルによる代理結婚が行われたとする新解釈を試みたのである。しかし、バコーによる漢文史料の理解の仕方自体が粗雑であったため、多くの問題点を逸して、その上に重ねて新しい伝説を積み上げる結果になり、却って問題の解決から遠ざかった。文成公主には江夏王道宗が随行したので、ガルを知っている筈の道宗の前でガルによる代理結婚は行われえない。従って、河源で文成公主とあった贊普が誰であるかは別途に考察しなければならないのである。本論では、この贊普を『王統表』等の記述に拠ってクンソン・クンツェンとした解釈が示されるのである。

(9) 三一六、三一九―三二一、三九〇―三九二頁、四一七頁注(43)参照。

(10) 漢文史料はすべて、その勝利を伝えながら公主を与える約束をしたとしている、(三七二頁、三八三頁注(7)注(8))。

(11) 『通典』一九〇の吐谷渾伝、党項伝でもこの習慣を記録して「父兄亡《スレバ》、妻《トル》㆓後母《ヲ》及嫂等《ヲ》㆒」とか「妻《トル》㆓其《ノ》庶母及伯叔母嫂子弟之婦《ヲ》㆒」として、これに嫌悪の感を示している。吐蕃のうちにもこの習慣があったのに、『通典』も両唐書もこれに触れていない。文成公主がこの習慣に従ったことを殊更示さないのと同様、漢文史書の記述に見える傾向として興味深い。

(12) ガルが六四六年当時宰相であったとすれば、両国の外交関係のうちに現役の宰相が遣使された唯一の例となる。この遣使が単なる凱旋祝賀の目的でなく、重要な任務を帯びていたことが推察される。即ち、文成公主が「淫穢烝褻」の習慣に服して、夫の父と再婚したことについて、唐朝の了解を求めた遣使でなかったかと考えられるのである。

(13) 三五九―三六〇、三七三―三七五、四〇一―四〇二頁参照。

(14) KTG, p. 122, n. 212; GTD, p. 178, n. 583 参照。

(15) LSH, f. 5a, ll. 3-4.

(16) F・W・トーマスは"yos bu lo"「卯の年」(七六三年)とするが、前年の条に七六三年一〇月の吐蕃軍による長安侵入をいうので、これはその翌年以後になる。

(17) 「匹敵する」の原のチベット語としての"thang du chog"は、「価値において充分である」の意味である。

(18) 問題になる『年代記』の部分は、G・ウライ氏やマクドナルド夫人が訳出しているが、いずれも全文を見ないために誤訳をしている。今、以下に訳文を示して意見を加えておくことにしたい。

ガルが忠誠でなくなった時、贊普ドゥーソンが歌に唱った。「さても、昔のはじめに、以前の最初に青空のその下に、黒い地のその上に、秩序が正しく立った(gtsug gtsugs)。高まって天は崩れず、黒い地は平なままであって、空に陽が昇れば、暖かく暖かく地が暖まった。矢の羽根づきが正しくついて、狙ってもうまくうまくゆき(dpal yang dpal)、射れば野鹿も殺された。野鹿が殺されると人も養えた。さても、今日も明日がそうあるのと同様に〔過ぎ、いつの日か〕、地の虫の蟻が自らを養いつづけ、鳥のように空に飛び立とうと望んでも、飛ぶために羽根がない。飛ぶために羽根が出来ても、青空は高さが高くて、雲の高みが越えられない。上は天に到りえず、下は地〔底〕に到られず、昇ることも降ることも出来ず、雀の餌になる(DTH, p. 118, l. 26–p. 119, l. 1)。

と述べて、上下の秩序が保たれてはじめて安寧があるのに、蟻のような身分のガルが鳥のような王にならんとして、身を滅ぼすのだと譬えた後に、続けて次のように唱う。

チャプー Bya(/Pya) phu の小さな谷に〔いる〕或る家来が、国主になろうと望む。ガルの子が国主になろうと望む。蝦蟆が飛ぼうと望む。家来から国主になろうと望むことは、住居が上方に昇り、岩が山上へと転がる〔のと同じである〕。チャムダー Pya mda' のせせらぎ(smra 'or)が逆流してほとばしっても、〔ヤルラ・〕シャムポの頂きに到ることは思いもよらない(ling myi bgyid)。シャムポ山の雪のまわりに日がさしても、〔たとえ〕火を置いても、シャムポ山の雪は融かせない。碧いヤルチャプ河(ツァンポ江)の水を取って用水に引いても、ヤルチャプ河の本流は干上らない。チベットのプゲル sPu rgyal になろうと願って、どれ程望んでも、プゲルの家系は絶えようがない(*ibid.*, p. 11a, ll. 1–10)。

と述べて、チャプーの小さな谷にいるガルが王になろうとしてもなりきれないときめつけ、更に、

チャプーの小さな谷から牡牛が一頭騒ぎ立てても(rdzi/'dzi langs)、雄々しい平地の王は、騒ぎに鼻も動かさない。騒ぎを嗅ぎつけても、喚び声には坐して動かない。ムンカ Mon ka の一の虎は、〔頭上を〕鳥が飛んでも目もくれない。おびやかして(? bsrogs)ても、毛も竪てない。ツェンデン Tseng ldeng の小岩(bra gu/brag bu)とヤルラ・シャムポ山の二つはどちらが大きく、どちらが小さいかは、一〇〇人の人('greng)全部に明らかである('tshal/gsal)。青いキチュ河の小流とヤルチャプ(ツァンポ江)の大河と、どちらが長く、どちらが短いか〔ニェンチェン・〕タンラ山が上から区別して御存知になる……。チャムダーの灰色の家とチンバ・タクツェ〔の城〕と、どちらが高く、どちらが(gag/gang)低いかヤルラ・シャムポ山が御存知である。チャプーなる小さな谷にいるガルの配下の農奴(rmang ba/dmangs pa)共と、ヤルルンはチンルンにいる役に立つロ、ゲクとの二つでは、どちらが弱くて、どちらが荒いか、日月が上から見そなわす(*ibid.*, ll. 10–24)。

と歌って、ガル氏とヤルルン王家では格が違っていて勝負にならないというのである。この中にガル氏の住むチャプー、チャムダーの地が、キブ sKyi bu、今日のキーチュ河に近いと暗示されている。キブはキーチュ河を特に卑小化して呼んでいるのである。これに対するヤルチャプは今日のヤルルン Yar lung chu ではなく、同じ河の下流、ヤルルンの北のツァンポ江を指すのである。昔、ニャン・ツェンクがバー・イツァプと共にツァンポ江の北側にいながら、ヤルルン王家を指して「ヤルチャプの彼方に〔ヤルルン王家がある〕」(DTH, p. 104, l. 4)と歌い、その後、ニャン・シャンナンがヤルルン王家にいて、ゲーポ(=ペンユル)のグティ・スィンポジェを「ヤルチャプの彼方には」(*op. cit.*, p. 108, l. 4)と歌っているが、ヤルチャプがツァ

ンポ江であれば、ここでもこれらの歌詞が矛盾なく説明される。チンバとチャムダーとが対応し、チンバ、即ち、ヤルルンのチンルンとガルの国チャプーが対応することも明らかにうかがわれるのである。これらの対応関係を無視してマクドナルド夫人は、上記最終部を次のように訳す(LPT, p. 245)。

Entre Bya-pu lung-chungs, (ou Bya-pu et Lung-chungs, fief des mGar) où sont les vassaux de mGar et les rMangs-ba et Yar-lungs et Pying lungs où sont les lHo-rNgegs et les 'Phan-ba des deux lesquels sont utiles, lesquels grossiers ? En haut, soleil et lune le voient bien !

この訳文は、この文章の前後を読んでいないための誤訳である。ここで問題とされる対応はガルとヤルルン王家であるのに、"lung chungs"や"rmang ba"、"'phan ba"を固有名詞に読み替え、ヤルルンにあるチンルンをヤルルンとチンルンとに分けて読んでいる。この解釈の正しくない点は、既に説明した(四二一―四二二頁注(64))とおりである。ウライ氏の訳文は(QSS, p. 24)、

That in the small valley of Bya-pu the horse tending (rmang-ba ?) vassals of the *mGars*, and in *Yar-lungs* and in *Pying-lungs* the *lHos* and *rNgegses* with streamers, of the two which is with weak steamer, which is coarse, (that) is seen by the sun and moon of above.

となっている。"rmangs ba"が"dmangs pa"(Ch. Dic., p. 655b)の異字であることを理解せず、同様にヤルルンとチンルンを分けているが、"ni"は「即ち」を意味しても"dang"「と」の意味に用いられない。"'phan ba"は形容詞に由来する同格修飾語であって《with streamer》とは訳せない。なお、《streamer》に当るのは名詞"'phan"である。「幡」に由来する外来語であって後代の語彙中にしかない。なお、"'phan pa"にある「弱いもの」「有能なもの」の二義の使い分けについては先に注記した(三〇九―三一〇頁注(148)(149)(150)、四二〇頁注(60)参照)とおりである。

(19)　"Cha"は"Phyva"に対応する。二六〇頁注(82)参照。

(20)　『中民地』II、E三参照。

(21)　ダライ・ラマ五世はトンツェン・ユルスン以前のガル氏についてこのようにいう。しかし、そこに示される名は、後代のものである。

(22)　これらの二氏族が、グティ・スィンポジェの討伐に際し、中立的立場をとったのか、積極的に参加したのか知られていない。ニャン氏やバー氏のようにゲーポの攻略に積極的な役割を果したものが宰相になっては、被占領地のキロ、ゲーポ(ペンユル)が鎮まらなかったのかとも推測される。従って、被占領地の土侯のモンやガル氏を立てて協力を得たのであるかも知れ

ない。

(23) モン Mong については二八一—二八二頁、三〇三頁注(105)参照。ガルについては注(13)及び前節参照。ニャンについては二七五—二七七頁、四二五頁注(90)参照。

(24) バー・パントレ・イツァプについては二七一、二七四—二七六、二七八頁参照。

(25) DTH, p. 110, l. 2.

(26) バコー訳では"brin"と読み、名の一部としているが、"prin"の誤りである。他の用例としてはバー、ニャン等とタクウ・ニャーシク王が連絡をとる際ツェーポン・ナクセンが"prin kyis spu rgyal stag bu 'i snyan du bon"「伝言によってプゲル・タクウのお耳に申し上げた」(DTH, p. 101, l. 19)、"stag bu 'i snyan du ni//prin tshes pong nag seng gis bgyis so"「タクウのお耳に伝言はツェーポン・ナクセンがしたのであった」(*ibid.*, l. 29)との記述がある。

(27) "phang du len len"をバコー訳では《embrassé》(DTH, p. 143)とする。これは「膝に抱く」と読んだのであろうが、正しくない。この表現は、先に見た(二九八頁注(57))とおりであり、「打ち明けて相談した」意味にもなろう。ここから"dpang po"「証人」「目撃者」の語が出来る。

(28) 四二八頁注(115)参照。

(29) DTH, p. 143, n. 5 参照。ただし、"spad"は、"pha spad"「父と子」"ma smad"「母娘」という形で用いられる(Ch. Dic., pp. 518a, 626a)ところから、父を共通とする兄弟一同とそれらの子孫を指して"spad mtshan"としたことが理解される。

(30) "phog snya che"をバコー訳は《on mesure le coup》(DTH, p. 143)と示す。"snya"は"rmya"と同じく「衰弱」を意味し(Ch. Dic., pp. 321b, 662a)、その字から判断すると、"rma"「傷」による「衰え」を意味したように見える。従って、"phog snya"は「矢傷による衰弱」と解しうる。

(31) この時、すでに「賛普の御子」が存在したようにここでは表現されている。『編年紀』の中では、先代の死の直後に、その子の賛普や先代に触れる場合は"btsan po sras""btsan po yab"(DTH, p. 15, 676年、p. 19, 704年、705年)の形で示す。御子が登位しておれば、御子そのものが賛普として見える筈であるから登位前である。

(32) "bdag gi mchis brang du gdan bting yang gnang na"「私の邸に御座席を設けることが許されるならば」、即ち、「賛普の御幸が頂けるならば」の意味。"da shul yogs su"の"shul"は「あと」、"yogs"は"yog"/"og"と同義(GMG, II, p. 89a)で、同じく「あと」をいう。従って、「今すぐひき続いて」を意味する。

(33) La mo chag pa prum は地名である。このうちの La mo は、ガンデン dGa' ldan 大僧院に近い La mo chos skyong によ

って有名である(UNT, f. 6a; KTG, p. 109, n. 111)。ただ、Chag pa prum については知られるところがない。

(34) "phyag thab" は "phyag thabs" の異字。"thabs"「儀式」の敬語(Ch. Dic., p. 366b)。

(35) チョクロ Cog ro は青海の西南のダム 'Dam 達木に拠った民族であり、ティ・ドゥーソン王の『年代記』(DTH, p. 120)に名が見えている。

(36) "stod rims la"「その西方にいる者達に」の意味かと思われるが、確かでない。「その西方を順次」の意味かも知れない。

(37) バコー訳は《leur imposa, debout et assis, une garde》(DTH, p. 144)となっているが、何処からこのように訳しうるのか全く不明である。

(38) バー氏に対する信頼を示したということかと思われる。"dgung" は「夜」であり "gsol dgung" は「御泊り」の意味。

(39) ディントレ・ブンツェンの名はグティ・スィンポジェの討伐に関する『年代記』中に見えていない。イツァプの何に当るのか不明である。

(40)「チャプ chab の彼方」というのは、贊普の言葉であるから、ヤルルンから見てツァンポ江の彼方の意味になる。なお、"chab" によって指されるのがツァンポ江のことであり、「ヤルチャプ」と言われる点は注(18)に示してある。

(41) "dgung blon" というのは "blon po che dgu"「九大臣」中の上位三人を指す(KGG, f. 21b, l. 3)ようである。

(42) "dgod" は "god" の未来形「任命の手配する」こと、「変為某状態」(GMG, I, p. 60a)の意味。繰り返して "dgod dgod pa" とすれば、「何度も任命を手配しようとすること」の意味となる。"'tshol cig" は "tshol cig" の異字。

(43)「引退」することをいう。三六八頁注(63)参照。

(44) "gdo' thag gnyis" は "gdod mtha' gnyis" が "gdo 'ng tha 'g nyis" を経てその形に記録されたもので「始めと終りの二つ」の意味と理解される。

(45) 王の側から与える誓約を "dbu snyung" という(Ch. Dic., p. 590a)。

(46) "rtsang" は「荆棘」(GMG, II, p. 53a)であるが、「屋上にはりめぐらす荆」(Ch. Dic., p. 679b)の用い方から、荆の防御を共にしてその中にいるものの連帯を示したもののように推測される。

(47) 後代の "sku rten" は "sku, gsung, thugs"「身口意」の三業に対応した象徴物「仏像、経典、法塔」の一つであるが、ここでは王にさし出す「引き出もの」の意味で、"rten" の敬語である。

(48) さし出された武器の鎧、刀にはそれぞれ意味があると思われるが、その実際は不明である。"ral gyi mdor cod" は刀剣に何かの手が加えられたものであろう。

(49)　"pyag dar te"「御手を震わせて」の意味である。

(50)　その正系の子孫を称して代表するものをいうのであろう。

(51)　直系子孫に対して最低の位階を保証することによって、吐蕃王国における氏族の身分制度が次第に出来上るが、最盛期には功績によって変動があった様子である。

(52)　『通典』、両唐書吐蕃伝にこの結盟が紹介されている。最も詳しいのは『旧唐書』一九六上、吐蕃伝にあって、大小の結盟を次のように説明している。「与《ニ》二其臣下《ノ》一一年一小盟《アリ》。刑《スルニ》二羊狗獼猴《ヲ》一、先《ツ》折《リテ》二其《ノ》足《ヲ》一而殺《ス》レ之《ヲ》。継《ギテ》裂《キ》二其《ノ》腸《ヲ》一而屠《ル》レ之《ヲ》。令《ム》下巫者《ヲシテ》告《ゲテ》二于天地山川日月星辰之神《ニ》一云《ハ》上。若《シ》心遷《リ》変《リ》懐《イテ》レ奸《ヲ》反覆《スレバ》、神明鑒《ミヨト》三之《ヲ》同《ジニ》二於羊狗《ト》一。三年一大盟《アリ》。夜《ハ》於《イテ》二壇墠之上《ニ》一与《ニ》レ衆《ト》陳《シ》三設肴饌《ヲ》一殺《シ》二犬馬牛驢《ヲ》一以為《シ》レ牲《ト》咒《シテ》曰《ク》、爾等咸須《ク》三同《ジウシ》レ心《ヲ》戮《セテ》レ力《ヲ》共《ニ》保《ツ》二我家《ヲ》一。惟《ダ》天神地祇共《ニ》知《リテ》三爾《ノ》志有《ル》レ負《フ》此盟《ニ》一使《ムルノミ》三爾身体《ヲシテ》屠裂《スルコト》同《ジナラ》二於此牲《ニ》一。」バー氏がティ・ソンツェンと結んだのは、後者よりも更に大がかりのもので、永久の臣盟であったことが知られる。

(53)　四六九―四七三頁参照。

(54)　AHE, pp. 26–29; TIS, I, pp. 152–154, II, pp. 6–7.

(55)　五八二、五八四頁参照。

第七章　ソンツェン・ガムポ王の治世

ソンツェン・ガムポ王(=ティ・ソンツェン)に関する『年代記』には、シャンシュン討伐後の宴の記述に続いて、この王の一代の業績を讃えて次のようにいう。

チベットに以前、文字はなかったのであるが、この賛普の時に生じて、以来、チベットの統治原理である欽定大法と、大臣の序列、大小二つ〔をもつ〕位階、勧善の褒賞、非と曲の断罪、農牧の皮と鋤の税、水利の平等利用、量目と貫目〔の規定〕等、チベットの優れた規則のすべてがティ・ソンツェン王の時代から出現したのであった。(1) すべての人々がその御恩を思い、感じたので、ソンツェン・ガムポとお名前をおつけ申し上げたのであった(DTH, p. 118, ll. 16–24)。

右の記述について以下に検討してみたい。

第一節　文字の創制とトゥンミ・サンボタ

先ず、チベット文字の成立について、この王の時代に出来たことが明らかにされている。『編年紀』六五五年の条(DTH, p. 13, ll. 26–27)にも、

宰相〔ガル・〕トンツェンがゴルティ 'Gor ti にて欽定大法の文を書いて一年が〔経過した〕。

とあり、六五五年に確かに文字のあったことが示されている。(2) これはティ・ソンツェン王歿後六年のことであるから、

この王の時代に文字が出来たことを疑う必要はまずないであろう。『旧唐書』一九六、吐蕃伝上にガル・トンツェンについて「雖《モ》レ不《ト》レ識《ラ》二文記《ヲ》一」としているが、或いは、はじめて唐を訪れた六四〇年の頃には未だ文盲であったのかも知れない。同じく、『旧唐書』吐蕃伝の冒頭部に「無《ク》二文字一、刻《ミ》レ木《ヲ》結《ビテ》レ縄《ヲ》為《ス》レ約《ヲ》」とあるが、ティ・ソンツェン王以前の吐蕃を言ったものとしなければならないであろう。

『編年紀』は六四〇年以降の事件を伝え、六四九年以後に関しては、毎年の事件を箇条書きに記録している。また、かつてF・W・トーマスが扱い、本論でも後段で取り上げる筈の文成公主の名を含む『編年紀』もあり、トーマスによれば六三四年から、著者によれば六三五年からになるが、六四三年までに至る毎年の記事が残っている。これらは、口伝をうかがわせる特殊な形式をもたず、既に成立していた文字により記録として伝えられたものを編纂したとみなす方が自然のようである。[3] 例えば、『編年紀』には七一六年の条が欠けている。これは、この年の記録をとどめた「木簡」byang bu が編集の時に失われていたことを示す。即ち、敦煌文献の記述や、『編年紀』等の記録形式を参考にする限り、ソンツェン・ガムポ王の時代に文字が出来たということは、ほぼ額面どおりに理解されるべきであり、その意味で、漢文史料の記述には注記が必要とされなければならない。

チベットにおける文字の成立について、後代のチベット文献が示すところを見ると、先ず、プトゥンの『仏教史』には、

> それ(外国からの通信の文字)以外にチベットに文字がなかったので、トゥンミ・アヌの子 Thon mi anu 'i bu が供一六人と一緒に文字の修得のため遣わされて、パンディッタ・レーリクパ・センゲ lHa 'i rig pa seng ge のもとで文法を学び、チベット語にあわせて、子音三〇、母音記号四つにまとめ、形をカシュミール文字に倣って、ラサの御城マル Ma ru[4] で編纂した後、文字と文法の八論[5]もつくった。そこで王は四年籠ってそれを学んだのであった(SRD, f. 118b, ll. 5–6)。

とあって、『年代記』には示されてない文字の創制者を、プトゥンはトゥンミ・アヌの子としている。その他、彼の師をレーリクパ・センゲとし、字形がカシュミール文字に倣ったものであることや、八部の文法書を残したことも述べている。王がこれを学ぶのに四年も籠った[6]というのは、いささか当を失した記述で何かの誤伝と見らるべきであろう。

同様の趣旨は『王統明示鏡』(GSM, f. 29b, l. 6–f. 31a, l. 6)にも示され、トゥンミ・アヌの子、トゥンミ・サムボタ Thon mi sam bho ṭa の名のもとで、行き先を南印度とし、師の名が婆羅門リジン Li byin と変っている。また、文字の原形について、Lany tsha「神の文字」と War tu la「龍の文字」をそれぞれ dbu can「楷書」の文字と dbu med「行書」の文字に対応させている。

トゥンミの著作に関しては、トゥンミ・ドジ Thon mi mdo rdzi の *sgra mdo*『声経』の名を挙げている他、パンディッタ・レーリクパ・センゲのもとに学んだ翻訳者としてトゥンミを紹介し、観音に関する二一の著作の訳業も言及されている。

トゥンミに関しては、文字の創制者としての他に、文法書の著作者、更に訳経者としての面が伝えられている。『プトゥン仏教史』(SRD, f. 119a, l. 6–f, 119b, l. 1)と『赤冊史』(HLD, p. 16b, l. 9–p. 17a, l. 1)では一様に lo tsā ba Thon mi sam bhoṭa の名を、その弟子ダルマコーシャ Dharma ko sha 及びラルン・ペルギ・ドルジェ lHa lung dPal gyi rdo rje(プトゥンは、ドルジェペル rDo rje dpal とする)[7]と共に別記している。サキャパのソーナム・ツェモ bSod nams rtse mo(一一四二—一一八二年)も sgyur byed dam pa Sambhoṭa「立派な翻訳者サムボタ」(CJG, f. 50b, l. 2)の形でチベット文字の創制者を紹介している。

既に述べた(三二五頁)ように、敦煌文献には、ソンツェン・ガムポ王の大臣としてトゥンミ・サムボタはもとより、アヌの子の名も見えない。[8] 上に見たのもすべて "lo tsā ba"「翻訳者」、"mdo rdzi"「経を守る者」、"sgyur byed dam pa"「訳経大士」と呼ばれ、仏典の翻訳者と考えられるため、歴史的にもソンツェン・ガムポ王時代の人物とは考えにくい。というのは、以下のような理由による。

後代のチベットの人々にとって、ソンツェン・ガムポ王は観音の化身であり、仏教の偉大な鼓吹者であったと信じられている。従って、この時代に観音に関する経典の翻訳が行われたとする記述は、何らの疑念もさし挟まずに受け入れられるのである。

しかし、今日、学問的な検討を経て語られるソンツェン・ガムポ王には、仏教の推奨者としての側面は皆無に近い。(9) とすれば、この頃、訳経僧がいて、大いに訳経が行われたという可能性も、まずないと言ってよいのである。(10)

トゥンミ・サンボタの弟子の一人に挙げられているラルン・ペルギ・ドルジェ lHa lung dPal gyi rdo rje は、実はランダルマ gLang Dar ma 王(八〇九―八四二年)の刺殺者として伝説上伝えられる人物と同名である。(11) 同一人とすれば九世紀の人物となり、トゥンミ・サンボタも九世紀前半の訳経者に数えられるべきものになる。

『ルンポ・カータン』(BKT, f. 16a, l. 4)は、ラルン・ペルギ・ドルジェをチベットにおける最初の具足戒を受けた七人、「試みの七人」“sad mi mi bdun”の一人と数える。『学者の宴』Ja 章(KGG, f. 104a, ll. 4–5)によれば、今日いくつかの引用文によってしか知られない古文献の *Lo rgyus chen mo* にも、ラルンの名がこの七人のうちに数えられている。もっとも、『学者の宴』ではこれをラルン・ラプジョルヤン lHa lung Rab 'byor dbyangs だとしている。それにしても、これはペルギ・ドルジェの兄に当り、弟と共にヴィマラミトラ Vimalamitra から戒を受けて出家した人物とされる。(12)

また、一般の伝承と趣きを異にする『ロペン・カータン』(LKT, f. 65b, l. 6–f. 66a, l. 1)には次のように示されている。

インドの学者リジンにチベットのトゥミ・ディトリク・アヌ Thu mi 'Bri tho rigs a nu が文字を学び、学者となった。インド文字は五〇であるが、チベット文字は三〇で足ると知った。カシュミールの学匠アナンタ Ananta を招き、白蓮華経と……などを訳経師トゥミ・サムボ〔タ〕Thu mi sam bho〔ta〕が訳した。〔これが〕チベットにおける正法の翻訳の初めである。

上の文中 Thu mi 'Bri tho rigs a nu と示されるのは全く新しい形である。ここでは A nu そのもの[13]であり、A nu 'i bu「アヌの子」とはなっていない。トゥミ・サムボ Thu mi saṁ bho はトゥンミ・サンボタ Thon mi saṁ bho ṭa の崩れたものであろう。『ロペン・カータン』は『埋蔵本』[14]であるので誤写が多く、敦煌文献『宰相記』(DTH, p. 100, ll. 18, 19; p. 101, l. 15)に mThon myi の形があるので、むしろ一般の伝統的な綴りが優先するであろう。'Bri tho rigs は 'Bring to re[15] の形を思わせるが、『宰相記』にある mThon myi 'Bring po rgyal mtshan nu[16] とも結びつかない。

上記引用文にカチェ・チョボ・アナンタ Kha che jo bo Ananta[17] の名が示されるのは、先に見たラルン・ペルギ・ドルジェの場合と同様、注目されねばならない。この Kha che「カシュミール」のアナンタこそ、シャーンタラクシタ Śāntarakṣita 来蔵時に通訳をつとめ(BSS, p. 16, l. 11; KGG, f. 81a, l. 4; BSS, p. 17, l. 9, KGG, f. 81b, l. 3)、訳経事業にも参加した(BSS, p. 52, ll. 2–3)とされ、『二巻本訳語釈』(GBN, f. 2b, l. 1)には、チェ・キンドゥク lCe Khyi 'brug と並べて言及されているからである。つまり、これらにより再び、トゥンミ・サンボタが八世紀末から九世紀前半の間に存在したものと見なされねばならなくなるのである。

以上に見たところから、ティソン・デツェン時代の訳経者であり文典家であったトゥンミ・アヌの子もしくはサンボタが、誤って、賛普ソンデツェン btsan po Srong lde brtsan、即ち、ソンツェン・ガムポ王時代の人物とされ、文法綱要書『三十頌』*Sum cu pa* の著述と三〇文字の創制とが混同されて伝えられたのではないかと疑われるのである[18]。トゥンミ・サンボタが文典家であったことに関しては、今日、アーチャリヤ・アヌ slob dpon A nu の著作として『テンギュル』の雑部に収められている二部の文法書(『東北目』四三四八、四三四九)を、プトゥンがトゥンミ・サンボタの著作としている(SRD, f. 199a, l. 2)ことで一応承認できるであろう。

『王統明示鏡』中には、トゥンミ・サンボタの異称とみなしうるトゥンミ・ドジ Thon mi mdo rdzi について、そ

の著作 *sgra mdo*『声経』の説明がなされている。そこには、

くわしく〔知ろうと〕欲するならば、トゥンミによって、はじめて文字のそれぞれの形がまとめられ、ka 以下三〇字とされ、綴字が整合させられた基本の法則、トゥンミ・ドジの声経と言われるものがあるから、それらを御覧頂きたい (GSM, f. 31a, l. 4)。

と示されている。ここで“sgra mdo”「声経」とされているのは、実は「文法書」を指す普通名詞であり、これにトゥンミ・ドジを冠することで特定のものとされるのである。

稲葉正就氏はこれを書名と取っている。[19] もっとも『学者の宴』Ja 章の中でも (KGG, f. 16b, l. 1)、トゥンミ・ドジの *sGra mdo* および *Sum rtags*(『三十頌』と『性入法』を併せいう略称) と書いて、プトゥンのいう「八つの論書」のうちに数えている。しかし、当のプトゥンが『スム・タク』*Sum rtags* 以外を知らないとしている (SRD, f. 199a, ll. 2-3) 上に、『王統明示鏡』は単に“sgra mdo”「声経」とのみ言い、『スム・タク』と並記して書名であることを示しているわけではない。それどころか、「声経」と示した後、“de dag”「それら」という複数または双数を示す指示代名詞によって「声経」を指しているから、トゥンミの文典類一般を「声経」としているのであり、『学者の宴』の著者による理解は正しくないとすべきである。

この「声経」の内容として「綴字を整合させる基本の法則」が指摘されているが、これは『性入法』*rTags kyi 'jug pa* の主題に他ならない。ここで気づくことは、『性入法』の内容が三〇字の整合法、即ち、正書法を示し、更に、四句一偈による三〇偈から成っていることである。[20]

先に、『三十頌』の著作と三〇字の創制が混同されたのではないかと述べたが、それにもまして、三〇字の正書法を主題とした[21]三〇偈からなる『性入法』の著述が三〇字の創制と誤り伝えられた可能性が大きいのでないであろうか。

『三十頌』と『性入法』の成立について、著者は先にその内容から見た年代論を発表した。[22] 今、その結論を取り上

げて言えば、『三十頌』の第一〇偈に規定された“kyi”助辞が、八世紀末に成立したシュル Zhol の敕許碑文に未だ用いられていないから、『三十頌』は、“kyi”を用いているサムイェーの鐘銘(TTK, p. 108)以後の語法を反映する。他方、『性入法』のうちに示される中性基字の接尾辞はシュルの碑文の南面に多くの例が見られるものの、以後の碑文には殆んど用例がなくなる。従って『性入法』の成立はむしろ『三十頌』より古く、シュルの碑文の成立時点に近くなる。

『性入法』は語の構成法を語るものであり、それ自体で完成された作品である。その点で、『三十頌』の説明する「辞」の働きより基本的な主題を扱ったものとも言える。

ティソン・デツェン王の七七九年以後に始められた訳経事業にとって、チベット語の正書法は最も大切な規定として、その確立が要請されていた筈である。従って、『性入法』の成立は、『三十頌』の成立時期にやや先立って、八世紀末にあったものかと推測される。

ともあれ、現存のこの二文典、略して『スム・タク』*Sum rtags* と併称されるものが、もしもトゥンミ・アヌ、もしくはサンボタによるものであるならば、その著者は、ティ・ソンツェン王時代に文字を制作した人物と同一であることは不可能になる。逆に、この人物が文字を創制したのであれば、正書法を規定した文法家としての功は他に帰することになる。

しかし、最初に見たように、トゥンミ・サンボタ、もしくはアヌの子と呼ばれる人物は、八世紀末から九世紀にかけて存在した形跡が濃い。この事実を併せて言えば、文典家としてのトゥンミ・アヌは訳経者としてのアヌの子またはサンボタと同じであるとする方が、より多くの確実な具体的根拠に立っているとされよう。

従って、ソンツェン・ガムポ王時代にチベット文字を創制した一人の人物がいるとするならば、それは『スム・タク』を著わしたトゥンミ・アヌ、もしくはサンボタとは別個の人物であったと言わねばならない。

敦煌文献の『年代記』では、文字の創制を一人の人物の功とせず、とくに、トゥンミ・アヌとかサンボタなる個人の名に触れることもない。おそらく、正書法が規定されるより以前に、自ら実用化されていた借用文字があって、ソンツェン・ガムポ王時代に公式に採用され、そのことが『年代記』中に言及されたのであろう。

第二節 「欽定大法令」と位階・官職

次に、"Bod kyi gtsug lag bka' grims ched po"「チベットの統治原理である欽定大法令」について考えてみたい。ここでいう"gtsug lag"については、既に、マクドナルド夫人が説明を試みている(LPT, pp. 377-378)が、一般的にいえば、"gtsug lag"に支えられた「良風美俗」と、"dbu rmog"「武力」を背景とした「絶大な王権」とが、吐蕃時代では観念的に対応していて、(23) 後者の内容をなすのが"chab srid"「支配権力」であった。

このうちの「風俗」(chos)は、「秩序のもと」(gtsug)と表裏一体のものであり、"chos"には"lha chos"「宗教(神の法)」と"mi chos"「慣習(人の法)」(24) があって、心因的な拘束力をもつのに対し、"gtsug"の方は、世間を支配する理法、例えば「運命」のようなものも含めて、人間が好悪にかかわらず従わせられる類のものを指している。いわば「秩序をもたらすもの」を象徴するのである。これに対して"gtsug lag"は、そのような「秩序をもたらすものの働き」であり、具体的な「階層的秩序を支えるもの」を指すように思われる。

"Bod kyi gtsug lag"「チベットの『秩序を支える統治原理』」は、"bKa' grims ched po"「欽定の大法令」を修飾している。後者に関して『学者の宴』Ja章は次のように示す。

「王国の安寧は大臣がつくり出したと言われているのは正しくない。大臣は私が任命するものである。今や、私が王者の大法律令を制定しなければならない。以前には法令がなかったので、小王達がそれぞれ迷ったのである。

なお、法令がなければ、悪をなすことがはびこり、私の家来達が苦しむことになるであろうから、法令を制定しなければならないであろう」と仰言ったのち制定されたと言う。〔このようにして〕欽定大法令の六種がつくられた[25](KGG, f. 18b, ll. 3–4)。

これは「欽定大法令」制定の事情を的確に示している。それまで、チベットの国には「小王」が割拠していた。おそらく、氏族毎に集団を規制する私法があって「小王」達の小国が運営されていたのであろう。ティ・ルンツェン王以後、小王達はヤルルン王家の権威に服したが、そこに出来上った関係はヤルルン王家を中心に、小王達がそれぞれの臣盟によって放射状に結びついたものであり、小王達相互の間を横につらねる関係も法規も存在していなかった。先にバー氏がティ・ソンツェンに願い出て盟約を行い、その見返りとして、イツァプ〔の直系〕子孫の一人に金字の位階を保証して貰った例を見たが、この時点(六二一年以後の早い時期)において、後段に見る位階の制度が成立していて、このような永久臣盟の形で徐々に小王間の序列の設定に変っていったものと推測できる。このような階層構造をもった単一共同体の成立によって、各氏族内部の事件を共通の規準で処理できたばかりではなく、氏族間相互の問題の解決についても、高次元の基盤が提供されるに至ったのである。

即ち、それまでのヤルルン王家を中心とした各氏族との放射線状の結びつきから、ヤルルン王家を中心にした同心円的階層社会が出来上り、それが基盤となって、六種の「欽定大法令」そのものを成立せしめえたと言えるであろう。即ち、「吐蕃王国」の統一国家としての形態がこのようにして漸く整ったのである。

また、国政の実務を担当する大臣に対して、賛普はその任命権者の地位を確立し、さらに、大臣の実務を規定する「大法令」の欽定を通じて、配下に組み入れた旧小王達の領土と人民とを併せて統治し、君主主権の国家の体裁を具えるに至ったのである。ただ、右の引用文において罪科の処断ということのみを考えれば、bka' khrims は処罰、裁判の「法律」をいうものになる。この点は冒頭の『年代記』引用文でも諸制度が別記されているので、そのように解しうる。しかし、後述のように「六種」として示されるものには明らかに制度も含まれているので広狭二義に理解されねばならないであろう。

『学者の宴』Ja章では、これに続いて、ソンツェン・ガムポ王自身の業績として“Bod kyi khos drug”「チベットの六つの行政組織」を挙げ、これに関する記事を「六種の法令」に関する話と混同しながら記述している。[26]

「六つの行政組織」として示された諸制度の創設については、著者も以前に述べたことがあるが、近年、G・ウライ氏は、この事業をソンツェン・ガムポ王歿後にあったものとして取り上げた。ウライ氏の場合、「六つの行政組織」が「欽定大法令」中の一つである“Khri rtse 'bum bzher”の内容をなすものと誤解されているので、前記『年代記』中にソンツェン・ガムポ王による「欽定大法令」等の制定があったとされるのと矛盾する立場に立ってしまう。[27] この理解は、『学者の宴』の著者が不用意に、もしくは誤って示したものを批判せずに鵜呑みにした結果であって、正しい見解ではない。

ソンツェン・ガムポ王の制定した「欽定大法令」、bKa' grims ched po(もしくは bKa' khrims chen po)とは、次のような六条から成っている(KGG, f. 18b, ll. 5–6)。

1 Khri rtse 'bum bzher gyi khrims
2 'Bum gser thog sha ba can gyi khrims
3 rGyal khams dper blangs kyi khrims
4 mDo lon zhu bcad kyi khrims
5 dBang chen bcad kyi spyi khrims
6 Khab so nang pa 'i khrims

一条の Khri rtse 'bum bzher gyi khrims 以下全六条の表題の意味は必ずしも明瞭ではない上に、『学者の宴』Ja

章によってその内容として示されるものも名称に相応しないところがある。特に、第四条以下の場合では『学者の宴』の記述が誤りであると考えられる。今、六条の意味と内容とについて考えるため各条項を訳してみよう。

一、頂上の王座と一〇万の下従の法令
二、収穫の賦課を含む一〇万黄金の法令
三、王国の判例による裁きの法令
四、〔アム〕ドの役人の申請を決裁する法令
五、諸侯を裁く一般的法令
六、政府宮廷内部者の法令

と訳しうる。第一条には、『学者の宴』によると、そこにあらゆる制度が定められているという。その名称は、最上位の王座と下位に従う一〇万の職階組織をいうのである。

第二条に thog sha ba can とあるのは "thog shas can"(28)「収穫時の賦課を含む」の誤写と考えられ、下民の賦課についての規則とその計量の単位を定めたものと考えられる。『学者の宴』では単に計量単位の設定とされている。

第三条は、裁判の法律である。『学者の宴』の中では、この第三条に属する民事裁判について公平を求める例三題が誤って第四条以下の説明に当てられている。おそらく、第四条以下を説明する資料がなかったので、窮してこのようにしたのであろう。

第四条では mDo lon の名が示される。この名は文成公主に関する『編年紀』のうちに官名として mDo blon chen po と見えている(TLT, II, p. 9, l. 32)。mDo は、後代ではアムド、即ち青海地方とカム地方を併せていう。六四〇年前後に、この地域を管理する特別の大臣がいたのである。ドメー地方は中央チベットから離れた土地であるが、吐谷渾や唐に対する関係からすれば最も重要な位置にあり、クンソン・クンツェン王の在世中は特別の地域として扱われた

可能性がつよい。この点は注意すべきであろう。

第五条でいう"dbang chen"は文字通りでは「大権」であるが、多分、"'bangs chen"「大身の家来」の誤写であろう。例えば、吐谷渾王家、即ち、'A zha rje とか、rKong rje Kar po などの後代でも rgyal phran「小王」と呼ばれるものに対して、一般とは異なった扱い方を示したものであるかと思われる。

第六条は「政府宮廷内部者の法律」である。その語義からすれば、賛普の王国(rgyal khab)を運営する('tsho/so)内部の要員(nang pa)を取り締る法律であったと考えられる。(29)

これらの「欽定大法令」の内容については、冒頭に引用した『年代記』のうちにも大略が示されているが、詳細は『学者の宴』中の記述以外に拠るべきものがない。『学者の宴』Ja 章の記述自体の適否をいうのは容易ではないので、以下に同書の報告を示し、冒頭に掲げた『年代記』の記述との対応を観察しておくにとどめたい。

第一条の Khri rtse 'bum bzher「頂上の王座と一〇万の下従者」の法律については(KGG, f. 18b, l. 6)、

srid pa dang khos ston pa las rgyal pos blon po rnams so sor bkas bskos te/

〔王が〕統治し、制度を指定すること〔が定められているので、〕それによって王が大臣達のそれぞれを勅によって任命なさって、(以下諸制度の成立を例示)

とあって、王がこの法律によって政治を行い、制度を制定する旨を述べ、その任命権の由来をいう。それによって選ばれた"khos dpon"「制度創設長官」に関説しながら、これに関係のある"khos drug"「六制度」の全部を『学者の宴』の著者は"dpa' sde gsum"「三勇軍団」の項まで一気に説明してしまう(*op. cit.*, f. 18b, l. 7–f. 21a, l. 2)。

ここで"srid pa"というのは「政治」であり、"khos"と示されるのは、正しい綴りでは"khod"であって、「制度」を意味する。(30)王は「政治」の指揮と「制度」の制定とによって全き主権者として君臨しているとするのである。

ここに「制度」の最初として挙げられているのは"dpon bdun"「七長官」の制である。そのうちわけは以下のよう

で（*ibid.*, f. 21a, ll. 2-3）、六つしか知られていない。

一、“yul dpon”「地方長官」(31)。各地域（yul chung）を法規にもとづいて保護する。
二、“dmag dpon”「将軍」(32)。敵を制する。
三、“chibs dpon”「鹵簿官」(33)。行幸の案内を司る（bshul mtshon）。
四、“rngan dpon”「会計長官」(34)。糧食、金銀の管理をする。
五、“phru dpon”「殖畜長官」(35)。牛とヤクの増殖管理をする。
六、“drang dpon”「司法官」(36)。裁判を司る。

これらの長官職が果してソンツェン・ガムポ王時代にあったのかどうかは、右の記述以外に言及するものが知られていないので、確認されない。

続いて示されるものは、すべて六の数字に拘っているので、どこまで信じてよいのか疑問であるが一応示しておく。まず、“bka' gros chen po drug”「六大相談事」（*ibid.*, f. 21a, ll. 3-4）は、

一、主の御健康を守り、体力、気力を一層増進させる（zho sha slar 'bul）(37)。
二、軍戸の首を抑え、民戸の下を支える(38)。
三、民戸を軍戸に変えず(39)、占師を王の顧問に加えない（mo btsun bka' la mi gdags）(40)。
四、境界を守り、家来の庭園田地(41)を馬で横ぎり、荒さない（rta dkyus kyis mi bcad）。
五、敵を圧倒し、家来を守る。
六、十善を守り、十不善を捨てる。

とあるが、これは「制度」のうちに入れにくい。むしろ、王または側近の心得を示したものとすべきであろう。第二項と第三項に軍戸が力を得て、民戸が圧迫される傾向と、側近に占師が力を得ることから政治の曲げられる危険が言

及されている。また、これらの二項目は、ソンツェン・ガムポ王歿後に「六制度」が成立して、“rgod sde”「軍戸」と“g-yung sde”「民戸」の別が出来た後の問題である。(42) 第六項は仏教導入以後の観念をいうもので、いずれをとっても、ソンツェン・ガムポ王時代に成立したものとも、制度的なものとも言えないようである。

第三節　位階と九大臣職

制度として前節の二つに続いて示されるのは「イクツァン」“yig tshangs”「位階記」である。“yig tshangs/yig tshang”の語は、今日では「文書、記録」(J. Dic., p. 509b)の意味で知られる。F・W・トーマスの訳はこれを用いて、《written records》(TLT, II, p. 179a)となし、ダライ・ラマ五世の『年代記』にある“yig tshang mang po”「多くの文書」とか“mes rnams kyi yig tshang”「祖先の文書」などの用例を参考としている。(43) しかし、ここで問題とされる「イクツァン」は一般的な「文書、記録」の意味では処理できない。

例えば、トーマスの示した文献に“y〔i〕g tsang//(2)…〔g〕s las//gser chu ngu sum rgyud du gnang”(TLT, II, p. 22)「……イクツァンから金字小〔の位〕を三代にわたって許す」とあるのが、今問題とする「イクツァン」の実例であり、トゥッチ氏のいうような《patents, diplomas》(PRN, p. 88)の方が適訳であると思われる。

さらに、『ルンポ・カータン』中にも“yig tshangs g-yu yi yi ge yin”とか“yig tshangs ni zangs kyi yi ge”(BKT, f. 8b, l. 6; f. 9a, l. 3)とあって、“yig tshang/yig tshangs”の語によって、“g-yu yi yi ge”とか“zangs kyi yi ge”“gser〔gyi yi ge〕chu ngu(または ched po)”(TLT, II, p. 407)などの位階が指されているのを知る。とすれば位階の「辞令」もしくは漢土の「告身」の文書に相当する。

シュル Zhol の石柱碑文などには“dku rgyal gyi yi ge lag na ’chang ’chang ba zhig”(AHE, p. 27〔ll. 32–33〕)とか

"zhang lon yi ge pa 'i thang" (*ibid*., p. 28 (l. 40)) などとあって、あたかも、"sku rgyal" とか "zhang lon" という「イクツァン」があるかのように見えるが、[44] 実は「側近の小王のうち〔何らかの〕『イクツァン』(位階記)を手にもてるもの」とか「zhang lon (高官)にして〔何らかの『イゲ』(位階)をもつものと同じ程度の」と訳すべきものであり、"sku rgyal"[45] や "zhang lon" を示す「イクツァン」や「イゲ」はない。その点は Pelliot tib. 1071~1073, 1089 などの用例からも知られる。[46]

「イクツァン」[47] は「位階」を示す「文書」であり、位階に応じて金、銀の粉汁で《diploma》「位階記」が書かれ、王より与えられたのであろう。『年代記』中にティ・ソンツェン王の業績として "che chung gnyis kyi dbang thang"「大小二つの位階」という形で示されているものがこれに相当すると考えられる。

"dbang thang" は、今日では、"dbang thang che ba"「幸運の人」「星のよい人」の意味に用いられる (Ch. Dic., p. 587a)。「十二支十干」の組み合せをいうこともある。更に、「権勢」[48] を意味しうる。一般に、"dbang" は「力」「能力」を言い、内から外側に発揮しうる可能性を表わす。例えば、"dbang du byas"「思いどおりにした」の表現から理解できる。これに対して "thang" は外側から公認された内在的価値をいうのに用いられる。"rin thang" "gong thang"「値段」とか、"thang yig"「公認された正真の記録」の他に "thang du chog"「匹敵する」などの用法[49] がある。従って、"dbang thang" は「評価された権威」をいうものとみなしうる。

『学者の宴』Ja 章 (KGG, f. 21a, l. 5) によると、「位階記」は "rab"「上」、"bring"「中」、"tha ma"「下」に分けられ、それぞれが二種の素材で記され、各々が更に大小に分れている。その順位は、その後に示される大臣の官位と照合することで次のようになっていることがわかる。

一、 g-yu (トルコ石)　che (大) ┐
二、 同右　chung (小) ┘ 上

三、gser(金)	che (大)		
四、同右	chung(小)		
五、phra men(オパール)	che (大)	中	
六、同右	chung(小)		
七、dngul(銀)	che (大)		
八、同右	chung(小)		
九、zangs(銅)	che (大)	下	
一〇、同右	chung(小)		
一一、lcags(鉄)	che (大)		
一二、同右	chung(小)		

これらが既に制度化していたことを示すのは、先に見た（四四五—四四六頁）バー氏による永久臣盟の際、ティ・ソンツェン王からバー・イツァプの〔直系〕子孫の一人に「金字の位」が約束されたという話である。臣盟の時期は、クンソン・クンツェンの生誕後で、おそらく、その六二〇年代であろうとも推測された。

他に年代の明らかな関係記事として、文成公主の入蔵を伝える『編年紀』の一節がある。そこには、六四〇年に"g-yu 'i yi ge"「トルコ石字の位」が吐谷渾の高官の上首(zhang lon gyi gtso)の遺族に[50]、六四二年に"dngul gyi yi ge"「銀字の位」がチョクロ・トンレ・コンスン Cog ro sTong re khong zung にそれぞれ与えられたと示されている(TLT, II, p. 9 (l. 35); p. 10 (l. 49))。

これ以前の段階では、ニャン・シャンナンが宰相に任命されたティ・ルンツェン王の末期に、"blon po 'i mtshan mar yang rdul gyi pug bu chung stsal to"「大臣のしるしに最上磨き上げの猫目石[51]を賜ったのであった」と『年代記』に示されている(DTH, p. 108, ll. 21–23)。この制度が発足する以前の話であったことと、また、この制度の起源を示すものともみなしうる。

従って、位階制度はティ・ソンツェン王の治世の半以後であっても、クンソン・クンツェン王の時代になるまえに成立していたものと見て殆んど差し支えないように思われる。

念の為に、この王と誤られ易い後のティソン・デツェン王時代を見ると、『編年紀』の七六四年と思われる条(DTH, p. 60, ll. 14–16)に “blon che snang bzher ke ke ru ’i yi ge stsal te”「宰相ナンシェルには黄緑玉石字〔の位〕を賜わり」とあって、ティ・ソンツェン王時代の六種の字に見えないものが示されている。このあとに「トルコ石の文字」が見えるから、これが当時の最高位の「位階」であったのかも知れない(52)。

Pelliot tib. 1089 には、“dngul”「銀」と “zangs”「銅」との間に “ra gan”「黄銅(53)」を介在させている。この文書にある「戌の年」は七九四年とされている(RFT, p. 177)ので、これに従えばティソン・デツェン王時代のものになる。ここでは、これらの “yi ge”「イゲ」(「文字」)を “thabs”「位」とか “gral thabs”「序列、位階」とはっきり呼んでいる(*ibid*., p. 176〔ll. 4, 5, 9,10, 11, 13, 16…〕)。

吐蕃の位階に関して漢文史料にも示すところがある。『通典』一九〇、辺防、吐蕃伝では、

其《ノ》官《ノ》章飾有《リ》二五等一。一謂《ヒ》二瑟瑟《ト》一、二謂《ヒ》レ金《ト》、三謂《フ》二金飾銀上《ト》一、四謂《ヒ》レ銀《ト》、五謂《フ》二熟銅《ト》一。各以《テ》二方円三寸《ヲ》一褐上装《ニシ》レ之《ヲ》、安《ジテ》二膊前《ニ》一、以《テ》弁《ズ》二貴賤《ヲ》一。

という。上記の順は、

g-yu（トルコ石）　＝瑟瑟(54)

gser（金）　＝金

phra men（オパール）　＝金飾銀上

dngul(銀)　　　　=銀
zangs(黄銅)　　　=熟銅
lcags(鉄)　　　　(対応なし)[55]

となっている。

上の「瑟瑟」*sjɛt-sjɛt*(GSR, 411-a)は“g-yu”に相当すると思われるが、或いは“ke ke ru”をいうのかも知れない。“phra men”相当のものを「金飾銀上」とするが、明らかではない。“phra men”は、今日では“khra men”(Ch. Dic., p. 90b)と示され、宝石[56]であることに間違いない。

漢文史料はこの他に異説を掲げており、その点についてはP・ドゥミエヴィル氏が説明している。また、この「位階」を「告身[57]」と呼んでいる。

「鉄」は、漢文史料に見えていない。Pelliot tib. 1089, 1071〜1073には、「鉄」をいう“lcags”の代りに“gtsang chen”の位が言及されている。ソンツェン・ガムポ王時代には『学者の宴』のいうように“lcags”があって、後に廃されたのか、『通典』が示すように元来なかったのかは不明である。

次に、『年代記』に“blon po 'i rim pa”「大臣の順位」として示されているものは、漢文史料にいう「尚論掣逋突瞿」、即ち、「シャンルン・チェポグ」“zhang lon ched po dgu”の序列である。これについては、既に、B・ラウフェル、P・ペリオ、それに、佐藤長氏による研究がある[58]。しかし、いずれも『学者の宴』Ja章(KGG, f. 21b, ll. 3-4)を未だ参照していなかったので、今、これによって『唐書』吐蕃伝上との対応を示す。

「尚論掣逋突瞿」“zhang lon ched po dgu”、または“blon po che dgu”(KGG, f. 21b, l. 3)は「九人の大高官」または「九人の大臣」の意味である[59]。「尚論」は“zhang po”と“blon po”を並べていう場合のものではなく、熟語として“zhang lon”「シャンルン」と示されるものであり、敦煌文献では前者と明らかに区別されている[60]。

唐書	論茝	論茝扈莽	悉編掣逋
対応チベット語	blon che	blon che 'og pon	spyan ched po
KGG	1. dgung blon chen po	2. dgung blon 'bring po	4. dgung blon chung
(位階)	トルコ石大字	トルコ石小字	金大字
唐書	囊論掣逋	囊論覓零逋	囊論充
対応チベット語	nang blon ched po	nang blon 'bring po	nang blon chung
KGG	3. nang blon chen po	5. nang blon 'bring〔po〕	7. nang blon chung
(位階)	トルコ石小字	金大字	金小字
唐書	喩寒波掣逋	喩寒波覓零逋	喩寒波充
対応チベット語	yo gal〔'chos〕 pa ched po	yo gal〔'chos〕 pa 'bring po	yo gal〔'chos〕 pa chung
KGG	6. bka' yo gal 'chos pa chen po	8. bka' yo gal 'chos pa 'bring po	9. bka' yo gal 'chos pa chung
(位階)	金大字	金小字	オパール〔大〕字

「論茝扈莽」の「扈莽」を、B・ラウフェルが"mgo mang"と読んだ(BDT, p. 81)のに対し、佐藤長氏は「唐蕃会盟碑」に見える"khab so 'o chog"を引用して、この"'o"の対音「戸」と問題の「扈」が同音の*γuo*であるから、「扈」は"'o"に相当するとした(『古チ研』七二〇―七二一頁)。これは正しい。ただ、「莽」については全く触れるところがない。

「唐蕃会盟碑」には"mngan pon"が「岸奔」と示される。佐藤氏は「莽」と結びつけないでこれに言及している(61)。今、「扈莽」の「莽」を「奔」の誤写とすれば、これは"'og pon"を写したものであることが知られる。"blon che 'og pon"の名は『編年紀』(DTH, p. 57, ll. 10-11)や『宰相記』(*ibid.*, p. 102, l. 4)中に示されているので、疑う必要はない。

次の「悉編掣逋」について、B・ラウ

フェルは“srid dpon che po”を当て(BDT, p. 82)、P・ペリオは、「編」に“dpon”が当てられないと批判した(QTC, p. 17)。佐藤長氏は代りに“spyan ched po”を示した。佐藤氏が引用する『年代記』の“spyan chen po”は’Jang(南詔)の高官を指すものである(DTH, p. 115, ll. 22–23)が、恐らく、吐蕃にもこれに相当するものがあったとしてよいであろう。別に指摘されたスタイン文献の例では“spyan ched po”の下に“rtse rje”があると示される(TLT, II, p. 403)にとどまるので、「九人の大臣」の一人であることをいうのには必ずしも充分ではない(『古チ研』七二一—七二二頁)。

Pelliot tib. 1089によると(RFT, p. 179)、“rtse rje”「節児」以下の役人の序列について、

rtse rje blon と khri dpon go cu rub

khri *spyan*

to dog ched po(＝大都督)

stong dpon(チベット側任命のもの)

rtse rje ’og pon

to dog chung ngu(＝小都督)

rGya ’i *spyan*

と続くことが示されている。上記の「大都督」は漢人であり、“stong dpon”を除き、“rtse rje ’og pon”以下も漢人を主とした現地人である。

上記の例は、沙州の khri dpon と khri spyan の要請に答えた文書に見え、占領地行政府の構成の一端を示すものである。その上部機構に当ると思われる“bDe khams ’dun sa”「デカム政庁」(TLT, II, p. 21)は“bDe blon ’dun sa”「デルン議会」の動かすところで(*idid*., p. 19)あり、後者の構成は、Pelliot tib. 1089(RFT, p. 176〔ll. 6–7〕)によると、

bDe blon gyi ’dun sa の

zhang bTsan bzang と

blon rGyal sgra と

spyan blon Byang bzher と

blon g-Yu〔sgra〕

を再び招集して

とあって、四人の“zhang”および“blon”から成り、第三位に“spyan”の役のblonがいる。

これを、その下部機構の沙州行政府の場合と較べて見ると、rtse rje, khri dpon, khri *spyan* となって、同じく、第三位に“spyan”が来ているのを見る。さらに、その下にくる漢人による行政組織でも、中間のチベット側の役人を除くと、to dog ched po, to dog chung ngu, rGya 'i *spyan* となっており、“spyan”が第三位を占めているのが見られる。

この職階の型は「九人の大高官」の場合も共通でなかったかと推測される。上記の諸例はティソン・デツェン王の晩年以後のものであるが、『学者の宴』Ja章の示す「九人の大高官」中には“spyan ched po”の名はなく、相当する大臣は第四位となっている。しかし、同じ王朝政府の官名であるから、基本的発想に大差がないものとして、佐藤氏の示した“spyan ched po”を「悉編掣逋」に対応するものとしても誤りがないと思われる。

“spyan”の意味についても、“spyan pa”「偵察者」(Ch. Dic., p. 511b)から考えれば、佐藤氏のいうように概ね「見張る者」としてよく、『唐書』吐蕃伝にいう「都護」ともよく対応する。[62]

次の「嚢論」には“nang blon”が当てられ、ラウフェル(BDT, p. 82)以来問題はない。「掣逋」については、ラウフェルが“che po”をあて(*loc. cit.*)、ペリオは“chen po”に当るものとして *čäd-pu* または *čhäd-pu* と読んだ(QTC, p. 15)。後者の読みは正しいが、当てる字は、佐藤氏の説く(『古チ研』七二一頁)ように“ched po”とすべきである。

「覓零逋」と「充」はラウフェルの比定どおり(BDT, p. 83)"bring""chung"としてよい。ただ、"chung"の位置に『学者の宴』Ja章(KGG, f. 21a, l. 6)が当てるのは"tha chung"であり、"chung ngu"ではない。「喩寒波」について、ラウフェルは"yul rgan pa"を当てる(BDT, p. 84)が、これはチベット語の意味から「整事」とは結びつかない。(63) 『学者の宴』Ja章(KGG, f. 21b, ll. 3-4)は"*bka' yo gal 'chos* pa"「王言が曲がり、矛盾するのを匡すもの」と示すので、イタリックで示した部分を欠いた形が対音とされるべきであろう。この大臣の職掌を規定して『学者の宴』の説明(*loc. cit.*)は「王言が曲がり、矛盾することを匡し、よければ敵子による善にも褒美を奏上し、悪ければ、わが子による罪も罰によって処するのである」と述べている。これによれば、王の相談に与り、王に進言する職務のように思われる。

この大臣を略称して"bka' blon"(*op. cit.*, f. 21a, l. 6)とも示すが、後代にいう"bka' blon"の名の起源であろうか。"bka' blon"の称に対しては他方"bka' la gtogs pa 'i blon po"の方も由来として適切なように思われる。(64)

『学者の宴』Ja章はblon che以下三人に"dgung blon"の称を与え、「dgung blonの仕事は、夫〔の仕事〕に似て外の仕事を大まかに決定する」と説明されている(KGG, f. 21b, l. 3)。また、"nang blon"「囊論」の職務は「賢い女のように内の世話をなす」とされている。

以上が「大臣の序列」の最上層「九人の大高官」について知られることである。

第四節　褒賞と侮辱督戦の制度

"khri rtse 'bum bzher"「頂上の王座と一〇万の下従者」の法令には、"以上の他になお、phyag rgya drug"「六つの御印」、"rkyen drug"「六つの識別章」、"dpa' mtshan drug"「六つの勇者の章」という制度が示されている。これらは明らかに「六」の数に拘束され、重複する部分もあり、ティ・ソンツェン王時代には考えられない職務も含まれている。ただ、一部には、漢文史料で示唆されるものも含まれているので、これらを一応列挙して置きたい。

"phyag rgya drug"[65]「六つの御印」(KGG, f. 21b, ll. 1-2)

一、bka' btags kyi phyag rgya「勅令の御印」、sgrom bu「小筐」[66]、

二、khrom rtags kyi phyag rgya「軍団を区別する御印」[67]、ru mtshon「軍旗」

三、yul rtags kyi phyag rgya「国の区別をする御印」、sku mkhar「御城」

四、chos rtags kyi phyag rgya「宗教を弁別する御印」、lha khang「寺院」

五、dpa' rtags kyi phyag rgya「勇者を弁別する御印」、stag slag「虎皮の外套」

六、mdzangs rtags kyi phyag rgya「賢者を弁別する御印」、yig tshangs「六種文字の位階記」

これらのうち、第五項はこのあとに示される"rkyen drug"「六つの識別章」と「六つの勇者の章」に重複して示され、第六項のものは、既に見た"dbang thang"[68]である。各種の識別方法があったと言い、"phyag rgya"「御印」[69]とするからには、勅令によって定められていたというのであろう。しかし、第三項、第四項は「御印」として理解しがたい。また、寺によって識別される宗教は当時なお存在していなかった。

"rkyen drug"「六つの識別章」[70](*op. cit.*, f. 21b, l. 2)

一、dpa' ba'i rkyen「勇者の識別章」に gung dang stag「豹と虎〔の皮衣〕」

二、sdar ma'i rkyen「臆病者の識別章」に wa〔g〕zhu「狐の尾」

三、ya rabs kyi rkyen「上流人の識別章」に lha chos「宗教(=仏教)」

四、g-yung po'i rkyen「低級カーストの識別章」[71]に thags dang bon「布片れと壺」

五、mdzangs pa'i rkyen「賢者の識別章」に yig tshang「六種文字の位階」

六、ngan pa 'i rkyen「悪者の識別章」に rkun ma「泥棒?」

とあるが、このうちの第五項は「六つの御印」の第六と同じであり、第一項もその第五と同じである。第六項に至っては失笑を禁じえない。第三項は、「六つの御印」の第四項同様、時代錯誤のものである。

ただ、第二項だけは、『通典』一九〇、辺防、吐蕃伝中に、

臨《ミテ》レ陣《ニ》奔《リ》北《グル》者《ハ》、懸《ケラレ》二狐尾《ヲ》於其《ノ》首《ニ》一、表《ハス》三其《ノ》似《タルヲ》二狐之怯《ニ》一。

(72)とあるものを反映している。

「六つの御印」の第五項と「六つの識別章」の第一項の「勇者」を示すものについて、"dpa' mtshan drug"「六つの勇者の章」が別に示されている(*op. cit.*, f. 21b, ll. 2–3)。

一、stag smad　虎皮の袴
二、stag stod　虎皮の上衣(73)
三、zar chung (stag zar chung)　虎皮小肩掛け
四、zar chen (stag zar chen)　虎皮大肩掛け
五、stag slag　虎皮の着物(74)
六、gong ras (gung ral)　豹皮の長袍(75)

ただし、第一、第二の訳語は確かではない。第三と第四項には「虎」と書いてないが、Pelliot tib. 1089 (RFT, p. 176 (l. 15); p. 177, (l. 41)) には "stag gi zar can pa (/cen pa)" とあり、別に "stag gi zar cung pa と示されている (*op. cit.*, p. 178, (l. 42)) ので誤りないであろう。

『学者の宴』Ja 章には第二、一、四、三、六、五の順で示されるが、序列は、着物の大きさから見て、一が最下位で、六が最高位と考えられる。

『年代記』のうちでは、ティ・ソンツェン王の事業のうちに"legs pa zin pa'i bya dga'"「善を勧める褒賞」の一項が示されている(DTH, p. 118, l. 19)が、おそらく、上のような"dzangs pa ni bstod/dpa' bo ni bkur"「賢人を讃え、勇者を崇める」(*loc. cit.*, l. 15)ことが制度としてあったのに違いない。

後代の法律で罰則を伝え、zhal ce「御裁決」と呼ばれる文書中にしばしば、上記の褒賞の制度に言及するものがあるが、これらの名残りかと思われる。

第五節　度量衡の統一

第二の法律、'Bum gyi gser thog sha ba can は、「収穫の賦課(thog shas)を含む一〇万の黄金」[76]と訳しうるが、王命によって制定された度量衡と金、銀の単位の規則(KGG, f. 21b, ll. 4–5)を示すものとされる。

その名称から考えるならば、これは賦課の法律の基準として定められたものとすべきであろう。『年代記』でも、ティ・ソンツェン王の最後の事業として、量目と貫目の規定のことが述べられている(DTH, p. 118, l. 21)。そこに、

テ bre、プル phul やサン srang 等

とあるのに対し、『学者の宴』Ja 章(KGG, f. 21b, l. 4)では、

テ、サン、プル、キョル khyor、ショ zho、ナム nam、セセン se sran などを欽定した[77]のが第二の法律で、

とあって、度量衡を具体的単位で示している。

これらのうち、テ、プル、キョルは量目であり、サン、ショ、ナム、セセンは重さである。それらの関係は、今日知られるところでは以下のようである。

一、ケル khal＝二〇テ(Ch. Dic., p. 78b)＝テボチェ bre bo che(BTD, p. 453b)

一、テ(テチュン bre chung)＝四プル(DTG, II, p. 215)
一、プル＝四パル spar(DTG, II, p. 205)＝四キョル(Ch. Dic., p. 90b)
一、サン＝一〇ショ sho(Ch. Dic., p. 918b)
一、ショ＝一〇カルマ skar ma(BTD, p. 576a)〔?＝一〇ナム〕

「セセン」se sran についてゲシェー・チューキ・タクパの説明するところでは(Ch. Dic., p. 908b)、セワ Se ba：ネパール産赤小豆 sran にして黒点あるものの一粒と重さの等しい程度の金粒となっている。「セワ」と「セン」を合成して単位名としているのであろう。聞くところでは、これは、「ショ」の百分の一の重さとされている。なお、税制については後段で別記する。

第六節　刑罰の法律と裁判

第三の rGyal khams dper blangs kyi khrims「王国の、判例による裁決の法令」を、"bya bar 'os dang mi 'os ston pa ste"「為すべきことと為すべからざることを示したものであって」と『学者の宴』Ja 章(KGG, f. 22a, l. 2)は説明する。『年代記』中に"nye yo ba 'i chad pa"「非曲の断罪」(DTH, p. 118, ll. 19–20)とあるものに相当すると思われる。

『学者の宴』Ja 章には、これについて次のように示す(KGG, f. 22a, l. 2)。

それらのうち三つの賢(mdzad pa)三つの不賢、三つの賞め事、三つの賤しむこと、三つの酷ならざる事であって、一五の王法と知られる。

上の"mdzad pa"は、このままでは敬語であって「御行為」となり、意味を成さないので、"mdzang〔s〕pa"「賢

(行)」の誤写として理解する。説明は、「戦闘で勇なる者には六つの勇者のしるし(dpa’ mtshan drug)で讃え、臆病なものには狐の尾を被せて賤しんだ」と述べる。しかし、これは、既に見た「六つの御印」「六つの識別章」「六つの勇者の章」と重複する。従って、そのままを第三の法律の内容とはみなしがたい。

上記のような「一五の王法」ならば、むしろ、「欽定大法令」一般に盛られた勧善懲悪の性格をいうものであり、『学者の宴』Ja 章がその直前に示す解説(KGG, f. 21b, l. 5-f. 22a, l. 2)と共に「王国の判例による裁決の法令」に相当するとは言いがたい。

この第三の法令は、むしろ上記のような性格をもった「欽定法令」のうちの「懲悪」的な側面を代表する「王法」であり、この rgyal khrims「王法」の名はその略称とも見なしうる。これはまた、いわゆる “Mi chos gtsang ma bcu drug”「一六清浄人法」と混同して論述されている。

まず示されるのは、“chos kyi gtan khrims lnga la dpe byas pa lnga”「仏教の五戒に範をとった五つ」(*op. cit.*, f. 22a, ll. 3-4)である。

一、srog mi gcod pa’i khrims「不殺生戒」に対して gshin stong dang gson stong「死者贖償と被傷害者贖償」

二、ma byin par mi len pa’i khrims「不偸盗戒」に対して dkon mchog gi nor brkus na rgya ’jal, rgyal po’i nor la brgyad bcu ’jal, ’bangs kyi nor la brgyad ’jal bcas「寺院財物の偸盗に一〇〇倍弁償、王財物には八〇倍弁償、王臣財物に八倍弁償を定めた」

三、log par mi g-yem pa’i khrims「不邪淫戒」に対し、smad ’jal dang byi bcad「下部を償い、奸淫を断罪する」

四、brdzun spong ba’i khrims「不妄語戒」に対しては lha srung dpang du byas nas mna’ sgog pa「神祇を証人として誓わせる」

五、……「不飲酒戒」に対しては chang la tshod zin pa「酒に対して節度を保つ」

とあるうちの第三項までは刑罰法規としての性格をもつが、第四、五項は「戒め」であって罰ではない。

また、ティ・ソンツェン王時代のものとするには、「寺院財物の偸盗」に対する罰を最高とする点が理解できない。

上の「五戒」相当のものに次の二つを加えて「六大法律」または「七大法律」となすともされている(*loc. cit.*, l. 5)。即ち、

六、kheng mi ldog「主に叛かない」[78]

七、bang so mi 'bru ba「墓を掘り起さない」

をいう。

第六項は一般的であり、第七項はあってもよいが、先の五項目に比較して具体的すぎて、不自然である。

これらとは別に、"mi dge ba bcu spong ba 'i steng du"「絶つべき一〇不善に加えて」としながら、いわゆる「一六清浄人法」中の六つの徳目に言及し、これを"mi chos gtsang ma bcu drug"「一六清浄人法」と呼んでいる[79](*ibid.*, ll. 5–6)。

更に、「また」(gzhan yang)と続けて、他の諸本で「一六清浄人法」とする種類の徳目一五項を列挙するが、これには「一六清浄人法」と名づけていない。

『学者の宴』よりも成立の古い『王統明示鏡』中でも「一六清浄人法」の条項を挙げるが、それに先だって、五戒のうちの四つに相当する罰として五条を掲げる(GSM, f. 33a, ll. 2–3)。

一、'thab mo byas pa la chad pa「格闘したものに罰を与えること」

二、bsad pa la che chung gi stong byed pa「殺人には大小の賠償をさせる」

三、brkus pa la brgyad 'jal ngos dang dgu「盗みに八倍を償わせ、もとのものとで九倍〔を支払わせる〕」

四、byi byas pa la yan lag gi phran bcad nas yul gzhan du spyugs「邪淫したものは、陰部を削いで他国に逐う」

五、rdzun byas pa 'i lce gcad pa「だましたものの舌を切る」

しかし、これらは特に仏教的な記述を示すものではなく、いずれも刑罰の規定に関するものであり、「一六清浄人法」のような道徳のすすめとは全く性格を異にしている。

先述の「六大法律」「七大法律」も、上記五条も、試みに仏教の「五戒」に配して説明されたものであり、この種の刑罰の法律そのものは「吐蕃」としての統一集団の秩序を保つために是非とも細かく規定される必要があったに違いない。

これらと同時に言及される「一六清浄人法」は、文字通り "mi chos"「人法」であり、世間の道徳である。人間の行為を観念的に内側から拘束するものであって、有無を言わせず、外側から拘束する "khrims"「法律」ではない。この「清浄人法」については、後段で詳細に論ずることとして、今は、『学者の宴』が他の三つの "khrims" とするものを検討してみよう。

第四条以下の法律の名称については既に見たとおりであるが、その内容は名から期待されるものを全く裏切って示される。『学者の宴』Ja 章(KGG, f. 22b, ll. 2-3)ではいう。

三つの法律[80]とは、真偽〔区別の〕掟で、権勢あるものに対してひるむことなく判決を下す。双方に罪があるときは波羅門 Daṇḍin の例にならうこと。双方真実の場合「二家族」のごとくにした。

この文については注釈があり、その内容からいうと、これら「三つの法律」とは民事裁判における理想的な判決の型を示すもので、注釈はその例をいう物語(KGG, f. 22b, ll. 3-4)に過ぎない。

後代の伝承では、裁判に関係する法律を示す場合、例えば、『一二条法[81]』などではその冒頭に、裁判の公平を求めて、"zhu bzhes bden brdzun gyi zhal lce"「申し立てを取り上げ、真偽〔を区別する〕掟」と称するものが掲げられているが、それと同じである。

これは、rGyal khams dper blangs kyi khrims「王国の、判例による裁決の法令」に含まれるものでこそあっても、ティ・ソンツェン王欽定の六つの法令のうちの後半の三つに当てられるべきものではない。単に"khrims yig gsum"「三つの法令」とある語を手がかりとして、誤って示されたものとすべきであろう。[82]

第七節　灌漑事業と税制

『学者の宴』Ja章に示されるところは前節のようであるが、『王統明示鏡』では『年代記』の所説とほぼ平行した表現で次のようにいう(GSM, f. 33a, l. 2)。

山奥から流れ出る水は池にあつめ、谷川の水を水路で灌漑に引き、量目、貫目を確定し、畠地に区分を設け、人には文字を学ばせ、馬には額斑に印をつけて、よい範例を始めた。

『年代記』に、「農牧の皮と鋤の税、水利の平等利用、量目と貫目〔の規定〕等、チベットの優れた規則のすべてが……出現したのであった」(DTH, p. 118, ll. 20–21)としているのを思わせる。

これらの仕事は、しばしば"phrul blon mdzangs pa mi bdun"「賢い、不思議な力をもつ大臣七人」[84]の業績のうちに数えられる。[83] 例えば、『学者の宴』Ja章(KGG, f. 9a, l. 2)ではラブ・ゴカル lHa bu mGo dkar の仕事としてティ・ソンツェン王の税制そのものが言及されているのに注意したい。即ち、下記のようである。

賢者の仕事として、畑地に対する〔税に〕トルカ dor kha を数え、牧畜に対する〔税に〕トゥルカ thul〔kha〕を数えた。奥山からの水を灌漑に用い、谷に水を引いて耕作するのは、この人から普及した。

次に(KGG, f. 11b, ll. 4-5)、同じように、

> この時、モンMongの子、ティドレ・ナンツゥンKhri do r[e] snang btsunが、量目、貫目を定め、穀物や酪を目方で量った。互いに了解があれば商売が成り立ち、共に一致すれば契約が出来た。それ以前にチベットには交易も度量衡もなかった。そのためにこの人が七賢人の三番目と言われる。

とある。このモンの子、ティドレ・ナンツゥンはモン・ティドレ・マンツァプMong Khri do re mang tshab[85](DTH, p. 100, II, l. 20)の変形であろうが、先の場合と同様、ティ・ソンツェン王の事業を「七人の賢明な大臣」の功に分けて記述した結果ここに配分されたのである。

　このうちの税制について、正確なことは不明であるが、F・W・トーマスの示したスタイン文書のあるもの(TLT, II, pp. 126, 127, 161, 348, 350, 351, 362, 363, 364)によれば、「トルカ」が土地の広さに対応することだけは明らかである。トーマスによれば(*op. cit.*, p. 349)、

> It seems possible that in these cases the word "team" or "yoke" (*dor*) is used as a measure of land, "as much as two strong oxen could plough from morn to night."

とされる。ただ、その説明が何に基づいているのか明らかでない。今日、"rmon dor" と言えば《a yoke of plough-oxen》(J. Dic., p. 425b)と示されるから、ほぼ、そのような意味かと理解される。

「トルカ」"dor kha" の "kha" は接尾辞であろう。敦煌の漢文資料では、「突税」「突課」「突田」などと示され、その一突は一〇畝に当ると言われている。[86]

　他方、牧民に課せられる「トゥルカ」"thul ka" が「皮税[87]」を表わすことと、『王統明示鏡』(GSM, f. 33a, l. 2)に「馬の額斑に印をつける」とあったことから、登録した家畜の減数を調べる手段として「トゥル」が数えられたことが考えられる。しかし、確かなことは知られていない。

『年代記』にはティ・ソンツェン王が「欽定大法令」を制定したと言い、後代の所伝によると、その内容の一部は、続いて『年代記』中に示されるものから成っている。これらを調べてみると、官職、位階、政府、賞勲制度、度量衡法、刑罰、裁判、税制、公共事業等の制定や施行であって、いずれも、多くの部族集団を統合した結果、彼等に共通なものとして必要とされたことがわかる。

即ち、『学者の宴』Ja章(KGG, f. 18b, ll. 3-4)に述べられているところからも知られるように、初めて、旧小王達の領土と人民が統一され、贊普の主権のもとで「吐蕃」が国家として成立したのである。

このような「吐蕃」の成立はティ・ソンツェン(＝ソンツェン・ガムポ)王時代の何時頃であるか必ずしも明らかではない。目安として、バー・イツァプの一族が誓盟をした時、位階の制度があって、しかも、当時、クンソン・クンツェンが既に生れていたという事実をあげることができる。それは、先にも述べたように六二〇年代中であろうと推定されるので、吐蕃王国の成立は七世紀前半の中頃としてよいかも知れない。

(1)　LPT, p. 377にマクドナルド夫人の訳文が示されているが、部分的にバコー訳(DTH, p. 161)と異なる。特に“slungs”をF・W・トーマスの解釈(TLT, III, p. 190)に従って《des commisariats (ou relais postaux)》とする(LPT, p. 325)。しかし、トーマスの訳語は、そのいずれを見ても到底根拠のあるものとは認められない。

(2)　ロナ・タス氏は文字の成立に触れて、《The Annals in 655, under the rule of 'Dus srong, say that “the text of the law was written” and this is also our first authentic date for the Tibetan script》(*AOH*, VIII, 1958, p. 322)という。ただし、ドゥーソン 'Dus srong はマンルン・マンツェンの誤りである。

(3)　例えば、『年代記』の場合、歌の形式が多く取り入れられ、地の文も一定のリズムを保って、口承のものであることをうかがわせるが、『編年紀』には、文成公主のそれも含めて右の傾向はない。

(4)　ソンツェン・ガムポ王がラサに住んだというのは、後代の伝承に多く述べられる。しかし、『年代記』によれば、この王の晩年に近く、キュンポ・プンセー・スツェが反乱を暴かれて自殺するが、その子ガクレキュンが父の首をもって sku mkhar Pying ba、即ち、ヤルルンのチンバ城に至った(DTH, p. 112, ll. 8-10)とある。他方、同じく『年代記』のバー・イツァプによる臣盟の願いを扱ったところに、ティ・ソンツェン王がニェンカル Nyen kar からキルン sKyi lung に赴かれる時に申し入れをした(*op. cit.*, p. 108, ll. 25–26)とするところがある。キルンは今日のラサ方面であるから、常駐の居城はヤルルンにあり、“dbyar sa”「夏住地」がキルンにあったと考えるべきであろう。ラモチェ Ra mo che、トゥルナン 'Phrul snang(小招、大招寺)とも今日のラサにあり、ラサの古名 Ra sa(CL, p. 154, n. 5)について『旧唐書』吐蕃伝でも「其国《ノ》都《ノ》城号《シテ》為《ス》二邏些城《ト》一」とする点には注意を要する。唐の使節の到る時期は気候のよい頃であり、その当時、「賛府春夏毎《ニ》随《ヒ》二水草《ニ》一、秋冬始《メテ》入《ル》二城隍《ニ》一」(『冊府元亀』九六三、外臣部才智、仲琮の話)の習慣によって「或在《ハリ》二跋布川《ニ》一、或居《ハス》二邏婆川《ニ》一。有《ルモ》二小城一而不レ居《ラ》、坐《ス》二大氈帳《ニ》一」(『通典』一九〇、辺防、吐蕃伝)という賛普に会ったのであろう。邏婆川は邏娑川の誤りである。本文の Ma ru は“Mar bu”の崩れた形と考えられるので、後代の dMar po〔ri〕と関係があるように思われる。

(5)「八論」というのは、文字通りで言えば、「スム・タク」*Sum rtags* の二論の他に六論を作ったことになるが、稲葉正就氏は『チベット語古典文法』旧版(昭和二九年)中に、二部でよくまとまっているから二作のみあって、例えば、パーニニ Pāṇini の文法書が八章から成り、*Aṣṭādhyāyi* と呼ばれていたのにならったのではないかとしている(*op. cit.*, p. 3)。R・A・ミイラー氏は稲葉氏の意見を取り上げ、lCe Khyi 'brug による *gNas brgyad chen po 'i rtsa ba* に言及して、プトゥンの所説がむしろこれと結びつくのでないかとしている(TGT, p. 487a)。

(6) 文字を学ぶのに四年も要するわけがない。ただ、何かの数字が誤って伝えられたのであろう。著者は、父王治下の四年の在位と理解している。注(25)参照。

(7) SRD, f. 119b, l. 1.

(8)「アヌの子」と「アヌ」が同一にも扱われるが、『学者の宴』Ja 章(KGG, f. 15a, l. 7–f. 15b, l. 1)には、その出自が「Thon の Lug ra kha 出身 Thon mi Anu rag ta の子 Thon mi sambho dra」と示されている。

(9) 特に、敦煌文献『年代記』では、この王ソンツェン・ガムポの業績を讃えながら、仏教については一字も触れるところがない(四五六頁参照)。

(10) 訳経に関しては、『バシェー』(BSS, p. 10, ll. 4–14; KGG, f. 78a, l. 4)のうちに初めての事業として言及されている。

(11) SRD, f. 124b, l. 6–f. 125a, l. 2; HLD, p. 18b, l. 7; GSM, f. 98b, ll. 1–5)。

(12)『学者の宴』Ja 章(KGG, f. 106a, l. 3–f. 108a, l. 3)には、ラルンの三兄弟の略伝が示されている。典拠はラマ・サンリワ bla ma Zangs ri ba がイェルパを修復した時発見した *Yer pa 'i dkar chag* とされる。

(13)『三十頌』と『性入法』入蔵本のコロフォンでも、著者の名は slob dpon A nu となっている。

(14)　吐蕃末期の破仏に際して、仏教書などが隠匿または放置され、一〇世紀以後の仏教再興期に方々から発見された。これらを"gter kha"「埋蔵本」という。「埋蔵本」のうち、唐代の仏教、禅宗関係のものは、当時の印度仏教全盛の風潮に合せて、手を加え、編集されたものらしい。例えば、『ルンポ・カータン』の一部は Pelliot tib. 116 に酷似するが、かなり手が加えられている(六九一七二頁参照)。

(15)　'bring to re (DTH, p. 109, l. 7) の異字として 'bring thog rje (*ibid*., p. 100, l. 13) が考えられる。

(16)　DTH, p. 100, l. 10; p. 101, ll. 15-16.

(17)　rGya Ananta とも示され、はじめての訳経事業に着手した (BSS, p. 10, l. 14; KGG, f. 78b, l. 3) とされる。

(18)　一般にティソン・デツェン王の業績が、同名の btsan po Srong lde brtsan つまり、ソンツェン・ガムポの業績として誤り伝えられる(三一七一三一八頁参照)。この傾向は一〇世紀以後の仏教再興期に既にあったと考えられる。トゥンミをソンツェン・ガムポの大臣とするのは、アティーシャの『カクルマ』が最も古いかと思われる (KGG, f. 15a, l. 2 以下、f. 26a, l. 4) が、そこに右の混同は充分ありえた。

(19)　『チ古文』三頁、稲葉正就「トンミに帰せられた著作について」(『大谷学報』四六一四、二五頁)、これらのうちでチベット文字の構成についてラマ・ダムパが述べていることを、稲葉氏は Thon mi mdo rdzi 'i sgra mdo の内容であると考えているが、『王統明示鏡』(GSM, f. 31a, l. 4) には "di ni zur tsam yin gyis"「これは概略であるから」として、抜粋とはしていない (J. Dic., p. 489a) 点に注意しなければならない。

(20)　スィトゥ Si tu Chos kyi 'byung gnas (一六九九一一七七四年) は『スム・タク』の注釈の始めに Sum cu pa というのは、三〇字の注釈という意味か、三〇の偈から成るという意味かと自問した後、後者の意味であると答え、そのあとで、もし三〇字の注釈ならば、『性入法』についても *Sum cu pa* と名づけねばならないからと説明している (SST, p. 2, ll. 8-14)。しかし、『性入法』自体も三〇の偈から成っていることに気づかなかったらしい。稲葉氏は『性入法』の内実を三一偈とする(『チ古文』一〇頁)が、最終偈は、一句余りとなって、直前の一句とともにしめくくりの役を果しているので、三〇偈と数える方がよい。

(21)　『三十頌』の方が根本で、『性入法』の方が支分論であるとする稲葉氏の主張(『チ古文』四頁)は、伝統的な見解とも一致するものであろうが、内容的には、詞と結びつく各種の辞の機能を述べた『三十頌』よりも、語そのものの構成を説明した『性入法』の方が実際により根本的なものと思われる。また、『性入法』には、『三十頌』の説明に相当する内容、例えば、辞の連声規則の解説が含まれていないから、支分論とする見解は支持しがたい。

(22)　拙論「『三十頌』『性入法』の成立時期をめぐって」(『東洋学報』五七―一・二)参照。

(23)　四一三―四一四頁注(25)参照。

(24)　“mi chos”とは、元来民間伝承の類を言い、説話、歴史などを指した(BKT, f. 28b, ll. 1-3; KGG, f. 112a, ll. 4-5)。これに対して、“lha chos”は「神々の行動記録」を意味した。しかし、後者の内容が「宗教」を実質とするように、“mi chos”の内容も「道徳」的な部分を特に指す傾向がつよい(REB, p. 430 参照)。

(25)　引用文の直前に次の一文がある(KGG, f. 18b, ll. 1-3)。「王が四年の間ひき籠って、文字などの学問を学んでいたので、家来達が口にして『王が四年の間宮殿から外出しないのは頭がおかしくなっているからである。チベットの安寧は大臣のもたらすところである』と言っていた。それを聞いたので〔王は〕、自分を馬鹿と見なさせておいてはチベットは統御しきれないとお考えになり、家来達を集めて〔仰言った。〕『私が動かずに宮殿におれば、家来達が安寧であるところから、王は馬鹿で……」とあって、後続の文と共に、「そこで王はチベット全人民を統合し、聖俗二種の欽定法を定めようと思われた」(*ibid.*, l. 1)の説明に当てられている。NLO, pp. 25-26 参照。

(26)　「チベットの六つの行政組織」は、「欽定六条大法令」と直接かかわりのあるものでなく、また、その内容の一部を成すものでもない。『学者の宴』Ja 章中で「六つの行政組織」に言及するのは、明らかに記述の混乱ではあるが、“khri rtse 'bum bzher”の法令のうちに“srid pa dang khos ston pa”「政治と制度を指定すること」が王権の基本になっているとあるため、「制度の指定」の実例として、“khos/khod”「制度」と“khod dpon”「制度創設官」に言及し、そのままソンツェン・ガムポ王歿後の「六つの行政組織」そのものを論ずるに至ったのであろう。

(27)　NLO, p. 18. G・ウライ氏は『学者の宴』Ja 章中の記述に見える矛盾(注(26)参照)を読みとっていない。ウライ氏は機械的方法によって『学者の宴』Ja 章中の文章を地の文と注釈的文とに分け、問題の箇所に局限した読み方をするため、「六制度」が混入された記述であることを見逃している。例えば、“Bod kyi khos sum cu rtsa drug”「チベットの三六制度」というものについても、数にとらわれた呼称以上のものではなく、分類上の上部単位に当る「〔欽定〕六条大法令」そのものをこれに含めたり、言及したばかりの「六制度」を「三六制度」のうちに数えようとしない矛盾を犯しているが、それらが指摘されていない(NLO, p. 19 参照)。

(28)　注(76)参照。

(29)　“khab so”は“khab 'tsho”に由来すると思われる。“khab”は「王宮」であり、“rgyal khab”と綴って、「王宮」「王都」「王国」(D. Dic., p. 230a, BTD, p. 139a)をいう。“'tsho ba”は「守る」(BTD, p. 552b)をいう。唐蕃会盟碑では、“khab so 'o chog gi bla”「王宮経営関係者全部の長」として「ゲンプン」“mngan pon”を示す。即ち、「ゲンプン」の指揮下にある役人を指すのである。注(34)参照。

(30)　三三七頁注(42)参照。本文中の綴字“khos”は、『編年紀』に見える“mkho sham”(DTH, p. 13, l. 24)、『学者の宴』Ja章中の“khod shom”(KGG, f. 19a, l. 4)の“mkho/khod”に宛てられているが、『編年紀』の“mkho”とは区別されねばならない。『学者の宴』の記述によれば(KGG, f. 18b, l. 7–f. 19a, l. 6)、“khos dpon”は“mkho sham/khod shom”「徴兵徴発制度」設立の任務を地域毎に分担施行したとされている。とすれば、“khos dpon”は、部分的に用いられている綴字“khod dpon”(*op. cit.*, f. 18b, l. 7)に統一すべきである。従って、“khos drug”も、組織をいう以上は“khod drug”と書くべきであろう。

(31)　F・W・トーマスは、「ユルプン」“yul dpon”について《A document belonging to the Munich Ethnographical Museum (FK 1023) mentions a *yul-(d)pon* “local lord” or local authority”》(TLT, II, p. 344)とするが、他の用例は見えない。敦煌地方の占領地に関しては「ユルプン」の称は見えていない(RFT参照)。

(32)　「マクプン」“dmag dpon”の例は「六制度」中の“rgod kyi stong sde”「軍の千戸」の項の末尾に、「マクプン」に任命された人物の名と共に示される(KGG, f. 20a, l. 4)。ただ、この場合、“dBu ru stod”と“smad”についてのみ「マクプン」の称があり、他の“ru”「翼」については「ルプン」“ru dpon”「翼長」と示されている。『ルンポ・カータン』(BKT, f. 8b, l. 3, 5; f. 9a, l. 2, 4, 6; f. 9b, ll. 2, 5, 6)の場合はすべて「マクプン」で示される。『ルンポ・カータン』中の「マクプン」の名から、これらの記事はティソン・デツェン王時代を反映するものとされる(TPS, p. 737;『古チ研』七五三—七五四頁)が、『学者の宴』Ja章の場合も、その点は同じである(PRN, pp. 75–76)。「マクプン」の称は古くからあり、ティ・ルンツェン王の『年代記』(DTH, p. 106, l. 30; p. 107, l. 8)にも見えるが、一般的な称であって、問題の「七長官」のそれとは関係がない。なお、「マクプン」については『古チ研』七三二頁を、「ルプン」についてはRFT, p. 177, [36]; p. 265参照。

(33)　トゥッチ氏は《guides》とし、《road department》と説明をする(PRN, p. 87)。“chibs”は“rta”の敬語。“gshegs pa'i bshul mtshon”は「お出かけの道程を按排する」の意味である。“chibs pon”の例は『編年紀』(DTH, p. 21, l. 35)中に見えている。なお、『学者の宴』Ja章中の“khod pon”の一つに、“chibs kyi khod dpon”なるものがある(KGG, f. 18b, l. 7)。トゥッチ氏は《superintendent of cavalry》としているが、“mthong khyab kyi khod dpon”をまた《superintendent to information of spies》とする(PRN, p. 76, n. 1)のと共に根拠のないものと言いたい。後者の“mthong khyab”は、mThong khyab khri sde lnga (DTH, p. 115, l. 5)とか、mThong khyab srid sde dgu (KGG, f. 20b, l. 7)と言及されるもので、敦煌漢文文献に「通頰部落」と見えるもの(S. 0389, S. 4276, S. 1485; P. 2222, P. 4083)に相当する。“chibs”もこの場合、固有名詞であり、

多分、Sribsなどの崩れた形かと思われる。

(34)　「ゲンプン」"rngan dpon"については、『編年紀』中にプク・キムツェン・マンチュンがシャンシュンの"mngan"として派遣された(DTH, p. 13, ll. 19-20)とあるが、"rngan"は異字でこの「ゲンプン」に相当するのであろう。トゥッチ氏は、"mngan"を《a lay official》とし、"phyag mdzod"に比している(TTK, p. 79, n. 43)が、根拠は示されていない。リチャードスン氏はバコー等の意見(DTH, p. 31, n. 2)も引用した後、《I wonder if it may be connected with "rṅan" "payment" and so with treasuries or pay offices》としている(AHE, pp. 77-78, n. 8)。『学者の宴』Ja章(KGG, f. 21a, l. 2)によれば、「糧食、金銀の管理をする上で、報酬の計算が多いためこの名がある」とされる。「ゲンプン」には"mngan ched"「大ゲン」というものと、単なる「ゲン」とがあったらしい。前者の数は、元来何人か不明であるが、六人→八人→四人と変っている(DTH, p. 17〔六九二年〕, p. 23〔七二六年〕, p. 24〔七二八年〕)。単に「ゲンパ」"mngan pa"と呼ばれた者の数は不明であるが、rTsang chen地方に局限される「ゲンパ」は、六八四年に四人から二人に減数されている(DTH, p. 16)。また、唐蕃会盟碑の北面には"mngan pon khab so 'o cog gi bla"が"nang blon"や"phyi blon","snam〔phyi pa〕"に続いて見えている。佐藤長氏は、"mnga' dpon"を原形とするラウフェル説(BDT, p. 15)も取り上げ、李方桂氏の説(IST, p. 74)をしりぞけ、トーマスによる「政府」とする説(TLT, II, pp. 19, 42, 341, 346)を用いている(『古チ研』九〇六頁、注(24))。佐藤氏の見解によれば、「ゲンプン」を経済担当とするならば、唐蕃会盟碑に見える「ツィプン」"rtsis dpon"の職掌と重複するから不当かと疑うのである。しかし、"dpon bdun"「七長官」をいう場合、「ツィプン」の職が並記されていないので、時代と共に職名、職務内容に変遷があったものと見るべきであろう。この点『編年紀』七〇七年(DTH, p. 19)、七二六年(*ibid.*, p. 23)の項が参考になるかと思われる。七二六年には"mngan mched(/ched)"の数を八人から四人に改める趣旨(zlugs)の布告(ring lugs)を発した後、春になって(年の変り目は季春)"mngan gyi thang sbyar/khab so 'i khrald pa bskos"「mnganの権威を附与して、王室経営の収税吏を任命した」と示される。他方、敦煌地方の役人の序列(八世紀末、九世紀はじめ)を見ても"khral pon chen po/:/gsang gi yi ge pa ched po//rtsis pa ched po//zhal ce pa ched po(RFT, p. 177〔l. 38〕)とあり、これを唐蕃会盟碑の高官の序列と並べてみると、"mngan pon khab so 'o cog gi bla, bka' 'i phrin blon, rtsis pa ched po, (phyi blon,) zhal ce pa chen po"(『古チ研』九〇二頁)とあって、"khral pon chen po"/"mngan pon khab so 'o cog gi bla"(注(29)参照)の対応が見られる。これらの序列を参考に推定すると、「ゲンプン」は王室経営の出納を扱い、収税も担当したらしいが、"rtsis pa"と職務内容を異にしていたことがわかる。

(35)　ここに扱われる"'bri mdzo"とは、牡牛とヤクの交配種をいう。牝牛とヤクの交配種は単に"mdzo"と呼ぶ。"phru ma"

は動物の胎である。“phru ma” の管理と言えば畜産としか考えられない。敦煌文献には“phyug ma'i gzhi pon chen po”「家畜資本の大管理官」(RFT, p. 177(l. 37))という職名のあったことが知られている。

(36)　『学者の宴』Ja章の説明では、確かに「裁判官」を指す。ただ、このままの称による用例は知られていない。“drang” の意味には「匡す」もあるが、“zhal ce pa” の称が一般的である。注(34)参照。

(37)　“zho sha” の “zho” は「ヨーグルト」、“sha” は「肉」である。いずれも牧畜民にとって重要な生活の糧である。トーマスによれば、《contribution or payment for an office》(TLT, II, p. 175)と訳されるが、文例は、スタイン文献 Vol. 56, f. 72 (TLT, II, pp. 23–24)に見え、“zho sha 'bul” の形で「貢献する」ことを言っている。碑文にもよく示される(TIS, I, p. 152, ll. 19–20; *op. cit.*, II, p. 6, ll. 15–16; 21–22)。今日の用法 “zho shas 'tsho ba”「俸給生活」(Ch. Dic., p. 743a)とは “zho sha'i lan bka' drin sbyin pa”「貢献に報いて施される恩寵」による生活を意味する(TIS, I, p. 152, l. 23; *op. cit.*, II, p. 6, ll. 6–7, 9–10, 16, 19; TLT, II, p. 153, (BI))。PRN, p. 88 は訳を示さない。

(38)　“rgod sde”「軍戸」が威張り、“g-yung sde”「民戸」の “yang kheng”「隷民」が圧迫されていたことを反映している。トゥッチ氏は《not to curb the neck of the soldier, to support the old among the labours》と訳す(PRN, p. 88)。《not to curb》ならば “ma mnon” であるが、否定辞はなく、誤訳である。後半に見える “rgab rten” の前要素を “rgad” または “rgan” に読みかえ、「老人」と訳すが、“rgab” は “sgab”「下面」「下部」(DTG, I, p. 53)の異字である。

(39)　トゥッチ氏は《not to appoint a military man in the place of a labourer》(PRN, p. 88)と訳すが、これは全く逆であり、そのようにいうには、“rgod kheng du mi btang” としなければならない。

(40)　トゥッチ氏は《not to issue a command to, give orders to (bkaḥ la mi gdags) a woman or a priest (mo btsun)》とする(*loc. cit*)。“bka' la gdags” には「命令する」に近い意味もあるが、ここでは適切でない。この語は唐蕃会盟碑の北面、南面に見え、そこには “blon po chen po bka' la gtogs pa'i thabs dang ming rus” に対して漢文が「宰相同平章事名位」とある(『古チ研』八九三、九〇〇頁)。今、“gdags” とあるのは他動詞 “'dogs” の未来形であり、“gtogs” は “'dogs” に対する自動詞形である。上記の “bka' la gtogs pa” をリチャードスン氏は《privy to》(AHE, p. 77, n. 2)と訳し、佐藤長氏は “bka' chen po la gtogs pa” に注記して「敕命執行に関与するもの」の意味で、同平章事にそのまま当る(『古チ研』八九七頁、注(6))としている。「同平章事」は「同中書門下平章事」の略である。唐代では他官を兼摂した複数の宰相が国事を合議し、合議に参加する宰相が同平章事とされた(『旧唐書』四三、職官志)。これらから “bka' la gtogs pa” の意味を察すれば、“bka' gros la gtogs pa”「[王の]諮問に答える」であり、「枢機に参劃する」ことをいうものであると知られる。従って、問題の用語 “bka' la mi gdags”は「枢機に参劃させない」ことの意味になる。トゥッチ氏は“mo btsun”を《woman or priest》とするが、このような意味は引き出せない。“mo shes pa”“mo ltas mkhas pa”「占師」と解釈すべきであろう。なお、九世紀には僧が枢機に参劃し、唐蕃会盟碑では、僧 dPal chen po Yon tan が“bka’ chen po la gtogs te”として、最高位に示されている。

(41)　トゥッチ氏は“’bangs kyi tshal zhing”を《to provide rations for the subject》として《(’tshal for ’tshal ma ?)》と加えているが、明らかな誤訳であり、“tshal zhing”は「庭園と田地」をいう。また、“rta dkyus kyis mi bcad”の“mi bcad”は「横断すべきではない」の意味であり、《not to weary》と訳すことは出来ない。

(42)　KGG, f. 19b, l. 6–f. 20b, l. 3, p. 2234 以下参照。

(43)　TLT, II, p. 285, n. 2 参照。トーマスは『王統明示鏡』の foll. 32a, 3; 33a, 6 を示し、そこに“yig tshang”の用例があるとするが、『明示鏡』中には該当するものはなく、ダライ・ラマ五世の『年代記』(DSG) 中の上記箇所に用例が見える。

(44)　ロナ・タス氏は《dku rgyal letter》という訳語を示す (STL, p. 265) が、これは誤りである。“dku rgyal”の身分を示す「位階」“yi ge”というものはなく、「dku rgyal であって、しかも位階を示す『位階(記)』を手にもてるもの達」の意味である。“lag na *’chang ’chang ba*”「手に〔各種〕それぞれの〔位階の〕“yi ge”(即ち、『位階記』)をもてる者達」とあるのが理解されていない。従って、《the silver letter is one form of the *dku-rgyal* letter》ということ (*loc. cit.*) もありえない。この点は、“zhang lon yi ge pa”「『位階』をもっている高級官僚」の場合も同じであり、「高級官僚」という「位階」はない。「高級官僚」のうちの「位階」のあるものとないものが区別される点は、Pelliot tib. 1071–1073 の「殺人、傷害贖償法」の規定を読めば明らかになる。念のため、シュルの石柱碑文の例を示すと、「タクダ・ルゴン sTag sgra klu gong の子孫にして“dku rgyal”であり、〔銀字以上の〕「位階」をもつものが、家系を絶たれる罰に処せられることがあっても、銀の「位階」は取り上げられず、タクダ・ルゴン〔の子孫〕と〔その父〕ダゴン Zla gong の子孫(即ち、ルゴンの異腹の兄弟の子孫も含む)にして〔残っているもののうちで〕最も〔ルゴンの直系に〕近い縁者の一人に銀大字〔の位階〕が永遠に賜わられる旨が許されている」(AHE, p. 27–28〔ll. 31–38〕)とあり、家系断絶になったものが“dku rgyal”の身分をもっていて、銀字以上の位を保持していた場合、銀字の位がその代りの代表相続人に保証されるというのである。

(45)　“dku rgyal”についてのロナ・タス氏の考え方では、“dku rgyal la ’dogs pa”が《to appoint to the side of the king》(STL, pp. 263–264) となるが、正確ではないと思われる。“dku”について《the side》というのはよいが (*ibid*., p. 263, n. 39)、むしろ、《the side〔of the king〕》とすべきである。また、“’dogs”について、バコー訳《appartenir》を退け、《to appoint》とする (*ibid*., n. 38) のにも根拠がない。“dku rgyal”の“rgyal”は“rgyal phran”「小王」を意味し、“dku rgyal”とは「側近の小

王」であると考えられる。ただ、正確な身分は不明である。三〇〇頁注(82)参照。

(46)「シャンルン」“zhang lon”の語の起源をなす「シャンポ」“zhang po”と「ルンポ」“blon po”については、後段の本文に詳説するが、「シャンルン」は、敦煌文献のうちでは、一定の有資格者を指し、後代の文献にしばしば用いられるような、“zhang blon”の形は見られない。ラルー訳では、この種の「シャンルン・チェンポ」“zhang lon chen po”を《ministre d’Etat》としている(RFT, p. 175)。「シャンルン」の資格がどのようなものであるかを示したものはない。ただ、ティソン・デツェン王が崇仏を誓ったサムイェー詔勅の署名(KGG, f. 109b, l. 4-f. 110a, l. 2)や同種のカルチュンの詔勅署名(*ibid.*, f. 130a, l. 2-f. 130b, l. 5)を見ると、「シャンポ」の家系と「ルンポ」の家系の区別が示されているが、それらの家系に属していながら、なお、“blon”または“zhang”の称号を許されていないものの名が見られる。これによって考えると、“blon”や“zhang”を称するには、家系の別の上に一定の資格が必要であったと知られる。「シャンルン」は、おそらく、この“blon”“zhang”の称号を許されたものを総称した集合名詞で資格を示すのであろう。ロナ・タス氏は、“zhang lon yi ge pa'i thang…gnang ngo”に対するリチャードソン氏の訳《…shall receive the rank of Zhang Lon Yi ge pa》(AHE, p. 30)に対し、《The title of Zhang lon…had at the time become a hereditary title》(STL, pp. 265-266)と解釈するが、“yi ge pa”の意味を誤解している(注(45)参照)ばかりでなく、「シャンルン」を「資格」でなく、「称号」(the title)と誤認している。“blon”または“zhang”ならば「称号」であるが、「シャンルン」は「資格」である。その点でシェーラカンの東面碑文(TIS, II, p. 7, [ll. 35-37])が参考になる。そこには、王自身が誓った後に“jo mo mched dang/rgyal phran dang/chab srid kyi blon po rnams dang/zhang lon phra mo thams cad kyang brnan te”「王妃達と小王達と、執政の大臣達(「ルンポ」の職をつとめる「シャンポ」も含まれる)と軽輩(phra mo)のシャンルン(高級官僚)全部も参加して」とあって、執政の大臣(「ルンポ」)の下位にはきていても、「軽輩のシャンルン」とは勅書の誓約に連署する程の高位者であったことが示されている。同西面碑文には“chab srid kyi blon po man cad/zhang lon che phra kun”「執政の大臣以下、大小のシャンルンすべて」(TIS, I, p. 153, [l. 49])ともあって、執政の大臣を「シャンルン・チェンポ」(注(60)参照)に、他を「軽輩」(phra)に分けているので「シャンルン」は「資格」を示す集合名詞であることが確認できる。従って、“zhang lon yi ge pa”や“zhang lon yi ge can”(TIS, II, p. 7, [l. 27-28])も「シャンルン」にして「位階をもてるもの」(yi ge pa, yi ge can)であるとされなければならない。

(47)「イクツァン」“yig tshang”は“yig tshangs”とも書かれている。“tshangs”は“gtsang”と同義であり、「イクツァン」は“yi ge gtsang ma”をいう熟語と見なしうる。「加筆」のない文書を今日も“yig tshang”と示すのはこの意味によっている。即ち、「位階記」が賛普自身によって与えられたもので、他の加筆がないことを言い表わした語かと思われる。

(48)　イェシュケは、“dbang thang”について、1. might=*mnga' thang*, *dbang thang med pa* low, mean, of inferior rank として、「権勢」の意味を示し、ついで、2. time, chronology としている。この方は、十二支、十干の組み合せによる年次表示方式にふれたものである。3. に destiny, fate, predestined fate とある(J. Dic., p. 387a)。

(49)　DTH, p. 60, l. 17。ツゥルプの碑文には、“lha ris chen po 'i thang du//bka's gnang ngo”「大寺院の荘園と同じ資格があるものと勅許なさったのである」(TTK, p. 88)とある。その他、AHE, p. 28,〔ll. 40–41〕, TIS, II, p. 7,〔ll. 27–28〕等参照。

(50)　同じ「位階」でも、外国人に与えられたものに対する扱いは、チベット人のそれよりかなり低くなる。この点は Pelliot tib. 1089 のうちに示されている(RFT, p. 177,〔ll. 24–26〕)。

(51)　二八九頁、三一四頁注(189)参照。

(52)　“ke ke ru 'i yi ge”は、或いは臨時のものであったかも知れない。RFT 中に七九四年の文書とされた Pelliot tib. 1089 にも、「殺人贖償」等を規定した Pelliot tib. 1071–1073 にも、この位階への言及がないからである。

(53)　“dngul”「銀」と“zangs”「銅」の間にある“ra gan”(Pelliot tib. 1089, 1071)について「鍮石」(真鍮)があてられている(CL, p. 285; NLS, pp. 277–278)が、『学者の宴』Ja 章(KGG, f. 21a, l. 7)では、その代りに“'khar ba”を示している。“'khar ba”は《'khar ba dkar dmar》(DTG, II, p. 47)「白銅」「紅銅」と示されている。

(54)　「瑟瑟」について、ドゥミエヴィル氏は諸説を引いて説明している(CL, p. 285)が、その中で《Hirth et Chavannes y voyaient la turquois》とし、これを支持している。なお、ドゥミエヴィル氏の言及する“yig tshangs”の字は *Padma thang yig* にはなく、『ルンポ・カータン』にある。

(55)　“zangs yig”「銅字」のあとは『学者の宴』Ja 章(KGG, f. 21a, l. 5; f. 21b, l. 1)のいうように“lcags kyi yi ge”「鉄字」とならず、“gtsang chen”(RFT, p. 176,〔ll. 8, 25, 60, 61〕; IMT, II, p. 51)となるが、“gtsang chen”が何をいうのか明らかではない。『学者の宴』の説明中(KGG, f. 21b, l. 1)には、「鉄字」のあとに「一般の人々に与えたもの」として“yang tha shing skya chu ris kyi yi ge”と示されるものがある。“tha shing”が“thang shing”ならば「松の木」であるが、その「白い樹液で書いた字」の辞令があったと示される。これが“gtsang chen”であったかとも思われる。

(56)　“phra men”の形は、トゥッチ氏のいうように辞書にはない(TTK, p. 79, n. 45)。しかし、“khra men”としてならば(DTG, II, p. 41)記述があり、「青、赤、白の模様のある光り石であるため、『白 khra men』とも言い、北方 rNga yab gling『牛尾州』の特産である」と記されている。思うにオパールであろう。

(57)　『通典』十五、選挙三。CL, p. 284, n. 2 参照。

(58)　BDT, pp. 81-84,『古チ研』七一九—七三三頁。

(59)　ラウフェルは《the nine great ministers》(BDT, p. 84)と正しく訳す。

(60)　“*zhang lon* ched po(RFT, p. 176,〔ll. 13, 50, 52〕); “*zhang lon* chen po”(*ibid.*,〔ll. 34, 36〕)。『学者の宴』Ja章(KGG, f. 112a, l. 3)にはティソン・デツェン王時代の新設として、“*zhang blon* che dgur grags pa byung”『九大zhang blon』と聞えるものが現れた」と誤記されている。“zhang lon”と“zhang po”“blon po”の区別はラルー訳に示されている(RFT, p. 175)。ただし、“blon”と“zhang lon”とに分けるのは正しくない。“blon〔po〕”“zhang〔po〕”，或いは“blon—”，または“zhang—”という呼び方の他に“zhang lon”という名称があるのみで、“zhang lon”に対する“blon”という称はない。

(61)　「奔」について、ラウフェルが唐蕃会盟碑北面一六行の「岸奔」を《ngan pên (pŏn, pun)》(BDT, p. 75)としている点に佐藤氏は言及して、ラウフェルが「編」の対音を“dpon”とした点の批判に当てている(『古チ研』七二一頁)が、別に、「扈莽」の「莽」が「奔」の誤写である可能性には触れていない。

(62)　“spyan pa”を《inspecteur》と訳し、各種の“spyan”がいたことはRFTのつとに示すところであった(RFT, pp. 175, 207)。辞書によると(DTG, II, p. 209)、“bya ra ba”「監視者」の古語とされている。

(63)　“yul rgan pa”を「喩寒波」の対音とすることに佐藤氏は異議を示していない(『古チ研』七二三頁)。しかし、“yul rgan pa”という熟語は知られていない。もし、“yul gyi rgan pa”ならば「国の老人」を意味することが出来る。それにしても、これが、“zhang lon ched po”や「整事」の概念と結びつくという保証は全くない。

(64)　“bka' la gtogs pa”に関しては注(40)参照。なお、マクドナルド夫人は、《rattachés au gouvernement》または《membre du gouvernement》の意味を与えながら(LPT, p. 325)、“bka' chen po la gtogs pa”の場合と区別し、後者の場合を《un cabinet ministériel》に属する意味だとする。唐蕃会盟碑の南面の例では、“bka' chen po la gtogs pa”の形で「同平章事」に相応させるが、一括して示す際には“bka' la gtogs pa”としている(『古チ研』八九三頁、二行目)。その点、北面のチベットの大臣をいう場合も同じであり、一括して示す際に単に“bka' la gtogs pa”とするものの、dPal chen po Yon tan の肩書に言及する際にのみ“bka' chen po la gtogs”とし(前掲書九〇〇頁、二、三行目)、他の大臣達に関しては省いて一々言及していない。ただ、九大臣のあとにくるもののうち、“phyi blon”一人のみ“bka' la gtogs pa”と示している。おそらく、dPal chen po の方は、“blon che”の上位に別格に置かれ、この“phyi blon”は実質的な「九大臣」の一人として数えられていたのであろう。ティソン・デツェン王の崇仏誓約の勅書の副署者として“zhang blon chen po bka' la gtogs pa”として示されるものも九人である(KGG, f. 109b, ll. 4-5)。この後の時代のものになるカルチュンの勅書の副署名を見ると、“bka' chen po la gtogs pa”

の肩書きのある聖職者二人を別記し、そのあとに"chab srid kyi blon po bka' chen po la gtogs pa"として六人の名が挙げられている(*ibid.*, f. 130a, l. 2–3)。これは都合八人であって、唐蕃会盟碑の型に近い。いずれにしても、"bka' la gtogs pa"を強調して"bka' chen po la gtogs pa"というのみで、「政府」と「内閣」のような区別は立てられていない。ただ、最高機関に属した概ね九人の構成員をこのような表現で示しているものと知られる。シュルの碑文の南面(AHE, p. 17,〔ll. 22–25〕)の文に"ngan lam klu khong glo ba nye la bka' gros che nas/thugs brtand te//nang blon bka' la gtogs par bcug…"「ゲンラム・ルコンは忠誠にして、良策を大いに献じたので、御信任篤く、"bka' la gtogs pa"の嚢論に就任させた」とあり、先の唐蕃会盟碑には"bka' la gtogs pa"の"phyi blon"があったので、両者を併せて考えると、「九大臣」のうちに、元来"nang blon"「嚢論」等担当の職務があり、後には"phyi blon"担当者も「九大臣」等の仲間に入れられたものと思われる。これらは明らかに「同平章事」に相当し、近代の"bka' blon"の称の起源とみなしうる。近代の「四人のbka' blon」による合議体制はL・ペテック氏によって説明されている(L. Petech: *China and Tibet in the early 18th century*, Leiden, 1950, pp. 223–225)が、その原形は古くPelliot tib. 1071の冒頭にも最高位の四人として示されている。また、『通典』一九〇、辺防六、大羊同伝にも「有《リテ》二四大臣一分二掌《ス》国事《ヲ》一」とあって、理念としては古くからあったことを暗示している。他方、「九大臣」の末席に見える"bka' yo gal 'chos pa"「王言が曲がり、矛盾するのを匡す」ことにより「整事」する職掌は、『学者の宴』Ja章(本文参照)の説明では、王に直言する役目のように示される。しかし、それはむしろ、"bka' blon"の一般的責務をいうものであり、「整事」の表現から見れば、既に示された王命や、部門の異なるところで下された王命等が相互に矛盾しないように調整した役目ではないかと思われる。一見裁判関係の職務のようにも見られるが、唐蕃会盟碑の北面によれば、その方面の長は「九大臣」の下にあり、一般大臣(blon phal)の末尾に"zhal ce pa chen po zhal ce 'o cog gi bla"「刑部尚書」(『古チ研』九〇二頁)と示されている。なお、四大臣、bka' blon bzhiについては九〇三頁注(148)参照。

(65) "bka' btags"は、他の例に準ずると"bka' rtags"の誤写。「勅令たることを特徴づける」の意味。

(66) "sgrom bu"「小筐」は勅書を入れる容器として特に言及される(GSM, f. 38b, l. 4; f. 39a, l. 5; KGG, f. 25b, l. 4; f. 26b, l. 2)。

(67) 「トゥム」"khrom"については、F・W・トーマスが《mart, town》の訳を与える(TLT, III, p. 118b)。『編年紀』七四一年の条(DTH, p. 26, l. 6)についてバコー訳は《marché, mais semble-t-il ici une assemblée passagère》(*ibid.*, p. 51, n. 4)とする。同六七六年の条(*ibid.*, p. 15, l. 25)については、地名でもなく、《marché》とすることも出来ない旨を注記しているが(*ibid.*, p. 34, n. 8)、R・A・スタン氏は、ココノールの「トゥム」に言及しながら、これに《ville, marché》の訳語を認めてい

る(REB, pp. 196, 293-294)。しかし、本文の引用によれば、「トゥム」を弁別するものとして“ru mtshon”の語が示されている。“ru mtshon”は“ru mtshan”の異字または誤写であり、“ru dar”「軍旗」をいう(Ch. Dic., p. 834b)。これをとる限り、「トゥム」は「軍団」を指し、《ville, marché》や「会合」をいうものではない。“ru dar”が「翼」毎に定められていたことは『学者の宴』Ja章等(KGG, f. 20a, ll. 5, 6, 7; f. 20b, l. 1; BKT, f. 8b, ll. 3, 6; f. 9a, ll. 3, 4; f-9b, ll. 1, 2, 5, 6)に見えている。敦煌文献でも、“ru yan lag pa 'i khrom”(TLT, II, p. 435,〔A2〕)の形で“Ru lag”「支部翼」の軍団に言及しているのが見られる。従って、『編年紀』七四一年の条にある“khrom gyi mkhos chen po bgyis”が「軍団の人事大異動(または召集)が行われた」の意味とされるならばともかく、「トゥム」を《marché, ville》とする限り、「Zhang tsol において、賛普の御前で」行われたとすることの説明が出来なくなる。なお、他の敦煌文書にも参照例(TLT, II, pp. 95-97)がある。

(68)　「イクツァン」については既に見た(注(47))とおりであるが、ここでいう「イクツァン」は、漢文史料に説明されていた「方円三寸」のもので「褐上装《シ》レ之《ヲ》、安《ジ》二膊前《ニ》一以《テ》弁《ズ》二貴賤《ヲ》一」とあった徽章状のものに相当する(CL, pp. 284-285, n. 2参照)。

(69)　敦煌文書でも“phyag rgya phog”(TLT, II, p. 19,〔2〕; p. 47,〔1〕; p. 51,〔2〕; p. 146,〔2〕; p. 153,〔B4〕; p. 339,〔1〕; “phyag rgya btab” *ibid.*, p. 245〔9〕に見られるように「御印」の意味である。

(70)　“rkyen”は「因縁」の「縁」で訳されるが、認定の拠りどころを示すものとして「識別章」と訳した。

(71)　“ya rabs”「上流人」に対する“ma rabs”「下層民」を指していうものと思われる。MVP, 3872, 3873にはこの“g-yung po”で訳される語が *pukkasaḥ, ḍombaḥ*(屠家)〔pulkasa/pukkaśa; ḍoma〕と示されている。ゲシェー・チューキ・タクパの辞書では「牛、鳥、蝎、虫、蛙、とかげ等を喰べる種族であると律の注釈にいう」(Ch. Dic., p. 809a)ともされている。

(72)　『旧唐書』一九六吐蕃伝上には、同様の文に続けて「稠人広衆必《ズ》以《テとなへ》狗レ焉《ヲ》、其俗《ノ》恥《ジ》レ之《ヲ》以為《ヘラク》次《グト》レ死《ニ》」とされている。

(73)　“stag”は「虎」であり、“stod”と“smad”はそれぞれ「上半身」「下半身」(Ch. Dic., p. 355b, p. 662b)を表わす。他方、“smad”の同義に“sham/gsham”があり、“stag sham”が「虎皮の裙」をいう(DVI, p. 127b)ので、同義に解した。

(74)　“slag pa”または“slog pa”「皮でつくった衣」(DTG, II, p. 338)、“slag pa”=《pags gos》(D. Dic., p. 1041b)。

(75)　“ral ga”または“ral gu”について《snam gos》「褐衣」と「長袖の衣服」(DTG, II, p. 312)が示されている。また、梵語 *rallka* に基づくともされている。なお、“gon”は、“gung”「西蔵一種似豹之貓類、中亜細亜之大頭虎」(GMG, I, p. 44ab)の異字と考えられる。

(76)　この表題を“sha ba can”「鹿をもてる」によって修飾された“gser thog”「金の屋根」として、“'bum gyi”「十万の」の後に附して読んでも意味をなさない。“sha ba”は無頭字体では“shas”と誤られ易い(ཤ་བ / ཤས)。しかも、“thog shas”

は明らかに「収穫の賦課」(Ch. Dic., p. 376b; DTG, II, p. 164a) の意味がある。

(77)　"bka' la gtags pa" は "bka' la gtogs pa" と同一ではない。後者は自動詞、前者は他動詞であって、「王命によって固定されたる」を意味する形容詞句であり、度量衡法を修飾している。

(78)　"kheng" は、"g-yung sde"「民戸」を説明する『学者の宴』Ja 章 (KGG, f. 20b, l. 2) 中に「g-yung または kheng というのは職能をもつ家来である」とされているので、"kheng〔rje las〕mi ldog"「家来が〔主に〕叛かない」と解した。

(79)　「一般に絶つべき一〇不善に加えて、母には母として接し、父には父として接し、沙門や浄行者には沙門や浄行者として接し、家族や目上のものには敬意を示し、恩に報じ他に意地悪をしない。かくして清浄人法一六条を制定した」(KGG, f. 22a, ll. 5-6) とされている。

(80)　三つの事項に分けた法律については、後のティソン・デツェン王時代のこととして、『バシェー』(BSS, p. 65, ll. 9-10) や『学者の宴』Ja 章 (KGG, f. 125b, l. 4; l. 6-f. 126a, l. 2) に "zhal ce dka' gsum"、または "dga' gsum"「三歓」と称するものの定められたことが伝えられている。そこでは、ティソン・デツェン王時代に至って、従来の苛酷な法律が改められ、主従と裁かれるものの三者が喜ぶに至ったという話になっている。本文で扱われているものでは裁判の公平をいうが、「三歓」の実例に当たるとも考えられよう (注(82) 参照)。

(81)　CTC, no. 444-2781.

(82)　「三つの法律」とされるものを参考のため以下に訳出してみる (KGG, f. 22b, ll. 3-7) と、

一、権勢のあるものと弱いものが争う場合、真偽を判別した果てに、権勢のあるものを怖れず、弱いものが怯まないように判決すること。

二、双方に罪がある場合では、〔例えば〕波羅門ダンディン Daṇḍin がある家の主人から牝牛を借りて後、返却に来て、その家の庭に放って何も言わずに帰った。家の主人は、牝牛が返却されているのを見ながら縄をつけずにそのまま放置しておいたので、牝牛は奥の戸口から外に出て行方不明になった。この件でアーダルシャムカ Ādarçamukha 王に判決を願ったところ、波羅門が「牝牛を返しましたよ」と言わなかったのだから舌を切れ、主人が見ながら牛を繋がなかったのだから手枷をしろと判決を下した。これに範をとって双方を等しく罰すること。

三、双方が真実の場合。ある家の主人が、生れて間もない子供を水に落し、その子を魚が呑みこんでしまった。その河の下流の村に住んでいた別の家の主人の使用人が魚を捕え、切ってみたところ、一人の子がまだ死なずに現れ、その主人が子として育てた。それを先の家の主人が聞きつけて争いとなり、王に裁きを求めたので、双方が交互にその子を育て、嫁をそれぞ

れの家で娶らせ、孫達が生れたらそれぞれの家の主人が連れて行けと判決を下し、その子に rigs gnyis pa「二家族のもの」と名づけた。孫をそれぞれが引きとった後、その子は出家し、比丘「二家族のもの」と世に聞えた。これに範をとって、双方が真実で三方が満足するように判決すること。

とあって、全くの説話になっている。しかし、ここに「判例による裁決」の意味もうかがうことが出来るかも知れない。

(83)　“blon chen” の価値は “dpa' la mdzangs”「勇にして賢」なることにある。この点は『宰相記』が繰り返して説いている。また、位階 “dbang thang” を区別する “yig tshang”「位階記」も “mdzangs”「賢」の程を示すのであった。逆に「賢者」が、“blon chen” であるとして、人間の開発した技術や制度の源を彼等にもとめ、「七人の大臣」に託して記述したもので、『ギャプー・イクツァン』(GBY, f. 110a, l. 5-f. 110b, l. 5) 中にも見られる。

(84)　ラブ・ゴカルについては一〇五―一〇六頁参照。

(85)　『ギャプー・イクツァン』(GBY, f. 110b, l. 3) では、“mong gi bu khri do re 'i snang tshab” となって、より近い形がとられている。

(86)　池田温「丑年十二月僧龍藏牒」(『山本博士還暦記念東洋史論集』東京、一九七二年、二五―三八頁)二七頁、注一四。

(87)　“thul gos” “thul pa” “lpags thul” と綴って、「毛皮の外套」をいう (D. Dic., p. 456a; J. Dic., p. 234b) が、皮を「鞣す」ことを意味する (GSM, f. 45b, l. 4; KGG, f. 28b, l. 5, f. 29a, l. 1) 動詞ともなる。“thul ka” の “ka” は “dor ka” の “ka” と同種の接尾辞であり、「税」を意味する。従って “thul ka” は「皮税」とでもいうべきであろう。

まとめ

チベット人の書いた史書によると、吐蕃王国は悠久の昔から存在したかのように言われる。しかし、その長い世系は虚構のものであり、君臨したと言われる土地の「プー」"Bod"も、今日のカム地方の一部しか指さないものであった。また、彼等の直接の祖であるプデ・グンゲル以後は、むしろ中央チベット南部のヤルルン地方を拠点とする小王(rgyal phran)以上のものではなかった。

その王家のタクウ・ニャシク王の頃、中央チベットではスィンポジェ・ティパンスムによるスィンポジェ・タクキャボの征服統合があった。新しい実力者ティパンスムの治下に入った諸侯のうちには不満分子もいた。彼等はヤルルン王家のタクウ・ニャシク王を推戴して、この勢力関係を崩そうと計画した。

計画はタクウ・ニャシク王の死によって挫折したが、その子ティ・ルンツェン王の時代に同じ計画が実行に移された。その結果、ヤルルン王家は中央チベットに支配権をもつ大氏族王の地位を得た。

ティ・ルンツェン王の時代にこの時勢を見て、西方の「ツァン・プー」を支配したキュンポ・プンセー・スツェがヤルルン王に臣従した。その後、中央チベット東部の親族、タクポ勢力の制圧等があって、ヤルルン王家はチベット史上最も有力な小王となるに至った。

ヤルルン王家には、その開創以来の支持勢力として、ロ、ゲク、シャ(ウ)、プクの各氏や、ク、ヌプ氏などの諸氏族が周囲にいた。ティ・ルンツェン王以後は、中央チベット制覇に協力したその地の豪族バー、ニャン、ヌンの他に、モン、ガルの諸氏がヤルルン王家の政治に加わった。他にシャンシュン系のキュンポ氏のような勢力もあって、配下の勢力関係は単純ではなかった。

ティ・ルンツェン王が歿して、新しいティ・ソンツェンの安定した時代が来る前に、かつてヤルルン王家を支えた「父方六家臣」系のゲク、プク氏等がティ・ソンツェンにはからず彼等の部族名から「ピャの国」、即ち「附国」を称して使を隋に遣わした。

これは、中央チベットに進出して新たにその地の勢力と深く結びついたヤルルン王家からの離反であった。この動きに対して、新しい支持勢力を代表したニャン氏がドメー地方のスムパ族の統合を考えた。そこには、かつてヤルルン王家や同祖の一族と通婚したダン氏の東女国が、当時スムパの有力者ラン氏と結びついていた。

同じ頃、吐谷渾王伏允は隋の攻撃を受け、六〇九年敗残の身をスムパの西北国境、黒党項の地に寄せていた。スムパ諸部にとって、その東方から大国隋の脅威を感じ、西北に何時までも静かにしている筈のない伏允の勢力を控えるに至ったのでは、つい先頃チベット全土に君臨したヤルルン王家に従うのが最も安全な道であった。このようにしてニャンによるスムパ族統合の策略は成功し、間に挟まれた「附国」も、ティ・ルンツェン王時代と同様に自らヤルルン王家の権威に服さざるをえなかった。

ティ・ルンツェン王は、黒党項に亡命していた吐谷渾のうちにやがて親吐蕃勢力を形成していった。おそらく、彼等から学びとったところかと思われるが、ニャン・シャンナン失脚後の六二〇年代と推定される頃には、十二段の位階制度等をもつに至っていた。そして、この制度のうちに諸侯を組み込んで彼等に「吐蕃王国」内における序列をあたえ、新しい階級制度の上に王国の諸機構を築き、国家的統一の確かな一歩を踏み出した。六三四年には満を持して唐に遣使し、新しい発展に足がかりを得ようとした。翌年、吐谷渾の帰趨をめぐって唐及び親唐吐谷渾と対立する立場になり、六三八年、はじめて唐と松州に交戦した。その結果、分裂した吐谷渾の親吐蕃勢力を統合し、唐から公主を迎えることになった。親唐吐谷渾との対立のまま、六四〇年には文成公主を迎え、しばらくは唐文化の摂取に専念したようであった。

このようにして見ると、「吐蕃王国」の成立には、隋・唐二代の吐谷渾政策が最も大きな外因として働いたように思われる。その文化には吐谷渾との交流から受けた影響が少なからぬと思われるが、また、その国家形成に最も深く関与したソンツェン・ガムポ王が唐から文成公主を娶ったことと、宰相ガル・トンツェン・ユルスンが唐に二回使し、最も唐を知る人物であったところに唐の影響も象徴されていると言ってよいであろう。

しかし、「吐蕃王国」はソンツェン・ガムポ在世中に完成したとは考えられない。この王の歿後、宰相ガル・トンツェンは統合した「家来の吐谷渾」の正統性を主張し、吐蕃による吐谷渾の全権益継承を目ざすかの如く、親唐吐谷渾の覆滅を号令して唐と真向から対立した。その緊張の中で軍国体制の基盤になった「軍戸」「民戸」の制度を発足させ、吐谷渾も同化した「吐蕃王国」の実質的統一を完成に向わせた。これらについての詳細は、なお第三篇の考察にまたねばならないであろう。

本書は『叶蕃王国成立史研究』(1983年2月25日刊)を復刊したものです．なお復刊に際し上下巻の2分冊としました．

■岩波オンデマンドブックス■

吐蕃王国成立史研究 上

2015年2月10日　オンデマンド版発行

著　者　山口瑞鳳《やまぐちずいほう》

発行者　岡本　厚

発行所　株式会社　岩波書店
〒101-8002 東京都千代田区一ツ橋2-5-5
電話案内 03-5210-4000
http://www.iwanami.co.jp/

印刷／製本・法令印刷

ISBN 978-4-00-730172-8　　Printed in Japan